FINANCIAL & MANAGERIAL ACCOUNTING
THE BASIS FOR BUSINESS DECISIONS
19th Edition

会计学
企业决策的基础
（财务会计分册）
（原书第19版）

[美] 简·R. 威廉姆斯（Jan R. Williams） 马克·S. 贝特纳（Mark S. Bettner） 约瑟夫·V. 卡塞罗（Joseph V. Carcello） ◎著
田纳西大学　　　　　　　　　　巴克内尔大学　　　　　　　　　　田纳西大学

赵叶灵 吴宁 赵银德 ◎译

机械工业出版社
China Machine Press

图书在版编目（CIP）数据

会计学：企业决策的基础．财务会计分册：原书第 19 版 /（美）简·R. 威廉姆斯（Jan R. Williams），（美）马克·S. 贝特纳（Mark S. Bettner），（美）约瑟夫·V. 卡塞罗（Joseph V. Carcello）著；赵叶灵等译．—北京：机械工业出版社，2022.9（2025.4 重印）
（管理教材译丛）
书名原文：Financial & Managerial Accounting: The Basis for Business Decisions, 19th Edition
ISBN 978-7-111-71564-1

I. ① 会… II. ① 简… ② 马… ③ 约… ④ 赵… III. ① 会计学 – 高等学校 – 教材 ② 财务会计 – 高等学校 – 教材 IV. ① F230 ② F234.4

中国版本图书馆 CIP 数据核字（2022）第 165944 号

北京市版权局著作权合同登记　图字：01-2021-1765 号。

Jan R. Williams, Mark S. Bettner, Joseph V. Carcello. Financial & Managerial Accounting: The Basis for Business Decisions, 19th Edition.

ISBN 978-1-260-24793-0

Copyright © 2021 by McGraw-Hill Education.

All Rights reserved. No part of this publication may be reproduced or transmitted in any form or by any means, electronic or mechanical, including without limitation photocopying, recording, taping, or any database, information or retrieval system, without the prior written permission of the publisher.

This authorized Chinese abridgement is jointly published by McGraw-Hill Education and China Machine Press. This edition is authorized for sale in the Chinese mainland (excluding Hong Kong SAR, Macao SAR and Taiwan).

Copyright © 2023 by McGraw-Hill Education and China Machine Press.

版权所有。未经出版人事先书面许可，对本出版物的任何部分不得以任何方式或途径复制或传播，包括但不限于复印、录制、录音，或通过任何数据库、信息或可检索的系统。

本授权中文简体字删减版由麦格劳 – 希尔教育出版公司和机械工业出版社合作出版。此版本经授权仅限在中国大陆地区（不包括香港、澳门特别行政区及台湾地区）销售。

版权 © 2023 由麦格劳 – 希尔教育出版公司与机械工业出版社所有。

本书封面贴有 McGraw-Hill Education 公司防伪标签，无标签者不得销售。

《会计学：企业决策的基础》分为财务会计和管理会计两大部分，本书是财务会计分册。除了具有一般会计学教材以及本书以前版本的传统特点外，新版还具有以下特点。①内容覆盖均衡有度：均衡地覆盖了当前的财务会计主题。②会计循环清晰明了：将会计循环归纳为清晰而有趣的 8 个步骤。③学习激励实用有效：提供面向学生的学习工具包。④提高问题处理能力：通过各种专栏鼓励学生站在决策制定者的角度思考现实世界中的问题。此外，新版更新了很多案例和练习以及参考资料，有助于读者深入领会所学理论。

本书可作为会计学、审计学、财务学专业本科生的初级会计教材，也可作为金融学、管理学、经济学各专业本科生的会计学课程参考教材，还可作为相关领域实务工作者的参考书。

出版发行：机械工业出版社（北京市西城区百万庄大街 22 号　邮政编码：100037）	
责任编辑：吴亚军	责任校对：李　杉　王　延
印　　刷：北京建宏印刷有限公司	版　次：2025 年 4 月第 1 版第 3 次印刷
开　　本：185mm×260mm　1/16	印　张：31
书　　号：ISBN 978-7-111-71564-1	定　价：89.00 元

客服电话：(010) 88361066　68326294

版权所有・侵权必究
封底无防伪标均为盗版

谨以此书献给本·维希特、麦格·维希特、阿什·亨特、莱妮·亨特和露西·亨特,是他们教会我开心地做祖父。

——简·R.威廉姆斯

谨以此书献给我的母亲玛乔丽、父亲弗雷德。

——马克·S.贝特纳

谨以此书献给我深切怀念的吉尔伯特·E.伯恩哈德以及我的妻子特瑞和我们的孩子——珍妮、史蒂芬、克伦与莎拉。

——约瑟夫·V.卡塞罗

译者序 | The Translators' Words

在对具有广泛社会影响的复杂经济活动进行决策时，总是离不开高质量的会计信息。高质量的会计信息指的是会计信息必须准确、客观、全面地反映财务状况和经营成果，这不仅影响投资者、债权人、经营者的利益，而且影响整个社会的经济秩序。然而，由于经济活动中充斥着"灰度梯度现象"，即牵涉无法客观判断的灰色内容，所以会计信息常常难以非黑即白。因此，高质量会计信息的生成总是有赖于深谙会计理论与实务的会计专业人员基于批判性思维的审慎判断。当然，明智的决策者在掌握并运用高质量会计信息时，除了依赖判断之外，也要运用众多其他信息，如财务状况、经营业绩和现金流信息之外的一般经济因素、行业发展趋势、消费者偏好等众多会影响未来业绩的变量。综上，我们自然认为一个勤勉尽责的会计专业人员必须在高质量会计信息的生成和实践运用中担当起大任。换言之，会计专业人员应当具有履行这种担当的能力，而一本优秀的会计学教材也应当服务于履行这种担当的能力的培养。幸运的是，威廉姆斯博士领衔撰写的第19版《会计学：企业决策的基础》就是这样一部深得读者信赖、具有持续性行业重要影响力的领先之作。

第19版《会计学：企业决策的基础》分为财务会计分册和管理会计分册。与之前各版一样，本书一如既往地强调那些有助于学生在未来商业世界取得成功所必须掌握的基本原理，始终保持其"内容覆盖均衡有度""会计循环清晰明了""学习激励实用有效"和"提高问题处理能力"的传统内容特色。

在方法上，本书形成了鲜明的特色。一是采用循序渐进式介绍会计循环的标志性方法，按业务分析、记账规则、日记账分录和T型分类账四步来介绍会计业务处理。二是提供了大量实用的章末练习材料，包括示范题、自测题、讨论题、测试题、案例题和练习题等。三是贯彻实用且有益的教学方法，配备了众多案例、图表等，如各章的引导案例、注重概念学习与实际应用相结合的小案例和解释核心概念的图表。四是提供了帮助学生接触现实世界中各种会计行为的特色栏目，如讨论最近年度发生的会计欺诈丑闻的"伦理、欺诈与公司治理"专栏和强调利用会计信息进行决策的"会计与决策"专栏、旨在说明本书概念在实际工作中的应用的三个附录。

第19版的财务会计分册共15章，介绍了基本会计理论与方法，涉及基本财务报表、会计循环、金融资产、存货和销货成本、固定资产和无形资产、负债、股东权益、收入确认和经营成果报告、现金流量表、财务报表分析、全球化经营和会计等主题，并设置了"萨斯奎设备租赁公司""Music-Is-Us公司""高山运动公司"和"美国家得宝公司"四个综合题。第19版不仅承袭了过往各版的长处和传统特点，而且对许多内容进行了修订、更新与完善，如：增加了有关财务会计准则委员会开发的概念框架的讨论，优化了关于永续盘存制与定期盘存制的讨论以及关于采购和销售交易业务的讨论，新增了作为公司经营成果驱动因子的收入确认及其对财务状况影响的内容，等等。

  本书的翻译是一项团队工作，既是译者之间的沟通，也是译者与作者之间的沟通。第19版的财务会计分册由赵叶灵、吴宁、赵银德主译，吴皆凝、纪泽祥、岳喜马、夏炜、张怡、殷磊刚、丁忠梅、叶小玲、张华等参与了部分章节的翻译，最后，赵叶灵、吴宁、赵银德对全书进行了审核与统稿。作为译者，我们自然未敢有半点马虎，坚守"译作千古事"的信念，努力译出佳作。但是，由于译者水平有限，书中不当和疏漏之处在所难免，敬请广大读者批评指正。在译稿付梓之际，我们特别感谢机械工业出版社给予的合作机会，并深深感谢本书的编辑为本书出版所做的辛勤工作。

前　言 | Preface

合抱之木，生于毫末；九层之台，起于累土。当你仰望大城市的一座座高楼大厦时，自然不会忘记这些宏伟建筑之所以能达到这样的高度，全靠其坚实的基础。同样地，财务会计与管理会计之类的基础课程称得上是取得商业经营成功的基础。就学生而言，只有牢固掌握诸如会计循环和管理决策之类的概念，才能为未来的成长奠定坚实的基础。

与之前各版一样，威廉姆斯和他的作者团队在修订第19版《会计学：企业决策的基础》时，特别强调那些有助于学生在未来商业世界取得成功所必须掌握的基本原理。

第19版《会计学：企业决策的基础》一如既往地从以下四个方面来打造其特色。

内容覆盖均衡有度。第19版《会计学：企业决策的基础》对时下财务会计与管理会计方面的热点话题进行了极为均衡有度的介绍，并通过坚持财务会计与管理会计有着同等重要的地位，强调财务会计与管理会计都需要夯实基础。

会计循环清晰明了。在第19版《会计学：企业决策的基础》中，作者将会计循环表述为清晰而有趣的8个步骤。围绕该循环，本书连续采用3章内容来阐述会计循环的三大要素：编制分录（第3章）、调整分录（第4章）和结账分录（第5章）。

学习激励实用有效。第19版《会计学：企业决策的基础》的作者团队专门提供了面向学生的学习工具包，不仅可以激励学生努力学习，而且可以让更多学生完成会计课程的学习。作为对课程内容的有益补充，本书提供了至关重要的技术资料：麦格劳－希尔的"连线"（Connect）通过直接引用教科书的章末资料来创建可用于课后测试的作业及计算题，同时也为学生和教师提供了许多补充材料。㊀

提高问题处理能力。借助于"小案例""会计与决策""伦理、欺诈与公司治理"等专栏，本书鼓励学生学会从决策制定者的角度来思考现实问题。借助于附录中的家得宝公司财务报表，通过评价现实世界中的财务数据，学生可以提升解决问题的能力。在编写高质量的章末资料（如案例题等）时，作者高度关注细节，确保所有的课后作业与各章的学习目标直接相关。

㊀ 读者可登录 www.mheducation.com 查阅。

About the Authors | 作者简介

简·R. 威廉姆斯（Jan R. Williams）

威廉姆斯博士现为田纳西大学诺克斯维尔分校工商管理学院名誉院长及荣誉教授。1977年至2013年，威廉姆斯博士一直任教于该大学。威廉姆斯教授拥有乔治·皮博迪学院（George Peabody College）的理学士学位、贝勒大学（Baylor University）的MBA学位以及阿肯色大学的博士学位。1977年之前，威廉姆斯博士先后任教于佐治亚大学（University of Georgia）和得克萨斯理工大学（Texas Tech University）。作为田纳西州的执业注册会计师和阿肯色州的非执业注册会计师，威廉姆斯博士与人合著了4部书，发表了120多篇相关学术研究、会议发言以及关于公司财务报告与会计教育的论文。威廉姆斯博士曾任美国会计学会主席，曾担任全美会计荣誉学会（Beta Alpha Psi）主席、田纳西州注册会计师协会（Tennessee Society of CPAs）副主席，并积极参加美国注册会计师协会（American Institute of CPAs）和美国国家会计委员会协会（National Association of State Boards of Accountancy）的活动。2011年至2012年，威廉姆斯博士担任负责全球商学院与会计专业认证的国际高等商学院协会（AACSB International）的董事会主席。自2013年从田纳西大学退休以来，威廉姆斯博士仍然积极参加一些商业与会计专业性组织的活动。2018年，威廉姆斯博士被美国会计学会评为"会计教育杰出工作者"。

马克·S. 贝特纳（Mark S. Bettner）

贝特纳博士现为巴克内尔大学（Bucknell University）肯尼斯·W. 弗里曼管理学院（Kenneth W. Freeman College of Management）荣誉教授，并在1989年到2019年担任会计与财务管理学科的克里斯蒂安·R. 林德巴克首席教授（Christian R. Lindback Chair of Accounting & Financial Management）。贝特纳博士拥有得克萨斯理工大学工商管理学博士学位和弗吉尼亚理工大学会计学硕士学位。贝特纳博士著有《财务

会计》(Financial Accounting)与《财务与管理会计》(Financial & Managerial Accounting)两部教材。此外,他还撰写了许多辅助资料,在学术刊物上发表了多篇文章,在学术与专业会议上做过多次报告。贝特纳教授担任一些学术刊物编委会顾问,如《国际会计与商业社会学报》(International Journal of Accounting and Business Society)、《国际会计与商业学报》(International Journal of Business and Accounting)等。贝特纳教授还担任《公共利益会计前沿》(Advances in Public Interest Accounting)、《经济学与商业历史文献》(Essays in Economics and Business History)、《会计观察》(Critical Perspectives on Accounting)、《国际临界会计杂志》(International Journal on Critical Accounting)等刊物的审稿人。20多年来,贝特纳教授还为宾夕法尼亚州银行家协会开发并讲授商业贷款方面的课程。贝特纳教授还担任巴克内尔大学小企业发展中心(Small Business Development Center)的顾问达10年之久。

约瑟夫·V. 卡塞罗(Joseph V. Carcello)

卡塞罗博士曾为田纳西大学会计与信息管理系安永及商科校友基金首席教授,现为田纳西大学的荣誉教授。卡塞罗博士也是该大学公司治理中心的共同创建人并担任过中心的执行主任。卡塞罗博士拥有佐治亚州立大学博士学位、佐治亚大学会计硕士学位以及纽约州立大学普拉茨堡分校的理学士学位。目前,卡塞罗博士独立或合作完成了3部教材,发表了60多篇期刊论文并著有5部专著。卡塞罗博士曾任职于美国证券交易委员会投资者顾问委员会(U.S. Securities and Exchange Commission's Investor Advisory Committee)、上市公司会计监管委员会投资者顾问组(Public Company Accounting Oversight Board's Investor Advisory Group)以及英格兰及威尔士特许会计师协会(the Institute of Chartered Accountants of England and Wales)的英国审计质量论坛指导委员会(U.K. Audit Quality Forum Steering Group)。卡塞罗博士曾在美国财政部的委员会和工作组就审计职业的未来以及《创业企业扶助法》(JOBS Act)做过证人。他还在美国国会众议院金融服务委员会的分委员会就会计与审计条例做过证人。卡塞罗博士曾是COSO特别工作组的成员,负责制定小型上市公司实施COSO内部控制框架的规定。长期以来,卡塞罗博士积极参加学术活动,担任《当代会计研究》(Contemporary Accounting Research)杂志的编辑,还担任《会计评论》(The Accounting Review)、《审计理论与实务》(Auditing: A Journal of Practice & Theory)、《会计视野》(Accounting Horizons)和《当代审计问题》(Contemporary Issues in Auditing)的编委。卡塞罗博士还为四大会计师事务所中的两家会计师事务所和许多州的注册会计师协会讲授专业发展课程,并开展过获得四大会计师事务所中的另一家会计师事务所、美国注册会计师协会和审计质量中心资助的研究项目,而且担任过美国证券交易委员会与私人律师事务所的专家。

Contents | 目录

财务会计分册

译者序
前言
作者简介

第1章　会计：用于决策的信息 / 1
引导案例　迪士尼公司 / 1
1.1　会计信息：达到目的之手段 / 2
1.2　信息系统 / 4
1.3　财务会计信息 / 7
1.4　管理会计信息 / 11
1.5　会计信息的公允性 / 14
1.6　会计职业 / 21
1.7　小结 / 24
学习目标小结 / 24
习题 / 关键术语 / 26

第2章　基本财务报表 / 29
引导案例　亚马逊公司 / 29
2.1　财务报表概述 / 30
2.2　财务状况表：起点 / 31
2.3　利润表 / 41
2.4　现金流量表 / 41
2.5　财务报表之间的关系 / 42
2.6　企业的组织形式 / 45
2.7　外部用户对财务报表的使用 / 47

2.8　小结 / 49
学习目标小结 / 49
习题 / 关键术语 / 50

第3章　会计循环：捕捉经济事件 / 56
引导案例　普华永道会计师事务所 / 56
3.1　会计循环 / 57
3.2　分类账 / 57
3.3　账户的使用 / 57
3.4　借方和贷方分录 / 58
3.5　日记账 / 60
3.6　记录资产负债表交易：示例 / 61
3.7　过账后的分类账账户 / 63
3.8　什么是净利润 / 65
3.9　股利 / 70
3.10　记录利润表交易：示例 / 70
3.11　2月的分类账余额 / 74
3.12　试算平衡表 / 75
3.13　小结 / 76
学习目标小结 / 77
习题 / 关键术语 / 78

第4章　会计循环：应计和递延 / 84
引导案例　嘉年华公司 / 84

4.1 调整分录 / 85
4.2 调整分录和会计原则 / 97
4.3 小结 / 102
学习目标小结 / 102
习题 / 关键术语 / 103

第5章 会计循环：报告财务成果 / 109

引导案例 麦当劳 / 109
5.1 编制财务报表 / 110
5.2 财务报表间的关系 / 113
5.3 结转临时性账户 / 115
5.4 结账过程总结 / 118
5.5 结账后试算平衡表 / 118
5.6 小结 / 123
5.7 附加专题：工作底稿 / 123
学习目标小结 / 126
习题 / 关键术语 / 127
综合题1 萨斯奎设备租赁公司 / 132

第6章 商业活动 / 135

引导案例 劳氏公司 / 135
6.1 商业企业 / 136
6.2 永续盘存制 / 138
6.3 定期盘存制 / 141
6.4 与采购相关的交易 / 145
6.5 与销售有关的交易 / 148
6.6 循环性交易的记录 / 150
6.7 小结 / 153
学习目标小结 / 153
习题 / 关键术语 / 154

第7章 金融资产 / 160

引导案例 苹果公司 / 160
7.1 现金 / 161
7.2 短期投资 / 167

7.3 有价证券的会计处理 / 168
7.4 应收账款 / 171
7.5 应收票据和利息收入 / 178
7.6 小结 / 182
学习目标小结 / 182
习题 / 关键术语 / 183

第8章 存货和销货成本 / 190

引导案例 迪拉德百货 / 190
8.1 存货成本的流转 / 191
8.2 实地盘存 / 199
8.3 小结 / 209
学习目标小结 / 209
习题 / 关键术语 / 210
综合题2 Music-Is-Us 公司 / 214

第9章 固定资产和无形资产 / 217

引导案例 联合包裹服务公司 / 217
9.1 固定资产的购置 / 218
9.2 折旧 / 220
9.3 其他折旧方法 / 228
9.4 固定资产的处置 / 229
9.5 无形资产 / 232
9.6 自然资源 / 236
9.7 固定资产交易和现金流量表 / 237
9.8 小结 / 238
学习目标小结 / 239
习题 / 关键术语 / 239

第10章 负债 / 245

引导案例 宝洁公司 / 245
10.1 流动负债 / 247
10.2 长期负债 / 251
10.3 估计负债、或有损失和承诺 / 264

10.4 债权人权项的安全性评价 / 266
10.5 特殊类型的负债 / 269
10.6 小结 / 273
学习目标小结 / 273
习题/关键术语 / 275

第11章 股东权益：缴入资本 / 280
引导案例 塔吉特公司 / 280
11.1 公司 / 281
11.2 公司的成立 / 282
11.3 公司的缴入资本 / 285
11.4 市场价值 / 291
11.5 库存股 / 293
11.6 小结 / 296
学习目标小结 / 296
习题/关键术语 / 298
综合题3 高山运动公司 / 302

第12章 收入确认和经营成果报告 / 303
引导案例 安德玛公司 / 303
12.1 收入确认 / 304
12.2 报告经营成果 / 306
12.3 影响留存收益的其他交易 / 311
12.4 小结 / 319
学习目标小结 / 320
习题/关键术语 / 321

第13章 现金流量表 / 329
引导案例 百事可乐公司 / 329
13.1 现金流量表概述 / 330
13.2 编制现金流量表 / 333
13.3 现金流量管理 / 346
13.4 编制现金流量表用的工作底稿 / 349
13.5 小结 / 353
学习目标小结 / 354
习题/关键术语 / 355

第14章 财务报表分析 / 362
引导案例 强生公司 / 362
14.1 分析工具 / 363
14.2 流动性和信用风险指标 / 368
14.3 盈利性指标 / 373
14.4 综合示例：西克利夫公司 / 379
14.5 小结 / 393
学习目标小结 / 394
习题/关键术语 / 395
综合题4 美国家得宝公司 / 400

第15章 全球化经营和会计 / 402
引导案例 微软公司 / 402
15.1 全球化 / 403
15.2 影响全球化形成的环境因素 / 404
15.3 财务报告准则的协调 / 408
15.4 外汇和汇率 / 410
15.5 全球外包 / 417
15.6 小结 / 419
学习目标小结 / 420
习题/关键术语 / 421

附录A 家得宝公司2018年度财务报表 / 426

附录B 货币的时间价值：现值和终值 / 442

附录C 企业组织形式 / 457

管理会计分册

译者序
前言
作者简介

第16章 管理会计：经营的助手 / 1
 引导案例　可口可乐公司 / 1
 16.1　管理会计：基本框架 / 1
 16.2　生产经营的会计处理 / 4
 16.3　小结 / 15
 学习目标小结 / 16
 习题/关键术语 / 16

第17章 分批成本制与制造费用的分配 / 20
 引导案例　柏克德公司 / 20
 17.1　成本会计系统 / 20
 17.2　分批成本核算 / 23
 17.3　作业成本核算 / 29
 17.4　小结 / 38
 学习目标小结 / 38
 习题/关键术语 / 39

第18章 分步成本核算 / 43
 引导案例　凯洛格公司 / 43
 18.1　产品与服务的生产以及成本核算系统 / 43
 18.2　分步成本核算 / 45
 18.3　小结 / 56
 学习目标小结 / 56
 习题/关键术语 / 57

第19章 成本核算和价值链 / 61
 引导案例　金伯利公司 / 61
 19.1　价值链 / 62
 19.2　作业管理 / 63
 19.3　目标成本核算 / 67
 19.4　准时制存货管理系统 / 71
 19.5　全面质量管理和价值链 / 73
 19.6　小结 / 76
 学习目标小结 / 77
 习题/关键术语 / 77

第20章 本-量-利分析 / 82
 引导案例　彪马公司 / 82
 20.1　成本-业务量关系 / 83
 20.2　成本性态与经营利润 / 89
 20.3　小结 / 100
 学习目标小结 / 100
 习题/关键术语 / 101

第21章 增量分析 / 105
 引导案例　玛氏公司 / 105
 21.1　不断变化的市场与挑战 / 105
 21.2　相关成本信息的概念 / 106
 21.3　一般经营决策中的增量分析 / 110
 21.4　小结 / 118
 学习目标小结 / 119
 习题/关键术语 / 119

综合题5　吉尔斯特公司 / 123

㊀《会计学：企业决策的基础》(管理会计分册)内容详见 978-7-111-71902-1。

第 22 章　责任会计与转移定价 / 125

引导案例　哥伦比亚运动服装公司 / 125

22.1　责任中心 / 126

22.2　责任会计制度 / 129

22.3　财务报表中的责任中心报告 / 139

22.4　小结 / 141

学习目标小结 / 141

习题 / 关键术语 / 141

第 23 章　经营预算 / 145

引导案例　喜拉利裴士比公司 / 145

23.1　利润丰厚但现金匮乏 / 146

23.2　编制预算：计划和控制的基础 / 147

23.3　小结 / 164

学习目标小结 / 165

习题 / 关键术语 / 165

第 24 章　标准成本系统 / 169

引导案例　美国陆军 / 169

24.1　标准成本系统介绍 / 170

24.2　小结 / 184

学习目标小结 / 185

习题 / 关键术语 / 185

第 25 章　经营业绩的激励 / 189

引导案例　谷歌公司 / 189

25.1　激励与实现目标一致 / 189

25.2　杜邦系统 / 191

25.3　对投资报酬率的批评 / 194

25.4　剩余收益和经济增加值 / 196

25.5　平衡计分卡 / 197

25.6　管理层薪酬 / 200

25.7　小结 / 204

学习目标小结 / 204

习题 / 关键术语 / 205

综合题 6　尤替埃斯公司 / 208

第 26 章　资本预算 / 210

引导案例　辉瑞制药 / 210

26.1　资本投资决策 / 210

26.2　小结 / 219

学习目标小结 / 221

习题 / 关键术语 / 222

附录 A　家得宝公司 2018 年度财务报表 / 226

附录 B　货币的时间价值：现值和终值 / 242

附录 C　企业组织形式 / 257

第 1 章

会计：用于决策的信息

学习目标

- 讨论作为商业语言的会计以及会计信息在经济决策中的作用。
- 讨论信息系统在形成可靠会计信息方面的重要性并掌握内部控制的五方面内容。
- 根据财务会计信息的目标和特征解释财务会计信息对外部用户（主要为投资者与债权人）的重要性。
- 根据会计信息的目标和特征解释会计信息对内部用户（主要为管理层）的重要性。
- 讨论确保外部与内部财务报告制度形成真实报告信息的要素。
- 明确并讨论在会计信息编制与沟通方面起重要作用的若干专业机构。
- 讨论个人胜任能力、职业判断与道德行为对会计专业人士的重要性。
- 描述会计行业的各种职业机会。

引导案例

迪士尼公司

1923年，沃尔特·迪士尼（Walt Disney）和洛伊·迪士尼（Roy Disney）创办了迪士尼公司。经过90余年的发展，迪士尼公司已成长为全球最大的娱乐公司之一，年营业收入超过500亿美元，公司资产接近1000亿美元。迪士尼公司的经营涉及五大领域：媒体网络、公园和度假村、影视娱乐、消费品以及互动媒体。多年来，迪士尼公司的成长主要靠两种手段：一是扩张现有业务，二是通过收购来兼并其他公司。

正如个人投资者在做决策时需要可靠的财务信息，公司在考虑收购其他公司时同样需要可靠的财务信息。多年来，迪士尼公司收购了无数企业。在敲定收购决策之前，迪士尼公司会通过利润表来研究目标公司的盈利状况，通过现金流量表考察目标公司的现金流以及通过资产负债表来判断目标公司的流动性和偿付能力。虽然财务之外的因素可能对是否收购目标公司以及出怎样的收购价格等决策具有重要影响，但财务因素总是收购活动实施之前对目标公司估值所不可或缺的考虑因素。

近年来，成功收购一直是迪士尼公司保持成功的关键。娱乐与体育节目电视网（ESPN）是公司具有很强盈利能力的业务，皮克斯动画（Pixar）、漫威漫画（Marvel）和卢卡斯影业（Lucasfilm）制作的影视作品一直非常成功。迪士尼影视业务取得的成功不仅带来公司影视娱乐业务部门的成功，而且常常通过带来客流和提升吸引力促进公司公园和度假村业务部门的成功。此外，这些成功的影视作品及其角色人物所带热的商品也促进了公司消费品业务部门的成功，而其中的游戏项目则带来了互动媒体业务部门的成功。那些成功的影视作品所衍生出的内容往往成为带动整个迪士尼公司业绩增长的发动机。

了解并运用会计信息对任何企业而言都是一项重要任务。诸如销售收入、净利润、成本、费用、经营毛利和现金流之类的术语都有明确的含义，而且常常用于与经营相关的沟通中。虽然读者现在尚不了解这些术语的准确含义，但若要成为商业世界的积极参与者，必须对这些及其他会计概念有基本把握。本书的目的就是帮助那些使用并编制会计信息的人员对会计有一个基本了解。

公司为外部利益相关者提供的信息有时被称为财务会计信息。管理层和其他人员内部使用的信息通常被称为管理会计信息。虽然这两种信息有不同的目的且服务于不同的群体，但两者有一些共同的属性。例如，财务会计与管理会计都会运用判断而且为此编制的信息必须遵循公司的内部控制制度。财务会计概念对于掌握企业的财务状况非常关键。将公司的收入减去费用就可以得出净利润，这在当今财务报告中尤为重要。进行会计记录并根据这些记录编制报告似乎是一个简单的过程，但其中需要进行大量的判断。例如，可以受益若干年的资源的购置成本该在何时确认为公司财务报表的费用？哪些信息对管理层特别有用，但又因可能带来潜在竞争劣势而不适合公开发布呢？这些都属于企业日常面对的许多复杂问题，通常会对企业履行对所有者、债权人、政府和社会的责任产生重要影响。

在开始学习财务会计之时，请记住企业的存在不只是为给那些为公司提供财务资源的投资者和债权人赚取回报。企业有义务采取对社会负责的经营方式，并且应该在更为宽泛的社会责任范围内权衡其对财务成功的渴求。我们不仅在本章一开始就引入这些理念，而且会在整本书中一直强调这些理念。

1.1 会计信息：达到目的之手段

会计的主要目标是提供有助于决策的信息。社会的繁荣和财富的最大化靠的是正确的决策。我们从一开始就强调，会计不是目的而是达到目的之手段。会计信息的最终产品是决策。无论决策者是所有者、管理层、债权人、政府监管机构、工会还是与企业财务业绩存在利益关系的其他许多团体，其决策都会因使用会计信息而得到加强。

由于会计被广泛用来反映各种商业活动，所以会计有时被称为商业语言。成本、价格、销售量、利润及投资报酬率都是会计计量指标。投资者、债权人、管理层以及与企业财务利益相关的其他人员，如果想要了解和沟通企业情况，就需要清晰把握会计术语和概念。本书重点介绍会计信息在企业中的应用。当然，政府机构、非营利组织和个人也会使用会计信息，而且使用方式与企业组织非常相似。

1.1.1 基于用户视角的会计

有些人把会计简单看成仅由专业会计师执业的、满是种种规则的高技术领域。事实上，几乎每个人每天都在使用会计信息。会计信息是计量和沟通经济事项的手段。无论是企业管理还是投资，或是监控资金的收取和使用，实际上都是在与会计概念及会计信息打交道。

本书的主要目的是培养经济决策中理解和运用会计信息的能力。为此，有必要清楚：

- 会计信息所反映的是经济活动实质。
- 会计信息的形成需要利用假设和计量方法。
- 会计信息应与各种决策密切相关。

图 1-1 给出了会计高等教育路径委员会（Pathways Commission）开发的描述会计概念的一个模型。[⊖]企业从事经济活动，为了将这些经济活动转换为有用的信息，鉴于业务交易常常很复杂，有时就需要依靠重大判断。为此，会计师必须运用有效的批判性思维方法。有效信息最终是为了有助于做出正确决策，从而促进社会的繁荣发展。

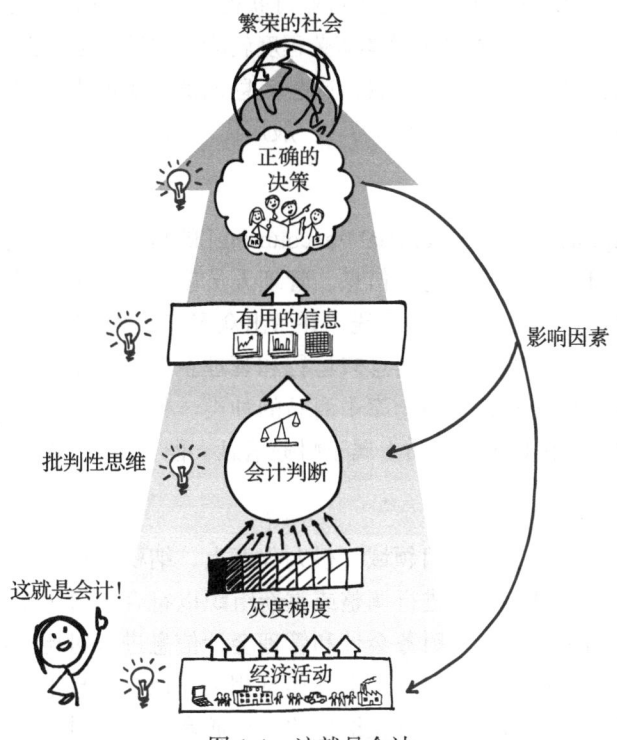

图 1-1　这就是会计

1.1.2　会计信息的类型

正如经济决策有很多类型一样，会计信息也有很多类型。财务会计、管理会计和税务会计这三个术语通常被用来描述企业界广泛使用的三种会计信息。

1. 财务会计

财务会计（financial accounting）指的是那些反映某个经济主体（组织或个人）的财务资

⊖ 会计高等教育路径委员会是 2010～2015 年的一项全美性计划，目的是鼓励并吸引最优秀的学生、学者、从业人员及其他知识领袖从事会计实务和研究工作。

源、责任和经营活动的信息。会计人员用"财务状况"这一术语来描述经营主体在某个时点的财务资源和责任，用"经营成果"这一术语来描述经营主体一年内的财务活动。

> ⊙ **小案例**
>
> 在索尼公司向股东发布的 2018 年 3 月 31 日的财务报表中，公司的财务状况如下：资产（包括现金及现金等价物、存货、财产和机器设备）19 065 万亿日元，与资产相对应的负债为 15 409 万亿日元，所有者权益为 3 656 万亿日元。由同一财务报告可知，在截止日为 2018 年 3 月 31 日的年度，索尼公司取得了 5 470 亿日元的净利润（收入超过费用的部分）。

财务会计信息主要用来帮助投资者和债权人决定如何安排其稀缺的投资资源。这些决定对社会非常重要，因为它们决定了哪些公司和行业可获得增长所需的财务资源。如果作为稀缺资源的资本能得到有效配置，那么社会的整体繁荣程度就能达到最大化（参见图 1-1 的模型）。

管理者常常使用财务会计信息，当然，这些信息也被用于所得税纳税申报。事实上，财务会计信息可用于多种目的，因此常被称为"一般用途"会计信息。

2. 管理会计

管理会计 [management（or managerial）accounting] 的目的就是形成并解释专门用以帮助管理层经营企业的会计信息。借助这些信息，管理人员就可以制定公司的总体目标，评价部门和个人的业绩，决定是否引入新的生产线，并做出众多其他经营决策。

公司管理者与员工总是需要这些信息来运行和管理企业的日常经营活动。例如，他们需要知道公司银行账户中的金额，公司仓库中商品的种类、数量和金额，以及对具体债权人的负债金额。许多管理会计信息虽然本质上属于财务信息，但直接按决策需要进行组织。

3. 税务会计

编制纳税申报表是会计中的专门领域。很大程度上，纳税申报表的编制要以财务会计信息为基础。不过，这些信息通常要进行调整或重新组织以符合所得税报告的专门要求。引入税务会计信息概念的目的是便于与财务会计和管理会计信息进行对比。虽然税务信息对公司成功经营至关重要且总与财务会计和管理会计信息相关，但它来自不同的系统，且必须符合有关公司纳税义务的专门法律要求。有关纳税的法规通常不同于财务会计和管理会计信息的编制规定，由此产生不同的数字和报告也就不足为奇了。鉴于本书的重点是基础会计，而税务会计又非常复杂，故将有关税务会计的介绍留给其他会计课程。

1.2 信息系统

信息系统（information system）包括被组织用于形成信息并将这些信息传递给决策制定者的人员、程序、技术和记录。信息系统包括但不限于会计信息。信息系统的设计和功能对于不同的组织差别很大。对于小企业，信息系统可能只包括收银机、支票簿以及每年一次与纳税申报人员的会面；对于大企业，信息系统包括计算机、训练有素的人员以及会影响各个部门日常经营的会计报告。不管组织如何复杂，信息系统的基本目的相同：尽可能有效地满足组织对信息的需求。

有很多因素会影响具体组织的信息系统结构，其中，最重要的因素是：①公司对会计信息的需求；②系统运作所能获得的资源。

作为信息系统的重要组成部分，会计信息强调的是会计提供信息的作用、信息的使用者以及这些信息对财务决策所提供的支持。图1-2描述了这一关系。虽然在初学商业和会计时可能对一些术语不太熟悉，但随着学习的深入，特别是学习了其他商业及会计课程后，就可全面了解这些术语。但请注意，图1-2中间部分所给出的是信息系统所产生的信息——财务状况、盈利能力、现金流、产品成本、预算和业绩评价。这些信息不仅满足了信息使用者（投资者、债权人、管理者等）的要求，而且支持各种财务决策。这些关系与我们已学的内容相统一，即会计信息旨在辅助决策制定。

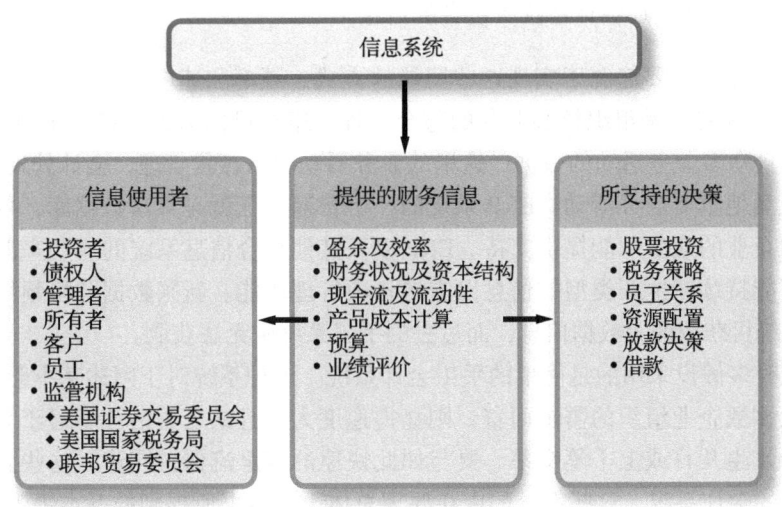

图1-2 作为信息系统的会计

1.2.1 确定信息需求

公司形成的会计信息种类因以下因素不同而不同：组织的规模、公司运作业务的复杂性、是否为公众公司以及管理层对信息的需求。对有些类型会计信息的需求很可能是由法律规定的。例如，所得税法规要求每家企业的信息系统能够计量公司的应纳税所得额并解释公司所得税申报表中各个项目的性质与来源。又如，联邦证券法要求公众公司依照一般公认会计原则编制财务报表，这些报表必须提交美国证券交易委员会并向股东公布，同时便于公众获取。

其他类型会计信息则必须根据实际需要来提供。例如，每家企业需要知道客户欠公司的款项以及公司欠债权人的款项。虽然许多会计信息对企业经营十分重要，但管理层的态度对于提供什么类型的信息以及信息数量的多少具有重大影响。例如，如果某家百货商店的信息系统需要单独衡量各部门、不同种类商品的销售情况，该怎么办呢？解决办法取决于管理层对信息有用性的态度以及取得信息的成本。

1.2.2 产生会计信息的成本

会计系统必须讲究成本效益原则，即所产生信息的价值应超过其产生成本。当然，管理层必须无条件地提供法律或合同规定的各种会计报告。不过在其他情况下，管理层可能按成本效益原则来决定是否产生某类信息。

近年来，计算机信息系统的开发和安装大大增加了符合成本效益原则而产生的会计信息的种类和数量。

1.2.3 信息系统的基本功能

在形成有关企业活动的信息时，每个信息系统应具有以下基本职能：

- 解释并记录企业交易的影响。
- 对类似交易的影响进行归类，从而形成对管理层有用并可用于会计报告的各项总计和小计。
- 汇总并向决策者沟通会计系统所包含的信息。

信息系统的差异主要起源于实现这些职能的方式、频率和速度。企业资源计划（通常所指的 ERP 系统）针对的是组织核心业务的整合管理，组织可以借助 ERP 系统来收集、存储、管理并解释来自众多业务活动的数据。这里的业务活动包括存货管理、会计处理、人力资源、客户关系以及其他重要业务活动。ERP 系统的一个普遍特征就是共享数据库，可以为包括会计处理在内的企业的众多职能提供支持。ERP 以及其他整合信息系统的成功来源于技术的持续进步，从而能持续产生新类型的信息以支持各项管理职能。新兴数据分析领域诞生于公司利用其技术系统可获取的大数据信息，而过去的手工系统则无法获取。

本书分析时多假设采用的是简单的手工会计系统。这种系统对于阐述基本会计概念有用，但对于满足大多数企业组织的需求而言，则显得速度太慢且缺乏灵活性。对于大型企业，每小时可能就会发生几百或上千笔交易。要与如此快速的信息流保持同步，这些公司必须使用高度计算机化的会计系统。这些系统的内在原理总体上与本书所提到的基本手工系统相一致。了解手工系统有助于使用者了解计算机系统必须满足的要求。

1.2.4 谁来设计和安装信息系统

大型信息系统的设计和安装属于专业领域，不仅涉及会计知识，而且涉及管理、营销，很多时候甚至还涉及计算机编程等专业知识。鉴于需要各种专业技能，所以信息系统一般由许多专业人才组成的团队进行设计和安装。

大型公司有专门负责设计和持续完善会计系统的系统分析师、内部审计师和其他专业人士。中型公司常常聘请会计师事务所设计和更新系统。资源有限的小企业一般购买专为该行业小公司设计的成套会计系统中的一套。这些成套系统可以从办公用品商店、计算机商店和软件制造商处购得。

1.2.5 内部控制要素[⊖]

在开发信息系统时，组织也必须重视内部控制系统建设。**内部控制**（internal control）是

[⊖] 本部分信息来自 *Internal Control—Integrated Framework*: *2013*, Committee of Sponsoring Organizations of the Treadway Commission, May 2013.

为了确保组织的财务报告可靠、符合法律法规并确保报告编制有效且合理而设计的。公司董事会、管理层及其他人员都对内部控制建设和监控负有责任。如"美国反虚假财务报告委员会的发起人委员会"（The Committee of Sponsoring Organizations of the Treadway Commission, COSO）在《内部控制——整合框架：2013》中所指出的，内部控制包括五项要素：控制环境、风险评估、控制活动、信息沟通以及监督活动。

组织的**控制环境**（control environment）是内部控制所有要素的基础，为组织设定了基调。影响公司控制环境的因素包括：①公司能够恪守正直并坚持伦理价值观；②董事会独立于管理层并对公司的内部控制具有监督权；③在董事会的监督下，管理层享有合理程度的权利和义务；④对吸引、培养和保留具有竞争力的员工做出组织承诺；⑤员工要对他们的工作绩效负责。由于虚假财务报告通常来自无效的控制环境，因此控制环境特别重要。

风险评估（risk assessment）包括识别、分析和管理那些威胁组织目标实现的风险。例如，公司应评估那些影响公司财务报告可靠性的风险，并采取措施将这种风险控制到最低限度。组织一旦存在欺骗行为，那么其风险评估程序很可能已经失灵。

控制活动（control activities）是管理层针对风险评估过程所识别的风险而设置的政策和程序。控制活动的例子包括批准、授权、验证、协调、审查经营业绩、保障资产安全和职责分离。

信息与沟通（information and communication）包括开发信息系统以捕捉和沟通企业经营所需的与业务运作、财务和合规性有关的信息。有效的信息系统既可获取内部信息也可获取外部信息。而且，有效的控制系统可促进信息在组织内自上而下（从管理人员到员工）、自下而上（从员工到管理人员）和横向流动。员工必须收到高层管理者重视内部控制的消息，并且必须理解自己在内部控制系统中所扮演的角色和他人的角色。

所有内部控制系统均须接受监督。**监督活动**（monitoring activities）能使公司按时间进程对内部控制系统的有效性进行评价。监督活动一般通过持续的管理、监控活动和定期单独评估内部控制系统来实现。绝大多数大型组织强调内部审计职能，内审活动就是对内部控制的单独评估。实际上，纽约证券交易所要求所有上市公司维持内部审计职能。

鉴于安然公司和世通公司大规模财务欺诈的教训，美国国会于2002年通过了由布什总统签发的《萨班斯-奥克斯利法案》（Sarbanes-Oxley Act, SOX）。《萨班斯-奥克斯利法案》被描述为美国自20世纪30年代以来影响最为深远的证券法律。《萨班斯-奥克斯利法案》的要求之一就是公众公司发布的年度报告必须表明公司是否具有对财务报告进行内部控制的有效系统。实质上，管理层必须指明公司的内部控制系统能否对按照财务报告相关法规要求编制的财务报表提供合理保证。此外，除了最小上市公司以外，所有公司的外部审计师必须对公司内部控制系统是否有效发表自己的观点。这些要求包括在《萨班斯-奥克斯利法案》的404条款中。因此，很多企业界人士将上述过程称为404认证和404条款下的审计。这些认证过程极其费钱费时，以至于有些业界人士认为这项认证规定的相关成本超过了收益。

1.3 财务会计信息

无论是对那些仅仅需要初步了解会计的学生，还是对需要学习其他许多会计课程的会计专业学生，财务会计都是一门重要的课程。财务会计提供的是有关企业财务资源、责任和经营活动的信息,这些信息主要为外部决策者(投资者和债权人)所用。

1.3.1 会计信息的外部使用者

何谓外部使用者?他们是谁?会计信息的**外部使用者**(external users)是指那些对报告企业拥有当前或潜在财务利益但不参与该企业日常经营活动的个人和企业。财务信息的外部使用者一般包括:所有者、债权人、潜在投资者、工会、政府机构、供应商、客户、商业协会、公众。

这些外部决策制定者各有独特的信息需求,以便对报告企业进行有关决策。例如,从报告企业采购的客户需要信息来评价所购产品的质量及企业履行保修义务的可信度;政府机构,如联邦贸易委员会,可能会关注报告企业是否遵循了某些相关的政府规定;公众可能对报告企业履行社会责任的程度(如没有污染环境)感兴趣。

仅用一套财务信息满足如此众多的使用者的信息需求,尽管有可能,但相当困难。因此,对外财务报告主要供两类人(投资者和债权人)使用。不难发现,投资者是指拥有报告企业的个人和企业,而债权人则是指报告主体欠钱、欠货的个人和企业。例如,商业银行可能贷款给报告企业,供应商可能允许报告企业赊购商品。这里需要假定的是,在满足投资者和债权人的财务信息需求的同时,这些信息也可为其他很多财务信息使用者所用。

基于这些理由,我们有时将投资者和债权人统称为主要的财务信息外部使用者。对于这种说法,请记住这里既包括当前的投资者和债权人,也包括未来可能会成为投资者和债权人的个人和企业。

1.3.2 对外财务报告的目标

如果你投资或贷款给一家公司,那么你在这家公司的主要财务利益是什么?你可能会关心两件事,而这两者都构成了公司的**现金流预测**(cash flow prospects)。你可能会关心你的投资或贷款在未来某一天的回报情况,即所谓的**投资收益**(return of investment)。当然,作为公司的所有者或债权人,你预期公司会因使用你的资金而支付一定款项,即投资报酬。所谓现金流预测信息就是那些有助于判断公司因使用你的资金而向你提供投资报酬的能力的信息。

> ⊙ 债权人
>
> 假设你是某银行的贷款员,负责为购买汽车、家电等产品的个人提供小额贷款融资,现正在考虑某位需要购买新汽车的年轻女士的申请。该女士想申请一笔 10 000 美元的贷款,加上以旧换新的款项,她就可以买辆新车。关于这笔贷款的偿还,你有什么要求?哪些信息可以帮助你确定该贷款对银行是否有信贷风险?

假设你有个朋友想开办一家企业并需要筹措一笔资金以便租借场地、购买企业运营所需的资产(如送货卡车、展示装置)、在公司正式营业且客户开始付货款前支付员工工资。你的财务状况很好,因此同意借给朋友 10 万美元。不过,你并不打算进行长期投资或成为这家企业的共同所有者,只是想帮助朋友开办这家公司并同时赚取借款的资金报酬而已。再假设你同意朋友可以使用你的 10 万美元资金一年。如果你不贷款给这位朋友,可投资另一项目赚取

5%的收益。

除了想帮助朋友外,你还想知道这笔10万美元贷款的风险有多大。你预期朋友会偿还10万美元,而且也会因使用资金而额外支付给你5 000(=100 000×5%)美元。如图1-3所示,一年后,投资归还10万美元,预期可收到的一年资金的使用费为5 000美元。

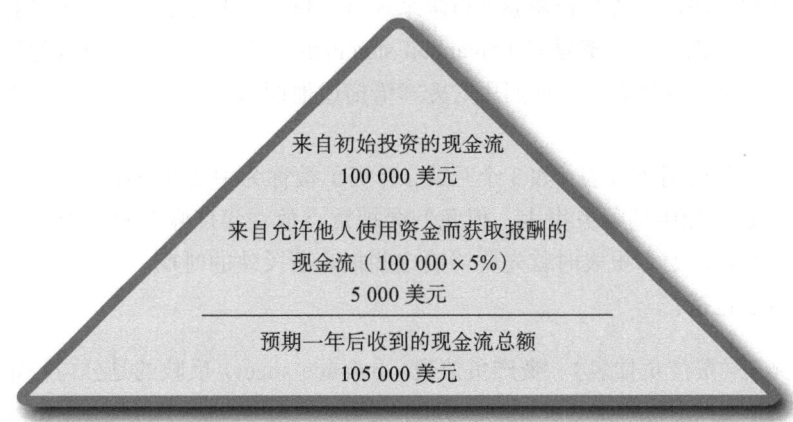

图1-3　投资分析

从本质上讲,财务报告所提供的信息可以帮助你评估你朋友的偿还能力。你需要信息来评估你出借10万美元后所承担的风险以及你朋友一年后偿还105 000美元的可能性。尽管这一例子比较简单,但有助于理解各种投资决策所需的信息。

会计职业界已对对外财务报告的一些目标有所明确,便于指导如何提炼和完善向外部决策者报告的信息。图1-4列出了这些通用目标。了解时最好自下而上,即从一般到具体。㊀

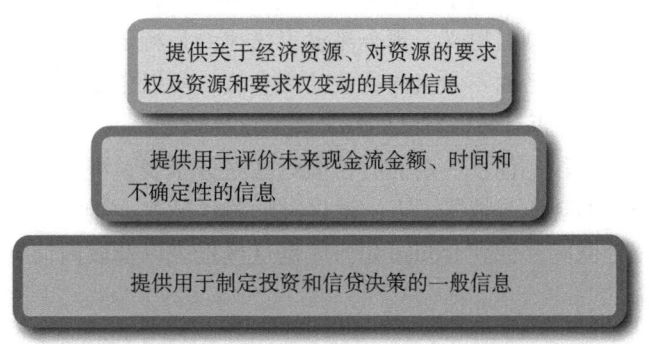

图1-4　财务报告的目标:从一般到具体

第一个目标是最为一般性的目标:提供用于制定投资和信贷决策的信息。如前所述,投资者和债权人是对外财务报告关注的重点使用者。我们相信,通过满足投资者和债权人的信息需求,我们也可为其他许多主要财务报表使用者提供有用信息。

第二个目标比第一个目标更为具体:提供用于评估未来现金流金额、时间和不确定性的信息。如前所述,投资者和债权人最关心他们在未来能够获得的现金流。因此,财务报告的一个

㊀ FASB *Statement of Financial Accounting Concepts No.* 1, "Objectives of Financial Reporting by Business Enterprises" (Norwalk, Conn.: 1978), p. 4.

重要目标就是提供能够进行这种分析的通用信息。

对外财务报告最具体的目标是提供关于资源、对资源的要求权以及资源与要求权如何随时间变化的信息。企业的资源常被称为资产，对那些资源的主要要求权来自债权人和所有者，即所谓的负债和所有者权益。

投资者和债权人评价公司是否能够进行未来现金支付的主要方法之一就是检查和分析该公司的财务报表。一般而言，**财务报表**（financial statement）披露的仅仅是被认为是真实的公司情况。在会计师编制财务报表时，他们用财务术语描述他们认为公允反映了企业财务活动的一些属性。

报告期短于一年的财务报表（如3个月或1个月）被称为中期财务报表。本书中，我们同时使用年度财务报表和中期财务报表，但我们会把重点放在年度账务报表上。无论是使用者还是编制者，接触公司财务报表时首先要明确这些报表所反映的时期。

主要财务报表包括：

- 财务状况表（资产负债表）。**资产负债表**（balance sheet）反映的是公司特定日期的财务状况。
- 利润表。**利润表**（income statement）反映的是公司在某个时期（如1个月、1个季度或1年）内经营活动的具体情况和结果。
- 现金流量表。**现金流量表**（statement of cash flows）反映的是公司在某个时期内涉及现金的活动的具体情况。

三大主要财务报表的名称本身就反映了报表的内容。例如，**财务状况表**（statement of financial position），即资产负债表，有时被描述为基于财务或货币角度的企业快照（即企业在特定日期的财务状况），利润表则是描述企业在特定时期获利能力的报表。对于投资和信贷决策，现金流量表特别重要。顾名思义，现金流量表描述的是特定时期现金变化的方式。投资者和债权人关心的是流向自己而不是流向企业的现金流，所以企业现金活动信息对投资者和债权人而言属于判断未来能否有流向自己的现金流的重要信号。

在会计学习的初始阶段，你不一定能看得懂这些财务报表，可能不知道如何通过这些报表来准确预测某家公司的现金流情况。下一章将对财务状况表（资产负债表）、利润表和现金流量表进行详细介绍。到时，你就会知道如何编制这些报表以及表内信息是如何帮助你揭示企业主要经营活动的。

1.3.3　对外报告信息的特征

为最大化信息的有用性，必须了解那些报告给投资者、债权人及报告企业之外其他企业的财务信息应具有的某些特征，其中一些特征如下。

1. 财务报告：一种手段

如本章引言所述，财务信息是达到目的的一种手段，其本身并不是目的。提供财务信息的最终目的是提高外部人员的决策质量，从而促进社会的繁荣。财务报表本身仅是达到此目的的一种手段。

2. 财务报告与财务报表的比较

财务报告比财务报表范围更广。换言之，财务报表是财务报告所包括的全部信息的一个子集。除了正式的财务报表外，投资者、债权人和财务信息的其他外部使用者还可通过其他许多方式来了解企业。例如，投资者和债权人可以通过公司直接发布的新闻、刊登在《华尔街日报》等出版物上的文章以及互联网上发布的最新信息来获得信息。借助这些可获得的信息，勤勉的投资者、债权人和其他外部使用者就可进行针对企业的经济决策。

3. 历史性特征

对外报告的财务信息本质上大多属于历史信息，是对过去的回顾，报告的是已经发生的事项和交易结果。历史信息对评价未来非常有用，但信息本身是关于过去而不是关于未来的。不过，近年来，会计标准的制定者要求编制财务报表时更多地采用公允价值而非历史成本，并运用前瞻性信息。

4. 计量具有近似性而非精确性

对外报告的财务信息表面上看似高度精确，但实际上很多信息都是基于对过去和未来所必须进行的估计、判断和假设。例如，假设某家公司购买了一台经营设备，为了对该项资产进行会计处理并将其影响反映在公司对外报告的财务信息中，就必须对公司使用这台设备的时间进行假设，如使用年限多长、机器生产工时多长、各个年度使用情况的差异等。显然，绝大多数会计信息依赖大量的判断。这一局限性有时会被误解。

5. 通用目的假设

如前所述，假设通过提供满足投资者和债权人需要的信息，我们同时也满足了其他外部人员的信息需求。如果企业能对每一个潜在外部使用者分别编制不同信息，那么企业就能提供更高质量的信息。不过，这种方法往往不现实。相反，企业多倾向于编制对绝大多数使用者有用的信息，这种信息被称为**通用目的信息**（general-purpose information）。

6. 通过解释可增加有用性

会计职业界认为，对外报告的财务信息的价值会因附有管理层的解释而得到提升。这些多为非量化的信息通常有助于解释所报告的财务数据。正因如此，包括财务报表在内的财务信息往往附有很多附注及其他说明，目的就是用来帮助说明和解释数字信息。

1.4 管理会计信息

企业雇用的内部决策者常常被称为管理层。管理层提供并使用内部会计信息，这些信息不仅包括内部专用的信息，也包括与外部决策者共享的信息。例如，为了完成某一生产进度，生产商可能为供应商设计会计信息系统，详细描述其生产计划。生产商会与供应商公司共享这些信息，以便帮助生产商实现目标。因此，虽然会计信息的提供者和发布者都是内部决策者，但信息的接收方也可能包括外部决策者。不过，其他类型会计信息并不提供给外部决策者。长期计划、研发成果、资本预算详情以及竞争战略通常属于公司机密，需要严格保密。

1.4.1 内部会计信息的使用者

企业的每位员工都会使用内部会计信息。从基层员工到首席执行官（CEO），公司要对所有员工支付工资，其工资都是通过会计信息系统来生成的。不过，就会计信息系统的使用量，特别是参与会计信息系统设计的程度而言，往往存在很大的差异性。会计信息系统的内部使用者包括：董事会、首席执行官、首席财务官、副总裁（信息服务、人力资源、伦理等）、业务部门经理、工厂经理、商店经理和生产线主管。

公司针对员工设计了各种具体目的和目标，旨在帮助企业实现总体战略和使命。图1-5给出了典型的简明组织图，不难发现不同员工所形成和使用的信息差异很大。所有企业都遵循与其会计信息系统设计有关的规则，以确保会计信息的公允性并保护企业的资产。不过，内部报告的类型或所生成的会计信息的种类并没有什么规则可言。只要稍到公司内部一看，就不难发现，员工决策过程中产生和使用的会计信息呈现多样化特征。

许多企业使用数据库方法来创建会计信息系统。该方法结合用户友好软件，使管理人员和其他特定员工能够获取用以产生各种会计报告（包括所要求的对外财务报告）的信息。例如，生产线主管使用生产过程发生的详细成本信息来帮助控制生产成本。在考虑设备和人员的最佳配置时，程序设计工程师会使用同样的信息来降低成本或提高效率。最后，与生产相关的成本信息还会出现在供投资者和债权人使用的对外财务报表中。

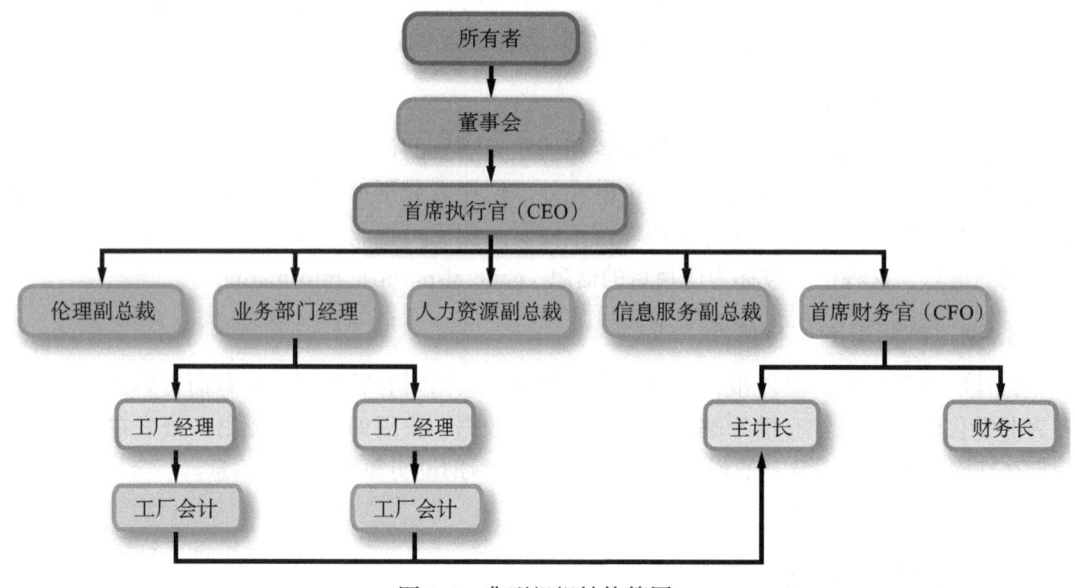

图1-5 典型组织结构简图

1.4.2 管理会计信息的目标

每家企业都有暗示或明示的目的和目标，很多企业以使命形式来描述其目的，这些目的因企业不同而差别很大：非营利组织以服务特定群体为目的，而营利组织以所有者目标最大化为目的。例如，美国心脏学会（American Heart Association）是一家非营利组织，其使命如下：

美国心脏学会致力于"成为让全人类更长寿更健康的强大力量"。如果对该使命做进一步分析，不难发现心脏病是全球的第一杀手，而中风则位列全球第二。这类疾病即便没有造成死亡，也会导致残疾和生活质量下降。我们希望全人类免遭心血管疾病和中风的困扰。[⊖]

宝洁公司是一家营利性的全球消费品生产商。公司在2018年年度报告中指出：

> 无论现在还是将来，公司都将致力于提供高质量的品牌产品和价值，增进全球消费者的福利。这样，消费者们将帮助我们成为行业销售领袖，从而创造利润和价值，让我们的员工、我们的股东以及我们赖以生活和工作的社会更加繁荣昌盛。[⊜]

宝洁公司提供给股东的年报中就公司如何实现使命、走向卓越提出了5项措施：

- 产品：卓越的公司起自卓越的产品。唯有产品优秀了，消费者才能意识到差异。
- 包装：卓越的产品配以优质的包装。引人注目的包装不仅能传递品牌价值，而且有助于销售的实现。
- 品牌沟通：产品和包装的优需要运用与众不同的品牌信息才能得以传递。公司的广告引发了受众的参与和共鸣，受众自然就会有购买的行动。
- 零售实现：通过与顾客的合作来实现优质的零售服务，包括合理的店内布局、产品类型、品类规模、产品定价、货架布置和展销方式，并提供产品内容、品类信息、产品评级、客户评论、产品搜索、产品订购等在线服务。
- 消费者与客户价值评价：无论产品价格层次高低，公司强调的都是向消费者和零售顾客创造卓越的价值。[⊜]

这些组织的利益相关者收到公司的对外财务信息，从而可以评价实现企业目的和目标的进程。例如，宝洁公司向股东提供季报和年报信息，美国心脏学会需要向监管者汇报活动和财务状况。向各利益相关者提供评价信息只是会计系统的目标之一。

企业通过设计和使用内部会计信息系统来帮助实现既定目标和使命。公司常常定期编制并发布各种报告，一些属于常规报告，另一些则属于专门性报告。为激励管理者实现组织目的，公司通过内部会计系统来评价和奖励决策业绩。用会计系统将一个期间的计划或预算与实际结果相比较，就可揭示负责该部分预算的员工的业绩。在很多企业，管理层建立了与会计系统业绩计量相关的奖励系统。

如上所述，最一般层次上的会计系统目标的设定是以企业目标和任务为起点的。这些一般性组织目标形成了对信息的需求。企业从内部和外部渠道收集历史的和未来的信息。对于掌握企业资源的决策者而言，他们就要用该信息来评价并奖励其决策业绩。

1.4.3 管理会计信息的特征

管理层形成并使用的会计信息主要服务于计划和控制决策。因为形成和使用管理会计信息的目的不同于形成对外报告财务信息的原因，因此管理会计信息具有不同的特征。

⊖ www.heart.org/en/about-us.
⊜ P&G 2018 Annual Report, p.75.pg.com.
⊜ P&G 2018 Annual Report, p.iv.pg.com.

财务会计报告的形成过程以及这些报告的结构对公司的经营战略具有重大影响。例如，因为对外财务报告标准要求公司在财务报表中反映与退休金相关的负债，所以管理层应该严密监控这些负债。这些与退休金相关的债务会影响劳工谈判以及与劳动力相关的公司策略。

又如，形成规定的对外财务报告的必需过程历来都决定着公司用于内部决策的会计信息类型。公司的大多数工厂按利润中心组建，与工厂相关的财务报表必须反映对外报告所要求的内容。

阅读本书时，必须清楚财务报告与经营战略之间的相互影响。下面介绍管理会计信息的特征。

1. 及时的重要性

为了对当前经营过程进行计划和控制，会计信息应当具有及时性。许多企业面临的竞争环境要求及时获取信息。针对这一需求，企业可以建立计算机数据库，从而与行业协会的外部预测、供应商和购买者以及委托人相联系。随着新产品及服务的开发和推广期变得越来越短，企业必须优先考虑快速获取信息这一问题。

除了计划需要及时取得信息外，企业总是需要监督和控制当前的经营活动。如果某个过程或作业失控，那么企业可能遭受巨大损失。例如，产品召回对公司而言代价很高。如果公司能对所有环节进行监督，避免把质量低劣或有缺陷的产品卖给客户，那么公司就可节约大笔开支。

2. 决策者的身份

用于监控和控制过程的信息必须提供给有权力纠正问题的决策者。向一线工人报告残次品和返工信息而不给予他们修正工序的许可是毫无效果的。然而，对于拥有设备及工作相关活动决策权的自主团队而言，如果团队成员能控制引起问题的过程，那么团队会对返工和残次品问题产生重大影响。

3. 面向未来

尽管与财务会计信息一样，有些管理会计信息本质上具有历史性，但创造和形成这些信息的目的是影响未来，其目标是促使管理人员制定对企业最有利，与企业目的、目标和使命相一致的未来决策。

4. 效率与效度衡量指标

管理会计信息衡量资源使用的效率和效度。通过比较企业与竞争者的资源投入与产出效度和效率的衡量指标，就可以评价管理人员实现组织使命的效果。管理会计系统以货币作为通用单位来进行此类比较。

5. 管理会计信息：一种手段

与财务会计信息一样，管理会计信息也是达到目的的一种手段，但其本身并不是目的，其最终目标是设计并运用可以帮助管理人员实现企业目的和目标的会计系统。

1.5 会计信息的公允性

是什么原因使得投资者和债权人信赖财务会计信息，而不会担心报告企业的管理层会为了美化公司业绩而对会计信息做手脚呢？管理层如何能确信内部产生的信息不存在厚此薄彼的偏见呢？**公允性**（integrity）一词包含如下含义：全面、完整、无损、健全、诚实和可信。会计信息必须具备这些特征，因为信息对于依赖它进行重要财务决策的人员具有重要意义。

会计信息的公允性通过三种主要途径得到强化。第一，某些制度特征大大增强了会计信息的公允性。这些特征包括编制会计信息的标准、内部控制结构以及财务报表审计。第二，一些职业会计组织对增强会计信息的公允性有独特作用。第三，可能也是最重要的一点，专业会计人员的个人胜任能力、判断能力和职业道德行为。会计职业的这三个要素合力确保会计信息使用者（投资者、债权人、管理者和其他人）相信这些信息公正地体现了它要体现的内容。

1.5.1 制度特征

1. 编制会计信息的标准

向外部投资者、债权人和其他使用者传递的会计信息必须遵循某种信息编制者和使用者都能理解的标准，这些标准被称为**一般公认会计原则**（generally accepted accounting principles，GAAP）。这些原则为确定财务报表中应包括哪些信息以及这些信息如何编制和列示提供了一个通用框架。GAAP包括众多计量和列示原则，也包括职业会计师编制会计信息和报告时所使用的具体规则。

会计原则不同于物理法则，它们并不存在于自然界中等待人们去发现。相反，这些原则是人们根据大家所认为的财务报告的最重要目标而制定的。会计原则在许多方面类似于为一项有组织的运动（如棒球或篮球）所制定的规则。例如，会计原则和体育规则一样具有以下这些特征：

- 源自传统、经验和官方法令的组合。
- 需要权威性的支持和某些执行措施。
- 有时呈现武断性。
- 可能由于现行规则中存在的缺点而随时间发生改变。
- 必须被该过程的所有参与者清晰理解和遵守。

会计原则在一定程度上会呈现国家间差异。GAAP指的是在美国使用的会计概念。国际会计准则理事会（IASB）目前正试图建立可在全世界范围内应用的更为广泛统一的会计准则，从而便于开展跨国商业活动。

在美国，建立会计原则过程中有三个组织尤为重要——证券交易委员会（SEC）、财务会计准则委员会（FASB）和国际会计准则理事会（IASB）。

2. 证券交易委员会

作为一家政府机构，**证券交易委员会**（Securities and Exchange Commission，SEC）拥有为公众持股公司制定会计原则和财务报告要求的法定权力。代表公众公司所有权的股票可以通过股票交易所或场外市场进行买卖。过去，SEC通常采纳FASB的建议，而不是开发一套自己的会计原则。因此，会计原则继续由私人部门制定，但被赋予了法律效力，毕竟在美国，SEC依赖于FASB开发的会计准则。

为了确保新会计准则被广泛接受，FASB和SEC两大组织紧密合作，共同制定新的会计准则。SEC还对公众持股公司的财务报表进行审核，以确保这些报表符合SEC的报告要求。

若一家公众持股公司未能遵守这些要求，那么SEC可能会对这家公司及责任人提起法律诉讼。因此，SEC强制要求公司遵循主要由FASB制定的一般公认会计原则。

3. 财务会计准则委员会

当前，一般公认会计原则最权威的来源就是**财务会计准则委员会**（Financial Accounting Standards Board，FASB）。作为一家独立的规则制定团体，FASB由来自会计职业界、工商业、财务报告使用者和会计教育界的7位成员组成，并由所设的顾问委员会和众多研究人员为这些成员提供支持。

FASB编制了会计准则汇编中现在和以前所有的准则。FASB定期发布更新的会计准则汇编。会计准则汇编代表了一般公认会计原则的官方解释。

除了发布被称为一般公认会计原则的会计准则汇编外，FASB还开发了解释并指导未来会计准则制定的概念框架。这一概念框架阐明了FASB对以下几方面的观点：财务报告的目的；会计信息的理想特征；财务报表的构成要素；财务报表要素的估值和计量；确定财务报表附注中应包括哪些信息的标准。

FASB属于私有经济部门，而非政府机构。在美国，会计原则在传统上由私人部门制定，虽然政府通过SEC对此施加了大量影响。

4. 国际会计准则理事会

当企业在本国以外经营时，不同国家财务报告惯例方面的差异可能造成大问题。例如，当公司在另一个国家购买或销售产品时，会计信息如果缺乏可比性就会产生不确定性。同样，公司在他国资本市场上出售证券的跨境融资活动也越来越普遍。跨境商业活动需要不同国家公司间的会计信息更具可比性。

因为跨境活动越来越多，所以全球各地都在对会计准则进行协调。其中，**国际会计准则理事会**（International Accounting Standards Board，IASB）在协调过程中起着主要作用。国际会计准则理事会的总部设在伦敦，由精通主要资本市场所采用的会计方法的职业精英组成。

国际会计准则理事会发布国际财务报告准则（IFRS）。包括欧盟、澳大利亚和加拿大在内的100多个国家和地区要求上市公司遵守国际会计准则理事会的准则。更重要的是，对于在美国证券市场跨国上市的外国公司，美国证券交易委员会也认可使用国际会计准则理事会的准则来编制财务报表。另外，对私营公司报告有管辖权的美国注册会计师协会（AICPA）也接受FASB准则或IASB准则作为会计原则的权威性来源。

美国证券交易委员会已就支持统一全球会计准则发布了声明。美国证券交易委员会的声明重申了统一的高质量的全球会计准则最有益于投资者，也重申了由国际会计准则理事会发布的国际财务报告准则最适合扮演这一角色的观点。然而，2012年，美国证券交易委员会就要求美国上市公司采用国际财务报告准则发布了一份详尽的报告。虽然美国证券交易委员会报告总结指出，国际会计准则理事会的准则被普遍认为具有较高质量，但此准则在美国的应用还是遇到了明显的阻力，其中一个原因就是国际会计准则理事会依赖大型会计机构提供的资金。此外，许多美国公司指出，接受国际财务报告准则将使私营业主的会计成本大大增加。⊖

⊖ United States Securities and Exchange Commissions Office of the Chief Accountant, *Work Plan for the Consideration of Incorporating International Financial Reporting Standards into the Financial Reporting System for U.S. Issuers*, July 2012.

> ⊙ **小案例**
>
> 如果美国开始采用国际财务报告准则，那么可能需要对会计系统、控制和步骤进行重大改变。例如，国际财务报告准则要求企业以相同方式对同类业务进行会计处理，而不管业务发生在哪儿。不过，美国的一般公认会计原则并没有这一要求。因此，如果国际财务报告准则成为美国公众公司的强制性准则，那么公司必须详细列出其全部业务并就其发生做出解释。

5. 公众公司会计监管委员会

公众公司会计监管委员会（Public Company Accounting Oversight Board，PCAOB）是一家准政府机构，负责监督公众会计职业。该委员会是2002年《萨班斯－奥克斯利法案》的产物，于2003年春实施。

PCAOB在监督会计职业方面权力广泛。如前所述，任何会计师事务所都希望审计那些在PCAOB登记的公众公司。PCAOB制定了有关上市公司审计的准则，而之前该准则由私人部门的会计职业界制定。公众公司会计监管委员会也会检查公众会计师事务所审计的质量。如因不符合标准审计工作而被控诉，那么委员会将展开调查并确定罚款。

PCAOB的总部设在华盛顿哥伦比亚特区，在美国主要城市都设有区域分部。PCAOB由5位成员组成，每届任期为5年，可连任一届。委员会中注册会计师不能超过两名，同时还雇用大量优秀员工。PCAOB的资金来自对上市公司进行强制性评估的收入。评估的是相对于美国整个股票市场价值的公司市值。

6. 财务报表的审计

外部人员凭什么确信管理层所发布的财务报表全面而可靠地反映公司的财务状况和经营结果呢？大多数情况下，这种确信来自注册会计师事务所对公司财务报表进行的审计。作为财务报告方面的专家，这些审计师独立于发布财务报表的公司。

审计（audit）是通过独立调查公司财务报表来确定这些报表的公允性的。会计师和审计师用"公允"一词来描述报表是否可靠和完整，是否遵循一般公认会计原则且没有误导。

在审计财务报表时，一般公认会计原则是判断财务报表的标准。为了使审计师得出财务报表公允地反映了公司的财务状况、经营成果和现金流的结论，该报表必须在所有重要方面都遵循一般公认会计原则。

7. 立法

如前所述，美国国会于2002年通过了《萨班斯－奥克斯利法案》。该法案的重要条款之一就是建立了本章前面所介绍的公众公司会计监管委员会；另一个重要条款是禁止审计师给审计客户提供许多非审计服务，其理由在于担心审计师在对投资者和债权人所依赖的财务报表出具意见时，非审计服务会干扰审计师的客观性。《萨班斯－奥克斯利法案》也加强了公司董事会和审计委员会监管外部审计师的责任，要求公司首席执行官和首席财务官负责保证公司财务报表的公允性。

1.5.2 职业组织

一些职业会计组织在提高投资者、债权人、管理层和其他人所使用的会计信息质量方面起到了积极的作用。除了证券交易委员会、财务会计准则委员会和国际会计准则理事会外，美国注册会计师协会、管理会计师协会、内部审计师协会、美国会计学会以及美国反虚假财务报告委员会的发起人委员会也都相当重要。

1. 美国注册会计师协会

美国注册会计师协会（American Institute of CPAs，AICPA）是注册会计师的职业团体，其使命是向成员及时提供资源、信息和主张，以助成员随时保护不断演变的公众利益。⊖ AICPA 参与会计职业界很多方面的活动。AICPA 开展会计研究，并在制定和解释一般公认会计原则过程中与 FASB 密切合作。事实上，在 FASB 制定准则前，会计原则的制定主要由 AICPA 负责。AICPA 审计准则委员会制定了私营公司的审计准则，美国公众公司会计监督委员会（PCAOB）接受其中大部分准则作为公众公司的审计准则。AICPA 也发布了其他职业服务的执行标准。AICPA 是 CPA 后续专业教学的主要提供机构，也为会计人员职业发展提供其他服务。最后，AICPA 还负责 CPA 考试的命题及评分，本章下面将对此进行讨论。

2. 管理会计师协会

管理会计师协会（Institute of Management Accountants，IMA）的使命就是做管理会计和金融领域的专业论坛，注重研究、实务开发、教育培训、知识分享以及倡导符合并且拥护最高标准伦理的卓越商业实践。⊜ IMA 是财务界公认的、最受人敬重的组织，对管理会计和财务管理的概念和道德行为具有重大影响。IMA 资助成员参加大量的教育活动，如全国性研讨会和大会、地区性及地方性项目、自学课程以及在岗和在线的培训项目等。IMA 还开展管理会计师认证（Certificate in Management Accounting，CMA）项目，为个人在管理会计和财务管理方面的胜任能力和专业技能进行认证。

3. 内部审计师协会

内部审计师协会（Institute of Internal Auditors，IIA）是致力于推动和发展内部审计实务的一个主要的国际性职业协会，在 170 多个国家或地区拥有 180 000 多名会员。⊜ 该协会通过开展注册内部审计师项目以及举办前沿性的会议和研讨会来提供职业发展；通过 IIA 研究基金会对发展趋势、最佳实务和其他内部审计问题进行研究；通过内部审计实务准则提供指导；以及提供该领域几乎所有专业方面的教育产品。IIA 还提供审计专业性服务、特定行业的审计项目及质量保证审核和基准测试服务。

4. 美国会计学会

尽管很多会计实务人员也是会员，但**美国会计学会**（American Accounting Association，AAA）的会员主要由会计教育者组成。AAA 的使命是通过会计教育、研究和服务来促进会计学科和职业会计的发展。AAA 很多活动的重点是通过提高会计教授的素质来改善会计教育，以及通过研究和出版来推进会计学科的知识进步。AAA 对会计信息公允性的一个重要贡献是它通过会计教师影响了很多在大学学习会计并随后成为职业会计师的学生。

⊖ www.aicpa.org.

⊜ www.imanet.org.

⊜ www.theiia.org.

5. 美国反虚假财务报告委员会的发起人委员会

美国反虚假财务报告委员会的发起人委员会（Committee of Sponsoring Organizations of the Treadway Commission, COSO）是自发的民间组织，致力于通过开发综合框架和指导企业的风险管理、内部控制和舞弊遏制来提高组织的绩效和治理水平，从而减少组织的舞弊行为。⊖ COSO 最初成立于 1985 年，发起设立了全美虚假财务报告委员会（由前任证券交易委员会委员小詹姆斯 C. 特雷德韦担任主席）。全美虚假财务报告委员会研究了造成虚假财务报告的因素，并提出了一系列改善财务报告、审计和会计教育的建议。全美虚假财务报告委员会的原发起人和 COSO 现在的发起人包括 AAA、AICPA、国际财务官协会（FEI）、IIA 和 IMA。

COSO 以开发评价内部控制，尤其是财务报告的内部控制的标准而著称。《萨班斯－奥克斯利法案》实施后，公众公司现在需要每年评估其财务报告内部控制的有效性，而且要由审计师单独报告关于审计师对财务报告内部控制有效性的评估。评估财务报告内部控制有效性的标准包含在 COSO 发布的《内部控制——整合框架：2013》中。

1.5.3 胜任能力、判断和道德行为

编制和列示会计信息并不是一项完全能由计算机甚至训练有素的文书人员完成的机械化工作。对所有公众职业（包括医学、法律和会计）而言，一个共同的特点是要求能胜任的实务人员运用职业判断并遵循严格的道德标准来解决问题。某一职业实务遇到的问题常常很复杂，而且有其特定的环境。在很多情况下，他人的利益直接受职业人员工作的影响。

为了说明胜任能力、职业判断和道德行为在编制财务报表过程中的重要性，我们来分析下面这些会计人员必须解决的复杂问题：

- 企业对持续很长时间的业务（如建造州际高速公路、飞机或邮轮的长期合同）应当在什么时点进行会计处理？
- 财务报表披露了哪些信息才能使合理使用者认为充分？
- 公司的财务问题在何时足以引起对公司在可预见未来能否持续经营的疑问？这一信息应何时传递给财务报表使用者？
- 管理人员改善财务报表（即"报表粉饰"）的做法何时越过了不当的界限，使得财务报表实际上对投资者和债权人产生误导？

判断总是存在出差错的风险。判断中的有些失误是由财务信息编制者或使用该信息的决策者的粗心或经验不足导致的；有些错误的发生是由于未来事项的不确定性，最终结果与编制信息时的预期不相同而导致的。

如果要公众信任职业会计师的判断，那么这些会计师首先必须表明他们具有胜任能力。会计职业界和各州政府都采取了措施向公众确保**注册会计师**（Certified Public Accountant, CPA）具有技术胜任能力。CPA 由各州颁发执照，与各州向医生和律师颁发执照的方式大体相同。各州颁发执照的要求有所不同，但总的来说，注册会计师必须具有好的品行、完成 150 个课时的大学会计专业教育并通过严格的考试，而且具有会计经验。此外，大多数州还要求所有的 CPA 在从业过程中每年至少花 40 个小时接受职业继续教育。

⊖ www.coso.org.

管理会计师并不要求像 CPA 那样取得执照，但可自愿获得管理会计师认证（Certified in Management Accounting，CMA）或内部审计师认证（Certified in Internal Auditing，CIA）以证明其专业胜任能力。这些证书由 IMA 和 IIA 颁发，分别代表在管理会计和内部审计领域的胜任能力。CMA 和 CIA 的要求与 CPA 类似。

会计的公允性要求诚实和严格遵循职业道德，即做正当的事。对职业会计师而言，道德行为和胜任能力同样重要。然而，检验或推行却相当困难。

很多职业组织有指导其成员活动的道德或职业行为规范。例如，AICPA 有职业行为规范，表明会计职业界确认的对公众、客户和同行的责任。该规范包括的会计原则指导 AICPA 成员承担其职业责任。该规范也表明了道德和职业行为的基本要求，并通过与州注册会计师职业社团联合得到实施，尽管州监管委员会优先监管的是 CPA 执照。

> ⊙ 职业会计师
>
> 假如你是某会计师事务所的职业会计师，目前正处于困境之中。你在事务所客户的财务记录中发现了一些不规范的处理。你不能确定这些不当处理究竟是由公司员工的疏忽引起的还是反映了为掩盖有问题的活动而故意采取的措施。你向上司反映了这个问题，而她指示你应当忽略这件事。她的回答是："这些事一直都有，而且通常都很小。我们完成这个协议的时间很紧张，所以我们要关心的只是在月末之前完成工作的目标。"你会怎么做呢？

表 1-1 节选自 AICPA 的职业行为规范。如条款 2 所述，AICPA 职业行为规范中的原则之一是 CPA 为公众利益服务。所谓公众利益就是会计职业所服务的个人团体和机构的集体利益。其他原则强调了公允性、客观性、独立性以及履行职责时保持应有谨慎的重要性。

表 1-1　AICPA 职业行为规范（节选）

序言

美国注册会计师协会的职业行为规范的各项原则表明了会计职业界对公众、客户和同行的责任。它们指导会员履行其职业责任，也提出道德和职业行为的基本要求。这些原则要求即使是牺牲个人利益也要坚持高尚的行为

条款

1. 责任
在履行专业职责时，会员应在所有活动中保持职业敏感性并做出道德判断

2. 公众利益
会员有义务按照服务于公众利益、忠诚于公众信任、表现出职业精神的方式工作

3. 正直
为保持和扩大公众信任，会员应以最正直的方式履行全部职责

4. 客观和独立
会员在履行职责时，应保持客观性，避免利益冲突。会员在实务中提供审计或其他鉴证服务时，应在实质上和形式上保持独立

5. 应有谨慎
会员应遵循职业技术和道德标准，持续努力提高胜任能力和服务质量，尽最大能力履行职责

6. 服务的范围和性质
会员在实务中应遵循职业行为规范的各项原则，以确定其提供服务的范围和性质

除了注册会计师以外，对会计人员的道德行为预期也很重要。正如 IIA 对内部审计师有一套规范，IMA 也有指导管理会计师的一套规范。

会计信息的内部和外部使用者都承认信息的可靠性受会计人员胜任能力、职业判断和道

德标准的影响。虽然前面所讨论的制度特征和职业组织是财务报告系统的重要部分，但是个人的胜任能力、职业判断和道德行为将最终保证会计信息的质量和可靠性。

本书通过思考题、练习题、计算题和案例对伦理行为进行专题探讨。这些案例强调诚实、公允和充分披露的概念。本书大多数章节包含了要求运用这些概念进行判断的作业。

1.6 会计职业

与建筑、工程、法律、医学、神学等一样，会计被视为一门职业。一门职业和其他学科的区别是什么呢？虽然关于职业没有统一的界定，但所有这些职业都有一些共同的特征。

第一，所有的职业都有一个复杂并不断演进的知识体系。会计涉及商业世界的复杂性和变动性、国际商业活动的增多、财务报告的要求、管理层对越来越复杂信息的需求以及所得税法。这些显然都符合这个标准。

第二，在所有的职业中，从业者必须运用职业判断来解决许多问题和困难。本书中我们将指出需要会计师运用职业判断的情形。虽然所形成的信息可能显得平常而具体，但必须做出的重大判断并保证可见信息的准确性和公允性。

不过，其中最重要的是专业人员的独特责任，即为公众的最大利益服务，甚至牺牲个人利益。之所以产生这项责任，是由于公众几乎没有多少职业技术知识，但专业人员公正且足以胜任的工作对公众的健康、安全和利益至关重要。例如，医学活动会直接影响公众健康，而工程则会影响公众安全。会计在很多方面会对公众利益产生影响，毕竟会计信息被用于整个社会经济资源的分配。因此，会计师有一项基本的社会契约，即避免涉及误导性的信息。

会计师与其他职业的成员一样倾向于在特定领域提供专门服务。会计职业机会主要存在于4个领域：①公共会计；②管理会计；③政府会计；④会计教育。

1.6.1 公共会计

注册会计师向公众提供各种会计服务。这些人可能在注册会计师事务所工作，也可能单独从业。

公共会计师的工作主要包括审计财务报表、所得税服务和管理咨询服务（管理咨询）。

提供管理咨询服务的领域已大大超出了税务筹划和会计事务；注册会计师就各类问题向管理人员提供建议，如国际兼并、生产过程以及新产品引进。因为几乎每项商业决策都需要财务方面的考虑，所以注册会计师常常为管理层提供帮助。

大量注册会计师从公共会计领域转到组织中的管理职务。这些公共会计的元老常常直接进入高级管理层，担任主计长、财务长、首席财务官、首席执行官等要职。

要成为一名注册会计师，必须满足几个条件，包括广泛的大学教育要求、通过CPA考试、达到实践经验要求等。在美国，注册会计师执照由55个司法管辖区颁发（美国50个州、华盛顿特区、关岛、波多黎各、马里亚纳群岛和维尔京群岛）。CPA考试很严格，内容包括各种会计科目和商业科目，要求考生展示他们在保护公众利益方面被认为至关重要的知识和技能。该考试采用机考形式，既可以在美国很多的考试中心参加考试，也可以在其他司法管辖区参加考试。

1.6.2 管理会计

不同于为许多客户服务的公共会计师,管理会计师为企业工作。管理会计师开发和解释专门用于满足各种管理需要的会计信息。

组织的主要会计负责人通常被称为总会计师（chief accounting officer，CAO）或主计长（controller）。使用"主计长"一词主要强调会计数据的作用之一是帮助控制企业经营。总会计师或主计长属于负责企业运营、设定企业目标并且监督目标完成的高级管理层团队成员。举例来说，公司只有三名人员需要在递交给美国证券交易委员会的上市公司年度报表上签字，包括首席执行官、首席财务官和总会计师。

除了通过开发信息来帮助管理者外，管理会计师还负责公司会计系统的运行，包括记录交易业务、编制财务报表、编制纳税申报表及其他会计报告。由于管理会计师的责任很广泛，因此产生了很多专业领域，其中比较重要的有财务预测、成本会计和内部审计。

1.6.3 政府会计

政府机构利用会计信息来分配资源、控制运行。因此，政府机构对管理会计师的需求和企业组织类似。

1. 审计总署：负责审计政府

审计总署（Government Accountability Office，GAO）对许多联邦政府机构以及一些与政府有业务往来的私营组织进行审计。审计总署直接向国会报告审计结果，通常再由国会向公众披露这些结果。

审计总署的调查目的可能是评价某一主体的运行效率或确定向政府报告的会计信息的公允性。

2. 美国国税局：负责审计所得税申报表

另一个进行大量审计工作的政府机构是**美国国税局**（Internal Revenue Service，IRS）。国税局负责处理每年由个人和企业组织报送的千百万份所得税申报表，并经常进行审计工作以核实这些申报表中的数据。

3. 美国证券交易委员会：负责监察财务报告

美国证券交易委员会与FASB密切合作，共同制定一般公认会计原则。每年大量的公众持股公司必须向美国证券交易委员会报送经过审计的财务报表。如果美国证券交易委员会认为公司的财务报表在任何方面有缺陷，它就会进行调查。如果美国证券交易委员会得出结论认为该公司违反了联邦证券法，就会对该报告主体和责任人提起法律诉讼。

其他很多政府机构，包括美国联邦调查局、财政部和联邦存款保险公司，都请会计师来审计对政府法规的遵守情况并对涉嫌犯罪的活动进行调查。原先从事政府会计职业的人常常会转到高级管理职位。

1.6.4 会计教育

有些会计师，包括你的导师和本书作者在内，都会选择从事会计教育工作。会计教育工作提供的机会有教学、研究、咨询以及极大的个人技能发展自由。会计教育者在很多方面对会计职业做出了贡献。首先当然是有效的教学，其次是发表重要的研究成果，最后是带动优秀的学生从事会计工作。

1.6.5 簿记

有些人认为职业会计师的工作主要是簿记，实际并非如此。事实上，许多职业会计师很少或从不进行簿记。

簿记（bookkeeping）是指会计的文书工作，即记录常规交易并逐日记账。如今这些工作主要由计算机和熟练的文书人员完成，而不是由会计师完成。

职业会计师更多的工作是进行会计信息的解释和使用，而不是实际生成。他们的工作包括评价运行效率、解决复杂的财务报告问题、预测未来经营成果、审计、税务筹划及设计有效率的会计系统。职业会计师的工作很少能够"常规化"。

一个人可能会在几周或几个月内成为一名熟练的簿记员。然而，要想成为一名职业会计师则是一项更大的挑战，它的要求不只是对簿记系统的理解，更需要多年的学习，需要经验，并且需要持续更新知识。

本书列示和解释了大量的簿记程序，尤其是随后几章，但教授簿记技能并不是我们的目标，本书的主要目标是培养你在当今商业世界中理解和使用会计信息的能力。

1.6.6 作为晋升基础的会计

我们曾经提到过很多职业会计师离开会计岗位后担任管理或监督要职。会计背景对这些职位至关重要，因为高层管理工作要不断处理以会计语言和概念定义和表述的问题。许多CEO和CFO的职业生涯从会计师起步。

担任过公共会计师的经历是特别有用的晋升基础。公共会计师有特殊的机会从内部观察许多不同的企业，这使得他们特别适合担任其他组织的高层管理职务。

1.6.7 对于非会计专业的学生

使用本书的大多数学生并不是学会计专业的，但是学习会计对你仍然很重要。不管是对你的职业生涯还是对个人生活的许多方面，你都需要理解会计概念。会计是商业语言，不懂会计信息去运作企业好比不懂规则去参加体育比赛，或者好比不懂交通规则去驾驶汽车。金融系学生如果想去投资银行、咨询公司求职或是在美国企业担任金融分析师，就需要懂得会计概念。美国大型公司的首席财务官几乎都有会计背景。管理系学生如果想做管理培训师，最终目标是经营一家公司或一个公司分部，也需要懂得会计，以便能够运营、控制和评价某一业务单元的业绩。比如，首席执行官是公司的最高管理者，必须保证公司财务报表的季报和年报的准确无误。《萨班斯-奥克斯利法案》对首席执行官知道或应当知道报送准确的财务报表，却仍然报送虚假报表的行为，施行从重处罚。市场营销专业的学生通常从事销售，所以必须理解收入确认原则和美国证券法下公众公司的义务。缺乏这方面知识使得许多营销、销售主管牵扯进错误确认收入的案件，其中很多人遭到民事和刑事诉讼。鉴于类似的原因，学习供应链管理、商业或数据分析等专业的学生也有必要学习会计课程。

> ⊙ **伦理、欺诈与公司治理**
>
> 21世纪初堪称因财务报告舞弊而遭诉讼且导致企业破产发生最多的年份，其中就包括一些如今家喻户晓的公司——安然、世通、南方保健、阿德菲尔电信、泰科国际及奎斯特。财务报告问题不仅出现在美国，意大利的大型公司帕玛拉特也遭到舞弊起诉。
>
> 财务舞弊通常是高层管理人员所为。例如，2010年的一份研究表明，在美国证券交易委员会关于舞弊的强制行动中，89%与公司的首席执行官和（或）首席财务官有关。财务舞弊属于非法行为，显然意味着部分肇事者严重缺乏道德意识和道德敏感性。许多财务舞弊的另一特征是，舞弊公司的治理环境比较薄弱。**公司治理**（corporate governance）包括公司结构和监督公司事务的程序，其中包括董事会监督高层管理人员的行为，从而确保公司的经营是以股东利益最大化为目标的。
>
> 本书各章将讨论与该章内容相关的常见舞弊手段、道德困惑、企业人员面临的挑战或改善公司治理的努力以及美国的会计信息质量，以此作为内容扩展。
>
> 泰科国际的前首席执行官丹尼斯·科兹洛夫斯基（Dennis Kozlowski）被判合谋罪、证券欺诈罪和会计记录造假罪成立，被判入狱 $8\frac{1}{3}$ 到25年。该案件表明，如果管理层不遵循证券法规，那么就可能面临重大的个人或职业风险。

最后，会计知识对个人生活的很多方面也都有帮助。会计概念对于诸如个人预算、退休和上大学计划、租赁或购买决策、贷款条件评价及投资机会评估等日常决策不可或缺。因此，会计技能有助于你制定更好的经济决策，并使你受益终生。唯一的问题是你运用这些概念所能达到的专业程度。令人遗憾的是，大量的证据表明，许多美国人在运用会计和财务知识时的技能水平偏低。比如，美国证券交易委员会最近的一项研究表明，"散户投资者对基本的财务概念还掌握得不透彻，对避免投资诈骗缺乏关键的知识"。⊖

1.7 小结

本章为你学习会计建立了一个框架。你已经学习了财务会计是如何提供信息给外部使用者（主要是投资者和债权人）的，同时会计又是如何提供信息给内部管理人员的。我们已经介绍了会计信息公允性的重要意义，还介绍了构成公允性的一些内容。本书第2章会更加深入地介绍财务会计，特别是财务报表。我们将介绍为投资者和债权人提供信息的三种主要财务报表。随后各章，你将掌握更多这些财务报表所提供的重要信息，以及这些信息如何用于制定重要的财务决策。

学习目标小结

1. 讨论作为商业语言的会计以及会计信息在经济决策中的作用

会计是企业信息传递的手段，因此有时被称为商业语言。许多不同的使用者需

⊖ U.S. Securities and Exchange Commission, *Study Regarding Financial Literacy Among Investors*, August 2012.

要用会计信息来制定重大决策，包括投资者、债权人、管理人员、政府机构、工会和其他人。由于会计信息的主要作用是为制定决策提供有用信息，因此有时称它为达到目的的一种手段，该目的就是通过获取会计信息来帮助制定决策。

2. 讨论信息系统在形成可靠会计信息方面的重要性并掌握内部控制的五方面内容

信息系统对于及时产生高质量的会计信息以及把这些信息传递给决策制定者至关重要。虽然信息系统有不同的种类，但它们都有一个共同特征，即尽可能有效地满足组织对会计信息的需求。在COSO整合框架中，内部控制包含五方面内容：①控制环境；②风险评估；③控制活动；④信息与沟通；⑤监督活动。

3. 根据财务会计信息的目标和特征解释财务会计信息对外部用户（主要是投资者和债权人）的重要性

财务会计的主要目标是为制定投资和信贷决策，评价未来现金流的金额、时间和不确定性，了解企业经济资源、资源要求及其变化提供有用的信息。财务会计信息的一些最重要的特征是：它是达到目的的一种手段；它的本质是历史性的；它产生于对企业活动不精确的、近似的计量；它以通用假设为基础。

4. 根据会计信息的目标和特征解释会计信息对内部用户（主要是管理层）的重要性

会计信息对企业实现目的、目标和使命，评价过去业绩和未来方向，评价和奖励决策的执行有用。内部会计信息的一些重要特征包括：及时性；决策制定机构的关系；未来导向；与评估效率和效果的关系以及它是达到目的的一种手段这一事实。

5. 讨论确保外部与内部财务报告制度形成真实报告信息的要素

财务报告的公允性很重要，因为报告组织的外部和内部使用者都要依赖财务信息。共同确保财务报告信息公允性的重要方面包括：制度特征（会计原则、内部结构、审计和立法）；职业组织（AICPA、IMA、IIA、AAA）；会计师个人的胜任能力、判断和道德行为。

6. 明确并讨论在会计信息编制与沟通方面起重要作用的若干专业机构

财务会计准则委员会（FASB）、国际会计准则理事会（IASB）、公众公司会计监管委员会（PACOB）和证券交易委员会（SEC）是制定美国会计准则的重要组织。财务会计准则委员会和国际会计准则理事会是为公众和私人公司制定会计准则的民间组织。公众公司会计监管委员会制定审计准则。证券交易委员会是监督美国上市公司和资本市场的政府机构。

7. 讨论个人胜任能力、职业判断和道德行为对会计专业人士的重要性

个人胜任能力和职业判断可能是确保财务信息公允性的最重要因素。胜任能力由个人的教育和职业认证（CPA、CMA、CIA）来证明。职业判断之所以重要，是因为会计信息通常基于不精确的计量并需要进行假设。道德行为是指激励会计师"做正确事情"的品行。

8. 描述会计行业的各种职业机会

会计开启了通向许多职业机会的大门。公共会计是职业人员提供审计、税务和咨询服务的职业领域。管理会计是指职业会计师为各种领域私人公司工作的会计职业领域。许多会计师为政府机构工作。一些会计师以教育为职业，帮助学生将来在会计职业的其他领域工作做好准备。虽然进行详细的会计记录（即簿记）是会计工作的一部分，但它不是会计职业的显著特征；事实上，许多会计职业很少或从不涉及簿记工作。会计技能对非会计专业乃至所有学生的个人生活都很重要。

习题 / 关键术语

示范题

访问 http://www.intc.com/investor-relations。阅读英特尔公司 2017 年的 10-K 年报并回答下列问题：

（1）找出英特尔公司 2017 年年报中提供的关于经济资源、资源要求权及资源和要求权变动的具体信息的财务报表的名称。

（2）列出英特尔公司 2017 年年报中提供用于评估未来现金流的金额、时间和不确定性的其他三部分的名称。

（3）还有哪些通用信息可用于投资和信贷决策？

答案：

（1）合并资产负债表；
  合并股东权益表；
  合并利润表；
  合并现金流量表；
  合并综合利润表。

（2）管理层对财务状况和经营成果的讨论与分析；
  关于市场风险的定量和定性披露；
  合并财务报表附注。

（3）业务讨论；
  管理层对财务状况和经营成果的讨论与分析，包括对经营战略、经营成果、流动性和资本资源的一般讨论；
  独立注册会计师事务所的报告。

自测题

说明：为了尽可能多地复习各章节的知识，一些自测题不止一个正确选项，那么，你应该选出所有正确的答案。

1. 下面哪项不是对会计的描述？
   A. 商业语言
   B. 是目的，而不是达到目的的手段
   C. 对决策制定有用
   D. 被企业、政府、非营利组织和个人使用

2. 要在制定经济决策中理解和使用会计信息，你必须了解：
   A. 会计信息所描述的经济活动的性质
   B. 生成会计信息涉及的假设和计量技术
   C. 哪些信息与决策制定的特定类型相关
   D. 以上全部

3. 信息系统的目标包括以下各项，除了：
   A. 解释和记录经济业务的影响
   B. 对经济业务的影响进行分类以便于报告的编制
   C. 汇总并向决策制定者传递信息
   D. 指定企业可以从事的具体经济业务类型

4. 财务会计信息的外部使用者包括以下各项，除了：
   A. 投资者   B. 工会
   C. 生产线经理 D. 公众

5. 向外部投资者和债权人提供财务报告的目标包括编制与以下各项有关的信息，除了：
   A. 用于确定生产什么产品的信息
   B. 关于经济资源、对这些资源的要求权以及资源和要求权变动的信息
   C. 对评价未来现金流的金额、时间和不确定性有用的信息
   D. 在制定投资和信贷决策中有用的信息

6. 财务会计信息具有以下特征，除了：
   A. 它本质上是历史性的
   B. 它有时产生于不精确的、近似的计量
   C. 它是事实性的，因此在编制时不需要判断
   D. 它通过管理人员的解释加强

7. 下面哪项不是内部会计信息的使用者？
   A. 商店经理   B. 首席执行官
   C. 债权人   D. 首席财务官

8. 内部会计信息的特征包括以下各项，除了：
   A. 经 CPA 审计
   B. 必须及时
   C. 以未来为导向
   D. 权衡效率性和有效性

9. 下列哪项是确保会计信息公允性的重要因素？
   A. 制度因素，如编制信息的标准
   B. 职业组织，如美国注册会计师协会
   C. 会计师个人的胜任能力、判断和道德行为
   D. 以上全部

10. 美国注册会计师协会的行为规范包括以下哪个方面的要求？
    A. 公众利益   B. 客观性

C. 独立性　　　D. 以上全部

讨论题

1. 会计有时被描述成商业语言，这种描述是什么意思？
2. 当你将储蓄投资于一家公司时，投资报酬和投资收回有什么区别？
3. 从一般到具体，财务会计信息的三个主要目标是什么？
4. 我们交流会计信息可用的是哪三张财务报表？
5. 对外报告的财务信息一直都是精准和正确的吗？
6. 内部会计信息的历史或未来导向主要是指什么？它与财务会计信息相比怎样？
7. 一般公认会计原则是什么？这些原则怎样才能增加财务会计信息的公允性？
8. 内部控制的定义是什么？COSO内部控制框架的五个要素是什么？
9. 审计是什么意思？它是如何提高会计信息公允性的？
10. CPA、CMA、CIA这些职业称号的意思是什么？它们是如何提高会计信息公允性的？
11. 为什么在2002年通过了《萨班斯－奥克斯利法案》？它对会计职业的潜在影响是什么？
12. 什么是财务会计准则委员会（FASB）？它对外部财务报告起到什么作用？
13. 什么是证券交易委员会（SEC）？它对外部财务报告起到什么作用？
14. 公众公司会计监管委员会（PCAOB）在财务报表审计中扮演什么角色？
15. 什么是国际会计准则理事会（IASB）？它的目标有哪些？

测试题

1. 列出四个会计信息的外部使用者。
2. 请将下面左边的名词与右边的描述相匹配，每项描述只能用一次。

名词	描述
____控制环境	（1）管理人员针对风险评估过程所识别的风险而设置的政策和程序
____风险评估	（2）评价一个组织在一段时期内部控制系统有效性的过程，包括正在进行的活动单独的评价
____控制活动	（3）内部控制所有其他要素的基础，为组织设定了基调
____信息与沟通	（4）捕捉和沟通与经营性、财务性和遵从性有关的信息
____监督评价	（5）识别、分析和管理那些对组织目标实现构成威胁的风险

3. 会计为什么要依存于不精确的、近似的计量？
4. 在美国哪两家主要组织负责设置与编制会计信息有关的准则？
5. FASB的概念框架阐明了委员会哪几方面的观点？
6. 访问PCAOB官网，PCAOB有哪四个主要活动？
7. COSO的发起人组织是哪个？COSO因为做什么而广为人知？
8. 列出三种会计职业认证及其认证组织。
9. 请将下面左边的名词与右边的描述相匹配，每项描述只能用一次。

名词	描述
____责任	（1）在确定所提供的服务范围和性质时，成员在执业中应遵守职业行为规范准则
____公众利益	（2）为保持和加强公众的信心，成员应该以高度的正直感来履行职责
____公允性	（3）履行职责时成员应保持客观性并避免利益冲突，在提供审计和其他鉴证服务时，成员在执业中应保持事实和表面上的独立性
____客观性与独立性	（4）成员应该以服务公众利益、尊重公众信任和展现对专业执着的方式来履行义务

____应有关注	（5）在履行职业责任时，成员应在其所有的活动中运用敏感的职业和道德判断
____服务的范围与性质	（6）成员应该遵守职业技能和道德准则，不断地提高胜任力和服务质量，并且履行职业责任以达到最佳的成员能力

10. 列出三种对很多人的个人生活有用的会计技能。

案例题

1. 在21世纪最初10年的中期，房利美（Fannie Mae）公司陷入严重的财务困境并且急需额外的资金来支撑公司生存。是什么因素导致公司向潜在的贷款方提供误导性的财务报表，使公司看上去没有投资风险？

2. 分组讨论下列问题：
（1）把会计作为"商业语言"的描述怎么会与会计对投资者和债权人的有用性相关？
（2）如果你是一名外部投资者或是企业管理团队的一员，解释你们所做的决策之间会有怎样的不同。

3. 你被一家商业咨询公司聘用为一名信息系统专家。你刚刚接手了一家创业公司的业务并与公司的所有者讨论他对会计系统的要求。你将怎样回答公司所有者提出的下列问题？
（1）会计系统这个术语的意思是什么？
（2）会计系统的目的是什么？其基本功能是什么？
（3）谁对设计和实施会计系统负责？

4. 假设你刚刚完成了大学会计课程的学习并且接受了一家大型公司的会计职务。你的导师建议你在准备第一天的工作时，应该熟悉包括管理会计师协会的道德规范在内的基本准则。简要解释你从规范中学到了什么以及它会怎样影响你在新工作中的行为。（可以访问管理会计师协会的网站来了解管理会计师协会的道德规范。）

5. 互联网是一个获得对你学习会计有用信息的好平台。例如，你能找到与会计师事务所、准则制定者和监管机构相关的信息。
（1）美国最大的会计师事务所就是俗称的"四大"——德勤、安永、毕马威和普华永道。访问这四家事务所的网站并了解事务所提供的服务类型。
（2）公众公司会计监管委员会是《萨班斯－奥克斯利法案》的产物，负责监督公众公司的审计人员。访问公众公司会计监管委员会的网站并了解公众公司会计监管委员会的四项主要活动。
（3）财务会计准则委员会是美国会计准则的制定者。访问财务会计准则委员会的网站并找到关于财务会计准则委员会委员背景的介绍。
（4）国际会计准则理事会是一个发布国际财务报告准则的部门。访问国际会计准则理事会的网站并找到关于国际会计准则理事会成员背景的介绍。

自测题答案：1. B；2. D；3. D；4. C；5. A；6. C；7. C；8. A；9. D；10. D。

练习题

关键术语

第 2 章

基本财务报表

学习目标

- 解释财务报表的性质和基本目的。
- 解释对于理解财务报表有重要作用的若干会计原则以及会计师职业判断会如何影响这些原则的应用。
- 阐述某些经营交易是如何影响会计等式（资产＝负债＋所有者权益）中各项因素的。
- 解释怎样将基本会计等式扩展为财务状况表（通常称为资产负债表）。
- 解释利润表是如何根据收入和费用的关系来报告企业在一定期间的财务业绩的。
- 解释现金流量表是如何按照经营活动、投资活动和筹资活动来报告公司在一定期间的现金流变化的。
- 解释财务状况表（资产负债表）、利润表和现金流量表之间何以相互关联。
- 解释常见的企业所有权形式——独资企业、合伙企业和公司，并通过财务状况表（资产负债表）来说明它们的差异。
- 讨论财务报表对公司及其投资者和债权人的重要性以及管理层想方设法改善公司财务报表形象的原因。

引导案例

亚马逊公司

1995 年，亚马逊公司（Amazon）开始涉足网络经营。公司的使命是立志成为"全球最以客户为中心的公司"。亚马逊公司不仅出售从供应商处购入的商品、销售第三方卖家提供的商品，而且从事电子设备的制造和销售业务。亚马逊公司强调为客户提供多样的产品选择、合理的价格和便利的服务。虽然亚马逊公司最初的业务只是销售书籍，但目前公司的销售业务已扩展至多品类的数百万种产品。尽管自开始经营以来，亚马逊公司的业务一直顺风顺水，颇为成功，但公司目前也面临着来自数字零售商和实体零售商的激烈竞争。

对于亚马逊之类靠技术支撑的公司，为了保持竞争中的领先地位，必须进行持续不断的创新。亚马逊声称公司一直遵循四条原则："坚持客户至上而非对手至上；热衷于发明和创新；致力于实现卓越经营；保持长期性思维。"⊖为了打造品牌、赢得市场份额，亚马逊公司不惜在经营初期放弃利润。正因

⊖ AMZN-2014.12.31-10K. United States Securities and Exchange Commission, 16 Jan. 2015. https://www.sec.gov/Archives/edgar/data/1018724/000101872415000006/amzn-20141231x10k.htm.

如此,亚马逊公司直到 2001 年才第一次发布季度盈利报告。⊖

当代商业历史学家都指出,我们已从工业时代进入信息时代,诸如亚马逊、脸谱、英特尔、谷歌等都是这一商业转型时代的大玩家。在信息时代,公司的发展更多依赖知识资本、研发实力以及其他无形要素。不过,对于以重型制造为主的公司或者在之前的时代里(主要为农业时代),这些要素就不那么重要了。

假设你拥有大量财富,希望投资于一家在当今信息时代前景良好的公司。那么,你如何判断投资亚马逊或其他公司是否是明智之举呢?你需要寻找哪些信息来帮助自己决定投资哪个项目呢?公司财务报表是财务信息的一个主要来源。财务报表一年至少编制一次,很多时候甚至要编制多次。财务报表提供了大量信息,这些信息反映了公司当前的财务状况以及公司实现财务目标的成功程度。本章将介绍三大财务报表——财务状况表(通常称为资产负债表)、利润表和现金流量表。财务报表与附注或其他说明所披露的信息一起,共同向投资者、债权人和其他利益相关方提供了大量的有用信息。事实上,本书全部内容都是关于财务信息的。本章初步介绍财务报表的产生以及如何利用财务报表来更好地了解公司的情况。

2.1 财务报表概述

由第 1 章可知,投资者和债权人特别关心他们预期所能收到的未来现金流。例如,对提供贷款或赊销商品的债权人而言,他们特别关心债务人偿付债务(包括支付利息)的能力。类似地,投资者关心所持股票的市场价值以及在拥有股票期间企业所能支付的股利。

为了评价企业进行未来现金支付的可能性,投资者和债权人所能采用的主要方法之一就是研究、分析和理解该企业的财务报表。如第 1 章所述,**财务报表**(financial statement)是对假设为真实的企业信息的货币表达。在编制财务报表时,会计师运用财务语言来描述他们认为公允反映了企业财务活动的某些属性。

本章介绍三大财务报表:财务状况表(通常称为资产负债表)、利润表和现金流量表。

在介绍这些报表时,我们使用通常被称为公司的企业所有权形式。公司是一种独特的组织形式,可以将许多所有者的资源合并到一家企业,从而使该企业比单一或少数业主的企业拥有更多的财务资源。尽管任何规模的企业都可以组建为公司,但多数大企业是公司,因为它们需要大额资本,而公司制这一企业组织形式使之成为可能。本章后面还要介绍企业组织的另外两种形式,即独资经营和合伙经营,有些企业就采用这些组织形式。

三大财务报表的名称本身就描述了各自所包含的信息。例如,**财务状况表**(statement of financial position),也称**资产负债表**(balance sheet),描述的是某一特定时点企业财务状况的财务报表,有时被称为用财务或货币语言表述的企业"快照"(即企业在某一特定日期的"相貌")。

企业在经营过程中从事各种创造收入及为赚取收入而发生必要费用的交易。**利润表**(income statement)是描述某一特定时期收入和费用的经营活动报表。作为与客户交易活动的

⊖ AMZN-2014.12.31-10K. United States Securities and Exchange Commission, 16 Jan. 2015. https://www.sec.gov/Archives/edgar/data/1018724/000101872415000006/amzn-20141231x10k.htm.

结果，收入是指已经实现或预期在不久的将来可形成的正现金流。例如，公司可能以 100 美元销售一件产品。如果客户在交易发生时支付现金，那么这笔收入交易会立即导致正现金流流入企业。如果是以后收取付款的赊销交易，那么就会产生预期的未来现金流。费用正好与之相反，它导致企业即时的现金流出（如果是现金交易），或者导致企业预期的未来现金流出（如果是赊销交易）。例如，如果公司发生了 75 美元的某笔费用并当时就支付，那么就发生了即刻现金流出。如果付款被递延到未来某一天，那么该交易代表某项预期的未来现金流出。收入带来过去、现在或将来的**正现金流**（positive cash flows），而费用产生过去、现在或将来的**负现金流**（negative cash flows）。正和负表示现金流的方向。"净利润"（或"净亏损"）只是某一特定时期收入和费用的差额。

为了了解企业以便了解投资和信贷决策，**现金流量表**（statement of cash flows）尤为重要。顾名思义，现金流量表描述了某一特定时期现金的变化方式，即该期间从收入和其他交易中收到的现金，以及为某些费用和其他采购而支付的现金。虽然投资者和债权人主要关心的是流向他们自己而不是企业的现金流，但有关企业现金活动的信息仍被认为是对投资者和债权人预测流向他们的未来现金流的重要信号。

2.2 财务状况表：起点

虽然三大财务报表都包含重要信息，但每一报表所包含的信息并不相同。因此，理解三大财务报表以及它们之间的关系至关重要。三大财务报表的相互联系方式有时被称为**钩稽关系**（articulation），后面对此将做详细讨论。

财务状况表，也称为资产负债表，是理解财务报表的一个逻辑起点。资产负债表的目的是以财务语言反映公司在某一特定时点的状况。正如本章后面要介绍的，其他财务报表不仅与资产负债表相联系，而且反映了公司财务状况的重要方面是如何随时间而变化的。以资产负债表为起点也便于我们了解对于把握所有财务报表都十分重要的基本会计原则和术语。

每家企业在年末都会编制资产负债表，许多公司还在每月、每周甚至每日末编制资产负债表。资产负债表列示了企业的资产、负债和所有者权益。报表的日期很重要，因为企业的财务状况可能随时发生变化。表 2-1 反映了维加邦旅行社 2021 年 12 月 31 日的财务状况。

表 2-1 资产负债表 （单位：美元）

维加邦旅行社
资产负债表
2021 年 12 月 31 日

资产		负债和所有者权益		
现金	22 500	负债：		
应收票据	10 000	应付票据	41 000	
应收账款	60 500	应付账款	36 000	
辅料	2 000	应付职工薪酬	3 000	80 000
办公设备	15 000	所有者权益：		
建筑	90 000	股本	150 000	
土地	100 000	留存收益	70 000	220 000
总额	300 000	总额		300 000

下面以表 2-1 为例来简要说明资产负债表的一些特征。第一，表头包含三方面内容：①企业名称；②财务报表名称；③日期。第二，资产负债表的主体也包括三个不同部分：资产、负债和所有者权益。

请注意，现金列在资产首位，接着是应收票据、应收账款、辅料以及其他任何在企业经营中可迅速转换为现金或被消耗的资产。其后是更长久的资产，如设备、建筑和土地。

在资产负债表右方，负债列在所有者权益之上。单独列示每一类主要负债（如应付票据、应付账款和应付职工薪酬），然后是负债总额。

所有者权益分为两个部分，即股本（capital stock）和留存收益（retained earnings）。股本代表所有者最初支付给公司以成为所有者的金额。它由各类股票组成，每个所有者有确定数量的股票。请注意，本例中股本总额为 150 000 美元，为所有者所持股票的指定价值乘以股数等于 150 000 美元。例如，假定每股的指定价值是 10 美元，那么股数就为 15 000 股（10×15 000＝150 000）。又如，如果指定价值为每股 5 美元，那么股数就为 30 000 股（5×30 000＝150 000）。所有者权益中的留存收益部分就是以前年度累积收益留存在企业的部分。留存收益被认为是所有者权益的一部分，用以增加所有者在企业的投资。

最后，请注意，资产总额（300 000 美元）等于负债和所有者权益总额（也是 300 000 美元）。这一等式始终成立。事实上，这些总额间的相等关系也就是该表常被称为"平衡表"（balance sheet）的原因。

2.2.1 企业主体的概念

一般公认会计原则要求用一系列财务报表描述特定经济主体的活动。这一概念就是所谓的主体原则（entity principle）。

企业主体（business entity）是从事可明确的经营活动的经济单位。为了会计目的，企业主体被认为是与其所有者个人活动相分离的。例如，维加邦公司是一家作为旅行社来经营的企业组织。其所有者可能拥有个人银行账户、房子、汽车，甚至另一家企业，但这些项目并未参与旅行社的经营，因此并不出现在维加邦公司的财务报表中。

如果所有者把个人活动与企业交易混淆到一起，那么这样编制的财务报表将无法清楚地描述企业的财务活动。企业经营活动与所有者个人活动的区分可能需要借助会计师的判断。

2.2.2 资产

资产（asset）是指企业拥有并预期能使未来经营受益的经济资源。在绝大多数情况下，使未来经营受益往往体现为未来正现金流。未来正现金流可能在资产转换为现金时直接产生（收回应收款项），也可能间接产生于资产用于企业经营以创造能带来未来正现金流的资产（用于制造以供销售的产品的建筑和土地）。资产可能具有明确的实物特征，如建筑、机器或商品存货。不过，有些资产并不是以物质或有形形态存在，而是以有价的法律要求权或权益的形式存在，如客户欠付金额、对政府债券的投资和公司拥有的专利权。

会计中最为基本同时也是最具争议的问题之一就是确定企业各项资产的货币金额。目前，一般公认会计原则提倡对资产负债表中的许多资产以成本而不是以现值计价。下面讨论那些赞成将成本作为资产计价基础的具体会计原则。

1. 成本原则

很多资产，如土地、建筑、商品和设备，属于典型的企业创造收入必需的经济资源。按照现行的会计观点，这些资产在财务报表应以成本记录。当我们说一项资产在资产负债表中以历史成本（historical cost）列示时，指的是企业主体为获得该资产而支付的初始金额，这一金额可能与今天采购相同资产的成本或今天出售资产所收取的金额不同。

例如，假设某企业购买了一块土地作为建筑用地，支付了现金 100 000 美元。在会计记录中录入的该资产金额将是 100 000 美元。再假设不动产市场发展很繁荣，10 年后该土地估计的公允市价可能为 250 000 美元。虽然该土地的市场价格或经济价值已大大提高，但在会计记录和资产负债表上列示的金额将继续保持不变，仍为成本额，即 100 000 美元。许多资产以成本计价的原则常被称为会计的**成本原则**（cost principle）。

一些流动性最强的资产（即预计可很快变现的资产）不适用成本原则。顾客的应收账款通常按可变现净值（net realizable value）在资产负债表中列示，即应收账款收回时可收到的估计现金金额。同样地，如果管理层计划在不久的将来对其他企业的某项投资变现，则该投资以现行市场价值在资产负债表中列示。

在阅读资产负债表时，一定要记住绝大多数资产所列示的金额并不表示资产可能销售或重置的价格。尽管资产负债表包含了计算企业价值的重要信息，但它并不反映企业当前的价值。资产负债表的这一特征常常被人误解。

2. 持续经营假设

为什么会计师不去变动资产的记录金额从而与这些资产不断变动的市价相一致呢？原因之一是像土地和建筑这样的资产被用作企业的办公场所，购买这些资产的目的是使用，而不是为了再次出售。事实上，如果出售这些资产，那么企业的经营通常就会受影响。编制企业资产负债表是基于这样的假设：企业是持续的企业或**持续经营**（going concern）的企业。因为土地、建筑等资产不进行销售，所以其当前的估计销售价格就不太重要。这些资产常常在公司资产中占有最大的金额。确定一家企业是不是持续经营的企业可能需要会计师的判断。

3. 客观性原则

另一个以成本而不是现行市场价值对资产进行会计处理的原因是，需要一个确定的、事实性的计价基础。土地、建筑和其他许多购置资产的成本可以明确确定。会计师用客观一词来描述根据事实的、能被独立专业人士证实的资产计价。这就是**客观性原则**（objectivity principle）。例如，如果土地价值在资产负债表上以成本列示，对企业进行审计的注册会计师都能找到客观证据，证明该土地实际上是以购置时发生的成本计量的。此外，建筑和专用机器等资产的估计市场价值就不是事实性的且客观的。市场价值在不断地变化，对资产可能售价的估计在很大程度上是一种判断。

⊙ 业主

首先，假定你已拥有你的房屋 10 年，需要就不动产税评估向城市评估员报告其价值。你将提供哪些信息呢？其次，假定你正计划出售你的房屋，你将向潜在买主提供什么类型的信息呢？对于这两种情形，如果按客观性原则来处理，会出现哪些道德问题呢？

4. 币值稳定假设

以历史成本计量资产的一个局限性是货币单位或美元的价值并不总是稳定的。**通货膨胀**（inflation）一词用以描述货币单位价值下降的情形，意味着比以前买到的商品要少。**通货紧缩**（deflation）则与之相反，即货币单位价值上升，意味着比以前买到的商品要多。一般地，像美国这样的国家会经历适度的通货膨胀而不是通货紧缩。当通货膨胀变得严重时，资产的历史成本金额就会失去作为企业决策基础的有用性。

在编制财务报表时，美国的会计师假定美元作为计量单位会保持稳定，就像加仑、英亩或英里那样。成本原则和**币值稳定假设**（stable-dollar assumption）在价格稳定时期效果很好，但在高通货膨胀情况下则不太理想。例如，如果某公司20年前以100 000美元的价格购买了一块土地，现在以500 000美元的价格购买了另一块相似土地，会计记录显示的土地总成本为600 000美元。这一处理忽略了20年前所花美元的购买力比现在高这一事实。因此，土地总成本600 000美元是购买力不同的两笔美元金额的组合。

FASB对这一问题进行了大量研究，一度要求大公司每年披露按通货膨胀影响进行调整的财务数据。目前，该项披露要求是选择性的，由编制财务报表的会计师判断是否需要。

> ⊙ 小案例
>
> 许多国家经历了长期严重的通货膨胀。通货膨胀会削弱币值稳定假设。美国以外的一些国家已经设计了一些会计规则，以揭示通货膨胀对公司财务状况的影响。例如，墨西哥公司法要求墨西哥公司使用政府发布的指数将资产负债表调整为现行购买力水平。因为通货膨胀很严重，这些指数用来表示墨西哥货币（比索）的贬值，从而可以更透明地表述公司的财务状况。

2.2.3 负债

负债（liabilities）是指财务义务或债务。对企业来说，负债代表着负的未来现金流。债务被欠付的个人或组织被称为**债权人**（creditor）。

所有企业都有负债，甚至规模最大、最成功的企业也经常以"赊账"的方式采购商品、辅料或服务。这些采购活动带来的负债被称为**应付账款**（account payable）。许多企业需要借钱扩张或采购高成本的资产。获得一项贷款时，借款者通常必须开正式的应付票据。**应付票据**（note payable）是一种书面承诺，即承诺在某一特定日期前偿还所欠金额，通常还要支付利息。

与应付票据不同，应付账款不涉及书面承诺，而且通常不要求支付利息。应付票据实质上是一种更正式的协议。不过，两者都要求公司在未来对债务进行偿付。

负债项目通常按照它们预期被偿还的顺序列示。⊖相似的负债可以合并，从而简化财务

⊖ 短期负债通常是指在一年内需要偿还的负债。在短期负债之后单独列示长期负债。在第10章中将介绍长期负债内容。

报表，避免不必要的细节。例如，如果公司在年末有几项应付费用（如职工薪酬、利息和税款），可以把这些项目合并成所谓的应计费用（accrued expenses）并单独列示于一行。应计（accrued）是一个会计术语，表示推迟或递延了某些费用的支付。

负债代表对借款人资产的要求权。我们将会看到，企业所有者对公司资产也有要求权。但从法律角度看，债权人的要求权优先于所有者的要求权。换言之，债权人有权得到全额支付，即使这种支付会耗尽企业资产而使所有者一无所有。

2.2.4 所有者权益

所有者权益（owners' equity）代表所有者对企业资产的要求权。由于负债或债权人的要求权在法律上优先于所有者的要求权，因此所有者权益是一个剩余金额。如果你是企业的所有者，你可以在债权人要求权全部满足后对剩余资产拥有权益。因此，所有者权益总是等于资产总额减去负债总额。以维加邦旅行社资产负债表中的数据（见表2-1）为例。

所有者权益并不代表对现金或任何其他特定资产的专门要求权；相反，它是所有者在整个公司的总体财务利益。

	（单位：美元）
维加邦拥有的资产总额	300 000
负债总额	(80 000)
因此，所有者权益总额一定是	220 000

1. 所有者权益的增加

企业所有者权益有两个来源：①所有者投资的现金或其他资产；②企业盈利业务所获得的收益。

2. 所有者权益的减少

导致所有者权益减少的原因也有两个：①向所有者支付现金或转移其他资产；②企业非盈利业务所带来的损失。

对支付给所有者的款项和净亏损的会计处理将在后面章节讨论。

2.2.5 会计等式

任何资产负债表的一个基本特征是，资产总额恒等于负债加所有者权益的总额。资产总额与负债和所有者权益总额之间这种相等或平衡关系也是这一财务报表被称为"平衡表"的原因。那么，为什么资产总额总等于负债和所有者权益的总额呢？

资产负债表两边的总额之所以始终相等，是因为这两边是从两个角度来反映同一家企业的状况。资产列表向我们反映了企业拥有什么，负债和所有者权益列表则告诉我们谁向企业提供了这些资源以及每个群体各提供了多少。企业拥有的一切是由债权人或所有者提供的。因此，债权人要求权加上所有者要求权的总额总等于企业资产总额。

如下面会计等式所示，分列于资产负债表两侧的资产与债权人和所有者要求权相等。

$$资产 = 负债 + 所有者权益$$
$$300\ 000 = 80\ 000 + 220\ 000$$

等式中的金额取自表2-1所列举的资产负债表。资产负债表只是该等式的一张详细报表。为了说明这一关系，请比较维加邦旅行社的资产负债表和上面的等式。

企业的每笔交易，无论多简单或多复杂，都能用其对会计等式的影响来表示。对于学习会计的学生来说，有必要透彻地理解这个等式并进行一些实践应用。

不论企业资产是在增长还是在收缩，资产和资产的要求权之间总保持相等。资产总额的任何增加必然伴随等式另一侧的等量增加，即负债或所有者权益的增加。资产总额的任何减少必然伴随负债或所有者权益的相应减少。要想说明会计等式两侧的持续相等，最好以一家新开设的企业为例，来观察各项交易的影响。

2.2.6　企业交易的影响：示例

资产负债表是怎样产生的？过去某一时点的资产负债表是怎样的？资产负债表反映企业过去交易的结果，公司信息系统捕捉这些交易并将其组织为公司某一时点财务状况的简洁描述。具体项目及其美元金额是企业从事交易的直接结果。两家不同公司的资产负债表总不相同，因为每家公司的交易活动具有各自不同的性质、时间和金额。

为说明资产负债表是怎样产生的以及利润表和现金流量表与资产负债表的联系，这里以一家小型汽车修理企业通宵汽车服务公司为例。

1. 经营主体

假设一位有经验的汽车技师迈克尔·麦克布莱恩开办了自己的汽车修理企业通宵汽车服务公司（以下简称"通宵公司"）。通宵公司的一大特点是所有修理工作都在晚上进行。这一策略为客户提供了晚上把车开来、第二天早上把车取走的便利。

晚上经营也使通宵公司能最低化人工成本。通宵公司不雇用全职员工，而是由那些白天为大型汽车经销商工作的技师来兼职。这就避免了成本高昂的员工培训以及团体健康保险、员工养老金计划以及通常与全职雇用有关的福利支出。

2. 通宵公司的会计政策

麦克布莱恩学过一些会计课程，因此由他自己做通宵公司的会计记录。他知道这样的小企业不要求编制正式的财务报表，但他仍然编制这些报表。他相信这些报表对他经营企业有用。而且，如果通宵公司经营成功，麦克布莱恩打算设立更多的经营点。他预计需要向投资者和债权人筹集大量的资本金。他认为一系列月度财务报表所提供的财务历史会有助于获取投资资本。

3. 公司的第一笔交易

麦克布莱恩的通宵公司于 2021 年 1 月 20 日正式营业。在这一天，他获得了州经营执照，开办了由他和几个家庭成员作为所有者的小型内部持股公司。公司向这些投资者发行了 8 000 股、每股 10 美元的股票。麦克布莱恩以通宵公司名义在银行开户，存入发行股本收到的 80 000 美元。

这笔交易为通宵公司提供了第一笔资产——现金，也形成了企业主体的初始所有者权益。表 2-2 的资产负债表列示了公司第一笔交易后的财务状况。

通宵公司接下来发生的两笔交易涉及为企业经营购置合适的场地。

表 2-2　资产负债表（2021 年 1 月 20 日）

（单位：美元）

通宵汽车服务公司 资产负债表 2021 年 1 月 20 日			
资产		所有者权益	
现金	80 000	股本	80 000

4. 用现金购买资产

麦克布莱恩代表企业与圣特雷莎市和城市交通管理局（MTA）商讨购买一废弃的公共汽车车库（MTA 拥有这个车库，而圣特雷莎市拥有这块土地）。

1月21日，通宵公司用现金 52 000 美元从该市购买了土地。这笔交易对公司财务状况有两个即时的影响：第一，公司现金减少了 52 000 美元；第二，公司新购置了一项资产——土地。这笔交易之后的公司财务状况如表 2-3 所示。

表 2-3　资产负债表（2021 年 1 月 21 日）

（单位：美元）

通宵汽车服务公司
资产负债表
2021 年 1 月 21 日

资产		所有者权益	
现金	28 000	股本	80 000
土地	52 000		
总额	80 000	总额	80 000

5. 购买资产并对部分成本进行融资

1月22日，通宵公司以 36 000 美元从 MTA 购买了旧车库。通宵公司用现金支付首付款 6 000 美元，并对所欠的 30 000 美元余额开具了一张 90 天的不附息应付票据。

这笔交易的结果使通宵公司：①现金减少 6 000 美元；②获得新资产，即建筑，成本为 36 000 美元；③增加一笔新负债，即应付票据，金额为 30 000 美元。交易后的公司财务状况如表 2-4 所示。

一旦公司有了多种资产和负债，随之而来的问题就是对资产负债表中各个项目进行正确的排序。资产通常从现金开始，按照存续时间的长短进行列示，先是现金，接着是和现金类似的其他资产（如应收账款），随后是更具永久性的资产，如设备、建筑和土地

表 2-4　资产负债表（2021 年 1 月 22 日）

（单位：美元）

通宵汽车服务公司
资产负债表
2021 年 1 月 22 日

资产		负债和所有者权益	
现金	22 000	负债：	
建筑	36 000	应付票据	30 000
土地	52 000	所有者权益：	
		股本	80 000
总额	110 000	总额	110 000

这些被认为是最具永久性的资产。负债通常按照到期的顺序列示。后面会讨论分类资产负债表的内容。

6. 赊购资产

1月23日，通宵公司从斯纳比工具公司购买工具和汽车修理设备。采购价格为 13 800 美元，付款期为 60 天。采购后，通宵公司财务状况如表 2-5 所示。不难发现，每笔交易发生后，所形成的资产负债表总是遵循会计等式：资产＝负债＋所有者权益。

7. 出售资产

新工具和设备运抵后，通宵公司发现购买量超过了需要，邻居企业爱思拖车公司提出购买多余项目。1月24日，通宵公司以

表 2-5　资产负债表（2021 年 1 月 23 日）

（单位：美元）

通宵汽车服务公司
资产负债表
2021 年 1 月 23 日

资产		负债和所有者权益	
现金	22 000	负债：	
工具和设备	13 800	应付票据	30 000
建筑	36 000	应付账款	13 800
土地	52 000	总负债	43 800
		所有者权益：	
		股本	80 000
总额	123 800	总额	123 800

1 800 美元销售给爱思拖车公司一些新工具，价格等于通宵公司的成本。⊖爱思拖车公司没有支付首付款，而是同意 45 天内付款。这笔交易使通宵公司的工具和设备减少 1 800 美元并产生了等额的新资产，即应收账款。1 月 24 日的资产负债表如表 2-6 所示。

8. 收回应收账款

1 月 26 日，通宵公司从爱思拖车公司收到偿付部分应付账款的 600 美元。这笔交易引起通宵公司现金的增加和应收账款的等额减少。这笔交易使一项资产转为等值的另一项资产，资产总额不变。该交易后，通宵公司的财务状况汇总于表 2-7。

表 2-6　资产负债表（2021 年 1 月 24 日）
（单位：美元）

通宵汽车服务公司
资产负债表
2021 年 1 月 24 日

资产		负债和所有者权益	
现金	22 000	负债：	
应收账款	1 800	应付票据	30 000
工具和设备	12 000	应付账款	13 800
建筑	36 000	负债总计	43 800
土地	52 000	所有者权益：	
		股本	80 000
总额	123 800	总额	123 800

表 2-7　资产负债表（2021 年 1 月 26 日）
（单位：美元）

通宵汽车服务公司
资产负债表
2021 年 1 月 26 日

资产		负债和所有者权益	
现金	22 600	负债：	
应收账款	1 200	应付票据	30 000
工具和设备	12 000	应付账款	13 800
建筑	36 000	负债总计	43 800
土地	52 000	所有者权益：	
		股本	80 000
总额	123 800	总额	123 800

9. 偿还负债

1 月 27 日，通宵公司支付 6 800 美元偿还对斯纳比工具公司的部分应付账款。这笔交易等额减少了通宵公司的现金和应付账款，使资产总额与负债和所有者权益总额保持平衡。通宵公司 1 月 27 日的资产负债表如表 2-8 所示。

表 2-8　资产负债表（2021 年 1 月 27 日）
（单位：美元）

通宵汽车服务公司
资产负债表
2021 年 1 月 27 日

资产		负债和所有者权益	
现金	15 800	负债：	
应收账款	1 200	应付票据	30 000
工具和设备	12 000	应付账款	7 000
建筑	36 000	负债总计	37 000
土地	52 000	所有者权益：	
		股本	80 000
总额	117 000	总额	117 000

10. 赚取收入

到 1 月的最后一周，麦克布莱恩已经购买了通宵公司开业所需的资产，并开始向客户提供维修服务。他决定不记录销售的每项单独的维修服务，而把这些服务归集起来在月末进行记录。1 月最后一周销售的维修服务收入为 2 200 美元，全部以现金收回。

收入的赚取代表通宵公司创造了价值，也代表了所有者在公司中财务利益的增加。因此，现金增加 2 200 美元，所有者权益等额增加。为区分赚取的和所有者初始投资的所有者权益，在资产负债表的所有者权益部分采用留存收益账户。如表 2-9 所示，1 月 31 日的资产负债表反映了支付费用前（见下节）1 月最后一周因赚取收入和收取现金而带来的资产（现金）和所

⊖ 以高于或低于成本的价格出售资产导致收益或损失。以后的章节将讨论这种交易。

有者权益（留存收益）的增加。

11. 支付费用

为赚取前面记录的 2 200 美元收入，通宵公司得支付一些经营费用，即公用事业费和工资。麦克布莱恩决定在每月末支付经营费用。1 月，他欠付 200 美元的公用事业费及 1 200 美元的职工薪酬，总计 1 400 美元，这些都在 1 月 31 日支付。支付费用对所有者在公司的利益的影响与收入相反——投资减少。当然，支付费用还会引起现金减少。支付公用事业费和职工薪酬后，1 月 31 日的资产负债表如表 2-10 所示。

表 2-9　资产负债表（2021 年 1 月 31 日）
（单位：美元）

通宵汽车服务公司
资产负债表
2021 年 1 月 31 日

资产		负债和所有者权益		
现金	18 000	负债：		
应收账款	1 200	应付票据	30 000	
工具和设备	12 000	应付账款	7 000	
建筑	36 000	负债总计		37 000
土地	52 000	所有者权益：		
		股本	80 000	
		留存收益	2 200	82 200
总额	119 200	总额		119 200

表 2-10　资产负债表（2021 年 1 月 31 日）
（单位：美元）

通宵汽车服务公司
资产负债表
2021 年 1 月 31 日

资产		负债和所有者权益		
现金	16 600	负债：		
应收账款	1 200	应付票据	30 000	
工具和设备	12 000	应付账款	7 000	
建筑	36 000	负债总计		37 000
土地	52 000	所有者权益：		
		股本	80 000	
		留存收益	800	80 800
总额	117 800	总额		117 800

请注意，1 400 美元费用（200 美元的公用事业费和 1 200 美元的职工薪酬）减少了资产负债表中的留存收益金额。此前的 2 200 美元余额代表 1 月最后一周的收入。现在余额只有 800 美元，代表 1 月最后一周收入和同期通宵公司发生的费用 1 400 美元之间的差额。从该例中可见，收入扩大或增加了所有者的财务利益，而费用缩小或减少了所有者的利益。公司经营活动的净影响反映在资产负债表的留存收益部分。

2.2.7　企业交易对会计等式的影响

如前所述，资产负债表是会计等式的详细表达：

$$资产 = 负债 + 所有者权益$$

随着一系列经营交易活动的发生，资产负债表列示了通宵公司 1 月交易对资产负债表的影响。

为便于复习，下面列出通宵公司 1 月交易，对应的资产负债表在括号内指明。

1 月 20 日　麦克布莱恩为开业将出售股本收到的 80 000 美元存入公司银行账户（见表 2-2）。

1 月 21 日　购买土地，支付现金 52 000 美元（见表 2-3）。

1 月 22 日　购买 36 000 美元的建筑，支付现金 6 000 美元，剩余 30 000 美元开具一张应付票据（见表2-4）。

1月23日　赊购工具和设备13 800美元（见表2-5）。

1月24日　以成本价1 800美元出售一些工具，45天内收款（见表2-6）。

1月26日　收回出售工具的部分应收账款600美元（见表2-7）。

1月27日　支付部分应付账款6 800美元（见表2-8）。

1月31日　记录现金销售收入2 200美元（见表2-9）。

1月31日　以现金支付经营费用1 400美元，即200美元公用事业费和1 200美元工资（见表2-10）。

表2-11中扩展的会计等式说明了这些交易对会计等式的影响。每笔交易的影响以黑体字表示。注意，余额是通宵公司表2-2～表2-10资产负债表中出现的金额。还应注意，每笔交易后会计等式仍然保持平衡。

表2-11反映了通宵公司经营交易对会计等式的影响以及由此对资产负债表中显示的财务状况的影响。现在，我们可以看出利润表和现金流量表是怎样进入视野的。具体而言，利润表是一张独立的财务报表，反映企业收入和费用交易如何引起资产负债表的变化。现金流量表则反映了该期间公司的现金如何增减。

表 2-11　利润表　　　　　　　　　　　　　　　　　　　　（单位：美元）

通宵汽车服务公司
扩展的会计等式
2021年1月20～31日

	现金	+	应收账款	+	工具/设备	+	建筑	+	土地	=	应付票据	+	应付账款	+	股本	留存收益
					资产					=	负债			+	所有者权益	
1月20日	80 000									=					80 000	
余额	80 000									=					80 000	
1月21日	-52 000								+52 000	=						
余额	28 000								52 000	=					80 000	
1月22日	-6 000						+36 000			=	+30 000					
余额	22 000						36 000		52 000	=	30 000				80 000	
1月23日					+13 800					=			+13 800			
余额	22 000				13 800		36 000		52 000	=	30 000		13 800		80 000	
1月24日			+1 800		-1 800					=						
余额	22 000		1 800		12 000		36 000		52 000	=	30 000		13 800		80 000	
1月26日	+600		-600							=						
余额	22 600		1 200		12 000		36 000		52 000	=	30 000		13 800		80 000	
1月27日	-6 800									=			-6 800			
余额	15 800		1 200		12 000		36 000		52 000	=	30 000		7 000		80 000	
1月31日	+2 200									=						+2 200
1月31日	-1 400									=						-1 400
余额	16 600		1 200		12 000		36 000		52 000	=	30 000		7 000		80 000	800

现金流量表　　　　　　　　　　利润表

2.3 利润表

利润表是对公司一段时间收入和费用交易的汇总。理解利润表对公司所有者、债权人和其他利益相关者来说特别重要。企业最终是成功还是失败，基于其赚取超过费用的收入的能力。一旦公司购买了资产并开始经营，收入和费用就是公司经营的重要方面。**收入**（revenues）是由公司盈利性活动带来的资产增加，这些活动产生正的现金流。**费用**（expenses）是由公司盈利性活动带来的资产减少，这些活动引起负的现金流。净利润（net income）是某个特定时期内收入与费用的差额。如果公司处境不佳，费用大于收入，我们称该差额为净亏损（net loss）。

通宵公司 1 月 20 ~ 31 日的利润表比较简单，因为公司没有发生大量复杂的收入和费用交易。⊖直接利用表 2-11 中留存收益栏的信息，可以编制出该公司如表 2-12 所示的利润表，其中的总支出 1 400 美元被分为 1 200 美元的职工薪酬和 200 美元的公用事业费。

请注意，利润表的表头描述的是一定期间，而不像资产负债表那样为某个时点。利润表从赚取收入和发生费用角度报告公司一定期间的财务业绩，并解释公司的财务状况表从期初到期末是如何变化的。

表 2-12 利润表

（单位：美元）

通宵汽车服务公司
利润表
2021 年 1 月 20 ~ 31 日

销售收入		2 200
经营费用：		
职工薪酬	1 200	
公用事业费	200	1 400
净利润		800

2.4 现金流量表

第 1 章阐述了现金流对投资者和债权人的重要性。公司现金流是投资者和债权人评价公司的重要考虑因素。公司支付债务以及为投资者赚取合理回报的能力取决于公司最终创造正的现金流的能力。因此，现金流信息是反映公司财务状况在两个时点间变化的又一特别重要的信息。

这里，我们可以通过分析表 2-11 中现金栏的全部内容来编制通宵公司的现金流量表。现金流量表把各种现金流分为三类，即经营、投资和筹资，并把这三个类别与期初和期末的现金余额相联系。**经营活动**（operating activities）现金流是利润表中收入和费用交易所产生的现金影响。⊖**投资活动**（investing activities）现金流是购买和出售诸如土地、建筑等资产所产生的现金影响。**筹资活动**（financing activities）现金流是所有者对公司投资、债权人向公司贷款以及公司对两者或其中之一进行偿付所产生的现金影响。

表 2-13 给出了通宵公司在 1 月 20 ~ 31 日的现金流量表。括号内的数字为负现金流，非括号内的数字为正现金流。

⊖ 在这个例子中，只有收入和支出交易改变了所有者权益中投资者投入的 80 000 美元的份额。其他影响所有者权益，但不影响净利润的例子包括出售股票以及支付股息。这部分将在以后章节中讨论。

⊖ 在这个例子中，经营活动和净利润中的净现金流是相等的，因为通宵公司所有的收入和支出都是现金交易。不过，并非所有例子都这样。随着我们对会计学习的增加，你会发现收入和支出会在不同的会计期间产生，而不只是在收到或支出现金时才发生，而这会导致净收入和净现金流与经营活动中产生的不一样。

不难发现，经营、投资和筹资这三类现金流既包括正现金流，又包括负现金流。还请注意，表中三类现金流的总和（增加 16 600 美元）表示从期初到期末的总变化。1 月 20 日，期初余额为 0，因为公司是 1 月 20 日开业的。某些交易或交易的一部分没有现金影响，因此不包括在现金流量表中。例如，1 月 22 日通宵公司购买 36 000 美元的建筑，以现金支付的仅 6 000 美元，其余的 30 000 美元没有包括在现金流量表中，因为它并不影响公司在购买建筑时的现金金额。类似地，1 月 23 日，通宵公司购买 13 800 美元的工具和设备，当时未支付现金。这笔交易在 1 月 23 日没有现金影响，但作为这笔交易的延续，1 月 27 日支付现金 6 800 美元确实影响现金并被包括在现金流量表内。不影响现金的交易称为非现金投资和筹资交易。在正式的现金流量表中，要求对这些交易进行说明，即便它们并不影响实际现金流入或流出。本书后面章节将对此进行解释。

表 2-13 现金流量表

（单位：美元）

通宵汽车服务公司
现金流量表
2021 年 1 月 20 ~ 31 日

经营活动现金流:		
收入交易产生的现金流入	2 200	
费用支付产生的现金流出	（1 400）	
来自经营活动的净现金流		800
投资活动现金流:		
购置土地	（52 000）	
购置建筑	（6 000）	
购置工具	（6 800）	
出售工具	600	
来自投资活动的净现金流		（64 200）
筹资活动现金流:		
出售股本		80 000
当期现金增加		16 600
期初余额（2021 年 1 月 20 日）		0
期末余额（2021 年 1 月 31 日）		16 600

> ⊙ **小案例**
>
> 　　有时，公司会报告经营活动现金流的增加，但同时报告总现金流的减少。这种情况发生在当投资活动和筹资活动的现金支出超过经营活动的现金流入时。例如，在 2017 年，拥有并经营若干邮轮船队的嘉年华公司报告其经营活动现金为 50 亿美元，但总现金流减少了 2.08 亿美元。这主要是因为公司购置财产和设备（如邮轮船舶）而发生了大量的支出，这些支出列示在公司现金流量表的投资活动中。此外，嘉年华公司使用大量现金来减少其债务，而且对股东发放了大量股利。

2.5　财务报表之间的关系

前面对通宵公司的讨论表明，财务状况表（资产负债表）、利润表和现金流量表都依赖相同的交易，但反映公司状况的"视角"不同。三大报表相互之间并不是替代关系；相反，它们都十分重要，共同揭示了公司的主要财务信息。

图 2-1 说明了三大财务报表与其所覆盖期间的联系。这里，水平线代表时间（如一个月或一年）。公司在前期末（也就是本期初）编制财务状况表（资产负债表），以财务语言对公

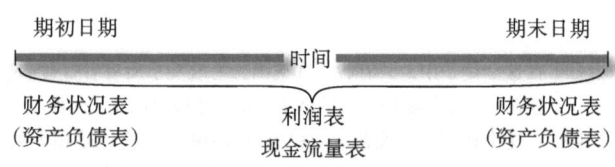

图 2-1　财务报告的时间线

司所处状况进行静态描述。另外两大财务报表——利润表和现金流量表，涵盖了介于两张资产负债表之间的期间，并帮助解释该期间所发生的重要变化。

如果我们了解公司在两个时点的财务状况，并了解在此期间从盈利活动角度（利润表）和现金活动角度（现金流量表）公司所发生的变化，那么我们就知道了有助于评价该公司未来现金流的大量有价值信息，这些信息对投资者、债权人、管理层及其他人均十分重要。

由于资产负债表、利润表和现金流量表都源于相同的基础性财务信息，因此它们之间"相互钩稽"，即相互之间联系紧密。图 2-2 描述了本章所讨论并介绍的三大财务报表之间的关系，金额取自本章前面介绍的通宵公司。在资产负债表中，不动产、厂房和设备金额为 100 000 美元，包括土地（52 000 美元）、建筑（36 000 美元）、工具和设备（12 000 美元）。

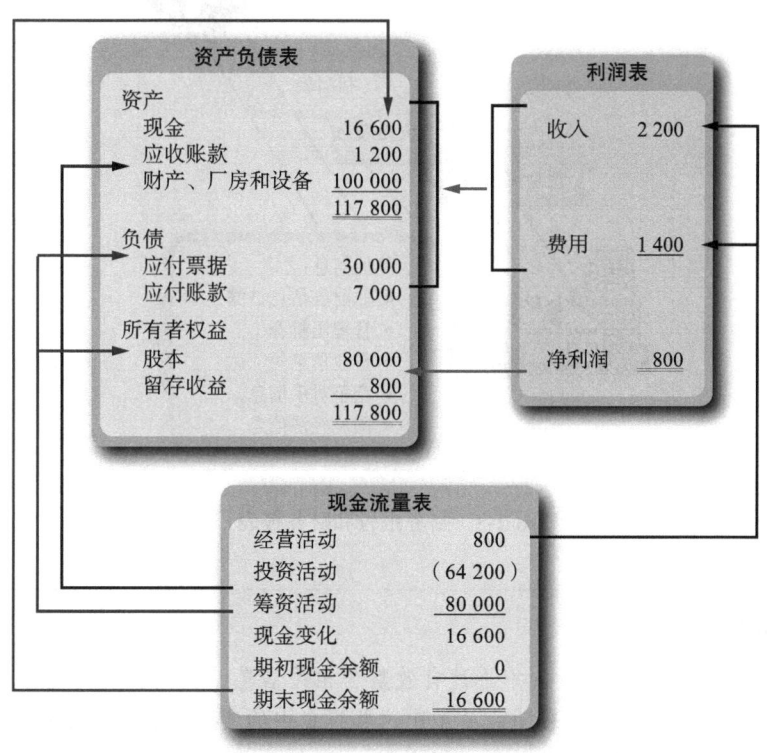

图 2-2　财务报表间的钩稽联系（单位：美元）

资产负债表代表扩展的会计等式，解释了各类资产、负债和所有者权益。利润表从收入和费用交易角度解释了盈利性交易导致的财务状况变化，得出的净利润代表企业所有者权益的增加。现金流量表从企业经营、投资和筹资活动角度说明了该期间公司的现金是如何增加和减少的。

虽然三大财务报表都提供了重要的信息，但它们并未包括公司可以披露的所有可能的信息。例如，再看一下通宵公司 1 月下旬的经营活动。我们完全可以编制一张说明负债如何变化或"工具和设备"资产账户如何变化的单独报表，还可以列示一些作为财务状况表、利润表和现金流量表基础的、能让报表使用者受益的重要非财务信息。会计师已经研究了一些处理这种其他类型信息的方法，我们将在本书的后面介绍这些方法。在此，我们重点关注公司最常使用的三大财务报表，用这些报表来反映可用财务语言捕捉的经营活动。

财务报告，尤其是财务报表，就像透视镜一样，可以用来观察企业状况（参见图2-3）。透视镜可以让你远距离看清本来无法看清的事物，让你注意到正在了解事物的某些方面更重要的细节。财务信息，尤其是财务报表信息，同样让你专注于企业财务的某些方面，而这些正是你制定重要投资和筹资决策时特别感兴趣的。财务报告包括了财务报表，但财务报告并不只是财务报表。

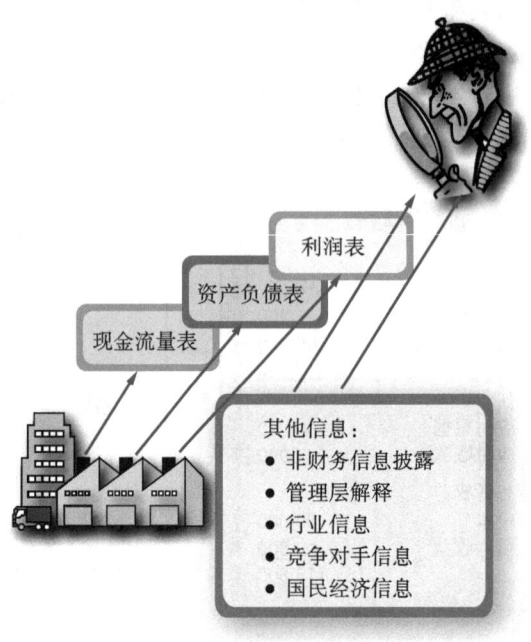

图2-3　财务报告和财务报表

> ⊙ **会计与决策**
>
> 　　根据三大财务报表间的关系并通过有效整合相关信息，我们就有可能深入了解公司。事实上，有些人相信，财务报表间的关系比这些报表中的实际金额更为重要。
>
> 　　再以表2-10所示的资产负债表为例来做一考察。不难发现，公司有16 600美元现金，1 200美元应收账款，二者合计为17 800美元。这些资产有时被称为流动资产，表明或为现金，或可很快转换为现金。再看看资产负债表的负债，公司有应付票据30 000美元，应付账款7 000美元，负债合计37 000美元。假设两类负债都是流动负债，即在不久的将来要到期，所以可以预期需要用现金来支付。因为没有足够的现金和近似现金的资产来保障流动负债，所以通宵公司在偿付时就会有困难。通过比较流动资产和流动负债，就可以得到分析公司流动性状况的重要信息，即公司偿付到期债务的能力。为了解决流动性不足的问题，通宵公司可能决定寻求额外资本或融资，来为购置建筑的30 000美元应付票据付款。流动资产与流动负债的比例被称为流动比率。因为负债都是流动负债，所以通宵公司的流动比率很低，为0.48（=17 800美元÷37 000美元），意味着通宵公司对即将到期的每1美元负债只有48美分可用于偿付。此外，如果购置建筑产生的30 000美元应付票据并非最近到期，那么公司的流动性会变强，公司也会有足够的时间通过经营产生足够

的现金来偿付到期票据。上述分析就是对第1章中关于思考会计信息的路径委员会方法的说明，即会计可以为有效决策提供重要信息。

尽管上述信息都来自资产负债表，但一张财务报表的关键信息经常要与另一张财务报表的信息相结合。例如，我们可能对了解经营产生的现金额（现金流量表）比对公司最近到期的负债额（资产负债表）更感兴趣，或者我们需要比较公司净利润（利润表）和用于产生这些利润的资产投资（资产负债表）。

本书的许多章节都会介绍会计如何为有效决策提供重要信息，从而服务于增进社会利益的最终目的。全书各章都贯彻了路径委员会的这一方法，尤其是第14章的财务报表分析，就如何用财务报表来告知投资者和债权人会计信息进行了综合阐述。

⊙ **债权人**

假设你是通宵公司潜在供应商的财务分析师，通宵公司想从你所在的企业赊购商品，在决定是否向通宵公司提供信用时，你会考虑哪些因素？

2.6　企业的组织形式

在美国，绝大多数企业的组织形式是独资企业、合伙企业或公司。一般公认会计原则对这三种类型组织的财务报表都适用。

2.6.1　独资企业

由单独个人拥有的非公司制企业被称为**独资企业**（sole proprietorship）。所有者通常兼任经理。这种企业组织形式普遍应用于小型零售商店、农场、服务企业以及法律、医药和会计等职业事务所。事实上，在经济体中独资企业是最常见的企业组织形式。

从会计角度看，独资企业被视为与所有者的其他经济活动相分离的企业主体。但从法律角度看，该企业与其所有者并不被视为独立主体。因此，所有者对企业债务负个人责任。如果企业陷入财务困境，债权人可以强制所有者出售其个人资产以支付企业债务。独资企业这一组织形式的一大优点是简单，但这种无限责任（unlimited liability）的特点对所有者不利。

2.6.2　合伙企业

两个或两个以上的人自愿作为合伙人（共同所有者）拥有的非公司制企业被称为**合伙企业**（partnership）。与独资企业一样，合伙企业被小型企业广泛采用。此外，一些非常大的职业事务所，包括会计师事务所和律师事务所，都按合伙企业组建。与独资企业一样，合伙企业所有者对企业所有债务负个人责任。从会计角度看，合伙企业被视为与其所有者个人事务相分离的企业主体。⊖相对独资企业而言，合伙企业的一个优点就是能从多个所有者处筹集更大金额的资本投资。

⊖ 由于合伙企业的拥有者最终对所有债务负责，因此这些公司的债权人通常要求被告知公司所有者个人的财务状况。

2.6.3 公司

法律上，**公司**（corporation）作为实体是与所有者相分离的企业组织形式。因此，公司所有者对企业债务不负个人责任。这些所有者最多只会失去他们在企业中的投资金额，即所谓**有限责任**（limited liability）的概念。公司之所以对许多投资者而言是颇有吸引力的企业组织形式，主要原因就在于此。本例中的通宵公司就是一家公司。

公司所有权被划分为可转让的股份，所有者被称为**股东**（shareholders 或 stockholders）。公司向每位股东颁发表明其所拥有股数的股票证书。股东可自由地在任何时候将这些股票的部分或全部出售给其他投资者。这种所有权的可转让性增加了公司这种组织形式的吸引力，毕竟投资者可通过出售股份给其他投资者而更为容易地将资金退出该企业。相比合伙企业，公司有更大的机会从众多所有者处筹集大额资金。

独资企业和合伙企业的数量比公司多，但绝大多数大型企业采用公司制。因此，从企业活动的经营额来看，公司这一企业组织形式占主导地位。在三种企业类型中，公司最有可能向投资者和其他外部人员发布财务报表。

2.6.4 在资产负债表中报告所有者权益

资产和负债在三类企业组织的资产负债表中都以相同的方式列示。不过，所有者权益的列示有所不同。

1. 独资企业

独资企业仅由一个人拥有，因此资产负债表中的所有者权益部分仅包括一项内容，即所有者权益。如果通宵公司按独资企业组建，且迈克尔·麦克布莱恩为所有者，那么1月31日资产负债表（参见表2-10）中的所有者权益部分会列示如右所示（单位：美元）。

所有者权益：	
资本（迈克尔·麦克布莱恩）	80 800

2. 合伙企业

合伙企业有两个或两个以上的所有者。会计师使用合伙人权益而不是所有者权益这一术语，并且通常分别列示每位合伙人在企业的权益。例如，如果迈克尔·麦克布莱恩和他的妹妹莉贝卡·麦克布莱恩合伙经营通宵公司，每人贡献等额现金（40 000美元），并均等分享净利润（400美元），那么资产负债表（参见表2-10）中的合伙人权益部分将列示如右所示（单位：美元）。

合伙人权益：	
迈克尔·麦克布莱恩——资本	40 400
莉贝卡·麦克布莱恩——资本	40 400
合伙人权益总额	80 800

3. 公司

在采用公司制这一组织形式的企业，通常很少单独列出每位股东的权益。对大型公司来说，企业可能有数百万个人股东（所有者），分别列示显然不现实。

假设通宵公司按公司制组建，那么所有者权益（也称为**股东权益**，stockholders' equity 或 shareholders' equity）列为两笔金额，即股本和留存收益。资产负债表（参见表2-10）中该部分列示如右所示（单位：美元）。

所有者权益：	
股本	80 000
留存收益	800
股东权益总额	80 800

股本（capital stock）代表股东初始投资于企业以换取公司股票份额的金额。相反，**留存收益**（retained earnings）代表因盈利性经营而多年积累的所有者权益的增加。在公司的资产负债表中，留存收益单独列示在股东权益下。

2.7 外部用户对财务报表的使用

如第 1 章所述，投资者和债权人使用财务报表来制定财务决策，即选择将他们的财务资源投入或出借的目标公司。因此，财务报表主要用来满足债权人和投资者的需要。债权人和投资者特别关注的两个因素是企业组织的流动性和盈利性（profitability）。

债权人对**流动性**（liquidity）即企业偿还到期债务的能力很关心。流动性对企业组织的生存至关重要，没有了流动性的企业可能被债权人要求破产。一旦破产，法庭可迫使该企业停止经营，出售资产（为了支付给债权人），企业最终将不复存在。

投资者也关心企业组织的流动性，但通常他们更关注企业的盈利性。盈利性经营增加企业所有者权益的价值。经营持续但不赢利的公司最终将耗尽资源，无法生存下去。因此，绝大多数财务报表使用者会仔细研究这些财务报表，目的是获取有关公司流动性和未来盈利能力的线索。

2.7.1 短期和长期

短期内，流动性和盈利性可能相互独立，没有关系。企业可能经营赢利，但可能因耗尽现金而无法满足偿付债务所需。此外，在某一特定年度公司经营可能没有盈利，但有来自以前期间的充足现金用以支付账单并保持流动性。

但从长期来看，流动性和盈利性密不可分。企业要生存，必须保持流动性，长期内必须盈利经营。

2.7.2 评价短期流动性

如本章之前所述，短期流动性的关键指标之一是经营主体的流动资产与不久的将来需要偿还的负债之间的关系。通过研究公司资产的性质、负债的金额和到期日，财务报表使用者常常可以进行预测：公司偿还即将到期负债是否会有问题。这种简单的分析可满足许多短期债权人的需要。评价长期偿债能力更困难，将在以后章节讨论。

在研究财务报表时，使用者应当记得阅读后附的注释和审计报告，它们会提供基本财务报表没有提供或提供不充分的重要信息。

2.7.3 充分披露的必要性

充分披露（disclosure）是重要的一般公认会计原则。充分披露指财务报表使用者应被告知正确解释报表所必需的全部信息。可以在财务报表正文或表后附注中进行充分披露。通常，财务报表后的附注会比报表本身还要长。

需要在财务报表附注中披露的事件可能包括财务报表日后的事项。例如，假设通宵公司的建筑于 2 月 2 日因火灾毁坏，且麦克布莱恩在该日之后想用财务报表为企业获取额外的筹资。再假设麦克布莱恩为建筑购买的保险小于重置所需的金额。财务报表使用者，诸如可能考虑借钱给通宵公司的银行家，必须被告知这一重要的"日后事项"。这项披露通常可通过以下附注来完成：

> 附注7：财务报表日后发生的事项
> 1月31日资产负债表中所包括的36 000美元的建筑因发生在12月31日资产负债表报告期后的火灾而毁坏。虽然公司对该设备进行了保险，但管理层预计仅能弥补约30 000美元的损失。

除了重要的日后事项外，其他很多情况也可能要求在财务报表附注中进行披露。例如，对公司的法律诉讼、主要负债的到期日、作为担保贷款抵押品的被抵押资产、来自公司高管或其他"内部人员"的应收金额，以及诸如租赁等未列入负债但需要未来巨额现金支付的合同承付款。

要求披露的项目和事件并没有完整的清单。一般而言，公司应披露那些具有合理知识的人认为合理解释财务报表所必需的任何财务信息。明显不重要的事件并不需要披露。确定财务报表中需披露哪些信息也需要会计师做出重大判断。

2.7.4　管理层对财务报表的关注

虽然我们强调财务报表对投资者和债权人的重要性，但企业组织的管理层其实也极为关心企业的财务状况、盈利能力和现金流量。因此，管理层很希望能经常性并快速地得到财务报表，以便采取行动来提高业绩。绝大多数大型组织至少按月向管理层提供财务报表。随着现代技术的发展，按周、按日甚至按小时编制财务报表都成了可能。

管理者尤其关注年度财务报表，因为这些报表是企业外部的决策制定者使用的。例如，如果债权人认为年度财务报表业绩强健，那么相比于公司财务报表业绩疲弱，他们也就更愿意贷款给企业。管理层关心企业获取实现目标所需资金的能力，所以特别关注投资者和债权人对公司财务报表的反应。

强健的财务状况表列示相对较少的债务，以及比短期负债大得多的流动资产。强健的利润表列示的收入多于为赚取收入而发生的费用。强健的现金流量表不仅显示强大的现金余额，而且表明这些现金就是来自目前的经营活动。在一系列财务报表中报告公司目前经营不错的信息，特别有助于树立投资者和债权人对公司的信心。由于财务报表的重要性，管理层可能采取专门措施，以改善公司财务状况和财务业绩。例如，用现金购买资产的交易可能被推迟到下一会计期的期初，从而使本期财务状况表和现金流量表中存在大额现金。此外，如果公司现金状况非常强健，那么近期到期的负债可能被提前偿还。

这些行为有时被称为**报表粉饰**（window dressing）——管理层采取措施以使公司财务报表看起来尽可能强健。财务报表使用者应意识到，虽然这些报表公允地反映了期末的财务状况和当期的财务业绩，但它们并不一定描述了整个财务报告期间企业通常的财务状况。尤其是在年度财务报表中，管理层会想方设法使公司财务状况显得合理且强健。因此，除了年度财务报表所提供的信息之外，很多债权人将更频繁发布的财务报表（如季报甚至月报）所提供的额外信息也看得很重要。财务报表发布越频繁，管理层通过报表粉饰使公司显得比实际强健的可能性就越小。

> ⊙ **伦理、欺诈与公司治理**
>
> 　　如第 1 章所述，许多企业因遭财务舞弊起诉而破产，其结果就是美国国会于 2002 年通过了《萨班斯-奥克斯利法案》。该法案于 2002 年 7 月 30 日经乔治·布什总统签发生效。《萨班斯-奥克斯利法案》被认为是自 20 世纪 30 年代最初的证券法颁布以来影响最为深远的证券立法。
>
> 　　《萨班斯-奥克斯利法案》对首席执行官和首席财务官的一个重要规定就是要保证其公司财务报表的正确性。所有公众公司的首席执行官和首席财务官每年以及每季度都必须证明他们：①已审核了公司的财务报表；②未发现存在任何使财务报表对人产生误导的错误或遗漏；③确信财务报表在所有重大事项方面均公允披露了公司的财务状况（资产负债表）和经营成果（利润表）。有证据表明，这些证明要求正在影响公司的行为。例如，南方保健公司的一位前首席财务官不愿意证明南方保健公司的财务报表基本正确，故而向联邦机构反映该公司存在重大会计舞弊。

2.8 小结

　　本书始终强调会计信息何以成为企业决策的基础。本章介绍了企业交易以及如何在财务状况表（资产负债表）、利润表和现金流量表这三大基本财务报表中来共同报告这些交易。这些财务报表也是会计师的主要工作成果，它们也向投资者、债权人和其他各方提供了有助于决策的相关信息。

　　本书第 3 章将介绍实际中如何记录企业交易，这些记录如何在会计系统中流转，最终又如何编制出财务报表。本章介绍的基础知识对于深入讨论更为复杂的企业交易及其对公司财务状况、经营成果和现金流量的影响都很有帮助。

学习目标小结

1. 解释财务报表的性质和基本目的

　　财务报表是指用财务语言对被认定为公允正确的企业信息的表述。它们描述了企业中对决策者，特别是投资者（所有者）和债权人而言，重要的某些特性。

2. 解释对于理解财务报表有重要作用的若干会计原则以及会计师职业判断会如何影响这些原则的应用

　　会计师通过遵循一套被称为一般公认会计原则的准则或规则来编制财务报表。坚持遵循这些准则，公司之间以及同一公司不同年度的经营状况就有了可比性。一般公认会计原则对某些交易应当如何进行会计处理给予了相当显著的自由度。换言之，会计师的职业判断尤为重要。

3. 阐述某些经营交易是如何影响会计等式（资产=负债+所有者权益）中各项因素的

　　企业交易导致基本会计等式三要素的变化。增加资产总额的交易也必然使负债和所有者权益总额增加。同样，减少资产总额的交易必然同时减少负债和所有者权益总额。有些交易使得一项资产增加而另一项资产减少。无论交易的具体性质如何，会计等式在任何时候都必然保持平衡。

4. 解释怎样将基本会计等式扩展为财务状况表（通常称为资产负债表）

　　财务状况表，或称资产负债表，详细列示了基本会计等式的要素，不仅列示各类资产，而且给出其总额。此外，也要列示企业负债和总额，并与所有者权益相加。资产负债表这一财务报表的显著特征之一就是其平衡性,毕竟该报表是对基本会计等式的扩展。

5. 解释利润表是如何根据收入和费用的关系来报告企业在一定期间的财务业绩的

企业在向其客户提供商品和服务时创造收入。为了能提供这些商品和服务,必然发生许多费用。收入与费用之间的差额就是净利润或净亏损。

6. 解释现金流量表是如何按照经营活动、投资活动和筹资活动来报告公司在一定期间的现金流变化的

现金是最重要的资产之一,现金流量表详细说明了企业现金余额在会计期初和期末之间的变动情况。经营活动与持续的收入和费用交易对公司现金的影响有关。投资活动与购买和销售各种类型的资产(如土地、建筑和设备)有关。筹资活动描述的是企业从何处获得负债和权益性融资。现金流量表把所有这些活动的信息综合成一张将现金期初余额调整为期末余额的简洁的现金变动表。

7. 解释财务状况表(资产负债表)、利润表和现金流量表之间何以相互关联

这三大财务报表基于相同的标的交易。它们之间不可互相替代,是反映报告企业财务活动的三种不同方式。由于基于相同的交易,因此彼此紧密相连或"钩稽"。

8. 解释常见的企业所有权形式——独资企业、合伙企业和公司,并通过财务状况表(资产负债表)来说明它们的差异

所有者权益是基本会计等式中的三大要素之一。无论采用哪种组织形式,所有者权益都代表所有者在报告企业资产中的利益。对独资企业而言,所有者权益仅由单个所有者的利益构成。对于合伙企业,所有合伙人的所有者权益相加就得到企业的所有者权益总额。对公司而言,通常有很多所有者,他们对企业的全部投资代表了企业的所有者权益。在所有情况下,企业净利润使所有者权益增加。

9. 讨论财务报表对公司及其投资者和债权人的重要性以及管理层想方设法改善公司财务报表形象的原因

财务报表对于投资者和债权人评估能否从企业获得未来现金流入尤为重要。管理层关注的是如何使企业的财务报表看起来尽可能"漂亮"些,因此很可能会采取一些措施来改善企业的整体形象。不过,管理层所能采取的措施与不道德甚至违法行为之间的界线往往很小。

习题 / 关键术语

示范题

下表给出了晶莹汽车清洗公司 2021 年 9 月 30 日的账户余额情况。虽然未给出留存收益金额,但可通过按资产负债表形式归集所有可获得信息而确定。

应付账款	16 800	土地	81 000
应收账款	960	机器和设备	78 000
建筑	62 400	应付票据(30 天到期)	34 800
现金	11 040	应付工资	3 600
股本	120 000	辅料	480
留存收益	?		

要求:
(1)编制 2021 年 9 月 30 日的资产负债表。
(2)该资产负债表能否表明该公司财务状况强健?请简要解释。
(3)利润表和现金流量表怎样帮你更好地回答问题(2)?

答案:
(1)

(单位:美元)

晶莹汽车清洗公司
资产负债表
2021 年 9 月 30 日

资产		负债和所有者权益	
现金	11 040	负债:	
应收账款	960	应付票据	34 800

	资产		负债和所有者权益	（续）
辅料	480	应付账款		16 800
机器和设备	78 000	应付职工薪酬		3 600
建筑	62 400	负债总额		55 200
土地	81 600	所有者权益：		
		股本		120 000
		留存收益①		59 280
总额	234 480	总额		234 480

① 计算过程：资产总额 234 480 美元 - 负债总额 55 200 美元 = 所有者权益 179 280 美元；留存收益 = 179 280 美元 - 股本 120 000 美元 = 59 280 美元。

（2）该资产负债表表明晶莹汽车清洗公司财务状况很弱。仅有的流动资产（现金和应收账款）总额只有 12 000 美元，但公司却有 55 200 美元即将到期的债务。

（3）晶莹汽车清洗公司的利润表将反映公司截至资产负债表日（即 2021 年 9 月 30 日）的期间（月度、季度或年度）收入和费用。该信息有助于确定公司能否成功地以超过服务成本的金额销售汽车清洗服务，公司为维持经营并取得成功必须这么做。与利润表同一期间的现金流量表将从经营、投资和筹资活动的角度反映公司现金的来龙去脉。该信息特别有助于在资产负债表相对弱的情况下评价公司满足即将到期债务能力的强度。

自测题

说明：为了尽可能多地复习各章节的知识，一些自测题不止一个正确选项，你应该选出所有正确的答案。

1. 财务报表：
   A. 旨在帮助使用者评价一个主体的财务状况、盈利能力和未来前景
   B. 作为所得税申报的替代品并供美国国税局确定一家企业应交所得税额
   C. 包括披露正确解释报表的必要信息的附注
   D. 旨在帮助投资者和债权人制定与经济资源分配有关的决策

2. 下面哪项陈述不符合有关资产计价的一般公认会计原则？
   A. 对许多资产企业主体按成本进行原始会计记录
   B. 资产总额减负债总额表示现行市场条件下企业所有者权益的价值
   C. 会计师假设办公辅料、土地和建筑等资产将用于企业经营消耗，而不是以现行市价出售
   D. 会计人员倾向于以客观、可验证的证据而不是评估或个人意见作为资产计价的基础

3. 水世界船艇商店购置了一辆 12 000 美元的卡车，以现金支付首付款 5 000 美元，并签发一张 60 天到期的 7 000 美元应付票据。
   A. 资产总额增加 12 000 美元
   B. 负债总额增加 7 000 美元
   C. 从短期债权人角度看，这笔交易使企业流动性增强
   D. 这笔交易对企业所有者权益没有立即的影响

4. 有一笔交易使资产总额和负债总额都减少 15 000 美元。该笔交易可能是：
   A. 以现金 15 000 美元购买一辆运输卡车
   B. 成本为 15 000 美元的一项资产因火灾毁坏
   C. 偿还一笔 15 000 美元的银行贷款
   D. 收回一笔 15 000 美元的应收账款

5. 下面哪项关于公司资产负债表的说法正确？
   A. 它表明了该期间现金的来源和运用
   B. 它是基本会计等式"资产=负债+所有者权益"的扩展
   C. 它有时被称为财务状况表
   D. 如果既有利润表又有现金流量表，那么资产负债表是不必要的

6. 在正确编制的利润表中，你预计会找到下面哪项？
   A. 期末现金余额
   B. 本期赚取的收入
   C. 本期所有者的缴入资本
   D. 本期为赚取收入而发生的费用

7. 哪些信息能从现金流量表中获得，而不能从其他两张基本财务报表中得到？

A. 筹资活动提供或使用的现金
B. 期末现金余额
C. 期末欠付债权人的负债总额
D. 净利润

8. 下面关于职业判断在财务报告过程中的作用的说法，哪些是正确的？
A. 不同的会计人员对相似的情形可能有不同的评价
B. 确定哪些项目应在财务报表附注中披露需要职业判断
C. 一旦建立了完整的一般公认会计原则，财务报告过程就不再有会计人员的判断
D. 存在职业判断后来被证明是错误的可能性

讨论题

1. 一般情况下，会计的目的是什么？
2. 除了专业会计人士，为什么会计术语和概念对一般人也有用？
3. 一般情况下，什么是收入和费用？它们与公司净利润和净亏损的决定有何关系？
4. 为什么资产负债表是讨论一切财务状况的开始？
5. 什么是基本会计等式？简要介绍等式的三大要素。
6. 为什么持续经营假设对帮助理解财务信息很重要？
7. 一项交易仅会导致资产负债表中一项资产发生变化，而不会导致其他资产、负债或所有者权益发生变化。这种情况可能吗？
8. 依照下面要求给出例子：(1) 导致资产负债表中一项资产增加，另一项资产减少，且不影响其他项目；(2) 导致资产负债表中资产和负债都增加，且不影响所有者权益。
9. 正现金流和负现金流分别代表什么？它们与收入和费用有何关系？
10. 现金流量表包含哪三个方面？每个方面都包含什么？
11. 财务报表具有钩稽关系是指什么？
12. 充分披露是什么意思？在编制财务报表时，会计师是如何完成披露任务的？
13. 在财务报表中，报表粉饰是什么意思？
14. 强健的利润表有哪些特征？
15. 强健的现金流量表有哪些特征？

测试题

1. 沃尔特斯公司以欠款方式购买了价值 24 000 美元的机械设备。简要说明这项交易对基本会计等式的影响。
2. 福斯特公司购买一辆卡车，以现金支付了 5 000 美元，余下的 30 000 美元通过借款进行支付。简要说明这项交易对基本会计等式的影响。
3. 博世公司总资产 155 000 美元，负债 85 000 美元。如果公司有 50 000 美元是股本，它拥有多少留存收益？
4. 怀特公司总资产 780 000 美元，所有者权益中包括股本 500 000 美元，留存收益 150 000 美元。请问：该公司有未偿付的负债吗？如果有，负债总额是多少？
5. 威利公司最近一个月的总收入为 360 000 美元。在这个月中公司发生经营费用 246 000 美元，并以 66 000 美元购买了土地。计算这个月的净利润。
6. 韦克斯勒公司利润表显示当年总支出为 50 000 美元，假设该公司一年总收入为 135 000 美元，年末现金余额为 35 000 美元，请问：该公司当年的净收入为多少？
7. 威尔克斯公司今年发生以下业务，那么公司当年现金总变化情况如何？
(1) 收入 100 000 美元，支出 56 000 美元，均以现金形式发生。
(2) 购买一辆价值 25 000 美元的卡车。
(3) 卖地取得 10 000 美元收入。
(4) 从当地银行贷款 15 000 美元。
8. 乔·素尔维拥有一家个人独资企业，简称素尔维公司，拥有净资产 50 000 美元。假设素尔维公司是一家合伙制企业，乔和他的兄弟汤姆拥有相等股份，这 50 000 美元所有者权益应在公司的资产负债表中如何反映？
9. 接第 8 题，假设素尔维公司并非个人独资企业或合伙制企业，而是一家拥有 48 000 美元股本的公司。此时，60 000 美元的所有者权益在公司资产负债表中该如何反映？

10. 本·华盛顿独资拥有华盛顿床垫公司。当年 1 月 1 日，本·华盛顿在公司拥有 50 000 美元的股本。在当年内，他又对公司投入了 20 000 美元，公司当年赢利 25 000 美元。请问：年末财务报表中应有的所有者权益为多少？净收入在资产负债表中应如何披露？

案例题

1. 你准备或导师要求编制某假设实体公司的资产负债表。资产负债表中应包括你认为该实体应该包括的资产和负债并合理确定这些科目的金额。合理假设公司股本以及留存收益。
2. 从图书馆或通过因特网查找知名企业（或导师指定公司）的年度财务报表。

要求：

通过分析资产负债表、利润表、现金流量表以及财务报表附注，回答以下问题：

（1）在资产负债表中最大的一项资产是什么？为什么该类公司会有如此大的投资？

（2）分析公司的现金流量表：

　（a）在投资活动中，主要的现金来源是什么？现金的主要用途是什么？

　（b）投资活动使得公司现金流增加还是减少？

　（c）在经营活动中，主要的现金来源是什么？现金的主要用途是什么？

　（d）经营活动使得公司现金流增加还是减少？

（3）分析公司的利润表，公司在最近几年有净利润或净亏损吗？净利润或净亏损占总收入的比例怎样？

（4）选取财务报表附注中的三项内容，简要解释这些内容对于正在做是投资或是借款给该公司决策的人士的重要性。

（5）假设这家公司想向你借款，金额为总资产的 10%，并约定在 90 天之内返还。你认为该公司的信贷风险小吗？

3. 月亮公司和星星公司服务于同一行业并且都于近期成立，所以可以假定记录的各项资产的成本接近于市场价值。两家公司本年度 7 月 31 日的资产负债表如下。

（单位：美元）

月亮公司
资产负债表
本年度 7 月 31 日

资产		负债和所有者权益	
现金	21 600	负债：	
应收账款	31 200	应付票据（60 天）	14 880
办公设备	1 400	应付账款	11 520
建筑	45 600	小计：	26 400
土地	44 680	所有者权益：	
		股本	72 000
		留存收益 46 080	118 080
总计	144 480	总计	144 480

（单位：美元）

星星公司
资产负债表
本年度 7 月 31 日

资产		负债和所有者权益	
现金	5 760	负债：	
应收账款	11 520	应付票据（60 天）	26 880
办公设备	14 400	应付账款	51 840
建筑	72 000	小计：	78 720
土地	115 200	所有者权益：	
		股本	86 400
		留存收益 53 760	140 160
		小计：	
总计	218 880	总计	218 880

要求：

（1）假设你是一名银行家，以上两家公司都向你申请 12 000 美元的贷款（90 天）。你认为哪家公司更有前景？请简要解释。

（2）假设你是一名投资者，考虑购买一家或者两家公司的股票，你更愿意以高价购买哪家公司的股票？购买了任何一家公司的股票后，你认为可能会遇到哪些财务风险？请充分解释（不论如何决定，获取更多信息总是有用的，不过你的决定应建立在可获得信息的基础上）。

4. 约翰·马歇尔是第一州立银行的信贷员。他正在比较两家申请贷款的公司,并希望你能帮他评价这两家公司。这两家公司分别是莫利斯公司和沃克尔公司,它们的规模相似,而且第1年的期初现金余额大致相同。由于3年内的现金流量总额几乎相同,因此就公司作为贷款申请人的吸引力而言,约翰觉得两家公司差不多。

莫利斯公司和沃克尔公司的简要信息如下:

(单位:千美元)

	莫利斯公司			沃克尔公司		
	第1年	第2年	第3年	第1年	第2年	第3年
现金流量						
经营活动	10	13	15	8	3	(2)
投资活动	(5)	(8)	(10)	(7)	(5)	8
筹资活动	8	(3)	1	12	4	0
净流量	13	2	6	13	2	6

要求:

(1) 你是否同意约翰的初步评价,即作为贷款申请人,这两家公司的实力大致相当?为什么?

(2) 什么原因使沃克尔公司第3年筹资活动现金流量为零?

(3) 总体而言,对于使用现金流量表评价贷款申请人的情况,你会给约翰提什么建议?

5. 假如现在是本年度11月18日。你是公众持股公司欧米加软件公司的首席执行官,该公司正出现财务困境。欧米加公司如果要生存,需要大量新的银行贷款。

你已与多家银行进行了谈判,但每家银行都要求看公司本年度的财务报表,年报的截止时间为12月31日。这些报表当然要经过审计。你现正在和公司其他高层人员开会讨论,做出的建议如下:

(1) "我们计划在12月用800万美元现金购买文字大师软件公司。不过,文字大师公司的所有者并不着急。如果我们把这项收购推迟到1月,那么年底就会多出800万美元现金。这会使我

们看起来更有偿债能力。"

(2) "年底,我们所欠的应付账款约为1 800万美元。如果我们在资产负债表中只列示这项负债金额的一半(即900万美元),没有人会知道这个差异。我们可以把另外900万美元报告为股东权益,这样我们的财务状况会显得强健些。"

(3) "我们欠三角洲程序公司500万美元,90天到期。我认识三角洲程序公司的一些人,如果我们签发一张票据,并支付7%的利息,他们会让我们把这笔负债推迟一年或更长时间。"

(4) "我们拥有的土地成本为200万美元,但现在至少值600万美元。我们在资产负债表上把它列示为600万美元,这样我们的资产和股东权益就能分别增加400万美元。"

要求:

分别评价这四项可使欧米加软件公司报表好看的建议。你的评价既应考虑会计问题,又应考虑道德和法律问题。

6. 上市公司会计监督委员会(PCAOB)是2002年《萨班斯–奥克斯利法案》的成果。最近几年来,PCAOB被认为是法律领域最有价值的部分。为了响应PCAOB中的要求,请访问PCAOB官网。

要求:

(1) 简述PCAOB的目标。

(2) 阅读"关于我们"部分并列出PCAOB成员的名字。

(3) 阅读"执行"部分并描述2002年《萨班斯–奥克斯利法案》赋予PCAOB的权力。

(4) 阅读"标准"部分并描述PCAOB的责任(影响公司财务报告的标准)。

7. 这项作业介绍了EDGAR(有关证券交易所上市公司的财务信息数据库)。在美国经济中,证券交易所利用EDGAR提高了财务报告的经济效率性,同时也给予公众方便快捷了解上市公司信息的途径。

要求：
　　访问 EDGAR 网站 www.sec.gov。细读该网站以及思科系统公司的财务报表。下载思科系统公司最近的 10Q 季报。
（1）思科系统的营业地址是什么？
（2）找出 10Q 资产负债表并判断公司现金流在最近几个季度是增加还是减少了？
（3）下载利润表（经营状况表）。最近几个季度公司的净收入是多少？比上季度高还是低？
（4）分析现金流量表。最近几年，公司投入了多少运营资金？
（5）点击另一家你感兴趣的公司。研究该公司信息，与同学分享你所研究的公司信息以及从中所获的知识。

自测题答案： 1. ACD；2. B；3. BD；4. C；
5. BC；6. BD；7. A；8. ABD。

练习题

关键术语

第 3 章

会计循环：捕捉经济事件

学习目标

- 确定会计循环的步骤并讨论会计记录在组织中的作用。
- 描述分类账账户及分类账。
- 理解资产负债表账户如何增加和减少。
- 解释会计复式记账制。
- 解释日记账的目的及其与分类账的关系。
- 解释净利润、收入和费用的性质。
- 在记录收入和费用时采用实现原则和配比原则。
- 理解如何在会计系统中记录收入和费用交易事项。
- 编制试算平衡表并解释其用途和局限性。
- 区分会计循环程序和会计知识。

引导案例

普华永道会计师事务所

普华永道会计师事务所（PwC）是一家跨国经营的专业服务企业，位列全球四大会计师事务所之一，提供审计、税务及各种咨询服务。普华永道并不从事货物销售，因此是一家服务型企业。在美国，服务型企业日趋重要，而且遍及众多行业，包括法律、医疗、会计、工程、广告、保健、教育、健身以及众多其他领域。本书从第 2 章到第 5 章以服务型企业为例来介绍会计处理的方法。之后各章将介绍不同企业的会计处理，包括外购货物进行转销的企业（即商业企业）以及将原材料加工为完工成品的企业（即制造企业）。

对普华永道而言，承揽经济业务往往十分复杂。普华永道在全球 158 个国家和地区的 740 余家分支机构雇用了来自全球各地的大约 236 000 名员工。普华永道最近报告的年度总收入超过了 380 亿美元，其中来自审计和鉴证服务的收入约占 42%。普华永道要处理的经济业务就是这些复杂的全球性业务。

为了生存，企业必须高效处理诸如账单开立、采购、现金收付等经济事项。绝大多数企业目前已采用计算机系统来对这些事项进行会计处理。不过，也有少量企业仍然采用纸质账簿和手工记账方式来记录日常的业务活动和交易。

第 2 章介绍了通宵公司从事的几项交易活动，但并没有说明公司怎样捕捉这些事件以便管理层和其他利益方使用。本章将介绍会计系统怎样记录与各类经营交易活动相关的经济事项。

3.1 会计循环

第2章给出了2021年1月最后一周通宵公司发生的几笔交易。当时，我们首先分析了这些交易，之后立即编制全套财务报表。从实用角度出发，企业并不在每笔交易发生后编制新的财务报表，而是在会计记录中累计每笔交易的结果。然后，每隔一定时期，用这些记录数据来编制财务报表、所得税申报表以及其他各种报告。

按一定会计期间连续地进行会计信息记录、分类以及汇总编制财务报告这一系列会计核算过程通常被称为**会计循环**（accounting cycle）。会计循环始于企业交易的初始记录，终于一整套正式财务报表的编制。"循环"是指这些程序必须持续重复，以使企业按合理期间及时编制新的财务报表。

会计循环通常包括8个具体步骤，本章将举例说明前3个步骤：①将交易登记到日记账中；②将每笔日记账准确登记到总分类账中；③编制试算平衡表。其余步骤将在第4章和第5章中介绍，分别是：④进行期末调整；⑤编制调整后试算平衡表；⑥编制财务报表；⑦编制日记账并对结账分录过账；⑧编制结账后试算平衡表。

会计记录有什么作用

收集财务信息并维持会计记录这一循环往复过程并不只是便于编制财务报表，管理者和员工也常常利用会计记录中存储的信息，其主要目的是：

（1）建立资产或交易的个人**责任制**（accountability）。
（2）追踪企业日常活动的踪迹，如公司银行账户的金额、客户的到期欠款金额、欠付供应商的金额等。
（3）获取特定交易的具体信息。
（4）评价组织内各部门的效率和业绩。
（5）保管公司业务活动的文档证据（如税法要求公司保存支撑纳税申报表中报告金额的会计记录）。

3.2 分类账

会计系统包含出现在财务报表中的每一项目的单独记录。例如，对资产现金进行单独记录，反映由现金收付交易引起的现金增减额。对任何其他资产、任何负债、所有者权益以及利润表中的任何收入和费用科目都要做相似的记录。

用于追踪财务报表项目增减变动的记录被称为"分类账账户"，或者简称为**账户**（account）。将整组账户集中在一起的会计记录被称为**分类账**（ledger）（表3-7列示了通宵汽车服务公司的分类账）。

3.3 账户的使用

账户是累计记录具体财务报表项目（如一项特定资产或负债）全部信息变化的工具。例如，"现金"账户提供公司当前的现金余额、现金收款记录和现金支付记录。

账户的最简单形式仅有三个要素：①账户名称；②左边栏，即借方；③右边栏，即贷方。这种形式的账户被称为 T 型账户（如下所示），因为它类似于字母"T"。当然，在计算机系统下，每个账户的要素被电子化存储并编排格式。账户的更完整格式将在后面列示。

```
           账户名称
    借方          |        贷方
```

3.4 借方和贷方分录

记录在账户左边栏的数额被称为**借方**（debit）或借方分录。类似地，记录在账户右边栏的数额被称为**贷方**（credit）或贷方分录。简言之，借方指的是账户的左方，而贷方指的是账户的右方。

为了说明账户中如何进行借方和贷方记录，让我们回顾一下第 2 章中通宵公司的 8 笔现金交易。当这些现金交易记录在"现金"账户时，收款列在借方，付款列在贷方。不过，这里也需要列示交易的日期。具体记录如下。

```
                    现金
    1/20    80 000   |  1/21    52 000
    1/26       600   |  1/22     6 000
    1/31     2 200   |  1/27     6 800
                     |  1/31       200
                     |  1/31     1 200

1 月 31 日余额   16 600
```

"现金"账户的每笔借方或贷方分录表示现金的流入或流出。企业在特定日期所拥有的现金金额等于当日该账户的余额。

1. 确定 T 型账户的余额

账户的余额是账户借贷方分录之间的差额。如果借方总额超过贷方总额，那么账户就有借方余额；如果贷方总额超过借方总额，那么账户就有贷方余额。

本例的"现金"账户中，1 月记录的最后一笔现金交易金额下画了一条线。1 月记录的现金收款（借方）总额为 82 800 美元，现金付款（贷方）总额为 66 200 美元。借方总额减去贷方总额就是"现金"账户 1 月 31 日的借方余额 16 600 美元。

借方余额写在该账户线下的借方。实际上，这条线在该账户中形成了新的开始，月末余额代表所有以前借方和贷方的现金余额。"现金"账户表示企业在 1 月 31 日所拥有的现金金额。在当日编制的资产负债表中，资产下应列示 16 600 美元的"现金"。

2. 资产账户的借方余额

如前述"现金"账户所示，增加额记录在账户的左方（借方），减少额记录在账户的右方（贷方）。如果增加大于减少，那么就存在借方余额。

所有资产账户通常都有借方余额。很难想象某一资产（如土地）的账户有贷方余额，因为这种贷方余额表明企业处置的土地比它拥有的土地多（对于其他资产，如现金，可能会有贷方余额，但这种余额只是暂时的）。

资产通常列示在资产负债表的左方，这样做便于我们记住以下规则：资产增加记在账户左方（借方），而且资产账户通常有借方（左方）余额。

任何资产账户	
借方	贷方
（记录增加）	（记录减少）

3. 负债和所有者权益账户的贷方余额

负债和所有者权益账户的增加记录为贷方分录，减少则记录为借方分录。这些账户中的分录与其在资产负债表中位置的关系可以总结如下：①负债和所有者权益列在资产负债表的右方；②负债或所有者权益账户的增加记录在账户的右方（贷方）；③负债和所有者权益账户通常有贷方（右方）余额。

任何负债和所有者权益账户	
借方	贷方
（记录减少）	（记录增加）

4. 借贷规则总结

用借贷会计分录记录资产、负债和所有者权益变动的规则可总结如下。

资产账户	负债和所有者权益账户
通常有借方余额	通常有贷方余额
因此，借记增加，贷记减少	因此，贷记增加，借记减少

复式记账：借方等于贷方

按照借贷规则，每笔交易在借方和贷方记录相等金额。相等的原因就在于会计等式与借贷规则间的关系：

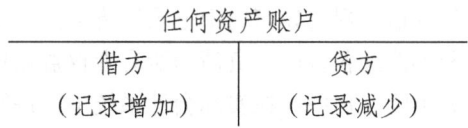

$$\underbrace{\text{资产}}_{\text{借方余额}} = \underbrace{\text{负债} + \text{所有者权益}}_{\text{贷方余额}}$$

因为该等式总是成立，所以等式左方（资产）的任何变化必然伴随等式右方（负债和所有者权益）的等额变化。如借贷规则所述，等式左方（资产）的增加通过借方分录记录，等式右方（负债和所有者权益）的增加通过贷方分录记录，如下所示。

资产		=	负债		+	所有者权益	
借记增加	贷记减少		借记减少	贷记增加		借记减少	贷记增加
(+)	(−)		(−)	(+)		(−)	(+)

这一系统通常被称为**复式记账**（double-entry accounting）。复式记账是指在记录任何交易时必须同时在借方和贷方进行记录，而且借方和贷方的记录金额相等。实际上，任何企业组织都采用复式记账制，无论是手工记账还是计算机记账。在本章后面中，我们会发现在记录经济活动对资产负债表账户影响的同时，复式记账也便于计量净利润。

3.5 日记账

前面讨论了复式记账会计的借贷规则如何用于记录经济事件。使用T型账户时，我们强调的是经营交易对构成企业总分类账的各资产、负债和所有者权益账户的影响。不过，有必要知道交易很少被直接记录在总分类账账户中。在实际会计系统中，每笔经营交易的信息最初记录在被称为**日记账**（journal）的会计记录中。这些信息随后再被转到总分类账的有关账户中。

日记账是按时间顺序（逐日）对经营交易进行记录。每隔一段时期，记录在日记账中的借方和贷方金额被转账（过账）到分类账账户中。更新后的分类账账户转而又成为编制公司财务报表的基础。

最为基本的日记账被称为**普通日记账**（general journal）。这里以通宵汽车服务公司最早的经营交易为例来说明普通日记账。2021年1月20日，麦克布莱恩家族投资80 000美元并取得股本。这样，"现金"资产增加80 000美元，同时"所有者权益"账户"股本"也增加相同金额。

应用前面讨论的借贷规则，我们知道资产的增加记在借方，而所有者权益的增加记在贷方。因此，此处借记现金、贷记股本，金额均为80 000美元。表3-1列示了公司普通日记账中记录的交易。注意，普通日记账分录的基本特征如下：

表3-1 在普通日记账中记录交易 （单位：美元）

普通日记账			
日期	账户名称及解释	借方	贷方
2021年1月20日	现金	80 000	
	股本		80 000
	所有者对企业的现金投资		

（1）先写借方账户名称（现金），然后借记金额并列在金额栏左侧。
（2）在借方账户下向右缩进列示贷方账户名称（股本），再将贷记金额列在金额栏右侧。
（3）每笔交易的简要描述直接写在日记账分录下。

会计软件包可自动并简化记录交易。但是，不用计算机而用手工记录交易的方法也有用，可加深对利用会计系统捕捉经济事件并随后在公司财务报表中报告的理解。

了解描述交易的普通日记账形式对会计学习很重要，就像数学学习中应熟悉加减符号一样。日记账分录是分析和描述各种交易对企业主体影响的工具。用日记账分录描述交易时，必须了解交易的性质及其对企业财务状况的影响。

那么，如何将日记账分录**过账**（posting）到分类账账户（如何"读"日记账分录）呢？如前所述，我们已经知道交易首先记录在日记账上，然后通过过账来更新分类账账户（在计算机系统中，过账通常即刻完成而非等到以后）。

简单地说，过账就是根据日记账中记录的交易的影响来更新分类账账户。过账通常是一项机械任务，即过账基本上相当于描述执行大声"读"日记账分录时的步骤。

以通宵公司普通日记账上的第一笔分录为例，如果你大声读这笔分录，你会说"借：现金，80 000美元。贷：股本，80 000美元"。这正是过账时应做的分录：借记现金账户80 000美元，贷记股本账户80 000美元。

表3-2给出了通宵公司第一笔日记账分录的过账。请注意，过账过程中并没有记录任何新的信息。过账只是将已记录在日记账中的信息复制到分类账账户中。在手工会计系统中，这是一个无聊且费时的过程；但在计算机系统中，这些工作可以迅速且自动完成。此外，计算机过账也大大降低了出错的风险。

表 3-2　将交易从日记账过账到分类账账户　　　　　　　　　　（单位：美元）

普通日记账			
日期	账户名称及解释	借方	贷方
2021 年 1 月 20 日	现金	80 000	
	股本		80 000
	所有者对企业的现金投资		

总分类账

现金	股本
1 月 20 日　80 000	1 月 20 日　80 000

3.6　记录资产负债表交易：示例

下面以通宵公司 2021 年 1 月的交易为例来阐述如何用借方分录和贷方分录来记录交易。至此，我们仅讨论那些与公司财务状况变动相关并直接报告在资产负债表中的交易。1 月 31 日发生的收入和费用交易将在本章后面讨论。

首先，从资产、负债和所有者权益增加或减少的角度分析 1 月 20～27 日发生的每笔交易。然后，按照借贷规则在具体账户中记录这些增加和减少。分析时，资产分类账账户列示在左方，负债和所有者权益分类账账户列示在右方。

（1）1 月 20 日，迈克尔·麦克布莱恩及其家庭成员投资 80 000 美元现金，取得公司股本。

分析	现金资产增加 80 000 美元，所有者权益（股本）也增加 80 000 美元
借贷规则	记录资产增加，即借记现金 80 000 美元
	记录所有者权益增加，即贷记股本 80 000 美元
日记账分录	1 月 20 日　现金　　　　　　　　　　80 000
	股本　　　　　　　　　　　　　　80 000
分类账账户	现金　　　　　　　　　　　股本
分录	1/20　80 000　　　　　　　　1/20　80 000

（2）1 月 21 日，为购买一处废弃的公共汽车车库（圣特雷莎市拥有土地，MTA 拥有建筑物），麦克布莱恩代表公司与圣特雷莎市和 MTA 谈判。1 月 21 日，通宵公司以 52 000 美元现金从该市购得这块土地。

分析	土地资产增加 52 000 美元，现金资产减少 52 000 美元
借贷规则	记录资产增加，即借记土地 52 000 美元
	记录资产减少，即贷记现金 52 000 美元
日记账分录	1 月 21 日　土地　　　　　　　　　　52 000
	现金　　　　　　　　　　　　　　52 000
分类账账户	土地　　　　　　　　　　　现金
分录	1/21　52 000　　　　　1/20　80 000 ｜ 1/21　52 000

（3）1 月 22 日，通宵公司从 MTA 处购买废弃建筑，完成经营场地购买，购买价格为 36 000 美元，公司支付了 6 000 美元现金，对余下的 30 000 美元开出一张 90 天、不付息的应付票据。

分析	购置新资产，总成本为 36 000 美元。现金资产减少 6 000 美元，应付票据增加 30 000 美元
借贷规则	借记资产增加，即借记建筑 36 000 美元 贷记资产减少，即贷记现金 6 000 美元 贷记负债增加，即贷记应付票据 30 000 美元
日记账分录	1月22日　建筑　　　　　　　　　　　36 000 　　　　　　现金　　　　　　　　　　　　　6 000 　　　　　　应付票据　　　　　　　　　　30 000

分类账账户分录

建筑		现金	
1/22　36 000		1/20　80 000	1/21　52 000
			1/22　6 000

应付票据	
	1/22　30 000

（4）1月23日，通宵公司从斯纳比工具公司赊购工具及设备。购买价格为 13 800 美元，付款期为 60 天。

分析	购置新工具及设备成本为 13 800 美元，发生应付账款负债 13 800 美元
借贷规则	借记资产增加，即借记工具及设备 13 800 美元 贷记负债增加，即贷记应付账款 13 800 美元
日记账分录	1月23日　工具及设备　　　　　　　13 800 　　　　　　应付账款　　　　　　　　　13 800

分类账账户分录

工具及设备		应付账款	
1/23　13 800			1/23　13 800

（5）1月24日，通宵公司发现购买的工具超过了需要，当日公司以成本价 1 800 美元向爱思拖车公司出售了多余的工具。由于以成本价出售，这笔交易没有发生利得或损失。

分析	由于以成本价出售工具，这笔交易没有发生利得或损失。获得应收账款资产 1 800 美元，工具及设备资产减少 1 800 美元
借贷规则	借记资产增加，即借记应收账款 1 800 美元 贷记资产减少，即贷记工具及设备 1 800 美元
日记账分录	1月24日　应收账款　　　　　　　　　1 800 　　　　　　工具及设备　　　　　　　　　1 800

分类账账户分录

应收账款		工具及设备	
1/24　1 800		1/23　13 800	1/24　1 800

（6）1月26日，通宵公司收到爱思拖车公司支付的部分应收账款 600 美元。

分析	现金资产增加 600 美元，应收账款资产减少 600 美元
借贷规则	借记资产增加，即借记现金 600 美元 贷记资产减少，即贷记应收账款 600 美元
日记账分录	1月26日　现金　　　　　　　　　　　　600 　　　　　　应收账款　　　　　　　　　　　600

分类账账户分录

现金		应收账款	
1/20　80 000	1/21　52 000	1/24　1 800	1/26　600
1/26　　 600	1/22　 6 000		

（7）1月27日，通宵公司向斯纳比公司支付部分应付账款 6 800 美元。

分析	应付账款负债减少 6 800 美元，现金资产减少 6 800 美元		
借贷规则	借记负债减少，即借记应付账款 6 800 美元 贷记资产减少，即贷记现金 6 800 美元		
日记账分录	1月27日　应付账款 　　　　　现金	6 800	6 800

分类账账户分录	应付账款			现金		
	1/27　6 800	1/23　13 800		1/20　80 000 1/26　　 600	1/21　52 000 1/22　　6 000 1/27　　6 800	

3.7 过账后的分类账账户

表 3-3 汇总了通宵公司 1 月 20 ～ 27 日记录的 7 个日记账分录。

表 3-3　通宵汽车服务公司普通日记账分录（1 月 20 ～ 27 日）　　　（单位：美元）

日期	账户名称及解释	借方	贷方
2021 年			
1 月 20 日	现金 　　股本 所有者对企业进行现金投资	80 000	80 000
21 日	土地 　　现金 购置土地用作营业场所	52 000	52 000
22 日	建筑 　　现金 　　应付票据 从 MTA 购置建筑。部分支付现金，90 天内支付余额	36 000	6 000 30 000
23 日	工具及设备 　　应付账款 从斯纳比工具公司赊购工具及设备，60 天到期	13 800	13 800
24 日	应收账款 　　工具及设备 以成本价向爱思拖车公司销售未用的工具及设备	1 800	1 800
26 日	现金 　　应收账款 从爱思拖车收取部分应收账款	600	600
27 日	应付账款 　　现金 向斯纳比工具公司支付部分负债	6 800	6 800

表 3-3 中所有日记账分录过账后，通宵公司的分类账账户就如表 3-4 所示。账户按与资产负债表相同的顺序排列，即先是资产账户，接下来是负债和所有者权益账户。每个分类账账户都采用连续余额（与简单的 T 型账户相反）形式来列示。不难发现，连续余额形式账户并没有具体给出账户是借方余额还是贷方余额。不过，这样做并不会引起什么问题，因为我们知道资产账户通常有借方余额，负债与所有者权益账户通常有贷方余额。

表 3-4　列示交易情况的分类账　　　　　　　　（单位：美元）

现金

日期	借	贷	余额
2021 年			
1 月 20 日	80 000		80 000
21 日		52 000	28 000
22 日		6 000	22 000
26 日	600		22 600
27 日		6 800	15 800

应收账款

日期	借	贷	余额
2021 年			
1 月 24 日	1 800		1 800
26 日		600	1 200

工具及设备

日期	借	贷	余额
2021 年			
1 月 23 日	13 800		13 800
24 日		1 800	12 000

建筑

日期	借	贷	余额
2021 年			
1 月 22 日	36 000		36 000

土地

日期	借	贷	余额
2021 年			
1 月 21 日	52 000		52 000

应付票据

日期	借	贷	余额
2021 年			
1 月 22 日		30 000	30 000

应付账款

日期	借	贷	余额
2021 年			
1 月 23 日		13 800	13 800
27 日	6 800		7 000

股本

日期	借	贷	余额
2021 年			
1 月 20 日		80 000	80 000

在表 3-4 所示的分类账账户中，并没有包括第 2 章所讨论的通宵公司的收入和费用交易。该公司所有的收入和费用交易都发生在 1 月 31 日。在讨论收入和费用账户的借贷规则之前，有必要先深入讨论"净利润"概念。

3.8 什么是净利润

如前所述，**净利润**（net income）是企业经营获利所带来的所有者权益增加。净利润并非任何现金或任何其他特定资产。相反，净利润所计算的是企业众多交易对所有者权益的总体影响。净利润对基本会计等式的影响如下所示。

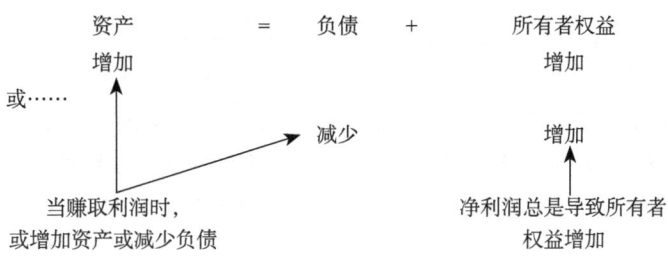

我们的观点是：净利润代表所有者权益的增加，与所持有资产的类型或金额没有直接关系。即使企业经营是赢利的，也可能发生现金短缺。

在资产负债表中，赢利和不赢利经营导致的股东权益变化反映在股东权益账户留存收益的余额中。与收入相关经营活动导致的资产和负债变化则分别列示在资产负债表的相应位置。

3.8.1 留存收益

如第 2 章所述，留存收益账户列示在资产负债表的股东权益部分。赚取净利润引起留存收益账户余额增加。不过，许多公司实施向股东分配一定经营所获盈利的分配政策。这种性质的分配被称为**分红**（dividends）。分红会减少资产和股东权益总额。股东权益的减少反映为留存收益账户余额的减少。

留存收益（retained earnings）账户余额反映了公司在整个经营寿命期内，净利润总额减去所有已经分发给股东的股利后的余额。简言之，留存收益代表为给公司增长提供资金而留存下来的收益。一些大公司之所以能不断壮大，正是因为一贯地保留大部分赢利经营产生的资源。例如，苹果公司的年度报告显示，公司股东权益总额约为 1 300 亿美元，其中留存收益几乎占公司股东权益总额的 88%，约 1 140 亿美元。

3.8.2 利润表：概览

利润表（income statement）是汇总反映企业某一特定期间盈利能力的财务报表。在该报表中，净利润由公司在该期间出售商品或服务的销售价格减去提供商品或服务所发生的成本来确定。构成净利润的两个专业性会计术语为**收入**（revenue）和**费用**（expenses）。因此，会计师所说的净利润等于收入减费用。如果费用超过收入，那么就产生**净亏损**（net loss）。

> ⊙ **会计与决策**
>
> 假设某公司连续 8 年出现亏损，各年的亏损依次为 30 万美元、600 万美元、3 100 万美元、1.25 亿美元、7.2 亿美元、140 万美元、5.67 亿美元和 1.49 亿美元，那么你是否有意投资或出借资金给这家公司？事实上，上述数字就是亚马逊公司在其 1995 年至 2002 年

所报告的各年净亏损。亚马逊公司之前一直亏损，直到2013年公司报告实现盈利3 500万美元。此外，亚马逊公司直到2009年才实现有正的留存收益。由于对基础设施和品牌建设进行了大量投资，所以亚马逊公司报告了大额亏损。通过长期的投入，亚马逊公司的净销售额从1997年的1.47亿美元增加到2018年的2 500亿美元，20多年的年复合增长率达40%以上。

虽然亚马逊公司有亏损，但市场认为亚马逊公司能发展成为在线巨头。因此，亚马逊公司可以通过举债和发行股票（包括履行股票期权）来获得融资。例如，亚马逊公司在1998年和1999年分别发行了3.26亿美元和12亿美元的长期债务。此外，亚马逊公司在1999年、2002年和2003年通过发行股本（和履行股票期权）分别筹集到现金收入6 400万美元、1.22亿美元和1.63亿美元。最后，虽然在1995年至2002年间公司报告的都是净亏损，但亚马逊公司的经营活动现金流有好几年为正。某些费用虽然会使亚马逊公司的净利润减少，但不会减少公司的现金流，如折旧费用、摊销费用、股权补偿费用等。亚马逊公司对经营活动（产生现金流的业务）的融资主要是借助卖家提供的融资。在第13章介绍现金流量表时将具体介绍这些概念。亚马逊公司的案例表明，只要能够产生足够维持经营活动所需要的现金流，即便公司可能多年报告亏损，但公司依然可以生存下去，甚至可以取得巨大成功。

表3-5给出了通宵公司截至2021年12月31日的年度利润表样表。本书第5章将阐述如何根据公司会计记录编制利润表。不过，此处的介绍将有助于我们理解与净利润计量有关的一些基本概念。

表 3-5　通宵公司利润表概览　（单位：美元）

通宵公司 利润表（截至2021年12月31日）		
收入：		
修理服务收入		172 000
租金收入		3 000
收入总额		175 000
费用：		
广告	3 900	
工资及薪金	58 750	
原材料	7 500	
折旧：建筑	1 650	
折旧：工具及设备	2 200	
公用事业	19 400	
保险	15 000	
利息	30	108 430
税前利润		66 570
所得税		26 628
净利润		39 942

1. 利润必须与特定时期相联系

不难发现，上述利润表样表所覆盖的时间段为2021年。资产负债表反映的是企业在特定时点的财务状况。利润表如果没有明确的时期，那么就无法评价企业的净利润。例如，如果一位经理说"公司赚了10 000美元净利润"，其实我们仍然不清楚该企业的盈利能力，这里究竟是每周还是每月或是每年赚了10 000美元呢？

> ⊙ 小案例
>
> 　　已故亿万富翁之一保罗·盖蒂（Paul Getty）曾接受过一群商学院学生的采访。有一位学生请盖蒂估计一下他的收入。因为该学生没有指明时间段，所以盖蒂决定和他的采访者们开个玩笑，他回答道："大约11 000美元。"他停顿了很长时间，以便让学生们对这个表面看来较低的金额表示惊讶。随后，他补充道："一个小时。"

2. 会计期间

利润表覆盖的期间用会计术语表达就是**会计期间**（accounting period）。为了向财务报表使用者提供及时的信息，应在相对较短的相等会计期间内计量净利润。这一概念被称为**分期原则**（time period principle），是指导解释财务事件和编制财务报表的基本会计原则。

公司会计期间的长短取决于管理者、投资者以及其他利益相关者要求获得公司业绩信息的频率。每家企业都会定期编制年度利润表，绝大多数企业也编制季度或月度利润表（季报的覆盖时间为3个月，所有大公司都编制季报并分发给股东）。

会计主体所采用的12个月的会计期间被称为**财务年度**（fiscal year）。绝大多数公司采用的财务年度与公历年度一致，截止日期都为12月31日。不过，也有一些企业选择采用其他截止日期的财务年度。

例如，迪士尼公司的财务年度结束于9月30日。为什么这样确定呢？原因之一是9月和10月是公司主题公园的淡季。此外，9月的财务报表能及时提供刚刚过去的夏季（公司旺季）的信息。绝大多数大型零售公司，如沃尔玛和彭尼百货，多采用截止日期为1月31日的财务年度，即选择在圣诞节购物狂潮后。也有许多企业选择1月最后一个周六为其财务年度结束日，这样每6年中有5个财务年度恰好都有52周的报告期。

现在，让我们更详细地讨论收入和费用这两个会计概念的含义。

3.8.3 收入

收入等于特定会计期间内销售商品和提供服务的价格。赚取收入增加所有者权益。企业提供服务或销售商品给客户时，通常会收到来自客户的现金或应收账款。从客户处流入的现金和应收账款增加了公司的总资产；在会计等式的另一侧，所有者权益增加从而与总资产增加相匹配。这样，收入就等于企业经营导致的所有者权益增加的总额。

可用各种账户名称来描述不同类型的收入。例如，销售商品而不是服务的企业，如沃尔玛或通用汽车公司使用销售来表示收入。对医生、注册会计师、律师等职业而言，收入通常称为赚取的服务费，而房地产公司可能把收入称为赚取的佣金。

通宵公司的利润表显示，该公司分两个单独账户记录收入：①修理服务费收入；②租金收入。职业运动组织也有单独的收入账户：门票销售收入、许可权收入和电视合同收入。对许多企业而言，较为普遍的另一类收入是来自银行存款、应收票据、附息投资等的利息收入（或称已赚取的利息）。

收入实现原则是关于何时记录收入的原则。什么时候应该确认收入？在绝大多数情况下，按照**实现原则**（realization principle），收入应该在商品已经销售或服务已经提供的时候确认。此时，企业实际完成了赚取过程，商品或服务的销售价值能够客观计量。在销售前的任何时点，出售的商品或服务的最终价值只能估计。销售后，剩下的唯一工作就是从客户处收款，这通常是一个相对确定的事件。

例如，假设某广播电台7月25日与汽车零售商签订合同，8月为其播放一系列的一分钟广告。如果8月所有约定的广告都已播放，但要到9月才付款，电台应该在哪一个月确认收入呢？答案是8月，因为赚取广告收入的服务是在8月提供的。换句话说，收入应在其赚取的时候确认，而不管合同何时签署或提供商品或服务的现金何时收取。

3.8.4 费用

费用是在赚取收入过程中耗用的商品和服务成本。例如，雇员工资、广告费用、租金、公用事业费用，以及建筑、汽车及办公设备的折旧费用。所有这些成本都是吸引和服务客户并由此赚取收入所必需的。费用通常被称为"经营成本"，即从事经营所必需的各种活动的成本。

费用总是引起所有者权益的减少。在会计等式中的相关变化可能是：①资产减少；②负债增加。如果费用在发生时就支付，那么会导致资产减少。如果费用在发生后再支付，如赊购广告服务，那么费用的记录就伴随着负债的增加。

1. 配比原则：何时记录费用

收入与费用之间存在重大关系。费用的发生是为了产生收入。在计量某个期间的净利润时，收入会被该过程中产生的费用抵销。这种基于因果关系的费用抵销利润的概念被称为**配比原则**（matching principle）。

在将收入与相关费用配比（抵销）时，时间因素很重要。例如，在编制月度利润表时，应该用本月的费用冲减本月收入，这一点十分重要。我们不能用这个月的费用冲减上个月的收入，因为两者之间没有因果关系。

假如公司销售人员 7 月服务客户所赚取的工资要到 8 月上旬支付，那么这些工资应该在哪个月确认为费用呢？7 月还是 8 月？答案是 7 月，正是由于销售人员的服务，这个月才产生收入。正如收入和收到现金不是一回事一样，费用和现金支付也是不一样的。实际上，费用的现金支付可能发生在收入赚取之前、之后或同一期间。在确定何时在利润表中列支费用时，关键是"现金支出在哪个期间产生收入"，而非"何时发生现金支付"。

2. 跨会计期间的费用支出

企业的很多支出会作用于两个或两个以上会计期间。例如，火灾保险单通常覆盖 12 个月的期间。如果公司编制月度利润表，那么保单成本的一部分应该作为保险费用分摊到保单生效的每个月。本例中，按月分摊保单成本显然很容易。例如，一份 12 个月保单的成本为 2 400 美元，那么每个月的保险费用为 200（=2 400/12）美元。

不是所有的交易都可以按会计期间精确分摊。购置建筑、家具及装修、机器、计算机或汽车等会在这些资产的使用年限内使企业受益。任何人都无法事先精确确定这些长期资产能服务多少年。然而，在计量企业某年或更短时间的净利润时，会计人员必须估计这些建筑或其他长期资产在当年应该摊销多少。由于这些成本的摊销是估计而不是精确计量的，所以应把利润表视为对净利润的一个大致估计，而不是绝对准确计量。

对于诸如员工培训项目之类的支出，无法客观估计它们可能产生收入的会计期间数。在这种情况下，一般公认会计原则要求将该支出立即费用化。这种处理是基于**客观原则**（objectivity principle）和**稳健原则**（conservatism principle）进行的。会计师需要客观证据来证明该项支出将在未来产生收入，然后才会将一项支出视为形成一项资产。当客观证据不存在时，会计师将遵循稳健原则将该支出记为费用。这里，稳健原则是指在估计当期净利润时应该采用最小（最保守）估计值的会计处理原则。

⊙ **国际案例**

对于成本是立即费用化还是资本化的情形，国际财务报告准则和一般公认会计原则差异很大。例如，国际财务报告准则第 38 号允许在满足一定标准的情况下将开发成本资本化，但一般公认会计原则规定该成本应在发生当期进行费用化。相反，按照国际财务报告准则，广告费在发生当期进行费用化，而一般公认会计原则下广告费用仅在有限情形下可以资本化。

3.8.5 会计权责发生制原则

在获得收入时要确认收入，在相关商品或服务被耗用时要确认费用，此时所采用的会计收入与费用确认政策就是所谓的**会计权责发生制**（accrual basis of accounting）。会计权责发生制的目的是计量会计期间企业经济活动的盈利能力。

会计权责发生制所涉的最重要的概念是配比原则。收入与为产生该收入而发生的所有费用抵销，就可以衡量有关经济事项的整体盈利能力。

与会计权责发生制相对应的是**会计收付实现制**（cash basis accounting）。在收付实现制下，收入是在实际收取现金时确认，而不是在销售商品或提供服务时确认。费用是在支付时确认，而不是在相关商品或服务在企业经营中耗用时确认。会计收付实现制衡量的是某个期间收取和支付现金的情况，但无法准确计量会计期间发生的经济活动的盈利能力。

如图 3-1 所示，会计权责发生制下的现金收付可能早于或晚于获得收入或发生费用之时。

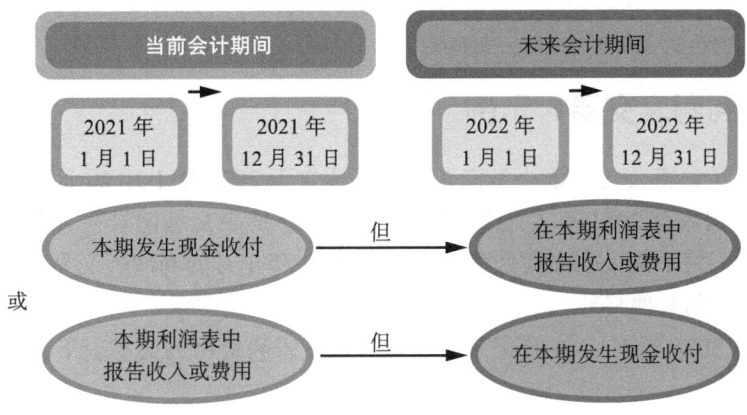

图 3-1 现金流与利润表的确认

3.8.6 收入和费用的借贷规则

我们已经强调过，收入会增加所有者权益，而费用会减少所有者权益。在分类账账户中，记录收入和费用的借贷规则就是记录所有者权益变化规则的自然延伸。前述记录所有者权益增减的规则如下：

- 贷记所有者权益增加。
- 借记所有者权益减少。

这个规则也适用于收入和费用账户：

- 收入增加所有者权益，因而贷记收入。
- 费用减少所有者权益，因而借记费用。

3.9 股利

股利是公司向股东分配的资产（通常是现金）。有些方面，股利类似于费用，都减少企业资产和所有者权益。不过，股利并不是费用。在利润表中，股利不能从收入中抵扣。股利不作为费用的原因是这项支付的发生并不是为了取得收入。相反，股利是对企业所有者的利润分配。

由于宣告股利发放会减少股东权益，所以股利要记在留存收益的借方。不过，如果对所有分配给股东的股利金额单独借记股利账户，那么就可形成更清晰的记录。第 5 章将说明财务报表中如何列示股利。

收入、费用和股利的借贷规则总结如下。

所有者权益	
借记减少	贷记增加
费用减少所有者权益	收入增加所有者权益
费用记在借方	收入记在贷方
股利分配减少所有者权益	
股利记在借方	

3.10 记录利润表交易：示例

第 2 章介绍了通宵公司，该小型汽车修理厂成立于 2021 年 1 月 20 日。本章前面部分介绍了如何将该公司截至 2021 年 1 月 27 日的所有资产负债表交易记录在日记账中并过账到分类账。现在，我们将举例说明如何处理通宵公司 2021 年 1 月的利润表交易事项，然后继续记录该公司 2 月发生的其他交易。

通宵公司于 2021 年 1 月 31 日记录了 3 笔涉及收入和费用的交易。下面对每笔交易进行分析。

（1）1 月 31 日，记录所收到的现金收入 2 200 美元。

分析	现金资产增加，而且收入已获得	
借贷	借记资产增加，借记现金 2 200 美元	
规则	收入带来所有者权益增加，贷记修理服务收入 2 200 美元	
日记账	1 月 31 日　现金	2 200
分录	修理服务收入	2 200

现金		修理服务收入	
分类账账户			
分录　1/27 余额　15 800		1/31　2 200	
1/31　　　 2 200			

（2）1月31日，支付员工1月工资1 200美元。

  分析 员工工资为费用，导致现金资产减少

  借贷 费用减少所有者权益，借记工资费用1 200美元

  规则 贷记资产减少，贷记现金1 200美元

  日记账 1月31日 工资费用   1 200

  分录   现金   1 200

分类账账户	工资费用		现金	
分录	1/31 1 200		1/27 余额 15 800	1/31 1 200
			1/31 2 200	

（3）1月31日，支付1月的公用事业费200美元。

  分析 公用事业成本是费用，导致现金资产减少

  借贷 费用减少所有者权益，借记公用事业费用200美元

  规则 贷记资产减少，贷记现金200美元

  日记账 1月31日 公用事业费用   200

  分录   现金   200

分类账账户	公用事业费用		现金	
分录	1/31 200		1/27 余额 15 800	1/31 1 200
			1/31 2 200	1/31 200

  在分析和记录了通宵公司1月的全部交易后，下面重点描述、分析和记录该公司2月的经营业务。

（4）2月1日，支付《每日论坛报》现金360美元作为2月的报纸广告费用。

  分析 广告成本是费用，导致现金资产减少

  借贷 费用减少所有者权益，借记广告费用360美元

  规则 贷记资产减少，贷记现金360美元

  日记账 2月1日 广告费用   360

  分录   现金   360

分类账账户	广告费用		现金	
分录	2/1 360		1/31 余额 16 600	2/1 360

（5）2月2日，从KRAM电台购买2月广告，成本为470美元，付款期30天。

  分析 广告成本是费用，发生的是应付账款负债

  借贷 费用减少所有者权益，借记广告费用470美元

  规则 贷记负债增加，贷记应付账款470美元

  日记账 2月2日 广告费用   470

  分录   应付账款   470

分类账账户	广告费用		应付账款	
分录	2/1 360			1/31 余额 7 000
	2/2 470			2/2 470

（6）2月4日，从CAPA汽车配件公司购买各种汽车辅料和配件（如润滑油、洗涤剂、螺

栓等），成本是 1 400 美元，付款期 30 天。这些配件估计可供通宵公司使用 3～4 个月。

分析	由于这些配件可以跨期使用，因此它们是资产而不是 2 月的费用⊖；交易产生的是负债		
借贷规则	资产增加，借记商店辅料 1 400 美元 贷记负债增加，贷记应付账款 1 400 美元		
日记账分录	2 月 4 日 商店辅料 　　　　　应付账款	1 400	1 400

	商店辅料		应付账款	
分类账账户分录	2/4　1 400		1/31 余额 2/2 2/4	7 000 470 1 400

（7）2 月 15 日，收回向机场班车服务公司提供汽车修理的款项 4 980 美元。

分析	现金资产增加，且收入已获得		
借贷规则	借记资产增加，借记现金 4 980 美元 收入导致所有者权益增加，贷记修理服务收入 4 980 美元		
日记账分录	2 月 15 日 现金 　　　　　修理服务收入	4 980	4 980

	现金		修理服务收入	
分类账账户分录	1/31 余额　16 600 2/15　　　　4 980	2/1　360	1/31 余额 2/15	2 200 4 980

（8）2 月 28 日，通宵公司 2 月向海港出租车公司提供保养和修理服务 5 400 美元。合同要求海港公司在 3 月 10 日前付款。

分析	现金资产增加，且收入已获得		
借贷规则	借记资产增加，借记应收账款 5 400 美元 收入导致所有者权益增加，贷记修理服务收入 5 400 美元		
日记账分录	2 月 28 日 应收账款 　　　　　修理服务收入	5 400	5 400

	应收账款		修理服务收入	
分类账账户分录	1/31 余额　1 200 2/28　　　　5 400		1/31 余额 2/15 2/28	2 200 4 980 5 400

（9）2 月 28 日，支付 2 月员工工资 4 900 美元。

分析	员工工资是费用，导致现金资产减少		
借贷规则	费用减少所有者权益，借记工资费用 4 900 美元 贷记资产减少，贷记现金 4 900 美元		
日记账分录	2 月 28 日 工资费用 　　　　　现金	4 900	4 900

	工资费用		现金	
分类账账户分录	1/31 余额　1 200 2/28　　　　4 900		1/31 余额　16 600 2/15　　　　4 980	2/1　　360 2/28　4 900

⊖ 如果辅料在当前会计期间使用，成本可以直接借记辅料费用账户，而不是资产账户。

> ⊙ **通宵公司的会计师**
>
> 弗莱德·乔纳斯是你的好朋友，他是海港出租车公司的经理。你家和乔纳斯家工作之余经常在一起聚会娱乐。在最近的一次烧烤聚会中，弗莱德问到2月通宵公司向机场班车服务公司提供修理服务的金额。在来去机场的收费方面，机场班车服务公司与海港出租车公司存在竞争。作为通宵公司的会计师，你该对弗莱德说些什么？

（10）2月28日，记录2月的公用事业费用1 600美元。全部金额在3月15日到期。

分析	公用事业成本是费用，产生应付账款负债		
借贷	费用减少所有者权益，借记公用事业费用1 600美元		
规则	贷记负债增加，贷记应付账款1 600美元		
日记账	2月28日 公用事业费用	1 600	
分录	应付账款		1 600

	公用事业费用		应付账款	
分类账账户	1/31 余额 200		1/31 余额	7 000
分录	2/28 1 600		2/2	470
			2/4	1 400
			2/28	1 600

（11）2月28日，通宵公司向拥有其8 000股股本的股东宣告并支付每股40美分的股利，共计3 200美元。⊖

分析	宣告发放股利减少所有者权益，导致现金资产减少		
借贷	借记所有者权益，借记股利3 200美元		
规则	贷记资产减少，贷记现金3 200美元		
日记账	2月28日 股利	3 200	
分录	现金		3 200

	股利	现金	
分类账账户	2/28 3 200	1/31 余额 16 600	2/1 360
分录		2/15 4 980	2/28 4 900
			2/28 3 200

本例中的日记账分录采用简化形式。表3-6给出了通宵公司的实际日记账。不难发现，正式的日记账分录包括对交易的简短解释，如信用交易条款、客户和债权人姓名等细节。

表3-6 通宵公司1月31日～2月28日的普通日记账

（单位：美元）

	通宵汽车服务公司 普通日记账 2021年1月31日～2月28日		
日期	账户名称及解释	借方	贷方
2021年 1月31日	现金 修理服务收入 提供给各种客户的修理服务	2 200	2 200

⊖ 正如之前所解释的，股利不属于费用。第5章将介绍股利账户的余额最后是如何减少资产负债表中所有者权益栏的留存收益的。

(续)

<table>
<tr><td colspan="4">通宵汽车服务公司
普通日记账
2021年1月31日~2月28日</td></tr>
<tr><td>日期</td><td>账户名称及解释</td><td>借方</td><td>贷方</td></tr>
<tr><td>31日</td><td>工资费用
    现金
支付1月的全部工资</td><td>1 200</td><td>1 200</td></tr>
<tr><td>31日</td><td>公用事业费用
    现金
支付1月的全部公用事业费用</td><td>200</td><td>200</td></tr>
<tr><td>2月1日</td><td>广告费用
    现金
购买《每日论坛报》2月的报纸广告</td><td>360</td><td>360</td></tr>
<tr><td>2日</td><td>广告费用
    应付账款
赊购 KRAM 2月的广播费用,30天内付款</td><td>470</td><td>470</td></tr>
<tr><td>4日</td><td>商店辅料
    应付账款
赊购 CAPA 的商店辅料,30天内付款</td><td>1 400</td><td>1 400</td></tr>
<tr><td>15日</td><td>现金
    修理服务收入
向机场班车服务公司提供修理服务</td><td>4 980</td><td>4 980</td></tr>
<tr><td>28日</td><td>应收账款
    修理服务收入
2月向海港出租车公司提供服务的收费</td><td>5 400</td><td>5 400</td></tr>
<tr><td>28日</td><td>工资费用
    现金
支付2月的全部工资</td><td>4 900</td><td>4 900</td></tr>
<tr><td>28日</td><td>公用事业费用
    应付账款
2月记录的公用事业账单</td><td>1 600</td><td>1 600</td></tr>
<tr><td>28日</td><td>股利
    现金
向股东拥有的8 000股股本支付每股40美分的现金股利</td><td>3 200</td><td>3 200</td></tr>
</table>

3.11 2月的分类账余额

完成1月和2月的交易过账后,通宵公司的分类账账户如表3-7所示。为节省空间,这里用T型账户来列示分类账,并结转每个账户1月31日的汇总余额。方便起见,我们用黑体字显示每个账户2月28日的余额(借方余额显示在账户的左方,贷方余额显示在账户的右方)。

本例中的账户按财务报表中的顺序列示,即先列示资产负债表账户(资产、负债和所有者权益),再列示利润表账户(收入和费用)。

表3-7 通宵汽车服务公司的分类账账户 (单位:美元)

资产账户				所有者权益及负债账户			
现金				应付票据			
1/31余额	16 600	2/1	360	1/31余额	30 000	余额 30 000	
2/15	4 980	2/28	4 900	应付账款			
余额 13 120		2/28	3 200	1/31余额	7 000		
应收账款				2/2	470		
1/31余额	1 200			2/4	1 400		
余额 6 600	2/28	5 400		2/28	1 600	余额 10 470	

(续)

资产账户			所有者权益及负债账户		
	商店辅料			股本	
	1/31 余额 0			1/31 余额 80 000	余额 80 000
余额 1 400	2/4 1 400			股利	
	工具及设备			1/31 余额 0	
余额 12 000	1/31 余额 12 000		余额 3 200	2/28 3 200	
	建筑			修理服务收入	
余额 36 000	1/31 余额 36 000			1/31 余额 2 200	
	土地			2/15 4 980	
余额 52 000	1/31 余额 52 000			2/28 5 400	余额 12 580
				广告费用	
				2/1 360	
			余额 830	2/2 470	
				工资费用	
				1/31 余额 1 200	
			余额 6 100	2/28 4 900	
				公用事业费用	
				1/31 余额 200	
			余额 1 800	2/28 1 600	

3.12 试算平衡表

由于每笔交易都以相等金额记录在相关账户的借方和贷方，所以分类账的借方总额必然等于贷方总额。如果账户的余额计算正确，那么所有账户的借方余额总额必然等于贷方余额总额。

在根据账户余额编制资产负债表之前，最好验证一下所有账户的借方余额总额是否等于贷方余额总额。验证借贷两方余额总额是否相等的表格被称为**试算平衡表**（trial balance）。试算平衡表是一种两栏式表格，按照分类账顺序列示所有账户的名称和余额。借方余额列在左边栏，贷方余额列在右边栏。两栏的总额应该相等。表3-8给出了根据通宵公司的分类账账户编制的试算平衡表。

上述试算平衡表证明该公司会计系统的借贷分录相等。值得注意的是，试算平衡表既包括资产负债表账户，也包括利润表账户。另外，留存收益余额为0，是因为1月或2月留存收益账户没有借方或贷方分录。与绝大多数公司相同，通宵公司每年对留存收益账户只更新一次。第5章将介绍年末

表 3-8 通宵汽车服务公司的试算平衡表（2021 年 2 月 28 日）

（单位：美元）

现金	13 120	
应收账款	6 600	
商店辅料	1 400	
工具及设备	12 000	
建筑	36 000	
土地	52 000	
应付票据		30 000
应付账款		10 470
股本		80 000
留存收益		0
股利	3 200	
修理服务收入		12 580
广告费用	830	
工资费用	6 100	
公用事业费用	1 800	
	133 050	133 050

(12月31日)如何将留存收益账户更新为正确的余额。⊖

试算平衡表有何用途及局限性呢？如果试算平衡表证明的是分类账的平衡，其借贷两方总额相等，那么就能保证：

- 所有交易都以相等金额记入了借贷双方。
- 试算平衡表中账户余额的增加额正确。

假设试算平衡表的借贷双方总额不一致，这种情况表明，会计系统中肯定出现了一项或多项错误。常见错误有：①过账时，将借方余额过到贷方，或相反；②计算账户余额时出现计算错误；③将账户余额过入试算平衡表时抄写错误；④将借方余额列在试算平衡表贷方栏，或相反；⑤试算平衡表加总出现错误。

编制试算平衡表并不能证明对交易已做正确分析并记入恰当账户。例如，如果收到现金时错误地借记土地账户而不是现金账户，那么试算平衡表仍然为平衡。同样，如果一笔交易完全被忽略而没有记入分类账，试算平衡表也不能揭示这个错误。简言之，试算平衡表仅证明分类账的一个方面，即借方总额等于贷方总额。

> ⊙ 伦理、欺诈与公司治理
>
> 正如第2章所述，《萨班斯－奥克斯利法案》增加了与证券欺诈（包括虚假财务报告）相关的民事和刑事处罚的可能性。加大处罚力度的目的是减少违法行为。例如，2006年，安然前首席执行官杰弗里·斯基林被裁定犯有多项诈骗刑事罪，被判服刑24年，但在服完一半刑期后，于2018年获释。
>
> 有时，上司会指使下级做不道德甚至在某些情况下违法的事。管理层会明确给出这样的信息——"不做就走人"。来自管理层的压力和威胁使得下级无法拒绝做这些有违道德的事。有时，雇员认为他们只是"听命"而已，所以不用承担责任。
>
> 如果在商业经营中遭遇道德困境，请记住：如果听从上级不道德甚至违法的指令，那么后果就会很严重，你会被起诉，甚至还得坐牢。

3.13 小结

会计循环是介绍基本会计术语、概念、程序及报告的有效方法。事实上，这也是本书一开始就介绍会计循环的原因。第4章和第5章将继续介绍会计循环。不过，到时不可混淆这一会计核算程序与会计知识间的区别。会计循环只是一种相对简单的会计程序而已。

如今，计算机的应用使得会计人员可专心从事会计学科中更需要分析的方面。例如：

- 确定决策者所需要的信息。
- 设计能更快、更有效地提供信息的系统。
- 评价整个组织的经营效率。

⊖ 留存收益为零是很不寻常的情形。因为公司营业不到一年，所以没有更新账户余额的分录。在首个经营年度结束后所编制的任何试算平衡表中，留存收益应该有余额而不是零。

- 帮助决策者解释会计信息。
- 审计（证实会计信息的可靠性）。
- 预测未来经营的可能结果。
- 进行纳税筹划。

本书后面各章将重点讨论这些主题。此处再提一下第1章的基本观点：懂一些会计概念和程序并不只对那些打算从事会计职业的个人有必要。今天，理解会计信息和了解企业界二者相辅相成，万不能顾此失彼。

学习目标小结

1. **确定会计循环的步骤并讨论会计记录在组织中的作用**

    会计循环一般包括8个具体步骤：①将交易登记到日记账中；②将每笔日记账准确登记到总分类账中；③编制试算平衡表；④进行期末调整；⑤编制调整后试算平衡表；⑥编制财务报表；⑦编制日记账并对结账分录过账；⑧编制结账后试算平衡表。

    会计记录提供的信息常常汇总在财务报表、所得税申报表和其他会计报告中。另外，公司管理层和员工也会使用这些记录，以便建立资产和交易的问责制，追踪企业日常经营活动，获取具体交易的细节，评价企业内各部门的绩效，保留企业活动的文档记录（这类记录为税法所要求，可用于审计等用途）。

2. **描述分类账账户及分类账**

    分类账账户是记录某个财务报表项目（如特定资产、负债或所有者权益）增减变化的工具。总分类账是包括所有分类账账户的会计记录，即公司财务报表中每个项目有各自的账户。

3. **理解资产负债表账户如何增加和减少**

    借记资产增加，贷记资产减少。贷记负债和所有者权益增加，借记负债和所有者权益减少。注意，借贷规则与账户在资产负债表中的位置有关。如果账户列在资产负债表的左方（资产账户），账户余额的增加通过左方分录（借方）来记录。如果账户列在资产负债表的右方（负债和所有者权益账户），增加额通过右方分录（贷方）来记录。

4. **解释会计复式记账制**

    会计采用复式记账，是由于每笔业务交易都用两类分录记录：①借记一个或一个以上账户；②贷记一个或一个以上账户。在记录任何交易时，借方分录总额等于贷方分录总额。

5. **解释日记账的目的及其与分类账的关系**

    日记账是最初记录业务交易的会计记录。日记账分录显示交易发生后哪些分类账账户余额增加了，哪些减少了。在日记账中记录交易的影响后，单个分类账账户的变化可从日记账账户过账到分类账。

6. **解释净利润、收入和费用的性质**

    净利润是企业会计期间赢利经营带来的所有者权益增加。净利润也可以定义为收入减费用。收入是企业在某一会计期间向客户出售的商品和提供的服务的价格，而费用是赚取收入过程中耗用的商品和服务的成本。

7. **在记录收入和费用时采用实现原则和配比原则**

    实现原则指收入应在赚取时（即向客户出售商品或提供服务时）确认。配比原则是指费用应基于因果关系抵销收入，因此，费用应该在赚取收入过程中耗用相关商品或服务时记录。

8. **理解如何在会计系统中记录收入和费用交易事项**

    记录收入和费用的借贷规则是基于记

录所有者权益变化的规则。取得收入增加所有者权益，所以收入记在贷方。费用减少所有者权益，所以费用记在借方。

9. 编制试算平衡表并解释其用途和局限性

在试算平衡表中，分别用借方栏和贷方栏来列示每个分类账账户的余额，然后分别加总这两栏来证明借贷方余额总额是否相等。这一过程确保：①过入分类账的借方总额等于贷方总额；②单个分类账账户的余额计算正确。试算平衡表能证明分类账借贷分录相等，但不能检查出以下错误：漏记企业交易、错误分析交易对账户的影响、贷方分录过入错误账户等。

10. 区分会计循环程序和会计知识

会计程序涉及编制会计信息所需要的步骤和过程。专业会计知识则有助于人们利用会计信息来评价业绩、预测经营和进行复杂的企业决策。

习题 / 关键术语

示范题

伊布勒咨询服务公司 2021 年 1 月 25 日开业。公司建立了如下分类账账户：

现金	股本
应收账款	留存收益
办公辅料	咨询收入
办公设备	租金费用
应付账款	公用事业费

1 月，公司发生了下列经营活动：

1 月 20 日，发行 5 000 股股本，收到 50 000 美元。

1 月 20 日，支付 1 月剩余几天的办公租金 400 美元。

1 月 21 日，购买办公辅料 200 美元。这些辅料可用好几个月，但购买款项要到 2 月 15 日才支付。

1 月 22 日，购买办公设备，支付现金 15 000 美元。

1 月 26 日，提供咨询服务并向客户开单 2 000 美元，但全部款项要到 2 月才能收取。

1 月 31 日，记录公用事业费 100 美元，但款项要到 2 月 20 日才支付。

要求：
(1) 在普通日记账中记录上述交易。
(2) 将每笔分录过账到恰当的分类账账户。
(3) 编制 2021 年 1 月 31 日的试算平衡表。
(4) 解释试算平衡表中留存收益账户的余额为什么为 0。

答案：

(1)

（单位：美元）

伊布勒咨询服务公司
普通日记账

日期	账户名称及解释	借方	贷方
2021 年			
1 月 20 日	现金	50 000	
	股本		50 000
	记录发行 5 000 股股本，每股 10 美元		
20 日	租金费用	400	
	现金		400
	记录支付 1 月租金费用		
21 日	办公辅料	200	
	应付账款		200
	记录赊购办公辅料		
22 日	办公设备	15 000	
	现金		15 000
	记录采购办公设备		
26 日	应收账款	2 000	
	咨询收入		2 000
	对向客户提供的咨询服务开单		
31 日	公用事业费	100	
	应付账款		100
	记录 2 月到期的 1 月公用事业费		

（2）

（单位：美元）

伊布勒咨询服务公司
分类账
2021年1月21～31日

资产账户				所有者权益及负债账户			
现金				应付账款			
1/20	50 000	1/20	400			1/21	200
		1/22	15 000			1/31	100	余额300
余额 34 600							
应收账款				股本			
余额 2 000	1/26	2 000				1/20	50 000	余额 50 000
办公辅料				留存收益			
余额 200	1/21	200						余额 0
办公设备				咨询收入			
余额 15 000	1/21	15 000				1/26	2 000	余额 2 000
				租金费用			
		余额 400	1/20	400			
				公用事业费用			
		余额 100	1/31	100			

（3）

（单位：美元）

伊布勒咨询服务公司
试算平衡表
2021年1月31日

现金	34 600	
应收账款	2 000	
办公辅料	200	
办公设备	15 000	
应付账款		300
股本		50 000
留存收益		0
咨询收入		2 000
租金费用	400	
公用事业费	100	
	52 300	52 300

（4）伊布勒咨询公司留存收益账户余额为0，因为公司开业仅一周，还未有任何收入和费用活动，所以也不用更新留存收益账户。对留存收益账户的定期调整将在第5章讨论。

自测题

说明：为了尽可能多地复习各章节的知识，一些自测题不止一个正确选项，那么，你应该选出所有正确的答案。

1. 根据资产负债表账户的借贷规则：
   A. 资产、负债和所有者权益账户的增加记借方
   B. 资产和负债账户的减少记贷方
   C. 资产和所有者权益账户的增加记借方
   D. 负债和所有者权益的减少记借方

2. 日落旅游公司有一笔来自德玛公司的3 500美元应收账款。1月20日，德玛公司支付了部分款项2 100美元。1月20日，日落旅游公司的日记账分录应如何记录这笔交易？
   A. 借记现金 3 500美元
   B. 贷记应收账款 2 100美元
   C. 借记现金 1 400美元
   D. 借记应收账款 1 400美元

3. 指出下列各项中对净利润的所有正确描述。净利润：
   A. 等于收入减费用
   B. 等于收入减费用与股利之和
   C. 增加所有者权益
   D. 公司按特定期间报告

4. 试算平衡表借方余额总额等于贷方余额总额能：
   A. 证明过账时没有交易从分类账中完全遗漏

B. 证明每个账户的借方或贷方余额计算正确
C. 证明分类账平衡
D. 证明交易已被正确地分析和记录到恰当账户中

5. 下面哪项解释了记录收入和费用的借贷规则？
   A. 费用出现于资产负债表的左方，应借记，收入则相反
   B. 费用出现于利润表的左方，应借记，收入则相反
   C. 收入和费用对所有者权益产生影响
   D. 实现原则和配比原则

6. 下面哪项不能反映会计职业具有的分析职能？
   A. 评价企业的经营效率
   B. 预测未来经营的可能成果
   C. 设计系统，以便向决策制定者提供信息
   D. 对业务交易编制日记账分录并过账

7. 关于会计循环，下列哪些说法是正确的？
   A. 在编制分录前交易被过账
   B. 日记账分录过账后编制试算平衡表
   C. 试算平衡表中的留存收益账户并未显示更新后的金额
   D. 日记账分录过账到恰当的分类账账户

8. 指出所有正确答案。股利：
   A. 减少所有者权益
   B. 减少净利润
   C. 应该借记股利账户
   D. 是经营费用

讨论题

1. 贝克建设是一家小公司，为汤姆·贝克所有并经营。这家企业有21名员工，少量债权人，没有其他投资者。因此，与其他小企业一样，它并没有义务向债权人和股东提供财务报表。在这种情况下，该企业有理由保留会计记录吗？
2. 资产负债表等式中的账户的位置和账户记录规则之间有什么关系？
3. 简要概述适用于资产账户和负债及所有者权益账户的借贷规则。
4. 借记某一账户是否意味着金额增加，贷记是否意味着减少？请解释。
5. 在记录业务交易时采用复式记账有什么要求？
6. 解释企业赢利经营对其资产负债表的影响。

7. 净利润是否意味着获得可以向股东分配股利的现金？请解释。
8. "收入"是什么意思？收取现金是否意味着获得收入？请解释。
9. "费用"是什么意思？支付现金是否意味着发生费用？请解释。
10. 会计人员认为收入应该何时确认？关于如何在会计账户中记录收入，实现原则回答了哪些基本问题？
11. 匹配原则认为费用应该在哪个会计期间进行确认？
12. 解释在收入、费用账户中记录业务交易的借贷原则。
13. 试算平衡表存在哪些局限性？
14. 股利是如何影响所有者权益的？股利是按经营费用处理的吗？请解释。
15. 请列举职业会计人员承担的分析职能。

测试题

1. 下面随机给出了会计循环的8个步骤：
   编制试算平衡表；编制日记账并对结账分录过账；编制财务报表；将每笔日记账准确登记到总分类账中；编制调整后试算平衡表；进行期末调整；将交易登记到日记账中；编制结账后试算平衡表。

要求：
（1）按照正常顺序列示这些步骤（本书第4章和第5章会深入讨论这些步骤）。
（2）描述会计循环所揭示的信息是如何为管理层和员工所用的。

2. 以普通日记账形式记录韦斯顿消化诊所的下列交易并对日记账中的事项进行简要说明：

   5月1日，该诊所以每股75美元价格向韦斯顿医生增发1 000股股票。

   5月4日，该诊所购买诊断设备，设备总价为90 000美元，其中30 000美元以现金支付，剩下的以应付票据列支在资产负债表中。

   5月12日，签发支票并全额支付应付账款2 400美元给李亚实验室。

   5月19日，购买总价为240美元的办公辅料，货款在6月10日支付。

5月25日，从Goosinger医疗保险公司收回15 000美元的应收账款。

5月31日，向股东宣布并发放现金股利50 000美元。

3. 瓦格纳采掘公司于1月18日成立，以下列示了最初2周的经营业务：

1月18日，发行股票获得400 000美元。

1月22日，签发应付票据获得100 000美元银行借款。

1月23日，支付1月24日播出的无线电广告的费用，金额为200美元。

1月25日，向客户提供金额为5 000美元的服务，用现金支付。

1月26日，向客户提供金额为18 000美元的服务，以后支付。

1月31日，从客户处收到1月26日提供的服务款项4 200美元。

要求：

（1）记录每笔交易。

（2）确定1月31日"现金"账户的余额。明确余额是在借方还是贷方。

4. 下表列示了五类账户，对每一账户指明增减变化的记录方式（记在借方或贷方）。

	收入	费用	资产	负债	所有者权益
金额增加记在					
金额减少记在					

5. 马斯托利亚公司1月1日留存收益账户余额为25 000美元。该企业1月记录了收入80 000美元、费用60 000美元、股利5 000美元。此外，该公司本期收回应收账款9 000美元并支付应付账款6 000美元。

请计算该公司1月31日的留存收益账户余额。

6. 5月26日，微风露营基地为10段30秒广告向KPRM广播公司支付500美元现金，其中有3段广告在5月播出，5段在6月播出，2段在7月播出。

要求：

（1）运用实现原则分别确定KPRM广播公司在5、6、7月从微风露营基地获得的广告收入。

（2）运用匹配原则分别确定微风露营基地在5、6、7月发生的广告费用。

7. 下面列示了哈根公司5月的交易，哈根公司是一家设计建筑公司。对于下面5笔交易中任一笔交易，要判断交易收入是否属于公司5月实现的并给出理由。

（1）公司增发股本取得300 000美元现金。

（2）收回4月该公司向一个客户提供服务的应收账款25 000美元。

（3）向世纪银行借款60 000美元，需要在3个月内偿还。

（4）5月收到公司银行存款利息250美元；当月没有从存款中提现。

（5）为客户完成宾馆、泳池及温泉设计，5月已向客户开出7 000美元工程设计费发票，但该笔款项要到6月25日支付。

8. 常绿景观公司3月的交易事项如下。哪些项目可以视为3月的费用？请解释。

（1）花3 300美元购买复印机。

（2）为运输卡车支付3月的汽油费192美元。

（3）支付职工3月工资2 736美元。

（4）支付1月的律师费672美元。

（5）宣布并支付2 160美元股利给股东。

9. 天界航空公司提供的9月和10月的票务销售信息如下：

9月收取的10月航班的现金收入170万美元

10月收取的10月航班的现金收入130万美元

10月收取的11月航班的现金收入180万美元

运用实现原则确定该公司10月利润表中的收入。

10. 哈雷咨询公司提供的5月和6月以现金向职工支付工资的信息如下：

在5月支付的职工4月所做工作的工资2.5万美元

在5月支付的职工5月所做工作的工资3万美元

在6月支付的职工5月所做工作的

工资 1 万美元

运用匹配原则确定哈雷咨询公司 5 月利润表中列示的职工工资费用。

案例题

1. 实现原则决定企业何时确认收入。下面列示了三笔涉及收入的交易,在每笔交易之后,我们提供了两个会计期间,在其中一个会计期间内收入有可能被确认。请选择一个能够符合实现原则的会计期间,并简要说明。
   (1) 航空机票收入:绝大多数航空公司都会预售飞机票(售票期间;飞行期间)。
   (2) 赊销:2021 年 6 月,一家位于圣迭戈的装饰店有一笔大交易,款项在 2022 年支付(装饰材料售出期间;款项收到期间)。
   (3) 杂志订阅收入:绝大多数出版社都会在寄出杂志之前进行订购(出售订阅期间;杂志寄出期间)。

2. 金·莫里斯从克里斯·斯坦利处购买了一家印刷企业——印刷店公司。莫里斯支付了现金首付款,并同意在随后 3 年内每年将公司净利润的 40% 作为年度付款(这种"盈利支付"是收购小企业的常见做法)。然而,当莫里斯报告的第一年净利润远低于斯坦利的预期时,斯坦利很失望。

   莫里斯和斯坦利之间的协议并未明确指明如何计量"净利润"。他们都不熟悉会计概念。该协议仅指明公司净利润应以"公允且合理的方式"计量。

   计量净利润时,莫里斯采用了如下做法:
   (1) 从客户处收取现金时确认收入。绝大多数客户支付现金,仅仅给予很少的客户 30 天信用期。
   (2) 每周采购的墨水和纸张支出直接记为辅料费用,与莫里斯家每周食品和洗衣账单一样处理。
   (3) 莫里斯将自己的年工资定为 60 000 美元。对此,斯坦利认为是合理的。她还给她的丈夫及两个十几岁的孩子每年支付 30 000 美元的工资。这些家庭成员平时不在店里工作,但业务忙时会来帮忙。
   (4) 所得税费用包括公司支付的金额(计算正确),还包括莫里斯家里各成员为企业工作所赚取的工资的个人所得税。
   (5) 莫里斯购买该公司时,企业有一台价值 150 000 美元的最先进的印刷设备。第一年的利润表包括与该资产有关的 150 000 美元设备费用。

   要求:
   (1) 讨论这些利润计量政策的公允性和合理性(记住:这些政策不一定符合一般公认会计原则,但应当公允和合理)。
   (2) 你认为该企业产生的净现金流量比莫里斯计量的净利润高还是低?请解释。

3. 快乐小径公司是一家著名的家庭度假公司,位于黄石国家公园外。夏天是它最忙碌的季节,但是客人通常会提前半年支付押金。

   该公司目前正在寻求新的投资资本以便扩大经营规模。公司盈利能力越强,从潜在投资者中获得的收益就越多。艾德·格林是该公司的一名会计,老板要求他把 200 万美元押金计入本年度收入中。艾德解释说由于公司尚未赚到这些押金,所以在资产负债表中应该计入负债,而不是作为收入计入利润表。艾德认为把这些押金计入收入会扩大本年收入,误导投资者。

   艾德的老板于是要求他要么把 200 万美元的押金计入收入中,要么就走人。他还明确告诉艾德:"你不需要为这事负责,因为你只是照我说的做。"

   要求:
   艾德应该高估公司收入以保住职位吗?老板说艾德不用为此负责,这句话对吗?请讨论。

4. 访问 Connection 公司主页 www.connection.

com。点击公司主页底部的"投资者关系"链接,通过"财务报告"链接找到最新的年报。

找出该公司最近年度的报表,请问:该公司面向公共部门(如政府部门、教育机构等)的销售额占公司总收入的多少?最近三年中这部分收入是增加还是减少?公司其他业务领域的情况如何?

自测题答案:1. D;2. B;3. ACD;4. C;5. C;6. D;7. BCD;8. AC。

练习题

关键术语

第 4 章

会计循环：应计和递延

学习目标

- 解释调整分录的目的。
- 描述并编制四类基本调整分录。
- 编制资产转为费用的调整分录。
- 编制负债转为收入的调整分录。
- 编制应计未付费用的调整分录。
- 编制应计未收收入的调整分录。
- 解释实现原则和配比原则与调整分录的关系。
- 解释重要性概念。
- 编制调整后试算平衡表并说明其目的。

引导案例

嘉年华公司

公司何时真正赚取了收入？许多时候，销售收取现金即为赚取了收入。例如，理发师为顾客理发，当理完发并收取顾客理发费之时就赚到了收入。

假定这位顾客乘坐嘉年华公司（Carnival Corporation）的邮轮去巴哈马旅游，而船票是在6个月前购买的。那么，嘉年华公司该在何时确认票款收入已经赚到了呢？嘉年华公司最近的资产负债表给出了答案。

在最近的资产负债表中，嘉年华公司列示了39.6亿美元的客户保证金负债。当乘客提前购票时，嘉年华公司就贷记客户保证金账户，金额为所收到的现金。只有当乘客实际启用船票时，公司才减记该负债账户，同时记录在利润表的客户收入中。

在诸如航空、保险、报刊出版等许多行业，客户保证金以及其他形式的预付款是经营活动现金流的最主要来源。对嘉年华公司而言，大约有75%的票务收入来自旅客的预付款。

对绝大多数公司来说，收入并非都在收到现金时就取得，费用也不一定在支出现金时就发生。现金流与收入及费用确认之间的时间差被称为应计和递延。本章主要研究编制会计报表前该如何对应计和递延的会计事项进行调整。

第3章讨论了会计循环的前3个步骤：①记录交易；②过账；③编制试算平衡表。本章着重讨论会计循环的第4步：为计量经营利润而进行期末调整。会计循环的其他步骤将在第5章中讨论。

4.1 调整分录

衡量经营利润比仅仅简单记录影响单个会计期间的收入和费用要复杂。有些交易可能会影响两个或多个会计期间的收入和费用。调整分录的目的是对每个会计期间分配恰当金额的收入和费用。例如，通宵公司购买了将在几个月内使用的商店辅料，因此，需要编制调整分录，记录每个月耗用的辅料费用。

4.1.1 调整分录的必要性

为了计量利润和编制财务报表，企业的寿命要分成一系列会计期间。这样，决策者就能够比较连续期间的财务报表，进而确定重要发展趋势。

不过，如前所述，计量一个相对较短会计期间（如一个月或一年）的净利润会面临一个问题，毕竟企业的有些经营活动会影响多个会计期间的收入和费用。因此，每个会计期末都有必要编制**调整分录**（adjusting entries），从而确保公司利润表中收入和费用的金额恰当。

例如，杂志出版商经常预售两三年的杂志。在每个会计期末，这些出版商都要编制调整分录，目的是确认预收款中当期已赚取的部分。绝大多数公司购买了受益期超过一个会计期间的保单。因此，有必要编制调整分录，以确保利润表报告的当期保险费用为保单总成本的恰当比例。总之，只要交易影响超过一个会计期间的收入或费用，就有必要编制调整分录。这些分录使收入分配与现金实际取得期间相匹配，同时使费用分配与相关商品或服务耗用发生期间相匹配。

从理论上讲，企业可以每天编制调整分录。但事实上，这些分录仅在每个会计期末编制。绝大多数公司按月编制调整分录。

4.1.2 调整分录的类型

每个会计期末调整分录的多少完全取决于公司经营业务的性质。然而，绝大多数调整分录属于以下四类中的一类[⊖]：

（1）将资产转为费用（converting assets to expenses）。受益多个会计期间的现金支出（成本）通常借记资产类账户（如辅料、未到期保险等），贷记现金。该资产类账户实际上表示费用的递延（或推迟）。在未来使用该资产的每个受益期间，需要编制调整分录以便将资产负债表中资产成本的一部分转入利润表中的费用。此时的调整分录为借记相关的费用类账户（如辅料费用、保险费用等），贷记相关的资产类账户（如辅料、未到期保险等）。

（2）将负债转为收入（converting liabilities to revenue）。企业可能对未来会计期间提供的服务预先收取现金。这类交易通常借记现金，贷记负债类账户（通常称为预收账款或客户存款）。这里，所形成的负债类账户代表收入的递延（或推迟）。在实际提供服务（或销售商品）的期间，编制调整分录，将资产负债表中的一部分负债分配到利润表中，以便确认本期实际赚取的收入。调整分录为借记负债类账户（预收账款或客户存款），贷记已实现收入（或类似账户），金额为服务的价值。

（3）应计未付费用（accruing unpaid expense）。即使现金要到将来才支付，但当前会计期

[⊖] 第五类调整分录是指那些与有价证券和应收账款等特定资产估价有关的调整。估价类调整将在第7章进行举例解释。

间也可能发生费用。这些应计费用通过在每个会计期末编制调整分录来进行记录。调整分录为借记相关费用类账户（如利息费用、工资费用等），贷记相关负债账户（如应付利息、应付职工薪酬等）。

（4）应计未收收入（accruing uncollected revenue）。即使现金要到将来才收取，当前会计期间也可能确认（或应计）收入。对于未收到现金的已赚取收入，因为没有记录，所以需要在会计期末编制调整分录。调整分录为借记相关的资产类账户（如应收账款、应收利息等），贷记相关的收入类账户（如已赚取服务收入、已赚取利息等）。

4.1.3 调整分录与时间差异

权责发生制下，现金流与收入或费用的确认之间经常有时间差异。公司可能在某项费用发生前就支付现金，也可能在收入实现前就收到现金。类似地，公司也可能在未支付任何现金前就确认某项费用，在未收到任何现金前就确认收入。这些时间差异和由此编制的调整分录汇总如下：

- 因现金支付先于费用发生，所以编制调整分录将资产转为费用。
- 因现金收取先于收入实现，所以编制调整分录将负债转为收入。
- 因费用发生先于现金支付，所以对应计未付费用编制调整分录。
- 因收入赚取先于现金收取，所以对应计未收收入编制调整分录。

如图 4-1 所示，调整分录成了时间性差异与相关会计期间相联系的重要纽带。具体而言，调整分录将以下事项联系在了一起：①前期现金流出与当期费用；②前期现金流入与当期收入；③当期费用与未来现金流出；④当期收入与未来现金流入。

4.1.4 调整分录的特点

有必要牢记调整分录的两个重要特点。第一，每笔调整分录都涉及收入或费用的确认。收入和费用代表所有者权益的变动。然而，所有者权益不会独自变动，在其变动的同时，资产或负债必然会发生相应的变动。因此，调整分录既会影响利润表科目（收入或费用），又会影响资产负债表科目（资产或负债）。不过，调整分录很少涉及现金科目。另外，有必要认识到本章讨论的任何调整分录都不需要借记现金或贷记现金。

第二，调整分录的基础是权责发生制，而不是基于每月的账单和月末交易的发生。没有人会送账单给通宵公司，告知公司这个月的辅料费用是 500 美元。但是，如果要正确计量该期间的利润，公司就必须记录已耗辅料的成本。相比记录企业日常的交易，调整分录要求更深刻理解权责发生制的概念。在很多企业，调整分录由财务主管或专业会计师而非普通会计人员负责编制。

4.1.5 通宵公司的年末财务状况

为说明各类调整分录，我们以通宵公司为例。第 3 章介绍了通宵公司 2021 年 2 月 28 日（即第二个营业月月末）的试算平衡表。现在，我们以公司 2021 年 12 月 31 日（即第一个营业年度末）为例来进行分析。这里不使用月度的目的是便于了解年度财务报表的编制。

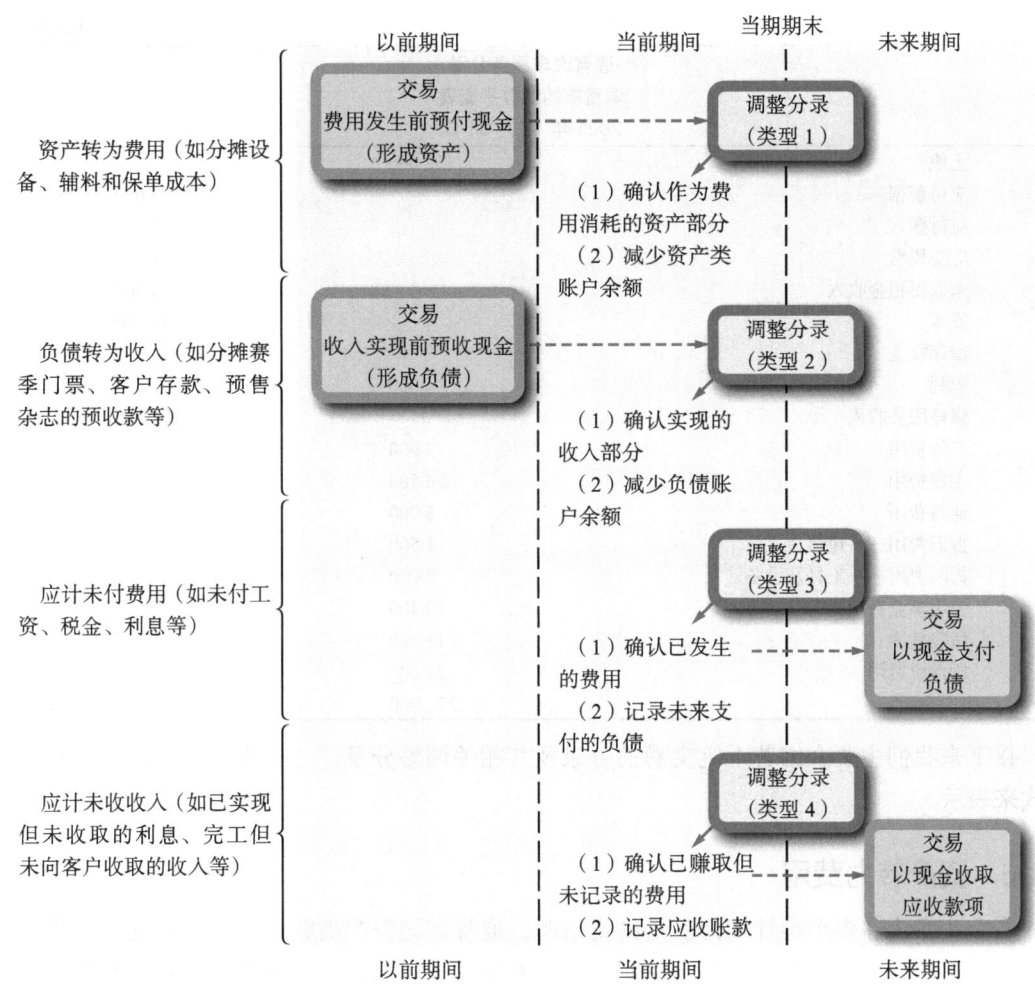

图 4-1 调整分录:会计期间之间的联系纽带

绝大多数公司每月都会编制调整分录。这里假定通宵公司在 2021 年也是如此。公司 2021 年 12 月 31 日的调整前试算平衡表如表 4-1 所示。通宵公司最近一次编制调整分录是在 11 月 30 日,所以有必要编制 12 月的调整分录。

表 4-1 通宵汽车服务公司调整前的试算平衡表

(单位:美元)

通宵汽车服务公司 调整前的试算平衡表 2021 年 12 月 31 日		
现金	18 592	
应收账款	6 500	
商店辅料	1 800	
未到期保险	4 500	
工具及设备	12 000	
累计折旧——工具及设备		2 000
建筑	36 000	
累计折旧——建筑		1 500

		(续)
通宵汽车服务公司 调整前的试算平衡表 2021年12月31日		
土地	52 000	
应付票据		4 000
应付账款		2 690
应交税费		1 560
未取得租金收入		9 000
股本		80 000
留存收益		0
股利	14 000	
修理服务收入		171 250
广告费用	3 900	
工资费用	56 800	
辅料费用	6 900	
折旧费用——建筑	1 500	
折旧费用——工具及设备	2 000	
公用事业费用	19 400	
保险费用	13 500	
所得税费用	22 608	
	272 000	272 000

接下来我们主要介绍若干笔交易的分录及其相关调整分录。二者都采用普通日记账分录形式来表示。

4.1.6 资产转为费用

当企业发生在多个会计期间受益的支出时，通常借记资产类账户。在因该支出而受益的每一会计期末，需要编制调整分录以便将归属本期的成本从资产类账户转入费用类账户，表示该资产的一部分已在本期耗用或变成了费用。

编制调整分录将资产转化为费用时，借记费用类账户，贷记资产类账户（或资产抵销账户）。例如，分摊**预付费用**（prepaid expenses）和计提折旧费用的调整分录。

1. 预付费用

有些项目经常需要提前支付，如保险、租金和办公辅料。如果提前支付（预付）不只是使当期受益，那么该支出形成的是一项资产而不是费用。该项资产将在服务或辅料耗用的期间分摊为费用。总之，预付费用形成一项资产，在商品或服务真正耗用时变为一项费用。

2. 辅料

这里以通宵公司商店辅料的会计处理为例。当购买辅料时，其成本借记资产类账户"商店辅料"。在实际使用时，每隔几分钟编制日记账显然不现实。不过，每月末可通过估计库存辅料来确定已被耗用的"消失的"辅料。

在12月31日编制调整分录前，通宵公司辅料账户的余额是1 800美元，该余额反映了11月30日库存的商店辅料。辅料费用账户显示余额是6 900美元，表示至11月30日耗用的辅料成本。假设12月31日大约库存1 200美元的辅料，意味着约有600美元的辅料在12月被耗用，因此应编制如下所示的调整分录（单位：美元）。

12月31日	借：辅料费用	600	
	贷：商店辅料		600

12月商店辅料的调整分录。

该调整分录有两个目的：①将12月耗用的商店辅料计入费用；②将商店辅料账户余额降至1 200美元，即12月31日库存的辅料金额。

3. 保险单

保险单也是一项预付费用。保险单在一个特定期间提供保险保护。随着时间的流逝，保险单逐渐到期，即保险服务在企业经营中结束。

这里，假设通宵公司于3月1日购买了一份18 000美元的一年期保单，保险范围包括债务保险、火灾保险及客户车辆在通宵公司损坏的保险。这笔支出（交易）应该借记资产类账户，具体如下所示（这是一笔交易分录，不是调整分录）（单位：美元）。

3月1日	借：未到期保险	18 000	
	贷：现金		18 000

购买一份保单覆盖未来12个月的保险服务。

这笔18 000美元的支出提供了整整12个月的保险服务，因此，将支出的1/12（1 500美元）确认为每个月的保险费用。通宵公司试算平衡表的13 500美元保险费用代表从3月1日到11月30日（1 500美元/月×9个月）已经确认的保险费用部分。在试算平衡表中显示的未到期保单金额4 500美元（1 500美元/月×3个月）是在11月30日仍然起作用的保单成本。到12月31日，应对归属于12月的保险费用予以确认。因此，12月月末的当月保险费用应按如下调整分录进行记录（单位：美元）。

12月31日	借：保险费用	1 500	
	贷：未到期保单		1 500

12月保险费用的调整分录。

请注意，这笔调整分录与前述商店辅料调整分录的作用相似。这两个例子中，调整分录都将本期耗用的资产成本转为费用。图4-2给出了从资产负债表到利润表的成本流转。

> ⊙ **车主**
>
> 汽车车主常常预付6个月的保险费。假设你在2月1日支付了6个月的保险费600美元（保险至7月31日期满）。3月31日，你决定更换保险公司。为此，你打电话给现在的保险公司要求取消保单。你有权要求退款吗？如果可以，为什么？可以退回多少金额？

4. 将预付款直接记入费用账户

本例中支付的是覆盖一个以上期间的商店辅料和保险，所以要借记资产类账户。不过，有些公司会采用其他处理方法，即直接借记费用类账户，如辅料费用等。这样，期末所做的调整分录就为借记商店辅料，贷记辅料费用，金额为尚未耗用的辅料成本。

这种处理方法与通宵公司所用的处理方法结果一样。不论采用哪种方法，当期耗用的辅料成本都按费用处理，库存辅料成本在资产负债表中作为资产处理。

本书中，我们将采用通宵公司的做法，将预付款记在资产账户，然后，在这些资产被耗用时编制调整分录将其成本转入费用类账户。该方法正确描述了成本在财务报表要素间的概念性流转，即预付款是一项以后变成费用的资产。其他处理方法在实务中之所以被广泛运用是因为它是一条有效的"捷径"，不仅规范了交易记录，而且减少了期末所需编制的调整分录数。请记住，本书的目标是培养你理解和使用会计信息的能力，而不是训练记账方法。

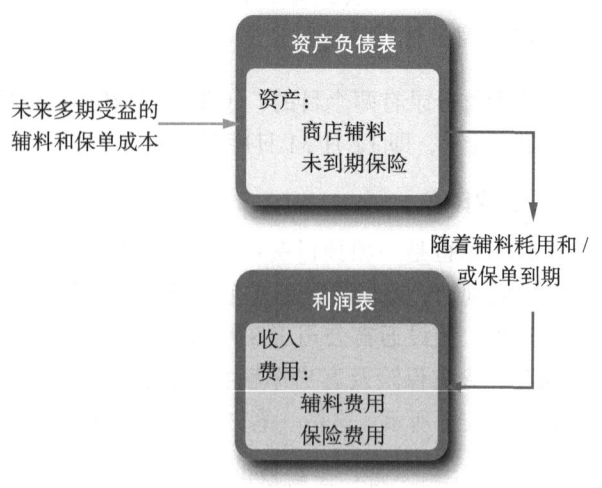

图 4-2　到期资产转为费用

几个月内使用商店辅料和保单的会计处理方法容易理解。不过，这种方法同样适用于建筑物和机器设备等资产，只是这些资产是通过折旧方法而转为费用的。

4.1.7　折旧

应折旧资产（depreciable asset）是指在最终消耗或过时前保持原有大小和形状的实物资产。与辅料等资产发生实体耗用不同，应折旧资产并不发生实体耗用，但其经济效用随着时间推移而逐渐消耗。应折旧资产的例子有建筑和各类设备、装修、家具甚至铁轨等。不过，土地不作应折旧资产处理，因为其使用寿命无限。

每期，应折旧资产的一部分效用就会消失。因此，其成本的相应部分应确认为折旧费用。

1. 何谓折旧

在会计中，**折旧**（depreciation）是指在资产的使用寿命内将应折旧资产的成本系统地分配为费用。该过程如图 4-3 所示。请注意图 4-3 与图 4-2 的相似之处。

折旧并不是记录资产市场价值的变动。短期内，某些应折旧资产的市场价值可能会上升，但折旧仍然要进行下去。折旧遵循的是配比原则，我们的目标是在资产**使用年限**（useful life）的各期间内用资产成本的合理部分抵销产生的一部分收入。

在资产使用寿命期内，折旧费用持续发生，但不会逐日进行"折旧交易"处理。实际上，资产在最初购买时，折旧

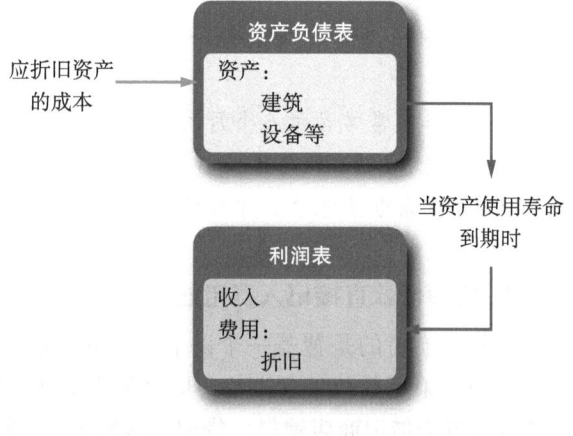

图 4-3　折旧过程

费用已预先支付。所以，每个会计期期末需要编制调整分录，将资产成本的恰当金额确认为折旧费用。

2. 折旧仅仅是一种估计

折旧费用的确认金额仅是一种估计。毕竟，我们不可能在看到一幢建筑或一台设备时就能精确地确定这种资产的经济效用在当期减少了多少。

使用最广的折旧费用估计方法是**直线折旧法**（straight-line method of depreciation）。在直线折旧法下，在资产使用年限内，资产的成本按相等份额分摊到每一期间的折旧费用中。用直线折旧法计算折旧费用的公式如下：㊀

$$折旧费用（每期）= 资产成本 / 预计使用年限$$

折旧费用是一项估计费用，主要原因在于资产的使用年限只能靠预估。在绝大多数情况下，管理人员事先并不能准确得出资产的使用寿命。

> ⊙ 小案例
>
> 一幢建筑物能使用多久？为了计算折旧费用，绝大多数公司按 30～40 年进行估计。不过，建于 1931 年的帝国大厦看来很长时间内都不会被拆除。正如你所预想的，要预先估计应折旧资产的使用寿命有多长往往很难。

3. 通宵公司建筑的折旧

通宵公司在 1 月 22 日以 36 000 美元购买了一幢建筑。由于该建筑是旧的，估计剩余使用寿命只有 20 年，因此，通宵公司每月计提折旧费用 150 美元 [=36 000 美元（成本）÷240（月）]。假设通宵公司 1 月不计提折旧费用，因为 1 月该资产的经营时间很短。因此，表 4-1 所示试算平衡表中所报告的建筑折旧费用为 1 500 美元，即通宵公司从 2021 年 2 月 1 日到 11 月 30 日整整 10 个月的折旧费用（=150 美元/月 × 10 个月）。12 月还应再计提 150 美元的建筑折旧费用（即该年度利润表反映的折旧金额应为 1 650 美元）。

记录通宵公司 12 月建筑折旧的调整分录为：

12 月 31 日　借：折旧费用——建筑　　　　　　　　　　　　　　150
　　　　　　　　贷：累计折旧——建筑　　　　　　　　　　　　　　150

12 月对建筑折旧的调整分录（=36 000 美元 ÷240 个月）。

将折旧费用——建筑账户与其他费用一起列示在公司 2021 年 12 月 31 日的利润表中。**累计折旧**（accumulated depreciation）——建筑账户的期末余额作为建筑账户的减项列示在 12 月 31 日的资产负债表中，具体如右所示（单位：美元）。

建筑	36 000
减：累计折旧——建筑	(1 650)
账面价值	34 350

累计折旧——建筑是**资产抵减账户**（contra-asset account），因为该账户：①具有贷方余

㊀ 在这里的讨论中，忽略了资产在处置时可能存在的残值（residual value）。有关残值问题将在第 9 章中讨论。这里，我们假设通宵公司采用直线法对资产计提折旧，且期末无残值。

额；②是对资产账户（建筑）的抵减以得出资产的账面价值。会计人员经常用**账面价值**（book value）（或持有价值）这一术语来描述公司会计记录中资产的净值。对建筑物和设备等应折旧资产，账面价值等于资产成本减去累计折旧。贷记累计折旧——建筑与直接将折旧贷记建筑账户一样，即资产负债表中将建筑的账面价值从 36 000 美元减为 34 350 美元。

就会计目的而言，账面价值具有重要意义，表示未来要抵减收入的成本。对财务报表使用者而言，通过账面价值可以了解公司应折旧资产尚可使用的年限（旧资产的累计折旧通常比新资产大）。这里，有必要理解账面价值的计算是基于资产的历史成本。因此，账面价值并不能代表资产的现行市价。

4. 工具及设备的折旧

通宵公司采用直线法按 5 年期（60 个月）对工具及设备计提折旧。12 月 31 日的试算平衡表中公司工具及设备的成本为 12 000 美元。因此，对 12 月折旧费用的调整分录为：

12 月 31 日　　借：折旧费用——工具及设备　　　　　　　　　　200
　　　　　　　　　贷：累计折旧——工具及设备　　　　　　　　　　　　　200

12 月工具及设备的调整分录（=12 000 美元 ÷60 个月 =200 美元 / 月）。

这里再次假设通宵公司 1 月并未计提工具及设备的折旧费用，因为公司资产的经营时间很短。这样，表 4-1 试算平衡表中 2 000 美元的折旧费用是通宵公司从 2 月 1 日到 11 月 30 日计提的 10 个月的折旧（=200 美元 / 月 ×10 个月）。12 月还需要计提 200 美元的折旧。这样，利润表列示的全年折旧总计为 2 200 美元。

那么，2021 年 12 月 31 日通宵公司工具及设备的账面价值是多少呢？如果你回答 9 800 美元，那就对了。⊖

5. 折旧：非现金支出

折旧是一项非现金支出。我们已经知道净利润并不表示现金或其他任何资产的流入，它表示某些交易对所有者权益的综合影响。折旧费用的确认说明了这一点。当应折旧资产使用寿命期满时，记录折旧费用，净利润减少，导致所有者权益减少，但当期并没有相应的现金流出。因此，折旧被称为非现金支出。通常，折旧表示企业经营产生的净收益与现金流量之间的最大差异。

4.1.8　负债转为收入

有时，客户可能需要为未来会计期间接受的服务预先付款。例如，足球队通过销售赛季门票预先收取大部分收入；健康俱乐部通过销售长期会员合同来预收款项；航空公司在计划飞行前销售大部分机票。

就会计目的而言，预收金额并不代表收入，因为这些收入尚未实现。预先从客户处收取的金额应借记现金账户，贷记未赚取收入账户。**未赚取收入**（unearned revenue）有时也被称为**递延收入**（deferred revenue）。

公司预先从客户处收款，就有责任在将来提供服务。因此，未赚取收入被视为一项负债，

⊖ 经过 12 月 31 日的调整后，将资产成本 12 000 美元减去累计折旧 2 200 美元。

在资产负债表的负债部分列示，而不是列示在利润表中。未赚取收入与其他负债不同，它是通过提供服务而不是支付现金来结清的。简言之，未赚取收入是通过"做讫"而不是"付讫"来清偿的。当然，如果企业不能提供服务，那么必须将预收账款退还给客户。

当公司已经向客户提供其预付款项的服务时，表明公司以"做讫"清偿了债务，而且实现了收入。在会计期末，通过编制调整分录将已实现的金额从未赚取收入账户转入收入账户。调整分录借记负债类账户（未赚取收入），贷记收入类账户。例如，最近《纽约时报》公司资产负债表列示的流动负债中未到期订阅账户余额约为 8 200 万美元。该账户表示预收未来报纸发行的未赚取收入。在将来交付报纸时，该项负债就得转为发行收入在利润表中列示。

为解释这些概念，假设 12 月 1 日海港出租车公司同意租用通宵公司建筑物，用来停放一些出租车。协议约定每月租金为 3 000 美元，海港出租车公司同意预付 3 个月的租金。12 月 1 日记录这笔交易的分录如下所示（这是一笔交易分录，不是调整分录）（单位：美元）。

12 月 1 日　借：库存现金　　　　　　　　　　　　　　　　　　9 000
　　　　　　　贷：未赚取租金收入　　　　　　　　　　　　　　　　　　9 000
收取海港出租车公司预付 3 个月的场地租金。

需要记住的是，未赚取收入是负债类账户，而不是收入类账户。通宵公司将为海港出租车公司提供 3 个月的停放服务来实现收入。在这 3 个月的每个月末，公司将编制调整分录，将 3 000 美元未赚取租金收入转入已赚取收入账户（即已赚取租金收入），同时在通宵公司的利润表中列示。其中，首笔转换的调整分录在 12 月 31 日记录，具体如下所示（单位：美元）。

12 月 31 日　借：未赚取租金收入　　　　　　　　　　　　　　3 000
　　　　　　　贷：已赚取租金收入　　　　　　　　　　　　　　　　　3 000
12 月未赚取租金收入转为已赚取租金收入的调整分录（=9 000 美元 ÷3 个月）。

这笔调整分录入账后，未赚取租金收入账户将有 6 000 美元的贷方余额。该余额代表通宵公司之后两个月应提供价值 6 000 美元的服务，列示在公司资产负债表的负债部分。已赚取租金收入账户的余额在公司利润表中列示。

图 4-4 给出了将未赚取收入转为已赚取收入的过程。

如何将预收款直接记入收入账户呢？我们已经强调预先收取客户款项属于负债，而不是收入。然而，一些公司采用将预收账款直接贷记收入账户的会计处理。此时

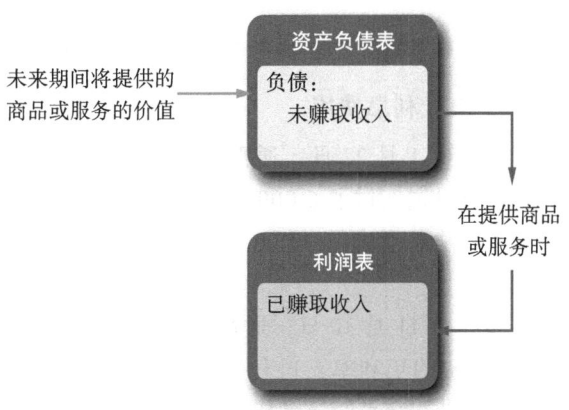

图 4-4　未赚取收入转为已赚取收入

的调整分录应是借记收入类账户，贷记未赚取收入，金额为预收账款中尚未赚取的部分。这种会计处理与前述方法的结果相一致。

本书仍采用最初描述的方法，将预收客户账款贷记未赚取收入。

4.1.9 应计未付费用

这类调整分录确认的是将在未来交易中支付的费用。因此，会计记录中不记录这种成本。职工工资和借款利息就是这类费用的常见例子。虽然日复一日累积，但只当实际支付时才记账。这些费用随时间不断增加（accrue），即不断增长或累积。到了会计期末时，应该编制调整分录来记录应计而未记录的费用。既然这些费用将在未来支付，调整分录就为借记费用类账户，贷记负债类账户。这里仍以通宵公司为例来阐述这类调整分录。

1. 应计工资（或薪金）费用

与其他许多企业一样，通宵公司每隔一周的周五支付员工工资。然而，本月结束于星期二，比下一个付薪日早3天。因此，员工12月有一个多星期的工资尚未支付。

计时卡显示从上一个付薪日起，员工已经工作了130个小时（含工薪税）。通宵公司员工的工时费为每小时15美元。所以，12月31日公司大约欠员工12月工资1 950美元。⊖将该金额记入当期的工资费用和负债中，编制的调整分录如下所示（单位：美元）。

12月31日	借：工资费用	1 950	
	贷：应付职工薪酬		1 950

12月31日应计欠付员工工资的调整分录。

这笔调整分录增加了通宵公司2021年的工资费用，同时也形成了一笔负债——应付职工薪酬，它将列示在12月31日的资产负债表中。

2022年1月3日（星期五），通宵公司将按常规支付两周一次的工资。假设支付的工资额为2 397美元，那么本例所记录支付的分录如下（这是一笔交易分录，不是调整分录）（单位：美元）。⊖

2022年1月3日	借：工资费用（1月）	447	
	应付职工薪酬（12月应计）	1 950	
	贷：现金		2 397

两个星期的工资，其中1 950美元是2021年12月31日的应计工资。

2. 应计利息费用

2021年1月22日，通宵公司以36 000美元从MTA购买了一幢建筑物——旧公共汽车车库。公司先支付了6 000美元现金，对剩余30 000美元开出了一张90天到期的应付票据。公司4月偿还了这笔30 000美元的负债。由于该应付票据是不附息的，所以没有应计利息费用。

2021年11月30日，通宵公司从美国国民银行借入4 000美元签发了应付附息票据。该贷款以9%的年利率支付利息，约定3个月后（即2022年2月28日）偿还本息。11月30日记录这笔借款交易的分录如下（这是一笔交易分录，不是调整分录）。

⊖ 编制正规的工资单时，工资和个人所得税必须计算到"每一分"。但这并不是一种工薪，而只是公司用于财务报表的金额，所以进行合理估计就足够了。本章后面还将讨论"重要性"原则。

⊖ 在本例中，我们不处理个人所得税和代扣金额。这些内容将在第10章中讨论。

11月30日　借：现金　　　　　　　　　　　　　　　　　　　　　　　4 000
　　　　　　贷：应付票据　　　　　　　　　　　　　　　　　　　　　　　4 000

从美国国民银行借入现金4 000美元，签发3个月到期年利率为9%的附息应付票据。

2月28日，通宵公司必须支付银行4 090美元，即4 000美元借款本金和90美元的利息（4 000×0.09×3/12）。如图4-5所示，90美元的利息费用覆盖了3个月，尽管直到2022年2月28日才支付，但利息费用以每月30美元的速度发生（计提）(单位：美元)。

2021年12月31日编制如下记录12月应计提利息费用及月末尚未支付银行的利息金额的调整分录（单位：美元）。

12月31日　借：利息费用　　　　　　　　　　　　　　　　　　　　　　30
　　　　　　贷：应付利息　　　　　　　　　　　　　　　　　　　　　　　30

12月计提利息费用的调整分录（=4 000×0.09×1/12）。

12月计提的30美元利息费用在2021年通宵公司利润表中列示。对美国国民银行的30美元应付利息和4 000美元应付票据，作为负债列示在通宵公司2021年12月31日资产负债表中。

通宵公司将在2022年1月31日编制计提本月30美元利息费用的第二笔调整分录。2月28日编制偿还该笔贷款并支付90美元的利息费用的分录，具体如下（单位：美元）。

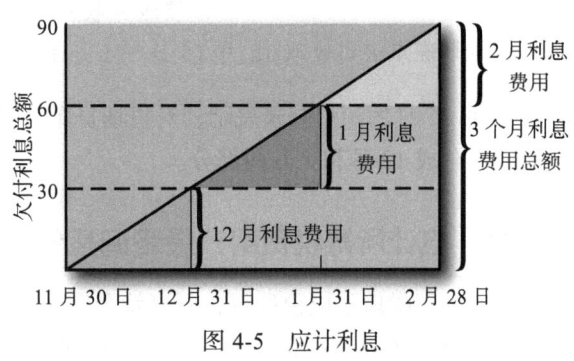

图4-5　应计利息

2022年2月28日　借：应付票据　　　　　　　　　　　　　　　　　　4 000
　　　　　　　　　　应付利息（12月和1月）　　　　　　　　　　　　　　60
　　　　　　　　　　利息费用（仅2月）　　　　　　　　　　　　　　　　30
　　　　　　　　　贷：现金　　　　　　　　　　　　　　　　　　　　4 090

支付4 000美元应付票据和90美元利息费用给美国国民银行。

4.1.10　应计未收收入

企业可能在当期已经实现了收入，但款项将在未来期间向客户收取。如果未来仍需向客户提供追加服务，直到所有服务完成才能收到款项，就会出现应计未收收入。当前会计期间实现但未取得的收入都应在期末通过调整分录记录。这种调整分录要借记应收账款，贷记适当的收入账户。**应计收入**（accrued revenue）经常用来描述在当期已经实现但在结账日前仍未收到实际款项。

为说明这类调整分录，这里假设12月通宵公司与机场班车服务公司达成协议为机场班车公司的几辆大客车进行日常维护。通宵公司以每月1 500美元收取维护费，每月15日收款。

达成协议时没有编制分录，因为尚未提供服务。通宵公司12月15日开始提供服务，但第一个月的款项直到 1 月 15 日才能收到。因此，通宵公司在 12 月 31 日需要编制本月针对机场班车服务公司应收取维护费的调整分录，具体如下（单位：美元）。

12 月 31 日　借：应收账款	750	
贷：修理服务收入		750

确认 12 月应收取机场班车服务公司维护费的调整分录。

实际收到机场班车服务公司第一个月维护款要到 2022 年 1 月 15 日。这 1 500 美元的款项，一半是 12 月 31 日已记录应收账款的收回，另一半是 1 月实现的收入。因此，1 月 15 日从机场班车服务公司实际收到 1 500 美元的分录如下（这是一笔交易分录，不是调整分录）（单位：美元）。

2022 年 1 月 15 日　借：现金	1 500	
贷：应收账款		750
修理服务收入		750

从机场班车公司收取 12 月 15 日～1 月 15 日提供日常维护的款项。

12 月 31 日的调整分录表示，对机场班车公司大客车提供维护所获收入按每个月提供服务的比例，分成 12 月和 1 月两部分。

4.1.11　应计所得税费用：最终调整分录

因为公司赚取了应税所得，所以就会发生所得税费用，形成对税务局的负债。该负债分 4 次缴付，称为预计季度税。前三次缴付日期通常为 4 月 15 日、6 月 15 日和 9 月 15 日。最后一次缴付日期为 12 月 15 日。这里，为便于讲解和布置作业，假设最后一次缴付日期为下一年的 1 月 15 日。⊖

由表 4-1 所示的调整前试算平衡表可知，通宵公司报告的所得税费用为 22 608 美元。这是从 2021 年 1 月 20 日公司开业经营到 2021 年 11 月 30 日所确认的所得税费用。这里，到 9 月 30 日为止的应计所得税部分已实际缴付。因此，1 560 美元的应交所得税负债是 10 月和 11 月的应计所得税。

确认每月的应计所得税费用金额只能靠估计。要到编制年度所得税申报表时，公司才能确定实际所得税金额。在章后习题中，以应纳税所得额的 40% 估计所得税费用。这里，我们假设应纳税所得额等于税前利润（利润表中列示的项目），税前利润等于总收入减去除所得税外的所有费用。

> ⊙ 小案例
>
> 各国的企业所得税税率差别很大。最近的调查显示，乌兹别克斯坦的税率最低（7.5%），阿拉伯联合酋长国的税率最高（55%），全球平均税率为 24%。美国的平均税率

⊖ 这一假设使得我们在 12 月可以同其他月份一样计提所得税，否则本月所得税将记录为本月期间发生的交易，而不是月末的调整分录。所得税调整分录是作为一项应计未付费用记录的。

为 27%，比经济合作与发展组织（OECD）国家的总体平均水平高 3.5%。[1] 除企业所得税外，一些国家还征收：①股利、利息和专利费预提税；②特定生产和分销环节的增值税；③关税和进口税等过境税。少数国家不存在企业税，如巴哈马。

2021 年，通宵公司税前利润为 66 570 美元（参见第 5 章表 5-2 所示的利润表）。这样，全年所得税费用估计为 26 628 美元（=66 570 美元 × 40%）。假定公司截至 11 月 30 日所确认的所得税费用为 22 608 美元（参见表 4-1 所示的未调整前试算平衡表），增加的 4 020 美元所得税费用应该为 12 月的应计金额（=26 628 美元 −22 608 美元）。记录这笔费用的调整分录如下所示（单位：美元）。

12 月 31 日　借：所得税费用　　　　　　　　　　　　　　　　4 020
　　　　　　　　贷：应交税费——应交所得税　　　　　　　　　　　　4 020
12 月应纳所得税的调整分录。

该调整分录使截至 2021 年 12 月 31 日所得税费用账户余额增加至 26 628 美元，同时也使应交所得税负债增加至 5 580 美元（=1 560 美元 +4 020 美元）。2022 年 1 月 15 日支付该笔所得税费用编制的分录如下所示（这是一笔交易分录，不是调整分录）（单位：美元）。

2022 年 1 月 15 日　借：应交所得税　　　　　　　　　　　　　5 580
　　　　　　　　　　贷：现金　　　　　　　　　　　　　　　　　　5 580
偿付 2021 年未清的所得税负债。

那么，该如何处理未有盈利期间的所得税呢？发生亏损时，所得税费用该如何处理呢？这种情况下，公司确认一笔"负金额"的所得税费用。在亏损会计期间的期末，记录该笔所得税的调整分录，借记应交税费，贷记所得税费用。

"负金额"所得税费用是指公司可能从政府得到一些前期被确认为费用的所得税的补偿。[2] 如果年末应交所得税账户有借方余额，它将被归类为资产，称为"应收所得税返还"。所得税费用账户的贷方余额可抵减税前亏损，如右所示（单位：美元）。

税前利润（亏损）	(20 000)
所得税收益（补偿以前记录的所得税）	8 000
净亏损	(12 000)

我们已经看到所得税费用会减少税前利润额。现在请注意，以税收返还形式体现的所得税收益减少了税前亏损额。因此，所得税既会减少利润额，又会减少亏损额。第 5 章将详细介绍利润表中的利润和亏损。

4.2　调整分录和会计原则

调整分录是会计人员运用实现原则和配比原则的工具。通过调整分录，收入在实现时得到确认，费用在资源被使用或消耗并产生相关收入时得到确认。

---

[1] 毕马威关于公司税率的调查（2018 年）。

[2] 近年来，税收退还仅限于税收缴纳。在引导案例讨论中，假设公司以前年度足额缴纳税款，那么当期亏损就可以全额抵扣。

绝大多数情况下，实现原则要求收入应在出售商品或提供劳务时确认。在这一时点上，企业已基本完成了收入实现过程，商品或服务的销售价值也可客观计量。在销售前的任何时刻，商品或服务的最终销售价值只能凭借估计。销售完成后，要做的只是从客户处收款，而这通常是相对确定的事情。

配比原则构成了开展许多会计实务处理的基础，如折旧厂房资产、计量已耗用的辅料成本、摊销未到期保单的成本等。所有涉及费用确认的期末调整分录都是对配比原则的应用。

使成本与收入相配比的两种处理方法为：

（1）成本与具体的收入交易直接相关。收入与费用配比的理想模式是，根据当期发生的具体收入交易确定费用金额。然而，这一方法仅适用于能直接与具体收入交易相关的成本和费用，如支付给销售人员的佣金。

（2）在支出的使用年限内系统摊销成本。许多支出为多个会计期间赚取收入做出贡献，但不能直接与具体收入交易相联系，如保单和应计折旧资产的成本。在这种情况下，会计人员试图通过系统分摊成本来配比收入和费用。直线折旧是将资产支出与相关收入在其有效寿命内进行配比的一种系统方法。

4.2.1 重要性概念

对编制调整分录很重要的另一个会计基本原则就是**重要性**（materiality）。所谓重要性指的是一个项目或一个事件的相对重要性。如果一个项目的信息能合理地影响财务报表使用者的决策，则该项目就被认为具有重要性。会计人员必须确保所有重要项目都已在财务报表中恰当报告。

然而，财务报告的程序应遵循成本效益原则，即信息的价值应超过编制它的成本。顾名思义，针对不重要项目的会计处理对决策者很少或没有影响。因此，这些项目可能会以最为简单、最为方便的方式来处理。

1. 重要性与调整分录

重要性概念使得会计人员能以多种方式缩短和简化调整分录的编制程序。例如：

（1）企业购买的资产中存在许多成本较低、消耗较快的物品，如废纸篓、电灯泡、厕所用品等。按照重要性原则，这些采购不记入资产账户，而直接记入费用账户。这种处理很方便地消除了期末对这些资产计提折旧费用编制调整分录的要求。

（2）一些费用可以在实际支付时直接记入费用，如电话费账单、公用事业费账单等。严格来说，这种处理违背了配比原则。然而，以收付实现制来处理公用事业费账单就十分方便，因为每个月的公用事业服务成本要在收到账单时才会知道。在收付实现制下，每个月的公用事业费实际上是前一个月发生的账单。

（3）如果金额不大，记录应计未计费用或应计未计收入的调整分录可以忽略。

2. 重要性是一项职业判断

某个特定项目或事件是否重要属于职业判断问题。在进行这一判断时，会计人员应考虑如下因素。

其一，金额大小判断与组织规模有关。例如，1 000 美元支出对于一家小企业的财务报表可能是重要的，而对于像通用电气这样的大公司就称不上重要了。⊖虽然没有关于判断多少金额为重要的正式规定，但绝大多数会计人员认为：在不考虑其他因素的情况下，低于净利润2%～3%的金额属于不重要。这里的其他因素也包括众多非重要事项的累积影响。就多个非重要事项而言，虽然单独考虑时可能都不重要，但合在一起考虑时，这些事项的合并影响可能就很重要了。

其二，重要性取决于项目的性质及金额。例如，假设经理有组织地从其管理的公司窃取钱财，即便金额相对于公司总资源而言很小，股东也很可能认为这一事实十分重要。

> ⊙ **通宵公司的服务部门经理**
>
> 你的手下贝蒂是通宵公司最好的机械师之一。你最近才发现她把公司的一些小辅料（如螺丝刀和几罐机油）带回了家。当你找她谈话时，她辩解说："这些东西对通宵公司都是不重要的，因为它们买来后根本就没有记入存货，而是直接费用化了。"你该如何回答呢？

需要学生注意的是，对于本书的练习，除非有专门说明，否则所涉金额都具有重要性。

> ⊙ **会计与决策**
>
> 正如在第1章介绍会计高等教育路径委员会会计模型时所强调的，相比于应用白纸黑字的规则，会计往往涉及更多的专业判断。最能说明这一点的一个例子就是年折旧费用的确定。乍一看，折旧计算似乎很简单，将资产的历史成本除以其估计的使用寿命即可。然而，估计资产（特别是使用寿命较长的资产或是那些变化迅速行业的资产）的使用寿命是一项颇具挑战性的工作。
>
> 威瑞森电信公司（Verizon）的年度折旧费用计算就面临这样的挑战。第一，威瑞森电信的固定资产占总资产的35%以上，所以折旧费用的计算是公司的重要事件。事实上，威瑞森电信的折旧占其全部经营费用的近15%。第二，威瑞森电信的许多固定资产拥有较长的使用寿命。建筑和设备的使用寿命在15年到45年之间不等，而电缆、电极和导管的使用寿命在11年到50年之间不等。第三，鉴于电信技术变革迅速，影响其使用寿命的最重要因素不是其物理寿命，而是其经济寿命。这就是说，由于技术变革，一项资产在其物理寿命结束之前可能早就不能创造收入了。就资产可能的经济寿命估计而言，往往离不开会计师重要的专业判断。

4.2.2 调整分录的影响

前面介绍的4类调整分录都涉及1个利润表账户和1个资产负债表账户。表4-2给出了这些调整分录对利润表账户和资产负债表账户的影响。

⊖ 通用电气在其财务报表中列示的金额进位到100万美元的事实即可印证这一点。这种财务报表中金额的进位本身就是重要性原则的应用。

表 4-2　调整分录对财务报表的影响

调整	利润表			资产负债表		
	收入	费用	净利润	资产	负债	所有者权益
类型 1：资产转费用	无影响	增加	减少	减少	无影响	减少
类型 2：负债转收入	增加	无影响	增加	无影响	减少	增加
类型 3：应计未付费用	无影响	增加	减少	无影响	增加	减少
类型 4：应计未收收入	增加	无影响	增加	增加	无影响	增加

通宵公司 12 月 31 日编制的 9 个独立的调整分录对这 4 类调整分录进行了解释与讨论。表 4-3 以日记账形式列示了这些调整分录（通宵公司整个 12 月也记录了其他许多交易，其中一些交易的会计处理方法已在第 3 章做了介绍，此处不再单独列示）。

表 4-3　调整分录　　　　　　　　　　　　　　　（单位：美元）

通宵公司普通日记账
2021 年 12 月 31 日

日期	账户名称及解释	借方	贷方
2021 年			
12 月 31 日	辅料费用	600	
	商店辅料		600
	调整 12 月的商店辅料		
31 日	保险费用	1 500	
	未到期保单		1 500
	调整 12 月的保险单		
31 日	折旧费用——建筑	150	
	累计折旧——建筑		150
	调整 12 月建筑折旧（36 000 美元 ÷240 个月）		
31 日	折旧费用——工具及设备	200	
	累计折旧——工具及设备		200
	调整 12 月工具及设备折旧（12 000 美元 ÷60 个月）		
31 日	未赚取租金收入	3 000	
	已赚取租金收入		3 000
	调整 12 月未取得的收入（9 000 美元 ÷3 个月）		
31 日	工资费用	1 950	
	应付职工薪酬		1 950
	调整 12 月应计提的职工薪酬		
31 日	利息费用	30	
	应付利息		30
	调整 12 月应计提的利息费用（4 000 美元 ×0.09 × 1/12）		
31 日	应收账款	750	
	修理服务收入		750
	调整 12 月已实现的维修服务的收入		
31 日	所得税费用	4 020	
	应交税费——应交所得税		4 020
	调整 12 月应缴纳的所得税费用		

在将这些调整分录入账后，通宵公司的分类账账户将被更新（除留存收益账户余额外）。⊖表 4-4 给出了公司 2021 年 12 月 31 日的**调整后试算平衡表**（adjusted trial balance）（为

⊖　留存收益账户的余额将在结账时得到更新。这部分内容将在第 5 章中进行讨论。

强调起见，受月末调整分录影响的账户采用黑体字显示）。

表 4-4　通宵公司调整后试算平衡表（2021 年 12 月 31 日）　　（单位：美元）

	账户	借方	贷方
资产负债表账户	现金	18 592	
	应收账款	7 250	
	商店辅料	1 200	
	未到期保险	3 000	
	工具及设备	12 000	
	累计折旧——工具及设备		2 200
	建筑	36 000	
	累计折旧——建筑		1 650
	土地	52 000	
	应付票据		4 000
	应付账款		2 690
	应付职工薪酬		1 950
	应交税费——应交所得税		5 580
	应付利息		30
	未赚取租金收入		6 000
	股本		80 000
留存收益表账户	留存收益（注意：仍须将记录在下列账户的交易进行更新。可通过结账分录来做到这一点）		0
	股利	14 000	
利润表账户	修理服务收入		172 000
	已赚取租金收入		3 000
	广告费用	3 900	
	工资费用	58 750	
	辅料费用	7 500	
	折旧费用——建筑	1 650	
	折旧费用——工具及设备	2 200	
	公用事业费用	19 400	
	保险费用	15 000	
	利息费用	30	
	所得税费用	26 628	
		279 100	279 100

通宵公司的财务报表直接根据调整后试算平衡表编制。请注意账户的顺序：先为全部资产负债表账户，之后为留存收益账户，最后为利润表账户。第 5 章将详细介绍如何编制这三类财务报表。

> ⊙ **伦理、欺诈与公司治理**
>
> 　　针对经营成本的会计处理不当，美国证券交易委员会对公司虚假财务报告采取了行动。按照规定，预计当年受益的支出应当进行费用化处理（从收入中扣除费用以得到当期净利润）。不过，那些舞弊公司通常将这类支出进行资本化，按递延资产来处理（借记资产负债表中资产类账户，而不是计入利润表中的费用账户）。
>
> 　　在安然和世通之前，美国历史上最大的财务丑闻之一发生在废弃物处理公司（Waste

Management）。废弃物处理公司是世界上最大的废弃物服务公司。该公司的不当会计处理大约持续了 5 年，其间公司的虚增收益达 17 亿美元。至废弃物处理公司的会计欺诈被发现时，投资者已损失了 60 多亿美元。

废弃物处理公司虚增收益的方法很简单。对于当期正常的经营支出，该公司并不是确认为费用，而是递延至未来期间进行扣除。公司通过各种手段来实施这种不当的递延处理，其中许多涉及对长期资产的不当会计处理。例如，废弃物处理公司购买和开发用作垃圾填埋场（即垃圾堆）的土地，正确的做法是将这些支出按长期资产进行资本化处理。但是，在某些情况下，公司并不一定能取得政府许可和批准，以便将所购买的土地用作垃圾填埋场。此时，资产负债表中列示的资本化的填埋场的资产应在公司未取得政府允许和批准的当年立即费用化。如果这样做，就会减少当年的净利润。

4.3 小结

本章介绍了由于现金流量和收入及费用确认存在时间性差异而产生的期末调整分录。简言之，调整有助于确保公司利润表中的收入与费用得到正确计量和报告。

第 5 章将继续以通宵公司为例来说明如何在公司财务报表中反映调整分录。

之后各章将解释为什么恰当的利润计量对投资者和债权人估计公司未来现金流量的时间和金额至关重要。此外，还将解释管理者如何通过把握某些时间性差异来对未来经营进行预算和计划。

学习目标小结

1. 解释调整分录的目的

　　调整分录的目的是根据实现原则和配比原则，在各会计期间分配收入和费用。这些期末分录是必要的，因为收入的赚取和费用的发生可能与记录相关现金业务的期间不同。

2. 描述并编制四类基本调整分录

　　四类调整分录为：①资产转为费用；②负债转为收入；③应计未付费用；④应计未收收入。一笔交易经常影响两个或两个以上会计期间的收入或费用，相关的现金流入或流出并不总是与这些收入或费用记录的期间相一致。因此，现金收付和收入或费用记录的时间性差异使得编制调整分录成为必要的。

3. 编制资产转为费用的调整分录

　　当一项支出使多个会计期间受益时，借记资产类账户，贷记现金。该资产类账户用来递延（或推迟）费用到以后期间确认。在该支出的每个受益期末，编制调整分录以将适当金额从资产账户转入费用账户。该调整分录反映了在计量当期利润时，资产的部分成本要与收入相配比。

4. 编制负债转为收入的调整分录

　　客户有时会对以后会计期间才接受的服务进行预付。就会计目的而言，收到现金并不代表实现收入。所以，收入的确认必须递延到它们实现时。对于来自客户的预收账款，应借记现金，贷记未赚取收入这一负债账户。该负债有时被称为客户存款、预售收入或递延收入。未赚取收入在实现时，应在期末编制调整分录以便将合理的收入金额从负债类账户转入收入类账户。这一调整分录表明公司已履行了对客户的全部或部分债务，确认实现收入。

5. 编制应计未付费用的调整分录

一些费用在当期发生（或应计）但直到未来期间才支付。作为调整过程的一部分，每期期末必须记录这些应计费用：借记恰当的费用（如工资费用、利息费用或所得税费用等），同时贷记负债账户（如应付职工薪酬、应付利息或应交税费等）。当未来期间支付现金以清偿这些债务时，借记恰当的负债类账户，贷记现金。请注意：记录当期应计费用是调整分录，记录未来期间的现金支付则不被视为调整分录。

6. 编制应计未收收入的调整分录

一些收入在当期实现（或确认）但在未来期间才能收款。作为调整过程的一部分，每期期末必须记录这些收入：借记应收账款这一资产账户，贷记恰当的收入账户。未来期间借记现金，贷记应收账款。请注意：当期记录已实现的收入是调整分录，记录未来期间的现金收取则不被视为调整分录。

7. 解释实现原则和配比原则与调整分录的关系

调整分录是会计人员应用实现原则和配比原则的工具。通过这些分录，收入在实现时确认，费用在为产生相关收入而使用或消耗资源时确认。

8. 解释重要性概念

根据重要性概念，如果经济活动对财务报表没有重要影响，会计人员可使用估计金额甚至忽略某些会计原则。重要影响是指可以合理预期对财务报表使用者的决策产生影响的事项。因此，会计人员可以用最简单、最方便的方式对不重要的项目和事项进行会计处理。

9. 编制调整后试算平衡表并说明其目的

在对期末调整分录编制和过账后，调整后试算平衡表列示所有总分类账余额。该表分别列示了资产负债表账户、留存收益表账户和利润表账户。调整后试算平衡表列示的金额将直接转入财务报表中。调整后试算平衡表并不是本书第 2 章介绍的四种通用的财务报表，它只是用来编制财务报表的一种表格（或工具）。

习题 / 关键术语

示范题

因特网咨询服务公司每个月末要对账户进行调整。下面给出了该公司 2021 年 12 月 31 日的年末调整前试算平衡表（记住：2021 年 1～11 月的调整分录已经编制，12 月的尚未编制）。

其他数据如下：

（1）12 月 1 日，公司签订一份新的租约同时预付了 3 个月的租金，每个月为 2 100 美元。该笔预付款借记到预付办公租金账户。

（2）12 月到期的应付费用和订阅费为 50 美元。

（3）12 月 31 日对库存辅料进行估计，未用辅料的成本为 450 美元。

（4）设备的使用寿命为从购买日起 5 年（60 个月）。

（5）年末，应付票据的应计利息为 100 美元（设置利息费用与应付利息账户）。

（6）12 月为客户提供价值 2 850 美元的咨询服务，客户已预先付款。

（7）按公司惯例，只有当咨询服务完成或出现延期履约时，公司才向客户开出当月账单。12 月 31 日，价值 11 000 美元的咨询服务已提供给客户，但是仍未开出账单，也没有收到客户预先支付的款项。

（8）到 12 月 31 日员工已实现但尚未支付的工资为 1 700 美元。

（9）全年所得税费用估计是 56 000 美元。其中，51 000 美元已经在前面月份确认为费用，而 39 000 美元已支付给税务局。公司计划在 1 月 15 日支付剩余 17 000 美元的所得税。

（单位：美元）

因特网咨询服务公司 调整前试算平衡表 2021 年 12 月 31 日	
现金	49 100
应收账款——咨询	23 400
预付办公租金	6 300

因特网咨询服务公司 调整前试算平衡表 2021年12月31日		(续)
预付应付费和订阅费	300	
辅料	600	
设备	36 000	
累计折旧——设备		10 200
应付票据		5 000
应交税费——应交所得税		12 000
未赚取咨询收入		5 950
股本		30 000
留存收益		32 700
股利	60 000	
已赚取咨询收入		257 180
工资费用	88 820	
电话费用	2 550	
租金费用	22 000	
所得税费用	51 000	
应付费和订阅费用	560	

因特网咨询服务公司 调整前试算平衡表 2021年12月31日		(续)
辅料费用	1 600	
折旧费用——设备	6 600	
杂项费用	4 200	
	353 030	353 030

要求：

（1）编制2021年12月31日必要的调整分录。

（2）确定下列账户在公司年末调整后试算平衡表中列示的金额：

已赚取咨询收入　　应付费和订阅费

工资费用　　　　　折旧费用——设备

电话费用　　　　　杂项费用

租金费用　　　　　利息费用

辅料费用　　　　　所得税费用

（3）确定公司截至2021年12月31日的年净利润 [提示：使用（2）中确定的金额]。

答案：

（1）

(单位：美元)

因特网咨询服务公司 普通日记账 2021年12月31日			
日期	账户名称及解释	借方	贷方
2021年12月31日			
1.	租金费用	2 100	
	预付办公租金		2 100
	12月租金的调整		
2.	应付费和订阅费用	50	
	预付应付费和订阅费		50
	12月应付费和订阅费用的调整		
3.	辅料费用	150	
	辅料		150
	12月辅料的调整		
4.	折旧费用——设备	600	
	累计折旧——设备		600
	12月折旧的调整（36 000美元÷60个月）		
5.	利息费用	100	
	应付利息		100
	12月利息的调整		
6.	未赚取咨询收入	2 850	
	已赚取咨询收入		2 850
	12月未实现收入的调整		

（续）

<table>
<tr><td colspan="4">因特网咨询服务公司
普通日记账
2021 年 12 月 31 日</td></tr>
<tr><td>日期</td><td>账户名称及解释</td><td>借方</td><td>贷方</td></tr>
<tr><td>7.</td><td>应收账款——咨询
　已赚取咨询收入
12 月已实现收入的调整</td><td>11 000</td><td>11 000</td></tr>
<tr><td>8.</td><td>工资费用
　应付职工薪酬
12 月工资的调整</td><td>1 700</td><td>1 700</td></tr>
<tr><td>9.</td><td>所得税费用
　应交税费——应交所得税
12 月所得税费用的调整</td><td>5 000</td><td>5 000</td></tr>
</table>

（2）

（单位：美元）

<table>
<tr><td colspan="6">因特网咨询服务公司
调整后试算平衡表
2021 年 12 月 31 日</td></tr>
<tr><td colspan="6">调整前试算平衡表金额 + 调整 = 调整后试算平衡表金额</td></tr>
<tr><td>已赚取咨询收入</td><td>257 180</td><td>(6)</td><td>2 850</td><td></td><td></td></tr>
<tr><td></td><td></td><td>(7)</td><td>11 000</td><td></td><td>271 030</td></tr>
<tr><td>工资费用</td><td>88 820</td><td>(8)</td><td>1 700</td><td></td><td>90 520</td></tr>
<tr><td>电话费用</td><td>2 550</td><td></td><td></td><td></td><td>2 550</td></tr>
<tr><td>租金费用</td><td>22 000</td><td>(1)</td><td>2 100</td><td></td><td>24 100</td></tr>
<tr><td>辅料费用</td><td>1 600</td><td>(3)</td><td>150</td><td></td><td>1 750</td></tr>
<tr><td>应付费和订阅费用</td><td>560</td><td>(2)</td><td>50</td><td></td><td>610</td></tr>
<tr><td>折旧费用——设备</td><td>6 600</td><td>(4)</td><td>600</td><td></td><td>7 200</td></tr>
<tr><td>杂项费用</td><td>4 200</td><td></td><td></td><td></td><td>4 200</td></tr>
<tr><td>利息费用</td><td></td><td>(5)</td<td>100</td><td></td><td>100</td></tr>
<tr><td>所得税费用</td><td>51 000</td><td>(9)</td><td>5 000</td><td></td><td>56 000</td></tr>
</table>

（3）利用（2）中数据计算当年净利润：

（单位：美元）

<table>
<tr><td>已赚取咨询收入</td><td></td><td>271 030</td></tr>
<tr><td>工资费用</td><td>90 520</td><td></td></tr>
<tr><td>电话费用</td><td>2 550</td><td></td></tr>
<tr><td>租金费用</td><td>24 100</td><td></td></tr>
<tr><td>辅料费用</td><td>1 750</td><td></td></tr>
<tr><td>应付费和订阅费用</td><td>610</td><td></td></tr>
<tr><td>折旧费用——设备</td><td>7 200</td><td></td></tr>
<tr><td>杂项费用</td><td>4 200</td><td></td></tr>
<tr><td>利息费用</td><td>100</td><td></td></tr>
<tr><td>所得税费用</td><td>56 000</td><td>(187 030)</td></tr>
<tr><td>净利润</td><td></td><td>84 000</td></tr>
</table>

自测题

说明：为了尽可能多地复习各章节的知识，一些自我测试题不止一个正确选项，那么，你应该选出所有正确的答案。

1. 调整分录的目的是：
   A. 按会计期间记录的收入、费用和股利调整留存收益账户
   B. 按日就企业交易的影响调整资产、负债、收入和费用账户余额
   C. 对影响两个或多个会计期间的交易应用实现原则和配比原则
   D. 编制记录下一会计期间交易的收入和费用账户

2. 在月末调整前，罗夫旅游公司 1 月 31 日的试算平衡表中收入为 27 900 美元，费用为 17 340 美元。需进行调整的项目如下：
   1 月的部分预付租金 2 700 美元
   1 月的折旧 1 440 美元
   1 月预先收取部分费用 3 300 美元
   1 月已实现尚未向客户开单的收入 1 950 美元
   1 月净利润是：
   A. 10 560 美元　　B. 17 070 美元
   C. 7 770 美元　　　D. 其他金额

3. 会计师事务所审计梅森录音室时，发现所有者权益总额被低估，负债被高估。下面哪种错误可以导致这种情况？
   A. 为计提折旧费用编制了两次调整分录
   B. 未记录应付票据的应计利息
   C. 未编制已实现但尚未向客户开单的收入

的调整分录
D. 未记录预先收款的服务中已实现的部分
4. 假定费舍尔公司通常产生应税利润，但当期却发生了亏损。当期记录所得税费用的分录最可能是（指出所有正确答案）：
A. 增加亏损额
B. 包括贷记所得税费用账户
C. 做调整分录，而不是记录当期完成交易的分录
D. 包括贷记应交所得税
5. 重要性概念（指出所有正确答案）：
A. 要求财务报表精确到元，而不是记录到分
B. 基于会计报表使用者认为重要的事项
C. 允许会计人员在特定情况下忽略一般公认会计原则
D. 允许会计人员用最简单和最方便的方式对不重要的事项进行会计处理

讨论题

1. 编制调整分录的目的是什么？你的答案应将调整分录与权责发生制会计的目标相联系。
2. 调整分录影响利润表、资产负债表账户吗？请解释。
3. 为什么调整分录的记录相较于当期发生的收入与费用的记录需要对实现原则有更深刻的了解？
4. 为什么在4个月之前购买本年度保险单会影响当期保险费用？
5. 如果在当期为客户提供服务但是收入并未记录或未开出账单给客户，为什么还要做调整分录？这一调整分录应借记什么、贷记什么？
6. 未赚取收入是什么意思？未赚取收入应在财务报表哪个项目反映？在工作完成时，未赚取收入账户金额发生什么变化？
7. 简述重要性概念。如果某一事项被认为不重要，财务报告如何进行处理？
8. 实现原则在确认收入时是如何应用的？收入的实现与现金的收取需要同时发生吗？请解释。
9. 讨论配比原则在确认费用时是如何应用的。费用的消耗与现金的支付需要同时发生吗？请解释。
10. 1 000美元的支出对所有公司来说都是重要的吗？请解释。
11. 列举资产负债表中表示递延费用的账户。
12. 递延收入在资产负债表中是如何反映的？
13. 应计未付费用如何影响资产负债表？
14. 应计未收收入是如何影响资产负债表的？
15. 解释嘉年华公司对顾客提前付款预订游轮船票的会计处理。

测试题

1. 11月1日，皮切公司从亚芬逊代理公司购买了6个月的保单5 400美元。
  (1) 编制皮切公司11月30日的调整分录，假设皮切公司把11月1日的支出记录为未到期保单费用。
  (2) 编制亚芬逊代理公司11月30日必要的调整分录，假设亚芬逊代理公司把皮切公司的付款记录为未赚取的保险费用。
2. 2月1日，威廉姆斯仓储公司向哈卡制造公司租赁一处仓库，威廉姆斯仓储公司预先支付了前3个月租金，每月租金为4 000美元。
  (1) 编制哈卡制造公司2月28日必要的调整分录，假设哈卡制造公司将2月1日的支出记录为预付租金。
  (2) 编制威廉姆斯仓储公司2月28日必要的调整分录，假设威廉姆斯仓储公司将哈卡制造公司的付款记录为未赚取租金收入。
3. 3月1日，赛博公司库存办公辅料2 500美元，本月公司新购入辅料4 500美元，月末公司库存未耗用办公辅料大约3 000美元。

要求：
编制3月31日关于办公辅料的必要的调整分录。
4. 第1年的1月2日，希尔公司购买设备，价款360 000美元，公司按月编制调整分录。
  (1) 记录第6年12月31日该设备的折旧费用，假设在第1年预计设备使用年限是15年。
  (2) 确定第9年12月31日资产负债表中列示的该设备的累计折旧账户的金额。

5. 泰德税务服务公司在当前会计期末已赚取但尚未记录的客户服务收入如下。

（单位：美元）

账户编号	计费小时	小时计费率
账户 #4067	8	80
账户 #3940	15	60
账户 #1852	18	95

编制泰德税务服务公司记录的未开账单客户服务收入的必要的调整分录。

6. 巴斯公司调整前试算平衡表显示未赚取顾客收入 9 000 美元，已赚取顾客收入 45 000 美元。检查顾客记录发现先前未赚取收入中的 4 000 美元现在已实现。
（1）编制与上述账户有关的必要的调整分录。
（2）已赚取顾客收入在巴斯公司利润表中显示的金额是多少？

7. 米尔福德公司于每月 15 日支付员工工资，第 1 年 12 月 31 日的应付职工薪酬总额是 210 000 美元，尚未支付。公司员工第 2 年 1 月 1 日至 1 月 15 日赚取的工资额为 216 000 美元。
（1）编制第 1 年 12 月 31 日对工资费用的必要的调整分录。
（2）记录第 2 年 1 月 15 日公司的应付职工薪酬。

8. 佳姆公司于第 1 年 12 月 1 日借入资金 60 000 美元，同时签发一张期限为 2 个月、年利率 4% 的应付票据给第一服务信用社。全部借款本金及利息于第 2 年 2 月 1 日到期支付。
（1）编制第 1 年 12 月 31 日有关利息费用的必要的调整分录。
（2）记录公司第 2 年 2 月 1 日对偿还借款本金及利息的处理。

9. 亚历山大公司第 1 年 12 月 31 日调整前试算平衡表中列示的所得税费用为 100 000 美元，应交税费——应交所得税为 25 000 美元。公司会计人员在第 1 年 12 月 31 日估计公司全年所得税费用为 140 000 美元。
（1）编制第 1 年 12 月 31 日公司有关所得税费用的必要的调整分录。
（2）确定公司第 1 年 12 月 31 日资产负债表中列示应交税费——应交所得税金额。

10. 重要性概念是财务报告中最基础的原则。
（1）简述重要性概念。
（2）2 500 美元是重要的金额吗？请解释。
（3）描述有关重要性可能会节省会计人员时间和影响调整分录编制的两种情况。

案例题

1. 物业管理公司为办公大楼和商业中心提供物业管理服务。公司在公历年末结账。公司已将本年度发生的一些交易事项按规定记录如下：
（1）9 月 1 日，收到商业中心预先支付的物业管理服务费，服务自 9 月 1 日开始，持续 3 个月。收到的全部服务费直接贷记收入账户。
（2）12 月 1 日收到与（1）中相同客户预付的服务费，服务期也是 3 个月，从 12 月 1 日开始提供服务。这次，收到的全部服务费直接贷记未赚取收入账户。
（3）12 月为一些顾客提供管理服务，正常的处理是，在月初服务完成之后向客户开具账单并当天记录收入。
（4）12 月 15 日，全额支付一年保险费，该保险单于下一年 1 月 2 日生效，成本已贷记未到期保险单。
（5）购买的大量设备借记资产账户而不计入费用账户。
（6）支付员工工资时，记录工资费用。12 月最后两周的工资在下一年 1 月 2 日发放。

根据上述事项，判定本年度 12 月 31 日是否需要编制调整分录并解释原因。如果编制了调整分录，说明其对本年度财务报表中资产、负债、所有者权益、收入和费用的影响。

2. 重要性概念是财务会计中一个最基础的会计原则。
（1）回答下列问题：
① 为什么一笔交易或事项的重要性问题与职业判断有关？
② 会计师在判断一个事项或交易是否具有

重要性时，该考虑什么标准？

③重要性概念是指财务报表能够精确到最后一美元吗？这一原则要求财务报表至少要对大多数使用者有用吗？

（2）安飞士汽车租赁公司每年都要为其租赁车队购买大量汽车。任何私人汽车的成本对安飞士这个大型公司来说都是不重要的。对安飞士公司为租赁车队购买汽车支付的可接受款项而言，可以直接计入费用而不作为一项资产记录吗？请解释。

3. 攀滑公司是位于新英格兰北部的一个下坡滑雪场。为了吸引更多的滑雪爱好者，公司管理层最近决定在销售旺季前进行大量广告宣传活动。为此，公司花费9 000美元印发宣传手册，17 000美元用于无线媒体广告插播，14 000美元用于杂志和报纸广告。

公司现计划从当地银行借款用以扩张下一季造雪能力，在编制银行用财务报表时，公司将40 000美元的广告支出全部资本化为当年资产负债表中的预付广告费，并决定将该资产递延3年分摊到广告费用中，因为这笔支出要经过长时间才能实现促销带来的全部收益。管理层同时认为40 000美元的广告支出如何报告并不重要，因为这笔支出不够重大。

（1）管理层将40 000美元广告预付款递延转化为广告费用的决定是否符合一般公认会计原则？请说明理由。

（2）公司管理层决定将该支出报告为3年的可递延费用是否存在道德问题？请解释。

4. 在网上搜索"好时之家公司的投资者关系"（The Hershey Company Investor Relations）。登录公司的投资者关系网页，获取公司最近的年度财务报告。阅读公司的资产负债表，找出年末调整分录中最可能涉及的账户。

自测题答案：1. C；2. D；3. D；4. BC；5. BCD。

练习题

关键术语

第 5 章

会计循环：报告财务成果

学习目标

- 编制利润表、留存收益表和资产负债表。
- 解释利润表和留存收益表与资产负债表之间的联系。
- 解释充分披露概念。
- 解释结账分录的目的并编制这些分录。
- 编制结账后试算平衡表。
- 利用财务报表信息评价盈利性和流动性。
- 解释只在年末结账的企业如何编制中期财务报表。
- 编制工作底稿并解释其用途。

引导案例

麦当劳

麦当劳是一家快餐企业，在全球100多个国家和地区开设分店。根据麦当劳的财务报表，麦当劳的总资产为350亿美元，其中来自公司所拥有的餐厅和获得特许经营权餐厅的总收入为250亿美元。麦当劳的全球品牌广获认可，所以公司管理层认为麦当劳的金拱门标识对于麦当劳的知名度和持续的成功具有实质作用。

麦当劳最近的财务报表所附的说明讨论了财务会计准则委员会关于收入确认标准的重要变化。麦当劳之前会在新开餐厅开业的当年把从新加盟的特许经营餐厅处收到的全部预付特许经营费确认为收入。但从现在起，麦当劳必须把初始的特许经营费确认为未实现收入（递延收入），然后在整个特许经营期内进行分摊，这里的特许经营期一般为20年。为了遵循这一标准，麦当劳对未实现收入做了调整记录，导致麦当劳的长期负债增加了大约6亿美元。此外，麦当劳做了税收记录调整，导致麦当劳的递延税收资产增加了1.5亿美元。

诸如此类的信息披露对于正确解读公司财务报表必不可少。此外，麦当劳的财务报表也需要披露有关存货、证券投资、借款以及许多其他重要问题的信息。

本章主要考察公司如何编制为投资者、债权人和管理层所使用的通用财务报表，同时讨论如何在财务报表附注中披露相关事项。此外，本章还将介绍运用财务报表信息来评价企业流动性和盈利性的若干方法。

第 3 章以通宵公司为例介绍了会计循环 8 个步骤中的前 3 步：①捕捉经济事项（将交易登记到日记账中）；②将每笔日记账准确登记到总分类账中；③编制试算平衡表。第 4 章则介绍了会计循环的随后两步：④进行期末调整；⑤编制调整后试算平衡表。

本章将完成对会计循环最后 3 步的介绍：⑥编制财务报表；⑦编制日记账并对结账分录过账；⑧编制结账后试算平衡表。

5.1 编制财务报表

公众持股公司，即股票在证券交易所挂牌的公司，有义务向股东和公众公告年度和季度信息。这些公司不仅要编制财务报表，而且要发布年度报告。

年度报告包括若干年度的可比财务报表以及大量关于公司财务状况、企业经营和未来展望的信息（参见附录 A 所提供的家得宝公司的财务报表）。在发布年报之前，财务报表必须经过注册会计师事务所的审计。此外，公众持股公司必须将经过审计的财务报表及其详细的明细表上报美国证券交易委员会。当然，这里的注册会计师事务所必须向美国公众公司会计监督委员会进行登记。

随着新的财务年度的到来，年度报告编制工作就变得十分紧张。一旦会计年度结束，公司通常需要忙上数月才能编制完成这些年度报告。因此，许多会计人员把 12 月到 3 月这段时间称为"忙季"。⊖ 显然，我们无法用一章内容来讨论编制年度报告的所有活动。因此，本章重点介绍财务报表的编制。

表 5-1 给出了第 4 章所介绍的调整后试算平衡表。在编制利润表、留存收益表和资产负债表时，可直接利用调整后试算平衡表中的金额。为便于说明，这里在表 5-1 的右边标注了哪些账户会出现在哪张财务报表上。表 5-2 给出了通宵公司截至 2021 年 12 月 31 日的财务报表。

这里，首先编制的是利润表，因为利润表确定了需要在留存收益表中报告的净利润金额。随后编制留存收益表，因为留存收益表确定了需要在资产负债表中报告的留存收益金额。需要注意的是，此处未将通宵公司的现金流量表与其他三张报表一起给出。第 13 章将对现金流量表做深入讨论。

5.1.1 利润表

利润表也称收益表（earnings statement）、经营情况表（statement of operations）和损益表（profit and loss statement），但这一重要财务报表最常用的术语是利润表（income statement）。利润表通过将特定期间赚取的收入与产生这些收入发生的费用相配比来汇总企业的经营成果。

通宵公司利润表所列示的收入和费用直接取自该公司的调整后试算平衡表。通宵公司 2021 年度利润表表明，该年度公司收入超过费用，因此产生净利润 39 942 美元。不过，请记住，因为在会计过程中使用了假设和估计，因此净利润的计量并不是绝对准确或精确的。

⊖ 有些公司选择在经营业务季节性繁忙过后结束财政年度。不过，大多数公司的财政年度结束于 12 月 31 日。

表 5-1 调整后试算平衡表（2021年12月31日）

（单位：美元）

科目	借方	贷方
现金	18 592	
应收账款	7 250	
商店辅料	1 200	
未到期保险	3 000	
工具及设备	12 000	
累计折旧——工具及设备		2 200
建筑	36 000	
累计折旧——建筑		1 650
土地	52 000	
应付票据		4 000
应付账款		2 690
应付职工薪酬		1 950
应交税费——应交所得税		5 580
应付利息		30
未赚取租金收入		6 000
股本		80 000
留存收益（注意：还得将下面账户所记录的交易进行更新；结账分录可达此目的）		0
股利	14 000	
修理服务收入		172 000
已赚取租金收入		3 000
广告费用	3 900	
工资费用	58 750	
辅料费用	7 500	
折旧费用——建筑	1 650	
折旧费用——工具及设备	2 200	
公用事业费用	19 400	
保险费用	15 000	
利息费用	30	
所得税费用	26 628	
	279 100	279 100

（资产负债表账户；留存收益账户；利润表账户）

表 5-2 通宵公司的财务报表

（单位：美元）

利润表（截至2021年12月31日）

收入：		
修理服务收入		172 000
已赚取租金收入		3 000
总收入		175 000
费用：		
广告费用	3 900	
工资费用	58 750	
辅料费用	7 500	
折旧费用——建筑	1 650	
折旧费用——工具及设备	2 200	
公用事业费用	19 400	
保险费用	15 000	
利息费用	30	108 430
税前利润		66 570
所得税费用		26 628
净利润		39 942

留存收益表（截至2021年12月31日）

留存收益（2021年1月20日）	0
加：净利润	39 942
小计	39 942
减：股利	14 000
留存收益（2021年12月31日）	25 942

资产负债表（2021年12月31日）

资产		
现金		18 592
应收账款		7 250
商店辅料		1 200
未到期保险		3 000
工具及设备	12 000	
减：累计折旧	2 200	9 800
建筑	36 000	
减：累计折旧	1 650	34 350
土地		52 000
资产总额		126 192
负债和所有者权益		
负债：		
应付票据		4 000
应付账款		2 690
应付职工薪酬		1 950
应交所得税		5 580
应付利息		30
未赚取租金收入		6 000
负债总额		20 250
所有者权益：		
股本		80 000
留存收益		25 942
股东权益总额		105 942
负债和股东权益总额		126 192

利润表有某些局限性。例如，折旧费用金额是基于对公司建筑和设备的使用年限的估计；又如，利润表仅仅反映那些为企业的实际交易所证明的事项。也许，该年度通宵公司的广告赢得了许多潜在客户的关注，而良好的"客户库"当然是企业实现经营盈利的重要环节。然而，发展客户的努力并不在利润表中得到反映，因为在实际交易发生前，其价值不能得到客观计量。对公司财务报表的使用者来说，利润表尽管有这些局限性，但仍然是极其重要的。

5.1.2 留存收益表

留存收益是来自净利润并将相关资源留在企业的股东权益（所有者权益）的一部分。来自盈利的留存资源可能包括现金，但不一定限于此。留存收益表汇总了该期间来自经营活动的留存收益的增加和减少。留存收益的增加来自净利润，留存收益的减少来自净亏损或宣告分配股利。

留存收益表的格式基于如下关系而设立：

$$期初留存收益 + 净利润 - 股利 = 期末留存收益$$

留存收益的期初余额列在该表的顶部。随后，加上该期的净利润（或减去净亏损），再减去该期宣告的任何股利分配。通过这一简单的计算，就可确定留存收益的会计期末余额。期末留存收益（通宵公司为 25 942 美元）列在报表底部，但也出现在公司年末的资产负债表中。

这里举例的通宵公司的留存收益表有点不同寻常，因为公司成立日（2021 年 1 月 20 日）的留存收益期初余额为 0。出现这种情况的原因在于 2021 年为通宵公司的首个经营年度。当然，期末留存收益（25 942 美元）成为公司下一年度留存收益的期初余额。

再来分析股利问题。在第 3 章中，现金股利的公告和发放作为单独事项记录在日记账分录。对于仅有几个股东的小公司而言，公司可能会选择在同一天宣告并发放股利。但对大公司而言，宣告日和发放日之间可能会间隔一个月或以上。在宣告分配股利时，形成"应付股利"负债；在支付股利时，该负债得到偿付。因为通宵公司调整后试算平衡表中没有应付股利，所以我们就可假设 2021 年 12 月 31 日宣告并发放了 14 000 美元的股利。⊖

最后，必须清楚公司支付给股东的股利在利润表中并不列示为费用。简言之，股利代表公司将其一部分利润分配给股东的决定，所以股利金额不包括在利润的计算中。

5.1.3 资产负债表

资产负债表列示了会计期末公司的资产、负债和所有者权益金额。通宵公司的资产和负债账户余额直接取自表 5-1 的调整后试算平衡表。期末留存收益金额 25 942 美元由留存收益表确定。

资产负债表中，左方列示资产账户，右方列示负债和所有者权益账户。资产负债表也可以采用报告式，即上方（而不是右方）列示资产，下方列示负债和所有者权益。对公司来说，通常称所有者权益为股东权益。

⊖ 股利的宣告和发放将在第 12 章进行详细介绍。

许多公司单独列示流动资产和流动负债的小计数，这样的资产负债表被称为**分类资产负债表**（classified balance sheet）。被归类为**流动资产**（current assets）的资产必须是现金或能在相对较短期间内转变为现金。对绝大多数公司而言，这个时间通常为一年或更短。那些很快被耗用的资产（如保险和办公辅料）也被归类为流动资产。如表 5-2 所示，在通宵公司 126 192 美元的资产总额中，流动资产包括现金、应收账款、商店辅料和未到期保险。因此，通宵公司资产总额中有 30 042 美元的资产被归类为流动资产。

流动负债（current liabilities）是公司预期在相对短时间内需要用流动资产来偿还的现有债务或义务。再次要强调的是，这个时间一般是一年或更短。虽然不是债务，但未赚取收入通常也被归类为流动负债。在表 5-2 所示的负债总额中，通宵公司有 20 250 美元被归类为流动负债。

在评价公司偿付到期债务能力时，单列流动资产和流动负债小计很有用（参见本章"会计与决策"栏目）。本书附录 A 家得宝公司财务报表就说明了如何在资产负债表中列示流动资产和流动负债小计。资产负债表中其他一些小计项将在第 14 章中进行讨论。

⊙ **国际案例**

国际财务报告准则规定了利润表、资产负债表、现金流量表和所有者权益变动表的国际报告要求。一般公认会计原则与国际财务报告准则对财务报告要求的一项最大差异就是：在国际财务报告准则下，管理层和审计师出于公允披露的需要，可不遵循国际财务报告准则。按照管理层和审计师的判断，如果遵循会导致误解，那么就有必要忽略"真实和公允"要求。

5.2 财务报表间的关系

如果我们知道利润表、留存收益表和资产负债表全都彼此相关，那就更容易理解全部财务报表了。表 5-2 右边的箭头所强调的就是财务报表间的关系。

5.2.1 编写公司财务报表附注

对财务报表使用者来说，**充分披露**（adequate disclosure）也许是最重要的会计原则。按照该原则，财务报表必须附有正确解释报表所需的任何信息。

财务报表附注常常有很多页，大多数披露信息就包含在其中。期末起草这些附注对会计人员而言可能是最具挑战性的任务之一。附注内容通常无法直接从会计记录中得到。事实上，起草这些附注需要深入了解公司及其经营方式与会计原则，也要了解报表使用者会如何解释和利用会计信息。

财务报表附注经常披露两类事项：运用的会计方法和主要负债的到期日。因此，2021 年通宵公司的财务报表至少应包括如下附注：

附注 1：折旧政策

财务报表中折旧费用按直线法计算。估计建筑的使用年限为 20 年，工具及设备为 5 年。

附注 2：负债的到期日

公司下一年只有一项 2 月 28 日到期的应付票据，该票据的到期价值（包括利息费用）为 4 090 美元。

这里的"附注 1"可帮助确定公司是否需要在近期重置应折旧资产。例如，因为给定通宵公司建筑的估计使用年限为 20 年，其初始成本 36 000 美元中只有 1 650 美元已折旧，所以可以合理假设该建筑不必在可预见的未来进行重置。

"附注 2"报告的负债到期日对美国国民银行尤其重要。具体而言，银行想知道通宵公司在短短 2 个月内是否有足够的现金来支付 4 090 美元的负债。公司资产负债表当期报告的现金只有 18 592 美元。不过，其他几项负债也要求近期支付超过 10 000 美元的现金。另外，公司有 18 000 美元的保险到 3 月 1 日需要续签。因此，尽管通宵公司利润表所报告的净利润达 39 942 美元，但公司资产负债表表明通宵公司仍然缺乏足额流动资产来偿还所有即将到期的债务。

5.2.2　必须披露的信息种类

对于财务报表应披露的所有信息，这里无法给出完整清单。披露的充分性受官方规定、传统做法、会计人员职业判断等因素的综合影响。充分披露原则非常重要，以至于颁布美国会计准则的美国财务会计准则委员会在其工作事项中增加了开发披露框架的计划。美国财务会计准则委员会这样做的目的是改善财务报表附注的信息披露效果。

一般来说，公司应披露任何理性用户正确理解财务报表所需要的任何资料。因此，企业常常需要披露的事项包括：

- 与企业相关的未决诉讼。
- 计划的工厂关闭。
- 资产负债表日之后、财务报表尚未实际公布前发生的重大事项。
- 占公司收入 10% 或以上的客户。
- 公司与其重要员工之间发生的不寻常交易及利益冲突。

有时，公司必须披露那些可能对企业产生破坏性影响的信息。例如，制造商可能需要披露受到产品伤害的客户的诉讼。披露可能带来尴尬甚至会损害企业利益，但这些不能成为拒绝披露信息的正当理由。充分披露概念要求管理层真诚并尽最大努力地使财务报表使用者了解公司的经营情况。这里不妨看一下附录 A 中家得宝集团的财务报表，以便了解公众企业披露的信息类型。

> ⊙ **通宵公司的独立审计师**
>
> 假设通宵公司被一遭遇工伤的前员工告上了法庭。该员工起诉公司没有给员工提供一个安全的工作环境。如果原告胜诉，那么通宵公司可能不得不支付超过保险所保金额的损害赔偿。作为通宵公司的独立审计师，你已经要求公司在财务报表附注中披露有关该诉讼的信息。通宵公司的管理层不同意你的建议，因为他们认为原告胜诉的可能性极小。你该如何回答？

5.3 结转临时性账户

如前所述，收入增加留存收益，费用和股利分配会减少留存收益。如果我们需要的财务报表只是资产负债表，那么这些留存收益变动可能直接记录在留存收益账户中。然而，所有者、管理者、投资者和其他人也需要知道收入、费用的具体金额及当期赚取的净利润金额。因此，我们必须设立单独的分类账账户以计量每类收入、费用和股利发放。

这些收入、费用和股利账户被称为临时性账户或名义账户，因为它们累计的只是一个会计期间的交易。在该会计期末，这些临时性账户累计的留存收益变动将转入留存收益账户。这个过程有两个目的：第一，根据该会计期间的留存收益变动更新留存收益账户余额；第二，将临时性账户余额归零，从而为计量下一会计期间的收入、费用和股利做好准备。

留存收益和其他资产负债表账户被称为永久性账户或真实账户，因为它们的余额在当前会计期间结束后继续存在。将临时性账户余额转入留存收益账户的过程称为结账。结转临时性账户的日记账分录被称为**结账分录**（closing entries）。

收入和费用账户在每个会计期末需要结转，其余额要转入一个被称为**损益汇总**（income summary）的汇总账户。在收入账户的贷方余额和费用账户的借方余额转入汇总账户后，损益汇总账户余额就是当期的净利润或净亏损。如果收入（贷方余额）超过费用（借方余额），损益汇总账户就有代表净利润的贷方余额。相反，如果费用超过收入，损益汇总账户就有代表净亏损的借方余额。这与贷记所有者权益增加、借记减少的规则相一致。

通常，调整分录每月做一次，而实务中结账则为每年一次。因此，这里以通宵公司为例来说明公司是如何在2021年12月31日（第一个经营年度末）来结转临时性账户的。

下面，我们用T型账户来列示通宵公司的临时性账户。这里简化了全年过账到每个账户的每笔交易的细节。因此，每个账户仅给出表5-1的调整后试算平衡表所报告的2021年12月31日的余额。结账过程相对简单，只包括四个步骤：①将所有收入账户结转到损益汇总账户；②将所有费用账户结转到损益汇总账户；③将损益汇总结转到留存收益账户；④将股利分配结转到留存收益账户。

这里，前面两步必须在第三步开始之前完成。把股利账户结转到留存收益账户的分录可以在完成收入和费用账户结转之前或之后进行。

5.3.1 收入账户的结账分录

收入账户有贷方余额。因此，结转收入账户意味着将其贷方余额转入损益汇总账户。该结转是通过一笔日记账分录完成的：借记收入账户，贷记损益汇总账户，金额等于收入账户贷方余额。需要注意的是，结转收入账户的过程（借记账户）与通常记入收入账户的贷记分录相反。该结账分录的借方将收入账户余额归零，贷方将收入账户的当期余额转入损益汇总账户。

通宵公司有两个收入账户：①修理服务收入，2021年12月31日该账户贷方余额为172 000美元；②已赚取租金收入，2021年12月31日该账户贷方余额3 000美元。这里可以编制两笔单独的日记账分录来结账，但用一笔复合日记账分录结转多个账户显得更简便、更省时。表5-3给出了通宵公司收入账户的复合结账分录。

表 5-3　结转收入账户　　　　　　　　　　　　　　　　（单位：美元）

通宵公司
普通日记账
2021 年 12 月 31 日

日期	账户名称及解释	借方	贷方
2021 年 12 月 31 日	修理服务收入	172 000	
	已赚取租金收入	3 000	
	损益汇总		175 000
	结转修理服务收入和已赚取租金收入账户		

如表 5-4 所示，结账分录过账后，两个收入账户余额均归零，而损益汇总账户贷方余额为 175 000 美元。

表 5-4　结转收入账户余额到损益汇总账户　　　　　　　　（单位：美元）

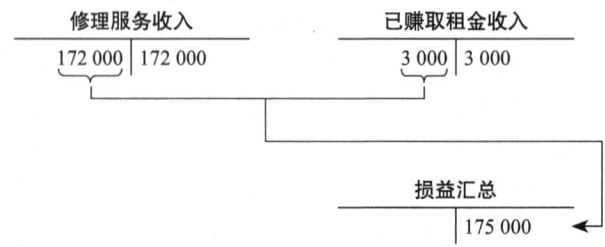

5.3.2　费用账户的结账分录

费用账户有借方余额，结转费用账户意味着将其借方余额转入损益汇总账户。因此，结转费用账户的日记账分录如下：贷记费用账户，借记损益汇总账户，金额等于费用账户借方余额。同样需要注意的是，结转费用账户的过程（贷记账户）与通常记入费用账户的借记分录相反。

如表 5-1 所示，通宵公司分类账中有 9 个费用账户。同样，可用一笔复合日记账分录结转每个此类账户。表 5-5 给出了所需的结账分录。

表 5-5　结转费用账户　　　　　　　　　　　　　　　　（单位：美元）

通宵公司
普通日记账
2021 年 12 月 31 日

日期	账户名称及解释	借方	贷方
2021 年 12 月 31 日	损益汇总	135 058	
	广告费用		3 900
	工资费用		58 750
	辅料费用		7 500
	折旧费用——建筑		1 650
	折旧费用——工具及辅料		2 200
	公用事业费用		19 400
	保险费用		15 000
	利息费用		30
	所得税费用		26 628
	结转费用账户		

如表 5-6 所示，这些结账分录过账后，损益汇总账户有贷方余额 39 942 美元（贷方转入 175 000 美元 − 借方转入 135 058 美元），9 个费用账户余额均归零。贷方余额 39 942 美元等于通宵公司利润表所报告的净利润。若公司该年度利润表报告的是净亏损，那么损益汇总账户将有等于报告亏损额的借方余额。

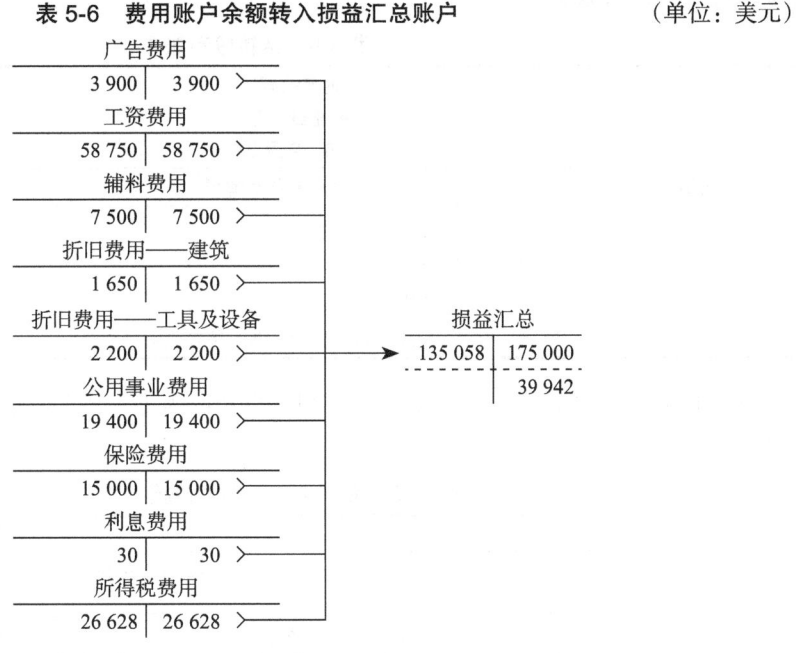

表 5-6　费用账户余额转入损益汇总账户　　　　　　　　　　（单位：美元）

5.3.3　结转损益汇总账户

通宵公司该年度赚取 39 942 美元净利润，从而引起所有者权益增加。因此，损益汇总账户贷方余额 39 942 美元要通过如表 5-7 所示的结账分录转入留存收益账户。

表 5-7　结转损益汇总账户　　　　　　　　　　（单位：美元）

	通宵公司		
	普通日记账		
	2021 年 12 月 31 日		
日期	账户名称及解释	借方	贷方
2021 年 12 月 31 日			
	损益汇总	39 942	
	留存收益		39 942
	将 2021 年赚取的净利润转入留存收益账户		

如表 5-8 所示，该结账分录过账后，损益汇总账户余额为零，截至 2021 年 12 月 31 日年度的净利润贷记留存收益账户。

表 5-8　利润带来留存收益增加　　　　　　　　　　（单位：美元）

损益汇总		留存收益	
135 058（费用）	175 000（收入）	1/20	余额 0
39 942	39 942（利润）	12/31	39 942（利润）
结转损益汇总账户时，将利润结转到留存收益			

5.3.4 股利账户的结账分录

如前所述,支付给股东的股利并不作为企业费用进行处理,因此在确定本期企业净利润时不用考虑。既然股利不是费用,所以股利并不结转至损益汇总账户。如表 5-9 所示,股利应该直接结转至留存收益账户。

表 5-9 结转股利账户 (单位:美元)

通宵公司
普通日记账
2021 年 12 月 31 日

日期	账户名称及解释	借方	贷方
2021 年 12 月 31 日	留存收益	14 000	
	股利		14 000
	将 2021 年宣告的股利转入留存收益账户		

如表 5-10 所示,该结账分录过账后,股利账户余额为零,留存收益账户将有期末贷方余额 25 942 美元。

表 5-10 股利带来留存收益减少 (单位:美元)

股利		留存收益	
14 000(总发放股利)	14 000	12/31　14 000	1/20　余额 0
			12/31　39 942(利润)
	将股利直接结转到留存收益		12/31　余额 25 942

5.4 结账过程总结

现在,总结一下结转账户的四个步骤:

(1)结转各种收入账户,将其余额转入损益汇总账户。

(2)结转各种费用账户,将其余额转入损益汇总账户。

(3)结转损益汇总账户,将其余额转入留存收益账户。需要强调的是,在结转完收入账户和费用账户后,损益汇总账户的余额等于公司当期的净利润或净亏损。就本例而言,39 942 美元的贷方余额表明收入大于费用,与表 5-2 中的净利润一致。

(4)结转股利账户,将其余额转入留存收益账户。

表 5-11 利用 T 型账户说明了整个结账过程。

5.5 结账后试算平衡表

结转完收入账户和费用账户后,最好的方法是编制仅包括资产负债表账户的**结账后试算平衡表**(after-closing trial balance)。在结账分录过账过程中,总有可能出现导致分类账借贷不平衡的差错。顾名思义,结账后试算平衡表是根据分类账编制的,不仅可以保证账户间的平衡,还能为新会计期间的交易记录做好准备。表 5-12 给出了通宵公司的结账后试算平衡表。

表 5-11 结账过程流程 （单位：美元）

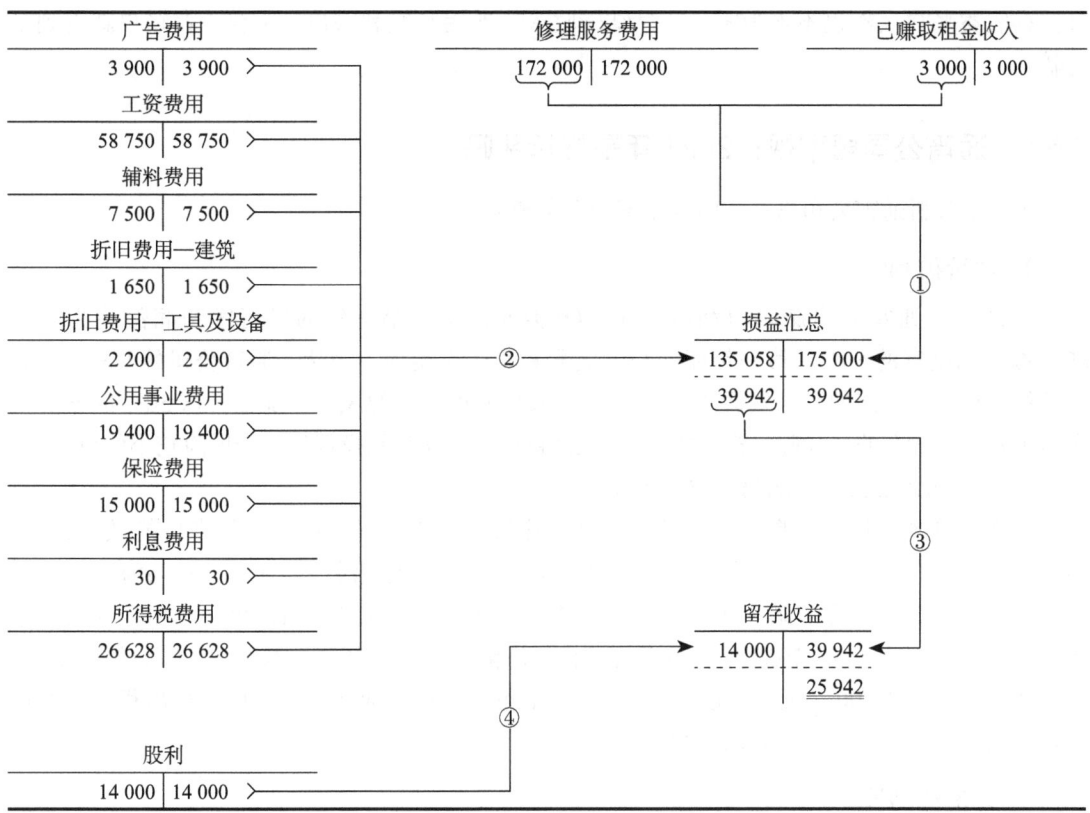

表 5-12 结账后试算平衡表（2021年12月31日） （单位：美元）

现金	18 592	
应收账款	7 250	
商店辅料	1 200	
未到期保险	3 000	
工具及设备	12 000	
累计折旧——工具及设备		2 200
建筑	36 000	
累计折旧——建筑		1 650
土地	52 000	
应付票据		4 000
应付账款		2 690
应付职工薪酬		1 950
应交税费——应交所得税		5 580
应付利息		30
未赚取租金收入		6 000
股本		80 000
留存收益（12月31日）		25 942
	130 042	130 042

与表 5-1 所示的调整后试算平衡表相比，结账后试算平衡表只包括资产负债表账户，而且留存收益账户余额也不再为零。通过结转收入、费用和股利账户，留存收益账户就得到了更新。

5.5.1 通宵公司再审视：2021 年是好年头吗

现在来分析通宵公司第一个财务年度的财务成果。

1. 评价盈利性

2021 年，通宵公司赚取净利润约 40 000 美元，所以第一年的经营净利润额约为股东 80 000 美元投资的 50%。第一年度的经营报酬着实让人震惊。当然，通宵公司的股东（麦克布莱恩家族）将他们的财务资源投资于企业也承受了相当大的风险。那么，这 50% 的投资报酬是否补偿了股东的风险呢？换言之，他们若将这 80 000 美元投资于一个风险较小的机会上，能产生 50% 的系统投资报酬吗？恐怕不能。

但在评价盈利性时，真正的问题并不是企业过去做得怎样，而是它将来可能做得如何。第一年经营产生了相当高的投资报酬，表明公司有良好的盈利潜力。通宵公司与海港出租车公司的出租协议也很有前景。2021 年，收入中仅有 3 000 美元来自向该公司出租存放出租车用场地（12 月的租金）。2022 年，通宵公司将从海港出租车公司赚取整整 12 个月的收入（将比 2021 年多赚 33 000 美元）。此外，如果海港出租车公司在通宵公司车库存放出租车，通宵公司就很可能因此提供必要的保养和维修。

2. 评价流动性

流动性是指公司在债务到期时用现金偿付债务的能力。至少从短期来看，流动性可能与盈利性无关。如果从最近期来看，通宵公司似乎存在潜在的现金流问题。在不久的将来，通宵公司必须对如右所示事项进行现金支付（单位：美元）。

应付票据及利息	4 090
应付账款	2 690
应付职工薪酬	1 950
应交税费——应交所得税	5 580
保险续约	18 000
即将到期的支出总额	32 310

这些支出总额超过了公司 2021 年 12 月 31 日资产负债表所报告的流动资产金额（现金和应收账款之和）。

值得注意的是，通宵公司资产负债表所报告的现金和应收账款表示某一时点这些账户的余额。因此，尽管这些流动资产目前不够支付即将到期的现金支出，但从长期来看这可能不是问题。根据过去的业绩情况，通宵公司很有可能在未来数月内产生超过 40 000 美元的收入。如果这些收入中相当部分以现金形式收取而费用又能得到控制，那么公司资产的流动性可能会优于现在。

> ⊙ **会计与决策**
>
> 第 1 章介绍的会计高等教育路径委员会会计模型表明，会计的目的就是帮助会计信息的使用者进行正确的决策。会计信息的重要作用之一就是用于评估公司的经营前景，尤其是当公司进行投资决策时。对企业财务状况的评价包括两个重要方面：盈利能力评价和流动性评价。下面介绍的就是进行盈利能力和流动性评价的基本工具。

1. 盈利能力指标

对通宵公司利润表所报告的 39 942 美元的年度净利润,如果结合考察管理层的成本控制能力以及相对于公司股东的权益,那么该数字的意义就更丰富了。

回答这些问题的两个常用的盈利能力指标是净利率和权益报酬率。根据通宵公司的财务报表,公司的这两个指标可计算如下:

净利率 = 净利润 / 销售总额 = 39 942 美元 /175 000 美元 = 22.8%

权益报酬率 = 净利润 / 平均股东权益 = 39 942 美元 /92 971 美元 = 43.0%

为了取得收入,所有公司都必须消耗资源(发生成本)。净利率只是衡量管理层成本控制能力的一个指标。2021 年,通宵公司发生的成本大约为收入的 78%。所以,公司能够将其收入中的 22.8% 转化为净利润。

权益报酬率是衡量全年净利润相对于公司平均股东权益的指标。2021 年,通宵公司的平均股东权益为 92 971 美元(通宵公司平均股东权益 92 971 美元是对股东权益期初余额 80 000 美元和期末余额 105 942 美元的简单平均)。因此,每 1 美元权益资本,公司赚取利润约为 0.43 美元。

2. 流动性指标

通宵公司资产负债表报告的 2021 年年末负债为 20 250 美元,其中大部分负债要求在 2022 年年初偿付。然而,公司 12 月 31 日报告的现金只有 18 592 美元,表明公司很可能存在潜在的流动性问题。

评价流动性的两个常用指标为营运资本和流动比率。根据通宵公司的财务报表,公司的这两个指标可计算如下:

营运资本 = 流动资产 − 流动负债 = 30 042 − 20 250 = 9 792(美元)

流动比率 = 流动资产 / 流动负债 = 30 042 美元 /20 250 美元 = 1.48∶1

营运资本是用货币金额表示的短期偿债能力指标。流动资产是预期最近将从资产负债表中减少的资产,而流动负债是预期最近将从资产负债表中减少的负债。通宵公司流动资产比流动负债多 9 792 美元。不过,辅料和未到期保险并不是真正的流动资产。同样地,未赚取租金收入也不发生未来现金流出。

事实上,流动比率只是比率形式的营运资本。所以,通宵公司每 1 美元流动负债约有 1.48 美元的流动资产。再次要强调的是,该数字并未考虑辅料,而且保险事实上不会转化为现金,未赚取租金收入也不会产生未来的现金流出。

本书后面各章还将介绍其他业绩衡量指标,第 14 章将全面介绍财务分析内容。

5.5.2 编制涉及多个期间的财务报表

许多企业不仅要编制年度财务报表,而且要编制季度财务报表。此外,公司有时还需要编制涉及多个会计期间(如一个月或年初至当前)的财务报表。

如果企业仅在年末结转账户,那么收入、费用和股利账户的余额就表示当前的活动。因此,6 月 30 日各账户余额代表过去 6 个月记录的活动。年初至当前的财务报表可以直接根据调整后试算平衡表编制。不过,企业该如何编制仅包含 6 月的**中期财务报表**(interim financial statement)或截至 6 月 30 日的第二季度(3 个月)报表呢?

答案是做一些减法。假定通宵公司修理服务收入的各月末余额如右所示（单位：美元）。

这里，每个日期的账户余额代表从 1 月 1 日起至当前所赚取的收入。这样，3 月 31 日的余额代表之前 3 个月的收入，5 月 31 日的余额代表之前 5 个月的收入，6 月 30 日的余额代表之前 6 个月赚取的收入。

3 月 31 日（第一季度末）	38 000
5 月 31 日	67 000
6 月 30 日	80 000

为了编制截至 6 月 30 日的 6 个月的利润表，这里需要使用 6 月 30 日的收入账户余额 80 000 美元。不过，如果要编制截至 6 月 30 日的 1 个月的利润表，那么就要用该账户 6 月 30 日的余额减去截至 5 月 31 日的余额，差额为 13 000（=80 000-67 000）美元代表 6 月该账户记录的收入金额。

为编制截至 6 月 30 日的季度利润表，要从 6 月 30 日的收入账户余额中减去截至 3 月 31 日的余额。这样，第二季度（4 月 1 日～6 月 30 日）所赚取的收入就是 42 000（=80 000-38 000）美元。

这类计算不涉及资产负债表账户。资产负债表总是基于资产负债表日的账户余额。因此，不管其他财务报告覆盖时间如何，6 月 30 日的资产负债表都完全一样。

⊙ 伦理、欺诈与公司治理

如本章之前所述，公司应该披露理性人恰当解释财务报表所必需的任何事实。美国证券交易委员会（SEC）要求公众公司向其提交年度报告。年度报告应当包括"管理层讨论与分析"（MD&A）内容。SEC 之所以要求公司的年度报告包括"管理层讨论与分析"，是因为仅仅提供财务报表和相关附注对评估公司收益质量和持续能力显得不够。

下面这个例子就说明了"管理层讨论与分析"的重要性。SEC 对索尼公司采取了强制行动，指控该公司的"管理层讨论与分析"披露不充分。虽然是一家日本公司，但索尼公司因在纽约证券交易所上市，所以受 SEC 监管。索尼公司在年报中只报告了两个细分行业（电子产品和娱乐业）的业务。娱乐业务包括两个独立经营单元：索尼音乐娱乐和索尼影像娱乐。其中，音乐单元实现了盈利，但影像单元发生了巨额亏损。通过合并音乐和影像单元，索尼就能掩盖影像单元的巨额亏损。公司的这一决策也与索尼的外部审计师及索尼美国公司财务人员的意见相左。

即便索尼公司只选择报告两个部门的业务，但公司仍可以在"管理层讨论与分析"中对娱乐业务的音乐单元和影像单元的业绩分别加以讨论。索尼公司的确单独讨论了影像单元，但并没有采用能使理性人正确理解影像单元业绩的方式，索尼的"管理层讨论与分析"也没有讨论影像单元发生亏损的性质和程度。相反，索尼的"管理层讨论与分析"只强调了影像单元的某些正面情况，如票房收入、票房市场份额以及奥斯卡奖提名。

因此，SEC 认为索尼公司的"管理层讨论与分析"存在披露不充分问题。最后，索尼公司虽然接受了 SEC 的禁止命令，但既没有承认也没有否认其有罪。事实上，索尼公司并不认为公司有错，但也承诺不再出现这种情况。作为解决方案的一部分，索尼公司同意来年由其外部审计师审查公司的"管理层讨论与分析"并向公众报告其结论。该项处罚意义很大，因为审查"管理层讨论与分析"通常不属外部审计师的工作范围。

5.6 小结

至此，我们已完成了全部会计循环的介绍，这8个步骤包括：

（1）在日记账中记录交易。在日记账中录入所有交易，从而形成按时间顺序的交易记录。

（2）过账到分类账账户。将日记账的借方和贷方过账到对应的分类账账户，从而形成按账户分类的记录。

（3）编制试算平衡表，证明分类账借贷方相等。

（4）编制期末调整分录，在普通日记账中编制调整分录并过账到分类账账户。

（5）编制调整后试算平衡表，再次证明分类账中的借贷方相等（注意：这些金额要用于编制财务报表）。

（6）编制财务报表并进行适当的信息披露。利润表反映了该期间的经营成果；留存收益表反映了该期间的留存收益变动；资产负债表反映了企业在该期末的财务状况；财务报表还应带有附注，以便披露正确理解报表所必需的事实。

（7）编制结账分录并过账。这些结账分录使收入、费用和股利账户余额归零，从而为记录下一会计期间事项做好准备。这些分录也使留存收益账户的余额得到更新。

（8）编制结账后试算平衡表。这一步可确保结账分录过账后，分类账保持平衡。

5.7 附加专题：工作底稿

工作底稿（worksheet）通过同一表格来阐述调整前试算平衡表、拟编制的调整分录和财务报表之间的关系。虽然工作底稿在会计期末编制，但需要在将调整分录正式记入会计记录之前进行编制。工作底稿虽不是会计循环的正式步骤，但也是会计人员演算拟进行的期末调整的工具。工作底稿也是会计人员预览财务报表的手段。

表5-13给出了通宵公司2021年12月31日的工作底稿。

表 5-13 工作底稿

通宵公司工作底稿（截至2021年12月31日）										
	试算平衡表		调整分录①		调整后试算平衡表		利润表		资产负债表	
	借方	贷方	借方	贷方	借方	贷方	借方	贷方	借方	贷方
资产负债表账户：										
现金	18 592				18 592				18 592	
应收账款	6 500		(h)750		7 250				7 250	
商店辅料	1 800			(a)600	1 200				1 200	
未到期保险	4 500			(b)1 500	3 000				3 000	
工具及设备	12 000				12 000				12 000	
累计折旧——工具及设备		2 000		(d)200		2 200				2 200
建筑	36 000				36 000				36 000	
累计折旧——建筑		1 500		(c)150		1 650				1 650
土地	52 000				52 000				52 000	
应付票据		4 000				4 000				4 000
应付账款		2 690				2 690				2 690
应交税费——应交所得税		1 560		(i)4 020		5 580				5 580

(续)

通宵公司工作底稿（截至 2021 年 12 月 31 日）	试算平衡表		调整分录①		调整后试算平衡表		利润表		资产负债表	
	借方	贷方	借方	贷方	借方	贷方	借方	贷方	借方	贷方
未赚取租金收入		9 000	(e)3 000			6 000				6 000
股本		80 000				80 000				80 000
留存收益		0				0				0
股利	14 000				14 000				14 000	
应付职工薪酬				(f)1 950		1 950				1 950
应付利息				(g)30		30				30
利润表账户：										
修理服务收入		171 250		(h)750		172 000		172 000		
广告费用	3 900				3 900		3 900			
工资费用	56 800		(f)1 950		58 750		58 750			
辅料费用	6 900			(a)600	7 500		7 500			
折旧费用——建筑	1 500		(c)150		1 650		1 650			
折旧费用——工具及设备	2 000		(d)200		2 200		2 200			
公用事业费用	19 400				19 400		19 400			
保险费用	13 500		(b)1 500		15 000		15 000			
所得税费用	22 608		(i)4 020		26 628		26 628			
已赚取租金收入				(e)3 000		3 000		3 000		
利息费用			(g)30		30		30			
	272 000	272 000	12 200	12 200	279 100	279 100	135 058	175 000	144 042	104 100
净利润							39 942			39 942
总计							175 000	175 000	144 042	144 042

① 调整内容包括：
(a) 12 月耗用的商店辅料。
(b) 12 月到期的部分保险成本。
(c) 12 月的建筑折旧。
(d) 12 月的工具及设备折旧。
(e) 赚取预收海港出租车公司租金的 1/3。
(f) 12 月 31 日欠付员工的未付职工薪酬。
(g) 12 月应计的应付利息。
(h) 12 月赚取但未收账的修理服务收入。
(i) 12 月的所得税费用。

5.7.1 工作底稿实际上就是电子表格

过去，人们往往手工编制纸质多栏大型表格，工作底稿这一术语就这样沿用了下来。今天，绝大多数工作底稿在计算机上用电子表格软件或总分类账软件来编制。

既然工作底稿仅是会计人员使用的一种工具，所以经常不用打印出来，而是存在于计算机屏幕上。不管怎样，它们的概念仍然一样。工作底稿是在同一张表格中列示未调整账户余额、拟编制的调整分录及拟编制调整分录完成后的财务报表。

5.7.2 如何使用工作底稿

工作底稿有多种用途。借助工作底稿，会计人员无须将调整分录实际录入会计记录就可了解调整分录的影响，从而使会计人员可相对更为容易地更正错误或变更估计金额，同时也能使会计人员和管理层在报表终稿出来前预览这些财务报表。工作底稿一旦完成，就可作为会计记录中记录调整分录和结账分录并编制财务报表的来源。

工作底稿的另一重要用途与编制中期财务报表有关。中期财务报表是在财务年度中任一时点编制的财务报表。绝大多数公司虽然一年仅结账一次，但经常需要编制季度或月度财务报表。通过使用工作底稿，编制中期财务报表时就不必进行正式调整或结账。

5.7.3 如何编制工作底稿

无论是采用手工方式还是采用计算机来编制工作底稿，都包括以下 5 个基本步骤。这里，先来阐述手工编制的步骤，随后解释如何用计算机来自动执行这些机械化步骤。

（1）将分类账账户余额录入试算平衡表。工作底稿开始于调整前试算平衡表，资产负债表账户最下面应留一些空行，因为在调整过程中经常需要增加一些账户；利润表账户也有必要如此。本例中，调整前试算平衡表以正常字体列示。

（2）在调整分录栏录入调整额。这一步是最重要的：将正确的期末调整额录入调整分录栏。

请注意，每笔调整包括借贷双方，借贷双方通过金额左边的一个数字序号相联系。调整分录由"借：辅料费用 600 美元"和"贷：商店辅料 600 美元"构成。因为每个调整分录包括相等的借贷金额，所以借贷调整栏的总额应该相等。

有时，调整分录需要在初始试算平衡表中增加账户。

（3）编制调整后试算平衡表。初始试算平衡表按调整分录栏的借贷金额进行调整。加总调整后试算平衡表余额以确定账户是否保持平衡。

此时，工作底稿几乎完成了。我们已经强调财务报表根据调整后试算平衡表直接编制。因此，我们只要将这些账户按财务报表形式排列。

（4）将调整后试算平衡表金额转入对应的财务报表栏。资产负债表账户（资产、负债、所有者权益）转入资产负债表栏。利润表金额转入利润表栏（在初始试算平衡表中标注"资产负债表"和"利润表"标题将简化该程序。注意，每一金额只转入一个栏目；同样，账户保持与调整后试算平衡表相同的借方或贷方余额）。

（5）加总财务报表栏，确定并记录净利润或净亏损。编制工作底稿的最后一步是汇总利润表和资产负债表栏，并使每组栏目保持平衡。这些任务在工作底稿的底部 3 行进行。

第一次加总利润表和资产负债表栏时，借方栏与贷方栏不相等。但是，每组栏目不平衡的差额是相同的，该金额为当期净利润或净亏损。

下面简要解释为什么两组栏目最初并不平衡，而是相差某个金额。首先，考虑利润表栏。贷方栏包括收入账户，借方栏是费用账户，因此，二者之差代表当期的净利润（或净亏损）。

再考虑资产负债表栏。除留存收益账户外，所有资产负债表金额都以更新后的金额列示。

为更新留存收益账户，必须加上净利润，再减去任何股利。股利已出现在资产负债表的借方栏。这样，唯一漏掉的是什么呢？是当期的净利润（或净亏损）。

为使这两栏平衡，我们将净利润（或净亏损）列在下一行。这样，同一金额既出现在利润表栏，又出现在资产负债表栏。不过，在一组中，它列在借方，在另一组中，它列在贷方。⊖ 录入这一金额后，每组栏目都平衡了。

用计算机编制工作底稿时，会计人员只需执行上述步骤之一，即录入调整分录。计算机可自动按试算平衡表格式列示分类账账户。会计人员录入完调整分录金额后，计算机将自动计算调整后账户余额并完成工作底稿（一旦调整后账户余额得到确定，完成工作底稿只不过是将这些金额填入适当的栏目并加总而已）。

5.7.4 工作底稿软件的特殊应用

我们已经讨论了工作底稿概念相对简单的应用——解释拟调整分录对账户余额的影响。不过，同样的概念也能用于拟进行的未来交易。这些拟进行交易的影响只录入"调整分录"栏。因此，无须打乱会计记录，会计人员也能编制显示某些事件（如与另一公司合并、销售量增加15%、关闭一家工厂等）对公司财务报表影响的表格。

当前有一种将工作底稿视为机械的和过时的趋势，但事实根本不是如此。今天，机械性工作完全可由计算机来处理，但工作底稿的真正目的是快速有效地显示具体交易和事项将怎样影响财务报表。这显然不是簿记，而是做计划。

学习目标小结

1. **编制利润表、留存收益表和资产负债表**
   直接根据调整后试算平衡表编制财务报表。编制利润表时，先报告本期赚取的所有收入，再减去为产生相关收入而发生的所有费用。留存收益表报告的是本期因赚取净利润而引起的留存收益的任何增加，或报告的是本期因宣告股利或净亏损而造成的留存收益的任何减少。资产负债表通过报告公司的经济资源（资产）及对这些资源的要求权（负债和所有者权益）来揭示其财务状况。

2. **解释利润表和留存收益表与资产负债表之间的联系**
   利润表显示特定会计期间企业的收入和费用。留存收益表则将利润表中的净利润加上留存收益期初余额，再减去本期宣告的股利，得出留存收益期末余额。接着，再将留存收益期末余额作为所有者权益的组成部分报告在资产负债表中。

3. **解释充分披露概念**
   充分披露是一项一般公认会计原则，即财务报表应该提供理性使用者恰当解释报表所必需的各种信息。通常，财务报表附注中会包含恰当的披露信息。

4. **解释结账分录的目的并编制这些分录**
   结账分录有两个基本用途。其一，将临时性所有者权益账户（收入、费用和股利账户）余额归零，由此，这些账户可用于计量下一报告期间的活动。其二，结账分录可更新留存收益账户余额。通常需要编制四种结账分录：①将收入账户结转至损益汇总账户；②将费用账户结转至损益汇总账户；③将损益汇总账户结转至留存收益账户；④将股利账户结转至留存收益账户。

⊖ 为使利润表平衡，净利润要记录到借方栏，这是因为贷方栏（收入）超过借方栏（费用）。不过，在资产负债表中，净利润是所有者权益的一项，属于贷方账户。如果出现净亏损，那么情况恰好相反。

5. 编制结账后试算平衡表

收入和费用账户结账后，需要编制只包括资产负债表账户的结账后试算平衡表。结账后试算平衡表可确保总分类账账户平衡并为新的会计期间记录交易做好准备。

6. 利用财务报表信息评价盈利性和流动性

盈利性是因收入超过费用而带来的股东权益增加，而流动性是公司用现金偿还到期债务的能力。至少从短期看，流动性独立于盈利性。财务报表是评价盈利性和流动性的有用工具。在本章的"会计与决策"栏目中，我们列举了几个使用财务信息计算盈利性和流动性的指标。本书余下章节还将介绍和讨论更多的指标。

7. 解释只在年末结账的企业如何编制中期财务报表

对只在年末结账的企业而言，其收入、费用和股利账户的余额代表年初至当前的活动。为编制短于年初至当前的任何时段的利润表，将收入和费用账户的当前余额减去该账户年初至该期初的余额。将以前余额从当期余额中减去的过程对每种收入、费用和股利账户都要重复进行。资产负债表账户就不需要这样做，因为资产负债表是基于资产负债表日的账户余额。

8. 编制工作底稿并解释其用途⊖

工作底稿是对分类账账户进行调整、平衡并编排成财务报表格式的"试验场"。工作底稿包括试算平衡表、期末调整分录、调整后试算平衡表以及按利润表以及资产负债表形式排列的分类账账户栏。编完的工作底稿被当作编制财务报表和在正式会计记录中记录调整分录和结账分录的基础。

习题 / 关键术语

示范题

简氏舞蹈工作室按月编制调整分录，但仅在年末结账。2021年12月31日，编制的年末调整后试算平衡表如下所示（请记住，留存收益账户余额还是2020年12月31日更新后的金额）：

（单位：美元）

简氏舞蹈工作室 调整后试算平衡表 2021年12月31日		
现金	171 100	
应收账款	9 400	
预付工作室租金	3 000	
未到期保险	7 200	
辅料	500	
设备	18 000	
累计折旧——设备		7 200
应付票据		10 000
应付账款		3 200
应付职工薪酬		4 000
应交税费——应交所得税		6 000
未赚取工作室收入		8 800
股本		100 000
留存收益		40 000
股利	6 000	
已赚取工作室收入		165 000
工资费用	85 000	
辅料费用	3 900	
租金费用	12 000	
保险费用	1 900	
广告费用	500	
折旧费用——设备	1 800	
利息费用	900	
所得税费用	23 000	
	344 200	344 200

要求：

（1）编制截至2021年12月31日利润表和留存收益表，并编制2021年12月31日资产负债表。

（2）编制2021年12月31日必要的结账分录。

（3）编制2021年12月31日结账后试算平衡表。

⊖ 附加专题，"工作底稿"。

答案：

（1）

（单位：美元）

简氏舞蹈工作室
利润表
截至 2021 年 12 月 31 日年度

收入：		
已赚取工作室收入		165 000
费用：		
工资费用	85 000	
辅料费用	3 900	
租金费用	12 000	
保险费用	1 900	
广告费用	500	
折旧费用——设备	1 800	
利息费用	900	106 000
税前利润		59 000
所得税费用		23 000
净利润		36 000

（单位：美元）

简氏舞蹈工作室
留存收益表
2021 年 12 月 31 日

留存收益，2021 年 1 月 1 日	40 000
加：2021 年赚取的净利润	36 000
小计	76 000
减：2021 年宣告的股利	6 000
留存收益，2021 年 12 月 31 日	70 000

（单位：美元）

简氏舞蹈工作室
资产负债表
2021 年 12 月 31 日

资产		
现金		171 100
应收账款		9 400
预付工作室租金		3 000
未到期保险		7 200
辅料		500
设备	18 000	
减：累计折旧——设备	7 200	10 800
资产总额		202 000

（续）

负债和股东权益	
负债：	
应付票据	10 000
应付账款	3 200
应付工资	4 000
应交税费——应交所得税	6 000
未赚取工作室收入	8 800
负债总额	32 000
股东权益：	
股本	100 000
留存收益	70 000
股东权益总额	170 000
负债和股东权益总额	202 000

（2）

（单位：美元）

简氏舞蹈工作室
普通日记账
2021 年 12 月 31 日

日期	账户名称及解释	借方	贷方
2021 年 12 月 31 日			
1.	已赚取工作室收入	165 000	
	损益汇总		165 000
	结转已赚取工作室收入		
2.	损益汇总	129 000	
	工资费用		85 000
	辅料费用		3 900
	租金费用		12 000
	保险费用		1 900
	广告费用		500
	折旧费用——设备		1 800
	利息费用		900
	所得税费用		23 000
	结转所有费用账户		
3.	损益汇总	36 000	
	留存收益		36 000
	将 2021 年赚取的净利润转入留存收益账户（165 000－129 000＝36 000）		
4.	留存收益	6 000	
	股利		6 000
	将 2021 年宣告的股利转入留存收益账户		

(3)

简氏舞蹈工作室
结账后试算平衡表
2021 年 12 月 31 日
(单位：美元)

现金	171 100	
应收账款	9 400	
预付工作室租金	3 000	
未到期保险	7 200	
辅料	500	
设备	18 000	
累计折旧——设备		7 200
应付票据		10 000
应付账款		3 200
应付工资		4 000
应交税费——应交所得税		6 000
未赚取工作室收入		8 800
股本		100 000
留存收益，12 月 31 日		70 000
	209 200	209 200

自测题

说明：为了尽可能多地复习各章节的知识，一些自测题不止一个正确选项，那么，你应该选出所有正确的答案。

1. 对公众持股公司来说，指出下列哪些会计活动可能是在年末后不久发生的（可能有多个正确答案）。
   A. 编制所得税申报表
   B. 调账与结账
   C. 起草与财务报表一起披露的信息
   D. 注册会计师事务所对财务报表的审计
2. 通常最先编制哪张财务报表？
   A. 利润表　　　　B. 资产负债表
   C. 留存收益表　　D. 现金流量表
3. 下面哪个账户永远不能成为利润表中的费用账户？
   A. 折旧费用　　　B. 所得税费用
   C. 利息费用　　　D. 股利费用
4. 在结账后试算平衡表中永远不可能出现下列哪个账户（可能有多个正确答案）？
   A. 未赚取收入　　B. 股利

   C. 累计折旧　　　D. 所得税费用
5. 下列哪个日记账分录是对盈利公司损益汇总账户的结账？
   A. 借记损益汇总，贷记留存收益
   B. 贷记损益汇总，借记留存收益
   C. 借记损益汇总，贷记股本
   D. 贷记损益汇总，借记股本
6. 指出下列根据一般公认会计原则需要在财务报表附注中披露的内容（可能有多个正确答案）。
   A. 资产负债表日后两天公司面临一个大的诉讼
   B. 在给定的公认会计原则下可接受的几种不同方法中选用的折旧方法
   C. 一些小额但长期的项目是记入资产还是记入费用（如电动铅笔刀和便携计算器）
   D. 年末，首席执行官由于胸痛住院
7. 西部滑雪公司在每个月末调整账户，但是仅在每个公历年年末结账（12 月 31 日）。公司 2 月和 3 月的设备租金收入账户和现金账户的余额如下。

(单位：美元)

	2 月 28 日	3 月 31 日
现金	14 200	26 500
设备租金收入	12 100	18 400

西部滑雪公司编制财务报表分别显示每个月的经营结果。在编制的截至 3 月 31 日一个月的财务报表中，设备租金收入账户与现金账户应如下所示：
   A. 设备租金收入：18 400 美元；现金：26 500 美元
   B. 设备租金收入：18 400 美元；现金：12 300 美元
   C. 设备租金收入：6 300 美元；现金：26 500 美元
   D. 设备租金收入：6 300 美元；现金：12 300 美元
8. 下列哪个账户会计期末不结转到损益汇总账户？
   A. 租金费用　　　B. 累计折旧
   C. 未赚取收入　　D. 辅料费用

讨论题

1. 简要说明公司年度报告通常包含的账户（可以使用附录A中的财务报表来支撑你的答案）。
2. 有些人认为，留存收益是为支付股息而准备的现金。这种观点正确吗？请解释。
3. 讨论利润表、留存收益表、资产负债表之间的关系。
4. 列举几个需要在财务报表附注中披露的账户。
5. 什么类型的账户被称为临时或名义账户？这些科目是什么意思？
6. 什么类型的账户被称为永久或真实账户？这些科目是什么意思？
7. 解释为什么股利账户直接转入留存收益账户。
8. 哪些账户会出现在结账后试算平衡表中？这些账户与调整后试算平衡表中的账户有何不同？
9. 一家公司可以只具有盈利性而不具有流动性吗？请解释。
10. 什么是中期财务报表？中期财务报表中的账户需要特别计算并正确发布吗？请解释。
11. 请解释充分披露这一会计原则。
12. 折旧费用如何不同于其他营业费用？
13. 解释结账分录的必要性和所有者权益账户在年末的结账过程。
14. 解释衡量公司权益报酬率的意义。
15. 列举若干编制工作底稿的目的（或使用计算机软件达到工作底稿的目的）。⊖

测试题

1. 在当前年度，米福林堡公司的总资产减少了60 000美元，总负债减少了30 000美元，该公司新发行100 000美元股票，本年度净利润为250 000美元，所有者权益没有发生其他变化。确定该公司本年度宣告的股利金额。
2. 圣伯勒公司在本年度12月1日以90 000美元购买了一辆新的运货卡车，每月折旧625美元。在本年度，该公司增发股票200 000美元，宣告股利50 000美元。本年度的净利润为180 000美元。本年度12月31日圣伯勒公司所报告的资产负债表中的留存收益期末余额为400 000美元。本年度1月1日股本的期初余额为300 000美元。根据这些信息，确定该公司本年度12月31日资产负债表中所有者权益的金额。
3. 指出以下账户在资产负债表中的分类。用CA表示流动资产，用NCA表示非流动资产，用CL表示流动负债，用LTL表示长期负债，用SHE表示所有者权益。
   （1）预付租金
   （2）应付股利
   （3）应付工资
   （4）累计折旧——设备
   （5）留存收益
   （6）应付抵押款（15年后到期）
   （7）未赚取的服务收入
   （8）应收账款
   （9）土地
   （10）办公用品
4. 指出以下账户是需要从借方还是贷方进行结账。使用D表示借方，C表示贷方，N表示此账户期末不需要结账。
   （1）工资费用
   （2）未到期保险
   （3）咨询佣金收入
   （4）折旧费用
   （5）股利
   （6）留存收益
   （7）利息收入
   （8）累计折旧
   （9）所得税费用
   （10）未赚取收入
   （11）损益汇总（营利性公司）
   （12）损益汇总（非营利性公司）
5. 以下账户余额来自亨德森维尔公司年末的调整后试算平衡表（假设该公司只有这些临时账户）。

（单位：美元）

股利	5 000
服务收入	200 000

⊖ 附加专题，"工作底稿"。

	(续)
低值易耗品费用	1 200
租金费用	48 000
折旧费用——设备	24 000
工资费用	75 000
所得税费用	6 800

要求：

编制亨德森维尔公司必要的结账分录。

6. 以下账户余额是取自长尾公司年末调整后的试算平衡表（假设公司只有这些临时账户）。

	（单位：美元）
已赚取的咨询费收入	320 000
利息收入	4 000
保险费用	18 000
租金费用	60 000
折旧费用——办公设备	36 000
工资费用	220 000
股利	9 000

要求：

编制该公司必要的结账分录。

7. 指出以下账户是出现于结账后试算平衡表的借方还是贷方。使用符号 D 表示借方，C 表示贷方，N 表示该账户不出现在结账后试算平衡表中。

（1）未赚取的服务收入
（2）累计折旧——办公设备
（3）土地
（4）咨询佣金收入
（5）股本
（6）损益汇总（营利性公司）
（7）折旧费用——办公设备
（8）应付所得税
（9）未到期保险
（10）股利
（11）留存收益
（12）应付股利

8. 宠物猫公司的最新财务报表提供了以下信息：

	（单位：美元）
收入合计	150 000
费用合计	96 000
流动资产合计	38 400
流动负债合计	9 600
股东权益（上年度 1 月 1 日）	88 800
股东权益（本年度 12 月 31 日）	91 200

（1）计算该公司本年度的净利润率。
（2）计算该公司本年度的权益报酬率。
（3）计算该公司本年度 12 月 31 日的流动比率。

9. 以下收入数据来自罗斯蒙特公司所列月份的月末的调整后试算平衡表（调整分录每月都有，而结账分录只发生在 12 月 31 日）。

	（单位：美元）
3 月 31 日（第一季度末）	140 000
9 月 30 日（第三季度末）	450 000
12 月 31 日（第四季度末）	680 000

计算以下期间的收入分别是多少？

（1）从 4 月 1 日至 9 月 30 日。
（2）从 10 月 1 日至 12 月 31 日（第四季度）。
（3）从 4 月 1 日至 12 月 31 日。

10. 华纳公司会计人员所使用的工作底稿类似于表 5-13。在公司最近的年末工作底稿中，以下账户的金额从调整后试算平衡表录入资产负债表和利润表。

	（单位：美元）
转入资产负债表贷方的总金额	410 000
转入资产负债表借方的总金额	540 000
转入利润表贷方的总金额	380 000

（1）该公司本年度的净利润是多少？
（2）调整后试算平衡表中什么账户的总金额转入利润表中的借方？

案例题

1. 下面列出的 5 个项目可能被要求或不被要求在企业财务报表附注中进行披露。

（1）曼德拉建筑有限公司对长期建造合同采用完工百分比法确认营业收入的实现。对于这种项目来说，这是两个可接受的会计处理方法中的一种。在项目期内，这两种方法产生相同的整体效果，但每年的结果可能会大不相同。

（2）壮观漫画工作室中最受欢迎的艺术家将要离职，并将要为该工作室的竞争对手工作。

（3）资产负债表日后不久，在财务报表发布之前，海岸食品公司的两个加工厂被龙卷风破坏，该工厂将至少 3 个月不能提供服务。

（4）软系统公司的管理层认为，公司已经开发出了系统软件，它将使 Windows 几乎过时。如果他们的看法是正确的，那么该公司的利润将增长 10 倍或更多。

（5）高校物业管理公司（CPM）扣留了违反其租赁要求在公寓养了一只狗的学生 500 美元的保证金。学生们就这笔保证金将 CPM 告上法庭。

要求：
对于每个案例，什么情况（如果有的话）必须依据一般公认会计原则进行披露。

2. 本题主要问题为：会计师或会计师事务所向直接构成竞争的公司提供相似服务是否道德？这些服务可能包括协助编制财务报表、所得税服务、咨询业务和审计工作。

要求：
（1）在做调查之前，先讨论上述问题，指出每一方的观点。
（2）访问一名从事实际业务的会计人员，了解会计主管关于这个问题的看法并讨论（1）中的各种观点。
（3）形成小组看法并在班上论述。解释为什么否定（1）中的观点而形成另一种观点（若小组未达成一致观点，持不同意见的成员可以发表不同的看法）？

3. 《萨班斯–奥克斯利法案》要求上市公司 CEO 和 CFO 对提交给美国证券交易委员会的财务报告附上个人证明声明。从本质上讲，这些 CEO 和 CFO 对公司的年度报告内容承担有个人责任。个人证明必须经 CEO 和 CFO 签字确认。每一证明要求 CEO 和 CFO 做出以下陈述：

（1）本人已审阅本年报。
（2）根据本人的了解，本报告不包含重大事实的不真实陈述或遗漏。
（3）根据本人的判断，本报告中的财务报表和财务信息合理反映了当前的财务状况、运营成果和现金流。
（4）本人对建立和维护信息披露控制和程序负责。
（5）本人已经披露任何欺诈行为，不论是否重大，并披露了所有有关公司财务报告的重要控制失效和重大缺陷。

要求：
分小组讨论个人证明要求的意义和目的。这项要求是否能提高投资者的信心？

4. 访问福特汽车的主页 www.ford.com。从福特的主页，访问该公司最近的年度报告（选择"投资者"菜单项），找到财务报表附注并确定这些脚注中披露的信息主题。

自测题答案：1. ABCD；2. A；3. D；4. BD；5. A；6. AB（GAAP 不要求披露 CEO 的住院治疗信息，不过如果胸部疼痛被确诊为心脏病，那么职权法可能要求将此情况对投资者进行披露。CEO 的严重健康问题可能属于重大事项）；7. C；8. BC。

练习题

关键术语

综合题1 萨斯奎设备租赁公司

第 1 年的 12 月 1 日，约翰和帕蒂·杰雷弗成立了萨斯奎汉纳设备租赁公司。该公司通过购买资产并接管原来倒闭的设备租赁公司"就租它"的场地而得以立即投入运营。萨斯奎设备租赁公司使用以下账户：

现金	应付所得税
应收账款	股本
预付租金	留存收益
未到期保险	股利
办公辅料	损益汇总
出租设备	已赚取租赁费
累计折旧——出租设备	工资费用
应付票据	维护费
应付账款	租赁费
应付利息	办公辅料费用
应付工资	折旧费用
应付股利	利息费用
未赚取租赁费	所得税费用

该公司每月编制调整分录，在年末12月31日结账。第1年的12月，公司发生了如下交易：

(1) 12月1日，约翰和帕蒂发行20 000股股本，获得现金240 000美元。

(2) 12月1日，从就租它公司购入该公司拥有的全部设备，共计288 000美元。支付现金168 000美元现金，签发1年期120 000美元的应付票据支付。票据本金和12个月的利息在第2年11月30日到期。

(3) 12月1日，向夏皮罗物业支付三个月预付租金14 400美元，用于租用就租它公司先前使用的场地和办公场所。

(4) 12月4日，从现代办公公司购买了1 200美元的办公辅料，在30日内付款（这些辅料可以用几个月，借记办公辅料账户）。

(5) 12月8日，收到来自McNamer建筑公司的预付设备租金9 600美元现金（贷记未赚取租赁费）。

(6) 12月12日，支付12月前两周的工资6 240美元。

(7) 12月15日，除了McNamer建筑公司的预付租金，在12月头15天内收到设备租金收入总计21 600美元，其中现金14 400美元。

(8) 12月17日，从推土机公司购买了价值720美元的零件供设备修理用（借记费用账户），在10日内支付。

(9) 12月23日，收回12月15日的应收账款2 400美元。

(10) 12月26日，向园林绿化公司以每天300美元价格出租一台挖掘机，归还时支付费用，该公司预计使用2周或3周。

(11) 12月26日，支付每两周发放的工资6 240美元。

(12) 12月27日，向推土机公司偿还应付账款720美元。

(13) 12月28日，宣告每股发放12美分的股利，在第2年1月15日发放。

(14) 12月29日，萨斯奎汉纳设备租赁公司与园林绿化和科利尔建筑公司一起，被凯文·达文波特以共同被告名义告上法庭，要求赔偿30 000美元。园林绿化公司将租来的挖掘机留在科利尔建筑公司的一个有围栏的施工现场。12月26日下班后，达文波特爬过栅栏玩弄停止工作的建筑设备。玩挖土机时，他跌倒了，摔断了手臂。公司可能要对这起事故负连带的法律和经济责任，但现在尚无法确定（请注意：该事项不要求在当时做日记账分录，但可能要求在财务报表的附注中进行披露）。

(15) 12月29日，购买了一份价值11 520美元为期12个月的公共责任保险。该保险保护公司免于其设备所造成的伤害和财产损害的赔偿责任。不过，该保单要到第2年1月1日才生效，也就无法为达文波特12月26日的受伤提供保障。

(16) 12月31日，收到公用事业费的应收票据，金额为840美元，在30日内偿付。

(17) 12月31日，12月下半月赚取的租赁收入达24 000美元，其中以现金收回18 720美元。

第1年调整分录的数据如下：

(1) 12月1日的预付租金期限为3个月。

(2) 对就租它公司的应付票据的年利率为6%。

(3) 用于出租的设备的折旧期限为8年，采用直线法计提折旧。折旧期满时的设备残值可以忽略不计，不属于重要事项。

(4) 12月31日，库存的办公辅料估价为720美元。

（5）12月共赚取 McNamer 建筑公司12月8日的预付租金4 440美元。
（6）截至12月31日，园林绿化公司6天的租金已确认赚取。
（7）从上次12月26日工资支付到月末的工资共计1 680美元。
（8）据估计，该公司的联邦和州综合所得税税率为税前收入（总收入减去所有其他所得税之外的费用）的40%。这些税款将在第2年支付。

要求：

（1）完成第1年12月会计循环的以下步骤：
　①记录12月交易的日记账。不要求编制调整分录。
　②将12月的交易过账到适当的分类账户。
　③编制截至12月31日年度的10栏式调整前试算平衡表的工作底稿。
　④编制12月31日必要的调整分录。
　⑤将12月的调整分录过账到适当的分类账户。
　⑥完成截至12月31日年度的10栏式工作底稿。

（2）编制截至12月31日年度的利润表和留存收益表；编制截至第1年12月31日的资产负债表。

（3）编制该公司12月31日财务报表所附的信息披露注释。披露的信息应包括：①公司的折旧政策；②重要负债的到期日期；③因未决诉讼而产生的或有负债。

（4）编制结账分录并过账到分类账。

（5）编制第1年12月31日的结账后试算平衡表。

（6）在12月，公司的现金余额从240 000美元减少到78 000美元。这是否意味着公司不久将会破产？阐述理由。

（7）由帕蒂负责做公司会计记录是否符合道德原则？或者说，是否应该由独立于该公司的人来负责会计记录呢？

第 6 章

商业活动

学习目标

- 描述商业企业的营业周期。
- 理解商业企业利润表的组成要素。
- 永续盘存制下商品采购和销售的会计处理。
- 解释定期盘存制的运作。
- 讨论选择存货制度时应考虑的因素。
- 与采购和销售有关的其他商业交易的会计处理。
- 定义专用日记账并解释其用途。
- 衡量商业企业的经营业绩。

引导案例

劳氏公司

劳氏公司是全球第二大家居装修零售企业。在加拿大、墨西哥和美国的 50 个州，劳氏公司经营着超过 2 152 家家居装修与五金商店，其中包括开在加利福尼亚和俄勒冈两个州的大约 100 家奥查德五金商店（Orchard Supply Hardware）。

对于劳氏公司这样的零售企业，通过向顾客销售产品来赚取收入尤其重要。例如，2017 年劳氏公司的销售净额达到了 686.19 亿美元，较 2016 年增加了 5%。为了取得这样的销售成绩，劳氏公司经营完整的产品线，包括维护、修理、改造、装修等，经营的产品通常多达 36 000 种。劳氏公司经营的产品不乏众多全美闻名的名牌产品，如惠而浦（Whirlpool）、通用电气（GE）、LG、三星（Samsung）、适维（Stainmaster）、喜万年（Sylvania）、欧文斯康宁（Owens Corning）等众多大牌产品。此外，劳氏公司还经营众多自有品牌产品。通过提供名牌产品和自有品牌产品，劳氏公司有实力向顾客提供各种性价比的产品组合。

劳氏公司的财务报表与前面几章讨论的服务组织的报表相似。当然，它们之间也存在不同之处，毕竟劳氏公司的业务是向顾客销售商品。从事商品销售的公司必须在其财务报表中报告有关存货成本的信息，包括存货如何记录为资产，出售时又如何转出存货，以及之后如何在利润表中将存货成本转为费用。

本章主要考察与服装零售店、杂货店等商业企业有关的会计问题。除讨论商业企业财务报表的独特特征外，我们还将说明使用财务信息评价商业企业业绩的方法。

存货管理（为转售给客户而采购的商品）对商业企业至关重要。对于像劳氏公司这样的零售连锁企业，要想取得成功，公司的商店必须购买数以百计种存货并以富有竞争力的价格尽快出售。

在绝大多数商业企业中，存货是一项流动性很高的资产，通常在几天或几周内就会售出。因此，存货列示在靠近资产负债表顶部，紧随应收账款之后。

6.1 商业企业

6.1.1 商业企业的营业周期

企业创造收益并向客户收取现金的一系列交易被称为**营业周期**（operating cycle）。商业企业的营业周期由以下基本交易组成：①商品采购；②商品销售，经常采用赊销形式；③向客户收取应收账款。顾名思义，周期是指一系列交易周而复始地发生。部分向客户收取的现金用于购买更多的商品，由此开始新的周期。图 6-1 描述了这种连续性商业交易的发生顺序。

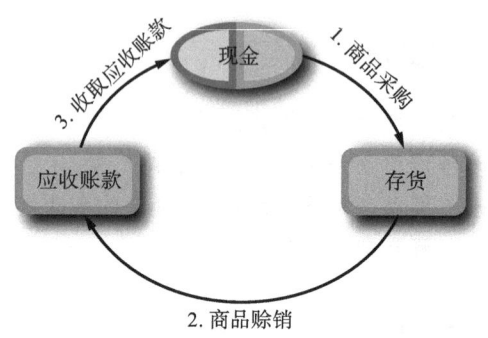

图 6-1　营业周期

何时将收入计入利润表是商业企业必须考虑的一个特别重要的因素。收入是计量财务报告期内业已提供给顾客的商品的一个财务指标。收入一旦被计入公司的利润表，那么收入就是所谓的"被确认了"。收入常常是公司财务报表中的最大项目之一，是衡量财务业绩的重要指标。此外，在会计期内已被确认的收入会对财务报表中的其他科目产生重要影响，包括财务状况表（资产负债表）中的应收账款和现金，也包括现金流量表中的经营活动现金。

作为财务报告的一项重要原则，收入在赚取时得到确认。换言之，收取收入的公司按与客户的协议规定已经履行了全部职责，而且履行的方法以及与交易相关的成本都是明确的或是可以合理估计的。在本章中，我们假设收入在商品出售时得到确认。不过，在第 12 章中，我们会形成更为全面的收入确认概念，而且会介绍收入确认中的一些复杂之处。

1. 商业活动与制造活动的比较

绝大多数商业企业从其他企业采购可供销售的存货。制造存货的公司，如通用汽车、IBM 和波音公司，被称为制造商而不是销售商。制造企业的营业周期比商业企业的营业周期更长、更复杂。原因在于制造企业的第一笔交易——采购商品——涉及众多活动，而商业企业的第一笔交易仅仅是采购商品。

本章选用的例子仅限于采购可供销售存货的公司，但基本概念也适用于制造企业。

2. 零售商和批发商

商业企业包括零售商和批发商。零售商是直接向公众销售商品的企业。零售商有大有小，从大型的百货连锁店，如劳氏公司、盖璞（The Gap）和沃尔玛，到小型的商店，如加油站和便利店。事实上，从事零售的企业要多于从事其他任何商业活动的企业。

另一大类商业企业为批发商。批发商从几家不同的制造商那里购买大量的商品，然后再把这些商品销售给多个不同的零售商。由于批发商并不直接向公众销售商品，因此，即使是最大的批发商也不为绝大多数消费者所熟知。尽管如此，批发仍是一种商业活动的主要类型。

本章接下来讨论的概念对零售商和批发商都同样适用。

6.1.2 商业企业的利润表

商业企业的利润表与前面几章介绍的服务企业有些不同。图 6-2 比较了服务企业与商业企业的利润表结构。

表 6-1 给出了计算机商城的利润表。我们接下来将讨论该商城利润表的结构和组成，以此来说明商业企业编制的利润表的独特性。

计算机商城的销售收入为 900 000 美元，表示该会计期间通过大量交易而向客户出售的商品售价。这些销售已经实现，符合收入确认的标准，所以交易产生的这些收入被计入计算机商城的利润表。销售商品产生了一项重要的新营业成本：计算机商城因购买出售给客户的存货而发生的成本。货品从存货中售出，其成本必须从资产负债表转移到利润表，以抵减销售收入。在计算机商城利润表中，从销售收入中减去的 540 000 美元成本被称为**销货成本**（cost of goods sold）。从本质上说，销货成本是一项费用，但该项成本对商业企业很重要，以至于在公司利润表中要与其他费用分开列示。

计算机商城销售收入和销货成本之间的差额 360 000 美元被称为**毛利**（gross profit 或 gross margin）。毛利是衡量销售交易盈利性的有用手段，但它并不能代表企业的整体盈利能力。除销货成本外，商业企业还有很多费用。计算机商城的其他费用包括工资费用、广告费用、保险费用、公用事业费用、办公用品费用、折旧费用和所得税费用。㊀只有当毛利超过其他费用总和时，公司才能赚得净利润。

6.1.3 商业企业会计系统的要求

前面几章中，我们只用总分类账来记录经

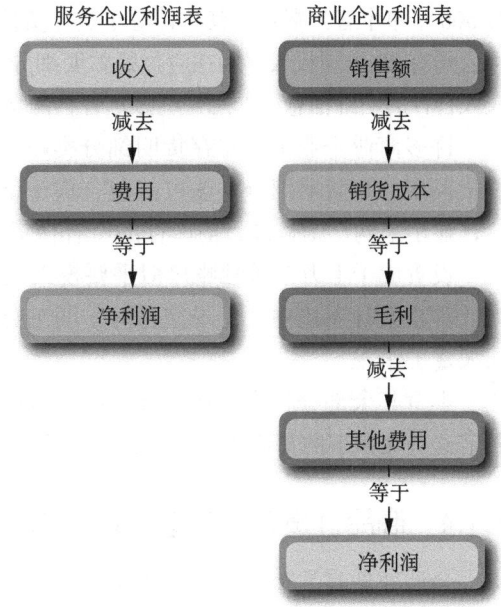

图 6-2 服务企业与商业企业的利润表结构比较

表 6-1 商业企业利润表　　（单位：美元）

计算机商城
利润表
截至 2021 年 12 月 31 日

销售收入		900 000
减：销货成本		540 000
毛利		360 000
营业费用：		
工资费用	150 900	
广告费用	6 800	
保险费用	9 600	
公用事业费用	6 400	
办公用品费用	1 700	
折旧费用	58 600	234 000
税前利润		126 000
所得税费用		36 000
净利润		90 000

㊀ 表 6-1 的利润表进行了简化。例如，公司通常把营业费用细分为销售费用和行政开支。更详细的利润表将在第 12 章中介绍。

济事项。这些账户通常被称为**统驭账户**（control accounts），用于编制汇总企业财务状况及经营成果的财务报表。尽管总分类账账户对于总体了解公司财务活动很有用，但对绝大多数商业企业来说，它们并不能提供有效管理所需的明细信息。事实上，这些明细信息可以在被称为明细分类账的会计记录中找到。

明细分类账（subsidiary ledgers）包含了公司总分类账中具体统驭账户的信息。商业企业总会设置应收账款和应付账款明细分类账。如果公司有 500 个赊销客户，那么在应收账款明细账中就有 500 个单个客户账户，其总计等于资产负债表中报告的应收账款总分类账余额。同样，如果一家公司有 20 个债权人，则在应付账款明细分类账中就有 20 个单个债权人记录，包含欠付每个债权人合计的明细信息。加总这些账户各自的余额，就可得到总分类账中应付账款的余额。

许多商业企业也设置存货明细分类账，为所销售的每项存货创建单独的存货账户。大型百货商店的存货明细分类账可能包含成千上万个存货账户。每个存货账户追踪一类产品的信息，显示采购、销售或目前库存的所有存货的数量和成本。

设置成千上万个单独账户似乎要投入大量工作。当然，手工会计记账中可能如此。不过，在计算机会计系统中，记录交易时，明细分类账和总分类账可自动过账，因此不需要额外投入大量工作。

本章其余部分将直接在总分类账统驭账户中记录各种商业交易。为避免过度细化，我们假定这些交易下的具体账户信息已过账到必要的明细账户中。

6.1.4 商品存货会计处理的两种方法

会计处理商品存货时可使用两种方法：①永续盘存制；②定期盘存制。过去，这两种方法都被广泛使用。但现在，计算机会计系统的广泛运用已使永续盘存制的应用变得既容易又高效。这样一来，定期盘存制主要被采用手工会计记账的小企业所使用。

在考察永续盘存制和定期盘存制之前，必须知道存货的会计处理与第 4 章讨论的预付费用（如办公用品、未到期保险、预付租金等）的会计处理相类似。采购存货后，它最初被列示为资产负债表中的资产。当出售给客户时，该资产转化为一项费用，即销货成本。

如图 6-3 所示，永续盘存制和定期盘存制都是对存货成本从资产负债表流转到利润表进行的会计处理。

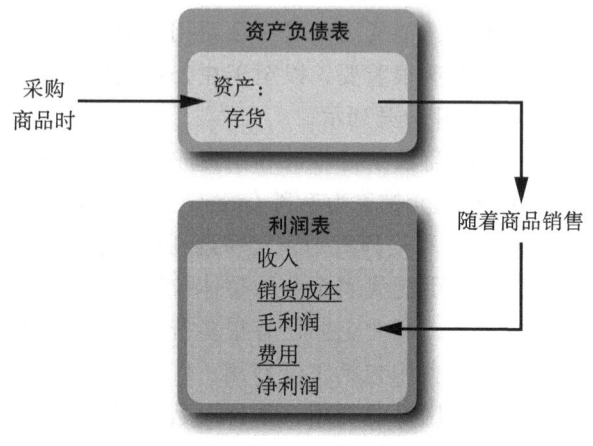

图 6-3 存货成本的流转

6.2 永续盘存制

永续盘存制（perpetual inventory system）下，所有涉及商品销售的成本在发生时立即进行记录。该制度因会计记录一直更新而得名。采购商品借记存货这一资产账户。销售商品时，需编制两笔分录：一笔确认已赚取收入，另一笔结转相关的销货成本。其中，第二笔分录通过减少存货账户余额来反映公司部分存货的销售。

永续盘存制采用存货明细分类账。该分类账向公司人员提供公司买卖每类产品的最新信息，包括单位成本以及采购商品数量、销售商品数量和目前库存的商品数量。

为了说明永续盘存制，我们以零售商店计算机商城为例来跟踪其营业周期中的具体商品。本例涉及的交易如下：

- 9月1日　从欧卡瓦批发公司赊购10台21英寸⊖计算机显示器。每台显示器的成本为600美元，总成本为6 000美元，30天内付款。
- 9月7日　以每台1 000美元的零售价向RJ旅行社赊销2台显示器，总价2 000美元，30天内收款。
- 10月1日　向欧卡瓦批发公司支付应付账款6 000美元。
- 10月7日　从RJ旅行社收到应收账款2 000美元。

（1）商品采购。存货采购按成本进行记录。因此，计算机商城对其9月1日所采购的10台计算机显示器做如下记录。

借：存货　　　　　　　　　　　　　　　　　　　　　　　　　　6 000
　　贷：应付账款——欧卡瓦批发公司　　　　　　　　　　　　　　　　　6 000
购买10台21英寸计算机显示器，每台成本600美元，30天内付款。

借方的存货增加要记录到总分类账统驭账户，也要过账到存货明细账的"21英寸显示器"账户中。贷方的应付账款增加要记录到总分类账统驭账户，同时也要过账到计算机商城应付账款明细账的"欧卡瓦批发公司"账户中。

（2）商品销售。销售交易所赚取的收入等于商品售价乘以销量，并贷记销售收入账户。除少数情况外，销售收入在商品向客户发出时实现，即便是赊购也是如此。因此，计算机商城9月7日对RJ旅行社的销售收入确认如下所示。

借：应收账款——RJ旅行社　　　　　　　　　　　　　　　　　　2 000
　　贷：销售收入　　　　　　　　　　　　　　　　　　　　　　　　　　2 000
销售2台21英寸显示器，每台售价1 000美元，30天内收款。

配比原则要求收入与产生该项收入所发生的所有成本和费用相配比（抵销）。因此，销售当日需要编制第二笔日记账分录以记录销货成本。具体如下所示。

借：销货成本　　　　　　　　　　　　　　　　　　　　　　　　1 200
　　贷：存货　　　　　　　　　　　　　　　　　　　　　　　　　　　　1 200
将2台21英寸显示器的成本（每台600美元）从存货账户转入销货成本账户。

请注意，第二笔分录基于计算机商城的商品成本而不是零售价。⊖

与这笔销售交易相关的两笔日记账分录都过入计算机商城的总分类账。此外，应收账款

⊖ 1英寸＝0.025 4米。

⊖ 本例中，所有的显示器在同一时点以相同的单价购入。通常情况下，一家公司同一存货产品包括若干不同的单位成本。这种情况将在第8章说明。

借方的 2 000 美元（第一笔分录）过入应收账款分类账中的"RJ 旅行社"账户。存货账户的贷方（第二笔分录）也过入存货明细分类账中的"21 英寸显示器"账户。

（3）向供应商支付应付账款。10 月 1 日，计算机商城向欧卡瓦批发公司付款的记录如下所示。

借：应付账款——欧卡瓦批发公司　　　　　　　　　　　6 000
　　贷：现金　　　　　　　　　　　　　　　　　　　　　　　　6 000
支付应付账款。

这笔分录的两部分都过入总分类账，使得应付账款账户和现金账户金额都减少。此外，应付账款的支付过入计算机商城应付账款明细分类账中的"欧卡瓦批发公司"账户。

（4）向客户收取应收账款。10 月 7 日，计算机商城从 RJ 旅行社收到应收账款的记录如下所示。

借：现金　　　　　　　　　　　　　　　　　　　　　　2 000
　　贷：应收账款——RJ 旅行社　　　　　　　　　　　　　　　　2 000
向赊销客户收取应收账款。

这笔分录的两部分都过入总分类账，使得现金账户金额增加、应收账款账户金额减少。应收账款账户的贷方还要过入应收账款明细分类账中的"RJ 旅行社"账户。

向 RJ 旅行社收取现金完成了计算机商城与这两件商品有关的营业周期。结合考虑 2 000 美元的销售收入和对应的 1 200 美元的销货成本，计算机销售交易产生了 800（=2 000−1 200）美元的毛利。

6.2.1　实地盘存制

永续盘存制的基本特征在于：所有商品的购销导致存货账户的持续更新。在进行实地盘点时，管理层使用存货分类账，逐项确定实际库存的存货是否与存货明细分类账上反映的数额一致。随着时间的推移，正常的存货短缺通常造成存货记录中反映的商品数量与实际库存数量之间的不一致。**存货短缺**（inventory shrinkage）是指由破损、毁坏、员工偷盗和商店失窃等因素导致的未被记录的存货减少。

为确保永续盘存记录的正确性，绝大多数公司每年至少对库存商品进行一次全面的实地盘点。这个过程被称为**实地盘存**（taking a physical inventory），通常在接近年末时进行。

一旦库存商品数量经实地盘点得到确定，就用存货分类账账户的单位成本来确定存货的总成本。然后，将存货统驭账户和存货明细分类账中的各个账户调整为实地盘存反映的数量和金额。

例如，假设年末计算机商城存货统驭账户和存货明细分类账均显示有成本为 72 200 美元的存货，但实地盘存表明会计记录中列出的一些商品已缺失；实际库存存货总成本仅为 70 000 美元。此时，计算机商城应编制如下调整分录以更正存货统驭账户：借记销货成本增加 2 200 美元，贷记存货减少 2 200 美元。

计算机商城还要调整存货明细分类账的相应账户以反映实地盘点所显示的数量。

存货的合理损耗被视为正常的经营成本，只需如上例所示借记销货成本账户即可。⊖

⊖ 对原因不详的持续性损失应该谨慎评估，甚至可能需要采取具体措施来更好地保护公司存货的安全。如果是由于火灾或盗窃引起的大量存货短缺，那么这些损坏或丢失的商品成本应该借记一个特殊的损失账户，如火灾损失。在利润表中，一项损失如同费用一样都能抵减收入。

> ⊙ 国际案例
>
> 在存货计量方面，国际财务报告准则与一般公认会计原则存在一些差异。例如，一般公认会计原则不允许存货减值的转回，而国际财务报告准则允许满足一定条件的转回。因此，企业资产负债表中存货和利润表中销货成本的价值可能不同，这取决于财务报表是按一般公认会计原则编制的还是按国际财务报告准则编制的。

6.2.2 永续盘存制下的结账分录

如前所述，收入和费用账户要在每个会计期间的期末结账。采用永续盘存制的商业企业编制的结账分录与服务企业一致。销售账户是收入账户，要与其他收入账户一起结账至损益汇总账户。销货成本账户与其他费用账户一样，要结账至损益汇总账户。

> ⊙ 计算机商城的存货经理
>
> 假定你是计算机商城一家最大门店的存货经理。有一天，你正忙碌，计算机商城聘用的会计师事务所的审计师弗兰·马利来找你，请你帮助确定门店库存存货的实际数量。由于你实在很忙，所以就告诉弗兰·马利没有时间也没有人员去帮她做这件事。此外，让你感到恼火的是，她事先并没有通知你今天要来实地盘存。那么，你该怎样做呢？

6.3 定期盘存制

定期盘存制（periodic inventory system）是永续盘存制的替代方法。定期盘存制下，不用随时更新存货或销货成本账户的记录；相反，这些账户的金额只需定期加以确定，通常在每年年末进行。

6.3.1 定期盘存制的运作

在定期盘存制下，购入商品时，成本借记采购账户，而不是存货账户；销售商品时，编制分录来确认销售收入，但不需要编制分录来结转销货成本或抵减存货账户余额。

定期盘存制的基础是在年末进行全面实地盘存。这一实地盘点用于确定在资产负债表中列示的存货金额，然后，经过简短计算可以确定整年的销货成本。

1. 示例用资料

假设瓦格纳办公用品公司是计算机商城的一家供应商，该公司采用定期盘存制。2021年12月31日，可得到如下信息：

① 2020年年末，公司库存存货成本为14 000美元。
② 2021年，公司采购向客户转售商品的总成本达130 000美元。
③ 2021年年末，公司的库存存货成本为12 000美元。

2020年年末和2021年年末的存货通过每年年末（或接近年末）的全面实地盘存来确定。

由于存货账户并不随 2021 年发生的交易而更新，因此仍然显示余额 14 000 美元，即仍然为公司 2021 年年初的库存存货。

2021 年采购商品的成本 130 000 美元记入"购货"账户。

2. 记录商品的采购

2021 年，瓦格纳办公用品公司发生了多次商品采购活动，采购总价为 130 000 美元。记录该公司首笔采购交易的分录如下所示。

1月6日 借：购货	2 000	
贷：应付账款——喷墨材料公司		2 000

赊购存货，30 天内付款。

该分录过入总分类账中的购货和应付账款账户。另外，还要将贷方应付账款过入瓦格纳公司应付账款明细分类账的"喷墨材料公司"账户。

3. 计算销货成本

年末存货通过对库存商品的全面实地盘存来确定。一旦确定了年末存货，利用瓦格纳办公用品公司的上述信息，通过计算就能确定全年的销货成本。

	（单位：美元）
存货（年初）	14 000
加：购货	130 000
可供销售的商品成本	144 000
减：存货（年末）	12 000
销货成本	132 000

这里，132 000 美元的销货成本由两部分组成：年内采购的 130 000 美元商品成本；2 000 美元的存货减少（＝期初存货 14 000 美元 − 期末存货 12 000 美元）。如果年度内存货增加，那么在计算销货成本时该增加额就要从年内采购的商品成本中扣除。例如，如果年末存货为 20 000 美元，那么销货成本就等于 124 000 美元：年内采购的 130 000 美元，减去 6 000 美元的存货增加（期末存货 20 000 美元 − 期初存货 14 000 美元）。

4. 记录存货和销货成本

至此，瓦格纳公司已确定了公司 2021 年年末的存货和当年的销货成本。不过，这些金额都未记入公司的会计记录。

在定期盘存制下，期末存货和销货成本要在公司年末进行结账时记录（结账过程是指在期末做调整分录与结账分录的过程）。

6.3.2　定期盘存制下的结账过程

定期盘存制下，公司可采用不同方法来记录期末存货和销货成本，不过得出的结果相同。方法之一就是设立余额恰当的"销货成本"账户，作为结账过程的一部分。该账户一经设立，公司可以像在永续盘存制下那样完成结账过程。

销货成本账户的设立需要做两笔专门的结账分录：第一笔分录设立一个新账户，以便把构成销货成本的各项成本汇集在一起；第二笔分录把销货成本账户调整到恰当余额，并在存货账户中记录期末存货。图 6-4 描述了这些内容。

至此，瓦格纳公司的销货成本账户包括了当年可供销售的所有商品成本。当然，并非所有商品都会被售出。2021 年年末进行的实地盘存显示，瓦格纳公司的库存存货为 12 000 美元。

因此，需要编制第二笔分录，以便将库存商品成本从销货成本账户转入存货账户。瓦格纳公司的第二笔分录如下：

12月31日　借：存货（年末余额）　　　　　　　　　　　　　　12 000
　　　　　　　贷：销货成本　　　　　　　　　　　　　　　　　　　　　12 000

从销货成本账户余额中减去年末库存的商品成本。

通过这两笔分录，瓦格纳公司就设立了余额为132 000美元（=144 000美元 -12 000美元）的销货成本账户，并且更新了存货账户。图6-4用T形账户显示了这些分录。

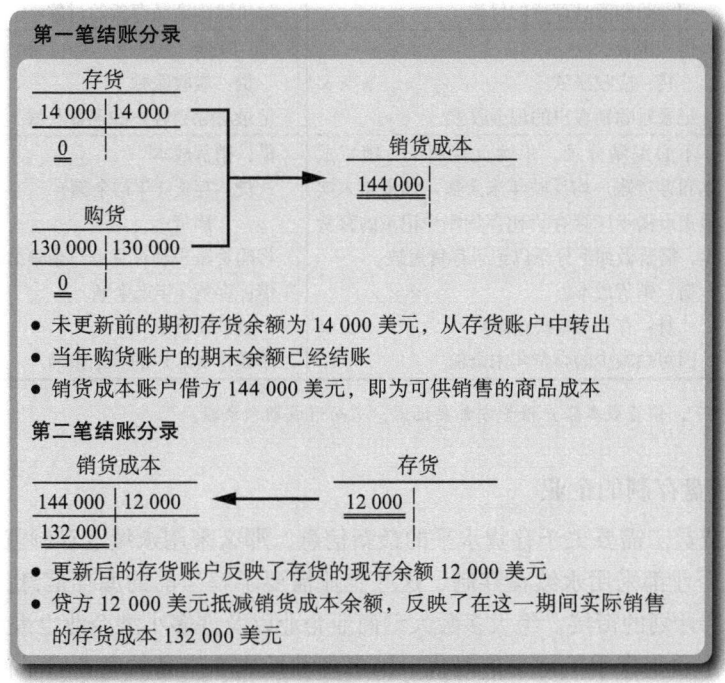

图6-4　设立销货成本账户

至此，瓦格纳公司可以像采用永续盘存制的公司那样来完成结账过程。

6.3.3　永续盘存制与定期盘存制的比较

表6-2对永续盘存制和定期盘存制下各种事项的记录方式进行了比较。如果管理层全年都需要有关存货水平和毛利的信息，那么公司就会采用永续盘存制。如果主要目标是获得年度数据并保持最低限度的记账要求，那么公司就会采用定期盘存制。一家企业可能采用不同的存货制度来会计处理不同类型的商品。

表6-2　永续盘存制和定期盘存制下日记账分录汇总

事项	永续盘存制	定期盘存制
购置商品存货	借：存货　　　　　　　　××× 　　贷：应付账款（或现金）　　××× 记录商品存货的采购	借：购货　　　　　　　　××× 　　贷：应付账款　　　　　　××× 记录商品存货的采购

(续)

事项	永续盘存制	定期盘存制
销售商品存货	借：应收账款（或现金） ××× 　　贷：销售收入　××× 记录商品存货的销售 借：销货成本　××× 　　贷：存货　××× 更新销货成本和存货账户	借：应收账款（或现金） ××× 　　贷：销售收入　××× 记录商品存货的销售 定期盘存制下，销售发生时不编制更新销货成本和存货账户的分录
向供应商偿付应付账款	借：应付账款　××× 　　贷：现金　××× 记录赊购商品存货的付款	借：应付账款　××× 　　贷：现金　××× 记录赊购商品存货的付款
向赊销客户收款	借：现金　××× 　　贷：应收账款　××× 记录对赊销客户的现金收款	借：现金　××× 　　贷：应收账款　××× 记录对赊销客户的现金收款
形成销货成本和存货账户的年末余额	不必编制分录。永续盘存制下，销货成本和存货账户均反映年末余额。如果年末实地盘点揭示库存存货比存货账户记录的存货少，需要做如下分录以记录存货短缺： 借：销货成本　××× 　　贷：存货（短缺金额）××× 因短缺减少的存货年末余额	借：销货成本　××× 　　贷：存货（年初余额）　××× 　　　　购货　××× 将购货账户和存货账户余额结转至销售成本账户 借：存货（年末余额）　××× 　　贷：销货成本　××× 形成存货账户的年末余额

注：定期盘存制下，销货成本账户借贷方都要记录，从而形成期末余额。

1. 采用永续盘存制的企业

如果管理层或员工需要关于存货水平的最新信息，那么采用永续盘存制就是唯一的选择。几乎所有的制造企业都采用永续盘存制，这些企业需要了解当前的库存信息，以便协调公司原材料存货与生产计划的衔接。绝大多数大型商业企业以及许多小型企业也采用永续盘存制。

在所有会计事项都靠手工记录的时代，销售多种低成本产品的企业除了使用定期盘存制外别无选择。例如，沃尔玛每小时可能销售几千种商品。很难想象，如果靠手工记账，采用永续盘存制会有多困难。不过，随着计算机终端和条形码商品的出现，很多销量巨大的零售企业也采用永续盘存制了。事实上，沃尔玛是率先采用永续盘存制的零售企业。

> ⊙ **国际案例**
>
> 沃尔玛公司是山姆·沃尔顿（Sam Walton）创立的全球最大的零售企业。通过多元化经营，沃尔玛公司已从原来的折扣商店，发展成为包括山姆会员店和超市的大型商业企业，零售能力大大提升。沃尔玛公司在全球扩张方面成效非凡。沃尔玛公司最近的年报显示，公司在美国境外的26个国家和地区开展经营，主要从事零售、批发等三大业务。沃尔玛国际业务的年净销售额达到1 200亿美元，主要来自遍布非洲、阿根廷、加拿大、中美洲、智利、中国、印度、日本、墨西哥和英国的5 993家零售店、批发俱乐部等。
>
> 资料来源：沃尔玛公司10-K报告，2019-01-31。

采用永续盘存制的企业并不只是那些拥有计算机存货系统的企业。许多应用手工系统的小企业也采用永续盘存制。不过，这些企业很可能按周或按月来更新存货记录，而不是在每笔销售交易发生时立即进行更新。

无论是靠手工还是用计算机来做会计记录，绝大多数企业对单位成本高的产品采用永续盘存制进行会计处理，如汽车、重型机械、电子设备、家用电器、珠宝等。对于昂贵的商品，管理层更希望追踪存货。另外，如果销量足够低，那么即便是采用手工会计记录的企业也可能采用永续盘存制。

2. 采用定期盘存制的企业

相比于对当前存货和销售的信息需求，如果维持永续盘存制的成本显得不合算，企业就会采用定期盘存制。例如，对于小型零售商店，店主可能对存货非常了解以至于不需要正式的永续盘存记录。绝大多数企业，不论规模大小，面对那些金额不大的存货或管理层不关心库存数量时，企业往往采用定期盘存制。如前所述，销售大量低成本商品并采用手工会计系统的企业有时只好采用定期盘存制。

6.3.4 存货制度的选择

会计人员以及企业管理者常常必须根据某些特定情形来选择合适的存货制度。表 6-3 列示了存货制度决策中通常要考虑的一些因素。

表 6-3 影响存货制度选择的因素

考虑选用永续盘存制的因素	考虑选用定期盘存制的因素
拥有职业管理层的大型公司	自营的小公司
管理层和员工需有关存货产品和在销产品具体数量的信息	日常经营不需要存货记录或具体产品的销售记录；所需信息主要用于年度所得税申报表
存货产品的单位成本很高	存货由多种低成本产品组成
销售量小或采用计算机会计系统	销售量大且采用手工会计系统
商品存放在多处或商品的仓库与销售点相分离	所有商品存放在销售点（如商店）

就当今商业发展趋势而言，技术进步使永续盘存制的使用迅速扩展到更多的企业和更多种类的存货，这一趋势必然会持续下去。除非特别指明，本书都假设采用永续盘存制。

> ⊙ **零售企业的采购员**
>
> 假设你负责为爱斯五金商店采购商品。现在，你正要决定采购烧烤架以便在即将到来的夏季进行销售。你需要决定每个品牌以及每类烤炉各订购多少。请指出可能有助于你制定该决策的会计信息类型以及从哪里可以得到这些信息。

6.4 与采购相关的交易

除本章举例和解释的基本交易外，商业企业必须对各种与商品采购有关的其他交易进行会计处理，如提前付款给予的折扣、商品退回以及运输成本。讨论这些交易时，假设所采用的是永续盘存制。

6.4.1 信用条款和现金折扣

制造企业和批发企业通常将产品赊销给商业企业，卖方账单或发票中往往列明了信用条款。一种常见的信用条款，如"净30天"或"n/30"，意指30天内全额付款；另一种常见的信用条款形式是"10 eom"，意指购买月月底后10天内付款。

制造企业和批发企业通常给客户30天或60天时间支付赊购款项。但通常情况下，卖方为鼓励客户提前付款会提供一个小小的折扣。

制造企业和批发企业提供的最常见信用条款可能是"2/10，n/30"，这个式子读作"2，10，净30"，意指在30天内全额付款，但如果在10天内付款，买方可得到2%的折扣。享有折扣的期间被称为折扣期（discount period）。由于该折扣激励客户提前支付现金，因此被称为现金折扣（cash discount）。不过，买方常常把这些折扣称为采购折扣，而卖方常常称为销售折扣。

绝大多数经营良好的企业都有充分利用商品采购中所有现金折扣的政策。[⊖]这些企业最初以净价记录商品采购，即发票价减去可以获得的任何折扣。毕竟，这才是企业预期支付的金额。

例如，假设11月3日计算机商城从PC产品公司购买了100套电子工作表程序，这些程序的成本为每套100美元，总计10 000美元。但PC产品公司提供了"2/10，n/30"的信用条款。如果计算机商城在折扣期内支付这笔采购款项，那么它只需支付9 800美元，即发票全价的98%。于是，计算机商城将对这笔采购以如下所示的方式进行记录。

借：存货   9 800
　　贷：应付账款——PC产品公司   9 800
以净价（100×98%×100套）记录100套电子工作表程序的采购。

如果在折扣期内支付发票款，那么计算机商城只需记录支付9 800美元的应付账款。

由于疏忽或粗心，计算机商城或许没能在折扣期内付款。在这种情况下，必须付给PC产品公司全额发票款10 000美元，而不是记录的负债9 800美元。记录折扣期之后（如12月3日）付款的日记账分录如下所示。

借：应付账款——PC产品公司   9 800
　　采购折扣损失   200
　　贷：现金   10 000
记录折扣到期后发票款的支付。

注意，在已记录金额9 800美元之外再支付的200美元，借记采购折扣损失账户。采购折扣损失是费用类账户。计算机商城从这项200美元的支出中得到的唯一好处是推迟20天支付应付账款。因此，采购折扣损失本质上是一项财务费用，与利息费用类似。在利润表中，财务费用通常归入非经营费用。

将未享受的采购折扣记录于单独的费用账户，是企业以净价记录商品采购的主要原因。使用采购折扣损失账户可以使管理层便于关注没能利用的供应商所提供的现金折扣。

⊖ "2/10，n/30"的信用政策提供给购买者在信用期满前20天付款享受2%的折扣。在信用期满前20天付款享受的2%折扣，相当于赚取高于36%（2%×365/20=36.5%）的年收益率。因此，享受现金折扣是一项不错的投资机会，即便企业必须从银行借入必要的现金以便在折扣期内付款。

如何以发票总价记录采购呢？作为以净价记录采购的替代，一些企业选择以发票总价记录商品采购。如果在折扣期内付款，那么这些企业必须记录享受的采购折扣金额。

例如，假设计算机商城采用以发票总价记录采购的政策。11 月 3 日记录从 PC 产品公司采购的分录如下所示。

借：存货   10 000
 贷：应付账款——PC 产品公司   10 000
以发票总价（=100×100 套）记录 100 套电子工作表程序的采购。

如果在折扣期内付款，那么计算机商城只需支付 9 800 美元就可清偿这笔 10 000 美元的应付账款。具体分录如下所示。

借：应付账款——PC 产品公司   10 000
 贷：现金   9 800
  享受现金折扣   200
记录在折扣期内支付发票款 10 000 美元，享受 2% 的采购折扣。

这里，已享受采购折扣为销货成本的减项。

净价法和总价法均被广泛采用，而且实质上得到相同的财务报表结果。⊖与净价法相比，总价法在存货计价方面的缺点是：它不能使管理层关注折扣损失；相反，这些折扣被掩埋在分配到存货的成本中。管理层可以利用财务报告政策来激励采购人员尽可能利用采购折扣。如果以净价法记录存货，管理层就会关注为取得低成本存货采购而付出努力的成功程度。鉴于净价法的这些优点，本书作者推荐采用这种方法。

6.4.2 商品退回

偶尔，买方可能对采购商品不满意，或出于其他原因，想把商品退还给卖方并把钱收回。绝大多数卖方允许这种退货。

例如，假设 11 月 9 日计算机商城向 PC 产品公司退回 5 套 11 月 3 日采购的电子工作表程序，因为这些程序未正确标号。由于计算机商城尚未对该商品付款，这次退货将减少计算机商城公司欠 PC 产品公司的货款。退回商品的发票总价为 500 美元（每套 100 美元）。假设计算机商城以净价记录采购。因此，这些工作表程序在计算机商城存货明细账上记为单位成本 98 美元，即退回的 5 套程序为 490 美元。记录这次采购退回的分录与记录采购的分录刚好相反：借记应付账款减少，贷记存货减少。

此外，存货的减少还须记录在明细分类账中。

6.4.3 采购的运输成本

买方有时可能要支付将所购商品运送到目的地的成本。与存货或任何其他资产采购相关的运输成本并不是当期费用；相反，这些花费是所购资产成本的一部分。如果买方能把运输成本与具体产品联系起来，那么这些成本应作为商品成本的一部分，直接借记存货账户。

⊖ 净价法下，期末存货计价以净价反映，而总价法以总的发票额反映。这种差异通常并不重要。

通常，很多不同的商品一次运抵。在这种情况下，要让买方确定运输总成本中每个商品应承担的金额可能不太现实。因此，许多公司采用一种简单做法，即将一次运抵货物的全部运输成本借记运输成本账户。运入成本常常直接加到销货成本中。这种处理运输成本的方法并不完全符合配比原则，毕竟有些运输成本归属于仍处于库存状态的商品而不是当期销售的商品。不过，重要性会计原则通常支持将这些成本简便处理，而不需要区分这些成本是归属于已售存货还是归属于仍处于库存状态的商品。

6.5 与销售有关的交易

信用条款和商品退回也会影响卖方赚取的销售收入额。在某种程度上，赊销客户利用现金折扣或者退回商品收回退款将使卖方收入相应减少。因此，商业企业利润表中列示的收入通常被称为销售净额。

为什么商业企业要给早付款的客户提供折扣呢？主要有三个方面的原因：①销售方早收到现金，就能早些周转现金，用于采购未来销售的更多存货；②应收账款欠账越久，那么出现拖延付款之类问题的可能性就越大，如采购方发生财务困难、要求退货等；③销售方在面临其他卖家时需要有竞争力，如果竞争对手提供了折扣，那么销售方为了保持竞争力可能只得选择提供类似的折扣。即便折扣只占售价的很小比例，但按照通常的商业惯例，销售方总要对买家的早付款提供现金折扣。

销售净额（net sales）等于总销售收入减去销售退回及折让，再减去销售折扣。如表 6-4 所示的部分利润表就描述了这一关系。

这一计算的细节很少在实际利润表中列出。正常做法是以销售净额作为利润表的开始。

表 6-4 计算机商城部分利润表（截至 2021 年 12 月 31 日年度）

（单位：美元）

收入：		
销售额		912 000
减：销售退回及折让	8 000	
销售折扣	4 000	12 000
销售净额		900 000

6.5.1 销售退回及折让

绝大多数商业企业允许客户退回不满意的任何商品并获得退款。如果商品只有很小的缺陷，客户有时会同意在对售价进行折让（减价）的条件下接受该商品。

在永续盘存制下，需要编制两笔分录来记录商品销售：一笔确认赚取的收入，另一笔将商品成本从存货账户转入销货成本。如果一些商品被退回，那么这两笔分录都要部分转回。

首先来看准予退款或折让对收入的影响。退款和折让均会使以前记录的销售无效，并减少企业赚取的收入额。销售退回（或折让）导致销售收入减少的日记账分录如下：

借：销售退回及折让　　　　　　　　　　　　　　　　　　　　　　1 000
　　贷：应收账款（或现金）　　　　　　　　　　　　　　　　　　　　　1 000

客户退回赊购的 1 000 美元商品，允许客户得到所退商品的全部价款。

销售退回及折让是一个**收入抵销账户**（contra-revenue account），即作为确定销售净额的步骤之一，用来抵减销售收入总额。

为什么要使用单独的销售退回及折让账户，而不是仅借记销售账户呢？这是因为使用单独的收入抵销账户使管理层既能了解销售总额，又能清楚知晓销售退回金额。这些金额之间的关系向管理层提示客户对商品的满意度情况。

如果商品被客户退回，那么要编制第二笔分录将该商品成本从销货成本中移出，并重新转回存货记录。具体分录如下所示。

借：存货　　　　　　　　　　　　　　　　　　　　　　　600
　　贷：销货成本　　　　　　　　　　　　　　　　　　　　　　　600
客户退回的商品成本重新转回存货账户。

请注意，该分录基于退回商品对卖方而言的成本，而不是基于售价（给予仍接受商品的客户的销售折让不需要此分录）。

6.5.2　销售折扣

如前所述，卖方通常提供现金折扣，如"2/10，n/30"，目的是鼓励客户尽早支付赊购款项。

卖方和买方对现金折扣的会计处理有很大的不同。对卖方而言，与现金折扣相关的成本不是推迟付款损失的折扣，而是客户在折扣期内付款所享受的折扣。因此，卖方设计会计系统以计量客户享受的销售折扣。为此，卖方以发票总价记录销售及相关的应收账款。

例如，假设计算机商城以1 000美元的价格向高地酒吧销售商品，提供的信用条款是"2/10，n/30"。以发票总价记录销售收入的分录如下所示。

借：应收账款——高地酒吧　　　　　　　　　　　　　　　1 000
　　贷：销售收入　　　　　　　　　　　　　　　　　　　　　　1 000
赊销商品。发票总价1 000美元；信用条款：2/10，n/30。

如果高地酒吧在折扣到期后付款，那么计算机商城只需记录收到应收账款的全额，即现金1 000美元。但如果在折扣期内付款，高地酒吧结账时只需支付980美元。在这种情况下，计算机商城将对收回高地酒吧款项做如下所示的记录。

借：现金　　　　　　　　　　　　　　　　　　　　　　　980
　　销售折扣　　　　　　　　　　　　　　　　　　　　　　20
　　贷：应收账款——高地酒吧　　　　　　　　　　　　　　　　1 000
收取因提前付款而享受2%折扣的客户应收账款1 000美元。

销售折扣也是收入抵销账户。在计算销售净额时，销售折扣和任何销售退回及折让一起从销售总额中扣减。因此，收入抵销账户（销售退回及折让和销售折扣）结转到损益汇总账户的方式与费用账户相同。

6.5.3　运送费用

如果卖方在向客户发送货物的过程中发生了成本，那么这些成本应借记运送费用账户。在利润表中，运送费用常被归为常规经营费用，而不作为销货成本的一部分。

6.5.4 销售税的会计处理

美国有很多州和城市对零售销售征收销售税。[⊖]销售税实际上是对消费者而不是对卖方征收的,不过,必须由卖方收取税款,在法律规定的时间申报税款并向政府机构上缴税款。

对现金销售而言,销售税在销售交易发生时向客户收取。对赊销而言,销售税包含于客户赊账金额中。在计算机会计系统中,对政府部门的销售税负债在销售时自动记录,具体的日记账分录如下所示。

借:现金(或应收账款)	1 070
贷:应交销售税	70
销售收入	1 000

记录 1 000 美元销售收入,销售税率 7%。

6.6 循环性交易的记录

本书自始至终采用两栏式通用日记账格式来说明许多交易的影响。换言之,对每笔交易做单独记录。这种格式对教科书举例非常理想,便于我们准确显示任何类型企业交易的影响。

然而,虽然通用日记账分录对我们很有用,但它们却不是记录企业日常交易最有效的方法。例如,一家超市可能每小时销售的商品多达 10 000 ~ 15 000 件。显然,编制通用日记账分录来记录每笔销售交易并不现实。因此,绝大多数企业不是采用通用日记账,而是采用专用日记账来统一记录这些完全相同的交易。例如,企业会按日收集全部销售信息,然后在月底统一记录。

专用日记账(special journal)是用来快速有效地记录某一特定类型常规交易的会计记录或手段。

有些专用日记账靠手工记录,如个人支票簿中的支票登记簿。如果记录保持得好,该专用日记账可以作为所有用支票进行现金付款的有效记录。

但是,许多专用日记账是高度自动化的。你可以想一下在超市和大型零售商店见到的**销售点终端**(point-of-sale terminals),这些设备在条码商品通过扫描器的那一刻,迅速地记录销售交易和相关的销货成本。

相对于通用日记账,专用日记账有以下优点:

- 可更快、更有效地对交易进行记录。
- 可同时使用很多专用日记账,从而进一步提高企业处理大量交易的能力。
- 自动化操作可以减少出差错的风险。
- 维持专用日记账的员工通常不需要专门的会计知识。
- 交易记录可能是企业其他基本商业活动自动产生的附带结果,如向客户收取现金。

绝大多数企业使用单独的专用日记账来记录重复交易,如商品销售、现金收取、现金支付、赊购商品以及工资等。对于专用日记账的格式或内容没有具体规定,企业可以根据自身的需求、活动和资源进行调整。

⊖ 销售税仅适用于当商品销售给最终消费者时。因此,当制造商或批发商向零售商销售商品时,不征收销售税。

需要强调的是，专用日记账与通用日记账记录交易所用的会计原则相同。它们的区别在于记录的方法，而不是记录的信息。

还应记住一点，就记录交易而言，专用日记账高度专业化。因此，每家企业仍然需要一本通用日记账来记录不适合采用任何专用日记账的交易，如调整分录、结账分录以及非常事项（如火灾造成的损失）。

除了能高效记录大量循环性交易业务之外，专用日记账对管理层还有很多特别的用途。借助专用日记账中有关商店和产品的信息，管理层可以达成很多目的，包括定价、确定销售和宣传哪些产品、评价部门经理的业绩等。通过将销售努力集中于利润空间大的产品和部门，管理层通常就能提高公司的整体毛利率。

> ⊙ **会计与决策**
>
> 评价商业企业业绩时，管理者和投资者关注的并不只是净利润。衡量过去业绩和未来前景的两个关键指标是公司销售净额和毛利率的变化趋势。
>
> **1. 销售净额**
>
> 绝大多数投资者和企业管理者把销售净额的趋势视为衡量过去业绩和未来前景的一个关键指标。销售额增长反映了在未来期间获得更大利润的可能性；反之，销售额下降可能是财务困境的预先警告。
>
> 作为业绩指标，销售净额趋势存在一些局限性，尤其是对于正在增开新门店的企业。对这些企业而言，总体销售净额相对于上一年的增长可能仅仅是新开门店的销售额所致，原有商店的销售额甚至可能发生下降。企业管理者和投资者通常关注的是那些根据各期间门店数量变化进行调整的指标和空间利用指标。这些指标包括：
>
> ①可比门店销售额，指已开设门店的销售净额，不包括当期开设的新店。该指标（又称相同门店销售额）反映的是已开门店的客户需求是上升还是下降。
>
> ②每平方英尺⊖销售场地的销售额。该指标衡量的是企业如何有效利用物理空间（如场地面积或超市中的货架空间）。
>
> **2. 毛利率**
>
> 销售净额增长并不足以保证盈利能力提升。有些产品比其他产品更能赢利。在评价销售交易的盈利性时，管理者和投资者会密切关注企业的**毛利率**（gross profit margin 或 gross profit rate）。
>
> 毛利率是以毛利润占净销售收入的百分比表示的指标。计算毛利率可以针对整个企业，也可以针对具体的销售部门以及具体的产品。
>
> 为了说明毛利率的计算，现以劳氏、蒂芙尼和沃尔玛三家公司利润表中的数据为例，其销售额、销售成本及毛利如下（以千美元为单位）：
>
> | | 劳氏 | 蒂芙尼 | 沃尔玛 |
> | --- | --- | --- | --- |
> | 销售净额 | 68 619 | 4 170 | 500 343 |
> | 销售成本 | 45 210 | 1 565 | 373 396 |
> | 毛利 | 23 409 | 2 605 | 126 947 |

⊖ 1 英尺² = 0.092 9 米²。

3. 总毛利率

平均毛利率（总毛利率）是衡量相对盈利性的指标。毛利率由毛利除以销售净额计算得到。劳氏、蒂芙尼和沃尔玛三家公司的毛利率分别为：

① 劳氏：34.11%（23 409/68 619）
② 蒂芙尼：62.47%（2 605/4 170）
③ 沃尔玛：25.37%（126 947/500 343）

4. 有关毛利率信息的运用

显然，这三家公司的毛利率存在较大的差异，而这也反映了三家公司所实施战略的差异性。沃尔玛主要通过对其众多商品采用低定价策略来参与竞争，薄利多销，靠量赚钱。蒂芙尼对其面向富裕客户的奢侈品采用高定价策略，所以毛利率就很高，但高定价也限制了其市场规模的做大，其盈利靠适度市场规模下的高加价。就销售额和毛利率而言，劳氏恰好处于沃尔玛和蒂芙尼之间。

投资者通常会计算企业从一个期间到下一个期间的总体毛利率。很高的或增长的毛利率通常表明产品受欢迎以及营销策略很成功；反之，低于标准的或下降的毛利率常常表明客户需求很弱或者价格竞争很激烈。⊖

⊙ 伦理、欺诈与公司治理

如前所述，销售折扣与折让是收入抵销账户，它减少总销售额。因此，如果折扣与折让记录不当，那么净利润就不真实。美国证券交易委员会（SEC）对百事可乐波多黎各公司（Pepsi PR）采取了强制行动，原因是 Pepsi PR 低估了销售折扣和折让。Pepsi PR 在波多黎各从事百事饮料的生产、分销和营销。Pepsi PR 是一家独立的公司，而且在纽约证交所上市，所以 SEC 对其采取了强制行动。

波多黎各的可口可乐饮料经销商试图通过降价来赢得市场份额，Pepsi PR 则以提供更优惠的销售折扣和折让来应对。但是，这些额外的折扣和折让会降低 Pepsi PR 的净利润。Pepsi PR 总经理指示公司的财务人员不要记录一些给予顾客的折扣和折让。Pepsi PR 没有记录一些折扣和折让，使得该公司第一季度的净利润高估了 330 万美元，第二季度则高估了 570 万美元。Pepsi PR 虽接受了 SEC 的禁令，但既未承认也未否认罪行。

尽管 Pepsi PR 总经理策划了 Pepsi PR 的财务报表舞弊，但是没有记录销售折扣和折让的行为是由公司财务主管和其他财务部门员工完成的，而且执行该计划的员工知道，如果销售折扣和折让没有进行真实记录，那么 Pepsi PR 的财务结果就会出现虚报。不过，他们不愿意对抗上级，即便上级让他们做不道德和非法之事。在虚假财务报告案例中，下级迫于上级的压力而出现舞弊行为的情况比较多见。

高层管理人员通常施加给下级舞弊的压力。高层管理人员可能威胁员工，如果不参与舞弊就辞退他们。不幸的是，屈从了压力的员工面临着极大的法律风险。不像上级，这些实际操作舞弊的底层员工的指纹在罪证文件上到处都是。例如，一名中层税务经理因参与动力能源公司财务报表的舞弊而被判在联邦监狱服刑 24 年（尽管该宣判在上诉的过程中

⊖ 我们将在第 14 章中对毛利做更深入的解释。

大大减免)。他的那些上司,同样是同谋,被控有罪且得到了前员工的证实,结果被判不到5年的刑期。

《萨班斯－奥克斯利法案》为较低层的、被迫参与会计舞弊的员工提供了一些保护。公众公司审计委员会必须建立程序(一般是公司"热线")以便员工能报告可疑的会计和审计事件。另外,《萨班斯－奥克斯利法案》还规定了某些保护"揭发者"的措施。此外,依照2010年的《多德－弗兰克法案》(Dodd-Frank Act),美国国会批准美国证券交易委员对那些提供第一手资料的揭发者进行金钱奖励,一旦他们的揭发导致证券交易委员会对违规者做出100万美元及以上处罚。

6.7 小结

第2章到第5章以通宵公司为例揭示了与服务业企业相关的计量和报告问题。本章我们了解了商业企业如何计量和报告其经营成果。服务企业和商业企业之间的一个主要差异就在于存货,即商业企业持有存货是为了进行转售。我们知道,存货在购入时属于资产,其计量涉及采购折扣、运输成本等费用。存货出售给客户时,资产存货成为公司的一项费用,即所称的销货成本,有时称为销售成本。在将存货转为销货成本时,公司可以采用若干不同的会计处理方法。本书后面的众多案例和作业都与商业企业的经营有关。

第7章考察的是商业企业普遍存在的应收账款和其他流动资产。第8章主要分析有关商品存货的问题,特别关注的是商业企业在把存货转为销货成本时所采用的各种方法。那些主要与制造企业相关的计量和报告问题则在后续课程中讨论。

学习目标小结

1. 描述商业企业的营业周期

   营业周期是不断重复的交易序列,公司因此获得收入并从客户处取得现金。在商业企业中,营业周期由以下交易组成:①商品采购;②商品销售,通常是赊销;③向客户收取应收账款。

2. 理解商业企业利润表的组成要素

   在商业企业利润表中,销售额(或销售净额)代表了向客户销售商品产生的总收入。商品从存货中售出时,其成本从资产负债表转入利润表,成为销货成本。销货成本将从销售额中减去,以确定公司的毛利。再从毛利中减去其他费用(如工资、广告费用、公用事业费用和折旧费用等)以确定净利润。只有当公司的毛利超过其他费用总和时,公司才会有盈利。

3. 永续盘存制下商品采购和销售会计处理

   在永续盘存制下,商品采购借记存货账户。每笔销售需要两笔分录:第一笔确认销售收入,第二笔结转销货成本。第二笔分录包括借记销货成本和贷记存货。

4. 解释定期盘存制的运作

   在定期盘存制下,企业不用随时更新存货或销货成本记录。因此,它比永续盘存制所需的会计记录少。

   期初和期末存货余额通过每年末的全面实地盘点来确定。采购记录于采购账户,不编制记录单个销售交易成本的分录。相反,销货成本在年末通过如下计算来确定(所列示的金额仅为举例):

   (单位:美元)

期初存货	30 000
加:购货	180 000
可供销售商品成本	210 000

	（续）
减：期末存货	40 000
销货成本	170 000

存货金额和销货成本在年末结账过程中记入会计记录。

5. 讨论选择存货制度时应考虑的因素

通常，当管理层和员工需要有关存货水平和产品销售的及时信息，而且该公司拥有以合理成本产生该信息的资源时，企业应采用永续盘存制；如果存货当前信息的有用性不及维持永续盘存制的成本，则企业应采用定期盘存制。

永续盘存制在使用计算机会计系统的公司和销售高成本商品的企业运用最为广泛。采用手工会计系统和销售多种低成本商品的小企业最常使用定期盘存制。

6. 与采购和销售有关的其他商业交易的会计处理

买方应当以净价记录采购，并将损失的任何现金折扣记入当期费用账户；卖方以销售总价记录销售，并将客户享受的所有现金折扣记入收入抵销账户。

假设采用永续盘存制，买方记录购货退回时以退回商品的净价贷记存货账户。卖方记录销售退回时，编制两笔分录：一笔是按退款额记录销售退回及折让（收入抵销账户），另一笔是把退回商品成本从销货成本转回存货账户。

买方记录采购商品的运输费用时，既可将其作为商品成本的一部分，也可将其直接作为销货成本的一部分；卖方则把向客户运送商品的成本视为营业费用。

销售税由零售商向客户收取，然后上缴州政府或市政府。因此，销售税的收取增加了零售商的资产和负债。向政府上缴销售税是债务的清偿，而不是一项费用。

7. 定义专用日记账并解释其用途

专用日记账是用来高效记录某一特定种类交易的会计记录或手段。由于专用日记账仅用于记录某一特定种类交易，可能保存于交易场所，并由会计人员以外的员工维持，因此，专用日记账减少了记录日常交易的时间、精力和成本。

8. 衡量商业企业的经营业绩

有多种指标可用来衡量商业企业的业绩。本章介绍了3种指标：①可比门店销售额，用于确定已开设门店的客户需求是增加了还是减少了；②每平方英尺销售场地的销售额，用于衡量企业利用设施产生收入的有效性；③毛利率，用于帮助财务报表使用者了解公司的定价政策和市场对公司产品的需求。

习题 / 关键术语

示范题

星际航程公司销售卫星跟踪系统。该系统用于接收从空中通信卫星传送的电视广播信号。2021年12月31日，公司的存货为44 000美元。2022年1月的第一个星期内，星际航程公司仅发生了一笔采购业务和一笔销售业务，具体如下：

1月3日，以现金20 000美元向神秘山胜地公司出售1台跟踪系统。该系统由7个不同部件组成，总成本为11 200美元。

1月7日，从雅马哈公司购入2台400型和4台800型卫星接收器。采购总成本为10 000美元，付款条件为"2/10，n/30"。

星际航程公司以净价法记录商品采购。公司拥有全职会计人员并使用手工会计系统。

要求：

（1）简要描述商业企业的营业周期。

（2）假设星际航程公司使用永续盘存制，请编制记录这些交易的日记账分录。

（3）解释（2）中哪些信息应过账至明细分类账账户。

（4）计算1月7日存货统驭账户的余额。

（5）假设星际航程公司使用定期盘存制，请编制日记账分录记录这两笔交易。

（6）假设使用定期盘存制，计算1月第一个星期的销货成本。将（4）的答案作为期末存货金额。

（7）你认为星际航程公司应该使用哪种存货制度？请说明理由。

（8）确定1月3日销售交易的毛利率。

答案：

（1）商业企业的营业周期包括采购商品、向客户销售商品（通常为赊销）以及向客户收取销售款。在这个过程中，企业把现金转为存货，把存货转为应收账款，再把应收账款转为现金。

（2）假如使用永续盘存制，那么日记账分录如下：

通用日记账

（单位：美元）

日期	账户名称及解释	借方	贷方
2022年			
1月3日	现金	20 000	
	销售收入		20 000
	向神秘山胜地公司出售跟踪系统		
1月3日	销货成本	11 200	
	存货		11 200
	记录已售商品成本		
1月7日	存货	9 800	
	应付账款——雅马哈公司		9 800
	采购商品。条款"2/10, n/30"，净价9 800美元（10 000美元，扣减2%）		

（3）存货账户中的借方和贷方发生额也应过账至存货明细分类账的相应账户。过账信息为采购或销售的几类商品的成本和数量。对雅马哈公司的应付账款也应过账至星际航程公司应付账款分类账的雅马哈公司账户。由于是现金销售，因此不需要过账至应收账款分类账。但如果星际航程公司开设了一个以上银行账户，那么现金的借方发生额应过账至现金明细分类账的相应账户。

（4）42 600美元（期初余额44 000美元，减11 200美元，再加上9 800美元）。

（5）假如使用定期盘存制，日记账分录如下：

通用日记账

（单位：美元）

日期	账户名称及解释	借方	贷方
2022年			
1月3日	现金	20 000	
	销售收入		20 000
	向神秘山胜地公司出售跟踪系统		
1月7日	存货	9 800	
	应付账款——雅马哈公司		9 800
	采购商品。条款"2/10, n/30"，净价9 800美元（10 000美元，扣减2%）		

（6）销货成本计算如下：

（单位：美元）

存货，1月1日	44 000
加：购货	9 800
可供销售商品成本	53 800
减：存货，1月7日[来自（4）的金额]	42 600
销货成本	11 200

（7）星际航程公司应当使用永续盘存制。存货单位成本很高，因此管理人员想知道特定销售交易中所包含单个产品的成本，并希望跟踪存货项目。尽管公司采用手工会计系统，但它的销售交易量很低，因此采用永续盘存制并不困难。

（8）毛利 = 销售收入 − 销货成本 = 20 000 − 11 200 = 8 800美元

毛利率 = 毛利 ÷ 销售收入
       = 8 800 ÷ 20 000 = 44%

自测题

说明：为了尽可能多地复习各章节的知识，一些自测题不止一个正确选项，那么，你应该选出所有正确的答案。

1. 马克和阿玛达·卡特拥有一家电气设备商店和一家餐馆。电气设备商店采用按12个月分期付款方式销售商品，餐馆则只进行现金销售。下面哪项描述是正确的（可能有多个正确答案）？

A. 电气设备商店的营业周期比餐馆长

B. 电气设备商店可能使用永续盘存制，而餐馆可能使用定期盘存制

C. 两家店都需要应收账款和存货的明细分类账

D. 两家店都可能有应付账款的明细分类账

2. 下面哪项关于商业活动的陈述是正确的（可能有多个正确答案）？
   A. 在购买存货时，借记存货费用，贷记现金（或应付账款）
   B. 在最初购买存货时记录为资产
   C. 在出售存货时，成本要从资产负债表转到利润表
   D. 在出售存货时，成本要从利润表转到资产负债表

3. 玛里塔公司使用永续盘存制，所有销售均为赊销。该公司成本为 3 000 美元的商品按 4 300 美元价格售出。在记录这笔交易时，里塔公司将编制除以下哪项之外的所有分录？
   A. 贷记销售额 4 300 美元
   B. 贷记存货 4 300 美元
   C. 借记销货成本 3 000 美元
   D. 借记应收账款 4 300 美元

4. 时尚公司使用永续盘存制，年初存货余额为 50 000 美元。本年内，公司采购商品 230 000 美元，已售商品的成本为 245 000 美元。年末实地盘存显示短缺损失 4 000 美元。在记录这些短缺损失前，公司存货账户年末余额为：
   A. 31 000 美元   B. 35 000 美元
   C. 50 000 美元   D. 其他金额

5. 最佳五金商店使用定期盘存制。年初存货余额为 38 000 美元，年末为 40 000 美元。本年内，商店购入商品总计 107 000 美元。请指出所有正确答案：
   A. 为了使用该存货制度，商店每年必须进行两次全面的实地盘存
   B. 年末编制调整分录和结账分录前，商店存货账户余额为 38 000 美元
   C. 本年销货成本为 109 000 美元
   D. 在销售交易发生时，商店不需编制分录更新存货记录或记录销货成本

6. 存货和销货成本会计处理的两种基本方法是永续盘存制和定期盘存制。指出下面正确的说法（可能有多个正确答案）。
   A. 绝大多数商业企业和制造企业使用定期盘存制
   B. 实务中，杂货店和大型百货店如果不使用销售点终端，就无法采用永续盘存制
   C. 在定期盘存制下，在进行了全面实地盘存之后才能确定销货成本
   D. 在永续盘存制下，已售商品的成本立即借记销货成本账户

7. 零售店大哥公司从克罗格电器公司赊购了 100 台电视机，每台成本 200 美元，克罗格公司提供的信用条件是"2/10, n/30"。大哥公司使用永续盘存制，并以净价记录采购。大哥公司确定其中的 10 台电视机有缺陷，把它们退还给克罗格公司要求全额退款。在记录这次退货时，大哥公司将：
   A. 借记销售退回和折让 1 960 美元
   B. 借记应付账款 1 960 美元
   C. 借记销货成本 1 960 美元
   D. 贷记存货 2 000 美元

8. 花园产品公司出售的两种割草机分别为割草大师和马克 5 型。割草大师售价 250 美元，毛利率 35%。马克 5 型的成本为 300 美元，售价 400 美元。请指出所有正确答案。
   A. 销售一台马克 5 型的毛利大于销售一台割草大师的毛利
   B. 马克 5 型的毛利率高于割草大师
   C. 花园产品公司销售一台马克 5 型的利润比销售一台割草大师的利润多
   D. 花园产品公司销售价值 2 000 美元的马克 5 型比销售价值 2 000 美元的割草大师的利润多

讨论题

1. 商业企业利润表中一个主要的成本类型并未在服务行业企业的利润表中出现，找到这个成本并解释它代表了什么。
2. 所谓收入已被确认是指什么？
3. 本年内，绿湾公司赚取毛利 350 000 美元，而新英格兰公司只取得毛利 280 000 美元，两家公司的销售净额都为 900 000 美元。这是否意味着绿湾公司比新英格兰公司盈利能力更强呢？请解释。
4. 解释明细分类账在商业活动会计处理中的必要性。
5. 定义存货短缺。在永续盘存制下，公司如

何确定存货短缺的数额以及如何在账户中进行会计记录。
6. 简单对比永续盘存制和定期盘存制的会计处理。
7. 评价下面的表述:"如果不使用销售点终端,那么销售大量不同产品的行业就无法采用永续盘存制。"
8. 解释通用日记账和专用日记账的特征。
9. 采购折扣损失账户的余额是如何产生的?为什么管理层会关注这个账户的余额(如果有的话)?
10. 欧洲进口公司为进口货物支付了大量的运输费。这些运输费是否应当借记公司的运送费用账户?请解释。
11. 内地体育用品公司采购商品,信用条款为"4/10,n/60"。公司在北方银行拥有一定信用额度,当公司需要借款时,可以以13%的年利率取得借款。如果内地公司必须通过动用其在银行的信用额度(即从北方银行借款)才能提早付款,它是否应在10天的折扣期内付款给供应商?请解释。
12. 轮胎有限公司是一家零售商,公司所在州课征6%的销售税。在轮胎有限公司的财务报表中,你能否发现销售税费用和应交销售税?请解释。
13. 销售方通常以发票总价记录销售额,但是购买方通常以净成本记录所购物品。解释购买方和销售方之间在记录这项交易时金额不同的原因。
14. 定义毛利率。解释管理者为提高公司的整体边际利润可以采取的几种途径。
15. 在永续盘存制下,公司应该能够随时知道其存货的数量和价格。鉴于此,为什么使用永续盘存制的公司仍要至少每年一次对其商品库存进行实地盘点?
16. 存货明细分类账按哪种存货制度记录?

测试题

1. 今日公司是一家办公用品商店,其当年度的收入是8亿美元,销货成本是6.4亿美元。计算今日公司的毛利以及毛利率。
2. 雷奈里草坪护理公司本年末的应收账款明细账的顾客和余额情况如下表所示。在总分类账中的应收账款余额是多少(提示:在确定应收账款账户总余额时,不考虑有贷方余额的顾客账户;其实,这些贷方余额被归类计入应付账款)?

(单位:美元)

顾客姓名	余额	借方或贷方
鲍勃·德梦娜	200	借
埃里克·迪特科卫斯基	150	借
里克·埃克斯坦恩	50	贷
杰尔·鲍努鲁	100	借
迈克·迈宁	50	借
埃伦·德亚肯特	300	借
艾莉西亚·奥布赖恩	50	借
巴伦·杰尔朴斯	100	贷

3. 阿尔伯托家族公司是一家古董塑像零售商,在当年10月发生了如下交易:

10月1日,以每件50美元购进100座大黄蜂塑像。

10月5日,以每件80美元卖出其中的50座塑像。

计算阿尔伯托家族公司10月的毛利。

4. 甜蜜之家公司是一家经营家居配饰的零售商。公司的期初存货余额是72万美元;在1月采购商品60万美元,同时在1月的销售额是96万美元。假定公司使用定期盘存制,那么甜蜜之家2月1日存货账户余额是多少?

5. 莫菲公司是一家高端男士时装零售商。公司期初存货余额为30万美元,在本期购入60万美元的商品,在期末存货余额为25万美元。本期的销货成本是多少?

6. 杨敏公司是当代家具的零售商。已知杨敏公司的期末存货是20万美元,其销货成本是50万美元,期初存货是10万美元。在本期,杨敏公司采购商品的数额是多少?

7. 乐园公司是一家经营玩具和游戏的零售商。公司的期初存货是192 000美元,本期购货600 000美元。期末存货是72 000美元。编制乐园公司在定期盘存制下的必要结账分录。

8. 帕格公司是一家服装零售商,从其供应商处享有"1/10,n/30"的信用条款。计算帕格公司在折扣期内付款所赚取的相当于年利率的收益率。帕格公司是否应该在折扣期内持续采用这种付款方法？

9. 史密斯家族公司是一家体育用品制造商。这家公司在会计上使用定期盘存制。史密斯家族公司运送了价值3万美元有瑕疵的货物给一家零售商，史密斯家族公司和该零售商达成协定：零售商保留商品的交换条件是给予3 000美元的折扣。销货成本是2万美元。以上事项史密斯家族公司将计入哪些日记账分录？

10. 列举通常用于使重复交易记账简便化的三类专用日记账。

11. 假设你是某一公众公司的财务主管助理。华尔街证券分析师预测你公司的每股收益为0.25美元。12月29日，一大客户退回一大批有瑕疵的货物。你告诉财务主管关于客户的退货，借记销售退回和折让将使每股收益从0.25美元下降到0.24美元。财务主管指示，如果公司业绩与分析师的收益预期不一致，那么就会引起股票价格的大幅下跌。财务主管建议等到1月2日（你公司以公历年度为会计期间）再记录这笔客户退货。你该怎么做？

案例题

1. 在下列各种情况下，指出你预期该企业是使用定期盘存制还是永续盘存制。请解释理由。

   （1）前沿商店是一家销售靴子和西部服装的小型零售店。该店由所有者经营，该所有者全职工作，此外还有一位兼职营业员。销售交易由一台老式收银机记录。该企业使用手工会计系统，由爱思记账服务公司维护。每月末，爱思公司的一名员工会到商店更新会计记录，编制销售税申报表，并完成其他必要的会计服务。

   （2）阿里斯特之角是纽约的一家艺术馆。所有会计记录都由所有者手工维护，该所有者在店内全职工作。这家商店每星期销售三四幅画，每幅画售价为5 000～50 000美元。

   （3）一家公众持股公司出版了约200种大学教科书。这些书在全国各大学书店销售，由位于加利福尼亚、得克萨斯、俄亥俄和弗吉尼亚的四个中心仓库向这些书店分销。

   （4）"为你玩具"公司经营全国连锁的86家玩具零售商店。公司拥有最先进的计算机会计系统。所有销售交易在电子销售点终端上记录。这些终端链接中央计算机系统，该系统每周向全国总部提供有关每家商店盈利能力的信息。

   （5）索萨先生独立拥有和经营一辆冰淇淋卡车。

   （6）特拉斯科姆是一家大量销售单一产品的小公司。这种产品是一家日本大公司生产的一组低成本、可读写光盘。该产品只进行大批量的销售，主要销售给计算机连锁店和大型折扣商店。今年，平均销售额为14 206美元。所有的会计记录由一位全职员工维护，该员工使用商业会计软件和个人计算机。

2. 山村五金是一家销售五金、小家电和体育用品的零售商店。商店的定价制度是：售价是成本的两倍，使用定期盘存制。

   下面信息来自年末会计记录：

	（单位：美元）
净销售额	580 000
存货，1月1日	58 000
购货	297 250

   12月31日，实地盘点显示库存商品成本为49 300美元。

   要求：

   （1）编制部分利润表反映本年毛利的计算。

   （2）看到你的利润表，商店所有者得出如下评价："存货短缺损失是我真实的成本。如果它不作为短缺损失，商店的毛利将会是销售净额的50%。我将聘请保安人员以防盗窃，一劳永逸。"

   分别按成本和零售价格来确定存货短缺损失（提示：如果没有短缺损

失，销货成本和毛利都将达到销售净额的50%）。

（3）假设山村五金通过雇用保安来预防盗窃，雇用成本为1 800美元。这项策略是否有利可图？解释你的理由。

3. 分别找一家使用永续盘存制或定期盘存制的当地企业。采访这些企业中熟悉存货系统和销售交易记录的人员。

要求：

分别就两家企业回答下列问题。

（1）描述用于会计处理销售交易、跟踪库存水平以及确定销货成本的步骤。

（2）针对被访人员提供的企业所使用的系统，解释使用该系统的原因。

（3）指出团队是否认为所用系统合适。如果不是，给出修改建议。解释你的理由。

4. 你最近在爱博公司谋得了一个职位。该批发公司主要从事对美国以外市场的销售。为便于全球销售，公司在美国以外的几个地区设置了仓库，用以服务世界各地的重要市场。

现在，你正忙于年末结账。这时，上司找到你，问你该怎么做才能使公司当年业绩看起来更好些。他的想法是故意高估美国以外地区的年末存货，由此减少销货成本，提高毛利和净收益。由于许多存货存放在很远的地方，他认为高估不可能被发现。你知道他的报酬包括一项奖金，该奖金部分基于公司的报告利润。他也指出如果你帮忙采取措施（如他现在建议的存货高估）来改善公司报告的财务业绩，他将来会"关照你"。

要求：

（1）一旦你从被要求参与这种活动的震惊中恢复过来，你会怎么处理这种情况？与你上司同流合污对你来说意味着什么？如果你不愿意合作，那么你会怎样处理这种情况？

（2）除了不道德之外，上司的计划对你们公司未来的业绩有哪些影响？

5. 你可以从网上找出大量信息来评价公司业绩，许多公司提供链接到相关信息的网页。访问盖普公司的主页：www.gapinc.com。

要求：

（1）公司主页上有哪些财务信息链接？（点击"投资者"链接）

（2）下载公司最近时期的年报并回答下面问题：

① 在最近三年的每一年报中，销售净额按百分比增加或减少多少？

② 在最近三年的每一年报中，公司的毛利率是多少？

③ 在最近三年的每一年报中，公司的每平方英尺空间销售额是多少？

④ 在最近的年报中，有多少新门店开张？现存门店数是多少？有多少门店破产，如果有的话？

⑤ 在最近三年的每一年报中，可比门店平均销售额增加或减少的百分比是多少？

⑥ 在最近的资产负债表中，公司报告的存货数是多少？

自测题答案：1. ABD；2. BC；3. B；4. B；5. BD；6. BCD；7. B；8. AC。

练习题

关键术语

第 7 章

金融资产

学习目标

- 定义金融资产并解释其在资产负债表中的估值。
- 描述现金管理的目标以及现金内部控制方法。
- 编制银行存款余额调节表并解释其目的。
- 描述如何在资产负债表中报告短期投资并能对有价证券交易进行会计处理。
- 描述应收账款的内部控制方法。
- 用备抵法和直接冲销法对坏账进行会计处理。
- 解释、计算并会计处理应收票据和利息收入。
- 评价公司应收账款的流动性。

引导案例

苹果公司

苹果公司主要从事移动通信和媒体设备、个人计算机以及便携式数字音乐播放器的设计、生产和销售,同时还开展各种相关软件、服务和外围设备的销售。苹果公司的经营业务遍及全球各地。列入公司报告的业务部门包括美洲、欧洲、大中华区、日本以及亚太其他地区。

你或许会认为苹果公司会把大部分资源投在工厂这种资产上。但实际上,根据苹果公司最近的资产负债表,公司在不动产、厂房和设备方面的资产一共才 340 亿美元,而公司的总资产达 3 750 亿美元。因此,不动产和设备之类的固定资产仅占苹果公司总资产的约 9%。

苹果公司的金融资产(包括非商业应收款)价值达 3 000 亿美元,占公司总资产的 80% 以上。金融资产是公司流动性最强的资源,包括现金、现金等价物、有价证券(包括短期和长期)和应收账款。

苹果公司得益于其拥有的充裕的流动性资源。当经济面临挑战时,企业产生现金流入或借款都非易事。此时,苹果公司就可以很方便地将其拥有的金融资产直接转换成确定数量的现金,从而维持公司的经营、购买存货、支付账单以及兑现对员工的承诺。

本章对金融资产的讨论涵盖对持有金融资产的风险的讨论。这里讨论的主题包括商业票据及其他现金等价物、投资组合的波动性以及公司无力收回应收账款的可能性。

金融资产是公司流动性最强的资源。公司偿还债务、购买存货、支付税款和发放薪酬的能力与这些高流动性资产的可获得性紧密相关。本章将考察公司如何确定和报告金融资产的现行价值,以及公司如何快速有效地将某些金融资产转换为现金。

企业该拥有多少现金?关于这个问题,绝大多数商界人士都会说"够用就行"。经营良好的公司多将日常现金收入立即存入银行。通常,这些日常收入主要是收回的应收账款。如果日常现金收入超过常规现金支出,那么公司在满足偿付债务需要的同时还能维持较低水平的银行账户余额。

短期内不需要使用的现金通常会被投资于流动性高、期限短的证券。这些投资比现金收益高,因为它们能以利息或股利的形式产生收入。一旦企业所需的现金多于其银行账户的余额,就可以将其中一些投资很方便地转换成现金。

金融资产(financial assets)并不单指现金,还指那些可以很方便地直接转换为确定金额现金的资产,包括现金、短期投资[也称为**有价证券**(marketable securities)]和应收款项。因为这三类金融资产联系密切,所以归入一章论述。所有这些资产都代表了某种形式的货币,相互之间可以迅速转化。

总之,企业会以三种基本形式"储存"货币:现金、短期投资和应收款项。这些不同种类金融资产之间的现金流转如图7-1所示。

在资产负债表中,金融资产以其现行价值列示,即这些资产代表的现金额。每类金融资产以不同方法计量现行价值。

现金的现行价值就是其面值,但有价证券的现行价值可能受股票

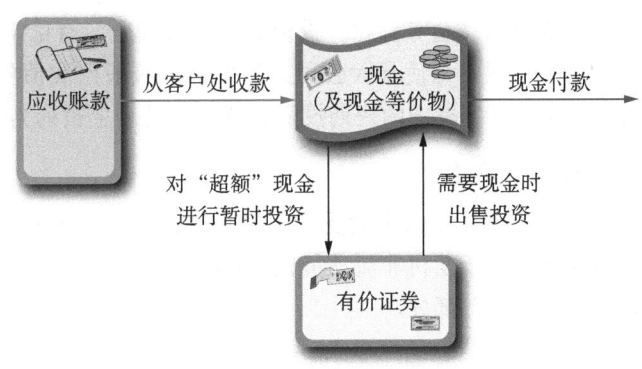

图 7-1 金融资产之间的货币流转

价格、利率和其他因素波动的影响而每天变动。因此,绝大多数短期投资在资产负债表上以现行市场价值列示。鉴于投资的这一独特性,其市场估价并不遵循成本原则。

与现金一样,应收账款有设定面值,但大公司通常并不指望能全额收回应收账款。应收账款的实际数额还会受销货退回与折让等因素的影响而出现变化。此外,有些客户的确无法全额付款。因此,应收款项在资产负债表中以预计可收回金额,即**可实现净值**(net realizable value)列示。

表7-1给出了计量金融资产现行价值的三种方法。

表 7-1 金融资产现行价值的计量方法

金融资产类型	资产负债表中的计价基础
现金(及现金等价物)	面值
短期投资(有价证券)	公允市场价值
应收款项	可变现净值

7.1 现金

会计人员将现金定义为银行存款以及银行愿意作为存款接受的任何项目。这些项目不仅包括硬币和纸币,还包括支票、汇票和旅行支票。银行也愿意接受客户用银行信用卡(如Visa卡和万事达卡)签发的银行汇票。对于销售企业而言,客户用银行卡进行的销售是现金销售,不是赊销,原因就在于这些银行卡支付可以立即转为销售企业的现金。

绝大多数公司会开设若干银行账户,同时还在手头保留小笔现钞。因此,总分类账中的

现金账户通常被称为统驭账户。现金明细分类账包括每个银行账户和组织内每个库存现金供应方相应的单独账户。

7.1.1 在资产负债表中报告现金

现金在资产负债表上被列为第一项，因为它在所有流动资产中流动性最高。为了便于在资产负债表上列示，现金统驭账户的余额和**现金等价物**（cash equivalents）统驭账户的余额合为一项。

1. 现金等价物

有些短期投资的流动性很强以至被称为现金等价物，如货币市场基金、美国短期国库券和等级较高的商业票据（规模大、信誉好的公司签发的超短期的应付票据）。这些资产被认为与现金很相似，以至在资产负债表中与现金额合为一项。因此，资产负债表中列示的第一项资产通常被称为现金及现金等价物。

要想成为现金等价物，投资必须十分安全，有稳定的市场价值，并且必须在购入后90天内到期。不过，即使是大公司发行的高等级股票和债券投资，也不被认为符合这些标准。不符合现金等价物标准的短期投资在资产负债表上被列为有价证券。

2. 受限现金

有些银行账户的用途受到限制，所以不能用来满足公司的正常经营需要，如银行账户可能包含专门用于偿付非流动负债（如应付债券）的现金。受限现金被列示在资产负债表的"投资和受限基金"部分。

作为取得贷款的一项条件，银行常常要求借款方在不计利息的支票现金账户中保留**补偿性余额**（compensating balance），即最低平均余额。这一协议事实上并不阻止借款方使用现金，只是要求公司必须立即补充银行账户。补偿性余额通常包括在资产负债表的现金中，但财务报表附注中须对该余额进行披露。

3. 信用额度

许多企业都和银行签订**信用额度**（line of credit）。信用额度是指银行事先同意借给公司特定限额内的任何额度资金。企业在任何时候只需签发特定银行账户的支票就可借这笔款。一旦借款，即一旦使用了部分信用额度，立即构成对银行的负债。

信用额度中的未使用部分既不是资产，也不是负债，它仅代表企业迅速且简单地借入款项的能力。尽管未使用的信用额度不在资产负债表中列为资产或负债，但它增强了公司的流动性。因此，未使用的信用额度通常在财务报表附注中披露。例如，兰金公司在美国西北地区从事户外设备和服装零售，该公司或许会就公司的信用额度进行如下披露：

> 截至2021年12月31日，针对公司2023年7月31日之前拥有的100 000 000美元信用额度，公司无未偿还的借款。若因收购或银行授权批准的其他用途之需，本公司拥有将信用额度扩大至160 000 000美元的权利。

7.1.2 现金管理

现金管理（cash management）这一术语是指对现金交易和现金余额进行规划、控制和会计处理。因为现金可以在银行账户和其他金融资产之间任意转换，现金管理实际上是指对所有金融资源的管理。这些资源的有效管理对每个企业组织的成功甚至生存，都至关重要。现金管理的基本目标如下：

- 为现金收入、现金开支和现金余额提供准确的会计处理。
- 防止或减少由偷窃或舞弊产生的损失。
- 预测借款需求，确保可获得充足的现金以开展企业经营。
- 防止大笔现金不必要地闲置在不能产生收入的银行账户中。

7.1.3 现金的内部控制

现金内部控制有时被简单地理解为防止舞弊和偷窃的手段。然而，良好的内部控制制度还可以帮助企业实现高效现金管理的其他目标，如对现金交易进行正确的会计处理、预期借款需求和保持充足但不过多的现金余额。

对现金交易和现金余额进行内部控制的主要步骤如下：

- 将处理现金和维持会计记录的职责分开。负责处理现金的员工不得接触会计记录，会计人员不得接触现金。
- 企业内部的每个部门编制来年每月的现金预算（或预测），预计现金收入、现金支付和现金余额。
- 在现金收取时和收取地，编制现金收取控制清单。
- 要求所有现金收入当天存入银行。
- 用支票进行所有支付。唯一的例外是动用备用金中的现金进行小额支付。
- 要求在每张支票支付签发前核实每笔支出，将批准支出和签发支票的职责分开。
- 立即将银行对账单和会计记录进行核对。核对银行对账单的人不应该有任何机会处理现金（银行对账单核对将在本章后面部分讨论）。

何谓现金溢余和短缺（cash over and short）？在处理日常交易的现金收入时，不可避免地会发生一些差错。一天营业结束时，清点现金并与收银机中的记录核对，这些差错会造成现金短缺或溢余。

例如，假设当天销售点终端记录的现金销售总额为 4 500 美元，然而收银机抽屉中的现金收入总计只有 4 485 美元。对 15 美元的现金收入短缺，需编制如下所示的会计调整分录。

借：现金溢余和短缺　　　　　　　　　　　　　　　　　　　　　　　15
　贷：现金　　　　　　　　　　　　　　　　　　　　　　　　　　　　　15
记录当天现金收入短缺 15（= 4 500−4 485）美元。

现金溢余和短缺账户，借记短缺，贷记溢余。该账户如为借方余额，则作为杂项费用列在利润表中；如为贷方余额，则列为杂项收入。

7.1.4 银行对账单

银行每月为储户提供账户对账单。⊖如表 7-2 所示，银行对账单列示了该账户的月初余

⊖ 大公司很可能在一周内收到银行对账单。当交易发生时，常常可以通过网络获得银行账户持续更新的信息。

额、当月的存款、支付的支票、其他加项和减项，以及月末的新余额（为简便说明起见，该表只列举了当月有限的几笔存款，而不是每天一笔）。

表 7-2　银行对账单　　　　　　　　　　　　　　　　（单位：美元）

	日期			金额
西部国民银行			客户编号 501390	
奥林匹克大道 100 号			园景公司	
加利福尼亚州洛杉矶			园景路 109 号	
			加利福尼亚州洛杉矶	
	截至 2021 年 7 月 31 日当月的银行对账单			
	6 月 30 日	上张对账单余额		5 029.30
	存款和其他增加（贷项）			
	7 月 1 日		300.00	
	7 月 2 日		1 250.00	
	7 月 8 日		993.60	
	7 月 12 日		1 023.77	
	7 月 18 日		1 300.00	
	7 月 22 日		500.00 CM	
	7 月 24 日		1 083.25	
	7 月 30 日		711.55	
	7 月 31 日		24.74 INT	
	存款和其他增加（贷项）总计			7 186.91
	签发支票和其他减少（借项）			
	7 月 2 日	Ck822	1 100.00	
	7 月 3 日	Ck883	415.20	
	7 月 3 日	Ck884	10.00	
	7 月 10 日	Ck885	96.00	
	7 月 10 日	Ck886	400.00	
	7 月 12 日	Ck887	1 376.57	
	7 月 15 日	Ck889	425.00	
	7 月 18 日	Ck892	2 095.75	
	7 月 22 日	Ck893	85.00	
	7 月 22 日		5.00 DM	
	7 月 24 日	Ck894	1 145.27	
	7 月 30 日		50.25 NSF	
	7 月 31 日		12.00 SC	
	签发支票和其他减少（借项）总计			(7 216.04)
	7 月 31 日	对账单余额		5 000.17
	字母 / 代码解释			
	CM		贷项通知单	
	DM		借项通知单	
	INT		平均余额赚取的利息	
	NSF		存款余额不足	
	SC		服务费	

7.1.5　调节银行对账单

银行存款余额调节表（bank reconciliation）用于说明银行对账单余额和储户会计记录余额

之间的任何差异。银行和储户独立记录银行账户的存款、支票和当前余额。每月储户应编制银行存款余额调节表，以核对独立记录是否一致。调节表可以揭示内部控制失败之处，如未经批准的现金支出，或现金收入未存入银行，以及银行对账单或储户会计记录上的错误。此外，调节表还揭示某些必须记入而尚未记入储户会计记录的交易，以帮助确定存款现金的真实金额。

1. 银行记录与会计记录间的正常差异

月度银行对账单余额很少等于储户会计记录余额。储户记录的某些交易银行可能尚未记录。最常见的例子如下：

- 在途支票（outstanding checks）。公司已签发并记录了支票，但支票尚未送至银行兑现。
- 在途存款（deposits in transit）。储户已经记录现金收款，但该款项尚未到达银行以致未能出现在当月的银行对账单中。

此外，银行对账单上的某些交易可能储户尚未记录，如：

- 服务费。银行通常会对处理小额账户收取一些费用，费用的金额通常取决于账户的平均余额和本月支付支票的次数。
- 存入 NSF 支票的费用。NSF（not sufficient funds）的意思是"存款余额不足"。客户支票一存入银行，银行通常立即为储户提供信用。有时，这些支票中的某一张可能无法收回，因为签票客户账户余额不足。此时，银行会按无法收回项目的金额减少储户账户，并将盖有 NSF 字样的支票送回储户。储户应将 NSF 支票看作对客户的应收账款，而不是现金。
- 赚取的利息贷项。支票账户或许可赚取利息。月底，银行将利息贷记储户账户，并在银行对账单中报告。
- 杂项银行费用和贷项。银行对印刷支票、代收应收票据和处理 NSF 支票等服务收费。银行从储户账户中扣除这些费用，即借记储户账户，并在月度银行对账单中用借项通知单方式通知储户。如果银行代储户收回一笔应收票据，就贷记储户账户，并发出贷项通知单。⊖

在银行余额调节表中，根据未记录交易调节银行对账单和会计账户余额。此外，还应调整以纠正银行对账单或会计记录中发现的任何错误。

2. 编制银行存款余额调节表的步骤

编制银行存款余额调节表的具体步骤如下：

- 比较银行对账单和储户会计记录中的存款。银行未记录的任何存款均为在途存款，应加到银行对账单余额中。
- 比较银行支付的支票和会计记录中的相应分录。已签发但银行尚未支付的支票列为在途支票，应从银行对账单报告的余额中减去。

⊖ 银行把每个储户账户看作一个负债账户。针对交易发出的借项通知单减少这种负债，如银行服务收费。同样，针对交易发出贷项通知单增加负债，例如存款利息收入。

- 银行发出的储户尚未记录的贷项通知单，应加到储户会计记录的余额中。
- 银行发出的储户尚未记录的借项通知单，应从储户记录的余额中减去。
- 为纠正银行对账单或储户会计记录中的任何错误而进行的适当调整。
- 确定银行对账单调整后余额等于储户记录的调整后余额。
- 编制调整银行存款余额调节表中储户记录余额的日记账分录。

3. 示例：银行存款余额调节表

7月银行送交园景公司的银行对账单如表7-3所示。该对账单显示7月31日存款现金余额为5 000.17美元。假设当天公司分类账上的银行余额为4 262.83美元。编制银行存款余额调节表的员工指出了如下需要调节的事项：

（1）7月31日银行下班后送存的410.90美元未列入银行对账单。

（2）7月签发的银行尚未兑现的4张支票如右所示。

（3）银行对账单上的2张贷项通知单如下所示。

支票号	日期	金额（美元）
881	7月1日	100.00
888	7月14日	10.25
890	7月16日	402.50
891	7月17日	205.00

日期	金额（美元）	解释
7月22日	500.00	收取大卫无息应收票据的款项。银行收款部门为园景公司收取该票据
7月31日	24.74	7月平均账户余额赚取的利息

（4）银行对账单上的3张借项通知单。

日期	金额（美元）	解释
7月22日	5.00	银行因处理应收票据收款而收取的费用
7月30日	50.25	园景公司存入客户J.B.鲍尔的支票因NSF而被退回
7月31日	12.00	银行7月的服务收费

（5）签发给电话公司的第893号支票的金额为85美元，但在现金支付日记账中误记为58美元。银行已支付了这张支付电话费的支票，银行对账单上正确地记录了85美元。园景公司总分类账中现金账户由于这一错误多计了27（=85−58）美元。

7月31日，园景公司的银行存款余额调节表如表7-3所示（箭头编号与编制银行存款调节表的步骤以及上述调整项目相对应）。

表7-3　银行存款余额调节表

（单位：美元）

	园景公司	
	2021年7月31日	
银行对账单余额，2021年7月31日		5 000.17
①→ 加：银行7月31日未记录的存款		410.90
		5 411.07
②→ 减：在途支票		
第881号	100.00	
第888号	10.25	
第890号	402.50	
第891号	205.00	717.75

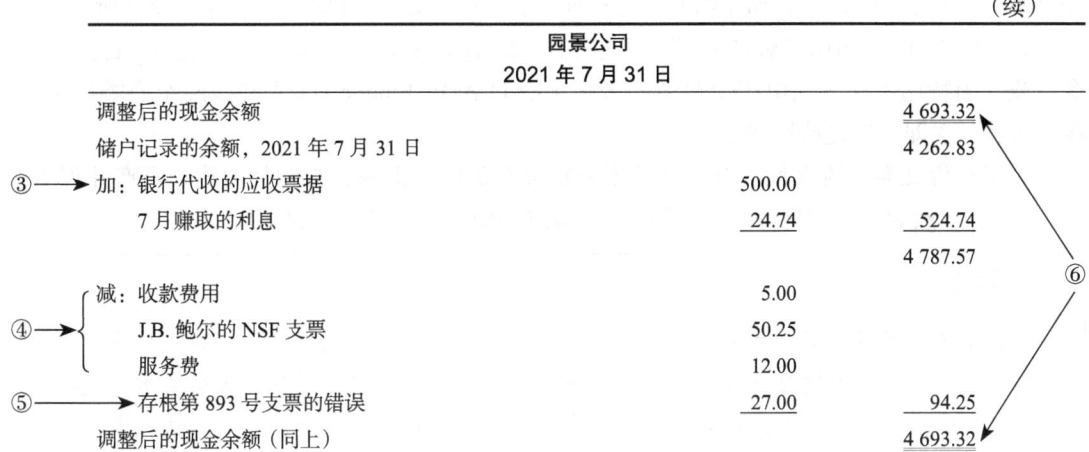

4. 更新会计记录

调节银行对账单的最后一步是为使任何未记录的现金交易得以记录而更新储户的会计记录。银行存款余额调节表中，对储户记录余额的每项调整都是储户账户尚未记录的现金收入或付款。因此，每类事项都应记录。

在本例以及作业中，我们为应记录未记录的现金收入和未记录的现金减少分别编制日记账分录（也可以为每一事项单独编制日记账分录，或为所有事项编制一个复合分录）。基于这种记录做法，下面给出了为更新园景公司会计记录而编制的分录：

借：现金　　　　　　　　　　　　　　　　524.74
　　贷：应收票据　　　　　　　　　　　　　　　　500.00
　　　　利息收入　　　　　　　　　　　　　　　　 24.74

记录银行从大卫处收到的应收票据收款和7月银行账户赚取的利息。

借：银行服务费　　　　　　　　　　　　　　17.00
　　应收账款——J.B. 鲍尔　　　　　　　　　50.25
　　电话费　　　　　　　　　　　　　　　　27.00
　　贷：现金　　　　　　　　　　　　　　　　　　 94.25

记录银行手续费（服务费12美元，代收费5美元）；将客户 J.B. 鲍尔的 NSF 支票列为应收账款；更正少计的电话费现金支付。

7.2　短期投资

拥有大量流动资源的公司常常以有价证券而不是现金的形式持有其绝大部分资源。

有价证券主要为对公众持股公司的证券投资。顾名思义，有价证券的一个基本特征就是可以按市场价格便利地开展快速买入或卖出。有价证券投资以股利、利息、行情好时的市价上升等形式为投资者赚取报酬。在被投资者持有期间，这些投资的流动性几乎与现金一样高。虽然有价证券既可能是股票也可能是债券，但股票投资占有价证券的绝大多数。因此，这里主要讨论可交易的股票投资，债券投资则在其他高级课程中讨论。这类有价证券每天在有组织的证券交易所交易（买入和卖出），如纽约股票交易所、东京股票交易所和墨西哥博尔萨交易所。

只要给美林（Merrill Lynch）或摩根士丹利（Morgan Stanley）这样的经纪公司发送卖出指令，或在因特网上通过与电子交易金融公司（E*TRADE Financial）等在线经纪商委托卖出，投资者就可立即卖出这些股票。

鉴于有价证券的流动性，有价证券投资在资产负债表上通常被归类为流动资产并列示在现金之后。⊖ 然而，公司把计划持有超过 1 年的有价证券归类为非流动资产。

> ⊙ **小案例**
>
> 企业通常都将其部分富余现金投资于有价证券，以期赚取比持有现金和现金等价物更高的报酬。下列样本摘自一些公司近期公布的资产负债表，说明了许多公司愿意大笔投资于短期有价证券。短期有价证券在公司的资产负债表上被归类为流动资产。这一点也表明有价证券是公司整体流动性战略的一部分。
>
> | | 投资金额（10 亿美元） | | 投资金额（10 亿美元） |
> | --- | --- | --- | --- |
> | 可口可乐公司 | 5.3 | 辉瑞公司 | 18.7 |
> | 福特汽车公司 | 17.6 | 微软公司 | 125.3 |

7.3 有价证券的会计处理

虽然有价证券投资在投资人的资产负债表上列示为一个很大的金额，但对于发行股票的公司而言，单笔投资通常只占公司发行在外股份的很小一部分。对于此类投资，与有价证券投资相关的会计事项主要有如下四类：①投资的购买；②股利的收取；③投资的出售；④期末调整。

7.3.1 有价证券的购买

有价证券投资最初以成本记录，包括所有经纪人佣金。例如，假设福斯特公司 12 月 1 日购买可口可乐公司 4 000 股股票作为短期投资，购买价格为每股 48.98 美元，并支付了 80 美元的经纪人佣金。记录股票购入的分录如下：

借：有价证券　　　　　　　　　　　　　　　　　　196 000
　　贷：现金　　　　　　　　　　　　　　　　　　　　　　196 000
购入可口可乐公司 4 000 股股票，总成本 196 000（=48.98×4 000 + 80）美元；每股成本 49（=196 000/4 000）美元。

有价证券账户是一个统驭账户，用以报告公司所有短期投资。如果福斯特公司还投资于其他公司的股票，则会计分录与以上类似。但是，福斯特公司还要建立有价证券明细分类账，对所拥有的每种证券做单独记录。

⊖ 本章仅限于讨论股票这一有价证券。公司也可能投资于债券这一有价证券。债务证券投资分为三类：交易型、可销售型和持有至到期型。不同类别要求采用不同的会计处理方法。债务证券的具体会计处理将在后续会计课程中做深入讨论。

请注意，日记账分录解释中每股成本 49 美元的计算包括总的佣金部分。计算福斯特公司出售这些证券的利得或损失要以 49 美元的每股成本为基础。

7.3.2 投资收入的确认

确认股利收入的分录通常借记现金，贷记利息收入或股利收入。例如，假设福斯特公司 12 月 15 日收到可口可乐公司支付的 4 000 股、每股 0.30 美元的股利。记录这笔收入的分录如下所示。

借：现金　　　　　　　　　　　　　　　　　　　　　　　　　1 200
　贷：股利收入　　　　　　　　　　　　　　　　　　　　　　　　　　1 200
收到可口可乐公司一季度股票股利（=0.30×4 000）。

股利收入在利润表中作为公司净利润的一部分进行报告。它们通常列在利润表的底部，用来计算税前利润。第 12 章将对利润表中经营成果的报告进行更多讨论。

7.3.3 投资的出售

出售投资时，会产生利得或损失。以高于成本价出售投资，记录**利得**（gain），反之则产生**损失**（loss）。这些项目出现在利润表的"其他利润/费用"部分。

1. 出售投资产生利得

例如，假设福斯特公司 12 月 18 日出售可口可乐公司股票 500 股，每股价格 50.04 美元，扣除 20 美元经纪人佣金。如前所述，12 月 1 日福斯特公司的成本基础为每股 49 美元。因此，记录销售和 500 美元利得的分录如下（单位：美元）。

借：现金　　　　　　　　　　　　　　　　　　　　　　　　　25 000
　贷：有价证券　　　　　　　　　　　　　　　　　　　　　　　　　24 500
　　　出售投资利得　　　　　　　　　　　　　　　　　　　　　　　　500
出售可口可乐公司股票 500 股的利得：
　　出售收入（=50.04 美元/股 ×500 股 −20 美元佣金）　　　　　25 000
　　成本基础（=49 美元/股 ×500 股）　　　　　　　　　　　　　24 500
　　出售利得　　　　　　　　　　　　　　　　　　　　　　　　　　500

这笔交易因为福斯特公司以高于成本基础的价格出售股票而产生利得。出售利得增加了公司本期的净利润，在利润表中与股利收入一样进行报告。期末，投资出售利得的贷方余额与其他收入账户贷方余额一起结转至损益汇总账户。

2. 出售投资产生损失

假设福斯特公司 12 月 27 日又出售 2 500 股可口可乐股票，每股售价 48.01 美元，同样扣除经纪人佣金 25 美元。记录出售和 2 500 美元损失的分录如下（单位：美元）。

借：现金　　　　　　　　　　　　　　　　　　　　　　　　　120 000
　　出售投资损失　　　　　　　　　　　　　　　　　　　　　　　2 500

贷：有价证券	122 500
出售可口可乐公司股票 2 500 股的损失：	
成本基础（=49 美元/股 ×2 500 股）	122 500
出售收入（=48.01 美元/股 ×2 500 股 −25 美元佣金）	120 000
出售损失	2 500

这一损失减少了福斯特公司本期的净利润，在接近利润表的底部进行报告。期末，出售投资损失账户的借方余额与其他费用账户的借方余额一起结转至损益汇总账户。

7.3.4 按市价调整有价证券

可供出售证券在资产负债表中须按资产负债表日的现行市价列报。因此，这一计价原则通常被称为**公允价值计量**（fair value accounting）。将有价证券调整为现行市价时，需要使用**未实现的投资持有利得（或损失）**[unrealized holding gain (or loss) on investment]账户。就像有价证券出售产生损失一样，该账户减少了净利润。

例如，假设福斯特公司 12 月 31 日持有 1 000 股可口可乐公司的股票，现行市值为 47 000 美元（1 000 股每股市价 47 美元）。调整前，公司有价证券账户余额 49 000（=1 000×49）美元。因此，福斯特公司 12 月 31 日进行如下市价计价调整：

借：未实现的投资持有损失	2 000
贷：有价证券	2 000

将有价证券的资产负债表价值从 49 000（=1 000×49）美元调整至 12 月 31 日的市值，即 47 000（=1 000×47）美元。

表 7-4 显示了福斯特公司有价证券计价调整后简略的资产负债表。

表 7-4 有价证券在资产负债表中的列示 （单位：美元）

福斯特公司
资产负债表
本年度 12 月 31 日

资产		负债和股东权益	
流动资产：		负债：	
现金	50 000	（细节略）	350 000
有价证券（成本 49 000 美元；市值 47 000 美元）	47 000	股东权益：	
应收账款	23 000	股本	400 000
流动资产总计	120 000	留存收益①	150 000
其他资产：			
（细节略）	780 000	股东权益总计	550 000
总额	900 000	总额	900 000

①留存收益减少了 2 000 美元，表明有价证券的市场价值下降了。

未实现的投资持有利得和损失不需缴纳所得税，所得税只有当投资出售确认了所实现的利得和损失时才征收。然而，资产负债表中的未实现利得和损失实际上是按扣除预期未来所得税影响后的金额来报告的。未来所得税影响的计算已超出本书入门讨论的范围，将在后续高级会计课程中讨论。在本章章末的习题中，未实现的投资持有利得和损失只代表持有证券的成本与现行市价的差异。

> ⊙ **小案例**
>
> 在美国，股票投资通常因在活跃的股票交易所交易而拥有活跃市场价值。在资产负债表中，股票投资按公允价值记录。没有活跃市场价值的股票投资通常按成本记录。按照国际财务报告准则（IFRS），包括未上市股票投资在内的所有股票投资均按公允价值记录。

7.4 应收账款

影响美国经济发展的主要因素之一就是美国存在赊销商品和服务的趋势，应收账款也因此成为美国许多商业公司最大的金融资产。

应收账款是流动性相对较高的资产，通常可在 30～60 天内转化为现金。因此，对客户的应收账款在资产负债表中通常紧随现金和有价证券等短期投资之后列示。

如第 5 章所述，能迅速转化为现金的资产在资产负债表中列示为流动资产。用于定义流动资产的期间一般为一年或公司的一个营业周期。第 6 章将营业周期定义为将现金转换为存货、将存货转换为应收账款、将应收账款转换为现金的正常期间。有些公司基于长期分期付款计划出售商品，从客户处收回全部应收款项需要 12 个月、24 个月甚至 48 个月。这些应收款项是公司正常营业周期的一部分。因此，由正常销售活动产生的所有应收账款通常归类为流动资产，即便信用期超过了一年。

7.4.1 对应收款项的内控

对应收款项实施内控是为了确保只有来自合法客户订单的销售额记入应收款项和营业收入并确保该会计期间内所有运出的货物都被记入。此外，对应收款项的内控还应该确保交易事项在正确的会计期间以准确的金额记录到正确的总分类账上（如发生在接近会计期末的交易应该记入货物运出时的会计期间）。另外，建立有效内控机制也是为了确保只对符合本公司信贷标准的客户提供赊销，且发出的货物要与订单相符，并给客户出具正确的票据。最后，对应收款项实施内控也是为了确保从顾客那里收到的现金货款能够及时存入银行账户，支付方式与客户账户相适应，收回的现金货款也要记到相应的会计记录中。

对应收账款和现金收回实施内部控制的主要步骤包括以下几个方面：

- 跟单部在收到订单后就编制销售订单。销售订单列出已订商品的相关信息（如库存数量、订单数量、单价以及付款方式）。
- 信用部对销售订单和客户信用档案进行审核，然后决定是否需要以及要贷多少。
- 运输部要确保运送的货物符合客户的要求。
- 开票部将出货单与订单进行对照核实，然后开具销售发票并邮寄出去。
- 会计部通过借记应收账款、贷记营业收入和借记销货成本、贷记存货（假设采用永续盘存制）来记录这笔赊销业务。此外，还要在应收账款明细分类账中反映这笔赊销业务。
- 如果是邮汇收到顾客的货款，那么支票通过背书可以存入本公司的银行账户，而且还要对所收到的支票编制每日清单（包括支票编号、出票人和支票金额）。
- 出纳部在收到支票和支票的邮汇清单后应当编制银行存款日记账。
- 会计部通过借记库存现金和贷记应收账款来记录这笔收到的现金款项。此外，还要在应收账款明细分类账中反映这笔收到的现金款项。⊖

7.4.2 坏账

之前已多次介绍，应收账款在资产负债表中以其预计可收回金额（即可实现净值）列示。当然，没有一家企业愿意将商品赊销给无力支付货款的客户。然而，当一家公司对成百上千的客户开展赊销业务时，某些账款最终难免成为坏账。

有限数量的坏账不仅是企业预期的，同时也是公司信用政策可靠的证明。如果公司信用部门过分谨慎，那么企业可能会因拒绝那些被认为具有可接受信用风险的客户而丧失许多销售机会。

那么，如何在财务报表中反映坏账呢？被确认为坏账的应收账款不再是一项资产。资产损失代表费用，即坏账费用。

在计量企业利润时，一个最基本的会计原则就是收入应与产生收入时发生的费用配比（抵销），坏账费用是因将商品赊销给不能付账的客户所导致的。因此，这笔费用应该在相关销售发生的期间估计并记录，即使具体的应收账款可能要在以后会计期间才被确定为坏账。例如，1月赊销的应收账款在6月被确定为坏账，仍代表1月的费用。图7-2列示了坏账费用与赊销发生期间的收入是如何配比的。

图7-2 坏账费用与赊销发生期间的配比

例如，假设世界名望玩具公司2021年1月1日开始营业，绝大多数销售为赊销。1月31日，应收账款余额为250 000美元。当天，信用经理复核应收账款，预计账款中约有10 000美元无法收回。1月31日编制如下调整分录。

借：坏账费用　　　　　　　　　　　　　　　　　　　　　　10 000
　　贷：坏账准备　　　　　　　　　　　　　　　　　　　　　　　　10 000
记录应收账款总额中估计无法收回的部分。

这笔分录借方的坏账费用账户与其他费用账户一起结转至损益汇总账户。该分录贷方的坏账准备账户在资产负债表中作为应收账款账面金额的减项列示。如表7-5所示，在资产负债

⊖ 以上关于销售、应收账款以及现金收入的内部控制的介绍非常笼统。采用的部门名称也只是为了说明相关职能而已，实际情况往往因公司而异。对这些职能的详细讨论将在后续的课程中进行，尤其是在会计信息系统和审计学课程中。

表中坏账准备将应收账款减至可实现净值。虽然我们事先无法确定具体是哪些客户不会付款，但可以估算预计无法收回的应收账款金额。

表 7-5　按估计可实现净值列示应收账款　　　　（单位：美元）

世界名望玩具公司
部分资产负债表
2021 年 1 月 31 日

流动资产：		
现金及现金等价物		75 000
有价证券		25 000
应收账款	250 000	
减：坏账准备	10 000	240 000
存货		300 000
总流动资产		640 000

7.4.3　坏账准备

因为事先无法知道哪些应收账款将不能收回，所以不可能按照我们对可能坏账的估计来贷记某一具体客户的账户，也就不能贷记总分类账的应收账款统驭账户。因此，实务中唯一的办法就是按估计的坏账金额贷记单独的**坏账准备账户**（allowance for doubtful accounts）。

通常情况下，坏账准备账户是资产抵销账户或计价账户。这两个术语都指出坏账准备应该有贷方余额，即抵销资产应收账款以得出对公司流动性的更有用和更可靠的计量。因为坏账准备账户只是一种估计而不是精确计算，所以职业判断对确定该计价账户大小作用很大。

那么，如何对准备账户进行月度调整呢？世界名望玩具公司 1 月 31 日的调整分录中，调整金额（10 000 美元）与估计的坏账金额相等。的确如此，因为这是经营的第一个月，也是公司对坏账的第一笔估计。在未来的月份，调整分录的金额取决于两个因素：坏账的估计和坏账准备的当前余额。在举例说明未来月份调整分录前，让我们先来看看会计期间准备账户的余额为什么会发生变化。

7.4.4　冲销坏账

当确定某一特定客户的应收账款为坏账时，该应收账款就不再是资产，而应予以冲销（write-offs）。冲销应收账款就是将该客户的账户余额减至零。日记账分录为贷记总分类账中的应收账款统驭账户（和明细分类账中的该客户账户），借记坏账准备。

例如，假设世界名望玩具公司 2 月初得知折扣商店已停止营业，其所欠的 4 000 美元应收账款一文不值。冲销这笔应收账款坏账的分录如下所示。

借：坏账准备　　　　　　　　　　　　　　　　　　　　　　　　4 000
　贷：应收账款（折扣商店）　　　　　　　　　　　　　　　　　　　　4 000
将折扣商店的应收账款按坏账冲销。

值得注意的是，该分录中的借方是坏账准备，而不是坏账费用账户。预计的信用损失费用在每个会计期末贷记坏账费用账户。当特定应收账户以后被确定为坏账并冲销时，这一做法并不代表额外的费用，只是证实了我们先前对费用的估计。

还需注意的是，冲销应收账款坏账的这笔分录使资产和资产抵销账户减少相等金额。因此，冲销应收账款并不改变资产负债表中应收账款的可实现净值。世界名望玩具公司在冲销折扣商店应收账款前后的可实现净值如下。

冲销前		冲销后	
应收账款	250 000	应收账款	246 000
减：坏账准备	10 000	减：坏账准备	6 000
可实现净值	240 000	可实现净值	240 000

总之，备抵法下，信用损失是在销售发生时确认为费用，而不是在坏账被确定期间。这样做是基于配比原则。

冲销很少与先前的估计相一致。应收账款实际冲销的总额恰好等于先前贷记坏账准备账户的估计金额的情况，即使有一致的情况，也非常少见。

如果作为坏账冲销的金额被证明少于预计金额，那么坏账准备仍有贷方余额。如果作为坏账冲销的金额大于预计金额，那么坏账准备将出现暂时的借方余额，但通过期末调整可得以消除。

7.4.5 信用损失的月度估计

每月末，管理层需要再次估计坏账的可能金额，并按新的估计额来调整坏账准备。

例如，假设2月末世界名望玩具公司信用部经理分析了应收账款后认为，预计应收账款中约有11 000美元为坏账。现在，坏账准备账户的贷方余额仅为6 000美元，计算过程如下所示。

1月31日余额（贷方）	10 000
减：冲销被认为一文不值的账户（折扣商店）	4 000
2月28日的贷方余额（调整前）	6 000

2月28日坏账准备账户的余额应增至11 000美元，所以月末调整分录应增加坏账准备5 000美元。具体分录如下。

借：坏账费用	5 000	
贷：坏账准备		5 000
将坏账准备的余额增至11 000美元。计算过程如下：		
2月28日准备的应有余额		11 000
调整前的贷方余额		6 000
要求的调整		5 000

在世界名望玩具公司的例子中，1月31日和2月28日需要的坏账准备估计金额直接给定。实际上，估计信用损失通常有两种方法：资产负债表法和利润表法。

1. 估计信用损失：资产负债表法

估计可能坏账金额的最常用方法是**应收账款账龄分析法**（aging the accounts receivable）。该方法有时也被称为资产负债表法（balance sheet），因为它强调资产负债表中应收账款的恰当价值。

应收账款"账龄分析"就是将应收账款按账龄进行分组。表 7-6 列示了山谷牧场供货公司的应收账款账龄分析表。

表 7-6　应收账款账龄分析表　　　　　　　　　　　　　　　　　（单位：美元）

山谷牧场供货公司
应收账款账龄分析
2021 年 12 月 31 日

	总计	未到期	逾期 1～30 天	逾期 31～60 天	逾期 61～90 天	逾期 90 天以上
动物保健中心	9 000	9 000				
约翰·巴特菲尔德	2 400			2 400		
柑橘树丛公司	4 000	3 000	1 000			
新鲜乳品农场	1 600				600	1 000
东湖养马场	13 000	7 000	6 000			
（其他客户）	70 000	32 000	22 000	9 600	2 400	4 000
总计	100 000	51 000	29 000	12 000	3 000	5 000

账龄分析表有助于管理层了解每笔应收账款的情况，从而便于全面评价企业信用政策和收款政策的有效性。此外，账龄分析表还可作为估计坏账金额的基础。

通常，账款逾期时间越长，无法全额收回的可能性就越大。根据以往经验，信用部经理要对每个应收账款账龄组估计一个可能发生坏账费用的百分比。该百分比乘以该账龄组的应收账款总额，就是该组估计的坏账部分。将各账龄组的估计坏账部分加总，就可得到坏账准备的要求余额（required balance）。表 7-7 列示了账龄分析表的各组总计，并给出了坏账估计总额的计算过程。

表 7-7　坏账总额估计　　　　　　　　　　　　　　　　　（金额单位：美元）

山谷牧场供货公司
应收账款坏账估计
2021 年 12 月 31 日

	账龄组总计		认定为坏账的百分比（%）		估计坏账
未到期	51 000	×	1	=	510
逾期 1～30 天	29 000	×	3	=	870
逾期 31～60 天	12 000	×	10	=	1 200
逾期 61～90 天	3 000	×	20	=	600
逾期 90 天以上	5 000	×	50	=	2 500
总计	100 000				5 680

注：百分比由信用部经理根据以往经验和当前经济形势每月进行估计。

12 月 31 日，山谷牧场供货公司应收账款总计为 100 000 美元，估计其中约有 5 680 美元为坏账。因此，需要编制调整分录将坏账准备的余额从当前水平调整至 5 680 美元。假设坏账准备当前贷方余额为 4 000 美元，月末调整分录应为 1 680 美元，计算过程如下。⊖

⊖ 期内应收账款冲销超过上次调整日期的坏账准备，坏账准备账户暂时获得了借方余额。如果坏账准备每月调整，这种情况很少发生，但如果调整分录仅在年底做出调整的话，这种情况就常常发生。

如果山谷牧场供货公司仅每年调整坏账，坏账准备账户有借方余额 10 000 美元。在这种情况下，年底的调整分录应为 15 680 美元，以抵销债务余额 10 000 美元，并把所需的准备金提到所需要的贷方余额 5 680 美元。不管多久调整一次分录，山谷牧场供货公司的坏账准备账户余额应为 5 680 美元。

	（单位：美元）
12 月 31 日贷方余额（调整前）	4 000
要求的贷方调整	1 680
12 月 31 日要求的贷方余额（账龄分析表）	5 680

因此，12 月 31 日需要编制如下调整分录：

借：坏账费用	1 680	
贷：坏账准备		1 680

将坏账准备增至要求的余额 5 680 美元。

2. 估计信用损失：利润表法

估计和记录信用损失的另一种方法就是所谓的利润表法。利润表法强调的是估计利润表报告期间的坏账费用。根据以往经验，坏账费用估计为净赊销额的一定百分比。调整分录按预计费用的全部金额编制，而不需要考虑坏账准备账户的当前余额。

例如，假设某公司根据以往经验认为赊销额的 2% 将无法收回。如果 9 月赊销额为 150 000 美元，那么月末记录坏账费用的调整分录如下所示。

借：坏账费用	3 000	
贷：坏账准备		3 000

记录坏账费用估计约为赊销收入的 2%（150 000×2% = 3 000）。

利润表法快捷、简单，既无须编制账龄表，也不用考虑坏账准备账户的现有余额。但应收账款账龄分析可提供坏账的更可靠估计，因为它既考虑了账龄，又兼顾了资产负债表日具体应收账款的可收回性。

以往许多小公司在编制月度财务报表时采用利润表法，而在编制年度财务报表时采用资产负债表法。现在，绝大多数企业都有计算机软件，可以方便并迅速地编制月度应收账款账龄分析表。因此，现在绝大多数企业编制年度或月度财务报表时都采用资产负债表法。

7.4.6 前期冲销的应收账款的回收

有时，已冲销的应收账款后来又被全部或部分收回，即通常所谓的坏账回收（recoveries of bad debts）。之前冲销的应收账款的回收说明冲销是个错误，因此应将已冲销的应收账款重新列为资产。

例如，假设某公司于 2 月 16 日冲销了布拉德·威尔森 500 美元应收账款。冲销该账户的分录如下所示。

借：坏账准备	500	
贷：应收账款（布拉德·威尔森）		500

作为坏账冲销布拉德·威尔森的应收账款。

如果客户布拉德·威尔森在 2 月 27 日全额支付了账款，那么这笔分录与作为坏账冲销该账户的分录恰好相反，并要像通常那样编制单独的分录来记录收到的现金。

7.4.7 直接冲销法

有些公司不采用任何应收账款估值准备。这些公司并不是通过期末编制调整分录来记录坏账费用估计,而是待具体应收款项被确定一文不值时才确认坏账费用。一旦特定客户的应收账款被确定为坏账,就直接进行冲销并按坏账金额记入坏账费用。

采用**直接冲销法**(direct write-off method)时,应收账款在资产负债表中以总额列示,不按预计可实现净值来列示应收款项。鉴于这个原因,直接冲销法仅适用于当应收账款和坏账费用很小且不存在实质性影响时。因此,绝大多数公司在其财务报表中采用备抵法。⊖

7.4.8 应收账款保理

保理(factoring)是指企业将应收账款出售给金融机构(通常称为保理机构)的交易。通过保理安排,企业可以立即得到现金,而不必一直等到应收款项收回。

应收账款保理很受那些尚未建立良好信用的小企业组织的欢迎。大型企业流动性强,常常可以通过无担保的信用额度来借款,而无须出售其应收账款。

> ⊙ **二手车买家**
>
> 假定你从约翰车店购买了一辆二手车,首付 500 美元,以后每月付款 150 美元,共付 24 个月。在向约翰旧车店付款 3 个月后,你被告知约翰旧车店计划将对你的应收账款出售给巴布·史密斯收账公司。因为你听说过这家收账公司采取很激进的方法收取过期款项,所以你对欠这家收账公司的钱很担忧。为此,你给车店打电话并与约翰直接通话,质问出售应收账款的合法性和道德性。你指出,你签署协议的对象是约翰旧车店,而不是收账公司。你还指出,你并未允许将自己的应收账款出售。既然你的应收账款被出售给另一家公司,就意味着你不再有付款的义务。对此,约翰说出售应收账款是合法的,并建议你去查阅《统一商法典》。你将怎样做呢?

7.4.9 信用卡销售

通过信用卡公司进行销售,商家可以迅速收回赊销现金,从而避免坏账费用。商家也节约了调查客户信用、维持应收账款明细分类账、从客户处收款等费用。

1. 银行信用卡

有些广为使用的信用卡(如 Visa 卡和万事达卡)就是银行发行的。当信用卡公司是银行时,零售企业可以将签署的信用卡汇票直接送存自己的银行账户。因为银行将信用卡汇票立即记入存款,所以使用银行信用卡的客户销售应记录为现销。

作为处理信用卡汇票的回报,银行按月收取服务费,金额通常为汇票金额的 2% 上下。这笔月度服务费从商家的银行账户中扣除,在商家月度银行对账单上同其他银行服务费一同列示。

⊖ 对 600 家上市公司会计处理做法的一项年度调查表明,有超过 500 家公司的财务报表采用备抵法。不过,所有这些公司的所得税纳税申报表使用的是直接冲销法。

2. 其他信用卡

当客户使用非银行信用卡（如美国运通卡）时，零售企业不能将信用卡汇票直接送存自己的银行账户。此时，商家应记录来自信用卡公司的应收账款，而不是借记现金。信用卡公司会定期向商家付款。不过，公司并不能获得应收账款的全额偿付。信用卡公司与商家的协议通常允许信用卡公司按付款额的 3% 上下收取贴现费用。

例如，假设布拉德商店向使用快客公司信用卡的客户出售 1 200 美元的照相机。具体分录如下所示。

借：应收账款（快客公司）	1 200	
贷：销售收入		1 200

记录对使用快客信用卡客户的销售。

周末，布拉德商店向快客公司寄送 1 200 美元的信用卡汇票，信用卡公司在扣除 2% 的贴现费用后赎回汇票。布拉德商店收款后编制分录如下所示。

借：现金	1 176	
信用卡贴现费用	24	
贷：应收账款（快客公司）		1 200

记录收到快客公司的应收账款并扣除 2% 的贴现费用。

在布拉德商店的利润表中，费用账户信用卡贴现费用包括在销售费用中。

7.5 应收票据和利息收入

应收账款通常不计利息。如果要收取利息，债权人通常会要求债务人签发正式的本票（promissory note）。本票是无条件的书面承诺，要求见票即付或未来某日支付确定金额的款项。

签署票据并因此承诺付款的人被称为票据的出票人（maker of the note），而接受款项的人被称为票据的受款人（payee of the note）。在如图 7-3 所示的票据中，太平洋瑞木公司是这张票据的出票人，而第一国民银行是受款人。

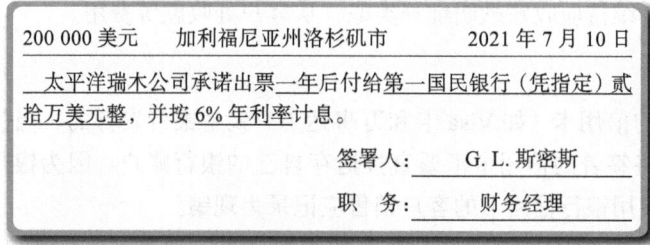

图 7-3 本票的简化格式

从出票人太平洋瑞木公司来看，上例中的票据是一项负债，要贷记应付票据账户。然而，从受款人第一国民银行来看，该票据属于资产，需要借记应收票据账户。票据的出票人要在到期日支付现金，受款人在同一天收取现金。

7.5.1 利息的本质

利息是使用货币的费用。借款人发生利息费用,出借人赚取利息收入。在公司财务报表中看到应付票据时,就应该想到该公司有借款,而且在利润表中应该有利息费用。看到应收票据时,就应该想到该公司有对外贷款,就要想到在利润表中有利息收入。

那么,如何计算利息呢?在第4章中,计算利息的公式如下:

$$利息 = 本金 \times 利率 \times 时间$$
$$(I = P \times R \times T)$$

利率通常以年利率标明。例如,一张1年期本金为20万美元、利率为6%的应收票据,总利息费用的计算如下:

$$P \times R \times T = 200\,000 \times 0.06 \times 1 = 12\,000(美元)$$

如果票据的期限只有4个月而不是1年,那么总利息收入就是4 000美元,计算如下:

$$P \times R \times T = 200\,000 \times 0.06 \times 4/12 = 4\,000(美元)$$

应当指出,这些计算采用的是单利,意味着每月未付利息金额不会产生利息。我们将在第10章介绍复利计算。

7.5.2 应收票据的会计处理

在某些商业领域,应收票据难得一见;而在另一些领域,应收票据不但常见,而且是企业总资产中的重要部分。例如,应收票据通常为银行和金融机构的最大资产项目,为公司创造大部分收入。

所有应收票据通常过入一个单独的总分类账账户,借记应收票据的金额一般是票据的票面金额,而不论票据是否附息。当收回一张附息票据时,收到的现金金额通常比票据的票面金额大。收到的利息贷记利息收入账户,票据的票面金额则贷记应收票据账户。

1. 分录举例

假设客户马文·怀特在12月1日交来一张3个月期、利率6%的应收票据,以结清现存的应收账款60 000美元。收到票据的分录如下所示。

借:应收票据 60 000
  贷:应收账款(马文·怀特) 60 000
接受3个月期、利率为6%的票据,结清应收账款。

12月31日,即财务年度末,公司应编制调整分录来记录应收票据赚取的利息:

借:应收利息 300
  贷:利息收入 300
记录马文·怀特的票据12月应计的利息($60\,000 \times 6\% \times 1/12 = 300$美元)。

简单起见，我们假设公司只在年末编制调整分录，因此不需要编制确认 1 月和 2 月应计利息收入的分录。

3 月 1 日（出票日后 3 个月），票据到期。记录收回票据的分录如下：

借：现金	60 900	
贷：应收票据		60 000
应收利息		300
利息收入		600

收回对马文·怀特的 3 个月期、利率 6% 的票据（60 000×6%×3/12=900 美元，其中 600 美元是当年赚取的利息）。

上述三笔分录显示了票据存续期内利息的赚取以及利息如何在年度之间按时间分配。这样，每年收入中包括当年实际赚取的利息。

为什么公司愿意接受相同金额的应收票据以替代相同金额的应收账款呢？这里有几个理由。首先，相比于应收账款，应收票据更为正式，而且可以作为法律证据。其次，应收票据带有利息，而应收账款一般不带利息。第三，如果应收票据的出票人是信用很好的客户，那么受票人可能为了保持与公司的业务而愿意另外再给 3 个月的付款期限，这样出票人就能有时间来筹集资付款。

2. 出票人违约

应收票据如果在到期日无法收回，被称为出票人**违约**（default）。票据出现违约后，持票人须立即编制一笔分录，将金额从应收票据账户转入对债务人的应收账款账户。转入应收账款账户的金额包括本金和利息。这里的分录与之前其他分录完全相同。不过，此时要借记应收账款（马文·怀特），而不是借记现金。应收票据的利息要在到期日记录在出票人的应收账款下。

借：应收账款（马文·怀特）	60 900	
贷：应收票据		60 000
应收利息		300
利息收入		600

记录马文·怀特 3 个月期、利率 6% 票据的违约。

需要注意的是，票据赚取的利息一直记录至到期日，包括在对出票人的应收账款中。违约票据的应收利息和其本金一样是对出票人的正当要求权。

⊙ **会计与决策**

按时收回应收账款很重要，反映了公司信用和收账政策的成败。逾期应收款可能要作为信用损失进行冲销。为了帮助我们判断公司在授予信用和收回应收款项方面是否表现良好，我们可以计算净销售额对平均应收账款的比率。**应收账款周转率**（accounts receivable turnover rate）是指公司在应收款项上的平均投资在年度中转化为现金的次数。该比率的计算方法是：将年净销售额除以平均应收账款。该周转率越高，公司应收款项的流动性就越强。将 365 天除以应收账款周转率，就是应收账款平均回收天数。高周转率比低周转率的回收期短。通过计算和分析应收账款的周转情况，管理层就能获得有关公司信用和收账政策的执行信息。此类信息有助于管理层制定更完善的政策，而这也真是会计高等教育路径委员会模型的关键目标。

在一些公司，如餐馆、旅店和公用事业公司，周转率相对较高。而其他企业，如大型制造企业，周转率相对较低，收回应收账款的平均天数也就长得多。

表 7-8 中的信息取自阿里特电力公司和 3M 公司近期发布的财务报表。

表 7-8 应收账款回收绩效

	阿里特电力公司	3M 公司
（1）净销售额	10.638 亿美元	317 亿美元
应收账款（年初）	1.225 亿美元	44 亿美元
应收账款（年末）	1.351 亿美元	49 亿美元
	2.576 亿美元	93 亿美元
	÷2	÷2
（2）平均应收账款	1.288 亿美元	46.5 亿美元
（3）应收账款周转率（1）÷（2）	8.26 次	6.8 次
应收账款平均回收天数：365 天 ÷（3）	44 天	54 天

如表 7-8 所示，阿里特电力公司的年度应收账款周转率是 8.26 次，而 3M 公司的年度周转率只有 6.8 次。所以，阿里特电力公司的应收账款平均回收天数是 44 天，而 3M 公司的应收账款平均回收天数是 54 天。

⊙ 信用经理

假设你从 2021 年起受雇于雷吉斯百货商店，负责制定和实施一项新的信用政策。在你受雇时，公司的应收账款平均回收天数超过 90 天（大大高于行业平均水平）。因此，新政策的主要目的是更好地审查赊销申请人以提高公司应收账款的质量。

下表是过去 4 年的销售额和应收账款（以千美元为单位）：

	2021 年	2020 年	2019 年	2018 年
销售额	17 000	14 580	9 600	9 000
平均应收账款	1 700	1 620	1 600	1 800

根据上述数据，你制定的信用政策是成功的吗？请解释。

⊙ 伦理、欺诈与公司治理

如本章前面所述，坏账准备账户余额的决定取决于管理层的判断。因此，对于管理层如何确定坏账准备账户，包括确认方法的变更，重要信息的披露就非常重要了。

如果此类信息披露不充分，那么就违反了证券法，美国证券交易委员会（SEC）就会对公司和/或公司的管理层采取强制披露措施。最近，SEC 对集成电力服务公司（IES）的首席财务执行官采取了强制披露措施，就是因为该公司未能充分披露其坏账准备账户信息。

集成电力服务公司总部位于得克萨斯州休斯敦。在对应期间，该公司是电力服务行业的主要提供商。当时，公司调整了估算坏账准备的百分比，把百分比从大约1%降为0.25%，结果使得公司提供给SEC的季度报告中的坏账损失降低了110万美元，从而让公司的税前收入增加了相等的金额，而这一金额对该公司的财务报表产生了重大影响。尽管这一调整对集成电力服务公司的财务报表具有重大影响，但公司未对坏账准备计提比例的调整进行披露。

上市公司首席财务官不仅要签署10-K表，而且要为确保财务报表按一般公认会计原则进行公允表述负责。如果未充分披露的信息属于重要信息，那么就无法确保财务报表按一般公认会计原则进行公允表述。

7.6 小结

本书用三章内容来介绍资产的会计处理，本章为第一章。资产会计处理的核心就是资产计价（valuation of assets）问题以及资产的会计处理对资产负债表、利润表和现金流量表的影响。表7-1总结了如何在资产负债表中报告公司的金融资产，主要强调的是公司资产的流动性问题，即是否可获得足够的现金去偿付债务。对流动性的讨论主要围绕现金、有价证券和应收款项（包括应收账款和应收票据）等资产，毕竟这些资产是绝大多数公司高流动性资产的主体。

本章列举了许多涉及金融资产的交易。除了处理资产负债表计价问题外，本章也确定了这些交易是否在利润表和现金流量表中进行报告。

在之后的两章将讨论存货和工厂资产的计价问题。对于这类资产中的任一资产，存在多种可选的计价方法。不过，不同方法产生的结果差异巨大。理解这些可选的会计处理方法对合理使用和解释财务报表并编制所得税申报表至关重要。

学习目标小结

1. **定义金融资产并解释其在资产负债表中的估值**

   金融资产是现金和其他可以直接转换成已知金额现金的资产（known amounts of cash），主要包括现金、有价证券和应收款项三大类。在资产负债表中，金融资产以其现行价值列示，即现金按面值，有价证券按现行市场价值，应收款项按可实现净值列示。

2. **描述现金管理的目标和现金内部控制方法**

   现金管理的目标是对现金交易进行正确的会计处理，防止偷窃或舞弊损失，保持充足但不过剩的现金余额。现金交易内部控制的主要步骤如下：①将现金管理和会计职能分开；②编制部门现金预算；③为邮寄和柜台现销等收取的所有现金编制控制清单；④每日将现金收入送存银行；⑤所有支付都用支票进行；⑥开出付款支票前证实每笔支出；⑦立即调节银行对账单。

3. **编制银行存款余额调节表并解释其目的**

   月末银行对账单上的现金余额通常与储户分类账上的现金金额不同。差异是因储户或银行中一方已记录而另一方尚未记录的事项引起的，如在途支票和在途存款。银行存款余额调节表根据未记录项目调节账簿和银行对账单的现金余额，以确定月末资产负债表中现金的正确金额。

   银行存款余额调节表的目的是维持现金交易两套独立记录中的固有控制：分别被存款人和银行控制。当两套记录被调节后（余额一致），就可以确保现金交易的会计处理正确。

4. 描述如何在资产负债表中报告短期投资并能对有价证券交易进行会计处理

短期投资（有价证券）在每个资产负债表日要调整为市场价值（即市价计价原则）。如果公司有价证券的价值增加，高于初始成本，则作为股东权益的一部分报告未实现的持有利得。如果有价证券的价值已经降至低于初始成本，则作为股东权益的一部分报告未实现的持有损失。

当利息和股息收到时，一般确认为收入。证券出售时，成本和销售价格相比，差异作为收益或损失在利润表中记录。

5. 描述应收账款的内部控制方法

应收账款内部控制的目标是确保只有来自合法客户订单的销售额记入到应收款项和营业收入并确保该会计期间内所有运出的货物都被记入。对应收账款实施内部控制的主要步骤包括：①针对有意向购买商品的客户编制销售订单；②评估并批准客户的信用申请；③确保订单与发出的商品相符；④就已发运商品向客户开具发票；⑤在会计账户中记录销售及应收款，包括记录在应收账款明细账中；⑥对客户的支付事项编制每日清单并按规定对支票进行背书；⑦把每天收到的支票存入银行；⑧在会计账户中记录收到的现金，包括记录在应收账款明细账中。

6. 用备抵法和直接冲销法对坏账进行会计处理

备抵法下，需要估计每期预期不能收回的赊销比率。估计金额借记坏账费用账户，贷记资产抵销账户坏账准备。当特定账户确定为坏账时，借记坏账准备并贷记应收账款予以冲销。

在直接冲销法下，在坏账被确定一文不值期间就记为费用。

如果两者之间的差异存在实质上的重要性，那么通常不采用直接冲销法。不过，在申报所得税时，可采用直接冲销法。

7. 解释、计算并会计处理应收票据和利息收入

应收账款通常不附息。收取利息时，债权人通常要求债务人签署一份正式的、合法约定的期票。期票在资产负债表中列为应收票据资产。

应收票据的利息是按日累计（应计）的合同金额。一段期间应计的利息金额按下列公式计算：本金 × 利率 × 时间。

8. 评价公司应收账款的流动性

流动性最强的金融资产是现金，接下来是现金等价物、有价证券和应收款项。应收款项的流动性取决于其可收回性和到期日。

坏账准备针对的是那些被证明无法收回的应收款项。然而，财务报表使用者还需要评价信用风险集中度的披露，也许还有主要债务人的信用评级。应收账款周转率提供了对应收款项收回快慢的洞察力。

习题 / 关键术语

示范题

如下列示的是高尔夫公司本年度12月发生的一些交易：

12月1日，接受来自客户格林·霍勒的1年期、8%利率的应收票据，以清算现存的1 500美元应收账款。本金和利息将在下一年11月30日全部到期。

12月8日，来自维利斯的应收账款700美元确定无法收回，在坏账准备账户中予以冲销。

12月15日，来自希尔的应收账款200美元意外全额收回。这200美元应收账款先前已作为坏账被冲销。

12月31日，月末银行存款余额调节表包括如下事项：在途支票12 320美元；在途存款3 150美元；客户琼斯的支票被盖上NSF字样退回，支票金额为358美元；银行服务费10美元；银行代表公司收回到期美国国债（现金等价物）20 000美元（这些国债的成本为19 670美元，所以收回金额包括利息收入330美元）。

调整分录的数据：
（1）应收账款账龄分析显示，可能无法收回的账款总计9 000美元。在月末调整前，

坏账准备账户贷方余额 5 210 美元。
（2）年末调整前，有价证券账户余额 213 800 美元。年末有价证券的成本是 198 000 美元，市场价值为 210 000 美元。
（3）12 月 1 日格林·霍勒应收票据应计的利息收入。

要求：
（1）为 12 月交易编制普通日记账分录。在根据银行存款余额调节表调节会计记录时，为现金账户的增加编制一个分录，为其减少也单独编制一个分录。
（2）按上述调整分录数据进行月末调整。
（3）12 月 31 日，未实现的投资持有利得（或损失）账户的调整后余额是多少？这一账户出现在资产负债表的哪一部分？

答案：
（1）

普通日记账

日期	账户名称和解释	借方	贷方
12 月 1 日	应收票据	1 500	
	应收账款（格林·霍勒）		1 500
	接受 1 年期、8% 利率的票据以清算 1 500 美元的应收账款		
12 月 8 日	坏账准备	700	
	应收账款（维利斯）		700
	将来自维利斯的应收账款冲销为坏账		
12 月 15 日	应收账款（希尔）	200	
	坏账准备		200
	恢复以前作为坏账的应收账款		
12 月 15 日	现金	200	
	应收账款（希尔）		200
	记录应收账款的收回		
12 月 31 日	现金	20 000	
	现金等价物		19 670
	利息收入		330
	记录银行代为收回的到期国库券		
12 月 31 日	应收账款（琼斯）	358	
	银行服务费	10	
	现金		368
	记录银行服务费，并将来自琼斯的 NSF 支票重分类为应收账款		

（2）

普通日记账
调整分录

12 月 31 日	坏账费用	3 790	
	坏账准备		3 790
	将坏账准备增加至 9 000 美元（9 000−5 210=3 790 美元）		
12 月 31 日	未实现的投资持有利得（或损失）	3 800	
	有价证券		3 800
	将有价证券的余额减至市场价值 210 000 美元		
12 月 31 日	应收利息	10	
	利息收入		10
	应计应收票据的一个月利息收入：1 500 × 8% × 1/12=10 美元		

（3）未实现的投资持有利得（或损失）账户贷方余额 12 000 美元，代表截至 12 月 31 日所拥有的证券的未实现利得（未实现利得等于证券的市场价值 210 000 美元减成本 198 000 美元）账户出现在高尔夫公司资产负债表的股东权益部分。

自测题

说明：为了尽可能多地复习各章节的知识，一些自测题不止一个正确选项，那么，你应该选出所有正确的答案。

1. 通常，金融资产在资产负债表上以什么价值列示？
   A. 面值
   B. 现行价值
   C. 成本
   D. 预计未来出售的价值

2. 下列哪些做法有助于有效的现金管理？
   A. 从不借款——保留充足的现金余额，以供所有必要支付
   B. 在月末调节银行对账单时，记录所有的现金收款和现金付款
   C. 提前一年编制现金收款、现金付款和预测现金余额的月度预测
   D. 发票一到立即付款

3. 下列措施均能加强现金收款的内部控制，除了：
   A. 转售应收账款

B. 为所有通过邮寄收到的支票编制每日清单
C. 每天将现金收款存入银行
D. 使用现金收银机

使用下列数据解答第 4 题和第 5 题：

奎因公司 1 月 31 日的银行对账单显示余额 13 360 美元，当天公司的现金分类账账户显示余额 12 890 美元。需要调节的事项如下：

（1）在途存款 890 美元
（2）银行服务费 24 美元
（3）来自客户格雷格 NSF 支票 426 美元
（4）支付租金的 389 号支票记录错误，实际金额为 1 320 美元，误记为 1 230 美元
（5）在途支票金额未知

4. 1 月 31 日在途支票总额为多少？
   A. 1 048 美元   B. 868 美元
   C. 1 900 美元   D. 1 720 美元

5. 假定奎因公司 1 月 31 日只需编制一笔分录调整会计记录，该日记账分录包括：
   A. 借记租金费用 90 美元
   B. 贷记应收账款（格雷格）426 美元
   C. 贷记现金 450 美元
   D. 贷记现金 1 720 美元

6. 下列哪项陈述最好地描述了一般公认会计原则在应收账款计价上的应用？
   A. 实现原则——应收账款在资产负债表上以可实现净值列示
   B. 配比原则——坏账损失在销售当期确认，而不是在确定应收账款没有价值时确认
   C. 成本原则——应收账款以出售给客户的初始成本减卖方必须支付的坏账成本列示
   D. 谨慎原则——会计人员倾向于采用坏账合理估计范围内的最低值

7. 1 月 1 日，狄龙公司的坏账准备账户贷方余额 3 100 美元。当年的销售总额达 780 000 美元，作为坏账冲销了 6 900 美元的应收账款。12 月 31 日，应收账款账龄分析显示，可能有 5 300 美元的应收账款无法收回（当年没有恢复任何以前冲销的应收账款）。狄龙公司当年的财务报表应包括：
   A. 坏账费用 9 100 美元
   B. 坏账费用 5 300 美元
   C. 坏账准备贷方余额 1 500 美元
   D. 坏账准备贷方余额 8 400 美元

8. 在用直接冲销法对坏账进行会计处理时：
   A. 当年的坏账费用要比备抵法下的坏账费用少
   B. 当期净销售额与当期坏账费用的关系显示了配比原则
   C. 当特定应收账款被确定没有价值时，借记坏账准备账户
   D. 应收账款在资产负债表中不以可实现净值列示，而以应收账款统驭账户的余额列示

9. 下列哪项措施最不可能提高企业的应收账款周转率？
   A. 鼓励客户使用 Visa 卡和万事达卡等银行信用卡，而不是使用美国运通卡等其他全国性信用卡
   B. 给客户更大的现金折扣以鼓励早日付款
   C. 降低对信用客户收取的利率
   D. 转售应收账款给受让人

10. 2021 年 10 月 1 日，海岸财务公司贷给巴尔公司 300 000 美元，收到一张 9 个月期、利率为 6% 的应收票据。12 月 31 日是海岸财务公司财务年度的最后一天，需要为所有应收票据赚取的应计利息编制调整分录。2022 年，从巴尔公司应收票据赚取的利息是：
    A. 4 500 美元   B. 9 000 美元
    C. 13 500 美元   D. 18 000 美元

11. 普盖特音响公司以现金 92 000 美元出售了成本 80 000 美元的有价证券。公司利润表和现金流量表分别报告：
    A. 利得 12 000 美元和现金收款 92 000 美元
    B. 利得 92 000 美元和现金收款 8 000 美元
    C. 利得 12 000 美元和现金收款 80 000 美元
    D. 销售 92 000 美元和现金收款 92 000 美元

讨论题

1. 简要描述应收账款、现金和有价证券间的现金流动。
2. 在资产负债表中，不同种类的金融资产有不同的计价方法。解释这些不同计价方法的共同目标。

3. 现金等价物是什么？请给出两个例子。在资产负债表中，为什么这些等价物常常和现金一起列示？
4. 什么是信用额度？从短期债权人的角度来看，为什么信用额度增加了公司的流动性？未使用的额度部分如何在财务报表中列示？
5. 为什么说超过日常经营所需的现金余额被看作相对无生产力的资产？请就多余现金余额的有效利用提出三条以上的建议。
6. 列举常常在银行存款余额调节表中能引起银行存款余额超过储蓄记录上现金余额的两个项目。
7. 为什么在资产负债表中将有价证券投资和现金等价物分别列示？
8. 对于分类为可供出售金融资产的短期投资，解释其公允价值调整程序。
9. 未实现的投资持有利得或损失账户反映的是什么？如何在财务报表中列示被分类为可供出售证券的短期投资？
10. 解释配比原则和估计应收账款坏账必要性的关系。
11. 在编制年度坏账调整分录时，公司可以用资产负债表法或者利润表法来估计坏账。请解释这两种方法。
12. 公司是否必须用相同的会计方法来处理财务报表和所得税纳税申报表中的坏账？请解释原因。
13. 如果零售商只对使用全国认可信用卡的客户开展信用销售，这样做有什么优点？
14. 解释下面每一个项目如何列示在多步式利润表和现金流量表中。
    （1）有价证券销售损失。
    （2）调整创建（或增加）坏账准备账户的分录。
    （3）冲销坏账分录。
    （4）调整增加有价证券账户余额到市场价值（假定这些投资被分类为可供出售金融资产）的分录。
15. 计算应收票据利息的公式是什么？利息和应收票据是指什么？

测试题

1. 下面附注来自可口可乐公司的财务报表：
    对于定期存款以及其他具有高流动性且在购买后三个月或三个月内到期的投资，公司把它们都归类为现金等价物。为了管理交易对手的信用风险，公司实施了明确的最低限度信用标准、对手的分散化以及信用风险集中度监控措施。
    （1）公司的现金等价物是债务还是权益证券？为什么？
    （2）请解释"为了管理交易对手的信用风险，公司实施了明确的最低限度信用标准、对手的分散化以及信用风险集中度监控措施"这句话的含义。

2. 12月31日，在编制银行余额调节表之前利科公司现金账户余额为21 749美元。同时公司的银行对账单余额显示为22 000美元。调节项目包括：①在途存款5 000美元；②银行服务费200美元；③未兑付支票9 000美元；④来自顾客萨斯克公司的存款余额不足支票3 000美元；⑤签发一张办公用品支出支票1 832美元，公司账簿上借记办公用品1 283美元，贷记现金1 283美元。
    除了上述信息外，12月31日利科公司拥有下列金融资产：①货币市场账户60 000美元；②120天的优质商业票据3 000美元；③高流动性的股票投资5 000美元。
    （1）编制12月31日公司的银行对账单。
    （2）确定截至12月31日现金及现金等价物在公司资产负债表中的金额。
    （3）编制必要的日记账分录，更新会计记录。

3. 富兰克林公司全年积累了大量的盈余现金，所以公司通常把这些资金投资于有价证券，包括长期的和短期的有价证券。富兰克林公司最近财务报表显示，公司有价证券投资的未实现净损失为100 000美元。富兰克林公司财务报表附注按公允价值披露其有价证券投资。
    （1）解释公司有价证券投资未实现净损失的含义。
    （2）未实现净损失对公司财务报表会产生怎样的影响？

（3）解释未实现净损失是否包含在公司所得税的计算中？

（4）从公司债权人的角度评价公允价值计量。

4. 本年，曼福德公司多次投资有价证券，共计 30 000 美元。12 月 9 日，出售了 10 000 美元投资，12 月 18 日，出售更多投资 5 000 美元。12 月 9 日出售的有价证券成本为 7 000 美元，12 月 18 日出售的成本为 6 000 美元。

（1）记录 12 月 4 日有价证券的购入。

（2）记录 12 月 9 日有价证券的出售。

（3）记录 12 月 18 日有价证券的出售。

（4）记录 12 月 31 日必要的公允价值调整，假设公司持有的有价证券市场价值是 20 000 美元。

5. 将下表左侧的业务部门与右侧这些部门所承担的任务（这些任务都与应收账款和现金回收相关）进行配对。每个业务部门仅参与匹配一次。

业务部门	任务描述
（　）客户订单部	（1）确保所发运的货物与客户订单相一致。
（　）信用部	（2）做日记账分录以记录销售和现金回收交易。
（　）货运部	（3）收到支票并按日编制银行存款清单。
（　）结算部	（4）在收到客户订单后就编制销售订单。
（　）会计部	（5）核对所发运货物与订单货物是否一致并制作销售发票。
（　）收发部	（6）审核客户资料并决定是否给予或给予多少信用额度。
（　）现金出纳部	（7）按规定对支票进行背书并按日编制支票清单。

6. 帕秋公司报告了以下与其应收账款有关的信息：

	过期天数				
目前	1～30 天	31～60 天	61～90 天	超过 90 天
60 000 美元	40 000 美元	25 000 美元	12 000 美元	2 000 美元

关于应收账款各个账户预期最终的冲销比例，该公司的信用部给出了以下估计比例：

目前应收账款	2%
应收账款过期 1～30 天	4%
应收账款过期 31～60 天	16%
应收账款过期 61～90 天	40%
应收账款过期 90 天以上	90%

公司采用资产负债表法估计信用损失。

（1）记录公司坏账费用，假设在做必要调整之前，坏账准备账户有 1 400 美元贷方余额。

（2）记录公司坏账费用，假设在做必要调整之前，坏账准备账户有 1 600 美元借方余额。

7. 威尔逊公司采用利润表法估计信用损失。期初应收账款总值 500 万美元，可实现净值 492.5 万美元。在此期间，公司冲销实际应收账款 10 万美元，从信用客户收回 783.5 万美元。信用销售年总额达到 900 万美元，估计信用销售最后有 1% 不能收回。

请计算本期末公司应收账款的可实现净值。

8. 以下是两大啤酒公司目前的平均应收账款和净销售金额（单位：亿美元）：

	平均应收账款	净销售
莫尔森—库尔斯公司	6.91	110.03
百威英博公司	64.59	564.44

（1）计算每一家公司的应收账款周转率（结果四舍五入到小数点后一位）。

（2）计算应收账款收回所需的平均天数（结果近似到一天）。

（3）根据上述（1）和（2）的计算，哪一家公司的应收账款流动性最强？为什么？

9. 第 1 年 9 月 1 日，健康国际公司从信用客户草药创新公司取得 9 个月期利息率为 6% 的应收票据，以结算 22 000 美元的应收账款。请编制以下事项的日记账分录：

（1）第 1 年的 9 月 1 日收到结算应收账款的票据。

（2）第 1 年的 12 月 31 日，调整应计利息收入。

（3）第 2 年的 5 月 31 日，连本带利一起收回。

10. 用最近几年报告的数据计算下列百分比。

数据来自大型杂货店韦斯市场和电信服务提供商斯普林特公司。

	韦斯市场	斯普林特
坏账准备占净销售额百分比	0.06%	0.59%
应收账款占净销售额百分比	2.5%	6.6%

解释为什么斯普林特比韦斯市场的百分比高很多?

11. 克劳姆莱公司报告其年销售额为180万美元,全年应收账款平均为15万美元。
(1)计算公司的应收账款周转率。
(2)计算公司未偿还应收账款平均天数。

案例题

1. 下列描述的情形是否违背会计准则和概念并简要说明理由。如果你认为这一做法符合一般公认会计原则,请陈述理由。
(1)出于所得税目的以及财务报表需要,每年赊销收入波动剧烈的小型商业公司采用直接冲销法。
(2)计算机系统公司常常以有息应收票据的形式出售商品,这些票据一般是6个月、12个月或24个月到期。公司记录销售交易时:借记应收票据,金额为到期票据价值;贷记商品销售额和票据到期价值余额的利息收入。同时记录销货成本。
(3)公司有40万美元没有限制的现金,银行账户有100万美元专门用来建造新厂房,还有200万美元的现金等价物。在资产负债表中,这些数额合并列示为"现金及现金等价物:340万美元"。

2. 洛克公司主要出售立体声设备。公司通常的销售情况如下:现销占25%,使用全国性信用卡的客户占35%,赊销(30天内到期)占40%。采用这样的政策,公司赚取了稳定的利润,月度现金收款超出月度现金付款的金额较大。坏账费用约占净销售额的1%(公司采用直接冲销法对坏账进行会计处理)。

两个月前公司启动了一项新的信用政策——"双零政策",即客户赊购商品既无须支付定金,也无须支付利息费用。应收账款分12个月等额分期收回。

这项政策深受客户欢迎,月度销售额急剧上升。尽管销售增加,但公司的现金流却出现了问题——绝大多数供应商要求30天内付款,但公司还未产生足够的现金支付给供应商。

公司出纳对公司月度经营成果的分析如下:

(单位:美元)

销售	双零政策之前	上个月
现金客户	15 000	6 000
全国性信用卡客户	21 000	12 000
30天付款客户	24 000	0
双零客户	0	90 000
月度销售总计	60 000	108 000
销货成本和费用	48 000	78 000
净利润	12 000	30 000
现金收款		
现金客户	15 000	6 000
全国性信用卡客户	21 000	12 000
30天付款客户	23 400	0
双零客户	0	13 500
月度现金收入总计	59 400	31 500
作为坏账冲销的账款	600	0
月末应收账款	24 000	162 000

公司出纳分析道:"双零政策真是害苦了我们。自从采用这项政策以来,应收账款几乎增加了7倍,并且还在增加。我们根本无法负担如此庞大的非生产性资产;与此同时,现金收款下降到原来的一半。如果不恢复到采用更多的现销或尽快收回应收账款的政策,我们就要破产了。"

公司创始人兼首席执行官马克斯威尔·洛克大声反驳道:"为什么你说应收账款是非生产性资产?它是我们拥有的最具生产性的资产。自从采用了双零政策,我们的销售几乎翻番,利润更是翻了一番还多,而坏账费用已下降到零。"

要求:
(1)双零政策使销售和利润剧增,但却使现金收款减少,这符合逻辑吗?请解释。
(2)为什么坏账费用会下降到零?你预期公司未来(如明年)坏账费用会怎

(3)你认为月度现金收款下降是永久的还是暂时的？为什么？

(4)在何种意义上，公司的应收账款是"非生产性"资产？

(5)在继续实施双零政策的情况下，公司如何才能产生足够的现金以支付账单？请提出几种方法。

(6)你会建议公司继续采用双零政策还是恢复原来的30天账款？请解释理由并请指出任何可能导致你未来改变看法的未决因素。

3. 钟爱公司生产糖果并专门销售给零售商。该公司不是上市公司且财务报表未被审计，但公司必须频繁借钱。债权人要求公司每季度末提供给他们未审计的财务报表。

10月，管理层开会讨论了截至第二年12月31日财政年度的工作。由于经济疲软，公司很难收回应收账款，并且现金头寸很低。管理层明白，如果12月31日资产负债表不好看的话，钟爱公司将很难借到钱以便在情人节提高产量。

因此会议的目的是寻求改善12月31日公司资产负债表的方法。讨论观点如下：

(1)如果顾客在30天内付款，购买圣诞糖果享受10%的折扣。

(2)年末允许所有过期的应收账款有30天宽限期。由于这些账款将不再过期，公司不需要为这些账户做坏账准备。

(3)报告资产负债表时，合并所有形式的现金，包括现金等价物、补偿性余额、未使用信贷限额等。

(4)要求从公司借款的员工12月31日归还所欠数额，这会使目前的资产负债表以非流动资产出现的应收票据转变为现金。年末一过，贷款可立即续约。

(5)报告有价证券投资时采用市场价值而不是成本。

(6)把存货当作金融资产且以可变现净值计量。

(7)12月31日，从公司的银行账户取出一大笔支票，把它存入公司另一个银行账户。这张支票直到年底才从第一家银行账户清除。这样，年底银行账户的现金就会大幅增加。

要求：

(1)分别评价上述建议，考虑道德问题和会计问题。

(2)你认为管理层召开这次会议符合道德吗？换言之，管理层是否应当提前做计划来美化财务报表从而误导债权人和投资者？

4. 在经营过程中，谨慎的现金管理有着重要的功能。如果大量现金放在无息支票账户，那么每年带给公司的成本会高达数百万美元。因此，许多企业把大量闲置资金投资购买国库券、定期存单和货币市场。

访问银行利率主页的网址：www.bankrate.com，搜寻有关定期存单、货币市场、其他有息产品信息的地址。寻找"比较利率"菜单下的链接。

要求：

(1)编制表格以显示国库券、各种定期存单、货币市场的活期利率。

(2)如果你要投资100万美元到(1)的现金等价物，你会如何分配？请讨论。

自测题答案： 1.B；2.C；3.A；4.C；5.A；6.B；7.B；8.D；9.C；10.B（300 000×6%×6/12）；11.A。

练习题

关键术语

第 8 章

存货和销货成本

学习目标

- 了解永续盘存制下确定销货成本的方法（个别辨认法、平均成本法、先进先出法和后进先出法）并能讨论每种方法的优缺点。
- 解释实地盘存的必要性。
- 记录存货的损耗损失以及其他年末调整。
- 了解定期盘存制下确定期末存货和销货成本的方法（个别辨认法、平均成本法、先进先出法和后进先出法）。
- 解释存货计价错误对利润表的影响。
- 用毛利法和零售法估计销货成本和期末存货。
- 计算存货周转率并解释其用途。

引导案例

迪拉德百货

对于所有面向客户进行产品销售的公司而言，至关重要的一点就是要能在对的时间、对的地点让客户得到需要数量的商品。这里的公司包括杂货店、药房、百货商店等连锁商店。

以迪拉德百货为例，该公司是美国最大的时尚零售商店之一，每年的销售额超过了60亿美元。迪拉德百货为客户提供的商品不仅种类繁多，而且多为民族大牌和高级名牌。迪拉德百货在29个国家或地区拥有268家门店和24个清算中心，同时还开设有网上商店。

商品存货代表的是迪拉德百货等公司可向其客户进行销售的商品。为了取得经营的成功，公司必须妥善管理商品存货以保证客户所需，而且要在数量、规格等方面满足客户的需要。因此，存货的管理和会计处理就非常重要。在商业企业的资产负债表上，商品存货常常成为最大的资产项目之一。

在最近的三年里，迪拉德百货的销售额维持在62亿美元到65亿美元之间。为此，迪拉德百货在其门店、仓库以及其他地方持有的商品存货在14亿美元到15亿美元之间。对于迪拉德百货之类的公司而言，存货进出的会计处理就是一大挑战。这不仅是因为存货是资产负债表上最大的资产项目之一，而且当商品出售以及存货以销货成本形式结转到利润表时，在存货的会计处理和财务报告方面会出现若干本章要介绍的重大问题。

商品存货的采购、储存、陈列、销售和会计处理是从事产品销售的企业面临的最大挑战之一。这些企业不仅要做好可供销售存货的记录,而且需要记录这些存货的买价和卖价。这些价格往往随时间推移而不断变化。存货价格的不断变化也大大增加了将出售给客户的存货及其费用在利润表中进行会计处理的复杂性。本章主要介绍如何对存货及其费用进行会计处理。

那么,如何定义存货呢?对于商业企业而言,存货包括所有拥有的和待售给客户的商品。一般情况下,存货会在企业的一个营业周期内转化为现金。⊖在资产负债表中,存货紧接着应收账款列示,因为存货在转为现金时只比应收款项多一个环节。

8.1 存货成本的流转

存货是非金融资产,在资产负债表中通常以成本列示。⊖存货出售时,成本从资产负债表中转出,转入销货成本,抵销利润表中的销售收入。图8-1描述了这一成本流转过程。

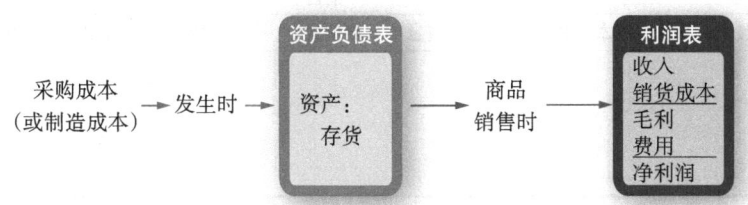

图 8-1 财务报表中的成本流转

在永续盘存制下,会计记录的会计分录与上述成本流转一致。采购商品时,将成本(扣除允许的现金折扣)借记资产账户存货;销售商品时,将成本从存货账户转出,转入销货成本账户。

对管理人员和财务报表外部使用者而言,存货计价和销货成本都至关重要。很多时候,存货是企业最大的资产,销货成本是企业最大的支出。这两个账户对财务报表小计以及评价企业流动性和盈利能力具有重大影响。

按照一般公认会计原则,存货计价和销货成本计量有若干不同方法。这些不同的方法对企业财务报表和所得税申报表会产生极为不同的结果。因此,管理者和投资者都需要理解不同存货计价方法的影响。本章的一个重要主题就是讨论公认的会计原则框架下的不同计价方法。

8.1.1 销货成本的确定

对于所有存货计价方法,商品采购都以相同方式记录。这些方法的差异在于销售商品时要确定从存货账户转出的是哪项成本。

第6章已分析了与商品采购和销售有关的基本会计分录。在该章的介绍中,我们进行了简化假设:所有存货单位都以相同的单价成本购入。在实务中,企业往往拥有按不同成本购入的同一存货产品。采购成本会因采购日期、供应商或采购数量的不同而不同。

⊖ 如第 6 章所述,商业企业的经营周期是指从购买原材料支付货款开始到销售商品,售出存货变成应收账款,到收到货款为止的时间间隔。预期能在一年内或更长的一个经营周期内变现的资产,被称为流动资产。

⊖ 有些企业经营那些可以在国际市场上以市场报价售出的货物,如共同基金、证券经纪商以及从事经营农作物或贵金属经营的企业。这些企业通常以市场价格为存货计价,而不是以成本价。本章讨论的是常见情形,即以成本来计价存货。

如果相同存货单位出现不同的单价，那么就会产生这样一个问题：以哪种成本来计量销货成本呢？

8.1.2 示例数据

为说明计量销货成本的各种方法，假设米德电器公司销售电气设备和配件。公司存货包括 5 台爱尔柯公司生产的 AC-40 发电机。这些发电机完全相同，但 2 台为 1 月 5 日购入，每台单位成本为 1 000 美元，另外 3 台是一个月后爱尔柯公司刚宣布提价后购买的，每台单位成本为 1 200 美元。如表 8-1 所示，这两笔采购记录在米德公司的存货明细分类账中。

表 8-1 存货明细分类账　　　　　　　　　　（金额单位：美元）

名称：爱尔柯 AC-40　　　　　　　　　主要供应商：爱尔柯制造公司
描述：便携式发电机　　　　　　　　　二级供应商：威格斯批发公司
地点：黛利大街仓库　　　　　　　　　存货水平：最低：2　　最高：5

日期	采购			销售			余额		
	数量	单位成本	总成本	数量	单位成本	销货成本	数量	单位成本	总成本
1月5日	2	1 000	2 000				2	1 000	2 000
2月5日	3	1 200	3 600				2 3	1 000 1 200	5 600

请注意，2 月 5 日余额栏包括两个"层次"的单位成本信息，代表以两个不同单价采购的单位成本。当以不同的单位成本采购时，就产生了新的**成本层次**（cost layer）（某一成本层次的货物全部售出后，这一成本层次就从存货中清除。因此，任何时候企业存货的成本层次都不可能多于 3 或 4 个）。

现在假设 3 月 1 日，米德公司将其中一台爱尔柯发电机以 1 800 美元现金出售给布尔德建筑公司。那么，从存货账户中转出并确认为销货成本的成本是多少呢？是 1 000 美元还是 1 200 美元？

要回答这个问题，会计人员可以采用所谓的**个别辨认法**（specific identification）或采用**成本流转假设**（cost flow assumption）。虽然这两种方法都可以接受，但企业一旦选定了其中一种方法，那么销售该种商品时的会计处理应持续采用这种方法。

8.1.3 个别辨认法

只有当会计记录可以确定单个商品的实际成本时，才可使用个别辨认法。例如，米德公司存货中的每台发电机都有一个标识号码，这些号码记录在采购发票上。有了标识号码，公司会计部门可以确定销售给布尔德建筑公司的发电机成本到底是 1 000 美元还是 1 200 美元。这种特定存货单位的实际成本就被用于记录销货成本。这种方法的采用通常限于单位成本较高的存货，而且存货在数量上较小。

8.1.4 成本流转假设

如果存货项目本质上是相同的（除细微差别外几乎同质），那么卖方就没有必要使用个别辨认法,毕竟个别辨认法要求记录每个存货项目的成本。相反,卖方可采用更为方便的做法,即成本流转假设法。成本流转假设常常简称为流转假设。对于拥有大量按不同价格采购的同质存货项目的公司,这种方法使用得特别多。

使用成本流转假设时,卖方只是假设存货被提走的顺序。例如,卖方可能假设最早购进的商品总是最先出售,或最后采购的商品最先出售。

广泛使用的三种成本流转假设如下:

- 平均成本法。该方法假设对所有商品(售出的和留在存货中的商品)都以平均单位成本计价(事实上,平均成本法假设提走存货的顺序是随机的)。
- 先进先出法。顾名思义,先进先出法假设最先采购,即存放时间最久的商品最先出售。因此,剩下的存货由最近采购的商品构成。
- 后进先出法。后进先出法假设最先出售的是最近采购的商品。因此,剩下的存货被认为是由最早采购的商品构成的。

企业选择的成本流转假设不必与企业商品的实物流转对应。当商品同质(或几乎同质)时,特定销售交易中到底向客户出售了哪些单位并不重要。因此,在计算一笔销售同质商品的交易的利润时,会计人员认为商品的成本流转比实物流转更为重要。

使用成本流转假设时,就不必单独认定每个售出的单位并查找其实际成本。这样做可以节约大量的记录成本。经验表明,只要特定类型商品的全部销售都应用成本流转假设,成本流转假设就成为有用且可靠的销货成本计量方法。

8.1.5 平均成本法

采用**平均成本法**(average-cost method)时,每次采购后要计算存货中所有商品的平均成本。平均成本的计算方法是:用可供销售商品的总成本除以存货的单位数。由于平均成本可能随每次采购而发生变化,因此这一方法在永续盘存制下又称**移动平均法**(moving average method)。

例如,截至 1 月 5 日,米德公司的存货中仅有 2 台爱尔柯发电机,单位采购成本为 1 000 美元。因此,平均成本是每台 1 000 美元。2 月 5 日采购后,米德公司共有 5 台爱尔柯发电机,采购总成本为 5 600 美元(其中 2 台,每台 1 000 美元,加上 3 台,每台 1 200 美元,总成本就为 5 600 美元)。这样,平均每台发电机的成本为 1 120 美元(5 600/5 = 1 120)。

3 月 1 日,米德公司向布尔德建筑公司出售其中 1 台发电机的销售交易需编制两笔会计分录。第一笔确认销售收入,第二笔确认销货成本。以下是以平均成本法计量销货成本的分录。

借:现金	1 800	
贷:销售收入		1 800

记录出售 1 台爱尔柯 AC-40 发电机。

借:销货成本	1 120	
贷:存货		1 120

记录向布尔德建筑公司出售 1 台爱尔柯 AC-40 发电机的成本,以平均成本法确定成本。

无论采用哪种存货计价方法,确认 1 800 美元销售收入的分录都相同。因此,在举例说明其他成本流转假设时不再重复这笔分录。

采用平均成本法时，表 8-1 中列示的存货明细分类账要稍做修改。3 月 1 日销售完成后，米德公司对爱尔柯发电机明细分类账进行了修改，表 8-2 给出了平均成本。

表 8-2　存货明细分类账：平均成本法　　　　　　　　（金额单位：美元）

日期	采购			销售			余额		
	数量	单位成本	总成本	数量	单位成本	销货成本	数量	单位成本	总成本
1月5日	2	1 000	2 000				2	1 000①	2 000
2月5日	3	1 200	3 600				5	1 120②	5 600
3月1日				1	1 120	1 120	4	1 120	4 480

① 总成本 2 000/2 = 1 000 美元。
② 总成本 5 600/5 = 1 120 美元。

请注意，采购部分的单位成本栏列示的仍旧是实际单位成本，即 1 000 美元和 1 200 美元。但销售部分和余额部分的单位成本栏列示的是平均单位成本（5 600/5 = 1 120 美元）。

在平均成本法假设下，给所有存货分配的都是相同的单位成本（即平均成本）。因此，到底出售了哪些单位并不重要，销货成本总是根据现行平均单位成本进行计算。3 月 1 日出售 1 台发电机，销货成本为 1 120 美元；如果当天出售 3 台，销货成本就是 3 360 美元（=3×1 120）。

按照平均成本假设法，出售一个存货单位的毛利就等于 1 800 美元减去 1 120 美元，即 680 美元。

8.1.6　先进先出法

先进先出法（first-in, first-out method）通常被称为 FIFO，假设先购入的商品先出售。这样，米德电器公司的会计人员就假设 3 月 1 日出售的发电机是 1 月 5 日购入的。记录销货成本的分录如下。

借：销货成本　　　　　　　　　　　　　　　　　　　　1 000
　　贷：存货　　　　　　　　　　　　　　　　　　　　　　　1 000

按先进先出法成本流转假设确定成本，记录向布尔德建筑公司出售 1 台爱尔柯 AC-40 发电机。

完成这笔销售后，米德公司的存货分类账如表 8-3 所示。

表 8-3　存货明细分类账：先进先出法　　　　　　　　（金额单位：美元）

日期	采购			销售			余额		
	数量	单位成本	总成本	数量	单位成本	销货成本	数量	单位成本	总成本
1月5日	2	1 000	2 000				2	1 000	2 000
2月5日	3	1 200	3 600				{2 3	1 000 1 200	} 5 600
3月1日				1	1 000	1 000	{1 3	1 000 1 200	} 4 600

请注意，先进先出法采用的是实际采购成本，而不是平均成本。因此，如果商品以几种不同的成本购入，存货就包括几个不同的成本层次。特定销售交易的销货成本也可能涉及几

个不同的成本层次。例如，假设米德公司出售给布尔德建筑公司 4 台发电机而不是 1 台。在先进先出法假设下，米德公司认为首先出售了 1 月 5 日购入的 2 台，然后出售了 2 月 5 日购入的 2 台。因此，总销货成本（4 400 美元）包括如下所示的两个不同的单位成本：

	（单位：美元）
1 月 5 日购入的 2 台发电机，1 000 美元 / 台	2 000
2 月 5 日购入的 2 台发电机，1 200 美元 / 台	2 400
总销货成本（4 台）	4 400

按照先进先出法，由于销货成本总是记录为最早可用存货的采购成本，所以剩下的存货单位以更近的采购成本计价。

回到最初的假设，即发电机的出售单价为 1 800 美元，所以先进先出法下出售该台发电机的毛利就等于 1 800 美元减去 1 000 美元，即 800 美元。

8.1.7 后进先出法

后进先出法（last-in，first-out method）通常被称为 LIFO。后进先出法假设最近采购（后进）的商品最先出售。如果米德公司采用后进先出法，那么就会假设 3 月 1 日出售的发电机是 2 月 5 日（即最近采购日）购入的，因此从存货转入销货成本的成本为 1 200 美元。

记录销货成本的会计分录如下所示。表 8-4 给出了分录过账后的存货明细分类账。

借：销货成本　　　　　　　　　　　　　　　　　　　　　　　　　　　1 200
　贷：存货　　　　　　　　　　　　　　　　　　　　　　　　　　　　　　　1 200

按后进先出法流转假设记录向布尔德建筑公司出售 1 台爱尔柯 AC-40 发电机的销货成本。

表 8-4　存货明细分类账：后进先出法　　　　　　　　　（金额单位：美元）

日期	采购			销售			余额		
	数量	单位成本	总成本	数量	单位成本	销货成本	数量	单位成本	总成本
1 月 5 日	2	1 000	2 000				2	1 000	2 000
2 月 5 日	3	1 200	3 600				2 3	1 000 1 200	5 600
3 月 1 日				1	1 200	1 200	2 2	1 000 1 200	4 400

与先进先出法一样，后进先出法使用实际采购成本而不是平均成本，所以存货可能包括几个不同的成本层次。如果销售的单位数量超过最近成本层次的单位数量，那么就假设销售商品的一部分来自次近的成本层次。例如，如果米德公司 3 月 1 日出售了 4 台（而不是 1 台）发电机，后进先出法假设下确定的销货成本就是 4 600 美元，计算如右所示。

	（单位：美元）
2 月 5 日购入的 3 台发电机单价是 1 200 美元	3 600
1 月 5 日购入的 1 台发电机单价是 1 000 美元	1 000
总销货成本（4 台）	4 600

因为后进先出法将最近购入成本转入销货成本，所以剩下的存货以最早采购成本计价。

回到最初的假设，即发电机的出售单价为 1 800 美元，所以后进先出法下出售该台发电机的毛利就等于 1 800 美元减去 1 200 美元，即 600 美元。

8.1.8 对各种成本流转假设的评价

上述三种成本流转假设都可用于编制财务报表和所得税申报表。如前所述,商品的实物流转不必与成本流转假设对应。不同的成本流转假设可用于不同种类或不同地点的存货。

采用成本流转假设的唯一要求是,采用该假设的单位商品本质上应完全相同,即几乎彼此同质。如果各单位都独一无二,例如艺术工作室出售的肖像画,那么只有采用个别辨认法才能合理匹配销售收入和销货成本。

每种存货计价方法都各有利弊。总而言之,存货计价方法的选择属于管理决策。不过,财务报表中采用的方法通常都应在报表附注中进行披露。

1. 个别辨认法

个别辨认法最适用于单位价格高、交易量少的存货。这是与成本实物流转完全一致的唯一成本流转假设法。如果存货各项都独一无二,如贵重的字画、定制的珠宝、绝大多数不动产等,那么个别辨认法显然是最合逻辑的选择。

个别辨认法直觉上很吸引人,因为它将实际采购成本分配给已售商品或存货的特定单位。然而,当存货单位同质(或近乎同质)时,因为个别辨认法暗含在现行市场形势下并不存在价值差异之意,所以会产生误导性结果。此外,公司有可能通过选择售出的是哪种商品(形成对应的成本)来操纵公司财务报表所报告的数据。

例如,假设某煤炭商以每吨 90 美元的成本购买了 100 吨煤炭。不久,该企业又购入 100 吨同一等级的煤炭,但这次每吨成本为 120 美元。两批购入的煤炭分堆存放,所以该企业就可能采用个别辨认法对销售进行会计处理。

假设现在企业有机会以每吨 180 美元的零售价格出售 10 吨煤炭。从哪堆煤炭中提货真的重要吗?答案是否定的,煤炭是同类产品。在现行市场形势下,每堆煤炭的价值都是相等的。对于出售其中一堆煤炭比出售另一堆煤炭更有利可图的论点,逻辑上显然不成立。

2. 平均成本法

只有在平均成本法下,同质存货才有相同的会计价值。例如,假设一家五金店以每磅 65 美分的价格出售某种规格的钉子,该店以每磅 40～50 美分的价格购买多批每批 100 磅的钉子,手头上总会有几百磅钉子,而且都存放在一个大箱子里。平均成本法恰恰说明,客户购买一磅钉子时,没必要为了计量销货成本而确切知道客户从箱子里挑出的具体是哪些钉子。因此,平均成本法避免了个别辨认法的缺陷。我们无须追踪已售出或仍为存货的个别项目,同时,也不可能仅仅为了操纵利润而去挑选发送给客户的个别项目。

平均成本法的缺陷是不能反映存货现行重置成本的变化,因为该成本已与之前的成本进行了平均。因此,无论是期末存货计价还是销货成本都无法迅速反映商品现行重置成本的变化。

3. 先进先出法

先进先出法的显著特征是最早采购的成本最先转入销货成本,而最近采购的成本留在存货中。

在过去 50 多年里,我们生活在通货膨胀的经济中。通货膨胀意味着物价随时间上涨。当采购成本上涨时,先进先出法将较低(较早)的成本分配给销货成本,而将较高(较近)的成本留在存货中。

通过将较低成本分配给销货成本，先进先出法通常导致该企业报告的利润比用其他存货计价法要高。有些企业从财务报告的角度出发倾向于采用先进先出法，因为它们的目的是报告尽量高的净利润。但从所得税角度考虑，多报利润就要多交税金。

有些会计人员和决策者认为先进先出法倾向于高估企业的盈利性。收入建立在现行市场条件下，而以较早（和较低）价格作为销货成本抵减收入的话，毛利可能被持续高估。

先进先出法的一个理论优点是资产负债表中的存货以最近采购成本计价。因此，资产负债表中的存货金额就更接近其现行重置成本。

4. 后进先出法

后进先出法是最有趣也是最有争议的成本流转假设之一。它的基本假设是最近采购的单位最先出售，而最早采购的单位仍留在存货中。这一假设和绝大多数企业商品的实物流转不一致。然而除了所得税考虑外，还有其他十分合乎逻辑的论点支持后进先出法。

计量利润时，绝大多数会计人员认为商品的成本流转比实物流转更重要。后进先出法的支持者认为利润的计量应基于现行市场条件。因此，现行销售收入应该由已售商品的现行成本来抵销。后进先出法下，分配给销货成本的成本属于相对现行的成本，因为它们反映了最近的采购。

后进先出法也有一大缺陷，即存货资产的计价基于企业最早的存货采购成本。企业经营数年后，这些最早的成本可能很大程度上低估了存货的现行重置成本。因此，当以后进先出法进行存货计价时，企业也应在财务报表附注中披露存货的现行重置成本。

在存货重置成本不断上升的时期，后进先出法对存货的计价和净利润的计量都是最低的。所以，后进先出法被视为最稳健的存货定价方法，而先进先出法则最为激进。⊖

后进先出法盛行的主要战略性原因是所得税因素。请记住，后进先出法将最近的存货采购成本分配到销货成本中。在价格持续上涨成为常态的情况下，这些最近的成本也是最高的成本。通过报告比其他存货计价方法更高的销货成本，后进先出法下的应纳税所得额通常会较低。简言之，如果存货成本上涨，公司可以在所得税申报表上使用后进先出法以减少应纳所得税额。

公司在所得税申报表中使用后进先出法可以降低应纳税所得额，而在财务报表中使用先进先出法可以增加对投资者和债权人报告的净利润额，这看起来似乎合情合理。然而，所得税法规定只有公司在财务报表中使用后进先出法时，才可以在纳税申报表中也使用该方法，即后进先出法的遵循要求。因为这一特别要求，所得税因素通常成了选择后进先出法的最为重要的战略性理由。这里的遵循要求仅适用于后进先出法。例如，在所得税申报一事上，公司的财务报表会采用先进先出法和平均成本法。

8.1.9 存货方法真的会影响业绩吗

除了对所得税有影响之外，答案是否定的。不过，存货计价方法会对财务报表中公司业绩的列示产生显著的影响。

⊖ 在存货重置成本长期持续下降期间内，这种情形就会反转：先进先出法变成最稳健的方法，而后进先出法却成了最不稳健的方法。

在价格持续上升的时期，企业采用先进先出法报告的利润要比采用后进先出法报告的利润高，但事实上企业并不是真的更赢利。存货计价方法影响的只是存货账户和销货成本账户之间的成本分配，对实际发生的采购或制造存货的总成本并无影响。除了所缴纳的所得税，不同存货方法报告的盈利性差异"只存在于纸上"。

使用的存货计价方法确实会影响应纳所得税额。在一定程度上，存货计价方法使所得税减少，从而使盈利增加。表 8-5 总结了几种基本存货计价方法的特征。

表 8-5　存货计价方法总结

计价方法	分配到销货成本的成本	分配到存货的成本	评价
个别辨认法	已售单位的实际成本	剩余单位的实际成本	• 与实物流转一致 • 当存货单位独一无二时，比较合理 • 当存货单位同质时，可能会有误导性
流转假设（仅适用于存货单位同质时）：			
平均成本法	已售单位数量乘以平均单位成本	库存单位数量乘以平均单位成本	• 所有单位均分配相同的平均单位成本 • 将现有成本与过去成本进行平均
先进先出法（FIFO）	销售时最早采购的存货的成本（先进先出）	最近采购单位的成本	• 销货成本基于较早成本计价 • 存货按最近成本计价 • 在价格上涨时可能高估利润；可能增加应纳所得税
后进先出法（LIFO）	最近采购的存货的成本（后进先出）	最早采购的成本（假设仍在存货中）	• 销货成本按最近价格显示 • 以早期（可能过时的）成本显示存货 • 价格上涨期间最为稳健的方法；通常产生较低的应纳所得税

8.1.10　一贯性原则

一贯性（consistency）原则是确保财务报表真实、可靠的一个基本概念。该原则要求企业一旦采用了某种会计方法，就应一贯使用，而不能在不同的年度采用不同的方法。因此，企业一旦选定某一存货流转假设（或个别辨认法），就要将这一假设持续运用于该种商品的所有销售上。

然而，一贯性原则并不禁止企业变更会计方法。一旦发生了变更，企业必须解释变更的理由，并充分披露变更对企业净利润的影响。

8.1.11　准时制存货系统

近年来，人们开始将更多注意力转向制造业的**准时制存货系统**（just-in-time inventory system, JIT）。"准时制"这一术语通常是指采购的原材料和零部件能及时到达并投入生产过程，通常是计划使用前的几小时。准时制也用于及时完成产品生产并将产成品送往客户处的情形。

尽管准时制系统能降低企业存货规模，但企业不可能完全没有存货。例如，戴尔公司 2017 年 2 月的资产负债表显示存货为 25.38 亿美元（戴尔公司使用先进先出法来报告公司存货）。

将存货降至最低的概念较多运用于制造企业，在零售业应用得较少。最理想的情况是，在制造企业生产商品前，买方就"排队"等待商品。相反，许多零售企业要做的是能给客户提供大量多品种现货，而这意味着大量的存货。

事实上，准时制涉及许多方面，而不只是限于减少存货规模。准时制系统被描述为持续努力以提高整个组织效率的哲学。会计系统的一个基本目标是向管理层提供关于经营有效或低效的有用信息。

> ⊙ **小案例**
>
> 　　戴尔公司通过网络销售计算机，每天产生数百万美元的收入。公司采用准时制生产方式已有很长时间。戴尔公司只在订单已经收到时才订购零部件或装配计算机。为保障计算机零部件的及时供应，戴尔公司的绝大多数供应商将零部件存储在距戴尔制造厂很近的地方。准进制也适用于供应商、装配商和分销商。客户星期一早晨下达的订单在星期二晚上就有可能已经装车运走了。

8.2　实地盘存

第 6 章解释了企业每年必须对库存商品至少进行一次全面的实地盘存。进行实地盘存的主要原因是根据未记录的**损耗损失**（shrinkage losses）（如偷盗、变质或破损等）来调整永续盘存制下的记录。

实地盘存（physical inventory）通常于企业财务年度末（或接近年度末）进行。⊖企业往往将财务年度安排在经营活动旺季之后结束。例如，许多大型零售商店的财务年度常常始于 2 月 1 日，结束于次年的 1 月 31 日。这样，商业企业就可以在 12 月前后节日购物旺季结束后进行销售清仓和退货处理。

8.2.1　记录损耗损失

绝大多数情况下，存货年末实地盘存会揭示商品的短缺或毁损情况。将短缺或毁损单位的成本从存货记录中转出时，采用的流转假设与记录销货成本相同。

例如，假设某企业存货明细分类账列示的年末存货中某种产品有如右所示的 158 单位。

不过，年末实地盘点发现库存实际上只有 148 单位。企业应根据实地盘点结果来调整存货记录，以反映 10 单位的损失。

	（单位：美元）
11 月 2 日：采购 8 单位，每单位 100 美元	800
12 月 10 日：采购 150 单位，每单位 115 美元	17 250
总计（158 单位）	18 050

与对销货成本的影响一样，所采用的存货流转假设会以同样方式影响损耗损失的计量。例如，如果企业采用先进先出法，短缺的单位应以存货记录中最早的采购成本计价。因此，短缺损失中 8 单位的单位成本为 100 美元，2 单位的单位成本为 115 美元。先进先出法下的损耗损失合计 1 030（=8×100 + 2×115）美元。如果该企业采用后进先出法，那么短缺的单位被认为来自最近的采购（12 月 10 日），因此，损耗损失就是 1 150（=10×115）美元。

如果损耗损失很小，从存货中移出的成本可以直接借记销货成本账户。如果损失金额重大，相应的借方应记入特定的损失账户，如存货损耗损失。在利润表中，损失账户和费用账

⊖　在接近年末时进行实地盘存的原因是，为了保证所有损耗损失都能够反映在年度财务报表中。公司内部存货控制体系越强大，就可以在资产负债表日之前越早进行实地盘存。

户一样抵减收入。

8.2.2 成本与市价孰低法以及存货的其他减值

除了损耗损失，商品过时或由于其他原因而不再适销也会使存货的价值减少。如果存货过时或不再适销，其在会计记录中的持有价值应该减值到零（如果有"残值"的话，则为残值）。**存货减值**（write-down）使资产负债表中存货的持有价值和本期净利润都减少。该利润的减少与损耗损失的会计处理相同。如果减值相对较小，这一损失可以直接借记销货成本账户；如果减值金额重大，损失应借记特定的损失账户，可能是存货减值损失。

何谓成本与市价孰低法？资产是一项经济资源。毫无疑问，经济资源的价值不应高于公开市场上重置该资源的成本。为此，传统上会计人员对资产负债表中的存货以成本和市价中低者计价。此处，"市价"是指现行重置成本，因此，存货以历史成本和现行重置成本中低者计价。这种会计惯例被称为**成本与市价孰低法**（lower-of-cost-or-market，LCM）。

成本与市价孰低法可以与任何流转假设结合使用。当然成本与市价孰低法也可以应用于单个存货项目、主要存货类别或全部存货。例如，假设乔尔滑雪品商店使用先进先出法这一成本流转假设。表 8-6 给出了乔尔滑雪品商店所售的各种商品的成本和市价情况。

表 8-6 按单个存货、一类存货和全部存货应用成本与市价孰低法　　（单位：美元）

	先进先出法成本	市价	成本与市价孰低法的应用		
			单个存货	一类存货	全部存货
滑雪装备					
下山滑雪	16 000	18 000	16 000		
跨地滑雪	4 000	3 000	3 000		
全部滑雪装备	20 000	21 000		20 000	
滑雪附件					
滑雪鞋具	2 400	1 500	1 500		
滑雪服装	6 600	6 000	6 000		
全部滑雪附件	9 000	7 500		7 500	
全部存货	29 000	28 500	26 500	27 500	28 500

如果按先进先出法计量成本，乔尔滑雪品商店现在在总分类账中存货记录为 29 000 美元。如果管理层应用成本与市价孰低法并按单个存货项目计价，那么存货应根据市价 26 500 美元来计价。此时，需要贷记商品存货账户 2 500（=29 000−26 500）美元，相应借记销货成本账户或存货减值损失账户，具体情况取决于减值金额是否重大。

如果管理层基于存货类别使用成本与市价孰低法，则需要从先进先出法成本 29 000 美元中减值 1 500（=29 000−27 500）美元。同样，基于全部存货使用成本与市价孰低法，仅需减值 500（=29 000−28 500）美元。

绝大多数公司的财务报表都注明存货以成本与市价孰低法计价。然而，在通货膨胀经济下，两个金额中的低者通常为成本，尤其是采用后进先出法的企业。⊖

⊖ 一个值得注意的例外是石油存货，其重置成本可能迅速地波动，而且有涨有跌。有的大型石油公司一年的调整额就达到数亿美元。

8.2.3 交易的年末分割

恰当分割交易是编制可靠财务报表的关键一步。这里，恰当分割仅指将接近年末发生的交易记入正确的会计期间。

就恰当分割而言，一方面要确定将期末发生的所有商品采购都记入存货记录，并且都要包括在年末库存商品的实地盘点中；另一方面也同样重要，即确定将期末所有已售商品的成本从存货账户中转出，再借记到销货成本中。这些已售商品不应包括在年末实地盘点存货中。

如果截至年末一些销售交易未被这样记录，那么存货记录中显示的商品数量就会大于实际库存数量。如果比较实地盘点的结果与存货记录，未记录的销售很容易被误认为是存货短缺。

如果销售交易发生在盘点商品之时，那么恰当分割就比较困难。为此，许多企业仍然会在非营业时间进行实地盘存，即使盘点需要停止营业一天。

1. 收入与销货成本相配比

会计人员必须确定与接近年末发生的销售交易相关的销售收入和销货成本记录在同一会计期间；否则，这些交易的收入和费用就不能在公司利润表中恰当配比。

2. 在途商品

销售在商品所有权转移给买方时就应得到确认。分割年末交易时，会出现这样一个问题：卖方和买方之间的在途商品到底属于哪方？答案与货运术语有关。如果采用 **FOB 装船点**（free on board shipping point），那么货物一装船所有权就发生转移，在途商品归买方所有；如果采用 **FOB 目的港**（free on board destination），那么货物要运到目的地所有权才转移，因此在途商品归卖方所有。

许多企业并不做这种区分，因为在途商品通常在一两天内到达。这种情况下，在途商品的金额通常不大，企业采取最方便的会计处理方法。更为简便的方法是当所有采购都运达时记录为采购，当所有商品运送至客户时记录为销售。当然，采取这种简便方法的前提是在途商品金额或影响较小。

然而，在某些行业，在途商品金额巨大，如石油公司常常会发生数百万美元的在途存货在输油管和超级油轮中。在这种情况下，记录采购和销售时，企业必须考虑每笔运输的具体条款。

> ⊙ **销售经理**
>
> 坦普图公司是一家高档家具制造公司，你是该公司负责美国东北区域的销售经理。假设你刚从在新奥尔良召开的公司年度销售经理会议回来。会议期间，你和一些地区经理闲聊时，得知几个经理将他们预计 1 月初发货的销售作为 12 月末的销售做了报告。你该怎么做？

8.2.4 定期盘存制

在上述讨论中，我们强调的是永续盘存制，即持续更新存货记录。随着信息技术的广泛应用，如今大多数大型企业组织都使用永续盘存制。

然而，一些小企业仍然采用定期盘存制。定期盘存制下，当年采购的商品成本借记采购账户而不是存货账户。商品出售给客户时，只编制确认销售收入的分录，不编制减少存货或确认销货成本的分录。

库存和当年销货成本直到年末才确认。年末，企业盘点所有库存商品并按成本计价。然后，按分配给期末存货的成本计算销货成本（这里的金额是为举例而假设的）。

	（单位：美元）
年初存货	10 000
加：当年采购	80 000
当年可供销售的商品成本	90 000
减：年末存货	7 000
销货成本	83 000

在该计算中，会计记录中唯一持续更新的账户是采购账户。年初和年末的存货金额是通过年度实地观察确定的。

年末存货成本的确定包括两个步骤：商品盘点和存货计价，即确定库存单位的成本。这些步骤结合起来就能正确地计量存货和销货成本。这里，销货成本计算的是当期的总成本，而不是各单笔销售的加总，方法上与永续盘存制相同。

1. 在定期盘存制下运用成本流转假设

讨论永续盘存制时，我们强调销售发生时由存货转入销货成本的成本。而在定期盘存制下，转而强调的是期末存货成本的确定。

例如，假设厨具零售商店采用定期盘存制。年末实地盘存显示库存某一特定类型食品加工机 12 台。本年度该食品加工机的采购情况如表 8-7 所示。

如表 8-7 所示，该年度全年可供销售的食品加工机共 30 台，年末库存为 12 台，显然出售了 18 台。⊖现在，我们使用这些数据分别用个别辨认法、平均成本法、先进先出法和后进先出法等流转假设来确定年末存货成本和销货成本。

表 8-7　存货采购汇总

	数量	单位成本（美元）	总成本（美元）
期初存货	10	80	800
第 1 笔采购（3 月 1 日）	5	90	450
第 2 笔采购（7 月 1 日）	5	100	500
第 3 笔采购（10 月 1 日）	5	120	600
第 4 笔采购（12 月 1 日）	5	130	650
可供销售	30		3 000
期末存货数量	12		
已售数量	18		

2. 个别辨认法

采用个别辨认法，企业必须区分年末库存的 12 台食品加工机，并根据购货发票确定其实际成本。假定 12 台食品加工机的实际总成本为 1 240 美元。那么，销货成本就是可供销售商品成本减年末存货。

	（单位：美元）
可供销售商品成本	3 000
减：期末存货（个别辨认法）	1 240
销货成本	1 760

3. 平均成本法

平均成本由本年可供销售商品总成本除以可供销售总数量计算而得。所以，平均单位成本是 100 美元（=3 000 美元 /30 台）。根据平均成本法，期末存货为 1 200（=12×100）美元，销货成本为 1 800 美元（可供销售商品成本 3 000 美元减去期末存货成本 1 200 美元）。

4. 先进先出法

先进先出法假设最早购入的存货单位最先出售。因此，期末存货被认为由最近购入的商品构成（请记住，我们现在讨论的是仍留在存货

	（单位：美元）
12 月 1 日采购 5 台，每台 130 美元	650
10 月 1 日采购 5 台，每台 120 美元	600
7 月 1 日采购 2 台，每台 100 美元	200
期末存货 12 台，按先进先出法计价的成本	1 450

⊖ 定期盘存制并不区分已售商品和短缺商品。短缺损失的那部分商品自动归到销货成本中。

中的商品，而不是已售商品）。因此，12 台食品加工机存货按如下成本计价：先进先出法下，销货成本为 1 550（=3 000-1 450）美元。

请注意，先进先出法使存货以相对较近的采购成本计价，而销货成本则以较早的采购成本计量。

5. 后进先出法

后进先出法下，最近购入的单位最先出售。因此，期末存货被认为由最早的采购构成。这样，12 台食品加工机存货的计价如右所示。

（单位：美元）

期初存货 10 台，每台 80 美元	800
3 月 1 日采购 2 台，每台 90 元	180
期末存货 12 台，按后进先出法计价的成本	980

后进先出法下，销货成本为 2 020（=3 000-980）美元。

请注意，后进先出法下的销货成本高于先进先出法下的成本（后进先出法下为 2 020 美元，先进先出法下为 1 550 美元）。采购成本上涨时，后进先出法下的销货成本总会较高。因此，无论是永续盘存制还是定期盘存制，后进先出法倾向于使报告的净利润和所得税最小化。

还请注意，后进先出法可能导致期末存货计价大大低于现行重置成本。在本例中，期末存货按每台 80 美元和 90 美元计价，但最近采购价格是每台 130 美元。

> ⊙ **小案例**
>
> 几乎所有国家都允许采用先进先出法编制财务报告，而国际上对后进先出法则存在许多争议。国际会计准则禁用后进先出法，因为它导致资产负债表中存货的金额显得过时。因此，为比较采用后进先出法的美国公司和采用先进先出法（或加权平均成本法）的非美国公司的存货金额，财务分析师必须对（财务报表中的）存货金额进行重新计价。

6. 采用后进先出法使税收利益最大化

许多采用永续盘存制下后进先出法的企业，在年末按定期盘存制下后进先出法成本计算过程（如上所示）计算出的成本来重计年末存货。重计时借记或贷记存货账户，相应分录为销货成本账户。

用定期盘存制下的成本计算方法重计期末存货，通常比永续盘存制下存货记录的单位成本更早（更低）。分配给期末存货的成本越低，销货成本就越高，而销货成本越高，应税利润就越少。

为什么年末存货计价采用定期盘存制下的后进先出法比采用永续盘存制下的后进先出法要低呢？考虑一下本例中的最后一次采购，5 台食品加工机是在 12 月 1 日以相对较高的单位成本 130 美元购入的。假设 12 月没有再销售任何单位，即便这些存货的记录采用的是后进先出法，它们也被包括在永续盘存制下记录的存货中。如果期末存货计价采用定期盘存制下的后进先出法，那么最后一次采购就不包括在存货中，而是转入了利润表的销货成本中。

按照永续盘存制和定期盘存制的成本计算方法，后进先出法和平均成本法会产生不同的存货计价。然而，只有采用后进先出法的企业通常才会按照定期盘存制成本计算方法的单位成本来调整永续盘存制记录。采用先进先出法时，永续盘存制和定期盘存制的成本计算方法得出的是完全相同的存货计价。

7. 利用计算机对期末存货计价

现在，绝大多数公司都已经使用计算机来完成采购记录，年末只需录入存货数量，并使用以上讨论的任何成本流转假设，就能自动计算出期末存货价值。计算机也能应用个别辨认法，但系统需要期末存货中每个单位的标识号码。这也是个别辨认法通常不会被用于含有大量低成本存货项目的一个原因。

8.2.5 国际财务报告准则

本章讨论了建立存货成本的重要性以及这种成本如何流转到利润表中的销货成本。有关财务报告处理这一问题的基本原则，无论是一般公认会计原则，还是国际财务报告准则，本质上相同。不过，如何应用这些原则仍然存在差异。

一个主要区别就是国际准则并不认可用后进先出法来对存货成本进行会计处理，只接受先进先出法或加权平均成本法。在美国，因为所得税利益原因，后进先出法被广泛应用，因此成了两者的一个重要区别。值得注意的是，按照美国税法的要求，对于那些为避税而使用后进先出法的公司，其财务报表同样要使用后进先出法。

为使一般公认会计原则与国际财务报告准则更为贴近，多年来各方一直在努力，目标就是要使两者趋同。国际准则不允许使用后进先出法，而后进先出法又是那些遵循一般公认会计原则的美国公司最常用的存货处理方法。这个冲突很难和解。作者认为，要改变美国的准则，使其放弃后进先出法，或是使国际准则接受一般公认会计原则的后进先出法，显然都是不可能的。最合理的办法似乎就是去除美国的遵循要求，从而允许按美国标准进行会计处理的公司可以在所得税申报表中使用后进先出法，但又不要求其财务报表中使用后进先出法。事实上，后进先出法成了一种报税方法，但并不应用于财务报表中。现行的遵循要求已经施行多年，任何一点变动都会引起美国税法的重要变化，而实现这些改变所需的政治程序显然无法快速完成。不过，这一切终会发生，毕竟业内都渴望美国与国际财务报告准则能趋同。

一般公认会计原则与国际财务报告准则关于存货会计处理还有其他许多不同之处，其中之一就是成本与市场价值孰低法的应用。按照一般公认会计原则，如果存货按低市场价值减记，就不允许在存货售出之前恢复其价值。然而，按照国际财务报告准则，随后的市场价值恢复按恢复期间的销货成本减少处理。

8.2.6 存货准确计价的重要性

在绝大多数企业的资产负债表中，最重要的流动资产是现金、应收账款和存货。这些资产中，存货的金额通常最大，而且存货也是唯一可采用多种计价方法的资产。

因为存货规模相对较大，许多不同产品又有可能存放在不同地点，存货计价的错误可能并不容易发现。然而，一个小小的存货计价错误也可能对净利润产生重大影响。因此，年末存货盘点和计价必须十分谨慎。

存货计价错误会影响几个资产负债表指标，包括资产和所有者权益合计。存货计价错误也会影响利润表中的关键数据，包括销货成本、毛利和净利润。还请注意，本年期末存货就是下一年的期初存货，因此，存货计价错误将会带到下一年度财务报表中。

1. 期末存货计价错误的影响

例如，假设企业存货中的某些商品在年末实地盘点中被忽略了，结果，期末存货被低估。

未盘点商品成本被错误地从存货账户转出，列入了销货成本。由于销货成本被高估，毛利和净利润就被低估了。㊀

2. 存货错误影响两年

期末存货的计价错误不仅影响当年的财务报表，而且影响下一年的利润表。

假设第 1 年的期末存货被低估了 10 000 美元。如前所述，第 1 年的销货成本被高估了相同的金额，而毛利和净利润则被低估了。

然而，第 1 年的期末存货就是第 2 年的期初存货。期初存货低估导致销货成本低估，因此，第 2 年的毛利和净利润就被高估了。

请注意，最初的错误对连续两年净利润的影响恰好相反。第 1 年净利润被低估的金额正是第 2 年被高估的金额。因此，存货的错误在两年内"相互抵销"或"自动更正"。

连续两年内错误相互抵销并不会减轻存货计价错误的后果，相反，存货计价错误扩大了它对企业连年业绩趋势的误导性影响。

3. 存货计价错误的影响小结

表 8-8 总结了期末存货计价错误对连续两年财务报告的影响。表中用字母表示错误对各种报表指标的影响，即 U 表示低估，O 表示高估，NE 表示没有影响。无论采用永续盘存制还是定期盘存制，存货计价错误的影响都是相同的。第 1 年错误在第 2 年被抵销，因此第 2 年年末所有者权益处列示无影响（NE）。

表 8-8 存货计价错误的影响

原始错误：期末存货低估	出现错误的年度	随后年度
期初存货	NE	U
可供销售商品成本	NE	U
期末存货	U	NE
销货成本	O	U
毛利	U	O
净利润	U	O
年末所有者权益	U	NE
原始错误：期末存货高估	出现错误的年度	随后年度
期初存货	NE	O
可供销售商品成本	NE	O
期末存货	O	NE
销货成本	U	O
毛利	O	U
净利润	O	U
年末所有者权益	O	NE

8.2.7 销货成本和期末存货成本的估价方法

每月对存货进行实地盘存既费钱又费时。因此，采用定期盘存制的企业在编制月度或季

㊀ 如果不考虑对所得税的影响，存货计价错误的数额正好与毛利和净利润的差错一致。如果考虑所得税影响，净利润的影响就会小一点。

度财务报表时，除了年末外，通常要估计存货和销货成本的金额。其中的一种估计方法叫毛利法，另一种主要为零售商所用的叫零售法。

8.2.8 毛利法

毛利法（gross profit method）是估计销货成本和库存金额的一种方法。使用该方法时，假设本年的毛利率和上一年（或前几年）的毛利率相同。一旦知道了毛利率，就可以将净销售额分为两部分：毛利和销货成本。如果把净销售额看成100%，再假设毛利率是净销售额的40%，那么销货成本一定占60%。换句话说，销货成本的百分比（或**成本率**，cost ratio）等于100%减毛利率。

一旦知道了毛利率，期末存货可通过如下步骤估计：

- 根据期初存货和净采购额的总分类账确定可供销售商品的成本。
- 将净销售额乘以成本率估计出销货成本。
- 将可供销售商品成本减销货成本就可估计出期末存货。

例如，假设都市五金商店1月1日的期初存货为50 000美元。1月的净采购额为20 000美元，净销售额为30 000美元。商店正常的毛利率是净销售额的40%，成本率就是60%。根据以上数据，1月31日的存货就可以估计出来。具体估计过程如下：

（单位：美元）

可供销售商品：		
期初存货，1月1日		50 000
采购		20 000
可供销售商品成本		70 000
减：估计的销货成本		
净销售额	30 000	
成本率（100%-40%）	60%	
估计的销货成本（30 000×60%）		18 000
估计1月31日的期末存货		52 000

用毛利法估计存货除了用来编制中期财务报表外，还有其他用途。例如，如果存货遭受火灾损坏，企业必须估计火灾当天的库存金额以提出保险理赔。确定存货金额的较方便方法就是毛利法。

年末实地盘存后也要使用毛利法，以证实盘点和计价过程确定的金额的整体合理性。然而，毛利法并不能很好地替代定期进行的实地盘存。

8.2.9 零售法

估计期末存货和销货成本的**零售法**（retail method）与毛利法大致相同。主要区别是，零售法要求管理层按零售价格确定期末存货的价值，再用成本比率将期末存货的零售价值转换为大约的成本。

为确定成本比率，企业必须追踪可供销售商品的成本和零售价。例如，假设本年滑雪山谷公司可供销售商品成本为45万美元，管理层以总计100万美元的零售价格将这些可供销商品出售给客户。因此,当年的成本率是 45%(= 450 000/1 000 000)。滑雪山谷公司将用这一比率把期末存货零售价值转换为估计成本。

假设滑雪山谷公司员工确定年末库存零售价格总额为 30 万美元。使用 45% 的成本比率可以很容易地将其转换为成本。

	(单位:美元)
(1)可供销售商品(成本价)	450 000
(2)可供销售商品(零售价)	1 000 000
(3)成本比率[(1)÷(2)]	45%
(4)实地盘点期末存货(零售价)	300 000
(5)估计期末存货[(3)×(4)]	135 000

零售法的这一应用是以平均成本对期末存货进行近似计价。公司管理层普遍使用是这一近似方法来估计后进先出法下的期末存货价值。

8.2.10 存货制经常调整

本章介绍了那些最为常见的存货制的基本特征。实务中,企业常常会调整这些方法,以适应特定需要。有些企业还为不同目的而使用不同的存货制。

第 6 章提到了一种调整方法:存货很少的企业可能将所有采购直接借记销货成本账户;另一种调整就是按永续盘存进行记录,但仅显示购买和销售商品的数量,不显示金额。这种制度下的记录比完全永续盘存制少,但仍可为管理层提供关于销售和存货的有用信息。要产生财务报表和纳税申报表所需要的金额,这些企业可以采用毛利法、零售法或定期盘存制。

餐馆等企业通常每天或每周通过实地盘点更新存货记录。事实上,它们通常使用频繁的定期盘点作为维持永续盘存制的基础。

总之,实际业务中的存货制度常常与教科书中的例子有区别,但基本原则相同。

> ⊙ **会计与决策**
>
> 会计信息真正的价值在于如何为决策提供信息,而这往往离不开重要判断和对细节的关注。不过,最为关键的是如何保障投资者、债权人和其他相关方能获得准确、公允的信息,并依此做出决策。这样的信息多来自构成财务报表基础的会计循环以及会计信息系统。
>
> 存货通常是企业最大的流动资产,但这项资产的流动性如何?转化为现金需要多久呢?要回答这些问题,短期债权人通常会计算**存货周转率**(inventory turnover rate)。
>
> **1. 存货周转率**
>
> 存货周转率等于销货成本除以平均存货(期初存货加期末存货,除以 2)。该比率表示一年中企业能将平均存货出售几次。该比率越高,企业出售存货的速度越快。
>
> 例如,塔吉特公司最近的年报显示销货成本是 511.25 亿美元,平均存货是 84.83 亿美元,因此其存货周转率是 6.03 次(=511.25 亿美元 ÷84.83 亿美元)。我们还可以计算塔吉特公司出售存货所需要的天数,即 365 天除以周转率。所以,塔吉特公司周转(出售)平均存货需要 60.5 天。其存货周转率和出售存货的平均天数计算如下:
>
> 存货周转率 = 销货成本 / 平均存货 = 511.25 亿美元 /84.83 亿美元 = 6.03 次
> 出售存货平均天数 = 一年的天数 / 存货周转率 = 365 天 /6.03 次 = 60.5 天
> 平均存货 = (期初存货 + 期末存货)/2
>
> 财务报表使用者发现用存货周转率评价企业存货流动性很有效。此外,管理者和独立

审计师也用它来确定哪些存货销售得不好，哪些存货可能已经过时。存货周转率下降代表商品不如以前畅销。比较企业与其竞争者的存货周转率，对于评价企业管理存货（通常是公司最大的资产）的有效性特别有用。

2. 应收账款周转率

绝大多数企业赊销商品，因此销售存货通常并不能立即提供现金来源。要确定存货转化为现金需要多久，就要综合考虑出售存货和收回该销售所产生的应收账款所需的天数。

收回应收账款所需的天数取决于企业的应收账款周转率。应收账款周转率等于净销售额除以平均应收账款。收回应收账款所需的天数等于365天除以周转率。

3. 营业周期的长度

商业企业的营业周期是自采购商品到商品转换为现金所需要的平均时间。换句话说，就是采购商品作为存货通过商品赊销逐渐转换为应收账款，应收账款再通过收款过程转换为现金。

从短期债权人角度看，营业周期越短，企业流动资产的质量越高，因为它们转换为现金越快。

计算存货周转率和应收账款周转率时，我们采用年度平均存货和年度平均应收账款。如果这些数额在年初年末差别不是很大，那么使用期末数也是一个可以接受的方案。

⊙ 信用分析师

假如你是通用电气资本公司的信用分析师，沃勒公司正在寻求以商品存货为抵押向通用电气资本公司借款。你已经知道沃勒公司的存货周转率为3.6次，销售存货的平均时间稍高于100天。假设沃勒公司目前以成本计价的存货为320万美元，毛利率约为销售额的40%。请估计该公司用于抵押的存货的市场价值。

⊙ 伦理、欺诈与公司治理

如本章前面所述，存货及销货成本的计价对管理者和公司财务报表使用者至关重要。关于存货计价的两个主要问题是存在性和计价。

在一桩知名的存货舞弊案中，美国证券交易委员会（SEC）对MiniScribe公司的一名高级职员采取了强制行动，因为他参与了对公司财务报表所报告存货的高估。存货高估造成了公司利润表中报告的销货成本的低估以及利润的高估（该公司的净利润实际上被高估了2 200万美元，高估达244%）。

在被Maxtor公司收购前，MiniScribe公司制造计算机磁盘驱动器，其股票在纳斯达克上市。该公司发现存货余额存在巨额缺口，如果报告该缺口，那么就会大幅增加销货成本并大幅降低公司净利润。于是，MiniScribe公司对其独立审计师隐瞒了该缺口，并采取一系列不当手法来高估实际存货余额。首先，它记录了将不存在的存货从总部虚假转至海外子公司。其次，它将废料和过时存货重新包装，好像是"正常"存货一样。最后，作为有史以来最厚颜无耻的存货舞弊案，它将砖块装入装磁盘驱动器的箱子，并将它们运给分销商（这些垃圾在分销商销售前被MiniScribe公司计为存货）。

8.3 小结

本章介绍了各种存货计价方法。每种方法都基于特定的成本流转假设,而且与商品的实物流转并不一定一致。此外,管理层选择的计价方法对公司利润表、资产负债表和纳税申报表会产生重大影响。

下一章介绍的情形与本章相似。不难发现,工厂和设备的会计处理也有多种替代方法可用。

学习目标小结

1. 了解永续盘存制下确定销货成本的方法:①个别辨认法;②平均成本法;③先进先出法(FIFO);④后进先出法(LIFO)。讨论每种方法的优缺点。

   在个别辨认法下,个别售出单位的实际成本由存货转入销货成本(借记销货成本,贷记存货)。当存货中单个单位独一无二时,该方法能将销售收入和销货成本很好地配比。然而,当存货由同质商品组成时,该方法就会显得烦琐,并可能产生误导性结果。

   其他三种成本流转假设只适用于存货是同质商品的情况。

   平均成本法需要计算存货中所有单位的平均成本,以记录销货成本。这是所有单位都分配相同(平均)单位成本的唯一方法。

   先进先出法假设先采购的商品先售出。因此,存货是由最近采购的单位组成。先进先出法将当前成本分配给存货,而将较早(通常也较低)的成本分配给销货成本。

   后进先出法假设最近采购的商品最先售出。该方法将收入与相对最近的成本配比。在通货膨胀时期,后进先出法下报告的利润和所得税通常比使用其他方法低。然而,由于存货分配的是最早的采购成本,由此可能导致其现行重置成本被大大地低估。

2. 解释实地盘存的必要性

   在永续盘存制下,要进行实地盘存并根据损耗损失来调整存货记录。在定期盘存制下,实地盘存是确定期末存货成本和计算销货成本的基础。

3. 记录存货的损耗损失以及其他年末调整

   将短缺或毁损单位的成本从存货账户中转出来以记录损耗损失。如果损耗在正常范围内,对应借方可能是销货成本,否则借记专门的损失账户。如果发现存货已经过时或不可能出售,应将其减值至零(如果有残值,则减值至残值);如果存货以成本与市价孰低法计价,当年末现行重置成本远低于存货记录成本时,应减值至现行重置成本。

4. 了解定期盘存制下确定期末存货和销货成本的方法:①个别辨认法;②平均成本法;③先进先出法;④后进先出法。

   确定销货成本的方法是:期初存货加本期采购,减期末存货。所以,分配给期末存货的成本决定了销货成本的大小。

   在个别辨认法下,期末存货成本由库存单位相应的个别成本确定。在平均成本法下,期末存货由库存单位数量乘以本年可供销售单位的平均成本确定。在先进先出法下,期末存货单位使用最近成本层次的单位成本计价;在后进先出法下,期末存货使用最早成本层次的单位成本计价。

5. 解释存货计价错误对利润表的影响

   当年,分配给期末存货的成本错误将使销货成本产生相反方向的错误,毛利产生相同方向的错误。例如,期末存货成本被低估使销货成本被高估,毛利被低估。

   这一错误对来年的销货成本和毛利产生恰好相反的影响,因为该错误现在存在于分配的期初存货成本中。

6. 用毛利法和零售法估计销货成本和期末存货

   毛利法和零售法都用成本比率来估计销货成本和期末存货。销货成本等于净销售额乘以成本比率。期末存货等于可供销售商品成本减销货成本。

毛利法下，成本比率等于100%减去企业前一年（或几年）毛利率；零售法下，成本比率等于成本与可供销售商品零售价格总额的百分比。

7. 计算存货周转率并解释其用途

存货周转率等于销货成本除以平均存货。财务报表使用者发现，存货周转率有助于评价企业存货的流动性。此外，管理者和独立审计师用该计算来帮助识别哪些存货已经不再适销，哪些存货已经过时。

习题 / 关键术语

示范题

音频世界公司销售高性能立体声设备。西蒙斯音响公司最近推出最新的扬声器产品卡内基-440设备。本年度，音频世界公司在以下日期按如下价格向西蒙斯音响公司采购了9套该设备：

（金额单位：美元）

日期	采购单位	单位成本	总成本
10月1日	2	3 000	6 000
11月17日	3	3 200	9 600
12月1日	4	3 250	13 000
当年可供销售	9		28 600

11月21日，音频世界公司将其中4套扬声器设备出售给了丹佛交响乐团，12月31日的存货中还有5套卡内基-440设备。

要求：

假设音频世界公司采用永续盘存制，请分别用平均成本法、先进先出法和后进先出法计算（提示：11月21日的销售发生在11月17日和12月1日两次采购之间）：

（1）与出售给丹佛交响乐团的卡内基-440设备相关的销货成本。
（2）12月31日这些扬声器的期末存货成本。
（3）请指出构成销货成本和期末存货的单位数量和成本层次。

答案：

（1）
①销货成本（以平均成本法计）：

11月21日的平均单位成本 [（6 000 + 9 600）/5]	3 120
销货成本（4 × 3 120）	12 480

②12月31日的存货（以平均成本法计）

11月21日销售后剩余存货（1 × 3 120）	3 120
12月1日采购的存货（4 × 3 250）	13 000
存货中5套的总成本	16 120
12月31日的平均单位成本（16 120÷5）	3 224
12月31日的存货（5 × 3 224）	16 120

（2）
①销货成本（以先进先出法计）：

2 × 3 000 + 2 × 3 200	12 400

②

12月31日存货（4 × 3 250 + 1 × 3 200）	16 200

（3）
①销货成本（以后进先出法计）：

3 × 3 200 + 1 × 3 000	12 600

②

12月31日存货（4 × 3 250 + 1 × 3 000）	16 000

自测题

说明：为了尽可能多地复习各章节的知识，一些自测题不止一个正确选项，那么，你应该选出所有正确的答案。

1. 使用存货成本流转假设的主要目的是：
    A. 同商品实物流转一致
    B. 用恰当的销货成本抵销收入
    C. 使所得税最小化
    D. 使报告净利润最大化

2. 爱思汽车配件公司采用永续盘存制。3月10日公司出售了2台汽化器，销售发生前，永续盘存记录显示库存3台机器，具体如下：

日期	采购数量	单位成本	库存数量	总成本
2月4日	1	220	1	220
3月2日	2	235	3	690

关于3月10日的销售（可能有多个正确答案）：

A. 如果采用平均成本法，销货成本是460美元

B. 如果这些汽化器都有标识号，企业必须采用个别辨认法确定销货成本

C. 如果企业采用后进先出法，销货成本将比先进先出法高15美元

D. 如果企业采用后进先出法，销售后存货中剩余机器的成本为220美元

3. 服装城公司采用定期盘存制，经营的第1年，公司采购某种产品4批，每批500单位。第一批的单位成本9美元，第二批10美元，第三批12美元，第四批13美元，年末还有650单位没有出售。根据先进先出法和后进先出法计算的销货成本如下：

A. 13 700美元（先进先出法），16 000美元（后进先出法）

B. 8 300美元（先进先出法），6 000美元（后进先出法）

C. 16 000美元（先进先出法），13 700美元（后进先出法）

D. 6 000美元（先进先出法），8 300美元（后进先出法）

4. 特伦特百货商店采用永续盘存制，但在年末根据完整的实地盘存调整存货记录。在上年度和本年度的年终的实地盘存中，公司员工没有将橱窗展示的商品纳入盘点范围，这些商品的成本分别为：上年年末，13 000美元；本年年末，19 000美元。这些错误对本年度销货成本的影响是：

A. 低估19 000美元　B. 高估6 000美元

C. 低估6 000美元　D. 以上都不对

5. 本年7月，布拉德福德进口公司的会计人员正在编制截止日期为本年6月30日的季度财务报表。然而最近一次实地盘存是6月5日进行的，会计人员必须估计6月30日的大致成本，数据如下（单位：美元）：

实地盘存，2015年6月5日	900 000
6月5日～6月30日的交易：	
销售	700 000
采购	400 000

销售毛利率持续保持在销售额的平均40%。用毛利法计算6月30日存货的大致成本：

A. 420 000美元　B. 880 000美元

C. 480 000美元　D. 1 360 000美元

6. 联合产品公司的存货规模很大。公司已采用后进先出法多年；期间，公司的产品采购成本大幅上升，则（可能不止一项是正确的）：

A. 如果采用平均成本法，则过去年份会报告更高的净利润

B. 如果采用先进先出法，则存货周转率要低些

C. 如果采用先进先出法，在过去几年会支付更多的所得税

D. 如果存货量远低于正常水平，则毛利率会下降

讨论题

1. 简要描述一下使用成本流转假设而不是使用个别辨认法计价存货的优势。

2. 按照一般公认会计原则，通常在什么情况下允许使用存货成本流转假设？存货成本流转假设一定要与公司商品实际变动紧密一致吗？

3. 一家大型画廊有库存的100幅画，而且各不相同。最低的价格是1 000多美元，那些高价的画标价达10万美元以上。本章介绍的存货计价的四种方法中，你认为哪种方法最适合这家画廊？说出你的理由。

4. 采购成本持续增长期间，哪种存货成本假设会使报告利润最高？哪种使应纳税收入最低？哪种使存货计价最接近当下的重置成本？简述你的答案。

5. 准时制存货的特征是什么？简要解释它的优点和风险。

6. 为什么采用永续盘存制的公司还要进行年度实地盘存？实地盘存通常何时进行？为

7. 什么情况下一家公司会减记存货价值，以使其低于成本？
8. 什么是年末分割交易？如果年末交易中的商品金额巨大的话，如何确定这些商品是买方存货还是卖方存货？请解释。
9. 解释为什么年末计价存货的错误有时被称为"相互抵销"或"自动更正"。
10. 简要解释一下估计存货的毛利法。哪种情况下可能会使用这种方法？
11. 使用零售存货法的商店进行实地盘存时，通常把现时商标零售价应用到所点的商品数量中。这是否意味着财务报表中的存货按零售价列示？请解释原因。
12. 如何计算存货周转率？短期债权人为何对这个指标感兴趣？
13. 百特公司在成本不断增长的这段时间一直采用先进先出法。请解释如果公司使用后进先出法，下面几个指标会更高还是更低：①净利润；②存货周转率；③所得税费用。
14. 预期存货重置成本会下降，计算机产品公司的管理层决定采用先进先出法存货流转假设而不是后进先出法。解释这一决定将会如何影响公司未来的毛利率与税收费用。
15. 两家服装制造商的财务报告附注如下：

存货：按后进先出法或市场价格较低者计算存货成本。

存货：按先进先出法或市场价格较低者计算存货成本，假设该期间价格保持上涨。

（1）哪家公司采用的计价方法更为稳健？请解释。
（2）基于财务报表中使用的存货计价方法，哪家公司在降低应交所得税上更占优势呢？请解释。
（3）两家公司会不会通过从先进先出法转到后进先出法或从后进先出法转到先进先出法，以此来增加从客户收回的现金，或减少支付给供货商的现金？请解释。

测试题

1. 斯莫利公司采购了如下存货：
    1月4日：100单位，单价2.00美元
    1月23日：120单位，单价2.25美元
    斯莫利公司1月28日卖出50单位。在先进先出法存货假设下计算1月的销货成本。
2. 梅森公司购入如下存货商品：
    12月2日：50单位，单价20美元
    12月12日：12单位，单价21美元
    梅森公司于12月20日售出12单位。基于后进先出法存货假设，确定梅森公司这个月的销货成本。
3. 福克斯公司购入如下存货商品：
    5月3日：100单位，单价3.05美元
    5月10日：150单位，单价3.10美元
    5月15日：120单位，单价3.15美元
    截至5月底，福克斯公司售出125单位。如果公司采用平均成本法进行存货会计处理，期末存货金额是多少？
4. 墨菲公司在4月分两次购入一项存货，具体情况如下：
    4月5日：100单位，单价5.00美元
    4月15日：100单位，单价5.05美元
    （1）如果公司售出75单位，并且使用后进先出法，4月30日这项存货的期末金额是多少？
    （2）如果公司使用的是先进先出法，那么存货的期末金额是多少？
5. 富兰克林公司本年期初有存货10单位，单位成本为10美元。期间另外又以单价11美元购置了20单位，售出了25单位。基于后进先出法和平均成本法会计处理存货，该公司的期末存货金额是多少？
6. 布鲁宁公司的存货容易遭受挥发引起的短缺。在本期财务报告期末，公司存货成本为10万美元。管理层估计挥发已经导致存货短缺了6%。假设短缺被记到存货损失准备账户，请编制记录年度存货短缺的总分类账。
7. 皮克斯公司在年末忽略了12.5万美元的存货，因为这些存货被临时储存在一家公司的仓库里。在发现这个错误之前，公司的

利润表显示如下（单位：美元）：

销售额	990 000
销货成本	（560 000）
毛利	430 000

重新建立这些数据以反映被忽略的存货。

8. 由于对存货会计处理的控制效率不高，沃克-科默公司在本年末把一笔 50 000 美元的存货记了两次账。在发现这个错误之前，公司当年年末的存货价值为 670 000 美元。更正这个错误将会如何影响公司的存货和销货成本的数据。

9. 阿拉莫公司记录的当年销售额、销货成本和期末存货的数据分别为：650 000 美元、500 000 美元、128 000 美元。计算公司本年存货周转率。公司销售存货的平均天数是多少？

10. 罗兹公司报告上年和本年的销售额、销货成本和存货如下（万美元）：

	销售额	销货成本	存货
2014 年	100	85	27
2015 年	110	90	35

请问每年的存货周转率是多少？哪一年管理存货更有效率？

案例题

1. 我们的小秘密是一家小型的泳衣和其他沙滩服饰生产企业。公司是一家封闭式控股公司，除了公司发薪总额报表和所得税申报表以外没有对外报告义务。公司的会计处理系统不够完善。会计记录都是由只具有一点会计知识的文书职员完成的，而且他们还兼任其他多种职务。管理层决定，公司必须雇用一名能干的财务总管，负责为公司建立完善的会计体系并加以监督。

艾米·李，是一名注册会计师，应聘了这个职位。在最近的面试中，公司的人事部门主管迪恩·弗罗斯特说："艾米，这个工作可能是你的了，但你要知道我们的存货管理有很大的问题。"

"表面看上去，我们在所得税申报表中低估了期末存货，而且这已经有段时间了。不过，没有人知道这是什么时候开始的，该由谁负责。直到几个月之前，公司才开始盘点存货。问题的确比较大。在我们最新的一次纳税申报中，也就是在 2019 年度，我们列出的存货大概只有实际成本的一半。可能低估了大概有 400 000 美元。"

"我们不知道该怎么做。我们绝对不想惹避税这个大麻烦。最好的办法也许就是继续低计存货，金额上与 2020 年度低估的存货金额相同。这样，应纳税收入就可以在未来年度得到正确报告。不管怎样，这只是我认为你应该了解的。"

要求：

（1）简单指明迪恩·弗罗斯特告知的信息给艾米·李带来的道德问题。

（2）从艾米·李的角度，评价一下迪恩·弗罗斯特提出的可能的解决方案。

（3）指出并阐述艾米·李可以选择的合乎道德的行动方案。

2. 杰克孙专用品公司已有 50 多年的经营历史，公司采用永续盘存制和后进先出法流转假设，每年 12 月 31 日结束财务年度。公司在年末调整销货成本和存货以反映定期盘存制下的后进先出法成本。

2021 年过去的几个月，由于铁路罢工，公司订购的货物无法到达，导致公司无法在商品售出后补充存货。12 月 22 日，公司某种产品的永续盘存制记录如下：

采购日期	数量	单位成本（美元）	总成本（美元）
1968 年 11 月 14 日	3 000	6	18 000
1969 年 4 月 12 日	2 000	8	16 000
2021 年 12 月 22 日可供出售的存货	5 000		34 000

杰克孙专用品公司以每单位 30 美元的现行批发价格订购了 8 000 单位该种产品。但因为铁路罢工，这些产品无法送达（采购条款为 FOB 目的港）；公司同时接到客户的订单，订购 4 000 单位该种产品，每单位零售价为 47 美元。该公司打算 12 月 30 日销售，而无论订购的 8 000 单位产品在这之前能否到货（出售的 4 000 单位

由卡车运送，条款为 FOB 装船点）。

要求：
（1）存货是否真的保存了 50 多年？请解释。
（2）假设现行订购的 8 000 单位产品：①在年末前到达；②直到第 2 年才到达。请分别编制表格反映 12 月 30 日销售产生的销售收入、销货成本和毛利（计算时，请列示构成销货成本的单位数量及相关的单位成本）。
（3）对以上结果进行评价。
（4）管理层如将这笔销售拖延几天进行，是否明智？请解释。

3. 米林尼姆速冻食品公司因动用信用额度而欠银行 50 000 美元。按照协议条款的规定，米林尼姆速冻食品公司必须保持 1.2∶1 的最低流动比率，不然全部未清偿的欠款必须立即全额付清。截至目前，米林尼姆速冻食品公司都遵守了最低要求。然而，公司管理层刚了解到，因某个冷库不能正常工作，导致数千美元的速冻食品存货变质。如果公司记录这次损失，那么它的流动比率就会下降到 0.8∶1。

目前，这次损失的食品能否部分或全部得到保险赔付尚不确定，而且至少要 90 天或更久后才能清楚。保险公司有很多理由来拒绝赔付。

就如何与银行就这一问题打交道，公司管理层正在考虑以下选择方案：（1）推迟记录这次存货损失，直到与保险公司的争端得到解决；（2）通过赊账采购一大批存货把流动比率提高到 1.2∶1；（3）向银行解释公司发生了什么，同时请求银行在事情恢复正常之前给予变通处理。

要求：
（1）鉴于公司管理层估计至少可从保险公司获得部分赔付，在向银行提交的财务报表中，管理层推迟报告存货减值损失真的是不道德的吗？
（2）通过赊账采购大批存货就能把公司的流动比率从 0.8∶1 提高到 1.2∶1 吗？请解释。
（3）你认为公司在与银行交涉时应该采取什么样的措施？

4. 公司的存货周转率是衡量公司把存货转化成现金的能力的指标之一。但是存货周转率为多少才被认为合适呢？回答这个问题取决于存货的品种和公司的性质。

访问 www.sec.gov 网址，找到 EDGAR 数据库。确定一家主要经营易腐性产品的公司，如大众超市公司（Publix）或克罗格超市（Kroger），再确定一家主要经营非易腐性产品的公司，如史泰博办公用品公司（Staples, Inc.）或劳氏公司（Lowes），然后找出这些公司最新的 10-K 报告。计算这些公司的存货周转率。经营易腐性产品的公司有着较高的存货周转率。这是否意味着经营易腐性产品的公司管理存货的效率高于经营非易腐性产品的公司呢？请解释。

自测题答案：1. B；2. ACD；3. A；4. B；5. B；6. AC。

练习题

关键术语

综合题 2　Music-Is-Us 公司

Music-Is-Us 公司是一家面向专业和业余音乐人的知名音乐器材供应商。公司会计每个月会做必要的调整分录，每年会结一次账。公司正在迅速发展，而且以没有长期负债为荣。

公司提供了 2021 年 12 月 31 日的试算平衡表，如下（单位：美元）。

Music-Is-Us 公司
试算平衡表
2021 年 12 月 31 日

科目	借方	贷方
现金	45 000	
有价证券	25 000	
应收账款	125 000	
坏账准备		5 000
存货采购	250 000	
办公用品	1 200	
预付保险费	6 600	
建筑物和固定设备	1 791 000	
累计折旧		800 000
土地	64 800	
应付账款		70 000
未实现顾客收款		8 000
应交所得税		75 000
股本		1 000 000
留存盈余		240 200
投资未实现利得		6 000
销售额		1 600 000
销货成本	958 000	
银行服务费	200	
坏账损失	9 000	
职工薪酬	395 000	
办公用品费用	400	
保险费用	6 400	
管理费用	3 600	
减值费用	48 000	
所得税费用	75 000	
	3 804 200	3 804 200

与 Music-Is-Us 公司的试算平衡表相关的其他信息如下：

（1）公司最近的银行对账单显示余额 46 975 美元，包括来自一位专业音乐家伊基·斯玛兹的 2 500 美元支票，因存款不足算到 Music-Is-Us 公司账上。银行每月服务费为 25 美元。公司开给供货商的 3 张支票还未被支取。这些支票包括：508 号 5 500 美元；511 号 7 500 美元；521 号 8 000 美元。公司存入的 16 500 美元到达银行太迟了，以至于没有被包括在最新的对账单中。公司在月末会编制一个银行存款余额调整表。

（2）公司持有一个有价证券投资组合。组合最初的投资为 19 000 美元。截至 12 月 31 日，这些证券的市场价值为 27 500 美元。管理层把全部短期投资归类到"可供出售金融资产"。

（3）12 月期间，6 400 美元的应收账款被提为坏账。根据公司最近的应收账款账龄分析，管理层判断 2021 年 12 月 31 日需要坏账准备 8 500 美元。

（4）公司使用永续盘存制。年末实地盘存发现存货记录中的多把吉他不见了。不见的这些存货成本金额为 1 350 美元。这个数额相对存货总额来说不算重大。

（5）12 月 31 日，大约有价值 900 美元的办公用品。

（6）公司通常提前 12 个月支付保单。最近一次支付保险费发生在 2021 年 11 月 1 日。这次保单成本比上一次交付的 12 个月的保单费稍微高一些。

（7）截至 2021 年 12 月 31 日这个月度与建筑物和固定设备有关的折旧费为 5 000 美元。

（8）尽管 Music-Is-Us 公司保持较高的存货，但通常情况下顾客下的订单都是公司存货中现存的。制造商不接受顾客定制吉他的退货。因此，定制订单必须在下单时支付全部款项。这样，全部销售金额在订单确定时就可收到，并被贷记到未实现顾客收款账户。截至 12 月 31 日，尚有 4 800 美元的收款没有实现，因为顾客尚未从制造商处收到吉他。当定制商品抵达顾客处时，公司就记录与定制订单相关的销货成本和存货减少。因此，调整分录只需要减少未实现顾客收款和增加销售额。

（9）截至 2021 年 12 月 31 日年度的应交所得税总额为 81 000 美元，而且在 2022 年 1 月初已缴清。

要求：

（1）编制银行余额调节表以及必要的日记账以更新截至 2021 年 12 月 31 日 Music-

Is-Us 公司的会计记录。

（2）编制必要的调整分录以将公司的有价证券组合更新调整至市场价值。

（3）为了按已实现的价值来报告公司的应收账款，编制 2021 年 12 月 31 日的调整分录。

（4）针对年底公司存货中损失的吉他，编制相应的会计分录。

（5）为 12 月期间使用的办公用品编制调整分录。

（6）为 12 月到期的保险单编制相应的调整分录。

（7）为公司建筑物和固定设备在 12 月的折旧编制调整分录。

（8）为报告 12 月期间实现的那部分未实现顾客收款，编制调整分录。

（9）为 12 月期间产生的所得税费用编制调整分录。

（10）在（1）~（9）的所有会计调整的基础上，编制 2021 年 12 月 31 日公司调整后的试算平衡表。

（11）运用（10）中编制的调整后试算平衡表，编制 2021 年 12 月 31 日的年度利润表、留存收益表和资产负债表。

（12）运用（11）中编制的财务报表，计算收回应收账款大概需要多少天。不妨假设公司 12 月 31 日期末应收账款余额大约为全年应收账款余额的平均数。

（13）运用（11）中编制的财务报表，计算从采购到出售商品大概需要多少天。不妨假设公司 12 月 31 日期末库存商品余额大约为全年库存商品余额的平均数。

（14）运用（11）中编制的财务报表，计算公司存货转变成现金大概需要多少天。换言之，公司经营周期的长度是多少？

（15）从短期债权人的角度对公司的财务状况做简单评价。

第 9 章

固定资产和无形资产

学习目标

- 确定固定资产的成本。
- 区分资本性支出和收益性支出。
- 使用直线法和余额递减法计算折旧。
- 使用除直线法和余额递减法以外的方法计算折旧。
- 固定资产处置的会计处理。
- 解释无形资产（包括商誉）的性质。
- 自然资源折耗的会计处理。
- 解释固定资产交易对现金的影响。

引导案例

联合包裹服务公司

按你的估计，联合包裹服务公司（UPS）会拥有什么类型的固定资产和无形资产呢？或许你首先想到的是运输车辆（主要是卡车）。此外，UPS还大笔投资于飞机资产。事实上，根据公司最近年度的合并资产负债表，财产、厂房和设备占据了公司总资产的48%以上（在454.03亿美元中占了221.18亿美元）。而在这178.94亿美元中，最大类别的资产分别是飞机、车辆和厂房。

相比于其他公司，联合包裹服务公司的固定资产数量及其占总资产的比例又如何呢？用下面的例子可以得到证实，不同公司的这些数字相差很大。

福特汽车公司（Ford Motor Company）的固定资产为320.72亿美元，占其总资产的13%；金佰利（Kimberly-Clark Corporation）的固定资产为74.36亿美元，占总资产的49%；嘉年华公司（Carnival Corporation）的固定资产为344.30亿美元，占总资产的84%。虽然固定资产对所有这些公司都很重要，但固定资产占总资产的比重大小在不同公司之间有着巨大差异。

像UPS、福特汽车、金佰利和嘉年华这样的公司，固定资产对它们日常经营的成功至关重要。各公司使用的固定资产的具体类型和金额取决于公司及其经营的性质。实际上，几乎所有公司都需要某些类型的固定资产来保证经营有效开展并取得成功。此外，有些公司的经营需要拥有某些无形资产。无形资产是已形成的或获得的权利和优先权，如商号和专利；对企业来说，无形资产可能与设备、建筑及土地一样重要。

在前面几章中，我们介绍了固定资产及折旧的概念，并强调了这类资产对任何企业成功运营的重要性。本章将更为深入地讨论固定资产的会计处理问题并讨论无形资产。同时，固定资产和无形资产是公司资产负债表的重要构成要素，因为它们代表了对资源的主要投资。许多企业的未来前景很大程度上取决于在固定资产和无形资产上的投资。

固定资产（plant assets）代表未来的一系列服务，因此可被视同为长期预付费用。例如，一辆卡车可以提供约10万千米的运输服务；卡车的成本会被记入资产账户，实质上代表预先购买的运输服务。类似地，建筑代表预先购买了许多年的住房服务。随着时间的流逝，企业利用这些服务，固定资产的成本逐渐转为折旧费用，以便反映使用该资产产生收入的成本。

固定资产和设备资产通常可分为以下几类：

（1）**有形固定资产**（tangible plant assets）。有形是指具有实物形态，如土地、建筑或机器。该类资产还可进一步分为：

- 应计折旧的财产，包括使用寿命有限的固定资产，如建筑和办公设备。
- 土地。唯一不须计提折旧的固定资产是土地，因为其存在期间无限，其有用性并不随时间而递减。

（2）**无形资产**（intangible assets）。无形资产是企业经营过程中使用的、没有实物特征的非流动资产，如专利、版权、商标、特许经营权和商誉。应收账款和预付租金等流动资产不属于无形资产范畴，尽管它们也不具有实物形态。

（3）**自然资源**（natural resources）。为挖掘或开采某些有价值的资源，如石油、矿产或林木而购得的场地被列为自然资源，而不是土地。随着自然资源被不断开采，这类固定资产就逐渐转化为存货。

对于各类固定资产，有三类基本的会计事项：①购置；②在资产的使用寿命内将购置成本分配至费用（折旧）；③出售或处置。

9.1 固定资产的购置

固定资产的成本包括为使该资产到达指定地点和可使用状态而发生的一切合理和必要的支出。除了基础成本，所有附带费用都应包括在固定资产的成本中，如基于采购价款的销售税金、运输成本和安装成本。

不过，这里只应包括合理和必要的成本。例如，假设机器在卸货过程中掉落损坏，那么修理损坏的成本应确认为当期费用，而不能加入机器成本中。尽管修理机器是必要的，但摔坏机器却不是必要的，而这正是导致修理的原因。

企业购置固定资产时常常分期付款或出具应付票据。利息费用发生在资产投入使用以后，应记为利息费用，而不记入资产成本。但对于企业自建的固定资产，建造期间的利息费用应被视为资产成本的一部分。

9.1.1 确定成本：示例

为使固定资产达到可使用状态的一切必要的附带费用都应包括在资产成本中，这一概念可通过以下示例来说明。假设密西西比的一家工厂从科罗拉多的一家工具制造厂订购了一台机器，标价为10 000美元，按48个月分期付款，每月250美元，其中包括2 000美元的利息费用。同时，还须支付600美元销售税金、1 350美元运输费和500美元安装成本。这样，机器账户中记录的机器成本应计算如右（需要注意的是，每月分期付款中的利息支出并没有计入该机器的成本）。

（单位：美元）

标价①	10 000
销售税金	600
运输费	1 350
安装成本	500
总计	12 450

① 每个统驭账户需要下设明细分类账，以提供有关每项资产（或一组类似资产）的成本、年折旧额和账面价值的信息。

9.1.2 一些特殊考虑因素

1. 土地

购置土地时，通常除了采购价款外，还会发生各种附带成本，包括支付给不动产经纪商的佣金、过户公证费、检查并担保产权的法律费用、采购方支付的滞纳税款以及丈量、排水、清理和评估的费用。以上所有支出都是土地成本的一部分。

有时，购置的建筑用地上会有一幢不合买主用途的旧建筑。此时，购置的唯一有用资产是土地。因此，采购价款连同拆除和清理不可用建筑的费用一同记入土地账户。

2. 土地改良

不动产改良，如车道、篱笆、停车场、园林绿化和消防系统等，因使用寿命有限而需要计提折旧。因此，这些费用应记入单独的土地改良账户。

3. 建筑

有时购置旧建筑是为了修理后投入使用。这种情况下发生的修理费用应记入建筑账户。然而，建筑投入使用后的日常修理费用则在发生时作为维修费用处理。

4. 设备

购置设备时，所有相关的销售税金、运输费和使设备能够正常运转的费用都视为资产成本的一部分。一旦设备投入运转，维护成本（包括利息、保险和财产税）作为当期费用处理。

5. 分配采购总价

几种不同的固定资产可能一次购入。要为每类固定资产维护单独的统驭账户，如土地、建筑和设备。⊖

批量购置土地和建筑（或其他资产）时，总采购价必须在购置的各类资产之间进行分配，为此需要进行评估。例如，假设健康锻炼公司从金色健康休闲公司购入整个健身中心。经过讨价还价后，健康锻炼公司支付整个设施的总价款为80万美元。以评估为基础的成本分配过程如下：

	评估价值（美元）	占总评估价值的百分比（%）	分摊80万美元成本（美元）
土地	250 000	25	200 000
土地改良	50 000	5	40 000
建筑	300 000	30	240 000
设备	400 000	40	320 000
总计	1 000 000	100	800 000

⊖ 每个统驭账户需要下设明细分类账，以提供有关每项资产（或一类类似资产）的成本、年折旧额和账面价值信息。

假设健康锻炼公司以现金购入该设施,记录此购置的日记账分录如下。

借:土地　　　　　　　　　　　　　　　　　　　　　200 000
　　土地改良　　　　　　　　　　　　　　　　　　　　40 000
　　建筑　　　　　　　　　　　　　　　　　　　　　　240 000
　　设备　　　　　　　　　　　　　　　　　　　　　　320 000
　贷:现金　　　　　　　　　　　　　　　　　　　　　　　　　800 000
记录现金购置金色健康公司的健身中心。

> ⊙ **健康锻炼公司新设施部门的经理**
>
> 假设你受雇成为健康锻炼公司最近购入的金色健康休闲中心这一新机构的经理。作为经理,你的责任之一是使机构赢利。事实上,按照合同规定,如果每年的利润超过预算10%以上,那么你就能得到奖金。在与评估师最近的一次谈话中,你知道在评估时一些项目被归类为土地,但实际上它们是建筑改良。不过,健康锻炼公司内部没有其他人清楚这项分类错误。结果,建筑资产账户的评估值应该是35万美元,而不是30万美元。在计算金色健康休闲中心的年度预算利润时,要从利润中减去建筑的折旧费。这种不恰当的评估对你获得奖金的可能性有什么影响?你该怎样做?

9.1.3　资本性支出与收益性支出

购置或扩建固定资产的支出被称为**资本性支出**(capital expenditures),需要记入资产账户。会计人员通常所说的**资本化**(capitalize)就是将一项支出记入资产账户,而不是费用账户。拥有和使用固定资产及设备而发生的必要的日常修理、维护、燃料和其他项目支出被称为**收益性支出**(revenue expenditures),需要借记费用账户。记入费用账户就是假设这些支出的好处在当期被消耗掉,所以应从当期收入中扣减成本以确定净利润。将某项支出直接记入费用账户通常叫作"费用化"该项目。

企业可能采购许多可以使几个会计期间受益的小物项,但其成本又相对较低,如汽车电池、废纸篓和卷笔刀。这些物项理论上属于资本性支出,但如果在会计记录中将它们记为资产,就需要在以后期间计算和记录相关的折旧费用。如前所述,这里应权衡开发更精确会计信息的额外成本和其产生的收益。因此,考虑到更为方便和更为经济,在会计记录中金额并不重大的支出就作为当期费用处理。

总而言之,任何金额重大并使几个会计期受益的支出均应作为资本性支出;任何只使当期受益或金额不重大的支出均应作为收益性支出。

许多企业有正式的划分资本性和收益性支出界限的政策说明,以此作为年复一年实施一贯性会计处理的指南。这些政策通常规定资本化支出的最低金额(如500美元)。

9.2　折旧

本书早在第4章中就首次介绍了折旧概念。现在我们将讨论残值、各种折旧方法等主题。

9.2.1 在使用寿命内分摊固定资产和设备成本

除土地以外，有形固定资产可供企业使用的年限有限。会计中的**折旧**（depreciation）是指将有形固定资产成本分摊为该资产提供服务期的费用。折旧的基本目的是用产生收入所消耗的商品和服务成本来抵销某一会计期间的收入（参见图 9-1）。

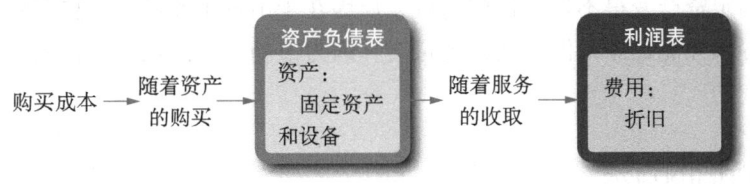

图 9-1 折旧过程

在本章前面部分，我们将运输卡车视为卡车拥有和使用期间获得运输服务的源泉。卡车成本最初借记资产账户，因为这一运输服务的购置将使未来几个会计期受益。然而，提供服务时，卡车的成本逐渐从资产负债表转出，通过折旧过程分配到费用。

记录折旧费用的日记账分录为借记折旧费用，贷记累计折旧。该分录的贷方是将资产成本中当期估计已耗用的部分从资产负债表中转出，借方将这部分已耗成本转作费用。

对不同类型的应计折旧资产，如工厂建筑、运输设备和办公设备等，应设置单独的"折旧费用"和"累计折旧"账户。这些单独的账户有利于会计人员单独计量不同经营活动的成本，如制造、销售和管理。

1. 折旧不是计价过程

折旧是成本分摊过程，而不是资产计价过程。会计记录的目的不是反映固定资产的现行市场价值。例如，一幢建筑的市场价值在其使用寿命内的某些会计期间可能上升。然而，折旧费用的确认要继续进行，而不考虑市场价值出现的这种临时性上升。会计人员认为建筑将在其有限的寿命中提供有用服务，所以其全部成本应在这些年限中系统地分摊为费用。

折旧与绝大多数其他费用的不同之处在于，记录折旧费用之时或前后并不发生现金支付。因此，折旧常常被称为"非现金"费用。不过，请记住购置应计折旧资产时往往会发生大量的现金支付。

2. 账面价值

固定资产在资产负债表中以账面价值（或持有价值）列示。**账面价值**（book value）等于成本减去相关的累计折旧。累计折旧是资产抵销账户，代表已经被分摊为费用的那部分资产成本，账面价值代表在未来期间将要被分摊为费用的那部分资产成本。

9.2.2 折旧的原因

需要系统地将固定资产成本分摊至多个会计期间的原因主要有两个：有形磨损（physical deterioration）和过时（obsolescence）。

1. 有形磨损

固定资产的有形磨损是因使用以及日晒、风吹等气候因素引起的结果。如果固定资产保养完好，那么其所有者常常宣称他的资产"像新的一样"。不过，这种说法事实上并不正确。尽管保修政策可大大延长机器的使用寿命，但每台机器最终都会报废，即便有维修，仍需要计提折旧。

2. 过时

过时是指固定资产变得不再先进的过程，原因在于出现了改进的、更富效率的资产。例如，一架飞机尽管性能良好，但可能已经过时，因为市场上已出现了设计更好、性能更佳的飞机。

9.2.3 计算折旧的方法

在第4章，我们计算折旧时只用到直线折旧法。实际上，企业可采用多种折旧方法。一般公认会计原则只要求折旧方法能在资产的使用寿命内合理并系统地分摊成本。不过，财务报告中迄今为止使用最多的仍然是直线折旧法。

直线折旧法将等额的折旧费用分摊至资产使用寿命的每一期间，而其他绝大多数折旧方法是各种形式的加速折旧法。所谓**加速折旧法**（accelerated depreciation method）是指在资产寿命期的早期多计提折旧，在后期少计提折旧。不过，在资产的整个寿命期里，直线折旧法和加速折旧法所计提的折旧总额相同。

图9-2描述了直线折旧法与加速折旧法的区别。

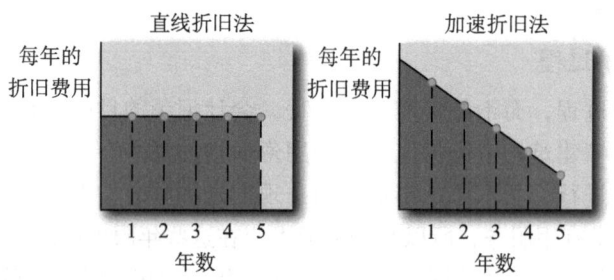

图9-2 直线折旧法和加速折旧法

加速折旧法有多种，但每种的计算结果稍有差异。不同折旧方法可以用于不同的资产。财务报表附注中应该披露所使用的折旧方法。

下面通过举例来说明直线折旧法和最常用的加速折旧法的一种变体，即定率余额递减法，简称余额递减法。随后再简要介绍其他折旧方法。

示例中关于折旧方法的数据如下：1月2日，S&G杂货批发商店购置了一辆新的运输卡车。计算年度折旧费用所需的数据和估计资料如右所示。

成本（美元）	17 000
估计残值（美元）	2 000
估计使用寿命（年）	5

9.2.4 直线折旧法

在直线折旧法下，资产使用寿命内每一期间将等额的资产成本确认为折旧费用。年折旧费用等于先将资产成本减估计残值（或剩余价值），然后将余下的应计折旧成本除以估计使用寿命。使用例子中的数据，年直线折旧计算如下：

（成本 – 残值）/ 使用寿命年限 =（17 000-2 000）美元 /5 年 = 3 000 美元 / 年

表 9-1 汇总了直线折旧法在资产整个寿命期内的影响。

表 9-1 直线折旧法下的折旧表 （单位：美元）

年份	计算	折旧费用	累计折旧	账面价值
				17 000
第 1 年	15 000 ×（1/5）	3 000	3 000	14 000
第 2 年	15 000 ×（1/5）	3 000	6 000	11 000
第 3 年	15 000 ×（1/5）	3 000	9 000	8 000
第 4 年	15 000 ×（1/5）	3 000	12 000	5 000
第 5 年	15 000 ×（1/5）	3 000	15 000	2 000
总计		15 000		

在表 9-1 中，账面价值是指在该时点尚未被确认为折旧费用的应计折旧的资产成本。例如，经第 3 年度折旧后被确认为账面价值的数额为 8 000 美元。其计算过程如右所示。

（单位：美元）

成本	17 000
第 3 年年末的累计折旧（3 000×3）	(9 000)
账面价值	8 000

在资产负债表上，账面价值按资产列示。例如，如果同时拥有设备和建筑，那么资产负债表中的固定资产可能列示如下（采用假设的资产成本金额以及每项资产的累计折旧）。

财产、厂房和设备		
设备	150 000	
减：累计折旧	(45 000)	105 000
建筑	600 000	
减：累计折旧	(125 000)	475 000
财产、厂房和设备总额		580 000

请注意，卡车使用寿命内折旧费用总计 15 000 美元，即卡车成本减估计残值。残值不是企业经营中"已耗用"的成本，而是在资产处置时预期能收回的现金。

实务中，如果预期残值金额不重要，就可忽略不计。办公设备、家具、设施和特殊用途设备的残值很小，交通工具、飞机和建筑设备的残值则通常较大。

方便起见，人们常常用折旧率来表示每年注销部分价值占资产应计折旧成本的百分比。直线折旧法下的折旧率就是 1 除以资产寿命（年限）。例子中的运输卡车的估计寿命是 5 年，所以其年折旧费用是应计折旧总成本的 1/5，即 20%。类似地，使用寿命为 10 年的资产的折旧率是 1/10，即 10%，使用寿命为 8 年的资产的折旧率是 1/8，即 12.5%。

那么，如何处理部分期间的折旧呢？

会计期内购置资产时，计算折旧不必精确到最近的天数或周数。事实上，这样计算会给人一种很精确的误导性印象。因为折旧基于估计的多年使用寿命，所以任何一年的折旧都只是一个近似数。

对不足一年的折旧，使用最广泛的折旧计算方法是将计算四舍五入到最接近的整数月。示例中，S&G 商店于 1 月 2 日购置运输卡车。因此，购置当年计提全年折旧。但是，假设卡车是在下半年 10 月 1 日购置，那么第 1 年就只使用了 3 个月（即一年的 3/12）。在这种情况下，第一年的折旧费用就只有 750 美元，即全年折旧的 3/12 [3 000×（3/12）= 750 美元]。

另一个广泛使用的方法是**半年惯例法**（half-year convention），即购置当年对所有资产计提半年折旧。该方法基于实际购置日平均后近似为年中的假设。半年惯例法广泛应用于办公设备、汽车、机械等资产。在对一项资产应用半年惯例法计提折旧时，资产寿命期的最后一年也要计提半年折旧。

假设 S&G 杂货批发商店采用半年惯例直线折旧法。使用寿命为 5 年的 17 000 美元卡车的折旧计算如表 9-2 所示。

表 9-2　直线折旧法下的折旧表：半年惯例法　　　　　　　　　　（单位：美元）

年份	计算	折旧费用	累计折旧	账面价值
				17 000
第 1 年	15 000 ×（1/5）×（1/2）	1 500	1 500	15 500
第 2 年	15 000 ×（1/5）	3 000	4 500	12 500
第 3 年	15 000 ×（1/5）	3 000	7 500	9 500
第 4 年	15 000 ×（1/5）	3 000	10 500	6 500
第 5 年	15 000 ×（1/5）	3 000	13 500	3 500
第 6 年	15 000 ×（1/5）×（1/2）	1 500	15 000	2 000
总计		15 000		

使用半年惯例法时，不考虑资产的实际购置日，仅需要在折旧表的第 1 年和最后 1 年都计提半年折旧。请注意，现在该折旧表包括了第 6 年的折旧费用。因为第 1 年只计提了部分年度折旧，所以折旧确认延长了 1 年。

半年惯例法使我们能将一年中不同日期购置的类似资产归为一组。例如，假设保险公司当年购置了几百台台式计算机，总成本为 60 万美元。公司采用直线法计提折旧，假设使用寿命为 3 年，无残值。按照半年惯例法，当年购置的所有计算机的折旧费用计算如下：600 000 美元 ÷ 3 年 × 6/12=100 000（美元）。接下来两年，每年的折旧费用为：600 000 美元 ÷ 3 年 = 200 000（美元）。这样作为最后一年的第四年，要确认的折旧费用就是 100 000 美元。

9.2.5　余额递减法

最常用的加速折旧法是**定率余额递减折旧法**（fixed-percentage-of-declining-balance depreciation）。该法主要用于所得税申报表，而不是财务报表。⊖

余额递减法下，加速折旧率按直线折旧率的某个具体比率计算。计算年折旧费用时，将加速折旧率乘以资产的未折旧成本（当前账面价值）。具体计算方法如下所示：

$$折旧费用 = 剩余账面价值 \times 加速折旧率$$

在整个资产寿命期内，加速折旧率保持不变。因此，加速折旧率就是定率余额递减折旧法中的"定率"。账面价值（成本减累计折旧）每年递减，就是所说的"余额递减"。

至此，我们一直将加速折旧率说成是直线折旧率的某个"特定比率"。通常，这个特定比率是 200%，即该折旧率正好是直线折旧率的两倍。所以，该余额递减折旧法通常又称为

⊖ 1986 年，美国国会批准采用加速折旧法，称为"修订的加速成本回收制"（MACRS）。公司对于联邦所得税可以使用直线折旧法，但绝大多数公司偏好使用 MACRS，因为它对所得税结果有利。MACRS 是可以应用于联邦所得税申报表的唯一的加速折旧法。

双倍余额递减法（或 200% 余额递减法）。但是，税法也规定了较低的比率，如直线折旧率的 150%，这种余额递减法则被称为 "150% 余额递减法"。⊖

1. 双倍余额递减法

为说明双倍余额递减法，不妨再来考虑示例中 17 000 美元的运输卡车，其估计使用寿命为 5 年，直线折旧率就是 20%（=1/5 年）。双倍直线折旧率表明加速折旧率为 40%。如表 9-3 所示，每年确认的折旧费用为卡车现时账面价值的 40%。

表 9-3　双倍余额递减法下的折旧表　　　　　　　　　　（单位：美元）

年份	计算	折旧费用	累计折旧	账面价值
				17 000
第 1 年	17 000 × 40%	6 800	6 800	10 200
第 2 年	10 200 × 40%	4 080	10 880	6 120
第 3 年	6 120 × 40%	2 448	13 328	3 672
第 4 年	3 672 × 40%	1 469	14 797	2 203
第 5 年	2 203 − 2 000	203	15 000	2 000
总计		15 000		

按照前述的直线折旧法，资产账面价值等于资产成本减去截至目前所确认的折旧。如表 9-3 所示，第 3 年年末资产的账面价值计算如右所示。

如前所述，直线折旧法下第 3 年年末的账面价值是 8 000 美元，与右方计算的 3 672 美元的差异缘于余额递减法比直线法确认折旧的速度更快。

（单位：美元）

成本	17 000
第 3 年年末累计折旧	(13 328)
(6 800+4 080+2 448)	
账面价值	3 672

与直线折旧法不同的是，余额递减法下，运输卡车的估计残值直到最后才进入折旧费用的计算，这是因为余额递减法"自动"提供残值。只要每年折旧费用是资产未折旧成本的一部分，资产就永远不会被全部冲销。然而，如果资产残值金额较大，折旧就会在残值处停止。既然运输卡车的估计残值为 2 000 美元，第 5 年的折旧费用就限制在 203 美元，而不是剩余账面价值的 40%，即 881（=40%×2 203）美元。通过这种方式限制最后一年的折旧费用，第 5 年年末卡车的账面价值就等于估计残值 2 000 美元了。

表 9-3 中第 1 年计算的是整年折旧，因为资产是在 1 月 2 日购置的。如果使用半年惯例法，第 1 年折旧就减少一半，即为 3 400 美元；第 2 年的折旧等于（17 000−3 400）×40%，即 5 440 美元。

2. 150% 余额递减法

现在假设用直线折旧率的 150% 为卡车计提折旧。在这种情况下，折旧率为 30% 而不是 40%（直线折旧率 20% × 150% = 30%）。折旧表如表 9-4 所示。

表 9-4　150% 余额递减法下的折旧表　　　　　　　　　（单位：美元）

年份	计算	折旧费用	累计折旧	账面价值
				17 000
第 1 年	17 000 × 30%	5 100	5 100	11 900

⊖ 直线法折旧率的特定百分比越高，折旧速度越快。按照经验和惯例，将直线法折旧率的 200% 定为最高界限。联邦所得税下，MACRS 中一些资产采用 200% 余额递减法，另一些资产采用 150% 余额递减法。150% 余额递减法放慢了纳税人在所得税申报表中对特定类型资产计提折旧的速度。

(续)

年份	计算	折旧费用	累计折旧	账面价值
第2年	11 900 × 30%	3 570	8 670	8 330
第3年	8 330 × 30%	2 499	11 169	5 831
第4年	（5 831−2 000）÷2	1 916①	13 085	3 915①
第5年	3 915−2 000	<u>1 915</u>①	15 000	2 000①
总计		<u>15 000</u>		

①在第4年和第5年切换为直线折旧法。

请注意，最后两年切换为直线折旧法。第3年年末卡车的未折旧成本是5 831美元。为使卡车在第5年年末有残值2 000美元，接下来的两年需要确认3 831美元的折旧费用。此时，用直线折旧法计提的折旧额要比继续对剩余账面价值按30%计算的折旧额大（表9-4中的金额已四舍五入至美元）。

在剩余寿命内对剩余账面价值采用直线折旧法并不代表折旧方法的变更。相反，切换到直线折旧法以确认更大的折旧费用也是采用余额递减法的目的之一。正是这种方法才使我们得到想要的残值。

9.2.6 绝大多数企业采用的折旧方法

许多企业在财务报表中采用直线折旧法，而在所得税申报表中采用加速折旧法。这样做的理由很容易理解。

相对于直线折旧法，加速折旧法导致资产寿命初期较高的折旧费用和较低的报告净利润。绝大多数公众持股公司都希望显得很能赢利，至少要有与竞争对手一样的盈利能力。因此，大多数公众持股公司在财务报表中会采用直线折旧法。

从所得税角度来看，情况就不同了。管理层通常希望企业在所得税申报表中报告尽可能最低的应税利润，而加速折旧法能显著减少当年的应税利润和税金支付。⊖

会计原则和所得税法规都允许企业在财务报表和所得税申报表中采用不同的折旧方法。因此，许多企业在财务报表中采用直线折旧法，在所得税申报表中采用加速折旧法（余额递减法的一些变形）。

折旧方法"真的"存在差异吗？企业采用直线折旧法报告的利润比采用加速折旧法报告的高，但采用直线折旧法会更富裕吗？答案是否定的。折旧（不管如何计算）只是一种估计。这个估计额对企业实际的财务能力没有影响。因此，在财务报表中采用加速折旧法的企业只是计量的净利润比采用直线折旧法的企业更保守而已。然而，申报所得税时采用加速折旧法产生的好处是真的，毕竟申报的折旧额会影响缴纳欠付的税额，较低的所得税直接带来的是企业在资产使用寿命最初时期可获现金的增加。

第8章曾提到，企业如果在所得税申报表中采用后进先出法，那么在财务报表中也必须采用后进先出法，但对折旧方法并没有同样的要求。企业可以在所得税申报表中采用加速折旧法，而在财务报表中采用直线折旧法。事实上，绝大多数企业就是这样做的。

⊖ 对于正在成长的企业，在所得税申报表中采用加速折旧法能减少每年的应税利润。这是因为正在成长的企业在成本回收早期通常比晚期拥有更多的资产。

9.2.7 财务报表披露

企业必须在财务报表附注中披露固定资产采用的折旧方法。报表读者应当明白，加速折旧法比直线折旧法更快地将固定资产的成本转为费用。因此，加速折旧法将导致较保守（更低）的固定资产资产负债表金额及较低的使用寿命初期的净利润。随着生命周期的演进，这些差异最后会发生反转。

1. 使用寿命与残值的估计

估计固定资产的使用寿命和残值是管理层的责任。这一估计通常要根据企业同类资产的以往经验，但同时也要反映企业当前的状况以及管理层的未来打算。所以，对同类资产使用寿命的估计因企业而异。

固定资产的估计寿命将会影响每期报告的净利润额。估计使用寿命越长，每期从成本转为折旧费用的金额就越小，报告的净利润金额就越大。但请记住，所有大公司每年都要请独立注册会计师来审计。审计师的职责之一是确定在当时情况下管理层对固定资产使用寿命的估计是否合理。此外，审计师也会监督企业采用的折旧方法是否保持一贯性。

汽车通常按相对较短的估计寿命进行折旧，如 3～5 年；其他设备通常按 5～10 年进行折旧；建筑的使用寿命较长，新建筑为 30～50 年；购置的旧建筑也在 15 年或 15 年以上。

2. 一贯性原则

一般公认会计原则的基本概念之一就是会计方法的应用要做到一贯性。对于折旧方法，一贯性意味着企业不应在不同年度变更给定固定资产的折旧计算方法。不过，公司管理层可能对不同资产采用不同的折旧计算方法。例如，对车辆和设备的折旧通常采用加速折旧法，对建筑的折旧通常采用直线折旧法。正如之前所强调的，企业可能而且通常必须在财务报表和所得税申报表中采用不同的折旧方法。

3. 估计使用寿命的修正

固定资产使用若干年后，如果管理层发现该资产实际上可使用的寿命要比最初估计的更长或更短，此时该怎么办呢？出现这种情况时，应修正有关使用寿命的估计，相应增加或减少每期的折旧费用。如果可使用寿命变长，那么剩余各年的折旧会降低；如果可使用寿命变短，那么剩余各年的折旧费就会增加。

变更折旧计划的过程就是将资产的剩余未折旧成本在剩余使用寿命内进行分摊。这一变更只影响当前和未来期间记录的折旧费用，而不必为反映应计折旧资产估计使用寿命的变化而调整以前期间的财务报表。

例如，假设企业购置了价值 10 000 美元的资产，估计使用寿命为 5 年，无残值。根据直线折旧法，年折旧费用是 2 000 美元。第 3 年年末，该资产的累计折旧达 6 000 美元，未折旧成本（账面价值）为 4 000 美元。

第 4 年年初，管理层认为该资产还可使用 5 年，即修正的估计使用寿命总计 8 年。第 4 年和以后年度应确认的折旧费用为 800 美元，具体计算如右所示。

（单位：美元）

第 3 年年末的未折旧成本（10 000 - 6 000）	4 000
修正的使用寿命剩余年限估计	5 年
年折旧费用的修正金额（4 000/5）	800

9.2.8 固定资产的减损

有时,企业可合理预期无法通过使用或销售来回收某些固定资产的账面价值。例如,计算机制造企业可能支付高价购置了特定的生产设备,但如果新技术使该设备变得过时,那么其价值就会明显低于会计记录中该设备的账面价值。

如果一项资产的账面金额无法通过未来使用或销售来收回,那么就应将该资产减值至公允价值,借记作为抵销账户的资产减损(impairment loss)。

> ⊙ **小案例**
>
> 根据彭尼百货最近年度的资产负债表,公司拥有 51.48 亿美元的财产和设备,约占公司所报告资产的 49%。公司财务报表附注表明,每当某些事件或环境变化使得公司资产的账面价值可能无法收回时,公司会对其长期资产如存储设备和财产及其他公司资产的减值进行评估。引发减值的因素包括过去或预测的经营业绩相对不佳、资产使用方式的重大变化和公司整体业务战略的变化。减值损失金额为账面价值超过资产公允价值的差额部分。

9.3 其他折旧方法

绝大多数企业按一般公认会计原则编制财务报表,且多采用直线折旧法。不过,只要是以合理的方式将成本分摊为费用,那么任何合理和系统的折旧方法都是可以接受的。下面将介绍其他几种折旧方法。

9.3.1 产量法

产量法(units-of-output)下,折旧是按照某些产量指标而不是按时间长短来计算的。当折旧基于产量法时,资产使用越多,那么当期确认的折旧就越多。

例如,请考虑马普公司的运输卡车:成本为 35 000 美元,估计残值为 5 000 美元。假设马普公司管理层计划该卡车运行 6 万千米后报废。因此,运行每公里的折旧率可计算如下:

$$(成本-残值)/估计产量(千米)=单位产量(千米)成本$$
$$(35\,000-5\,000)/60\,000=0.50\,美元(每千米折旧费用)$$

每年年末,记录的折旧额等于当年卡车运行的千米数乘以 0.50 美元。卡车运行 6 万千米后就已全额折旧,折旧过程也就结束。例如,如果卡车一年行驶了 17 000 千米,那么确认的折旧费为 8 500(=17 000×0.50)美元。

产量法将收入和费用进行了很好的配比。然而,该方法只有在总产量能合理并准确估计时才可使用。一般地,该方法只适用于运输工具和某些机器。建筑、计算机和家具因为没有明确的产量,所以不适用产量法,其产量可以用行驶里程、机器工时等计量。

许多情况下,产量法是一种加速折旧法,资产在其使用寿命的早期通常使用得较多。

9.3.2 调整后加速成本回收法

绝大多数企业在联邦所得税申报表中采用**调整后加速成本回收法**（modified accelerated cost recovery system，MACRS）。有些小企业在财务报表中也采用这一方法，所以不必再以其他几种方式来计算折旧。调整后加速成本回收法以余额递减法为基础，只有当指定的"回收期"和无残值假设合理存在时，才能在财务报表中使用调整后加速成本回收法。对上市公司来说，财务报表中采用调整后加速成本回收法通常被认为不符合一般公认会计原则。

9.3.3 年数总和法

年数总和法（sum-of-the-years' digits，SYD）是一种加速折旧法。如此所得的结果通常介于双倍余额递减法和150%余额递减法之间。

年数总和法是许多会计教材中的"传统"主题，但也是加速折旧法中最为复杂的（尤其是涉及部分折旧年限时），所以现今企业很少使用。正是因为该方法很复杂，所以小企业很少使用年数总和法。此外，年数总和法也很少用于所得税目的，因为所得税法通常采用余额递减法规定允许的折旧率。因此，对此方法的介绍留至后续会计课程。

9.3.4 减速折旧法

有些折旧方法在资产使用寿命初期计提较少折旧，在后期则多计提折旧。如果预期固定资产的生产能力随时间不断增加，那么采用该方法可将折旧费用与收入进行合理配比。例如，公用事业公司可能对随当地人口增加而利用更充分的电厂使用该方法。

事实上，这些折旧方法很少使用。因此，我们会在以后的会计课程中再讲解。

9.3.5 在用折旧方法的调查

多年来，美国注册会计师协会都会对大量公众持股公司进行调查，以确定财务报表中广泛使用的会计折旧方法。根据调查，在用的折旧方法数超过了被调查企业的数量，因为有些企业对不同类别的资产采用了不同的折旧方法。

连续多年来，直线折旧法一直是在财务报表中使用最广的折旧方法。事实上，这些公众持股公司所采用的折旧方法中，直线折旧法在大多数年份占到大约90%。本章所列出的其他各种折旧方法，包括产量折旧法和各种加速法，在这些公司的财务报表中使用较少。

需要记住的是，这一调查仅反映的是财务报表中所采用的折旧方法。在所得税申报表中，绝大多数企业采用调整后加速成本回收法等加速折旧法。

9.4 固定资产的处置

如果应计折旧资产的处置不在年末进行，则须编制分录以更新到资产处置日的折旧。如果采用半年惯例法，那么当年处置的所有资产都要计提半年折旧。在其他情况下，要根据资产处置日将折旧计算到最近的月份。在下述固定资产处置的例子中，假设奇零期折旧的任何必要分录已经记录，资产的账面价值已更新到资产的处置日。

当固定资产已耗尽或陈旧时，就会被废弃、出售或以旧换新。当应计折旧资产被处置或报废时，财产成本要从资产账户转出，累计折旧也要从相关的资产抵销账户转出。例如，假设10年前购置的成本为20 000美元的办公设备已全额计提折旧，而且不再使用。此时，记录无价值资产废弃的分录如下所示。

借：累计折旧——办公设备	20 000	
贷：办公设备		20 000

将已全额计提折旧、现拟废弃的办公设备的成本和累计折旧转出，且无残值。

一旦资产已全额计提折旧，即使财产情况良好或仍在使用，都不应再计提更多折旧。折旧的目标是将资产成本在其使用期间进行分摊；折旧费用绝不可能超出资产成本。如已全额计提折旧的资产在最初估计使用寿命后仍继续使用，应在会计记录中保留资产账户和累计折旧账户，直到资产报废再编制后续分录。

9.4.1　厂房和设备处置的利得和损失

既然固定资产的残值和使用寿命都只是估计，那么固定资产常常出现以不同于处置日账面价值的价格出售的情况。出售固定资产时，通过比较账面价值和出售所得就可计算处置利得或损失。出售价格高于账面价值产生利得，出售价格低于账面价值则产生损失。如果利得或损失的金额较大，那么应在利润表中的经营利润之下以"其他利润"单独列示。

1. 以高于账面价值的价格处置

假设成本为10 000美元的机器，当以3 000美元现金处置时，累计折旧为8 000美元，账面价值为2 000美元。记录该处置的分录如下所示。

借：现金	3 000	
累计折旧——机器	8 000	
贷：机器		10 000
固定资产处置利得		1 000

记录以高于账面价值的价格出售机器。

此时，处置机器的利得计算如右所示。

（单位：美元）

成本	10 000
处置时累计折旧	(8 000)
处置时账面价值	2 000
收到的现金	3 000
处置利得	1 000

2. 以低于账面价值的价格处置

假设上述机器以500美元的价格出售。这种情况下的分录如下。

借：现金	500	
累计折旧——机器	8 000	
固定资产处置损失	1 500	
贷：机器		10 000

记录以低于账面价值的价格出售机器。

此时，处置机器的损失计算如右所示。

当应计折旧资产以等于账面价值的价格处置时，既不产生利得也不产生损失。记录交易的分录包括按收到的现金借记"现金"，按累计余额借记"累计折旧"，再按原始成本贷记资产。

	（单位：美元）
成本	10 000
处置时累计折旧	（8 000）
处置时账面价值	2 000
收到的现金	500
处置损失	1 500

9.4.2 资产的以旧换新

某些类型的应计折旧资产，如汽车和卡车等，有时可与同类资产以旧换新。绝大多数情况下，以旧换新既是旧资产的出售也是新资产的购置，这类交易通常被认为具有"商业实质"，会带来利得或损失的确认。

例如，假设兰柯景观公司的一辆旧小卡车的原始成本为 10 000 美元，现在的账面价值及税基为 2 000 美元。公司通过以旧换新换回一辆公允市价为 25 000 美元的新车。卡车经销商将旧车作价 3 500 美元，所以公司为新车支付余下的 21 500 美元现金。公司将这笔交易记录如下。

借：运输工具（新卡车）	25 000	
累计折旧——卡车（旧卡车）	8 000	
贷：运输工具（旧卡车）		10 000
现金		21 500
固定资产处置利得		1 500

以旧换新换回成本为 25 000 美元的新卡车，旧卡车账面价值 2 000 美元，以旧换新作价 3 500 美元。

请注意，兰柯景观公司将卡车经销商以旧换新作价的 3 500 美元视为旧卡车的出售价格。因此兰柯景观公司确认资产处置（以旧换新）利得 1 500 美元（以旧换新作价 3 500 − 账面价值 2 000 = 1 500 美元利得）。

在编制财务报告时，会计记录中记录常规以旧换新的利得和损失，而不管该交易是否涉及大额现金的支付（或形成债务）。所得税法规并不准许确认用于类似目的的资产交换的利得或损失。所以，本例中记录的 1 500 美元利得不作为应税利润。⊖

9.4.3 国际财务报告准则

在讨论固定资产和折旧时，我们不仅强调采用历史成本，而且强调折旧是将资产成本分摊到资产整个寿命期的过程。按照一般公认会计原则，对成本和折旧的强调主要是因为有必要将固定资产的部分成本转为费用，毕竟这部分成本为该企业创造了收益。财务状况表（资产负债表）中列示的金额为扣除了累计折旧后的资产成本，通常并不反映资产的现行市场价值，除非之前已经记录了资产减损。

按照国际财务会计准则，公司有权选择对资产进行重新评估，而不是在整个寿命期继续采用历史成本。重新评估要求资产公允价值可有效计量，而且必须应用于全部同类资产。虽

⊖ 如果以旧换新作价低于账面价值，则在确定应税利润时不减去该损失。

然并非每个财务报告期都要求进行重新评估，但必须进行尽可能多的评估，从而确保资产的账面价值（评估价值减去累计折旧）与按财务报告期末公允价值确定的金额无大的差别。

如果资产的账面价值因重新评估而出现增加，那么所增加的价值应记录为其他综合收入与累计权益。对此，本书第12章将做深入介绍。

9.5 无形资产

9.5.1 无形资产的特征

顾名思义，"无形资产"是指企业所拥有的不具有实物形态的权利和特权，常见的例子包括专利、商标和商誉。在资产负债表中，无形资产被分类为固定资产下的项目。不过，并非所有不具实物形态的资产都是无形资产。例如，应收账款也没有实物形态，但却归类为流动资产而不是无形资产。简言之，无形资产是企业经营中所使用的不具有实物形态的非流动资产，而且预期能使企业在多个财务报告期受益。

无形资产的计价基础是成本，但有些企业的某些无形资产，如商标，尽管购置时并没有发生巨额成本，但十分重要。无形资产在资产负债表中以成本列示，而不考虑它们对企业的价值。只有在购置或形成过程中发生大额成本时，才列示无形资产。如果成本数额不大，那么就按收益性支出（一般费用）处理。

9.5.2 经营费用与无形资产

一项支出要成为无形资产，必须能提供关于未来收益的合理证据。许多支出能在以后年度产生收益，但因为收益的存在及寿命年限不确定而被绝大多数企业作为经营费用处理。例如，重组企业所需要的支出、培训员工使用新机器或办公设备的费用等。毫无疑问，这些支出的持续受益超过了当期，但由于收益持续期的不确定，通用做法是将这类性质的支出作为当期费用处理。

9.5.3 摊销

摊销（amortization）是指将无形资产成本在使用寿命期内系统地转为费用。无形资产摊销实质上与有形资产折旧相同。摊销的常见会计分录是借记摊销费用，贷记无形资产账户。会计理论并不反对贷记累计摊销账户（类似于我们对实物形态的固定资产的做法）而不记无形资产账户。不过，实务中这种做法很少见。

尽管估计商标等无形资产的使用寿命很难，但与大多数固定资产一样，这些资产显然并不能永远提供未来收益。因此，无形资产的成本应当在其预期有助于产生收入的年份从收入中扣除。摊销无形资产通常采用直线折旧法。

9.5.4 商誉

作为无形资产，**商誉**（goodwill）经常出现在公司资产负债表中。虽然商誉这一术语有多重含义，但商誉在财务报告中有特定而专门的意义。商誉代表企业收购其他公司时为购买某些想要的无形属性而支付的金额。例如，假定一家公司购买另一家公司，后者拥有高质量客户服务方面的良好声誉。买方公司可能愿意为购置此有利属性而支付价款，因为公司预期这种客户服务将对企业未来盈利产生正面影响。即使诸如客户服务声誉良好之类无形资产与土地、建筑和设备相比缺少实物品质，但它们对公司的未来成功都同等重要。

商誉是一个通用术语，包括各种预期使买方公司得到高于一般水平的盈利的各种有利属性。商誉的正面属性通常包括如下各项：良好的声誉；不错的市场份额；正面的广告形象；高质量的忠诚员工；优秀的管理层；富有效率的制造和其他经营活动。

所有这些属性预期都能为买方公司创造正的现金流量。未来现金流量的**现值**（present value）是指一个充分占有信息的投资者为获得收取未来现金流量的权利而现在愿意支付的金额（现值的概念将在以后章节讨论）。

商誉有时被描述和计量为购买另一家公司的可辨认净资产以获得超过正常回报而支付的价格。净资产是指资产减负债，即所有者权益。虽然商誉不是单独的可辨认资产，但企业整体赚取超额利润的能力意味着存在商誉。**可辨认净资产**（net identifiable assets）是指除商誉外的所有资产减去负债。

可辨认净资产的正常回报是投资者以可辨认净资产公允价值购买某企业时所要求的该行业报酬率。如果投资者愿意支付更高价格，那么就说明存在商誉，因为企业赚取了超过正常回报率的收益。

假设有两家类似饭店供出售，这类饭店的可辨认净资产公允市价的正常回报是每年 15%。两家饭店最近 5 年的相对盈利能力如下（金额单位：美元）。

	中国海岸饭店	金龙饭店
可辨认净资产的公允市值	1 000 000	1 000 000
正常净资产回报率	15%	15%
正常收益，按可辨认净资产的 15% 计	150 000	150 000
过去 5 年的平均实际净利润	150 000	200 000
超过正常回报的收益	0	50 000

假设投资者愿意支付 100 万美元购买中国海岸饭店，因为以可辨认净资产公允市值购买后，该饭店能产生 15% 的正常回报。尽管金龙饭店的可辨认净资产金额与前者相同，但投资者应当愿意支付比购买中国海岸饭店更高的价格购买金龙饭店，因为金龙饭店有超额收益的记录。购买方为购买金龙饭店而支付的额外金额代表企业商誉的价值。

1. 商誉的估计

投资者愿意为商誉支付多少钱呢？只有当潜在购买方认为购买企业后能继续获得超过平均水平的收益，以往的超额收益才对购买方有重大意义。因此，投资者对商誉的估计将因各人对企业未来收益能力估计的不同而不同。然而，很少有企业能无限期保持超额收益。结果，企业购买方通常将支付的商誉金额限于年度收益超过正常收益金额的 4～5 倍。

购买企业时，估计商誉金额是一个困难的推测过程。商誉估计的实质就是尽力展望未来，要预计的是以高于所购企业可辨认净资产价值的价格购买另一家企业对自己目前企业价值的增加程度。例如，在上例中，相对于中国海岸饭店的 100 万美元，你愿意为金龙饭店多支付多少钱呢？历史表明，金龙饭店更能赢利，所以比中国海岸饭店更值钱。但是，这种超额盈利能力是否能在未来得到延续需要谨慎判断。

在购买一家企业时，有几种方法可用于计算商誉的货币价值。有一种普遍使用的方法与商誉的描述相一致，即对企业整体进行估值，然后减去可辨认净资产的现行市场价值，从而估计出商誉金额。假设本地区成功的饭店以年收益 6.5 倍的价格出售。○这表明金龙饭店的价值约为 130 万美元，即平均净利润 200 000 × 6.5。因为企业可辨认净资产的公允价值只有 100 万美元，所以金龙饭店良好属性（如良好声誉或市场份额）的合理估计为 30 万美元。具体计算如右所示。

如果金龙饭店的购买方支付 130 万美元来购买了这家企业，其中的 30 万美元应记录为商誉。此外，如果购买方支付金龙公司不到 130 万美元，例如为 125 万美元，那么结果只能记录 25 万美元的商誉（125 万

	（单位：美元）
企业整体的估计价值	1 300 000
可辨认净资产的公允市值	1 000 000
商誉的估计价值	300 000

美元 -100 万美元 = 25 万美元），即便所估计的商誉值超过了支付金额。

2. 在账户中记录商誉

因为客观估计商誉存在困难，所以该资产只在购买时记录。当一家企业购买另一家企业时，商誉也一同购入。购买方将购买的可辨认资产以公允价值记录，然后将额外支付的金额记入商誉这个资产账户。

许多企业从未购买商誉，但因良好的客户关系、优秀的管理层或其他导致超额收益的因素而形成了商誉属性。因为除企业出售外，没有确定商誉价值的客观方法，内部形成的商誉不记在会计记录中。事实上，缺少内部形成的商誉是资产负债表并不反映公司现行市值的主要原因之一。

虽然不要求对商誉进行摊销，但需要进行价值减损评价，类似于本章前面所讨论的固定资产。当所记录的商誉不再能收回时，必须记录减值损失，这一方面减少了资产金额，另一方面在同一会计期间的利润表中记录为损失。

> ⊙ **小案例**
>
> 在美国财务会计准则委员会（FASB）与国际会计准则理事会（IASB）于 2002 年同意推进报告准则趋同工作时，商誉被确定为需要协调的一个专题。显然，这方面的工作仍然需要推进，而且仍然需要许多年的努力。一般公认会计原则（GAAP）要求将商誉资本化但是不摊销，而且要每年复核一次，如果发生减值，则要调整价值。2004 年 3 月之前，国际准则要求对商誉进行资本化并将其在估计使用寿命期内（20 年或以内）摊销。2004 年，IASB 更改了国际财务报告准则关于商誉的准则，要求对商誉进行减值测试而不是摊销，从而与美国 GAAP 相一致。

9.5.5 专利

专利是联邦政府授予的制造、使用和出售某一特定产品的排他性权利。排他性授权的目

○ 相对于投资公众持股公司，投资小企业通常风险更大，流动性更低。因此，小企业的市盈率倾向于比公众持股公司的市盈率低得多。

的是鼓励新产品和新工艺的发明。企业从发明者或持有者处购入专利时,购买价格应借记无形资产专利账户。

专利的授权一般为 20 年,摊销期不能超过该期间。但如果专利可能在 20 年内失去有用性,摊销应基于较短的使用寿命进行。假设某专利于法定寿命 5 年后从发明者处以 10 万美元购入,则剩余的法定寿命为 15 年。但如果估计的使用寿命只有 4 年,摊销应基于较短的期间。记录年度摊销费用的分录如下所示。

借:摊销费用——专利　　　　　　　　　　　　　　　　　　　12 500
　贷:专利　　　　　　　　　　　　　　　　　　　　　　　　　　　12 500
用直线法摊销估计使用寿命为 8 年的专利的 100 000 美元成本。

9.5.6　商标和商号

著名商标可口可乐通常以很有特色的字体印刷,该商标堪称全球经典的商标范例。**商标**(trademark)是指识别某一种或某一组产品的名称、标识或设计。向政府注册就可永久取得排他性使用某一商标、品牌名称或商业标识的权利。

开发一个商标或品牌名称的成本通常包括广告宣传费。该费用一般在发生时作为费用处理。但如果是购入商标或品牌名称,那么成本通常很大。此时,对应的成本应资本化并在商标或品牌名称预期使用的期间内摊销为费用。如果商标使用终止或产生收益的贡献存在不确定性,那么任何未摊销成本应立即注销。

9.5.7　特许经营权

特许经营权(franchises)是由企业或政府部门授予,在某个特定地区经营某项业务的权利。在某地区经营麦当劳餐馆的权利就是特许经营权的一个例子。不同特许经营权的成本通常差别很大,但总体上金额都很大。如果特许经营权的成本很小,可立即记为费用或在较短时间(如 5 年)内摊销。如果成本较大,摊销应基于特许经营权的寿命(如果特许经营权协议规定的话),但摊销期最长不得超过预期产生收入的期间。

9.5.8　版权

版权(copyrights)是政府授予的排他性权利,用以保护文学或艺术作品的生产和销售,保护期限为创作者寿命加 70 年。取得版权的成本可能很小,因此可在支付时记为费用。只有当从当前所有者处购入版权的支出足够大时,才可将其资本化,并在使用寿命内摊销。版权产生的收入通常只有几年,因此购入成本应当在预期产生收入的年限内摊销。

9.5.9　其他无形资产和递延费用

在大型公司公布的资产负债表中,其他无形资产还包括搬迁费、厂房重新布置成本、配方、工艺、名单和电影版权等。有些公司将这些都归类为递延费用,即这些支出的收益超过当期,因此成本要在经济使用寿命内转为费用。还有一种常见的做法是将这些项目都归入其他资产,列示在资产负债表的最下面。

9.5.10 研发成本

企业每年用于新产品研发的开支达数十亿美元。事实上,研发支出大是美国某些产业的显著特征。有些公司的年度研发支出甚至超过 10 亿美元,在总成本和费用中占有很大比例。

过去,一些公司将研发成本作为发生当年的费用来处理,但同一行业的其他公司则将这些费用记作在未来年度摊销的无形资产。这样,不同的实务方法使不同企业的财务报表缺乏了可比性。

FASB 规定研发支出一律在发生时记为费用,从而统一了对研发支出的会计处理。FASB 这一规定的好处就是减少了处理研发支出的会计方法的数量,使得不同企业的财务报表更具有可比性。

> ⊙ **会计与决策**
>
> 许多企业的成功取决于研发活动,而原因在于强大的研发投入是影响一国经济发展、社会繁荣的主要因素。在进行信贷和投资决策时,为了更好地了解公司对研发的资金支持,财务报表使用者经常会考察公司研发支出占净销售额百分比的变化趋势。
>
> 研发支出占净销售额的百分比 = 研发成本 / 净销售额
>
> 一些行业的研发支出占净销售额的百分比显然高于另一些行业。表 9-5 列示了来自 3 个严重依赖研发投入的行业的一些知名企业近年的研发数据。
>
> 表 9-5 研发支出比较
>
> | 公司名称 | R&D 支出(百万美元) | 净销售额(百万美元) | R&D(%) |
> | --- | --- | --- | --- |
> | 化学产品行业: | | | |
> | 杜邦 | 2 110 | 62 484 | 3.4 |
> | 医药行业: | | | |
> | 辉瑞 | 7 657 | 52 546 | 14.6 |
> | 计算机软件行业: | | | |
> | 微软 | 13 037 | 89 950 | 14.5 |

> ⊙ **财务分析师**
>
> 假如你是华尔街的股票分析师,刚好有个大学实习生问你,为什么研发费用销售百分比在公司间差别很大,你将如何回答?

9.6 自然资源

9.6.1 自然资源的会计处理

自然资源主要包括矿藏、石油和天然气储备、林地等。这类资产的显著特征是其实物从自然环境中开采后转化为存货。从理论上讲,煤矿可看成煤炭的地下存货,但这样的存货显然不是流动资产。在资产负债表中，矿藏和其他自然资源被列为财产、厂房和设备。一旦煤炭被从地下开采出来，它确实代表存货。

如前所述，建筑和设备等固定资产的折旧是因有形损耗或陈旧而引起的。不过，矿藏或石油储备要折旧的原因并不是这些，是因为自然资源从地下开采而逐渐发生折耗。一旦所有煤炭都从煤矿中开采出来，煤矿就被"完全折耗"，只能废弃或以残值出售。

为说明自然资源的**折耗**（depletion），假设彩虹矿产公司支付 4 800 万美元购买了红谷煤矿，该煤矿估计储藏煤炭 500 万吨，煤矿开采完毕的残值约为 800 万美元，煤矿使用寿命内的折耗是其原始成本减去残值，即 4 000 万美元，每从煤矿中开采 1 吨煤炭计提折耗 8 美元（=4 000 万美元/500 万吨）。假设第 1 年开采了 200 万吨煤炭，记录折耗计提的分录如下。

借：存货　　　　　　　　　　　　　　　　　　　　　16 000 000
　　贷：累计折耗——红谷煤矿　　　　　　　　　　　　　　　16 000 000

记录当年红谷煤矿的折耗，开采 200 万吨，每吨 8 美元。

煤炭一旦从煤矿中开采出来，就可供出售了。因此，煤炭的估计成本应借记存货账户。当煤炭出售时，成本就从存货账户转入销货成本账户。

累计折耗属于资产抵销账户，类似于累计折旧账户，表示煤矿截至目前已被耗用的部分。在彩虹矿产公司的资产负债表中，红谷煤矿列示如右所示。

	（单位：美元）	
财产、厂房及设备：		
矿产——红谷煤矿	48 000 000	
减：累计折耗	16 000 000	32 000 000

与自然资源密切相关的建筑和设备如何折旧呢？矿藏或开采地设置的建筑和设备可能只在该特定地点使用。因此，这些资产应按其正常的使用寿命或自然资源开采寿命的较短者计提折旧。这类资产的折旧一般以本章前面讨论的产量法计算，即基于可开采的自然资源数量。

9.6.2 折旧、摊销与折耗的共同目的

本章所介绍的折旧、摊销与折耗有一个共同的目的，就是将这些长期资产的购置成本在其用于产生收入的年份内分配为费用。将长期资产购置成本分配到使用该资产的受益年份是配比原则的重要应用，即利润的确定要求将收入和为产生收入而发生的费用相配比。

9.7 固定资产交易和现金流量表

固定资产和设备交易的现金影响与利润表所报告的影响不同。固定资产在购置时（更精确地说是付款时）发生现金付款，资产出售时发生现金收款（收款等于出售得到的全部款项，不仅仅是利得）。有关固定资产购置和处置的现金流量作为投资活动在现金流量表中列示。

在固定资产、无形资产或自然资源的购置与之后发生的出售之间的年份里，需要确认折旧、摊销或折耗费用。虽然这些费用都会减少净利润，但并不会影响现金流量。对现金流量的影响仅发生在购置和出售之时。其结果是使净利润小于经营活动净现金流量。类似地，对减损资产进行减值也是一项**非现金性支出或费用**（noncash charge or expense），对现金流量也不产生即时影响。第 13 章将介绍并举例说明在编制现金流量表时如何调整这些非现金性费用的净利润影响。

如何处理非现金性投资活动呢？并非所有的固定资产购置或出售都会导致当前会计期间的现金付款或现金收款。例如，企业可能通过签发应付票据来购置固定资产，也可能通过出售固定资产来换取应收票据。非现金性投资和筹资活动在公司现金流量表的附表中说明。该表将在第13章举例介绍。

> ⊙ **伦理、欺诈与公司治理**
>
> 本章的学习目标之一是掌握资本性支出与收益性支出（收益性支出是一项经营费用）的区别。资本性支出记录到资产账户而不是费用账户。美国历史上最大的财务报告舞弊案的主因就在于对经营支出的不当资本化。从1999年至2002年的第一季度，世通公司高估的报告利润达110亿美元，其中大约70亿美元为日常经营费用的不当资本化。因该舞弊案的曝光，世通公司只好按美国破产法提出申请保护，免遭债权人的追债。自安然舞弊案以来，虽然美国国会开始重视审计、财务报告和公司治理，但截至2002年春，美国国会试图针对安然舞弊案起草法律的努力因参众两院的意见分歧而暂停。不过，世通舞弊案的曝光打破了僵局。在该舞弊案曝光后不到两个月，《萨班斯－奥克斯利法案》就出台了。
>
> 就在世通舞弊案曝光后不久（即2002年6月），美国证券交易委员会（SEC）立即对其采取了强制行动。世通公司是全球主要电信供应商，在65个以上的国家或地区提供服务。舞弊案曝光时，该公司在纳斯达克上市交易。
>
> 1999年，经济开始衰退，市场对世通公司电信服务的需求下降，导致公司利润下滑。经济不景气使世通公司的业绩很难继续达到华尔街分析师对公司的盈利预期。
>
> 世通公司的管理高层指使下属采取措施向分析师和其他外部人员隐瞒公司利润恶化的情况。该舞弊案所采取的主要欺骗手段就是将日常经营费用（线路成本）转入资本资产账户（固定资产）。这样的会计处理使公司的经营费用被低估，从而导致公司利润的高估。
>
> 世通舞弊案颇具有道德意义，而且对公司治理也有很大影响。虽然公司的舞弊行为受公司管理高层的指使，但大多具体操作是由中层财务和会计人员完成的。
>
> 世通公司没有"道德法典"。公司试图建立"道德法典"的努力被公司CEO嘲笑为"极其浪费时间"。《萨班斯－奥克斯利法案》以及相关的SEC解释现在要求公众公司披露是否具有适用于CEO、CFO及会计主管的道德法典，如果没有，则必须阐述原因。此外，纽约证券交易所和纳斯达克现在也要求在这些交易所上市的公司必须制定道德法典。尽管这些要求表明了某种进步，但如果公司高层管理者并不遵循这些准则，那么也难以产生预期的效果。

9.8 小结

本章完成了会计处理各种类型资产的讨论。简单地回顾一下，不难发现财务报表按现金面值来报告现金，按市值来报告有价证券，按可实现净值（即预期回收的现金净额）来报告应收账款，按成本与市价孰低原则来报告存货，而固定资产则按成本减累计折旧报告。

这些计价基础共同反映了两个原则，即配比原则和谨慎原则。决定资产负债表中资产记账金额的主要因素就是未来作为费用转入利润表的金额。与此目标紧密相关的是避免因高估资产和低估当期费用而高估公司财务活动的当前及未来期望。

第10章重点讨论负债的计量和披露。

学习目标小结

1. 确定固定资产的成本

    固定资产是用于经营而不是转售给客户的长期资产。配比原则要求将能为多年提供服务的成本记入固定资产和设备账户，在这期间内，固定资产用于赚取收入。固定资产的成本包括购置资产并使资产达到可用于企业经营的状态而发生的一切合理和必要的支出。

2. 区分资本性支出和收益性支出

    资本性支出包括所有使几个会计期间受益的重大支出。因此，这些支出应记入资产账户（资本化），并在未来期间逐渐确认为费用。

    收益性支出直接记入费用账户，或是因为没有证明未来收益的客观证据，或是因为金额较小。

3. 使用直线法和余额递减法计算折旧

    直线折旧法将资产成本平均分配到使用寿命期内的每个期间；余额递减法属于加速折旧法。每年将固定的（相对较高的）折旧率乘以资产的剩余账面价值；加速折旧法有多种形式。

4. 使用除直线法和余额递减法以外的方法计算折旧

    绝大多数企业在编制符合一般公认会计原则的财务报表时使用直线折旧法。其他可接受的方法包括产量法、年数总和法以及极少情况下使用的减速折旧法。

5. 固定资产处置的会计处理

    处置固定资产时，应在处置日记录折旧。然后，从资产账户转出成本，并将所有记录的折旧从累计折旧账户转出。以高于或低于账面价值的价格出售固定资产就会产生利得或损失，需要在利润表中进行报告。

    出于所得税目的，企业可能采用不同的折旧方法，所以所得税申报表中报告的利得或损失可能与利润表不同。财务报表中显示的利得或损失记录在公司总分类账账户上。

6. 解释无形资产（包括商誉）的性质

    无形资产是企业拥有的、没有实物形态的、用于企业经营的非流动资产，如商标和专利。最有趣的无形资产是商誉。商誉是未来收益超过可辨认净资产的正常回报部分的现值。商誉来自良好的声誉、忠诚的客户和优秀的管理。任何收益显著高于正常回报的企业实际上都拥有商誉，但只有在购买另一家企业支付的价款高于其可辨认净资产公允市价时，商誉才记录入账。

7. 自然资源折耗的会计处理

    自然资源（有时称递耗资产）包括矿藏、油田和林地等。当资源被开采、挖掘或砍伐时，其成本转为存货。自然资源的成本被分配为存货的过程称为折耗。每单位开采的折耗率等于资源成本（减残值）除以估计的储藏量。

8. 解释固定资产交易对现金的影响

    折旧是非现金性费用，购置固定资产支出的现金独立于当期的折旧额。购置固定资产的现金付款（和处置时的现金收款）作为投资活动列示在现金流量表上。固定资产的减值也是非现金性费用，不涉及现金付款。

习题 / 关键术语

示范题

2021年4月1日，琼斯实业公司花325 000美元购置了一台新设备，估计使用寿命为5年，残值为25 000美元。

要求：

按下列折旧方法计算设备在全部折旧完毕前每年的折旧费用。因为2021年属奇零期，折旧计提将延续到2026年。请列示计算过程。

（1）直线折旧法。采用奇零期折旧并四舍五入至最近的完整的那个月份（提示：应根据成本减预期残值来计算折旧费用）。

（2）双倍余额递减法并采用半年惯例法。2026年的折旧额限于将未折旧成本降至估计残值（提示：折旧费用应该根据完全成本计算，当账面金额等于残值时就不再确认折旧费用）。

（3）假定该设备在2023年年末以现金182 000美元出售。记录直线法下设备出售利得和损失的分录。

答案：

（1）与（2）每种折旧方法下的折旧费用（美元）：

年度	（1）直线折旧法	（2）双倍余额递减法
2021	45 000	65 000
2022	60 000	104 000
2023	60 000	62 400
2024	60 000	37 440
2025	60 000	22 464
2026	15 000	8 696
总计	300 000	300 000

（3）记录2023年出售设备的分录：（单位：美元）

借：现金　　　　　　182 000
　　累计折旧
　　　——设备　　　165 000
　　贷：设备　　　　　　　325 000
　　　　设备出售利得　　　 22 000

计算过程如下：

（1）2021年：(325 000-25 000)×(1/5)×(9/12)=45 000

2022～2025年：300 000×(1/5)= 60 000

2026年：300 000×(1/5)×(3/12)= 15 000

（2）

（单位：美元）

年度	未折旧成本		折旧率		折旧费用
2021	325 000	×	40%×(1/2)	=	65 000
2022	260 000	×	40%	=	104 000
2023	156 000	×	40%	=	62 400
2024	93 600	×	40%	=	37 440
2025	56 160	×	40%	=	22 464
2026	33 696	−	25 000	=	8 696

（3）2023年年末累计折旧：

（单位：美元）

折旧费用，2021年	45 000
折旧费用，2022年	60 000
折旧费用，2023年	60 000
2023年年末累计折旧	165 000
2021年设备原始成本	325 000
减：2023年年末累计折旧	(165 000)
设备处置时账面价值	160 000
出售现金收款	182 000
减：设备处置时账面价值	(160 000)
处置出售利得	22 000

自测题

说明：为了尽可能多地复习各章节的知识，一些自测题不止一个正确选项，那么，你应该选出所有正确的答案。

1. 下列哪种情况下企业不需要对所描述的资产记录折旧费用？

A. 法律要求通勤航空公司将飞机保养得"像新的一样"

B. 地铁广告公司拥有一幢办公大楼，自从购入以来价值一直上升

C. 计算机销售公司有一种新型的计算机存货，号称"永不陈旧过时"

D. 以上答案都不对，每个公司都要为所描述的资产记录折旧

2. 下列哪些陈述是正确的？

A. 累计折旧代表累积的固定资产重置基金

B. 机器成本包括安装过程中修理机器损坏的成本

C. 企业可以在财务报表和所得税申报表中采用不同的折旧方法

D. 采用加速折旧法比采用直线法资产损耗更快
3. 第1年的4月1日，桑德斯建筑公司支付10 000美元购入设备，估计使用寿命为10年，残值为2 000美元。公司采用双倍余额递减折旧法，奇零期折旧采用半年惯例法。第2年该设备应确认折旧费用：
   A. 1 600美元　　B. 1 440美元
   C. 1 280美元　　D. 其他金额
4. 常青制造公司是一家快速成长的企业，每年购置设备。公司在财务报表中采用直线折旧法，在所得税申报表中采用加速折旧法。下列陈述正确的有：
   A. 财务报表中采用直线折旧法而不是加速折旧法，减少了企业报告的净利润
   B. 财务报表中采用直线折旧法而不是加速折旧法，增加了企业的年度净现金流量
   C. 所得税申报表中采用加速折旧法而不是直线折旧法，增加了企业的经营活动现金流量
   D. 只要公司持续成长，每年所得税申报表中报告的折旧要比财务报表中的多
5. 拉德公司将原始成本为50 000美元的固定资产以现金22 000美元出售。如果公司报告的5 000美元销售利得正确，那么出售日该资产累计折旧一定是：
   A. 33 000美元　　B. 28 000美元
   C. 23 000美元　　D. 其他金额
6. 下列哪种情况下，丹尼尔实业公司可在资产负债表中记录商誉？
   A. 丹尼尔实业公司可辨认净资产公允市价是200万美元。该行业正常回报率是可辨认净资产的15%，过去5年公司的平均净利润是39万美元
   B. 丹尼尔实业公司以高于巴克斯特公司可辨认净资产公允市价的价格购买后者
   C. 当年丹尼尔实业公司某项新产品的研发费用是80万美元，该产品可望在至少10年内产生巨额收入
   D. 一家公司希望整体购买丹尼尔实业公司，所出价格高于该公司可辨认净资产公允市价

讨论题

1. 可口可乐公司的特色商标比灌装设备更有价值。不过，公司的灌装设备列于资产负债表中，而公司的知名商标则不列示在资产负债表中。请解释。
2. 指出固定资产折旧期限内需要处理的基本会计事项。哪些事项直接影响当期净利润？哪些事项直接影响现金流量（或所得税费用）？
3. 下面给出某金属制造公司购买一台新机器所发生的支出。请指出哪些应当确定为该资产的成本：①运费；②营业税；③因装卸机器设备损坏路过汽车而支付给司机的赔偿款；④运行前发生的工人安装和测试的工资；⑤运行一年后对机器进行调整的工人工资。
4. 资本性支出和收益性支出有何区别？
5. 若一项资本性支出被错误处理成收益性支出，那么当年的净利润是夸大了还是缩减了？该项错误对以后年度的净利润有影响吗？请解释。
6. 购物人商场以265 000美元的价格在将要建设新商城的地方购买了一个场所，该场所包括3英亩土地、一处旧房子和两个谷仓。土地管理局的档案记录了该项资产的评估价值：土地为160 000美元，建筑物为40 000美元。指出该商场如何在财务报表中处理这265 000美元的支出，请说明理由。
7. 对于一个建筑物，若有充足的证据表明目前的市场价值大于原始成本，那么是否应继续计提折旧呢？其市场价值是否会继续上升呢？
8. 什么是加速折旧法？加速折旧法在财务报表或所得税申报表中是否广泛使用？请论述。
9. 加速折旧法之一为固定百分比余额递减法。什么是"固定百分比"和"余额递减"？使用该方法的目的是什么？
10. "对于下一年需要购买的新的固定资产，付款没有任何困难，因为我们估计新设备的支出仅为80 000美元，而目前累计折旧账户的金额是上面金额的两倍多。"

请评价上述观点。

11. 解释两种有关奇零期购买资产的折旧计算方法（两种方法都不能四舍五入到天或周）。

12. 在什么期间摊销无形资产的成本可以抵销收入（回答时应该依据会计准则）？最通用的摊销方法是什么？

13. 矿物世界公司确认每吨矿物的损耗为20美元。本年度，公司采矿600 000吨，但只出售500 000吨，因为公司试图建立一些库存以防未来可能发生的员工罢工。那么公司应该从当年度收入中扣减多少损耗？

14. 举例说明何谓资产减值。哪些会计事件的发生会导致资产的大幅减值？

15. 几年前，本尼特安全公司以150 000美元的价格为挂锁和其他安全产品购买了一项很出名的商标。使用3年后，沃克退出了锁业，就不再使用该商标，转而重点生产飞机零部件。该商标按每年7 500美元加速摊销，期限为20年。公司老板认为这样做符合会计标准。你同意上述说法吗？请阐述。

测试题

1. 阿米戈斯公司以30 000美元购买了一台大型设备，运到该公司营业场所的运费是750美元，使用前的检修支出为2 230美元，第1年的维护费为1 370美元。为计算每年的折旧额，需要确定该设备的成本是多少。

2. 双城公司以600 000美元的价格购买一座建筑物。前两年使用直线法折旧法，并运用下面两个假设：寿命25年，残值为100 000美元。
   （1）计算该建筑物前2年每年的折旧额。
   （2）计算该建筑物第2年年末的账面价值。

3. 梅塞尔公司以24 000美元购买了一台设备，该公司正在考虑每年的折旧是采用直线法折旧还是采用150%余额递减法折旧。梅塞尔公司估计该设备可使用10年，估计残值为4 000美元。比较这两种折旧方法在该设备前2年计提折旧中的应用。

4. 斯彭斯公司购买了一台价值86 000美元的设备，在年初公司对该设备采用余额递减法计提折旧，但是不确定折旧速率是采用1.5倍还是2倍，该设备预计使用8年，比较这两种加速折旧方法在该设备前两年计提折旧中的应用。

5. 芬克斯公司购买了一辆40 000美元的卡车，该卡车每年行驶15 000千米，可行驶5年，残值为5 000美元，确定直线折旧法下第一年的折旧。若该卡车每年实际运行16 000千米，运用产量法计算第一年的折旧。

6. 亚历山大公司购买了一台价值为14 000美元的设备，预计使用寿命为5年，只计提3年的折旧，5年末的残值为2 000美元。在第3年年末，亚历山大公司决定升级设备的容量并以7 500美元出售。计算第3年年末残值变现的利得或损失。

7. 泰勒公司购买了一台价值为27 500美元的设备，使用寿命为5年，采用双倍余额递减法折旧，第2年年末按8 300美元出售。计算出售时的利得或损失。

8. 亨特公司正在考虑收购一家竞争公司以扩大其市场。预计其资产的剩余价值减负债后的价值在50 000～60 000美元，主要取决于剩余价值如何计算。亨特公司相信可以直接以现金支付700 000美元购买到竞争公司，该价格比亨特公司预计的资产的剩余价值减负债后的金额高25 000美元。假设亨特公司以700 000美元购买到该企业，应该记录的商誉金额为多少？简要阐述你的理由。

9. 米勒矿业公司为了从土地中提取珍贵矿物而收购了一大片土地，权利的成本为250万美元，预计能开采10 000吨矿产。假设第1年开采了1 600吨矿产，计算当年的折耗费用。

10. 琼斯以30 500美元购买了一辆卡车用于其企业的活动。他正在考虑两种折旧方法：产量法（假设运行总路程为80 000千米）和双倍余额递减法（假设使用寿命为5年）。预计该卡车寿命期满后可按约6 500美元出售。假设该卡车第一年实际运行了 10 000 千米，比较这两种方法下第一年的折旧费用。简要论述这两种方法的差异为什么这么大。

案例题

1. 米奇·吉莱斯皮是上市公司控制印刷技术公司的总会计师。该公司正面临财政危机，目前正在想方设法缩减成本。

    公司首席执行官苏珊娜·比德尔指示吉莱斯皮对公司特殊用途的机器延长折旧期限，从 5 年变为 10 年。比德尔认为这种改变可实质性地减少成本，因为这样做可以使这些资产的折旧减少将近一半。

    注：这种改变只影响到财务报表中所确认的折旧费用，并不会影响所得税申报表中的折旧费用减少。

    要求：
    (1) 讨论比德尔的指示实际上能在多大程度上实现成本节约。建议考虑其对净利润和现金流量的影响。
    (2) 谁应该负责固定资产使用寿命的估计？
    (3) 对于比德尔的指示，吉莱斯皮应当考虑哪些道德因素。

2. 麦琪·米勒拥有米勒建筑公司。米勒建筑公司维持会计记录的目的是：控制建筑活动以满足关于工资和所得税申报表的报告义务。因为公司没有其他财务报告义务，所以不编制正式的财务报表。

    公司拥有土地和几项其他资产，其现行市价大大超过历史成本。米勒要求公司会计人员马克斯根据资产的估计市值编制资产负债表。米勒说这样的资产负债表能让她更好地了解公司的情况。她还认为这样做对于获得银行贷款很有用，因为贷款申请通常要询问公司所拥有房地产的估计市值。

    要求：
    (1) 米勒要求的财务报表是否符合一般公认会计原则？
    (2) 米勒建筑公司是否负有编制符合一般公认会计原则要求的财务报表的任何法律或道德义务？

    (3) 就米勒的要求而言，马克斯将面临什么道德问题？

3. 下面是国际纸业公司近期财务报表中的附注：

    固定资产、物业与设备：固定资产、物业与设备仍按成本减累计折旧记账。改良支出予以资本化，而正常的维修和保养费用作为当期费用，纸浆和造纸厂主要使用产出量折旧法计提折旧，其他资产和设备使用直线法。每年房屋的直线折旧率为 2.5%～8.5% 不等，机器和设备的折旧率为 5%～33% 不等。

    要求：
    (1) 该公司财务报表中使用的折旧法是由税法确定的吗？如果不是，谁应该负责选择这些折旧方法？请论述。
    (2) 该公司对造纸厂和木制品设施与固定资产和设备采用不同的折旧方法是否违背了会计一致性原则？若没有，那么一致性原则是什么意思？请论述。
    (3) 采用以下直线法折旧率倍数时，机器和设备的预计使用寿命为多少？
        ① 5%。
        ② 33%（四舍五入到最近的年份）。
        对于特殊资产，由谁负责确定预计寿命？
    (4) 为什么公司在所得税申报中使用加速折旧法而不是直线折旧法？

4. 作为派拉蒙实业公司一个重要组成部门的部门经理，你的职责之一就是监管部门的会计处理。你需要一直斟酌的一个问题就是特定成本是应立即费用化还是资本化。公司会计政策手册中虽然有这方面的内容，但相当不明确，只是简单地说：如果该笔成本使多个会计期间受益，那么就应资本化，否则立即费用化。同时，还简单提到了重要性：如果成本足够小，就应当立即费用化而不考虑其是否会使多个会计期间受益。除此之外没有对如何应用这些一般概念提供任何额外指导。

    几年后你发现，你的员工一直倾向于将成本支出资本化而非费用化。同时，你和你的部门同事不会因为你们部门的业绩而得到任何奖金或其他直接报酬，但是你知道上级管理人员严密监测部门的财务状况，时不时以各种会议或书面回应形式，赞扬财务状况良好的个人和部门。事实上，你的部门内部也是如此。当你面对自己部门的员工时，你会因为良好的财务状况而赞赏，也会因财务状况恶化而深表担忧。

派拉蒙实业公司在聘用员工时都会向他们展示自己的职业行为准则。该项准则提到，所有员工都要用自己的诚实和责任感执行公司政策，而不得从事任何以牺牲公司利益使个人受益的活动。与上面提到的会计政策一样，公司也没有关于这项一般原则的任何指导。

要求：

（1）你在评价员工时，或是你的上级在评价你自己时，哪些评价行为影响你对资本化和费用化成本的决策选择？

（2）根据公司的会计政策和职业行为准则，你可能采取什么措施来确保你和你部门的员工不出现不当行为？

5. 制药行业每年都要支出数十亿美元的研发成本，制药公司通常不是将研发成本作为无形资产资本化，而是按要求作为整年的费用支出处理。

运用搜索工具（雅虎或必应等）对制药公司进行一次重要调查。通过搜索可以找到开展产品研发的公司清单。选择其中三家，使用美国证券交易委员会的 EDGAR 系统或者直接到公司的网站获取其 10-K 报告。

要求：

（1）对于你选择的每家公司，确定：
　① 当前年度总的研发成本。
　② 研发成本占营业成本的百分比。
　③ 研发成本占净收益的百分比。
　④ 如果研发支出被列为无形资产而不是列为费用，那么营业收入将增加多少个百分点？

（2）运用 10-K 报告的信息，简要总结每家公司研发的药物种类。对于潜在投资者，哪家公司具有最大的吸引力和良好的前景？请论述。

自测题答案：

1. C（存货中不记录折旧）；2. C；3. D[1 800 美元，其中：第 1 年折旧为 10 000×20%×0.5；第 2 年折旧为（10 000–1 000）×20%=1 800]；4. CD；5. A（销售价 22 000 - 账面价值 17 000 = 利得 5 000；成本 50 000 - 账面价值 17 000 = 累计折旧 33 000）；6. B。

练习题

关键术语

第 10 章

负 债

学习目标

- 定义负债并区分流动负债与长期负债。
- 应付票据和利息费用的会计处理。
- 描述与工薪有关的成本及基本会计活动。
- 编制摊销表并将付款分为利息和本金。
- 描述公司债券并说明债务融资的税务利益。
- 折价或溢价发行债券的会计处理。
- 解释与债券价格有关的现值概念。
- 说明如何在财务报表中披露估计负债、或有损失和承诺。
- 评价债权人权项的安全性。
- 描述有关租赁、退休后福利和递延税款的报告问题。

引导案例

宝洁公司

赊购商品已成为现代商业的一大特点。每天,大型零售商和信用卡公司似乎都在鼓励消费者不断地借债再借债。除了信用卡与其他消费债务以外,还有众多诸如房屋抵押贷款、汽车贷款等其他长期债务。难怪这些家庭债务总额占了美国可支配总收入的大部分。

此外,大公司也在大规模举债,以便为公司的扩张、并购或其他各种活动进行融资。因此,与公司借款相关的巨额偿债成本占据了公司相当大部分的经营现金流量。

以大型企业宝洁公司为例,该公司最近的资产负债表显示,其负债总额超过650亿美元,相当于该公司总资产的大约55%。在公司的负债中,长期负债约210亿美元,包括所发行的23种不同的债券以及其他形式的债务票据,而且这些负债的到期日最远的为2047年。

从宝洁公司的例子可以看出,长期借款是宝洁等大公司筹集资本的主要渠道。负债对宝洁公司的财务报表有着重大影响。宝洁公司的管理层每年必须获取必要的现金以支付债务利息,同时必须维持良好的财务状况,从而能在债务到期时偿还债务。总之,债务融资是公司取得资本的主要渠道之一。

债权人和投资者常常会仔细评价财务报告中的负债。全面了解企业的短期和长期负债对管理人员选择如何为企业融资非常重要。本章主要介绍了与负债相关的基本概念、如何记录负债以及随后又如何在财务报表中加以披露。此外,本章还将说明负债对特定财务比率的影响。

负债的性质如何呢？负债可以定义为由过去发生的交易或事项所形成的债务或义务，要求在未来某个日期偿还。所有负债具有某些共同特征，但不同负债的具体条款和债权人的权利往往存在很大的差异。

1. 债务与权益的区别

企业有两种基本的融资来源：负债和所有者权益。所有者权益可以进一步分为所有者的直接投资与企业所赚并保留在企业的权益。负债与所有者权益存在几个方面的差异。最能反映债权人要求权不同于所有者权益的特征是，所有负债最后都要到期，即它们都要偿还，而所有者权益没有到期日。负债应偿还的日期被称为**到期日**（maturity date）。⊖

虽然所有负债都会到期，但到期日不同。某些负债的期限非常短，以至于要求在编制财务报表之前被偿还；相反，长期负债可能在许多年后才到期，会多年列示在公司的资产负债表上。主要负债的到期日可能是影响企业偿债能力的一个关键因素。

企业借入资本的提供者是企业的债权人，而不是所有者。债权人拥有对企业的财务要求权，但通常并不拥有对企业经营的控制权。不过，在债务契约中，所有者、管理人员和债权人的传统角色可能会出现调整。作为贷款条件之一，尤其当企业处于财务困境时，债权人会坚决要求赋予其对企业经营的某些控制权。债务契约也可能提出这样的限制，如对管理层薪酬和公司股利的限制，有时也可能要求企业的追加借款和巨大资本支出必须得到债权人的批准。

债权人的要求权法定优先于所有者的要求权。如果企业停止经营并遭清算，在对所有者做出任何分配前，必须全额偿还债权人。不过，债权人要求权的相对安全性因债权人而异。有时，借款人抵押特定资产的所有权作为贷款的**抵押品**（collateral）。如果借款人在贷款担保上违约，债权人可以取消抵押资产的赎回权。资产如果已经被抵押为贷款的担保品，应在借款人财务报表的附注中加以说明。

不以特定资产做担保的负债被称为一般信用债务。一般信用债务的优先权因债务性质及债务契约条款的不同而变化。

2. 很多负债是带息的

很多长期负债以及一些短期负债要求借款人支付利息。只有在资产负债表日的应计利息才作为负债列示在借款人的资产负债表中。借款人在未来期间支付利息的义务有时也在财务报表附注中披露，但是不作为一项现存负债。

3. 估计负债

大多数负债契约都规定了明确的金额。例如，应付票据、应付账款和应计费用（如应付利息、应付职工薪酬等）都有明确的金额。但有时，负债金额必须在资产负债表日予以估计。

估计负债（estimated liability）具有两个基本特性：该负债已存在，但要在以后某个较晚的日期才能明确金额。例如，大多数汽车制造商出售汽车时提供保修义务，即在若干年内和/或若干行驶里程内更换有缺陷的零部件。每出售一辆汽车，制造商就发生一项履行保修承诺下的任何工作的负债。然而，这项负债的金额只能靠估计。

⊖ 有些负债是即期的，意指负债可按照债权人的要求立即支付。即期负债可在任何时间到期，通常被归类为流动负债。

10.1 流动负债

流动负债（current liabilities）是指在一年或一个营业周期（取两者中较长者）内必须偿付的债务。归类为流动负债的另一个要求是该债务预期需要用流动资产（或通过提供服务）来支付。不能满足这些条件的负债被归类为长期负债或非流动负债。

用于定义流动负债的时间期限与用于定义流动资产的时间期限相同。营运资本（流动资产减流动负债）的金额和流动比率（流动资产除以流动负债）是评价公司在不远的将来债务偿还能力的有用指标。

最常见的流动负债例子是应付账款、短期应付票据、长期债务的流动部分、应计负债（如应付利息、应交所得税和工薪负债）以及未赚取收入。

10.1.1 应付账款

应付账款通常细分为应付货款和其他应付账款。应付货款是因购买商品而产生的对供应商的短期负债。其他应付账款包括除商品买卖以外的商品和服务负债。

应付货款在哪日形成取决于商品的购买条件是FOB（离岸）装船点还是FOB目的港。在FOB装船点条件下，当供应商将商品装船时，负债就发生，商品所有权就发生转移。在FOB目的港条件下，直到买方实际收到商品时才形成负债，所有权才发生转移。然而，除非重大数量的商品按照FOB装船点条件购进，否则按照方便的做法，大多数公司在收到商品时再记录应付货款。

10.1.2 应付票据

获得银行贷款时，要签发应付票据。其他交易也可能产生应付票据，如不动产或昂贵设备的购置、商品采购以及用票据取代过期应付账款。

应付票据通常要求借款人支付利息费用。利率通常与**票据本金**（principal amount）分开列示。⊖

例如，假定11月1日，波特公司从银行以6%的年利率借入10 000美元，期限为6个月。6个月后的5月1日，波特公司必须支付银行本金10 000美元，外加300美元的利息（=10 000×0.06×6/12）。作为这笔贷款的凭证，银行会要求波特公司签发一张类似于图10-1的应付票据。需要注意的是，这里的利率是针对1年的，而非针对票据的期限。

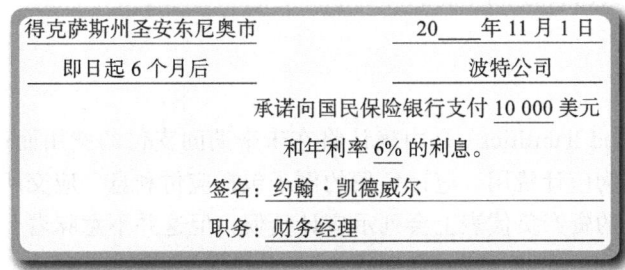

图 10-1 应付票据

⊖ 另一种是票据的票面金额中包括利息费用。这种形式的票据如今很少使用，主要是因为"贷款实情法"下的披露要求。

波特公司会计记录中 11 月 1 日这笔借款的日记账分录为：

借：现金　　　　　　　　　　　　　　　　　　　　　　　　　10 000
　　贷：应付票据　　　　　　　　　　　　　　　　　　　　　　　　　10 000
借入 10 000 美元，期限 6 个月，年利率 6%。

需要注意的是，在签发票据时，没有记录利息费用负债。在借入 10 000 美元时，借款人负债仅为贷款本金金额，应计利息负债在借款期间逐步增长。12 月 31 日，应计两个月的利息费用，并编制如下年末调整分录。

借：利息费用　　　　　　　　　　　　　　　　　　　　　　　100
　　贷：应付利息　　　　　　　　　　　　　　　　　　　　　　　　　100
记录 11 月 1 日签发的年利率 6%、期限 6 个月的票据截至年末的利息费用（10 000×6%×2/12=100 美元）。

为简化起见，这里假定波特公司仅在年末编制调整分录。5 月 1 日记录票据偿付的分录如下。

借：应付票据　　　　　　　　　　　　　　　　　　　　　　　10 000
　　应付利息　　　　　　　　　　　　　　　　　　　　　　　100
　　利息费用　　　　　　　　　　　　　　　　　　　　　　　200
　　贷：现金　　　　　　　　　　　　　　　　　　　　　　　　　　　10 300
记录到期日偿付年利率 6%、期限 6 个月的票据，并确认从 1 月 1 日起发生的利息费用（10 000×6%×4/12=200 美元）。

如果波特公司在 5 月 1 日之前偿付该票据，通常只计算至提早付款日的利息费用。⊖

10.1.3　长期债务的流动部分

一些长期债务，如抵押贷款，应每月一次或每季一次分期偿付。在这些情况下，在一年（或一个营业周期）内到期的本金被认为是一项流动负债，而债务的其余部分则归类为长期负债。

当长期负债的到期日临近时，该债务最终将在当期内到期。在资产负债表后一年内支付的长期负债将在资产负债表中重新分类为流动负债。⊖变更负债分类不需要编制日记账分录，只需将债务列在资产负债表的不同部分。

10.1.4　应计负债

应计负债（accrued liabilities）是由确认将在未来期间支付的费用而产生的。正因如此，应计负债有时也被称为应计费用。应计负债的例子包括应付利息、应交所得税以及若干与工薪有关的负债。公司的资产负债表上会列示应计负债，但这并不意味着公司有到期未付的款

⊖ 通常的商业惯例是只计算至付款日的利息费用。但某些票据的条款是"即使提前还款，也要求借款人支付票据整个期间的利息"。借款人应注意这些条款。

⊖ 该规则的例外情况包括：为长期性负债的再融资（即延长或续借）采取的特定措施，或者为偿还该债务而积累专项偿债基金。在这些情况下，该债务仍被归类为长期负债，即使它将在当期内到期。

项。虽然公司有要支付的负债，但并未到到期日。例如，公司可能每两周支付工薪，但公司财务报告期的最后日期可能出现在前后两次发放工薪的日期之间。对于即将到期发放的工薪，公司必须确认应计负债或应计费用。该负债的一部分属于下一财务报告期支付的首笔工薪。因为应计负债由记录费用所产生，所以应根据配比原则确定确认时间。

那些引起负债的费用多需要频繁支付，如按月度支付，所以通常不会积聚成巨大的金额。在资产负债表中，各种小额的应计负债有时合并列示为一个单独的应计金额。

10.1.5 工薪负债

工薪表的编制是一项专业的会计职能，超出了本书的范围。但我们认为，学生应当了解一些与工薪有关的成本。除了支付员工薪金以外，雇主必须计算、记录并支付大量成本。事实上，薪金费用总额（或工薪总额）只是工薪计算的起点。

例如，假设富布莱特医学实验室雇用了20名高度熟练的员工。如表10-1所示，如果这批员工的月工资在1月为100 000美元，那么雇主发生的总工薪成本实际上可能更高。

如表10-1所示，黑体字显示的金额为法律要求的工薪税（payroll taxes）和保险费，斜体字是现行法律并未要求但经常包含在提供给员工的报酬总额中的成本。

本例中，与工薪有关的成本总额超出工资费用30%以上。这种关系因雇主而异，但本例情况较为典型。

表 10-1 总工薪成本的计算

（单位：美元）

工薪总额（工资费用）	100 000
社会保险和医疗保险税	7 650
联邦和州失业税	6 200
员工补偿保险费	4 000
团体健康和人寿保险福利	*6 000*
员工养老金计划福利	*9 500*
1月的总工薪成本	133 350

1. 工薪税和强制成本

所有雇主必须根据付给每个员工的工资或薪金支付社会保险和医疗保险税。不过，这些税款占员工收入的比重每年都在变化。联邦失业税仅适用于当年每个员工赚取的第一笔收入（州失业税可能有所不同）。随着年数的增加，这些税金会大幅减少。

员工补偿保险（workers' compensation insurance）是州立强制性计划，旨在为员工提供工伤保险。与绝大多数其他保单类似，保费一般需要预先支付，借记流动资产账户的预付员工补偿保险费，贷记现金。保险费用因州以及职业类别的不同而有很大不同。在某些高危行业（如修屋顶的员工），员工补偿保险费可能超过员工工资费用的50%。

2. 其他与工薪有关的成本

除了为员工提供养老金计划，很多雇主也为员工及其家属支付若干或全部的健康和人寿保险费。不同雇主支付的员工养老金计划差异很大。本章后面会简单讨论。

3. 员工工薪的预扣款

至此，本例只是详细说明了向雇主征收的税金及其他强制成本。员工收入也要交税。除联邦和州所得税外，员工还应支付社会保险和医疗保险税。㊀雇主必须从员工工薪中预扣这些

㊀ 对员工征收与雇主一样百分比的社会保险和医疗保险税。因此，社会保险和医疗保险税总额比薪金总额的15%还多。员工缴纳社会保险税的收入有上限，缴纳医疗保险税的工资或薪金无上限。

金额,并直接转交相关的税务部门⊖(扣除所有要求扣款后实际付给员工的现金净额通常被称为员工实得工薪)。

本例中,富布莱特医学实验室的20名员工1月赚得的总工资为100 000美元。如表10-2所示,他们的实得工薪大大少于该总额。这里采用了关于联邦和州所得税预扣款的假设数据。

员工工薪的预扣款并不代表对雇主计征的税。了解这一点很重要。这些预扣款仅仅是工资和薪金费用总额的一部分,必须直接缴付税务部门,而不是支付给员工。从本质上讲,法律要求雇主代为收税。在雇主的资产负债表中,虽然这些预扣款在送缴相关税务部门前列为流动负债,但它们并不是雇主要支付的工薪税。

表10-2 员工实得工薪的计算

(单位:美元)

工薪总额(工薪费用)	100 000
减:	
扣缴州所得税	(2 350)
扣缴联邦所得税	(22 500)
扣缴社会保险和医疗保险税	(7 650)
1月员工实得工薪	67 500

4. 记录工薪活动

下面再来看看富布莱特医学实验室如何编制必要的分录以记录工薪活动。如表10-1所示,该实验室1月的总工薪成本为133 350美元,其中,100 000美元代表员工赚取的工薪总额,17 850美元代表雇主的工薪税和其他强制成本(黑体字列示),下面两栏合计15 500美元代表雇主支付的员工福利。表10-3汇总了富布莱特医学实验室对这些金额的会计处理。

表10-3 雇主记录的工薪活动 (单位:美元)

(1)记录工薪总额、员工扣款和员工实得工薪(扣款和员工实得工薪金额来自表10-2)		
工资费用	100 000	
应交州所得税		2 350
应交联邦所得税		22 500
应交社会保险和医疗保险税		7 650
现金(或应付工资)		67 500
记录工薪总额、员工扣款和员工实得工薪		
(2)记录雇主的工薪税费用(斜体字来自表10-1的黑体字)		
工薪税费用	17 850	
应交社会保险和医疗保险税		7 650
应交联邦和州失业税		6 200
预付员工补偿保险费		4 000
记录雇主工薪税费用,其中的4 000美元为到期的预付员工补偿保险费		
(3)记录员工福利费用(黑体字来自表10-1的斜体字)		
员工健康和人寿保险费	6 000	
养老金费用	9 500	
预付员工健康和人寿保险费		6 000
现金(或应付养老金福利)		9 500
记录员工福利费用,其中的6 000美元为到期预付员工健康和人寿保险费		

10.1.6 未赚取收入

如果客户预先付款,那么就会发生与未赚取收入相关的负债。什么情况下客户会预先付

⊖ 在许多公司,在员工参与交付健康保险、人寿保险、退休计划和其他零散福利的同时,雇主会进行其他代扣。

款呢？这主要有两个方面的原因。首先，卖方可能要求买方在发送货物之前先支付押金或其他初始付款。其次，买方可能希望早些付款，以便在财务报告日之前把负债清了。基于收取的客户的预先付款，卖方公司借记现金，贷记负债账户，如未赚取收入或客户定金。当货物或服务提供给客户时，再编制分录来冲减负债和确认收入。虽然绝大多数负债会以现金偿还，但未赚取收入是个例外。这种负债通常通过给债权人提供商品或服务而不是通过现金付款来偿付。

未赚取收入一般归类为流动负债，因为赚取收入时涉及的活动是企业正常营业周期的一部分。

10.2 长期负债

长期负债通常产生于重大财务支出，如创办新企业、扩大现有企业、购置厂房资产、购买另一家公司或者重新融资一笔快要到期的现存长期债务。涉及长期负债的交易事项相对较少，但通常金额巨大。相反，流动负债通常由日常经营交易所引起，而且会循环发生。

很多企业将长期负债当作所有者权益这一永久性融资来源的替代。尽管长期负债最后要到期，但它们经常可以重新融资，即仅用一笔新的长期负债替代即将到期的债务。这样，长期债务融资就成为企业融资结构中的永久性部分。

10.2.1 拟重新融资的即将到期债务

本期内即将到期但预期将在长期基础上重新融资的债务是一种特殊类型的长期负债。例如，公司可能有一笔每年都会到期的银行借款，而又总是延期至下一年。公司和银行可能都打算在长期基础上继续进行这项安排。

如果管理层既有意图又有能力在长期基础上重新融资即将到期的债务，那么这些债务就归类为长期负债。在这种情况下，会计人员注意的是经济实质而不是法律形式。

当一项交易的经济实质不同于其法律形式或外部表现时，财务报表应该反映经济实质。对此，会计人员用"实质重于形式"的原则加以概括。如今商业交易日益复杂，确认那些实质不同于形式的交易是会计职业面临的最大挑战之一。

> ⊙ **小案例**
>
> 在日本，短期债务的利率常常比长期债务的利率低。因此，日本的管理者认为短期债务比长期债务更有吸引力。此外，银行都乐意将这些贷款延期，因为这样它们就可以根据市场情况的变化而调整利率。这样一来，在日本，短期债务在各方面都很像长期债务。事实上，在日本用短期债务来为长期资产融资已成了惯例，而非个案。

10.2.2 应付分期付款票据

企业经常通过发行一系列要求分期付款的长期票据为购置不动产和某些种类的设备融资。这些付款通常称为**债务清偿**（debt service），可以是按月、按季、按半年或按任何其他时段到期。如果这些分期付款延续下去直到该债务完全偿付，那么该贷款就被称为"完全摊销"。不过，分期付款票据（installment notes）通常含有一个到期日，至该日剩余未付的余额将以一笔"大额"付款偿付。

有些分期付款票据要求的分期付款等于期间内的利息费用（即"仅付利息"票据）。在这些条件下，贷款本金将在某一特定到期日支付。不过，更为常见的情况是分期付款大于本期内应计的利息额，因而每笔分期付款仅有一部分代表利息费用，其余部分减少债务的本金金额。随着所欠金额因每笔付款而减少，每笔连续付款表示的利息费用部分在减少，而偿付本金的部分在增加。

1. 在利息和本金间分配分期付款

在分期付款票据的会计处理中，会计人员必须确定每笔付款中代表利息费用的部分和减少负债本金金额的部分。这种区分通常通过编制**摊销表**（amortization table）来完成。

例如，假设国王旅馆于第 1 年的 10 月 15 日以 16 398 美元的总成本购进家具。在付款方面，公司签发了一张该金额的应付分期付款票据，加上每年 12%（即每月 1%）的利息。该票据的支付将从 11 月 15 日开始，每月分期付款 1 000 美元，共 18 个月。该应付分期付款票据的摊销表如表 10-4 所示（利息费用四舍五入至美元）。

表 10-4　应付票据摊销表　　　　　　　　　　　　　　　　（单位：美元）

计息期	付款日	(A) 月付款	(B) 利息费用（上次未付余额的1%）	(C) 未付余额的减少 (A) − (B)	(D) 未付余额
发行日	10 月 15 日（第 1 年）	—	—	—	16 398
1	11 月 15 日	1 000	164	836	15 562
2	12 月 15 日	1 000	156	844	14 718
3	1 月 15 日（第 2 年）	1 000	147	853	13 865
4	2 月 15 日	1 000	139	861	13 004
5	3 月 15 日	1 000	130	870	12 134
6	4 月 15 日	1 000	121	879	11 255
7	5 月 15 日	1 000	113	887	10 368
8	6 月 15 日	1 000	104	896	9 472
9	7 月 15 日	1 000	95	905	8 567
10	8 月 15 日	1 000	86	914	7 653
11	9 月 15 日	1 000	77	923	6 730
12	10 月 15 日	1 000	67	933	5 797
13	11 月 15 日	1 000	58	942	4 855
14	12 月 15 日	1 000	49	951	3 904
15	1 月 15 日（第 3 年）	1 000	39	961	2 943
16	2 月 15 日	1 000	29	971	1 972
17	3 月 15 日	1 000	20	980	992
18	4 月 15 日	1 000	8①	992	0

①在最后一期，利息费用等于最后付款减剩余未付余额后的金额，从而弥补了利息额四舍五入至美元的累积影响。

2. 编制摊销表

让我们来探究一下表 10-4 的内容。首先，应当注意到表中数字是按月付款，因此，付款额（A 栏）、利息费用（B 栏）和未付余额的减少（C 栏）都是月度金额。

表中采用的利率特别重要，该利率必须与付款日的期间一致，本例中是1个月。因而，假如按月付款，B栏必须基于月利率。假如按季付款，该栏就要用季利率。

摊销表以该负债的原始金额（16 398美元）开始，列在未付余额栏的顶部。每月的付款额由分期付款合同规定，显示在A栏。每月的利息费用根据月利率乘以该月月初的未付余额计算，显示在B栏。每次付款减少负债额的部分（C栏）就是该付款的剩余部分（即A栏减B栏）。最后，负债的未付余额（D栏）的每月减少额就是C栏表示的金额。

如果不是每月持续付款，那么国王旅馆可以在任何时间通过支付当前未付余额来清偿该项负债。例如，如果要求欠款在第14个月付清（第2年的12月15日），那么到期要付的金额就是3 904美元。

不难发现，列示于B栏的利息费用金额每个月都在变化。本例中，利息费用每个月在减少，因为未付余额在持续减少。⊖

编制摊销表的每一横行时都要基于新的未付余额进行同样的计算。如今，人们多使用计算机程序来编制摊销表，而且，只需将下面三项数据输入程序：① 负债的原始金额；② 定期付款的金额；③ 利率（每个付款期间）。

3. 摊销表的应用

摊销表一旦编成，就可直接运用表中金额来编制记录每次付款的分录。例如，记录第1次月付款（第1年11月15日）的分录为：

借：利息费用	164	
分期付款应付票据	836	
贷：现金		1 000

记录分期付款应付票据的11月付款。

如果第1年的12月31日是国王旅馆财务报告期的结束日，那么应编制一笔调整分录记录该项负债的半个月应计利息。该调整分录的金额基于摊销表中的截至上一次付款（12月15日）的未付余额。第1年的12月31日，国王旅馆半个月的应计利息为74（=14 718×1%×1/2）美元。

4. 长期债务的流动部分

不难发现，截至第1年的12月31日，该票据的未付余额是14 718美元。但是，在第2年的12月31日，未付余额只有3 904美元。因此，该票据的本金在第2年将被减少10 814（=14 718-3 904）美元。在第1年12月31日编制的资产负债表中，该债务中的10 814美元被列为下一12个月内需要偿还的部分，应归类为流动负债，其余3 904美元应归类为长期负债。

10.2.3 应付债券

为了给特别大的项目融资，如开发一个油田或者购买另一家公司股本中的控股权益，公

⊖ 如果每月付款小于每月利息费用额，票据未付余额将每月增加，而这反过来将使每月利息费用增加。这种模式被称为负摊销，会临时性地发生在一些"可调整利率"的住宅抵押贷款中。

司所需要的资本很可能超过了单个放款者所能提供的资本。如果公司需要筹集大额长期资本（也许 5 000 万美元、1 亿美元或 5 亿美元，甚至更多），一般可增发股本或发行**应付债券**（bonds payable）。

10.2.4 何谓债券

发行应付债券是将一笔巨额贷款分割成许多被称为债券的可转让单位的一种方法。每张债券代表一张长期的计息应付票据，通常以 1 000 美元或者 1 000 美元的一定倍数为票面金额（或面值）。如果债券出售给投资公众，就可以使许多不同投资者（债券持有人）参与贷款。

债券通常为到期期限非常长的票据，多在 15 年或 30 年后到期。不过，债券可转让，因而债券持有人可以在任何时间将其债券出售给其他投资者。绝大多数债券要求向债券持有人半年付一次息，利息在债券寿命期内按约定的合同利率计算。所以，投资者常常把债券称为"固定收益"投资。

例如，梅西百货公司发行了利率为 6.9% 的公司债券。通过发行 2032 年到期的债券，梅西百货公司借到了 2.5 亿美元的资金。每个债券持有人都获得了一份标明所购债券数量的债券凭证，诸如共同基金、银行和保险公司等投资者通常会一次购买成千上万份债券。

1. 应付债券的发行

发行债券时，公司通常借助被称为**承销商**（underwriter）的投资银行的服务。承销商保证按某个特定价格发行公司全部债券，并通过以某个较高价格出售给投资公众来赚取利润。公司按从承销商处收到的净额记录债券的发行。通过承销商服务，可以保证公司债券的发行按时并全部出售，并且可在某个特定日期收到全部款项。

2. 债券的可转让性

公司债券，如同股本，每天可在诸如纽约债券交易所这样有组织的证券交易所交易。25 年期债券发行的持有者如果要将其投资转换为现金，不需要等上 25 年，只要打一个电话给某个经纪人，投资者就可以在数分钟之内以现行市价卖出债券。这种流动性正是公司债券投资最具吸引力的特征之一。

3. 债券的市场报价

债券价格按其面值或到期价值（通常是 1 000 美元）的百分比来报价。到期价值是发行公司在债券到期（应付）日赎回债券必须支付的金额。按 102 报价的面值 1 000 美元的债券，其市价是 1 020 美元（1 000 美元的 102%）；同样，按 98 报价的面值 1 000 美元的债券，其市价是 980 美元（1 000 美元的 98%）。以下资料给出了一家假想公司债券在前一天的交易信息。

债券	成交量	最高价	最低价	收盘价	净变化
阿尔瓦罗公司 622	175	$97\frac{1}{2}$	$95\frac{1}{2}$	97	+1

这一简化信息表明，利率 6%、2022 年到期、面值 1 000 美元的阿尔瓦罗债券当日成交 175 手；全天的最高价为 $97\frac{1}{2}$，即出价 975 美元就可取得 1 000 美元面值的债券；全天最低价为 $95\frac{1}{2}$，即出价 955 美元就可取得 1 000 美元面值的债券。当日收盘价（当日最后卖出价）为 97，即 970 美元，较前一天的收盘价涨了一个点，即面值 1 000 美元的债券价格上涨了 10 美元。

债券的买卖价格为什么会高于或低于债券的平价或面值呢？答案直接关联于债券支付的利息率和债券出售给公众投资者时的市场利率之间的关系。如果债券的票面利率为5%，在市场上出售时的市场利率高于5%，那么票面利率为5%的债券就会缺乏吸引力，发行公司就得降低债券的价格以弥补票面利率低于市场回报的不足。相反，如果该债券在市场上出售时的市场利率低于5%，那么票面利率为5%的债券就会很有吸引力，债券的价格就可以高于市场利率下的价格。

4. 债券的种类

用特定资产担保的债券称为抵押债券（mortgage bonds）。无担保债券称为信用债券（debenture bonds），其价值取决于公司的综合信誉，而不是某项资产的价值。相比于由财务状况不太好的公司发行的有担保债券，大型的实力雄厚的公司发行的信用债券可能具有较高的投资评级。

债券利息每半年支付一次，按债券持有人拥有的债券计算6个月的利息。[⊖]有些债券可以赎回，即公司有权在到期日之前支付一个特定赎回价格来清偿债券。为了补偿债券持有人被强制放弃的投资，赎回价格通常稍高于债券面值。

传统上讲，债券对保守的投资者具有较高吸引力，他们主要感兴趣于投资的可靠收益流。为使债券发行更能吸引这些投资者，有些发行公司还设立债券**偿债基金**（sinking fund），专门用于偿付到期债券。债券偿债基金这个术语指的是，为了偿付应付债券，用来自需要到期还清债务项目的未来净收益来建立基金。公司定期将现金存入偿债基金。债券偿债基金不被归类于流动资产，因为它不能用于支付流动负债。虽然债券偿债基金的目的是为债券的到期偿还建立基金，但两者在资产负债表上并不能相互抵销。债券偿债基金列示在资产负债表的"长期投资"下，紧跟着流动资产。

作为对投资者的另一种吸引，公司有时在债券契约中会加上一项转换权利。**可转换债券**（convertible bond）是一种可以根据债券持有人的选择换成特定数量股本的债券。因此，可转换债券的市价会随着与之等量股票的市价而波动。

5. 垃圾债券

有些公司曾经发行被称为**垃圾债券**（junk bonds）的证券。垃圾债券是指包含远大于正常水平违约风险的债券。发行垃圾债券的公司通常有很多的长期债务，以至于偿付利息和本金义务的能力已十分值得怀疑。为补偿债券持有人承担的这种异常水平的风险，垃圾债券承诺的利率会远高于"投资级"债券。

10.2.5 债券融资的税务利益

通过发行债券而不是发行股票来筹集资金的一大好处是，在确定公司所得税的应税利润时可以扣除利息付款，但在计算应税利润时，支付给股东的股利不可扣除。

例如，假定公司需要对其应税利润支付30%的所得税。如果这家公司发行1 000万美元、

⊖ 近年来，公司已只发行记名债券，债券利息通过寄送支票支付给债券的记名持有者。过去，一些公司发行息票债券或无记名债券，它附有一系列可清偿息票。在每个付息日，债券持有人必须"剪下"息票，并递交银行以收取利息。这些债券给投资者造成一个相当大的风险：如果投资者遗失息票或者忘了付息日，他就收不到利息。如今在许多地方，发行息票债券是非法的。

6%利率的应付债券,每年将发生60万美元的利息费用。但这些利息费用将减少应税利润60万美元,因而减少公司年度所得税18万美元。这样,借入1 000万美元的税后成本实际上仅为42万美元。具体计算如右所示。

实际上,此时的借款成本已经降低至4.2%(=420 000/10 000 000),远低于6%的债券票面利率。

(单位:美元)

利息费用(10 000 000×6%)	600 000
减:节省的所得税(600 000扣除额×30%)	180 000
税后借款成本	420 000

计算税后借款成本的简捷方法是,将利息费用乘以(1-公司的所得税税率),如:600 000×(1-0.30)=420 000(美元)。

10.2.6 应付债券的会计处理

债券发行的会计事项通常包括:① 债券发行;② 定期的利息支付;③ 每个会计期期末应计应付利息;④ 到期时债券赎回。 ⊖

例如,假定2021年3月1日,威尔斯公司发行100万美元利率为6%、20年期的应付债券。⊜ 这些债券注明日期为2021年3月1日,并从当天开始计息。每半年,即9月1日和3月1日支付债券利息。如果全部债券按面值(也称票面价值)出售,3月1日的债券发行将用下列分录记录。

借:现金　　　　　　　　　　　　　　　　　1 000 000
　　贷:应付债券　　　　　　　　　　　　　　　　　　1 000 000
按100的价格发行利率为6%、20年期的应付债券。

在债券存续期间的每个9月1日,威尔斯公司必须付给债券持有人30 000(=1 000 000×0.06×1/2)美元。这种半年利息支付将按如下分录记录。

借:债券利息费用　　　　　　　　　　　　　30 000
　　贷:现金　　　　　　　　　　　　　　　　　　　　30 000
债券利息按半年支付。

每个12月31日,威尔斯公司必须编制调整分录以记录从9月1日开始应计的4个月利息。

借:债券利息费用　　　　　　　　　　　　　20 000
　　贷:应付债券利息　　　　　　　　　　　　　　　　20 000
应计截至12月31日的4个月应付债券利息(1 000 000×0.06×4/12=20 000美元)。

这一应付债券利息的应计负债将在几个月内支付,所以归类为流动负债。

两个月后的3月1日,对债券持有人进行半年利息支付。该交易代表支付12月31日应计的4个月利息和从年末开始应计的两个月利息。因而,记录每个3月1日的半年利息支付的分录将是:

⊖ 为简化例子,假定在所有的例子和练习中,应付应计债券利息的调整分录只在年末编制。实务中,这些调整分录通常按月编制。

⊜ 这里的100万美元金额仅用于举例。如前所述,实际的债券发行是成百上千万美元的。

```
借：债券利息费用                            10 000
    应付债券利息                            20 000
    贷：现金                                              30 000
```

记录向债券持有人支付半年利息，并确认从年末开始应计的两个月利息费用（1 000 000×0.06×2/12 =10 000 美元）。

20 年后，即 2041 年 3 月 1 日，该债券到期，需要做两个分录：一个记录定期的半年利息支付，另一个记录债券的赎回。记录债券发行赎回的分录如下所示。

```
借：应付债券                                1 000 000
    贷：现金                                              1 000 000
```

到期日按面值偿还债券。

如何处理付息日之间发行的债券呢？债券通常在特定付息日之间发行。此时，除债券设定价格外，还要求投资者支付到发行日的应计利息。这种做法使得公司能在半年付息日时对所有流通在外的债券支付完整的 6 个月利息。先向在付息日之间购进债券的投资者收取应计利息，再在下一个付息日归还给他们。

例如，将上例改为假定威尔士公司在 5 月 1 日，即在债券上印刷的 3 月付息日后 2 个月，按平价发行总价值为 100 万美元、利率为 6% 的债券。这样，威尔士公司不仅收到发行债券所得的 100 万美元，而且收到两个月的应计利息 1 万美元（1 000 000×6%×2/12 = 10 000）。威尔士公司收到的 101 万美元涉及两笔债务，一是 100 万美元的长期应付债券，二是 1 万美元利息的流动负债。后者在 4 个月后支付完整的半年利息时偿还。

10.2.7　折价或溢价发行债券

公司从发行债券中实际收到的金额就是企业未来要偿付的本金和利息的现值。现值概念将在本节的后面进行介绍。本书最后的附录 B 对现值有更深的讨论。

承销商通常按照面值或是十分接近面值的价格向投资者出售公司债券，所以承销商通常从发行公司按折价（即低于面值的价格）购买这些债券。折价一般很小，也许只是债券面额的 1% 或 2%。

在发行债券时，借款人按照收到的金额记录负债。如果按很小的折价发行债券（这是正常情况），那么这项负债就会略低于所发行债券的面值。当然在到期日，发行公司必须按全部面值赎回债券。因此，在债券发行期间，借款人的负债会从原始发行价格逐渐增至到期价值。

10.2.8　债券折价的会计处理：示例

例如，假定威尔士公司在 2021 年 3 月 1 日按 97 的价格（即债券以面值的 97% 出售给承销商）出售 1 000 000 美元、利率为 12%、20 年期的债券给承销商。利息每半年支付一次，分别为 9 月 1 日和 3 月 1 日。2021 年 3 月 1 日，威尔士公司从承销商处收到现金 970 000 美元（1 000 000×0.97=970 000），记录该金额的净负债。但当这些债券 20 年后到期时，威尔士公司将欠债券持有人 1 000 000 美元，为债券发行面值全额。在债券 20 年的存续期间，公司的负债必须逐步增加 30 000 美元，使得所记录的负债金额等于到期日债券的面值。折价金额表示威尔士公司在支付 6% 的票面利息外增加的利息支付。

图 10-2 描述了这项负债的逐渐"增长"过程。请注意，长期负债以每年 1 500 美元的平均速率（30 000 总增长 ÷20 年的债券存续期）增长。净负债开始于 970 000 美元，然后按每年 1 500 美元增长（每个利息支付期为 750 美元），一直增长到到期时的 1 000 000 美元。

1. 债券折价：借款成本的一部分

就现金支出而言，以折价表示的追加借款成本直到债券到期时才支付。但是，配比原则一般要求借款人在债券发行的寿命期内逐渐确认该成本。⊖

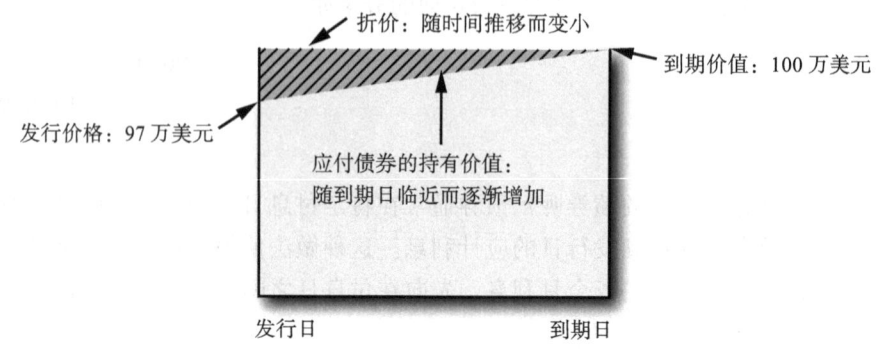

图 10-2 债券折价的持有价值

在发行债券时，折价金额借记应付债券折价。威尔斯公司在 3 月 1 日的发行记录如下。

借：现金	970 000	
应付债券折价	30 000	
贷：应付债券		1 000 000

按 97 的价格发行面值 100 万美元、20 年期的债券给承销商。

发行日，威尔斯公司资产负债表中的负债情况如右所示。

应付债券折价账户有借方余额，属于负债抵销账户。如本例所示，在资产负债表中，应付债券折价作为应付债券面值或面额的减项列示，因而，发行日应付债券的净持有价值等于借入额。

长期负债	
应付债券	1 000 000
减：应付债券折扣	30 000
应付债券净持有价值	970 000

2. 折价的摊销

2021 年 3 月 1 日，威尔斯公司从承销商处收到 97 万美元。在每个付息日记录一笔调整分录，将应付债券折价账户的部分余额转为利息费用。在债券的 20 年存续期内，随着时间的推移，债券折价下降，同时债券的持有价值（即面值减剩余的折价余额）增至债券发行的到期值 100 万美元。

每年 9 月 1 日，公司要记录利息费用 30 750 美元。

（单位：美元）

半年利息支付（1 000 000×6%×1/12）	30 000
加：债券折价的半年摊销 [（30 000 美元折价/20 年）×1/2]	750
半年的利息费用	30 750

⊖ 如果折价金额并不重大，那么为方便起见，可将它直接计为费用。本书中，债券溢价和折价的摊销使用直线法。实际利率法将更加常见且在理论上正确，该方法将在高级会计教材中介绍。

在债券整个寿命期内，9月1日记录利息费用的分录如下。

借：债券利息费用　　　　　　　　　　　　　　　　　　　　　30 750
　贷：现金　　　　　　　　　　　　　　　　　　　　　　　　　　　　　　30 000
　　　应付债券折价　　　　　　　　　　　　　　　　　　　　　　　　　　　750

按3%记录20年期应付债券的半年利息费用并确认30 000美元折价的6个月摊销额。

值得注意的是，折价摊销使威尔斯公司的半年利息费用增加了750美元。不过，这不需要立即的现金支出。整个摊销账户代表的利息费用要到2041年3月1日债券到期时才支付。

每年12月31日，威尔斯公司必须编制一笔调整分录，记录从9月1日起应计的4个月利息费用。20 500美元应计额的计算如下。

（单位：美元）

应付的4个月应计利息（1 000 000×6%×4/12）	20 000
加：债券折价的4个月摊销〔(30 000美元折价÷20年)×4/12〕	500
从9月1日至12月31日的应计利息	20 500

因此，在债券发行寿命期内的12月31日需要编制如下调整分录。

借：债券利息费用　　　　　　　　　　　　　　　　　　　　　20 500
　贷：应付债券利息　　　　　　　　　　　　　　　　　　　　　　　　20 000
　　　应付债券折价　　　　　　　　　　　　　　　　　　　　　　　　　500

记录20年期应付债券的4个月利息费用并确认4个月的折价摊销。

两个月后，即每年的3月1日，对公司债券持有人支付半年全额利息，同时确认额外的2个月折价摊销。当日记录利息费用10 250美元，计算如下。

（单位：美元）

应付的2个月应计利息（1 000 000×6%×2/12）	10 000
加：债券折价的2个月摊销〔(30 000美元折价÷20年)×2/12〕	250
从1月1日至3月1日的应计利息	10 250

在债券发行的整个寿命期内，每年3月1日支付半年利息的记录如下。

借：债券利息费用　　　　　　　　　　　　　　　　　　　　　10 250
　　应付债券利息　　　　　　　　　　　　　　　　　　　　　20 000
　贷：现金　　　　　　　　　　　　　　　　　　　　　　　　　　　　　　30 000
　　　应付债券折价　　　　　　　　　　　　　　　　　　　　　　　　　250

记录20年期应付债券的2个月利息费用，确认折价的2个月摊销，并记录对债券持有人的半年利息支付。

当20年后（即2041年3月1日）债券到期时，需要编制两笔分录：一笔记录常规的半年利息支付，另一笔记录债券的到期赎回。在到期日，初始的30 000美元折价被全部摊销完毕（即应付债券折价账户余额为0），所以债券发行的持有价值将是100万美元。记录债券发行赎回的分录就是用100万美元的现金来冲减负债。

在债券发行的20年存续期里，把每半年支付的利息和发行折价合在一起，威尔士公司共确认了123万美元的利息费用（20年×6%×1 000 000美元+30 000美元的折价费用）。这里的 123 万美元代表威尔士公司将 100 万美元使用 20 年的成本。

10.2.9 债券溢价的会计处理：示例

如前所述，承销商从发行公司处购买债券时通常获得小幅折价。然而，在一些情况下，承销商可能实际上支付给发行方小幅的溢价，即价格高于平价或面值。

例如，假设 2021 年 3 月 1 日威尔斯公司以价格 103（即债券按面值的103%）出售 100 万美元、利率为 6%、20 年期的债券给承销商。2021 年 3 月 1 日，威尔斯公司从承销商处收到 103（= 100 × 1.03）万美元现金并记录该金额的负债。然而，在该债券 20 年后到期时，公司将只承担债券持有人债券发行 100 万美元面值的债务。所以，公司最初的负债必须在该债券发行在外的 20 年内以某种方式减少 30 000 美元。

图 10-3 描述了公司负债逐渐"减少"的过程。请注意，长期负债以每年 1 500 美元的平均速率（= 30 000 美元总增加 ÷ 20 年债券发行的寿命）减少。

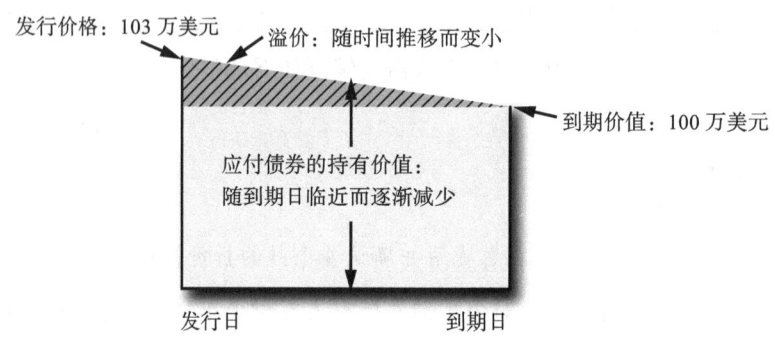

图 10-3 债券溢价的持有价值

1. 债券溢价：借款成本的抵减

当债券溢价发行时，借款人偿还金额小于发行日最初收取的金额，因而任何溢价都代表总借款成本的减少。与折价发行债券不同，溢价发行债券的相应利息费用将少于给债券持有人的半年现金支付。

在发行债券时，按溢价金额贷记应付债券溢价账户。因此，威尔斯公司将 3 月 1 日的债券发行记录如下：

借：现金		1 030 000
贷：应付债券溢价	30 000	
应付债券	1 000 000	

按 103 的价格发行总面值 100 万美元、20 年期的债券给承销商。

发行日，公司资产负债表中的负债如右所示。

请注意，因为应付债券溢价为贷方余额，所以在资产负债表中，应付债券溢价作为应付债券面值的加项列示。

	（单位：美元）
长期负债	
应付债券	1 000 000
加：应付债券溢价	30 000
应付债券持有价值	1 030 000

2. 溢价的摊销

溢价使得欠付金额减少 30 000 美元，这 30 000 美元代表了在债券发行的 20 年寿命期内利息的节省。在债券发行的 20 年存续期里,溢价随着时间的推移而减少,同时债券的持有价值(面值与溢价剩余额之和)将逐渐降至债券发行的到期价值 1 000 000 美元。

每年的 9 月 1 日,威尔士公司记录利息费用 29 250 美元,具体计算如下。

(单位:美元)

半年利息支付(1 000 000 × 6% × 1/2)	30 000
减:半年债券溢价摊销 [(30 000 美元溢价/20 年) × 1/2]	750
半年利息费用	29 250

在债券发行整个寿命期内,每年 9 月 1 日记录利息费用的分录如下。

借:债券利息费用	29 250	
应付债券溢价	750	
贷:现金		30 000

记录 20 年期应付债券的半年利息费用,确认 30 000 美元溢价的 6 个月摊销。

值得注意的是,无论债券是按面值、折价还是溢价发行,30 000 美元半年利息的支付都相同。然而,溢价摊销减少了公司在债券发行寿命期内确认的利息费用额。

每年 12 月 31 日,威尔斯公司必须编制调整分录来记录从 9 月 1 日起应计的 4 个月利息费用。19 500 美元应计额的计算如下。

(单位:美元)

应付的 4 个月应计利息(1 000 000 × 6% × 4/12)	20 000
减:债券溢价的 4 个月摊销 [(30 000 美元溢价 ÷ 20 年) × 4/12]	500
从 9 月 1 日至 12 月 31 日的应计利息	19 500

所以,在债券发行的整个寿命期内,每年 12 月 31 日要做的调整分录如下:

借:债券利息费用	19 500	
应付债券溢价	500	
贷:应付债券利息		20 000

记录 20 年期应付债券的 4 个月利息费用,确认溢价的 4 个月摊销。

两个月后,即每年的 3 月 1 日,对公司债券持有人支付半年全额利息,同时确认额外的 2 个月溢价摊销。9 750 美元的利息费用在当日记录,具体计算如下。

应付的 2 个月应计利息(1 000 000 × 6% × 2/12)	10 000
加:债券溢价的 2 个月摊销 [(30 000 美元溢价 ÷ 20 年) × 2/12]	250
从 1 月 1 日到 3 月 1 日的应计利息	9 750

在债券发行的整个寿命期内,每年 3 月 1 日半年利息支付的记录如下。

借:债券利息费用	9 750	
应付债券利息	20 000	
应付债券溢价	250	
贷:现金		30 000

记录 20 年期应付债券的两个月利息费用,确认溢价的两个月摊销,并记录对债券持有人的半年利息支付。

当 20 年后（即 2041 年 3 月 1 日）债券到期时，需要编制两笔分录：一笔记录常规的半年利息支付，另一笔记录债券的到期赎回。在到期日，初始的 30 000 美元溢价将全部摊销完毕（即应付债券溢价账户余额为 0），所以发行债券的持有价值将是 100 万美元。记录债券发行赎回的分录就是用 100 万美元的现金来冲减负债。

在前述债券折价发行的例子中，威尔斯公司在债券发行的 20 年存续期里共确认了 123 万美元的利息费用。如果这些相同的债券以 103 的溢价发行，公司将会承担 117 万美元的利息费用（按 6 个月支付 20 年的利息，减去 30 000 美元的溢价）。

10.2.10 债券折价和溢价的展望

从理论上讲，投资者可能支付溢价购买高于市场利率的债券。如果债券回报低于市场利率，那么投资者只愿按折价购买。

但是，在首次发行债券时，这些概念很少出现，毕竟绝大多数债券按市场利率发行。公司债券几乎从不溢价发行。债券常常按一个小的折价发行，但该折价仅代表债券承销商的利润，而不是投资者对低于市场利率的反应。⊖ 摊销债券折价或溢价的年度影响进一步被稀释，因为这些金额要在债券发行的较长的整个寿命期内进行摊销。因此，对该专题的进一步讨论将在以后更高级的会计课程当中进行。⊖

10.2.11 现值概念

现值概念基于货币的时间价值，即"今天收到的 1 美元要比以后收到的 1 美元好"的理念。例如，假定一项投资承诺 5 年后可以支付 1 000 美元，但其间不支付利息。显然，投资者不会在今天支付 1 000 美元来换取这个机会，因为在随后 5 年内他们在投资上将得不到报酬。但当出价小于 1 000 美元时，投资者可能会感兴趣。例如，如果能以 600 美元买到这项投资，那么投资者在 5 年期间预期可赚得 400（=1 000-600）美元的回报。

未来现金收入的**现值**（present value）是理性投资者为了取得在未来收取款项的权利而在当前愿意付出的金额。现值的准确金额取决于：①未来款项的金额；②款项收到前的时间长短；③投资者要求的报酬率。然而，现值总是小于未来金额的，因为今天收到的钱能够去投资赚得利息，从而在将来增长成一笔更大的金额。例如，假设利率为 6%，那么 1 年后收到的 1 000 美元的现值就是 943 美元。这一数字等于收到的 1 000 美元乘以由利率为 6% 和期数为 1 所决定的现值因子 0.943，而 943 美元的现值也可以通过以下方式来验证：初始值 943 美元加上 57（=6% × 943）美元的利息等于 1 000 美元。如果对应的利率是 8% 而不是 6%，那么现值因子就是 0.926，1 000 美元的现值就会降低到 926（=1 000 × 0.926）美元。现值降低的原因在于 8% 利率水平应比 6% 利率水平赚取更多的利息。

使给定现值增长到给定未来金额的利率称为贴现率或实际利率。在任何给定的时间，投

⊖ 根据对 685 次债券发行的研究（这些债券中没有一个溢价发行），95% 以上不是按面值发行，就是按小于面值 2% 的折价发行。

⊖ 一些公司发行零息债券，不支付利息，但是发行的折价很高。在这些情况下，折价的摊销是重大的，可能占公司利息费用总额中的重要部分。零息债券是一种特殊形式的融资，将在以后的会计课程和公司理财课程中讨论。

资者要求的实际利率就是现行市场利率。本书附录 B 介绍了计算未来金额现值的过程，包括基于不同年限和利率水平的现值表，而且从表中就可以找出前面例子中提到的现值因子 0.943 和 0.926（现值概念对管理个人财务事项也非常有用。即使不作要求，我们仍然建议读者阅读附录 B）。

如何理解现值概念及其与债券价格的关系呢？债券的出售价格是对投资者未来本金和利息支付的现值。如果债券按面值出售，市场利率就等于印刷在债券上的合同利率（也称为设定利率或名义利率）。投资者要求的实际利率越高，给特定合同利率债券承销商带来的支付就越少。例如，如果投资者坚持 10% 的报酬，他们将支付少于 1 000 美元以换取一份利率 9%、面值 1 000 美元的债券。换言之，如果投资者要求的实际利率大于合同利率，那么承销商将按折价（小于面值的价格）销售该债券。此外，如果市场状况支持一个低于合同利率的实际利率，那么债券将按溢价（高于面值的价格）出售。

因为市场利率不断波动，可以合理预期在债券发行日，合同利率可能与市场利率有一定的差别。

10.2.12 发行后的债券价格

如前所述，许多公司债券每天在有组织的证券交易所按市场报价交易。在债券发行后，其市价与市场利率的变动成反比。市场利率提高，投资者将愿意支付较少的钱去拥有支付特定合同利率的债券；相反，市场利率下降，债券的市价就上升。

> ⊙ **小案例**
>
> 这是一个市场利率对债券面值产生影响的历史性案例。IBM 出售给承销商 5 亿美元、利率为 $9\frac{3}{8}\%$、25 年期的信用债券。承销商计划以 $99\frac{5}{8}$ 的价格将债券出售给公众。但当销售债券时，美联储信用政策的变化使利率开始上扬。承销商销售债券遭遇极大困难。一个星期内，债券的市价下降至 $94\frac{1}{2}$。承销商以该价格抛售其未售出的存货，并遭受了华尔街历史上最大承销损失之一。
>
> 在以后的数月中，利率上扬至最高水平，在 5 个月内，债券的价格下降至 $76\frac{3}{8}$。这些债券的市场价值在不到半年的时间内下跌了近 1/4。此时，IBM 的财务实力从来没有出现问题，这个市场价值的戏剧性损失完全是由利率上扬造成的。

现行利率水平的变动并不是影响债券市价的唯一因素。债券到期之前剩下的时间长度是另一个主要影响因素。随着债券不断临近到期日，其市价通常逐渐逼近到期价值。这种趋势是可靠的，因为债券在到期日将以面值偿还。

何谓短期和长期债券价格的波动性？当利率波动时，长期债券的市价所受的影响比即将到期债券市价所受影响要大得多，因为后者即将到期。例如，假定市场利率突然从 6% 上扬至 9%。将在几天内到期的 6% 债券，市场价值大约为 1 000 美元，这是几天后将从发行公司收到的金额。但是利率 6%、10 年后到期的债券的市价将大幅下跌。因为债券利息支付将多年低于市场利息，所以投资者只愿意按折扣价格购买这些债券。

总之，利率波动对长期债券价格的影响比对短期债券价格的影响要大。

请记住，发行后的债券属于债券持有人，不属于发行公司，所以债券发行后市价的变动并不影响发行公司财务报表报告的金额,而且这些变动并不在发行公司会计记录中记录。

> ⊙ **财务顾问**
>
> 　　假定你是最近退休的一位投资者的财务顾问。你的客户想将她的储蓄用于投资,以便在整个退休期间每年都可获得稳定的现金流。她已经向你表示自己十分关心利率波动造成的长期债券价格的影响。
>
> 　　如果你的客户将储蓄投资于各种长期债券,并将这些债券持有至到期,那么利率波动会影响她退休期间每年的现金流量吗?

10.2.13　应付债券的提前赎回

　　债券有时在到期日之前被赎回。提前赎回债券的主要原因是减轻发行公司未来利息支付的义务。如果利率下降以至于公司能按比特定债券发行利率低的利率借款,那么公司就能从赎回这些债券并以较低利率发行新债券中受益。

　　绝大多数债券发行包含提前赎回条款,允许公司通过支付一个通常高于面值少许百分点的规定价格来赎回债券。即便没有提前赎回条款,公司也可通过在公开市场购买自己的债券从而在到期前赎回它们。如果发行公司能按低于债券持有价值的价格购买债券,就实现了债券清偿利得;如果发行公司以超过债券持有价值的价格重购它们,就必须确认损失。

　　例如,假定布里格斯公司有发行在外的利率为6%的债券1 000万美元,而且规定公司可在任何付息日以102的价格提前赎回。又假定债券按面值发行,9年后到期。可是,最近市场利率已经下降到5%以下,而布里格斯债券的市场价格已上涨至106美元。⊖

　　不管市价高低,布里格斯公司都能以102美元的价格提前赎回这些债券。如果该公司对10%的债券(100万美元的面值)行使这项提前赎回条款,相应分录如下。

借:应付债券	1 000 000	
债券提前赎回损失	20 000	
贷:现金		1 020 000
记录应付债券中的100万美元以102的价格提前赎回。		

　　请注意,布里格斯公司是提前赎回这些债券,而不是以市价回购它们,所以布里格斯公司能以102的价格赎回债券(如果债券市价低于102美元,那么布里格斯公司一定会通过在公开市场中购买而以较低的成本赎回债券)。

10.3　估计负债、或有损失和承诺

10.3.1　估计负债

　　估计负债(estimated liabilities)这一术语是指以估计金额列示在财务报表中的负债。下

⊖ 利率下降使债券价格上涨。此外,下降的利率也给予发行公司提前赎回债券的激励,也许它会以发行较低利率的债券来替代原来的债券。因此,赎回价格常常作为市价的大致"上限"。

面仍以汽车制造商为新车提供保修承诺为例。制造商与保修承诺有关的负债通过在销售发生时借记保修费用（warranty expanse）、贷记保修要求权负债（liability for warranty claims）来记录。为使该费用抵销有关的销售收入，配比原则要求履行保修承诺工作的费用在产品出售期间予以确认。由于保修承诺可能延伸到未来若干年，该负债（和费用）的金额必须依赖估计。由于保修工作何时履行具有不确定性，所以会计人员传统上将保修要求权负债归类为流动负债。

根据定义，估计负债包含某种程度的不确定性。不过，负债一旦符合以下条件，就被确认为公司财务报表中的负债：①已知负债存在；②金额的不确定性未达到能阻止公司做出合理估计和记录负债的程度。

10.3.2 或有损失

或有损失（loss contingencies）类似于估计负债，但可能涉及更多的不确定性。或有损失是一种可能损失（或费用），源自过去事项，预期会在未来解决。

或有损失定义的核心是不确定性因素，即损失金额的不确定性，以及在某些情况下关于是否实际上已经遭受损失的不确定性。或有损失的一个常见例子是对公司的未决诉讼。诉讼基于过去事项，但在诉讼解决之前，关于公司负债的金额（如果有的话）存在不确定性。

或有损失在两个方面不同于估计负债。第一，或有损失可能具有更大程度的不确定性。通常，这种不确定性涉及损失或费用是否已经实际发生。相反，有关估计负债的损失或费用已知存在。

第二，或有损失的概念不仅涉及可能的负债，而且涉及可能的资产损耗。例如，假定银行曾为正在遭受政局动荡的他国提供巨额贷款。与该项贷款相关的损失金额（如果有的话）存在不确定性。从银行角度看，该贷款是一项可能发生损耗的资产，而不是一项负债。

财务报表中如何列示或有损失呢？在财务报表中列示或有损失的方式取决于所涉及的不确定性程度。

或有损失要在会计记录中记录，但必须同时符合如下两个标准：①根据过去事项，很可能已经遭受损失；②损失金额能合理估计。例如，公司对缺陷产品保修的义务通常符合这些标准并作为或有损失记录在账户中。

当不符合这些标准时，一般不正式记录或有损失。但如果一项重大损失的发生有合理的可能性，就要在财务报表附注中披露或有损失。例如，未决诉讼通常在财务报表附注中披露，但该损失（如果有的话）在诉讼结束前不在会计记录中记录。如果发生重大损失的风险很小，公司不需要披露或有损失。这些或有损失被称为非紧密的或有损失。

以上讨论告诉我们，或有损失的会计处理需要进行大量的判断。其中的一项就是重大损失风险是"很可能""合理可能"还是"极小"。因此，公司的管理层、会计人员、法务顾问和审计人员的职业判断是影响或有损失会计处理的决定因素。或有损失仅与过去事项引起的可能损失相关，而由未来事项导致的损失风险并非或有损失。

当或有损失在财务报表附注中披露时，该附注应描述或有事项的性质，并提供可能损失的估计金额（如果可能的话）。如果可能损失的合理估计金额无法确定，则应披露可能损失的范围，或对无法估计做出说明。下列附注是典型的因未决诉讼引起的或有损失披露。

附注 8：或有事项

2021 年 10 月，本公司被控成为一桩 2.5 亿美元专利侵权纠纷的被告。本公司否认一切指控，并正在进行相应辩护准备。目前，本公司尚不能确定这一诉讼的最终法律或财务责任。

有时，或有损失的一部分符合立即确认的条件，而其余部分仅符合披露的标准。例如，假定《超级基金法案》（Superfund Act）要求一家公司在 10 年内清除环境公害。该公司不能预测项目的总成本，但考虑到很可能损失至少 100 万美元，公司应该确认这 100 万美元的预计损失并记录为一项负债。另外，公司应在财务报表附注中披露实际成本最终可能超过记录的金额。

10.3.3 承诺

未来交易合同被称为**承诺**（commitments）。承诺不是负债，但如果重要的话，要在财务报表附注中披露。例如，一家职业垒球俱乐部可以与运动员以年薪 800 万美元签订 3 年的合同。这是一个支付未来提供服务的承诺，但在提供服务之前，公司并没有支付义务。由于负债只来自过去交易，所以这项承诺尚未产生负债。

承诺的其他例子包括公司与一名关键主管签订长期雇用合同、一项新厂房的建设合同以及在未来日期购买或销售存货的合同。所有这些承诺的共同性质是计划在未来交易。金额重大的承诺应在财务报表附注中进行披露。不过，在未来发生确定交易事项之前，公司不对承诺做交易记录。

10.4 债权人权项的安全性评价

当然，债权人肯定希望他们的权项是安全的，即希望按时得到债务人的偿付。实际上，与企业有关的每一方，包括管理层、所有者及员工，都必须关心公司偿还债务的能力。如果企业流动性变差（不能偿还债务），也许会被迫**破产**（bankruptcy）。⊖

管理层不仅想保持企业的流动性，而且希望评级机构，如穆迪和标准普尔，继续给予高信用等级。高信用等级有助于公司更容易地以更低的利率借款。

在评价债务偿付能力时，短期债权人和长期债权人关注不同的关系。短期债权人感兴趣于公司即刻的流动性；与之相反，长期债权人感兴趣于公司若干年内偿付利息债务的能力，也感兴趣于债务到期时偿还或者重新融资巨额债务的能力。

在之前各章中，我们介绍过几种关于短期流动性和长期信用风险的指标。这些指标以及下面介绍的利息保障倍数汇总于表 10-5 中。

表 10-5 债务偿付能力指标

短期债务	长期债务
速动比率（quick ratio）：流动性最强的资产除以流动负债；最为稳健的流动性指标	债务比率（debt ratio）：负债总额除以资产总额；衡量由债权人提供资金的资本结构百分比的指标

⊖ 破产是一种法律状态，在这种状态下，公司的命运主要由美国破产法庭决定。有时公司会被重组并被允许继续经营；有时公司会被关闭，同时其资产会被出售，经理和员工通常也会失去工作。在几乎所有的破产案中，公司债权人和所有者会发生法律费用并蒙受财务损失。

(续)

短期债务	长期债务
流动比率（current ratio）：流动资产除以流动负债；最为常用的流动性指标，但不如速动比率稳健	利息保障倍数（interest coverage ratio）：经营利润除以利息费用；反映公司赚取利润为年度利息债务的倍数
营运资本（working capital）：流动资产减流动负债；为"不受拘束"的流动资源	经营活动净现金流量趋势（trend in net cash flows from operating activities）：反映现金产生能力趋势的指标；通过比较现金流量表来确定
周转率（turnover rates）：衡量应收款项被收回或存货被出售有多快的指标（应收款项和存货可单独计算）	净利润趋势（trend in net income）：与债务偿付能力的相关性不如现金流量，但仍是衡量长期财务健康状况的一个优良指标
经营周期（operating cycle）：存货转为现金所需的时间	
经营活动净现金流量（net cash flows from operating activities）：衡量公司产生现金能力的指标（在现金流量表中列示）	
信用额度（lines of credit）：表示需要时可随时获得的额外现金	

10.4.1 确定信用可靠度的方法

1. 利息保障倍数

当公司有足够利润从而能相当宽裕地保障利息支付时，债权人、投资者和管理者都会感到欣慰。最广泛采用的衡量收益和利息费用之间关系的一个指标是**利息保障倍数**（interest coverage ratio）。

利息保障倍数的计算是以经营利润（息税前利润）除以年度利息费用。从债权人观点来看，该比率越高，他们对公司的权项的安全性就越大。在过去几年里，绝大多数具有良好信用等级的公司有4比1或更高的利息保障倍数。

例如，如果公司报告的净利润为150 000美元，利息费用为50 000美元，税金为20 000美元，那么公司的利息保障倍数为4.4[息税前利润220 000美元（即150 000+50 000+20 000）÷利息费用50 000美元=4.4]。

2. 确定信用可靠度的非正式方法

并非所有扩大信贷的决策都需要对借款人财务报表进行正规分析。例如，绝大多数商品或服务的供应商愿意赊销给几乎任何一家历史悠久的企业，除非他们获悉该客户处于严重的财务困境中。如果客户不是一家历史悠久的企业，那么这些供应商可能会与信用评级机构合作，调查该客户的信用历史。

在借钱给小企业时，借款人可能要求主要的个人股东担保借款的偿还。

10.4.2 企业应该举债多少

因为正常经营需要，所有企业都会发生一些债务，包括应付账款和应计负债等。但是，许多企业过分运用抵押借款和应付债券等长期负债来为其成长和扩张筹措资金。此举是否明智呢？有益于股东吗？答案取决于另一个问题：用借入的资金能赚得比支付给债权人利率更高的报酬吗？

所谓杠杆（leverage）就是通过发行债券等方式来利用借入款项为企业经营筹集资金，并赚取高于借款成本的收益。大幅利用杠杆有时会极大地有益于企业，但也会产生潜在的负面影响。

如果将借入款项进行投资并能赚得高于向借款人支付的利率的报酬率，那么净利润和股东权益报酬率就会增加。⊖例如，假使你以 6% 的利率借入款项，进行投资并赚得 10% 的回报，显然你将从"基差"或借款报酬与借款成本间的差额中受益。

但是，杠杆是一把双刃剑，其影响可以是有利的，也可以是不利的。如果借入款项所赚得的报酬率低于支付的利率，那么借入款项的使用将减少净利润和权益报酬率。负有巨额债务的公司有时会成为偿债要求的受害者。

杠杆的影响可以概括如下。

资产报酬率和借入资金利率的关系	对净利润和权益报酬率的影响
资产报酬率＞支付的利率	增加
资产报酬率＜支付的利率	减少

显然，公司运用杠杆越多，对净利润和权益报酬率的影响就越大。利用越多的杠杆，只是意味着拥有更多的债务。因此，债务比率是衡量杠杆运用金额的一个基本指标。

⊙ **会计与决策**

第 1 章我们介绍了会计高等教育路径委员会的模型，之后我们一直秉承这样的理念，即会计的一个重要目标就是为正确决策提供有效的信息。此外，我们还介绍过，财务信息的准备及其有效运用都要求做出重大判断。这些准则明确体现在了负债的会计处理过程中。

表 10-5 汇总了债权人和投资者常用的评价公司短期和长期债务偿付能力的指标。按照会计高等教育路径委员会的模型，为这些指标的计算提供必不可少的信息显然也是财务报告的一项重要职责。

⊙ **信用分析师**

假设你是银行的信贷分析师。威尔奇公司希望从你们银行得到短期贷款。你将审查威尔奇公司短期信用可靠程度的任务交给了银行的一名大学实习生。该实习生知道营运资本（流动资产减流动负债）和流动比率（流动资产除以流动负债）对于评价短期流动性十分有用。以下财务信息摘自威尔奇公司的财务报表（单位：百万美元）。

	当年度	上年度
现金和现金等价物	12 000	14 000
短期投资	200	975
应收账款（净额）	6 600	6 500
应收融资	3 200	3 300

⊖ 已投资的资本赚得的报酬率通常被看作总的资产报酬率——营业利润除以平均资产总额。权益报酬率为按平均股东权益百分比表示的净利润。这些投资报酬率都将在第 14 章中予以讨论。

(续)

	当年度	上年度
存货	1 400	1 400
其他流动资产	4 000	3 400
总流动负债	23 500	22 000
经营活动现金流	3 300	5 500
净利润	2 400	3 500

该实习生对贷款给威尔奇公司表示担忧，因为在他看来威尔奇公司当年度的营运资本是39亿美元。这样，威尔奇公司当年度的流动比率仅为1.17。你同意该实习生的评价吗？

⊙ 伦理、欺诈与公司治理

美国历史上最为无耻的财务舞弊案之一发生在安然公司，该案于2001年秋被揭露。安然舞弊案中很大部分涉及债务低估。从1997年至2000年，安然公司每年至少低估债务5.5亿美元。安然公司管理层低估债务的目的是维持穆迪和标准普尔的高信用评级。

安然公司从事能源行业，也是购销商品合同的贸易商。在舞弊期间，安然公司在纽约股票交易所上市。2001年10月，对安然公司融资不可持续的揭露最终导致了安然公司信用级别的下降。由于无法获得持续的融资，安然公司于2001年12月申请破产。在申请破产之时，安然公司是全美第七大公司。

安然公司通过将债务转移到**特殊目的实体**（special purpose entity, SPE）来低估债务。SPE是公司设立的用以完成特殊目的的实体。通常，SPE的经济目的是借钱并转到发起公司，而发起公司不需要在资产负债表上报告SPE的债务。

这些SPE采用合伙制形式，而且安然公司的首席财务官安德鲁·法斯托是许多SPE的管理总合伙人。法斯托和其他安然公司员工也是SPE的权益资金提供方。安然公司向这些投资者保证他们不仅将收回投资，而且将会得到大笔回报。

安然舞弊案有着巨大的道德和公司治理影响。由于安然公司的舞弊行为错综复杂，如果没有外部专业人士的合作（如律师、审计师、信用评级机构和投资银行家），该舞弊不可能成功。外部审计安达信尽管对安然公司财务报表是否遵循一般公认会计原则有很大怀疑，但还是出具了无保留意见。信用评级机构在整个舞弊期间一直保持对安然公司债务的投资级别信用评级，直到申请破产前几周才降低级别。最后，华尔街的大型投资银行创造了SPE结构，包括大量导致债务从安然公司账簿转移到SPE的交易。

安然公司外部专业人士的不道德行为也没能逃过严厉的惩罚。安达信因销毁安然的审计工作底稿而被判重罪。该重罪控告和定罪导致这家曾经的大型国际会计师事务所遭解散。许多大型华尔街投资银行因卷入安然舞弊案而向美国政府支付数百万美元的罚款。

10.5 特殊类型的负债

至此我们所讨论的负债类型是最常见于绝大多数组织的短期负债和长期负债。接下来，我们将考察绝大多数大型组织中最常见的三种特殊类型的负债：①租赁；②退休后福利；③递延税金。

10.5.1 租赁付款义务

公司会购置经营所需的资产，或者作为一种替代，公司也可以租赁它们。租赁是一种合同，在此合同下出租人给予承租人特定期间使用某项资产的权利，换取定期的租金收入。**出租人**（lessor）是财产的所有者，**承租人**（lessee）是租借人或租户。通常通过租赁取得资产的例子包括汽车、建筑空间、计算机和设备。美国财务会计准则委员会（FASB）最近发布了一条新准则，对租赁的会计处理产生了重大改变，包括采用的术语。不过，本章下面各节的讨论仍然采用之前的关于经营和资本租赁的术语，主要考虑到这样更具描述性，当然也会用到替代性术语，即 A 类租赁和 B 类租赁。

10.5.2 经营性租赁 /B 类租赁

当出租人给予承租人一段有限期间使用租赁资产的权利，但保留所有权的通常风险和收益时，该合同称为**经营性租赁**（operating lease）或 B 类租赁。经营性租赁的一个例子是租赁办公楼或在商场租赁零售空间的合同。如果该建筑增值，一旦租用期届满，出租人或者通过出售建筑，或者通过增加租金，收取这项增值的利益。同样，如果建筑价值下降，承担损失的也是出租人。

在经营性租赁或 B 类租赁的会计处理中，出租人视每月收到的租赁款为租金收入，而承租人把这些付款看作租金费用。在承租人资产负债表中，没有与该租赁有关的资产或负债（除了应计应付租金的短期负债外）。因而，经营性租赁或 B 类租赁有时被称为**资产负债表外融资**（off-balance sheet financing），毕竟出租的资产和未来租赁支付的债务都没有列示在承租人的资产负债表上。不过，鉴于租赁的现金流要求，承租人必须在附注中披露随后 5 年内每年到期的金额及余额。

10.5.3 资本性租赁 /A 类租赁

一些租赁合同的目的是为承租人最终购置财产提供融资，或给承租人提供财产绝大多数使用寿命期间内的财产使用权。这些租赁合同被称为**资本性租赁**（capital lease）或 A 类租赁。此类租赁相当于财产的销售，出租人为卖方，承租人为买方。与经营性租赁或 B 类租赁相反，资本性租赁或 A 类租赁将所有权的绝大多数风险和收益从出租人转给了承租人。

从会计角度看，资本性租赁或 A 类租赁被认为实质上相当于出租人对承租人的财产出售，即使租赁财产的所有权未曾转移。因而，出租人应将资本性租赁或 A 类租赁记录为财产出售，而承租人则记录为购买。

例如，当通过资本性租赁或 A 类租赁购置设备时，承租人应以未来租赁付款的现值借记资产账户租赁设备（或使用权资产），贷记负债账户租赁付款义务。承租人的租赁付款要在利息费用和租赁付款义务负债的减少之间分配，类似于任何其他系列的债务支付。租赁付款义务中即将在下一年内偿付的部分被归类为流动负债，其余部分被归类为长期负债。

在资本性租赁中，承租人不记录租金费用。承租人按设备的估计使用寿命或租赁期长度，依据有关租赁资本化的情形，对资产账户的租赁设备计提折旧。租赁的未来付款也要求披露。资本性租赁或 A 类租赁的会计处理可参见本书末的附录 B，高级会计课程会对此做更为深入的讨论。

如何区分资本性租赁（A 类租赁）和经营性租赁（B 类租赁）呢？财务报告准则明确了界定资本性租赁（A 类租赁）和经营性租赁（B 类租赁）的具体标准。如前所述，承租人对这两类租赁负债的会计处理差异巨大：资本性租赁或 A 类租赁下的债务按负债记录，经营性租赁或 B 类租赁则不按负债记录。随后在租赁存续期间的会计处理按原始分类处理。如果公司是租赁的当事方，那么作为编制和审计公司财务报表的会计人员，其重要职责就是对租赁是属于资本性租赁（A 类租赁）还是经营性租赁（B 类租赁）进行正确的分类。

10.5.4 养老金和其他退休后福利负债

许多雇主同意向员工支付养老金，即从退休开始直至生命的最后，每月进行现金支付。养老金不是向退休员工支付现金的年度费用。员工在为雇主工作时取得了获取养老金的权利。因此，雇主的未来养老金付款成本是受雇期间的费用，公司应在每个员工受雇发放工资的年度进行负债的应计。

在职员工退休后支付的退休福利目前无法确切知道。除了其他方面以外，这些金额还取决于退休员工的寿命，因此雇主当年产生的未来养老金付款义务只能靠估计。

雇主通常并不直接支付养老金给退休员工。绝大多数雇主通过在**养老基金**（pension fund）（或养老金计划）中的定期存款来履行养老金义务，这种支付贯穿每个员工的所有受雇年份。

养老基金是由信托人（通常是银行或保险公司）管理的独立实体。当雇主对养老基金存款时，信托人就将钱投资到股票和债券等证券上。随着时间的推移，养老基金赚取投资收益，从而增加了可支付给退休人员的基金。

如果雇主及时在养老基金中存入现金，履行所有估计的养老基金义务，则该养老基金被称为全额拨交专款的养老基金。如果一个养老金计划是全额拨交专款型，雇主的资产负债表中就不会出现养老金付款义务。雇主的义务通过在当期支付养老基金得以履行。雇主借记养老金费用、贷记现金，记录对该基金的每笔付款。

1. 确定养老金费用

从理论角度来看，特定期间的养老金费用是因该期间员工的服务而给予他们的未来养老金权利的现值。年度养老金费用的计算很复杂，并需要许多假设。该费用的金额不是由会计人员计算，而是由**精算师**（actuary）根据如下因素计算的：

- 员工的平均年龄、退休年龄以及期望寿命；
- 员工流动率；
- 报酬水平和估计的薪酬增长率；
- 养老金资产赚取的预期报酬率。

例如，假定吉普森-霍尔特精算师事务所给克拉默电缆公司计算的本年度养老金费用为 45 万美元。该金额表示克拉默公司员工因当年完成工作而获得的养老金权利的现值。为了给该债务全额拨交专款，克拉默公司将 45 万美元转交给该公司养老金计划的信托人国民信托公司，同时对该金额进行会计确认。

2. 非养老金的退休后福利

除养老金计划外，许多公司承诺员工提供其他**退休后福利**（postretirement benefits），如持续的健康保险。在大多数情况下，这些非养老金退休后福利同养老金福利一样处理。但是，绝大多数公司并不为非养老金退休后福利全额拨交专款。年度费用的确认通常包括将一部分成本贷记未拨交专款负债。

继续以克拉默电缆公司为例。除了 450 000 美元的养老金福利，假定吉普森－霍尔特精算师事务所为公司计算的当年非养老金退休后福利为 185 000 美元。不过，与养老金费用不同，克拉默公司并不为非养老金义务全额拨交专款。假设克拉默电缆公司只拨交了 185 000 美元的 60%，那么汇总该年这项费用的分录如下。

借：退休后福利费用　　　　　　　　　　　　　　　　　　185 000
　贷：现金　　　　　　　　　　　　　　　　　　　　　　　　　111 000
　　　未拨交专款的退休后福利负债　　　　　　　　　　　　　　 74 000

根据吉普森－霍尔特精算师事务所报告记录的非养老金退休后福利费用，拨交经费 111 000 美元。

在未拨交专款负债中，公司打算在下一年度内拨交专款的部分应归类为流动负债，其余部分归类为长期负债。

3. 未拨交的退休后成本属于非现金费用

当员工取得这些福利的权利时，企业要将退休后成本确认为费用。如果这些成本全额拨交专款，公司应在本期向信托人进行等于该费用的现金付款。但是，如果这些福利未拨交专款，那么在员工退休前就不会进行现金付款。

未拨交专款的退休后福利通常被称为非现金费用。换言之，费用从当期收益中列支，但在该期内没有相应的现金支付。请注意，上述日记账分录中，费用超出现金支出 74 000 美元（= 185 000 − 111 000）。该金额与未拨交专款负债的增长相一致。

4. 退休后成本的未拨交专款负债

美国许多最大和最知名的公司都有未拨交专款的退休后福利负债，它们数额庞大并与公司总资产和其他负债相关。我们建议从几个方面评估公司支付未拨交专款退休成本的能力。首先，这种负债只代表估计的未来付款的现值。未来付款预期将大大超过资产负债表中列示的金额。其次，该负债将持续增长，尤其是如果公司现在拥有比过去更多的员工。此外，该负债不必立即支付，其支付期将持续很多年，即当前员工的寿命期。

在评估公司偿付退休后债务的能力时，除了资产负债表和利润表，我们建议注意现金流量表。在现金流量表中，退休后成本的付款被归类为经营活动。因而，如果一家公司经营活动净现金流量稳步增长，那么它至少更有能力处理到期时的这些费用，但是，如果经营活动净现金流量不强且开始下降，那么该公司可能除了减少提供给退休员工的福利外别无选择。通常这些福利并无合同，并且可以根据管理当局的自由裁量权减少。

10.5.5 递延所得税

在前面各章中我们已经了解到,在确认某种收入或费用时,财务报表和所得税申报表使用的方法有时存在差异。例如,大多数公司在财务报告中采用直线折旧法,但是,在所得税申报表中使用加速折旧法。由于会计原则和税务法规之间的这种差异,今年利润表中报告的利润可能要到未来年份才交所得税。然而,配比原则要求利润表中显示的利润要抵销所有相关的所得税费用,即便这些税金的支付可能被递延到未来年度。假设本年度 100 万美元的所得税费用中的 20 万美元被递延到未来年度,那么记录公司所得税费用的分录可能如下。

借:所得税费用　　　　　　　　　　　　　　　　1 000 000
　　贷:应交所得税　　　　　　　　　　　　　　　　　　　800 000
　　　　递延所得税　　　　　　　　　　　　　　　　　　　200 000
记录适用于本年利润的公司所得税。

这类形式的递延或推迟支付或应交所得税并不是说公司拖欠了应交所得税。事实上,它反映了对公司资源的一种有效管理,表明公司充分利用了所得税法赋予的选择权利,可以合法保留资金并用于其他富有效益的目的。应交所得税是一项流动负债,代表公司报送本年所得税申报表时必须支付的所得税费用部分。递延到未来的所得税申报表中的所得税费用部分要贷记**递延所得税**(deferred income taxes)负债账户,而这一负债通常按非流动负债处理。递延税款的会计处理涉及许多复杂的问题,将在更高级的会计课程中讨论。

10.6 小结

除了盈利性经营活动之外,企业还有两种基本的融资渠道:负债和所有者权益。纵观本章,我们已经学习了流动负债、长期负债、估计负债以及常见于绝大多数大型企业的特殊类型负债。我们也已经了解到负债在多个方面有别于所有者权益。其中之一就是债权人要求权(负债)与所有者要求权(股东权益)之间存在的最为明显的差异。第二个差异就是债务的利息支付有强制性,而权益的股利支付则由公司自行决定。此外,我们还了解到债权人要求权在法律上优先于所有者要求权。

在随后的两章中,我们将注意力转向所有者权益,并将考察许多重要专题,包括库存股交易、现金股利、股票股利、股票分割以及普通股股东与优先股股东的差异。

学习目标小结

1. 定义负债并区别流动负债与长期负债

负债是由过去的交易或事项形成的,要求在未来某个日期偿付(或提供服务)的债务。流动负债是在一年或一个营业周期(二者中的较长者)内到期的,并且预期用流动资产偿付的负债。长期负债则包括在将来一年后到期,以及将重新融资或者用非流动资产支付的短期负债。

2. 应付票据和利息费用的会计处理

最初,仅将票据的本金金额记录为一项负债,即在包括任何利息费用前的欠付额。利息费用随时间推移而进行应计处理。任何应计利息费用都在会计期末记录,通过编制调整分录同时记录费用和应计应付利息的短期负债。
3. 描述与工薪有关的成本及基本会计活动

工薪的最基本成本当然是员工赚得的薪金。但是，所有雇主还发生各种工薪税的成本，如雇主要支付的社会保险和医疗保险税、员工补偿保险费以及失业保险税。许多雇主也发生各种相关的员工福利成本，如健康保险和退休后福利。这些与工薪有关的额外成本加上基本薪金费用使薪资成本显著增加。

4. 编制摊销表并将付款分为利息和本金

典型的摊销表列示了4项金额栏：①每次付款额；②付款中代表利息费用的部分；③付款中减少贷款本金金额的部分；④剩下的未付余额（或本金金额）。摊销表用单独一行来列示每次付款在利息和本金的减少额之间的分配，并给出付款后新的未付余额。随着本金金额的减少，相继每次支付包括金额变小的利息及变大的冲减本金的金额。

5. 描述公司债券并说明债务融资的税务利益

公司债券是可转让的长期应付票据。每份债券有1 000美元（或1 000美元的倍数）的面值，要求按合同利率的利息付款，并有一个设定的到期日。通过一次发行成千上万的债券给投资公众，公司就将一笔巨额长期贷款分割成许多可转让的单位。

发行债券代替股本的首要好处是，对债券持有人的利息支付可在确定应税利润时扣除，然而对股东的股利支付则不可扣除。

6. 折价或溢价发行债券的会计处理

当债券的票面利率与市场利率不同时，债券就会以折价或溢价发行，不然投资者就不会购买。当债券折价发行时，借款人的偿还额必须多于初始借款额，因而发行价格中的任何折价代表了总借款交易中的额外成本。配比原则要求在债券发行的整个寿命期内，借款人逐渐将该项成本确认为利息费用。

如果债券溢价发行，借款人的偿还额将少于初始借款额，因而溢价用来减少借款交易的总成本。同样，配比原则要求在债券发行的整个寿命期内，借款人逐渐确认该项利息费用的减少。

7. 解释与债券价格有关的现值概念

现值的基本概念是：在未来某个日期才会支付或收到的货币额，等价于当前的一个较少的货币额。这是因为当前可用的较小金额能被投资，从而赚得利息，由此随时间推移而积累为较大的未来金额。

被视作未来金额的当前金额被称为未来金额的现值。现值概念被用于绝大多数长期负债的计价，也被广泛用于投资决策。

8. 说明如何在财务报表中披露估计负债、或有损失和承诺

估计负债，如汽车制造商为新车提供保修承诺的责任，按估计金额列示在财务报表中。或有损失只有在损失很可能已经发生，且金额能被合理估计时，才列为负债。除非两个条件都满足，否则或有损失通常不进行正式记录，但会在财务报表附注中披露。承诺是未来交易的合同，它们不是负债。然而，如果被认为有重大影响，那么通常应在财务报表附注中披露。

9. 评价债权人权项的安全性

短期负债债权人可能运用流动性指标，如流动比率、速动比率、可用的信用额度以及债务人的信用评级来评价其权项的安全性。长期负债债权人更关注稳定性和长期财务健康的信号，包括债务比率、利息保障倍数以及净利润和经营活动净现金流量的趋势。

10. 描述有关租赁、退休后福利和递延税款的报告问题

实质上等价于出租人将财产出售给承租人的租赁被视为资本性租赁。在资本性租赁/A类租赁协议下，承租人在资产负债表中用现值同时报告一项资产（如租赁的设备）和一项负债（租赁付款义务）。当租赁协议不满足资本性租赁时，则作为经营性租赁/B类租赁处理，这时要求将租赁的支付在交易发生时按费用处理。

未拨交专款退休后成本在资产负债表中像长期负债一样按折现值计量。未拨交专款退休后福利通常被称为非现金费用。

换言之，该费用冲减当期收益，但不需要相应的现金支出。

递延所得税款产生于财务会计原则和税务法规之间的时间性差异。因而，当前利润表中显示的利润可能直到未来年度才需要缴纳所得税。同样，应缴纳所得税的利润可能直到未来期间才会出现在公司的利润表中。根据具体情况，递延税款在资产负债表中可能被列示为负债。

习题 / 关键术语

示范题

以下资料摘自巴赫曼制造公司截至 2021 年 12 月 31 日的年度财务报表（单位：美元）。

欠威廉斯堡银行的应付票据	99 000
应交税费——应交所得税	63 000
与诉讼相关的或有损失	175 000
应付账款和应计费用	174 675
抵押应付票据	240 864
应付债券	2 200 000
应付债券溢价	10 400
应交应计债券利息	110 000
养老金费用	61 400
未赚取收入	25 300

其他资料如下：

（1）对威廉斯堡银行的应付票据在 2022 年 1 月 30 日到期。巴赫曼制造公司已与该银行商定重开一张展期两年的票据。

（2）巴赫曼制造公司被人起诉，声称该公司的水泵噪声过大，要求赔偿 175 000 美元。公司的律师指出损失有合理的可能性，但也可能不会发生。

（3）在之后 3 年内，抵押票据每月应支付 8 000 美元；在接下来的 12 个月内，该票据的本金将减至 169 994 美元。

（4）应付债券在 7 个月内到期。偿债基金已被累积用以偿还这笔债券发行的全部到期款项。

要求：

（1）运用上述资料，编制 2021 年 12 月 31 日分类资产负债表的流动负债和长期负债部分。

（2）简要说明上述 4 项信息如何影响该公司负债的列示。

答案：

（1）

（单位：美元）

巴赫曼制造公司
部分资产负债表
2021 年 12 月 31 日

负债：		
流动负债：		
应付账款和应计费用		174 675
应交税费——应交所得税		63 000
应交应计债券利息		110 000
未赚取收入		25 300
长期债务的流动部分		70 870
流动负债总额		443 845
长期负债：		
对威廉斯堡银行的应付票据		99 000
抵押应付票据		169 994
应付债券	2 200 000	
加：应付债券溢价	10 400	2 210 400
长期负债总额		2 479 394
总负债		2 923 239

（2）

① 尽管对威廉斯堡银行的应付票据是 30 天内到期，但由于它将在长期基础上重新融资，应归类为长期负债。

② 未决诉讼案是一项要求披露的或有损失，但不列在资产负债表的长期负债部分。

③ 抵押票据的 70 870（= 240 864 − 169 994）美元是一项流动负债，将在接下来 12 个月内予以偿还；剩下的余额在 2022 年 12 月 31 日以后到期，是一项长期债务。

④ 尽管应付债券 7 个月后要到期，但它们将用偿债基金而不是用流动资产予以

偿还。因此，这些债券保持其长期的分类。

自测题

说明：为了尽可能多地复习各章节的知识，一些自测题不止一个正确选项，那么，你应该选出所有正确的答案。

1. 下列哪项是负债而不是权益的特征（可能有多个正确答案）？
   A. 债务到期
   B. 支付给资本提供者的利息在确定应税利润时减除
   C. 资本提供者的要求权是企业清算事件中的剩余要求权
   D. 资本提供者通常拥有控制企业经营的权利

2. 道尔顿公司于10月1日从国民银行借入100 000美元，为此签发一张6个月期的应付票据，按年利率5%计息。请指出所有正确答案。
   A. 10月1日，道尔顿公司的负债仅为100 000美元
   B. 这张票据的到期价值为102 500美元
   C. 12月31日，道尔顿公司将有一笔金额为2 500美元的应计应付利息负债
   D. 11月30日，道尔顿公司这笔贷款的总负债为100 833美元

3. 请指出与工薪及相关工薪成本有关的所有正确陈述。
   A. 雇主和员工均要支付社会保险和医疗保险税
   B. 员工补偿保险费从员工工薪中提取
   C. 雇主的工薪成本总额通常超过工薪费用总额大约7.5%
   D. 现行法律要求雇主根据员工收益支付社会保险税，但不要求支付健康保险费

4. 下列哪类信息能很快地从分期付款贷款摊销表中确定（可能有多个正确答案）？
   A. 这项负债的本年利息费用
   B. 不断变化的市场情况下的未来付款现值
   C. 每次付款后剩下的未付余额
   D. 未付余额中的流动负债部分

5. 下列陈述中，哪些是正确的（可能有多个正确答案）？
   A. 债券发行是将一笔大额贷款分割成许多小的、可转让单位的一种方法
   B. 债券利息支付是合同性义务，而董事会可决定是否发放股利
   C. 债券利息支付在确定应税利润时可扣除，而支付给股东的股利则不可扣除
   D. 当利率上升时，债券的市价下跌；当利率下降时，债券的价格趋向上升

6. 指出与现值概念一致的所有陈述（可能有多个正确答案）。
   A. 一项未来金额的现值总是小于未来金额
   B. 一笔今天可用的钱，被认为比未来某一天才可用的相同金额的钱更有价值
   C. 债券的发行价格等于其未来现金流量的现值
   D. 分期付款应付票据的负债只按本金金额记录，而不是未来计划付款总额

7. 从债券持有人立场，下面描述的哪些趋势是不利的？
   A. 市场利率在稳步上升
   B. 发行公司的利息保障倍数在稳步上升
   C. 发行公司的经营活动净现金流量在稳步下降
   D. 发行公司的债务比率在稳步下降

8. 或有损失和"真正"负债的根本差别是：
   A. 负债产生于过去的交易；或有损失产生于未来的事件
   B. 涉及的不确定性程度
   C. 负债总是记录在会计记录中；或有损失从不如此
   D. 负债的金额可能很大，而或有损失的金额不太重大

9. 下列哪种情况要求在2021年记录一项负债（可能有多个正确答案）？
   A. 2021年，某制造和销售立体声设备的公司提供3年保修承诺
   B. 某公司在一项法律诉讼中成为被告。2021年年末，该公司的律师觉得公司可能会败诉，并且损失的金额可能很重大
   C. 2021年，某剧场收取2022年演出季票的预付款
   D. 2021年期间，位于中西部的某农业合作社担心恶劣气候毁坏农作物造成的损

失风险

10. 西佛莱多公司保持一项已提足基金的养老金计划。本年度付给退休员工 100 万美元，而公司在职员工赚得接受养老金支付的部分权利预计总额为 600 万美元。西佛莱多公司本年度的养老金费用等于：
   A. 100 万美元　　B. 600 万美元
   C. 700 万美元　　D. 其他

11. 递延所得税产生于：
   A. 某些收入和费用项目在财务报表中确认但未在所得税申报表中确认的差异
   B. 债券利息在计算应税利润时可扣除的事实
   C. 将未来年度应缴纳的所得税存放在一个由独立信托机构管理的特定基金中
   D. 破产公司无力按照计划支付所得税负债

讨论题

1. 定义负债。指出负债区别于所有者权益的几个特征。
2. 解释所有者和债权人对企业资产的相对优先求偿权。所有债权人都有同等的优先求偿权吗？请给出理由。
3. 定义流动负债和长期负债。在什么样的情况下一笔 10 年期的债券发行可能被归类为流动负债？在什么样的情况下一笔 30 天到期的应付票据在资产负债表日后可能被归类为长期负债？
4. 解释为什么员工的工资"总成本"可能大大超过员工所赚的薪资总额。
5. 你的一位朋友刚买了一块地，贷款 5 万美元，11% 的按揭，每月支付 476.17 美元（11% 这一较高的利率表明你的这位朋友可能还在求学，所以出借方认为风险较高）。支付第一个月款项后，他收到了银行的收据，上面写着 476.17 美元中只有 17.84 美元被用于减少本金。你的朋友计算了一下，按每个月 17.84 美元的速率，他将花 233 年来还清 5 万美元的按揭。你同意朋友的分析吗？请说明理由。
6. 简要说明通过发行债券来筹资会有所得税利益，而通过发行股本来筹资没有所得税利益。
7. 西雅图船舶公司按应税所得的 35% 支付联邦所得税。计算该公司发行 5%、500 万美元债券的每年税后借贷成本。以百分比的形式来表示这 500 万美元的借贷成本。
8. 为什么债券价格与利率成反向变化关系？
9. 目前在证券交易所被投资者买卖的一些债券发行于利率远高于当前利率之时。你预期这些债券是以高于面值还是低于面值的价格在进行交易？请说明原因。
10. 有一商业谚语："如果你的公司不能赚的比银行利率更高，那么你就不该留在这个行业。"这意味着一家企业要成功，其资产回报应该大大高于其借贷成本。为什么这点如此重要？
11. 指出估计负债的两个特征。至少列出估计负债的两个例子。
12. 或有事项这个术语的意思是什么？给出几个例子。或有事项是如何列示在财务报表中的？请说明原因。
13. 解释承租人是如何对经营性租赁/B 类租赁和资本性租赁/A 类租赁进行会计处理的。为什么经营性租赁有时被称作资产负债表表外融资？
14. 退休后福利的成本何时被视作一项支出？相关的现金支付在什么时候发生？
15. 什么是递延所得税负债？这些项目是如何列示在财务报表中的？

测试题

1. 詹森公司在 4 月 1 日从当地银行借入 1 年期、利息为 5% 的应付票据 1.2 万美元。利息按季度支付，借入后 1 年到期偿还。计算詹森公司在受应付票据影响的两个公历年度各需要支付的现金金额。
2. 借贷的优点之一是利息可以从所得税中扣除。
   （1）如果一家公司以 5% 利率借入 50 万美元，公司所处的所得税纳税等级为 30%，那么该公司承担的税后实际利息成本是多少？
   （2）公司支付的实际利率是多少？
3. 克罗斯比公司以 98 的价格出售 100 万美元的一般责任债券。债券利息按每季度 6% 支付。计算：①公司从债券出售中实际收到的金额；②要求公司按季度支付的利息和全年度现金利息金额。

4. 普雷斯利公司以102的价格出售100万美元的一般责任债券。利率按每季度5%支付。计算：①公司从债券出售中实际收到的金额；②要求公司按季度支付的利息和全年度现金利息金额。

5. 路易斯公司在付息日以97的折价出售50万美元的债券。假设债券将在10年内赎回，利息按年支付。计算路易斯公司第一年将要收到的和支付的现金金额，以及将在当年确认的利息支出金额。债券的票面利率给定为5%。

6. 紫橙公司在付息日以102的溢价出售80万美元的债券。假设债券将在10年内赎回，利息每年支付，计算紫橙公司第一年将要收到和支付的现金金额，以及将在当年确认的利息支出金额。债券的票面利率给定为6.5%。

7. 沃尔夫公司负债总计为200万美元，所有者权益总计为420万美元。老虎公司负债总计为310万美元，所有者权益为500万美元。
   （1）计算两家公司的负债比率（提示：表10-5给出了负债比率的定义及计算）。
   （2）简要说明负债比率的含义。

8. 约瑟夫－马克斯公司以98的价格出售10年期、利率为5%的债券100万美元。在第5年年末的付息日，债券流通在外。按照债券合约中的提前赎回选择权，约瑟夫－马克斯公司以102的价格赎回了40%的债券（花费40万美元）。确认约瑟夫－马克斯公司由于赎回债券而发生的损益。

9. 阿尔贝托公司确认每年所得税支出为459 000美元。其中，有300 000美元在本年度已支付（按季度）并转入所得税费用账户。公司决定，按照某些有利于公司的所得税条款，将未被支付或记录的金额75 000美元递延至以后期间。编制年末普通日记账分录以确认应计所得税。

10. 格拉默公司为全职员工提供养老基金及其他退休后福利，主要是医疗保险。本年度，员工的养老基金总计为25万美元，其他退休后福利总计为14万美元。养老基金福利完全由公司建立，公司通过汇款由受托人来执行计划。公司设立了其他退休后福利，并建立基金，但只达到60%的水平。确认格拉默公司在本年度由于这两项福利计划需要汇款给受托人的总金额。

案例题

1. 下面列示的是7家公众公司及其一项出现在资产负债表中定期报告的负债：
   （1）富国公司（银行业）：存款——计息
   （2）纽约时报公司（报纸出版商）：未到期订金
   （3）好莱坞公园公司（赛马）：发售在外的门票
   （4）美国贺卡公司（贺卡和礼品制造商）：销售退回
   （5）米尔斯沃索造纸公司（造纸业）：本年度到期的长期负债
   （6）地中海俱乐部公司（度假村）：未来度假的预收款
   （7）苹果公司（计算机制造）：应计营销和分销
   （8）通用汽车公司（汽车制造）：退休后福利业务

   简要解释你对每项负债的本质的认识，包括负债如何产生以及可能的处理方式。

2. 在过去，阿博特实验室发行了两种债券，债券的特点如下。

发行	利率	到期	现行价格
A	6%	2008年	115
B	6%	2012年	118

   回答下列关于债券发行的问题：
   （1）A债券与B债券中，哪只债券具有更高的实际利率？你是如何判断的？
   （2）假设两只债券的发行面值都是1 000美元。A债券在12个月内给投资者带来的总利息是多少？B债券在12个月内给投资者带来的总利息是多少？
   （3）注意，两只债券由同一家公司发行，具有相同的合约利率，而且信用评级完全一样。结合这些因素，解释两者市价的差异。

3. 讨论下列每种情况，指出它们是否属于应该被记录在自由航空公司财务报表附注中披露的或有损失。如果不属于或有损失，请解释该如何列示在财务报表中（假设相关金额重大）。

（1）
① 自由航空公司估计有 700 000 美元的应收账款不能收回。
② 公司总裁健康状况欠佳，之前已经有过两次心脏病发作。
③ 与任何其他航空公司一样，自由航空公司面临在未来航班坠毁造成的重大损失风险。
④ 自由航空公司正遭遇被起诉 200 万美元的赔偿，原因是航空公司的某些航班出现超额预订，公司取消了一些乘客的预订，而没有为这些乘客提供足够的服务选择。这项诉讼在一年或更长时间内不会得以解决。

（2）就管理层在财务报表中报告或有损失的道德责任做出说明。

4. 达美航空公司租赁大部分的商用客机，而且目前承诺偿付一笔约 150 亿美元的未来租赁债务。然而，达美航空公司财务报表的附注报告称，公司资产负债表的负债部分仅将 2.97 亿美元的承诺付款报告为长期资本性租赁义务，其余均按经营性租赁付款义务处理。未来经营性租赁支付义务在资产负债表中并没有报告为负债。相反，经营性租赁的现金支出仅在到期时作为费用列在利润表中。

达美航空公司最近的资产负债表报告的资产总额为 532.92 亿美元。公司长期负债，包括资本性租赁义务共计约 65.92 亿美元。

（1）如果达美航空公司将其飞机承诺付款作为资本性租赁而非经营性租赁处理，那么资产负债表的列示和潜在含义会有哪些变化？
（2）达美航空公司将很低百分比的飞机承诺付款列为资本性租赁而将其余大部分作为表外融资，这种做法符合道德吗？请论述。
（3）就达美航空公司的租赁义务而言，为什么对于投资者或债权人而言，阅读并理解航空公司财务报表的附注很重要？

5. 互联网提供了有关长期负债、债券融资、债券类型和债券特征的大量信息。

通过互联网搜索并了解以下类型债券的信息，同时简要总结你的结论：
（1）可转换债券；
（2）垃圾债券；
（3）零息债券。

自测题答案：1. AB；2. ABD；3. AD；4. ACD；5. ABCD；6. ABCD；7. AC；8. B；9. AC；10. D；11. A。

练习题

关键术语

第 11 章

股东权益：缴入资本

学习目标

- 解释企业采用公司制组织的利弊。
- 区分公众持股公司和闭锁型公司。
- 解释股东权利及公司董事与高级管理人员的作用。
- 会计处理缴入资本以及编制公司资产负债表的权益部分。
- 比较普通股与优先股的特征。
- 讨论影响优先股和普通股市价的因素。
- 解释股本账面价值和市场价值的意义。
- 解释股票分割的目的和影响。
- 库存股交易的会计处理。

引导案例

塔吉特公司

股东权益是公司资源的主要来源。股东权益主要有两种来源：一是股东直接从公司购买普通股或优先股而形成的原始投资；二是自公司成立起所累积的、扣除了股利支付以及其他调整项的收益，这种收益是公司经营所赚取的且留存于公司内部的。

对于塔吉特之类的公司来说，股东权益作为资本来源有多重要呢？对绝大多数公司来说，答案当然是非常重要。根据塔吉特公司（Target Corporation）最近年度的财务状况表（资产负债表），塔吉特公司的股东权益总额为117.09亿美元，占了公司总资产的30%左右。在117.09亿美元的股东权益中，有59.03亿美元或者近50%的权益来自股东的原始出资，其余的50%主要为留存在公司的经营利润。正如第10章中讨论的，与债务融资一起，所有者对塔吉特公司的原始出资为公司经营奠定了坚实的财务基础，而塔吉特公司经营的盈利进一步强化了这一基础。

塔吉特之类的公司会相当谨慎地处理股东权益与债务之间的关系。与债务不同，股东权益无到期日。如果塔吉特公司的股东想出售其投资，那么股东可以将所拥有的股票在股票交易所或场外交易市场（买卖双方进行换手交易的场所）进行出售。商业新闻中常见的股票价格通常代表市场上买卖双方自愿的交易价格，而不是买家与发行公司间的交易。

在第10章中，我们了解到债务融资是公司资金的重要来源。本章主要讨论与权益融资相关的问题。权益代表着对公司的所有权，而且权益融资也是公司资金的另一重要来源。本章的讨论涉及股本种类、普通股和优先股、库存股以及股票分割。此外，本章还将讨论企业为何采用公司制组织并说明影响公开市场股票价格的因素。

11.1 公司

无论企业规模大小，公司制是许多企业选择的组织形式。公司的所有者被称为**股东**（stock holders）。许多小公司仅有一两个股东。不过，诸如IBM和美国电话电报公司（AT&T）这样的大公司，其股东数目几乎多达数百万。

公司（corporation）是法律认可的作为独立法律主体的企业组织形式，具有独立于其所有者的权利和责任。公司的资产属于公司本身，而不属于股东。公司对自己的债务负责，而且必须对其收益支付所得税。作为独立的法律主体，公司具有法律地位。就像自然人一样，公司可以签订合同，也可以提起诉讼或被起诉。如表11-1所示，公司制这种企业组织形式有利有弊。

表11-1 公司制组织形式的利弊

利	弊
（1）股东个人不对公司债务承担责任。这一概念被称为有限个人责任，通常被看作公司制组织形式的最大优点 （2）所有权可以转让。公司的所有权体现为可转让股票，所以投资者可以把股票出售给其他投资者 （3）职业管理层。股东虽拥有公司，但并不负责日常管理。为了管理公司事务，股东选举董事会，再由董事会雇用职业经理人来经营企业 （4）公司的持续存在性。股东姓名和身份的变化并不直接影响公司。即便个别股东退休或死亡，公司经营仍然可以持续而不会被打断	（1）税负加重。公司的收益需要**双重课税**（double taxation）。首先，公司必须对收益支付企业所得税。其次，股东必须对获得的股利支付个人所得税 （2）监管更严。公司受州和联邦政府法律影响的程度远高于非公司制企业 （3）设立成本高。设立非公司制企业的成本很低。然而，设立公司通常需要取得法律服务 （4）所有权与经营权相分离。如果股东不同意由管理层来经营企业，那么很难就解雇管理团队或改变企业经营达成所必需的一致行为

什么类型的企业该选择公司制组织形式呢？答案是所有企业基本上都可以。一提到公司，很多人往往会想到那些著名的大公司，如埃克森美孚、通用汽车和宝洁公司。的确，几乎所有的大企业都采用公司制。有限的股东责任、所有权的可转让、职业管理层和企业的可持续存在，使得公司制成为集中大量权益投资者资源的最佳组织形式。当然，并非所有公司都是大公司且为公众持股。事实上，许多小企业也采用公司制形式。

11.1.1 企业采用公司制的原因

企业采用公司制的原因很多，但最重要的原因有两个：一是有限的股东责任；二是所有权的可转让性。

所谓的**有限个人责任**（limited personal liability）就是指股东个人不对公司债务承担责任。因此，如果公司财务状况出了问题，那么股东损失的通常限于其权益投资额。

公司的另一个特性就是公司的所有权可以转让，即由股份代表的所有权可交易买卖。对于小型家族企业，这一特性为所有权和控制权从上一代转移到下一代提供了便利。对于大型公司，这一特性使企业所有权成为能在有组织的证券交易所⊖进行买卖的高流动性投资。

⊖ 这些证券交易所，包括纽约证券交易所、纳斯达克、东京股票交易所和墨西哥证券交易所。股票交易所常被简单地称为股票市场。

> ⊙ **贷款主管**
>
> GOTCHA！公司是一家生产棋盘游戏的小企业，是盖里·伍茨投资的众多企业之一。盖里·伍茨非常有钱，是你们银行最重要的客户之一。她与你们银行合作已有20多年，她的个人支票账户、储蓄账户以及货币市场账户的余额通常不下50万美元。GOTCHA！以公司制形式组建，但伍茨是唯一股东。
>
> GOTCHA！公司申请了20万美元的信用贷款，计划用于购买其他棋盘游戏的版权。尽管公司处于盈利状态，但最近的资产负债表显示公司仅有52 000美元的总资产，其中的47 000美元为版权资产。该公司的负债不到3 000美元，但其股东权益超过了49 000美元。
>
> 你认为GOTCHA！公司的信用风险如何？你愿意发放贷款吗？在什么条件下你可能会发放贷款？

11.1.2 公众持股公司

许多大公司的股本可通过有组织的证券交易所进行买卖交易。因为这些公司的股票可供一般公众购买，所以这些大公司被称为**公众持股公司**（publicly owned corporations）。

事实上，很多人与公众持股公司的股票有着经济利益关系，这一点甚至远远超过预期。如果你购买了公众持股公司的股票，你就成为公司的股东，对公司直接拥有所有权利益。不过，共同基金和养老金也会对公众持股公司的股票进行大量投资。因此，如果你参加了共同基金或投保养老金计划，那么就与众多公众持股公司股票存在间接的经济利益关系。你持有共同基金的股票，而共同基金又会根据风险性质以及基金的其他目标买入众多公司的股票。

如果公司股票不在有组织的股票交易所交易，那么这种公司就被称为**闭锁型公司**（closely held corporations）。因为不存在买卖这些股票的有组织的市场，所以这些公司通常只有数量相对较少的股东。闭锁型公司常常为一个人或者一个家族所拥有。

公众持股公司需要面对各种规定要求。政府总要保护公众利益，因此公众持股公司比闭锁型公司受到更多的监管。例如，在美国，按照法律要求：

- 公众持股公司必须编制并公告符合一般公认会计原则的季度财务报表和年度财务报表（这些报表属于公开信息的范畴）。
- 公众持股公司的年度财务报表必须经独立注册会计师事务所审计。
- 公众持股公司必须遵守联邦证券法规，包括向公众故意或无意散布误导信息应承担的刑事处罚和民事责任。
- 公众持股公司必须向美国证券交易委员会上报大量财务信息以供审查。

相反，闭锁型公司通常不受这些要求的约束。本章集中研究公众持股公司的会计处理和报告问题。

11.2 公司的成立

在美国，公司的成立受具体州法律的管辖。公司成立的所在州被称为**注册所在地**（state of

incorporation)。

公司并不一定要在注册所在地开展经营业务。相反，企业之所以选择在某地注册通常是因为该州管理公司活动的法规较为宽松。事实上，许多公司在注册地之外开展其绝大部分（有时全部）的经营活动。

成立公司的第一步是从注册地获取公司营业执照（corporate charter）。为此，公司发起人必须提交一份被称为公司章程的申请。一旦取得营业执照，新成立公司的股东需要召开股东会来选举董事会，并通过管理公司经营活动的细则。随后，董事会要召开会议，任命公司的高级管理人员。

虽然公司条例往往因州而异，但通常有共同特征。本章对公司的讨论主要介绍一些适用于许多州的一般性原则，不强调某个州的特定原则。

1. 成立成本

成立公司的成本比创办个人独资企业的成本要高。成立成本可能包括律师费、向政府支付的注册费以及其他成立公司所必要的支出。从理论上讲，成立成本是一项无形资产，它使公司在整个寿命期间受益。然而，绝大多数公司实际上会把这些成本立即费用化，即便税法多容许可以在5年内进行摊销。

由于早已在当期确认为费用，公众持股公司的资产负债表很少列示成立成本。

2. 股东权利

公司由全体股东拥有，而且每个股东所享有的所有权利益由持有的股票数量确定。假定公司发行10 000股股票，如果你拥有其中的1 000股，则拥有该公司10%的股权。如果你从其他股东处又买入了500股，那么你将拥有15%的股权。

每个股东或股东经纪行会从公司收到一张**股票凭证**（stock certificate），该凭证指明了股东所拥有的股数。

公司股本所有权通常带有以下基本权利：

（1）选举董事和表决其他一些重要议题。股东的每一股份都拥有一票表决权，公司章程细则专门规定股东可以表决的事项。拥有50%以上股权的任何股东（或股东群）有权选举董事会和制定公司的基本政策。所以，这些股东事实上控制了公司。

（2）享有董事会宣告的任何股利。公司股东不可以提取公司资产，但非公司制企业的所有者可以提取公司的资产。不过，作为盈利的体现，董事会会决定以现金或其他资产的形式给股东发放股利。股利只有经过董事会正式宣告（批准）后才能分配。股利按持股比例分配给全体股东。

（3）参与公司资产的清算。当公司终止存在时，必须首先付清债券持有者和其他债权人的债务。股东享有剩余权益，而且任何剩余资产都要按持股比例在股东间进行分配。

股东大会通常每年举行一次。在股东大会上，股东可以对管理层提出质疑，对一些议题拥有表决权。对于大公司，出席股东会议的人数通常相对较少，一般少于股东总数的1%。不过，在股东会议召开前，管理层会请那些不打算出席会议的股东提交委托书，将其股份名下的表决权授予管理层。

3. 董事会职责

董事会（board of directors）的主要职责是制定公司政策和保护股东利益。董事会的具体职责包括聘任高级管理人员并决定其报酬、宣告股利、复查内部审计师和独立审计师发现的问题。

大型公司的董事会总是包括几名高级管理人员。近年来，独立董事日益受到重视。独立董事是指不属于公司职员却可以给董事会带来独立意见的人员。

4. 公司高级管理人员的职责

公司高级管理人员由董事会委任（聘用），这些人员被称为公司高管。股东个人无权处理公司事务，除非他们已经被委派到管理职位。

高级管理人员通常包括一位首席执行官（CEO）或总裁、一位首席财务官（CFO）或总会计师、一位财务主管和一位董事会秘书。另外，公司通常还设负责销售、人事和生产等各个职能领域的副总裁。

CFO、财务主管和董事会秘书的职责绝大多数直接与公司经营的会计工作有关。CFO负责维持必要的内部控制及负责编制会计记录和财务报表。预算、纳税筹划、编制纳税申报表等专业活动通常也属于CFO的管辖范围。财务主管负责保管公司资金，通常负责计划和控制公司的现金状况。财务主管领导的部门也负责处理与公司金融机构和主要债权人的关系。

董事会秘书在许多合同和法律事务中代表公司，并负责记录董事会和股东大会的会议纪要。董事会秘书的其他职责包括协调年度报告的编制并负责管理投资者关系部门。对于小型公司，董事会秘书及财务主管通常由一名高级管理人员担任。

如图11-1所示的组织结构举例列示了从股东会到董事会到CEO再到其他高级管理人员的权力结构情况。

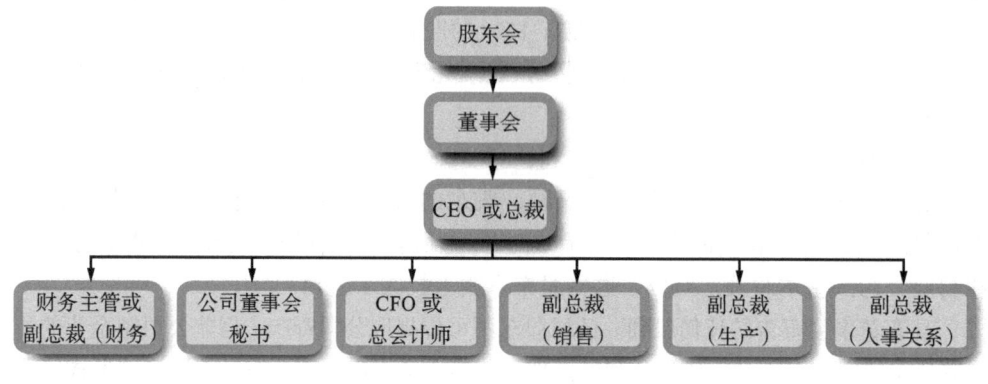

图11-1　公司组织结构图

5. 公司的股东名册

在纽约证券交易所上市的许多公司拥有数百万流通在外的股票和数十万的股东。每天有大量股东出售手中的股票，这些股票的买入者则成为该公司股东中的新成员。

公司必须随时更新持续变化的股东姓名和地址，以便给股东寄发股利支票、财务报表和表决表。

（1）**股东明细分类账**（stockholders subsidiary ledger）。当存在众多股东时，在总分类账中为每个股东设立单独账户是不现实的。相反，可以在总分类账中设置一个单独的控制账户——股本，同时设置股东明细分类账。该明细分类账为每个单独股东设立账户。在股东明细分类账中，登记的是股份数而不是金额。因此，每个股东账户显示股东所拥有的股份数以及取得和出售的日期。该记录使公司能寄给每位股东一张单独的股利支票，即使股东取得股票的日期不同。

（2）股票过户代理人和股票登记代理人。许多大型公众持股公司有独立的**股票过户代理人**（stock transfer agent）和**股票登记代理人**（stock registrar），以维持股东记录并保证股票凭证发放有良好的内部控制。这些过户代理人和登记代理人通常是银行或信托公司。当股票凭证从一个所有者转让给另一个时，原来的股票凭证送交过户代理人由其注销，在股东明细分类账中进行必要的登记，并为股票的新所有者编制一张新股票凭证。新凭证必须经股票登记代理人登记才能代表公司有效的、可转让的股票所有权。

小型闭锁型公司一般不使用独立登记代理人和过户代理人。在这些公司里，股东记录通常由公司的一位高级管理人员负责。为防止股票凭证出现意外或欺诈性过量发行，公司应要求每张股票凭证至少经由两位指定的公司高级管理人员的签名。

11.3 公司的缴入资本

公司股东权益的增加通常有两种途径：①投资者投资以换取股本，称为**缴入资本**（paid-in capital）或**实收资本**（contributed capital）；②公司历年赚得利润的累积留存，称为**留存收益**（retained earnings）。如前所述，本章着重介绍与缴入资本有关的问题，第 12 章将着重介绍留存收益的问题。

11.3.1 股本的核准和发行

公司章程规定公司的股份数量由注册地核准发行。在美国，出售给一般公众的股本发行必须经美国证券交易委员会批准，同时也要经过注册地官方批准。

公司核准获得发行的股数通常多于初次计划发行的股数。这样，如果以后需要更多的资本，公司实际上已核准获得发行这些额外股票。

已经发行并由股东持有的股票被称为流通在外的股票。在任何时候，流通在外的股票代表公司 100% 的股东投资。

发行大量股票时，绝大多数公司会使用被称为**承销商**（underwriter）的投资银行所提供的发行服务。承销商对发行公司的股票承诺一个特定价格，通过以高于承诺价格出售股票的方式获取利润。公司以从承销商处收到的净额记录股票发行收入。通过承销商发行股票可保证公司股票发行不会拖延，能在特定日期得到全额的筹措资金。

公司基于下列因素确定新股发行的价格：①预期未来收益和股利；②公司的财务实力；③投资市场的当前状况。如果定价太高，就会找不到承销商或者愿意购买股票的其他买方。

1. 注册地法律影响资产负债表中股东权益的列示

注册地法律在很大程度上决定了公司必须在资产负债表股东权益部分列示的账户数。我们已经看到，公司使用单独的股东权益账户列示：①实收资本或缴入资本；②赚取资本或留存收益。至此，我们假设所有缴入资本只在"股本"这一个账户中列示，但通常并非如此。

有些公司发行几种不同类型（或种类）的股票。在这些情况下，每种流通在外的股票都要使用单独账户来列示。"面值"这一法律概念也会影响缴入资本在资产负债表中的列示。

2. 面值

面值（par value）或**设定价值**（stated value）代表每股的**法定资本**（legal capital），即除业务经营的损失（或特定的法律行为）外，股东权益所能减少到的最低金额。因此，面值可以被看作为保护债权人而存在的权益资本的最小缓冲。换言之，股东权益通常不能低于股本面值，这样债权人对公司资产的要求权更有保障。

考虑到有关面值的法律限制，注册地法律要求公司在资产负债表的股东权益部分单独列示已发行股票的面值。资产负债表中的这一专门列示使一些人相信面值具有某些特殊意义。然而，在许多公司，已发行股票面值只占股东权益总额的很小部分。

公司可以选择按每股 1 美元、每股 5 美元或任何其他金额设定股票面值。一些大型公司将普通股面值设定为名义金额，如每股 1 美分或每股 1 美元。股票面值并不表示其市场价值，面值只表示记入股本账户的每股金额以及股东权益不可低于该面值的含义。例如，福特公司普通股的面值是 1 美分，而塔吉特公司普通股的面值是 1 美元。这些股票每一股的市场价值都远高于其面值。

3. 带面值股票的发行

核准股票发行并未形成资产，也未给予公司任何资本。从注册地获得发行股票核准，只是获得了通过出售股票得到资产的合法机会。只有当获得核准发行的股票出售给股东时，公司才获得了新的资本。

发行带面值股票时，不管发行价格是大于还是小于面值，都按已发行股票的面值贷记股本账户。假设 50 000 股面值为 2 美元的股票已被核准，且以每股 2 美元的价格出售其中的 10 000 股。此时，应该借记现金贷记股本，金额为 20 000 美元。当股票售价大于面值时，已发行股票的面值贷记股本账户，而售价高出面值的部分贷记一个单独的账户，即"**缴入资本溢价**"（additional paid-in capital）。例如，如果此处 10 000 股以每股 8 美元的价格发行，那么相应的分录为：

借：现金	80 000	
贷：股本		20 000
缴入资本溢价		60 000

以每股 8 美元的价格发行面值 2 美元的股票 10 000 股。

这种情况有时被称为溢价发行股票，即发行价格高于面值。缴入资本溢价并不是公司的一项利润，只是投入资本的一部分。在资产负债表中它与股本相加构成了缴入资本总额。资产负债表的股东权益部分如下（为了完整举例，假定留存收益为 150 000 美元）。

（单位：美元）

股东权益：	
股本（面值 2 美元；已核准 50 000 股；发行流通在外 10 000 股）	20 000
缴入资本溢价	<u>60 000</u>
缴入资本总额	80 000
留存收益	<u>150 000</u>
股东权益总额	230 000

上述列示内容表明公司通过发行股票形成了80 000美元的股东权益，其中的20 000美元代表股票面值，60 000美元代表超过股票面值的部分。通过保留过去期间赚取的收益，公司的股东权益增加了150 000美元。

如果公司股票以低于面值的价格发行，那么应将发行价格和面值之间的差额借记股本折价账户。在资产负债表中，股本折价表示股东权益的减少而不是增加。在美国，折价发行股票很少见，因为许多州规定这是不合法的。

某些情况下，发行股票不是为了取得现金，而是为了换取非现金资产。发生这种业务时，借记恰当的资产账户（如存货或土地），再与现金发行一样贷记股票账户。不过，记录这种交易时，确定价值有时很困难，必须根据收到资产或发行股票的公允市价来确认，如此记录更具有客观性。

4. 无面值股票

在美国，有些注册所在州允许公司发行不指定面值或不设定价值的股票。发行无面值股票时，全部发行价格贷记股本账户，并被视为不可提取的法定资本。

11.3.2 普通股和优先股

当公司只发行一种类型的股票时，广泛使用股本这一账户。然而，为了吸引尽可能多的投资者，有些公司会发行若干不同类型（或种类）的股本，每种类型的股本提供给股东的权利和机会也不同。

公司发行的最基本的股本类型为**普通股**（common stock）。普通股拥有传统的所有权——表决权、参与股利分配和公司清算时对资产的剩余要求权。如果股东的这些基本权利被修改，那么就形成常被称为**优先股**（preferred stock）的股票类型。少数公司会发行两种或更多种优先股，而且每种优先股都具有不同特征以吸引特定类型的投资者。

下例给出了资产负债表中的股东权益部分，其中既有优先股也有普通股。如前所述，假定存在留存收益，这样可以提供完整的例子。

（单位：美元）

股东权益：	
9%累积优先股，面值100美元，核准100 000股，已发行流通在外50 000股	5 000 000
普通股，面值5美元，核准3 000 000股，已发行流通在外2 000 000股	10 000 000
缴入资本溢价：	
优先股	500 000
普通股	20 000 000
缴入资本总额	35 500 000
留存收益	17 500 000
股东权益总额	53 000 000

11.3.3 优先股的特征

大多数优先股具有如下一个或多个鲜明特征：①股利发放优先于普通股；②享有累计股利的权利，即享有结转至未来期间的未付股利的权利；③公司清算时对资产的要求权优先于普通股；④公司有赎回权；⑤无表决权。

优先股另一个重要但不常见的特征就是转换条款，即持有人有权利根据情况将优先股转换为普通股。优先股的特权和优先权各不相同。因此，公司很可能发行不同类型的且具有不同特征的优先股。在评估优先股时，必须仔细研究优先股合同的具体条款。

> ⊙ **小案例**
>
> 优先股的具体特征会影响它在资产负债表中报告的位置。例如，按照国际会计准则要求，发行公司必须赎回的优先股在资产负债表中应列为负债（而不是权益）。针对这一情形，FASB 改变了美国 GAAP 报告的要求，将原先容许可赎回优先股在权益部分报告改为要求在负债部分报告，从而与国际准则相一致。这样处理的原因在于，要求发行公司赎回优先股的限制本质上使优先股更类似于债务，毕竟这种要求本质上使优先股有了一个到期日。

1. 股利优先的股票

公司常常定期对股东支付被称为**股利**（dividends）的现金。⊖股利通常是对累积利润的分配，所以不能超过公司留存收益的金额。

之所以说优先股具有股利优先权，是因为在给普通股发放任何股利前，优先股投资者有权每年收到规定金额股利的权利。规定股利可以是美元金额，如每股 5 美元。不过，也有一些优先股规定的股利为面值的百分比。例如，100 美元面值的优先股股利为 7%，在给普通股发放任何股利前先给优先股股东提供每年每股 7 美元的股利。

不过，无法绝对保证优先股股东一定会收到指定股利，也无法保证优先股股利一定多于普通股股利。只有当公司有现金且董事会宣告股利后，公司才有义务对股东发放股利。优先股股利必须在给普通股股东发放股利前发放。不过，如果公司经营不景气，那么公司可能决定不发放任何股利。公司要想发放股利，必须赚得利润并且拥有现金。

2. 累积优先股

绝大多数优先股股利的优先权是可累积的。如果优先股在给定年份的全部或部分常规股利未发放，则未发放金额被称为拖欠，必须在以后年度普通股股利发放前予以发放。

假定一家公司于 2019 年 1 月 1 日成立，发行 10 000 股股利为 8 美元的累积优先股和 50 000 股普通股。如果该优先股是非累积的，若每年都不发放股利，则每股 8 美元股利并不结转下期，但如果是累积优先股，若当年不发放股利，每股 8 美元股利就结转下期，累积总金额必须在发放普通股股利前予以支付。假定 2019 年以每股 8 美元发放优先股股利，在 2020 年只支付每股 2 美元的部分股利，在 2021 年未支付优先股股利。那么，在 2021 年年末，该公司优先股股利情况可分析如下。

（单位：美元）

	2019 年	2020 年	2021 年
如果是非累积优先股			
支付股利	80 000	20 000	—
拖欠股利	不存在	不存在	不存在

⊖ 第 12 章将讨论有关现金股利及其他分配形式的具体会计问题。在本章中，股利可以被简单地看作将累积利润分配给股东，它同时了减少现金和留存收益。

	2019 年	2020 年	2021 年
如果是累积优先股			
支付股利	80 000	20 000	—
拖欠股利	—	60 000	140 000

对于非累积优先股，未支付股利并不结转到未来年度，对公司未来支付普通股股利的能力也就没有影响。然而，对于累积优先股，任何未支付优先股股利都要结转到未来年度，而且必须在发放普通股股利前支付。2020 年，未支付股利部分为 60 000 美元，它必须在发放普通股股利前支付。2021 年年末，该金额增加到 140 000 美元（2020 年结转的 60 000 美元加上 2021 年未支付的 80 000 美元）。在 2021 年发放普通股股利前，需要发放 2020 年拖欠的 60 000 美元以及 2021 年当年未支付的优先股股利 80 000 美元。

拖欠股利不列入公司负债，因为在董事会宣告股利前并不存在负债。优先股股东的任何拖欠股利对投资者都是一个重要因素，因此必须予以披露。这项披露通常出现在资产负债表的附注中。例如：

附注 6：拖欠股利

截至 2021 年 12 月 31 日，优先股股利为 8 美元的累积优先股的股利拖欠额为每股 14 美元，总计为 140 000 美元。

2022 年，我们假定公司赚取大额利润并拥有现金，决定发放优先股和普通股股利。在发放普通股股利前，公司必须支付累积优先股的拖欠股利 140 000 美元，加上当年应支付的常规的每股 8 美元股利。所以，优先股股东 2022 年将收到 220 000 美元股利（每股 22 美元），之后董事会才可以自由宣告普通股股利。

3. 优先股的其他特点

为了增加优先股作为投资品的吸引力，公司有时会给优先股股东提供转换特权，即按规定比例将优先股转换为普通股的权利。如果公司发展得好，普通股市值很可能上涨，股利也将随之增加。投资者购买可转换优先股比普通股更有保证取得常规股利。另外，通过转换特权，投资者有机会分享公司普通股价值大幅增长的利益。

绝大多数公司的股东权益主要由三项构成：普通股、优先股和留存收益。虽然本章后面及第 12 章要介绍的其他构成项也很重要，但其金额相对较小。图 11-2 描述了普通股、优先股和留存收益之间的关系。

图 11-2　公司权益的主要来源

11.3.4　普通股每股账面价值

由于公司每个股东的权益取决于他所拥有的股份数，所以普通股每股账面价值成了衡量股东利益的会计指标。**每股账面价值**（book value per share）是指每股代表的净资产额。净资产（net assets）等于资产总额减去负债总额。换言之，净资产等于股东权益总额。因此，对于只发行普通股的公司，每股账面价值可用股东权益总额除以流通在外的普通股股数计算得出。

例如，假定某公司流通在外的普通股为 4 000 股，其资产负债表中股东权益部分如下。

(单位：美元)

股东权益：	
普通股，面值 1 美元（已发行且流通在外 4 000 股）	4 000
缴入资本溢价	50 000
留存收益	76 000
股东权益总额	130 000

每股账面价值为 32.50 美元：用 130 000 美元的股东权益除以 4 000 股流通在外的普通股股数计算得出。

那么，如何计算既有优先股又有普通股的公司的每股账面价值呢？通常公司只为普通股计算账面价值。如果公司既有优先股又有普通股，那么普通股每股账面价值的计算需要分两步进行。第一，从股东权益总额中减去分配给优先股及其拖欠股利的金额。第二，将股东权益的剩余金额除以流通在外普通股股数，确定每股普通股账面价值。这一过程反映出普通股股东是公司主体的剩余所有者的事实。

下面举例说明存在流通在外优先股情况下每股账面价值的计算。假定哈特公司 12 月 31 日的股东权益如下。

(单位：美元)

股东权益：	
8% 优先股，面值 100 美元，已核准、发行且流通在外 10 000 股	1 000 000
普通股，设定价值 10 美元，核准 100 000 股，发行且流通在外 50 000 股	500 000
缴入资本溢价——普通股	750 000
缴入资本总额	2 250 000
留存收益	130 000
股东权益总额	2 380 000

由于公司现金状况不佳，哈特公司本年度未发放股利。截至 12 月 31 日，累积优先股拖欠股利总计 80 000 美元。

除了适用于优先股的 1 000 000 美元及其拖欠股利 80 000 美元外，剩余权益全部归属于普通股股东。普通股每股账面价值的计算如下。

(单位：美元)

股东权益：		2 380 000
减：优先股股东权益		
优先股面值	1 000 000	
拖欠股利	80 000	1 080 000
普通股股东权益		1 300 000
普通股流通在外股数		50 000
普通股每股账面价值（1 300 000 美元 /50 000 股）		26

在现金流量表中，与公司股东的交易归属于筹资活动。例如，发行股本取得现金属于筹资活动现金流入；向股东支付现金（包括支付现金股利）则是现金付款，属于筹资活动现金流出。

与所有者的交易并不总是对现金流量立刻产生影响。例如，如果用公司股本换取非现金资产（土地），此时现金并没有增加或减少。这类非现金交易在现金流量表的附表中有专门描述。

11.4 市场价值

股票发行后，可由一个投资者出售给另一个投资者。这些股票在投资者之间的买卖价格代表股票交易时的市价。市价与面值、原始发行价和当前账面价值可能大不相同。哪个金额最相关，完全取决于你的判断。

股票发行后，股票归属于股东，而不属于发行公司。因此，这些股票市价的变动将直接影响股东而不是发行公司的财务状况。这一概念说明了为什么发行公司和股东对流通在外股票的价值具有不同的看法。

从发行公司的角度来看，流通在外股票代表公司所有者在特定日期获取投资的金额，反映了公司通过股票的初始发行获得的资本。虽然股东投资的市场价值在变动，但原始投资的金额不变。

正如我们已经了解的，发行股票的公司在缴入资本账户中记录发行价格，即发行股票取得的收入。这些账户中的余额保持不变，除非公司发行了更多的股票或流通在外股票被永久退股（如优先股被回购或在公开市场上回购股票并退股）。

从投资者的角度来看，拥有公众持股公司股票是一项资产，通常称为有价证券。

对投资者而言，所拥有股票的现行市场价值比原始发行价格、证券面值或账面价值更重要。市场价值表明了证券当前的价值大小。市场价值的变动会直接影响投资者资产的流动性和财务状况。鉴于这些原因，投资者在其资产负债表中会按现行市价显示有价证券的投资金额。本书的第 7 章已对此做了解释。

> ⊙ **小案例**
>
> 仅仅一天时间，IBM 公司股票的每股市价就下跌了 31 美元以上，从 135 美元跌至 103.25 美元。当然，这不是普通的一天。1987 年 10 月 19 日，作为"黑色星期一"将被世人永久记住。这一天，全球股票价格遭遇了历史上单日最大跌幅。
>
> 在纽约证券交易所上市的股票不到 6 个小时就损失了 20% 左右的价值。如果这些股票的年度平均股利为市场价值的 2%，那么单日市场损失约等于投资者整整 10 年的股利收入。
>
> IBM 公司股票价格的大幅下跌会影响 IBM 公司的资产负债表吗？不会！因为 IBM 公司股票并非为 IBM 公司所拥有，而是为公司的股东所拥有。

虽然股票的市场价格并不会直接影响发行股票公司的财务报表，但因为市场价格对投资者十分重要，所以我们将简要讨论那些对优先股和普通股市价影响最大的因素。

11.4.1 优先股的市价

投资者购买优先股主要是为了获取股票带来的稳定股利。由于股利并不是必需的，所以公司一般倾向于对优先股发放股利，毕竟只有在发放了优先股股利之后才能发放普通股股利。对优先股股东而言，股利的重要性使得股利支付率成为确定优先股市价的一个重要因素。另一个重要因素是风险。从长期来看，公司必须足够具有盈利性才能发放股利。如果公司明显有可能不赢利且不发放股利，那么优先股市价就有可能下跌。

第三个严重影响优先股市价的因素是市场利率水平。对于按面值 100 美元的原始价格发行股利为 8% 的优先股，如果政府政策和其他因素促使市场长期利率提高至 10% 或 12%，那么该优先股的市价会怎样变化呢？如果风险水平相同的其他投资机会可提供 12% 的报酬率，那么投资者将不再愿意支付 100 美元来购买每年仅提供 8% 股利的优先股。这样，优先股的市价将大约下跌至原始发行价格的 2/3，约为每股 67 美元。按照这个市价，股票才能给购买优先股的投资者提供 12%（= 8/67）的**股利收益率**（dividend yield）。

不过，如果市场的长期利率下降至 8%，那么 8% 优先股的市价应该上升至接近面值。总之，优先股市价与市场利率呈反向变动关系。当市场利率提高时，优先股市价就下跌；当市场利率下降时，优先股市价就上涨。

11.4.2 普通股的市价

市场利率也会影响普通股的市价。但是，发放给普通股股东的股利并不是固定金额。如果公司发展很好，那么股利的金额和股票的市价两者都可能大幅上升，但如果公司发展不好，普通股股东甚至连原始投资都不能收回。因此，普通股市价的最重要的影响因素是投资者对公司未来盈利能力和不盈利风险的预期。

11.4.3 账面价值和市价

在某种程度上，账面价值被用来评价股票市价的合理性。但是，必须谨慎使用，毕竟股票以低于账面价值出售的事实并不一定代表合算。

账面价值是一个历史概念，表示股东投资的金额加上公司赚得并留存的金额。如果股票以高于账面价值的价格出售，那么投资者相信管理层已经创造的企业价值超过了受托管理资源的历史成本。实质上，这也是公司经营成功的标志。

此外，如果股票的市价低于账面价值，那么投资者相信在当前管理层的管理下公司资源的价值小于其成本。因此，账面价值和市价之间的关系是评价投资者对公司管理层信赖多少的一种指标。

11.4.4 股票分割

随着时间的推移，公司普通股市价可能上涨很多，以至于对许多投资者来说显得太贵。出现这种情况时，公司可以通过分割股票来增加流通在外的普通股股数。**股票分割**（stock split）的目的是大幅度减小公司普通股的市价，以便更多投资者能买得起。

例如，假定费利克斯公司有流通在外面值 10 美元的普通股 100 万股，现行市价是每股 90 美元。为使投资者买得起股票，公司决定增加流通在外的股数，从 100 万股增加至 200 万股。这一做法被称为 1 拆 2 的股票分割。分割前拥有 100 股的股东，在分割后将拥有 200 股。因为资产总额或股东权益总额无任何变动，只是流通在外股数加倍，所以每股市价就从 90 美元降至大约 45 美元。在股票分割时，要求公司按分割规模的比例减少每股面值。本例是 1 拆 2 的分割，公司必须将每股面值从 10 美元减至 5 美元。如果是 1 拆 4 的分割，那么每股面值将从 10 美元减至大约 2.50 美元，每股市价将下降至以前市价的 25% 左右。

股票分割并不改变任何资产负债表账户余额,所以交易仅以备注进行记录。对于费利克斯公司来说,备注内容如下。

9月30日,备注:在1拆2的股票分割中,增加了100万股普通股,每股面值从10美元减至5美元。

资产负债表中对普通股的描述也要变更,以反映面值降低、流通在外股数增加。不过,面值和缴入资本的金额并没有变化。

另一种股利分配形式就是对现有股东派发股票股利。虽然股票股利在有些方面与股票分割类似,但股票股利规模更小,目的也不同。因为股票股利是公司股利政策的重要内容,因此将在第12章做详细介绍。

11.5 库存股

所谓**库存股**(treasury stock)是指已经发行后来又被发行公司回购,但未予以注销或永久退股的公司拥有的股票。库存股可能被无限期持有,或者可以在任何时候再次发行。公司持有的库存股一般无获取股利、表决或在公司解散时分享资产的权利。

股票期权计划是许多公司员工报酬的重要部分。该计划允许员工按优惠价格购买公司股票,也是公司获取员工对公司的忠诚的一种方法。购买库存股是公司拥有所需股票的一种方法,以便实施股票期权计划将股票发行给员工。公司先从当前所有者手中购买股票,再将同样的股票出售给员工。这样做不会增加公司流通在外的股数,当然也不会减少或摊薄每股所有者权益。

11.5.1 记录库存股的购买

购买库存股通常以股票成本借记库存股账户。例如,假设雷莱公司以每股90美元的价格回购本公司1 600股面值5美元股票。此时的分录如下。

借:库存股 144 000
　贷:现金　　　　　　　　　　　　　　　　　　　　144 000
以每股90美元的价格购买1 600股库存股,面值为5美元。

请注意,库存股账户借记的是购入股票的成本而不是面值。购买库存股时,公司要减记权益,金额为股票的成本。库存股账户在资产负债表中列示为股东权益部分的减项,这也就是常常被称为权益抵销账户的原因。库存股是核准且发行的股票,但它们由发行公司持有,而不是流通在外。

在雷莱公司的资产负债表中,库存股的列示如下(除库存股外,其他数据都是假设的)。

(单位:美元)

股东权益:	
普通股,面值5美元,核准25万股,已发行10万股(其中1 600股是库存股)	500 000
缴入资本溢价——普通股	800 000
缴入资本总额	1 300 000

		（续）
留存收益		600 000
小计		1 900 000
减：库存股（1 600 股普通股，每股成本 90 美元）		144 000
股东权益总额		1 756 000

11.5.2 库存股的再发行

重新发行库存股时，按再发行股票的取得成本贷记库存股账户，按取得成本与再发行价格的差额借记或贷记缴入资本溢价——库存股。例如，假定雷莱公司以每股 90 美元成本取得 1 000 股库存股，现在按每股 115 美元的价格再发行。记录这些股票按高于成本价格再发行的分录如下：

借：现金	115 000	
贷：库存股		90 000
缴入资本溢价——库存股		25 000

以每股 115 美元出售 1 000 股库存股，成本为 90 000 美元。

雷莱公司再发行库存股形成的 25 000 美元缴入资本溢价，将在公司资产负债表中股东权益部分进行报告，而且紧接在缴入资本溢价——普通股账户之后。为了便于说明，这里假设在维持最初库存股的情况下，留存收益增加了 50 000 美元。具体列示如下：

（单位：美元）

股东权益：	
普通股，面值 5 美元，核准 25 万股，已发行 10 万股（其中 600 股为库存股）	500 000
缴入资本溢价：	
普通股	800 000
库存股	25 000
缴入资本总计	1 325 000
留存收益	650 000
小计	1 975 000
减：库存股（600 股普通股，成本为每股 90 美元）	54 000
股东权益总额	1 921 000

如果库存股按低于成本的价格再发行，那么成本超过再发行价格的差额冲减（或借记）以前库存股交易形成的缴入资本溢价。例如，假定雷莱公司以每股 75 美元的价格再发行其回购的剩余 600 股库存股（每股回购成本 90 美元）。具体分录如下：

借：现金	45 000	
缴入资本溢价——库存股	9 000	
贷：库存股		54 000

按每股 75 美元的价格出售 600 股库存股，成本为 54 000 美元。

如果之前库存股交易未产生缴入资本溢价，那么库存股成本超过再发行价格的差额减记缴入资本溢价——普通股账户。如果该账户余额不足，则减记留存收益。

请注意，即使库存股按高于或低于成本的价格再发行，库存股交易也不确认利得或损失。

公司是通过出售商品或服务给外部人士而不是通过发行或再发行自己的股本赚得利润。当库存股按高于成本的价格再发行时，公司从新股东处取得的缴入资本金额大于公司取得库存股时发生的股东权益减少额；反之，如果库存股按低于成本的价格再发行，公司购买并再发行股票产生的缴入资本金额会变少。

11.5.3 股票回购计划

历史上，绝大多数库存股交易的金额相对较小。一些公司有大量回购普通股的计划，这些计划使库存股成为许多公司资产负债表中的重要项目。

公司与股东间的交易属于现金流量表中的筹资活动。当购买库存股时，在现金流量表中报告为筹资活动现金流出；当再发行库存股时，收到的现金在现金流量表中报告为筹资活动现金流入。

库存股交易不会产生利得或损失，所以对公司净利润没有影响。库存股的购买价格和再发行时取得的现金收入的差额报告为公司缴入资本的增加或减少。

⊙ **会计与决策**

管理层是否对受托资产进行了有效经营以增强权益持有人的财务利益呢？本书提到的会计高等教育路径委员会模型强调正确决策要依靠财务信息。为回答上述问题，有时可以借助资产报酬率和权益报酬率两个财务指标的信息。虽然这些指标并不出现在公司的财务报表中，但可以通过直接引用资产负债表和利润表中的数据计算得出。

例如，以下信息摘自威瑞森电信公司的年度报告（单位：百万美元）。

净利润	30 550
平均资产总额	250 662
平均股东权益	34 360

根据上述数据，可以计算出以下基于本章所讨论的股本概念的若干常用盈利能力指标。

盈利能力指标	计算	含义
总资产报酬率	净利润/平均资产总额	赚取报酬的总资产的投资报酬率
股东权益报酬率	净利润/平均股东权益	当公司只存在普通股时，普通股股东权益赚得的报酬率

根据给出的数据，威瑞森电信公司的盈利能力指标如下：

总资产报酬率	30 550/250 662=12.2%
普通股股东权益报酬率	30 550/34 360=88.9%

如果将这些数据与多年来的可比数据做对比或与同类公司的进行比较，那么就可以清晰判断公司管理层是否对公司资产进行了有效经营并强化了所有者的投资。就威瑞森电信公司而言，其权益报酬率远高于资产报酬率，原因在于公司的股东权益相对较小。上述数据表明，股东权益仅占公司资产的14%。

⊙ **财务分析师**

你工作于一家股票市场研究公司。老板叫你评估威瑞森电信公司的资产报酬率和普通股股东权益报酬率。你会如何评估？

> ⊙ **伦理、欺诈与公司治理**
>
> 本章的学习目标之一就是理解组建公司制企业的优点。公司通常会选择上市,以便从更多投资者处筹集权益资本。
>
> 有时,上市过程可能会被滥用,导致投资者遭欺骗。常用的欺骗伎俩是用"空壳公司"来"哄抬和抛售"股票。美国证券交易委员会(SEC)将空壳公司定义为几乎没有经营活动、没有资产或资产只有现金及现金等价物的公司。最常见的是私人经营企业通过反向收购与上市空壳公司合并。在反向收购中,上市空壳公司作为存续主体,却由私人企业股东控制。"哄抬和抛售"计划的其余部分如下:①该公司的所有者(发起人)声称之前的私人企业具有高增长潜力;②仅向 SEC 报告合并公司有限的财务及其他相关信息;③所有者(发起人)通过不恰当的正面媒体报道和其他操作手段来"哄抬"股票价格;④使用高压式销售策略让人们购买股票;⑤所有者(发起人)在人为的高价位"抛售"股票。
>
> 2DoTrade 公司就是利用空壳公司操纵股票的一个例子。在发起人秘密收购了 2DoTrade 公司 99% 的股份之时,2DoTrade 公司已是一家空壳上市公司。发起人将 2DoTrade 公司与一家被罪犯控制的私人公司合并。接着,发起人声称该公司正在研发抗炭疽复合物,手头有 3 亿多美元的进出口合同,从而实现"哄抬"股价。事实上,这些合同不值一钱,因为根本不存在抗炭疽复合物的研发,也没有人进行认真分析。在哄抬进程中,该公司市值一度超过 4 600 万美元,但该公司并没有资产和收入。随后发起人"抛售"股票,获利约 200 万美元。
>
> SEC 对 2DoTrade 公司发起人采取了民事强制行动。同时,由于美国司法部对相关人员提起了刑事诉讼,美国联邦调查局还逮捕了许多发起人。

11.6 小结

本章讨论了股东权益方面的内容,主要是公司与股东间的各种交易,包括股本的出售和回购。我们研究了股票的不同特征,包括优先股的独特性。

除了第 10 章和第 11 章中所讨论的债务和权益融资渠道,股东权益的另一个重要来源是为满足企业扩张等其他目标而留存的以前年度的收益累积。该话题将在第 12 章中讨论。虽然缴入资本和留存收益是股东权益的两个不同方面,但它们紧密相关,因而不可能完全独立地讨论其中一种。为此,本章也涉及了留存收益。在第 12 章,你也会看到在本章讲述的普通股和优先股、缴入资本溢价、库存股以及股东权益等相关内容。将第 11 章和第 12 章内容结合起来,我们就可以对股东权益及其与资产、负债共同构建的资产负债表有全面的了解。

学习目标小结

1. 解释企业采用公司制组织的利弊

主要优点是股东对公司债务无个人责任、所有权的可转让性、存在的持续性、能聘用职业管理层以及积累巨额资本相对容易。主要缺点是收益双重课税以及严格的政府监管。

2. 区分公众持股公司和闭锁型公司

公众持股公司的股票通常在有组织的交易所供大众购买。相反,闭锁型公司的股票不对公众发售。

公众持股公司规模较大，以至于单个股东很少能控制公司。实质上，公众持股公司的许多股东是投资者，而不是传统意义上的所有者。闭锁型公司通常很小，并且往往由一两个股东实行控制。与闭锁型公司相比，公众持股公司必须接受更多的政府监管，同时必须向公众披露更多的有关企业经营的信息。

3. 解释股东权利及公司董事与高级管理人员的作用

公司股东一般具有选举董事会、享有董事会已宣告的股利和在公司清算时分配资产的权利。

董事会制定公司政策，检查公司高级管理人员的活动，保护公司股东的利益。公司高级职员是由董事会任命的管理企业日常活动的职业经理人。

4. 会计处理缴入资本以及编制公司资产负债表的权益部分

发行股本时，将现金或股票交换所得的商品或服务的市场价值借记恰当的资产类账户。发行股票按面值记入股本账户（标明发行股票的类型），收到的市场价值超过发行股票面值的差额部分记入缴入资本溢价账户。

公司资产负债表的权益部分列示各类流通在外的股本：①面值总额（法定资本）；②缴入资本溢价。这些金额之和代表公司投入资本总额。另外，权益部分单独显示已赚得的资本，即留存收益。

5. 比较普通股与优先股的特征

普通股代表公司的剩余所有权。普通股拥有表决权，而且不能赎回。此外，普通股股利金额并不固定，基于公司业绩可以增加也可以减少。

优先股在股利分配和资产清算时具有优先于普通股的权利。这种优先权是指在对普通股股东进行任何支付前必须先付清优先股。优先股股利金额通常是固定的。另外，优先股往往不具有表决权。优先股有时还具有特权，如可转换为普通股股票。

6. 讨论影响优先股和普通股市价的因素

优先股的市价与市场利率呈反向变动。当利率提高时，优先股价格下跌；当利率下降时，优先股价格上升。如果公司继续发放优先股股利的能力存在问题，那么就会影响优先股价格。

市场利率同样影响普通股市价。然而，普通股股利的金额是不固定的。当公司经营成功时，普通股股利和市价都可能波动。因此，影响普通股市价的主要因素是投资者对公司未来盈利性的预测。

由于优先股带有固定的股利率而且股利发放必须先于普通股股利，所以优先股具有类似于债券的特征。因此，优先股有时被描述为介于债券或长期负债与普通股之间。在资产负债表中，优先股通常列示在股东权益栏的普通股之前。

7. 解释股本账面价值和市场价值的意义

面值只是一个法律概念，表示除非亏损，否则股东权益不能低于此金额。面值同时是保护债权人的缓冲器，但通常因价值很低而显得不太重要。

每股账面价值是指普通股每股的净资产，其计算基于股东投资金额加上留存收益。借助每股账面价值通常可以判断市价的合理性。

对投资者来说，市价是最关键的，它代表目前购买或出售股票的价格。市价的变动直接影响股东而不是发行公司的财务状况。因此，市价并不出现在发行公司资产负债表的权益部分，但很容易在每天的报纸和互联网上得到。

8. 解释股票分割的目的和影响

当公司普通股的市价增值很大时，可能对许多投资者来说显得太贵。这种情况下，公司可以通过分割股票增加流通在外的普通股股数。股票分割的目的是降低公司普通股的市价，以便投资者能买得起。股票分割并不影响任何分类账账户余额，所以，交易仅需备注分录，用于说明股份数量的增加和面值的减少。

9. 库存股交易的会计处理

库存股是指已经发行在外但又被发行公司购回的股票，目的是用于未来的再次发行销售。购买库存股要通过权益抵销账户库存股进行记录。然而，股票再发行的价格和成本间的差额要通过调整缴入资本溢价账户来记录。虽然库存股交易可能影响现金流量，但它们对公司净利润没有影响。

习题 / 关键术语

示范题

爱姆伍德公司资产负债表的股东权益部分信息如下（单位：美元）。

股东权益：		
8%优先股，面值100美元，核准20万股		12 000 000
普通股，面值5美元，核准500万股		14 000 000
缴入资本溢价		
优先股	360 000	
普通股	30 800 000	31 160 000
留存收益		3 680 000
股东权益总额		60 840 000

要求：

根据上述资料回答下列问题，并给出必要的计算过程：

（1）已发行了多少股优先股？
（2）流通在外优先股要求的年度股利总额为多少？
（3）已发行了多少股普通股？
（4）公司收到每股普通股的平均价格是多少？
（5）法定资本总额是多少？
（6）缴入资本总额是多少？
（7）普通股每股账面价值是多少？（假设无拖欠股利且计算结果近似到美分。）

答案：

（1）12万股（=面值总额12 000 000美元/每股面值100美元）
（2）96万美元（=流通在外优先股120 000股×每股8美元）
（3）280万股（=面值总额14 000 000美元/每股面值5美元）
（4）

发行的普通股面值	14 000 000
缴入资本溢价——普通股	30 800 000

普通股发行总额	44 800 000
发行普通股股数（3）	2 800 000
每股平均发行价格	16

（5）2 600万美元（=1 200万美元优先股+1 400万美元普通股）
（6）5 716万美元（=2 600万美元法定资本+3 116万美元股本溢价）
（7）

股东权益总额	60 840 000
减：优先股股东要求权（120 000股×100美元）	12 000 000
普通股股东权益	48 840 000
流通在外普通股股数（3）	2 800 000
每股账面价值（48 840 000美元/2 800 000股）	17.44

自测题

说明：为了尽可能多地复习各章节的知识，一些自测题不止一个正确选项，那么，你应该选出所有正确的答案。

1. 当企业采用公司制组织形式时，下列哪项描述是正确的？
   A. 股东按持有股本的百分比对公司债务负责
   B. 流通在外股本的市价波动不会直接影响资产负债表列示的股东权益金额
   C. 股东对收到的股利无须支付个人所得税，因为公司对盈利已缴纳企业所得税
   D. 每个股东都有权按合同约束公司，并制定其他管理决策

2. 摩根搬运公司成立后，获准发行10万股面值1美元的普通股。公司以每股5美元的价格发行4万股给公司的发起人汤姆·摩根，公司尚未发行其他股份。下列哪项描述是正确的？
   A. 摩根拥有该公司40%的股东权益

B. 该公司应确认股份发行的16万美元利得
C. 如果资产负债表包括5万美元的留存收益，缴入资本总计25万美元
D. 不论公司成立后是赢利还是亏损，资产负债表中缴入资本溢价始终是16万美元

3. 下列哪项不是大型公众持股公司普通股的特征？
   A. 收取股利的累积权
   B. 股份可以从一个投资者转移到另一个投资者而不破坏企业经营的持续性
   C. 选举董事会的表决权
   D. 发行后，股票市价与其面值无关

4. 三州电力是一家赢利的公用事业公司，已经连续42年提高普通股股东的股利。下列哪项最不可能严重影响该公司优先股市价？
   A. 市场长期利率的下降
   B. 市场长期利率的上升
   C. 董事会宣布打算本年度增加普通股股利
   D. 优先股是否附转换权

5. 下列资料摘自菲索公司的资产负债表及相关披露。

缴入资本总额	5 400 000 美元
流通在外股数：	
普通股，面值5美元	100 000 股
6% 优先股，面值100美元	10 000 股
拖欠优先股股利	2 年
股东权益总额	4 700 000 美元

下列哪些陈述是正确的（可能有多个正确答案）？
   A. 拖欠优先股股利12万美元，应作为负债列在公司的资产负债表中
   B. 普通股每股账面价值35美元
   C. 资产负债表的股东权益部分应列示70万美元亏空（留存收益显示负值）
   D. 公司在过去两年中未曾发放普通股股利

6. 斯米蒂公司在2020年12月10日以每股60美元的价格回购公司面值5美元的股票2 000股。2021年，库存股中500股以每股70美元的价格再次发行。下列哪项陈述是正确的？
   A. 购入的库存股按成本记录，并在公司2020年12月31日的资产负债表中列为资产
   B. 两笔库存股交易导致公司股东权益净减少85 000美元
   C. 当回购库存股时，公司股东权益增加110 000美元
   D. 公司对2021年500股库存股的再次发行确认每股10美元的利得

讨论题

1. 为什么大型公司经常被称为公众持股公司？
2. 根据以下特征分析公司与个人独资企业的差异性：
   （1）所有者对企业债务的责任
   （2）所有权的可转让性
   （3）存在的持续性
   （4）所得税
3. 解释公司缴入资本与实际赚取收入的区别。这种区别为什么很有用？
4. 解释面值的意义。面值能够反映每股市价的合理性吗？请解释。
5. 根据下列特征描述优先股的基本性质：①可累积性；②可转换性。
6. 为什么非累积优先股常常被认为是缺乏投资吸引力的？
7. 指出下列账户在资产负债表或利润表中的分类（资产、负债、所有者权益、收入或费用）：①现金（股本发行取得的）；②成立成本；③优先股；④留存收益；⑤缴入资本溢价；⑥应交税费——应交所得税。
8. 普通股每股账面价值表示什么？它能表示在公司清算时普通股股东将获得的金额吗？请简述理由。
9. 下列独立事项的结果会对每股普通股账面价值产生怎样的影响：①公司取得银行贷款；②宣告股利（于下一个会计年度支付）。
10. 在1987年10月19日发生的股票市场大跌中，IBM公司股票的每股市价下降了31美元之多，请解释每股市价下降对IBM公司资产负债表的影响（如有）。
11. 股票分割的目的是什么？

12. 什么是库存股？公司为什么购买自己的股票？库存股是一项资产吗？在资产负债表中如何记录？
13. 在美国许多州，公司法规定对以留存收益发放股利予以限制，即不能超过库存股成本。请解释这一法律规定的原因。
14. 公司最基本的会计等式是：资产 = 负债 + 所有者权益。股东权益进一步分成两种：缴入资本和留存收益。哪些主要交易和财务活动会影响公司缴入资本的金额？请指出每一种交易或活动是如何影响投入资本的。投入资本是增加还是减少？
15. 如果你成立了一家公司并希望从投资者那里筹集资本，那么在你的资本结构中会包括优先股吗？如果你的回答是肯定的，那么你会将什么特性纳入这类股票？

测试题

1. 欧米茄公司以每股 13 美元出售每股面值 8 美元的普通股股票 10 000 股。公司留存收益余额为 75 000 美元。请编制公司资产负债表中股东权益部分。
2. 贝塔公司以每股 28 美元出售面值 25 美元的普通股股票 10 000 股，同时以每股 110 美元出售每股面值 100 美元的优先股股票 1 000 股。假设留存收益余额为 80 000 美元。请编制公司资产负债表中股东权益部分。
3. 泽塔公司有发行在外的面值 100 美元、股利率为 7% 的累积优先股 100 000 股。公司在过去 3 年都未宣告优先股任何现金股利。计算过去 3 年公司优先股拖欠股利金额，并解释该事项对投资者和债权人等公司财务报表使用者所产生的影响。
4. 米加公司流通在外的普通股和 6% 优先股如下：

    优先股：10 000 股，每股面值 100 美元，累积优先股。

    普通股：50 000 股，每股面值 50 美元。

    公司宣告股利总额 225 000 美元，如果公司尚有一年的优先股拖欠股利（除了当年股利以外），则公司优先股和普通股将如何分配股利？
5. 贝克公司流通在外的普通股和优先股如下：

    普通股：100 000 股，每股面值 30 美元。

    8% 优先股：10 000 股，每股面值 100 美元。

    公司在过去 3 年都未支付优先股任何现金股利（除了当年股利以外）。如果公司支付股利总额 120 000 美元，假设发行的是非累积优先股，那么普通股股东每股股利是多少？如果发行的是累积优先股，又会是多少？
6. 汤姆公司股东权益账户如下（单位：美元）。

普通股（100 000 股，每股面值 15 美元）	1 500 000
缴入资本溢价——普通股	750 000
留存收益	800 000

   计算普通股每股账面价值，并简述计算结果与股票当前市价之间的关系。
7. 弗兰克斯公司流通在外的普通股和优先股如下（单位：美元）。

6% 优先股，40 000 股，每股面值 100 美元	4 000 000
普通股，500 000 股，每股面值 10 美元	5 000 000
缴入资本溢价——普通股	800 000
留存收益	1 750 000

   假设公司优先股股利为可累积的且最近 1 年拖欠股利，试计算普通股账面价值。
8. 司麦林公司宣告 1 拆 2 的普通股股票分割计划，意图降低股票市价，以吸引更多投资者进行投资。公司普通股分割前信息如下：

    普通股：流通在外 100 000 股，每股面值 10 美元，原始售价 12.5 美元，目前市价为 50 美元。

    描述 1 拆 2 股票分割对下列事项可能的影响：①流通在外普通股股数；②股票的市价；③归属于普通股的股东权益总额。
9. 米歇尔公司最初以每股 25 美元出售每股面值 10 美元的普通股股票 100 000 股。几年之后，公司以每股 45 美元回购 10 000 股普通股，公司目前将其记为库存股。编制反映该信息的公司资产负债表中的股东权益部分。
10. 威勒公司以每股 32 美元出售每股面值 25 美元的普通股股票 100 万股。随后公司以每股 50 美元回购了 10 万股普通股，并以每股 55 美元再次出售 7 万股。根据上述交易，计算股东权益总额。

案例题

1. 赛飞实验室是一家公众持股公司，数次发行了流通在外的股票。在过去的 10 年中，该实验室一直赚取适中利润，并以每年每股 5 美分或 10 美分的水平增加普通股股利。最近，该实验室进行了若干次重要调研并推出若干种新产品，而且相信这将促使未来销售额和利润的大幅增长。此外，该实验室预期市场长期利率正在逐渐提高，可能从现有的大约 8% 增加至 9% 或 10%。

要求：
基于这些预测，请解释你预期看到赛飞实验室发行的下列股本类型的股票市价会上涨还是下跌并给出理由。
（1）面值 100 美元的 10% 优先股（目前按每股 80 美元出售）。
（2）面值 5 美元的普通股（目前每股发放 2.50 美元的年度股利并按每股 40 美元出售）。
（3）面值 100 美元的 7% 可转换优先股（目前按每股 95 美元出售）。

2. 下列每一种情况描述了事项的发生对特定公司股票市价的影响。
（1）在麦道公司宣称沙特航空公司将从波音公司和麦道公司订购 60 亿美元的商用飞机之后，麦道公司普通股的市场价格在数天内上涨了 5 美元以上。
（2）在美国联邦储备委员会宣布贴现率提高 0.25% 后不久，花旗集团普通股价格下跌了 3.5 美元以上。贴现率是银行为取得短期借款以满足准备金要求而支付的利息。
（3）温特坦科斯公司是一家医疗设备生产公司。在温特坦科斯公司宣布美国联邦药物管理局代表将访问公司之后，公司普通股市价下跌超过 10 美元（27.7%）。

要求：
根据上面描述的每一独立事项，解释导致股票市价变化的可能原因。

3. 采访当地两家小企业的所有者，一家企业按公司制组建，另一家为个人独资企业或合伙企业。

要求：
（1）选择这些实体形式的原因是什么？
（2）这些实体形式存在一些不可预见的问题吗？
（3）在可预见的未来这些实体形式是否可能发生改变？如果是，为什么？

4. 美国证券交易委员会（SEC）执法处是构成美国公司治理结构的一个重要方面，其目的是保护投资者。访问 SEC 官网，做一份题为 SEC 的调查并回答下列问题。

要求：
（1）指出 SEC 的各个部门。
（2）访问"执法处"并用一句话来描述该部门的作用。
（3）访问该网站并找出 SEC 在互联网上公开的关于应对"哄抬和抛售"的资料。
（4）简要描述"哄抬和抛售"这种欺骗手段。列出 SEC 建议投资者避免受骗的方法。

5. 访问强生公司（Johnson & Johnson）主页，找出该公司 2018 年度年报下的资产负债表。

要求：
（1）强生公司的资产负债表是否报告了优先股？如果是，那么强生公司当前流通在外的优先股股数是多少？
（2）在公司当期资产负债表中报告了多少普通股？每股面值是多少？
（3）公司报告库存股了吗？相比于上一年度，公司的库存股数量是否发生了改变？

自测题答案：
1. B；2. D；3. A；4. C；5. CD；6. B [（2 000×60）−（500×70）]。

练习题

关键术语

综合题 3　高山运动公司

高山运动公司是一家零售企业，现聘请你来协助编制 2021 年 12 月 31 日的财务报表。下表列示了该截止日的正确的调整后账户余额。每一账户金额都是对应账户的正常余额（提示：正常余额就是增加账户借方或贷方的金额）。

（单位：美元）

应付账款	12 750
应收账款	2 600
累计折旧——办公设备	12 000
缴入资本溢价——普通股	13 000
应付债券（2024 年 12 月 31 日到期）	22 500
现金	19 200
普通股（1 800 股，面值 10 美元）	18 000
销货成本	100 575
递延所得税	5 750
折旧费用——办公设备	2 750
股利宣告	5 000
所得税费用	8 190
保险费用	900
土地	39 500
商品存货	17 500
应付票据（2022 年 12 月 31 日到期）	2 500
办公设备	41 000
办公辅料	900
办公辅料费用	520
优先股（250 股，面值 20 美元）	5 000
应付债券溢价	1 750

（续）

预付租金	1 800
租赁费用	6 100
留存收益（2021 年 1 月）	21 050
工资费用	88 095
销售额	226 000
销售退回和折让	2 500
应付销售税金	3 200
库存股（200 股普通股成本）	2 250
公用事业费	4 120

要求：

（1）编制截至 2021 年 12 月 31 日的年度利润表，包括利润总额、税前利润和净利润。按余额从大到小的顺序列示费用（除了销货成本和所得税费用）。可以忽略每股收益。

（2）编制截至 2021 年 12 月 31 日的年度留存收益表。

（3）编制截至 2021 年 12 月 31 日的年度财务状况表（资产负债表）。要求：①包括流动资产中的各类资产和负债；②包括并标记资产总额、负债总额、所有者权益总额以及负债与股东权益的总额；③递延所得税按非流动负债列示；④确定应该披露信息的范围，包括括号中的信息。

第 12 章

收入确认和经营成果报告

| 学习目标 |

- 解释收入确认原则,包括在财务报表中确认收入必须满足的条件。
- 掌握如何在利润表中列示诸如异常和/或非经常事项以及终止经营等非常规利润项目。
- 计算每股收益并区分基本每股收益和稀释后每股收益。
- 会计处理现金股利和股票股利并解释这些交易对公司财务报表的影响。
- 解释并编制留存收益表。

- 确定前期调整数并解释在财务报表中如何列示前期调整数。
- 确定综合收益并解释综合收益与净利润的区别。
- 解释并编制股东权益表和资产负债表中的股东权益部分。
- 说明管理层为提升公司净利润业绩而可能采取的措施。

| 引导案例 |

安德玛公司

公司的销售模式和净利润是评价其财务是否成功的重要因素。以安德玛公司(Under Armour,Inc.)的业务活动为例,该公司主要从事面向成年男性、成年女性和青少年的品牌高性能服装、鞋类以及配饰的研发、营销和分销。公司产品行销全球,其穿戴用户不仅包括各个层次的运动员(从年轻新手到职业选手,可谓遍及全球各地的运动场馆),而且覆盖追求积极生活方式的各色消费者。

如果用财务业绩指标来衡量,如销售净收入和净利润,那么造就安德玛等公司财务成功的因素之一就是这些公司长年保持的实力和优势。就衡量商品销售能力的净收入指标而言,安德玛公司的销售收入从2015年的39.633 13亿美元增长到2016年的48.253 35亿美元,再增长到2017年的49.765 53亿美元,相当于2016年增长了大约22%,2017年增长了大约3%,整个期间合并增长了近26%,销售净收入成了公司每年财务报表中最大的单一指标数字。就净利润指标而言,计算时从收入出发扣除形成该收入而必须发生的各种费用。安德玛公司的净利润从2015年的2.325 73亿美元增长到2016年的2.569 79亿美元,再到2017年亏损0.482 6亿美元。这些指标数据是反映公司向顾客提供货物以及为公司股东创造利润的能力的最重要证明。

对于寻找公司以投放资金的投资者来说，诸如销售额、净利润等关键绩效指标的增长模式非常有吸引力。本章将仔细审视利润表，并了解财务报表中可获取的用以制定重要投资和信贷决策的有用信息。除了进一步掌握何时可将收入计入利润表以及如何编制利润表外，你还将了解每股收益、股利和其他反映公司财务成功的重要指标。

12.1 收入确认

收入是反映公司在财务报告期内向客户提供货物和/或服务情况的一个财务指标。当收入被计入公司利润表时，收入就得到了所谓的"确认"。收入通常是公司财务报表中金额最大的项目。收入往往对财务报表中的其他项产生重大影响，是影响公司总体财务业绩的一个主要因素。

收入确认是财务报告的一个重要原则，规定了何时应当记录收入并计入公司的财务报表。按照一般的原则，当收入赚取时，收入当被记录。也就是说，收到收入的公司已经按与客户的协议履行了所要求的一切，而且与收入有关的费用已经发生或可以合理估计。此时，挣得收入的过程被认为已经全部完成，收入以及对应的费用都被确认并计入利润表。这也就是利润表被描述为配比原则应用事例的原因，即把一个时期赚取的收入与赚取这些收入所必须发生的费用进行配比或比较。

收入确认的一个最简单的例子就是：顾客进入零售商店，选中某个产品，接着掏钱付款，然后带着产品离开商店。此时，挣得收入的过程已经完成，商家就可以按产品的售价确认收入。即便顾客有退回产品的权利，结合巨大的交易量，退货情况通常可以精确估算，仍然可以认为收入已被赚取，收入也就可以得到确认。这种基于大量销售交易方式而确认的收入构成了公司编制年度或其他期间利润表的起点。

12.1.1 收入的驱动性

收入对财务报表上的众多其他项有着重大影响。例如，利润表中的销货成本与确认在同一利润表中的收入就直接相关，所以该确认的收入决定了需要同时确认的销货成本。诸如工资、公用事业和税金等其他费用也与确认在同一利润表中的收入间接相关。在资产负债表中，现金和应收账款也与同期确认的利润表中的收入直接有关。来自那些被确认在利润表中的收入交易的现金直接决定了现金流量表中来自经营活动现金流的金额。

12.1.2 收入的契约性

契约是双方或更多方之间达成的一种约定，规定了各方的权利和义务。收入的赚取以及随后的确认就是卖方（如零售企业）和买方（如顾客）之间的契约的直接成果。无论契约是书面规定的还是默示的，卖方在完成交易之前必须履行某些责任，之后交易收入才能计入卖方公司的财务报表。

销售交易的一些情况可能使收入确认过程变得复杂而不确定。如上所述，在顾客自己选中产品、支付货款、带上产品离店之后，绝大多数的不确定性就不存在了。即便仍然会有后续的不确定性，但在卖方看来收入已经赚取，可以进行恰当的确认。这里的不确定性可能涉及顾客的退货权利、赊购付款金额、卖方的质量保证等。对于常规性交易，基于大量的销售业务，可以估计出这些不确定性的财务影响，通常不会带来收入确认的延迟。

12.1.3 履行义务

在决定收入确认的合适金额和时间时，履行义务起着特别重要的作用。所谓履行义务指的是公司就转交货物和/或服务而向顾客做出的一种承诺。收入确认的时间选择直接与卖方履行完与客户所订契约中的业务有关。一旦履行完义务，卖方就可以确认收入。

显然，我们不可能对导致确认过程复杂化的所有情形进行全面分析。这里仅列举了在会计循环中决定收入确认金额和时间时必须处理的一种常见情形。

有些交易业务虽然只有一笔交易，但会涉及多项义务的履行。此时，卖方必须把收入分解为两项或两项以上。例如，假设汽车经销商在售卖车辆的同时，还提供两项其他服务。一是在厂商提供的三年质保之外另提供延长两年的质保服务。二是作为选择性协议为车辆提供前三年的保养服务。如果汽车经销商与购买了延长的质保服务和保养服务的顾客签订了契约，那么该汽车经销商就需要履行三项义务：交付车辆，按延长的质保服务协议完成质保工作，以及在规定期间内提供车辆保养服务。这样，该汽车经销商就要把所收取的款项分为三种收入，待履行完义务后再分别确认为收入。例如，假设该交易的总金额为 35 000 美元，延长的质保服务收入估计为总价款减保养服务协议收入后的 5%。其中，保养服务协议收入估计为每年 400 美元。这样，该交易的收入可按如下方式确认：

车辆交付	32 110
延长的质保服务	1 690
保养服务（400×3）	1 200
	35 000

来自保养服务协议的 1 200 美元属于递延收入，需要在提供服务的三年里分摊确认。来自延长的质保服务的收入为剩余收入的 5%，即（35 000–1 200）×5%=33 800×5%=1 690。这个 1 690 美元也是递延收入，需要在汽车生产商提供的三年质保期满后的两年里进行分摊确认。来自延长的质保服务和保养服务的收入既可以在服务履行时确认，也可以按质保和保养服务协议的时间通过计算来确认。剩下的 32 110 美元 [35 000–（1 200+1 690）=32 110] 可以在车辆交付顾客时立即加以确认。

12.1.4 收入确认的其他问题

收入确认时要考虑的一个重要因素是收入应该确认到赚取收入的期间。这一点对于发生在财务报告期结束前后的收入交易尤其重要。临界值（cutoff）指的就是要按正确的会计期间来确认收入。在卖方向买方交付货品的过程中，要明确是交易的哪一方控制着货品可能有难度。此外，哪一方负责运输费用以及运输过程中的保险等费用对于确定何时赚取收入以及何时应该确认收入也十分关键。

与确认销售收入有关的其他问题还包括销售退回和折让、销售折扣以及销售税金等。本章后面以及本书后续章节将对这些问题进行讨论。

12.2 报告经营成果

在许多投资者和债权人看来，公司财务报告最重要的方面就是公司的期间利润或净利润。无论是普通股的市场价格还是每股现金股利的金额大小，都受到公司过去、现在和未来收益情况的影响。

12.2.1 开发预测性信息

如上一节所述，收入衡量的是出售给客户的产品和服务的价值。收入代表来自营利活动的公司资产的增长。一般来说，不论是包含在当期利润表中还是发生在更早或更晚的时点，收入都能增加现金。另一方面，费用衡量的是生产并提供出售给客户的产品和服务的成本。费用代表来自营利活动的公司资产的减少。费用减少现金，不论是在发生当期还是在更早或更晚的时点。

在利润表中列示公司经营成果时，公司取得的收入是列示的起点。作为特别重要的财务报表，利润表通过对公司在某个特定期间，如季度或年度，所发生的收入和费用的比较，最后得出该特定期间的净利润或净亏损数据。因此，利润表可为投资者和债权人估计未来现金流量提供重要信息。

因为利润报告对评价公司未来很重要，所以在编制和解释利润表时对正常的、经常性收入之外的非常规事件和交易以及费用必须认真关注。非经常性项目的结果应与公司正常的经常性活动的结果分开列示。两类需要特殊处理的非经常性项目是：①异常的和/或一次性发生的非经常性项目；②部分经营业务已终止经营。会计职业面对的挑战之一就是对这些非常规项目做出足够清晰的界定，以便财务报表使用者能够可靠地比较不同公司间以及同一公司不同时间所提供的信息。

12.2.2 报告非常规项目：示例

为了说明如何在利润表中报告非常规项目，不妨假定农夫公司（Farmer Corporation）同时经营一家小型连锁零售商店和两家汽车旅馆。在本年度，农夫公司将这两家汽车旅馆出售给一家全国连锁旅店。另外，农夫公司还报告了一项一次性发生的异常项目。如表 12-1 所示，这里的利润表给出了报告这些事项的正确格式。

表 12-1　包含一次性项目的利润表　　　　　　　　　　　　　　　（单位：美元）

农夫公司
利润表
截至 2021 年 12 月 31 日

销售净额		8 000 000
成本与费用：		
销货成本	4 500 000	
销售费用	1 500 000	
一般管理费用	920 000	
诉讼解决损失	120 000	7 040 000
税前利润		960 000
所得税费用		300 000
持续经营利润		660 000

	（续）
农夫公司	
利润表	
截至 2021 年 12 月 31 日	

终止经营：		
汽车旅馆经营损失（扣除 90 000 美元所得税利益）	（210 000）	
汽车旅馆销售利得（扣除 195 000 美元的所得税）	455 000	245 000
净利润		905 000

12.2.3 持续经营

农夫公司利润表的第一部分只包括公司正常经营业务的成果。利润表的第一栏列示的是代表公司当年收入的销售净额，接着列示的是正常的经常性费用。根据这些金额得到税前利润数据。这里列示的所得税费用（300 000 美元）仅与持续经营有关。正如下面所要解释的，这一费用并不包括与公司终止经营有关的所得税费用。

持续经营利润这一小计金额衡量的是公司持续经营业务的盈利情况。这一小计金额对于预测公司未来收益情况非常有用，毕竟该金额基于公司的正常经营业务，而且可以预期会经常发生。例如，如果预计新产品推出可以使公司下一年的盈利能力提高 10%，那么我们完全可以估计农夫公司下一年可赚得大约 726 000（=660 000×110%）美元的净利润。

12.2.4 异常损益和/或非经常性损益

有些交易并非典型的正常经营，而且常常也不会按可预测的模式再次发生。属于这类事项的有罢工引起的损失、出售工厂资产带来的损益以及因风暴等自然灾害造成的损失。此类项目如果金额重大，则应在利润表中单独列示，而不是与其他项目合并在大类中，如销售收入或一般管理费用。异常损益和/或非经常性损益（unusual and/or infrequent gains and losses）有时被称为非经常性项目（nonrecurring item）。

在如表 12-1 所示的农夫公司利润表中，120 000 美元的诉讼解决损失就是此类事项，而且被单独列示在利润表中。虽然这项损失很重要，必须通过单独列示来引起利润表阅读者的注意，但尚不足以被列示为异常或非经常性项目，所以不需要像终止经营那样单独分区列示。此外，这些异常损益和/或非经常性损益也不按税后数据列示。这些项目的所有所得税影响与正常的经常性经营收入和费用合并考虑，列示在所得税费用中。

有一类异常的非经常性损失与经营重组有关。为了应对全球化经济竞争的挑战，公司需要关闭工厂，减少雇员，合并经营设施，采取其他措施来提高经营效率，而这一切会给公司带来巨额成本。**重组费用**（restructuring charges）这一术语通常用来描述工厂资产减值或出售损失、解雇职工的遣散费、经营场地变更的费用以及保留员工的相关费用。在公司利润表中，这些项目单独列示，就像表 12-1 农夫公司利润表中的"诉讼解决损失"一样。如果重组涉及经营业务终止，那么该部分的费用应以终止经营列示。

关于经营业务终止，一旦管理层就出售或终止企业某个**业务**（segment of the business）签订正式合同，那么该业务的经营成果在利润表上应该单独列示。通过剔除不再影响公司未来的那部分经营业务，财务报表的使用者就能更好地评价公司持续经营活动的业绩。

利润表的**终止经营**（discontinued operations）部分有两项：①处置前该业务的经营损

益；②处置该业务的损益。这里，与终止经营有关的所得税应单独列示，以便与持续经营的所得税相区分。就表12-1中的农夫公司而言，公司所出售的汽车旅馆2021年的经营损失为210 000美元，为扣除了2021年90 000美元所得税利益后的净额。虽然有这些经营亏损，但农夫公司通过出售汽车旅馆在扣除195 000美元的所得税后获得了455 000美元的利得。经营亏损和出售汽车旅馆的所得税影响都不列示在利润表的持续经营部分。

> ⊙ **投资者**
>
> 决定公司股票价格的一个最重要因素是预期未来收益。假定你正在考虑投资乌沙姆公司，现在正在评价该公司当年的盈利性。公司的净利润为4 000 000美元，包括下列项目。
>
> （单位：美元）
>
> | | |
> |---|---|
> | 终止经营业务的损失（扣除所得税利益） | 750 000 |
> | 向凤凰城出售土地的利得 | 300 000 |
>
> 假设出售土地的利得是收到的总金额，不包括30%的所得税。调整净利润以便得到预测乌沙姆公司未来净利润的基本数据。给出调整的原因并解释调整后的数额是如何帮你预测公司未来收益的。

12.2.5　每股收益

普通股的**每股收益**（earnings per share）是使用范围最广的一个会计指标。投资者在买卖公司股票时对年度每股收益往往特别关注。股票市场价格以每股为基础报价。如果你正在考虑要投资购买某公司每股价格为50美元的股票，那么就需要知道每股收益和年度每股股利，以便确定你所要支付的这个价格能否给你带来预期的回报。

就最简单的形式而言，每股收益可用公司普通股股东的净利润除以流通在外的平均普通股股数来计算。由于发行在外的普通股数量可能在年度内有变化，所以计算每股收益时要采用发行在外股票的平均数，而不采用任何一天的股数。每股收益的概念仅适用于普通股，优先股股东除规定的优先股股利外，对收益没有要求权。

在许多公司，年度内流通在外的股数会发生变化。有时，公司会增发股票。另外，公司经常会回购普通股股票并加以注销或者作为库存股票进行持有。在这些情况下，每股收益就要基于加权平均的流通在外股数来计算。⊖

年度加权平均股数是通过将流通在外股数乘以持有这些股数的时间占年度时间的比例来计算的。例如，假定某公司在本年度前9个月有80 000股普通股流通在外，随后公司增发了60 000股普通股。这样，该公司在本年度后3个月就有140 000股普通股流通在外。所以，该公司本年度的加权平均流通在外股数是95 000股，具体计算如下。

假设该公司本年度的净利润为250 000美元，那么此时每股收益的计算为：250 000/95 000=2.63。

（单位：美元）

80 000股×1年的9/12	60 000
140 000股×1年的3/12	35 000
加权平均流通在外普通股股数	95 000

⊖ 当流通在外股数因股票分割或股票股利（在本章后面讨论）而变化时，计算加权平均流通在外股数应追溯调整，而不是按新股流通在外的期间进行加权。这样做可以使以前年度的每股收益数据与当前资本结构下的数据相一致。

在计算每股收益时,我们采用加权平均股数。这样做确认的是增发 60 000 股所取得的现金只在该年度的最后 3 个月给股东带来收益。

1. 优先股股利和每股收益

如果公司有流通在外的优先股,那么优先股股东仅以优先股股利为限参与净利润分配。为确定归属于普通股的收益,我们首先从净利润中减去当年的优先股股利。即便董事会在当年并没有宣告股利,也要扣除累积优先股的年度股利。如果出现拖欠累积优先股股利,那么在计算每股收益时只需减去当年的累积优先股股利。非累积优先股股利只有在董事会宣告时才减去。

例如,假设派瑞公司有全年流通在外的 200 000 股普通股和 12 000 股股利为 6 美元的累积优先股,该年的净利润总计为 595 000 美元。那么,普通股每股收益可计算如下。

(单位:美元)

净利润	595 000
减:优先股股利(12 000/×6)	72 000
归属于普通股的收益	523 000
加权平均的流通在外普通股股数	200 000
普通股每股收益(523 000÷200 000)	2.62

2. 利润表中每股收益的列示

所有公众持股公司都必须按规定在利润表中列示每股收益数字。⊖ 如果利润表列示了终止经营项目,那么就要计算持续经营利润和净利润的每股值。计算持续经营利润的每股值时,只要将前面计算中的净利润数字用持续经营利润来替代即可。

为了说明各种可能的每股值的计算,这里假设派瑞公司的利润表中包括持续经营利润。如表 12-2 所示,这里的利润表简表给出了报告这些每股收益值的正确格式以供分析这些计算。表中的销售净额、成本和费用以及终止经营的损失都是假设性数据,这样得出的净利润为 595 000 美元。为简化起见,本例将终止经营列示为单一金额。

表 12-2 每股收益一览表 (单位:美元)

派瑞公司
利润表简表
截至 2021 年 12 月 31 日年度

销售净额	9 115 000
成本与费用(包括持续经营的税负)	8 310 000
持续经营利润	805 000
终止经营损失(扣除所得税利益)	(210 000)
净利润	595 000
普通股每股收益:	
持续经营收益	3.67①
终止经营损失	(1.05)
净利润	2.62②

① (805 000–72 000)÷200 000。
② (595 000–72 000)÷200 000。

> ⊙ **会计与决策**
>
> 用每股收益指标来为投资者和债权人提供有用的信息是会计的一项重要职责。人们通常会计算公司的每股收益与其股票价格之间的关系。这一关系常常被称为市盈率(price-earnings ratio,P/E)。计算市盈率时只要用当前股票价格除以该年每股收益即可。市盈率很受投资者青睐,以至于那些主要报纸的财经版每天都会公布该比率。第 14 章将专门讨论对于评价公司财务业绩很有用的市盈率及其他指标。
>
> 股票价格实际上反映了投资者对未来收益的期望。然而,市盈率是基于过去年度的收益的,因此,如果投资者预期收益将较当前水平大幅增长,那么市盈率就会很高,也

⊖ 对于闭锁型公司(即非公众持股公司),财务会计准则委员会(FASB)不要求它们计算和报告每股收益,即使有些公司自愿计算和报告其每股收益。

许是20倍、30倍甚至更多。当然，如果投资者预期收益将较当前水平下降，那么市盈率就会很低，如8倍或更少。成熟的公司具有稳定的收益，其股票市价通常为每股收益的10~12倍，但也受当下的市场环境、投资者的预期及其他因素的影响。因此，市盈率指标很重要，毕竟它反映的是投资者对公司未来前景的预期。⊖

在使用每股信息时，必须明确知道列示的是哪种每股数据。例如，《华尔街日报》和许多其他报纸每天会报告在主要股票交易所上市的普通股市盈率（市场价格除以每股收益）。计算这些市盈率时该采用哪些每股收益数字呢？如果公司报告了终止经营，那么计算市盈率时通常要使用来自持续经营利润的每股收益，否则，市盈率就要根据净利润来计算。

⊙ 国际案例

估计企业价值时经常使用市盈率之类的估值乘数（valuation multiples）。不过，如果用价格乘数来比较不同国家的企业，往往因多方面原因而颇具挑战。其中一个重要原因就是，各国会计原则的不同往往是产生跨国差异的源头。例如，有研究表明，就财务结果类似的可比企业而言，会计原则差异导致日本的市盈率一般比美国的市盈率要低。

⊙ 财务分析师

你在一家股票市场调研企业工作。老板要你分析一下福斯特公司的业绩情况，主要是公司的每股收益。老板要你做此项分析的主要目的是：根据该公司的未来盈利预期，福斯特公司是不是一个好的投资项目。通过分析福斯特公司的利润表，你得到如下数据。

（单位：美元）

年份	2021	2020	2019
基本每股收益：			
持续经营收益	3.02	2.56	1.75
终止经营	(1.90)	(1.05)	(0.15)
净利润	1.12	1.51	1.60

如果只根据以上列出的有限信息，就福斯特公司未来的盈利前景而言，你会给老板怎样的建议？给出你的理由。

12.2.6 基本每股收益和稀释后每股收益

公司有时可能签订未决协议（outstanding agreement），容许投资者购买普通股作为某些其他金融工具或契约协议的组成内容。例如，假设一家公司有流通在外的可转换优先股，股东可以按一股优先股兑两股普通股的方式转换为普通股。这种优先股的转换将增加流通在外的普通股股数，从而可能稀释（减少）每股收益。任何关注每股收益趋势的普通股股东，都需要了解优先股转换对普通股每股收益的影响。要牢记的是，将优先股转换为普通股的决策是由

⊖ 需要提醒的是，如果当前收益很低，则市盈率将很高，而不论其未来收益预期是高还是低。在这种情况下，市盈率不是一种有意义的计量指标。

股东而不是由公司做出的。

如果公司的资本结构存在稀释每股收益的潜在可能，那么告知投资者可能出现的潜在稀释结果，公司的利润表中会针对每项利润列示两个每股收益数字。第一个数字被称为**基本每股收益**（basic earnings per share），是基于年度内实际流通在外的普通股加权平均股数计算得出的。具体计算如本章前面所述。第二个数字被称为**稀释后每股收益**（diluted earnings per share），考虑了优先股转换对基本每股收益可能产生的影响。⊖

可转换优先股并不是稀释每股收益的唯一潜在因素。可转换债务工具（如可转换债券）是另一类可能减少每股收益的金融工具。同样，对于容许持有人按预先设定的价格购买股票的股票期权，一旦持有人选择行权并购买增发的股票，那么股票期权也可能减少每股收益。

如果公司既有持续经营利润，又有净利润，同时还存在稀释每股收益的未决因素，此时公司利润表中就会有4个每股收益数字：基于持续经营利润的基本每股收益、基于净利润的基本每股收益、基于持续经营利润的稀释后每股收益以及基于净利润的稀释后每股收益。每个指标数字各有不同的意义和作用。基于持续经营的每股收益反映了持续性日常经营活动的成果，是预测未来经营成果的最有用的数字。另一方面，基于净利润的每股收益反映的是公司当年度的整体经营结果，包括所有的终止经营事项。基本每股收益数字是反映公司实际经营成果的每股指标，而稀释后每股收益数字告知的是公司每股收益可能出现的稀释或减少，导致稀释或减少的原因是基于可转换证券、股票期权或其他契约安排产生的普通股增发，毕竟可转换证券、股票期权或其他契约安排容许投资者购买公司的普通股。

需要记住的是，利润表中确定的净利润在会计期末结转到资产负债表的留存收益项下。下面，我们来考察除净利润外会影响留存收益的其他交易事项。

12.3 影响留存收益的其他交易

12.3.1 现金股利

投资者购买公司股票，期望能在将来某个时间收回原始投资及获得合理的投资回报。本章前面把投资报酬描述为投资所得和投资回报。因此，股票投资的报酬由以下两项构成：一是股票价值的增加（股票增值）；二是**现金股利**（cash dividends）。

有些公司虽然赢利但并不支付股利。例如，一家公司可能处在早期发展阶段，需要储备现金以购买厂房和设备、偿还债务或应付公司的其他需要。这些所谓的成长型公司往往难以按合理利率筹得充足资本来支持经营，所以必须依靠公司自己的收益来满足对现金和其他资源的需要。通常，需要盈利经营很多年后，公司董事会才会开始向股东支付现金股利。

上述讨论简要描述了支付现金股利的三个要求：

（1）留存收益。股利是以公司收益形式进行的对股东的一种资产分配。因此，可分配的最大股利限于公司过去年度所有未分配净利润的总额，即"留存收益"账户的贷方余额。实务中，许多公司将股利限制在远低于累积净利润的水平，毕竟公司为了增长并应对竞争必须将部分净利润留在公司。

⊖ 稀释后每股收益的具体计算会很复杂，且超出了本书的讨论范围，主要原因在于该计算是以尚未真正发生的交易活动为假设依据的。一些更高级的会计课程会对此做详细讨论。

（2）充足的现金头寸。公司报告收益情况并不意味着公司手头有大量现金。收益所产生的现金可能已经投资到新的厂房或设备中，或是偿付了债务，或是购入了大量存货，或是用于其他种种目的。"留存收益"账户余额与"现金"账户余额没有直接的一一对应关系。通常所谓的"用留存收益支付股利"观点事实上带有误导性。虽然公司要有净利润才能支付股利，但现金股利只能够用现金来支付。

（3）董事会的股利措施。即便公司净利润很多，而且现金头寸也令人满意，但这并不意味着公司会自动支付股利。董事会必要的正式措施就是宣告股利。这一点对普通股和优先股都一样。

12.3.2 股利日期

股利分配涉及如下4个重要日期。

（1）宣告日。董事会在这一天宣告股利，因而形成需要支付的负债。

（2）除权日。对于购买了在股票交易所上市交易股票的公司投资者而言，**除权日**（ex-dividend date）很重要。为了能汇总截至登记日的股东名单，股票通常在登记日（见下面的讨论）前3个营业日除权。在除权日前购买股票者，有权取得已宣告股利；相反，在除权日前出售股票的股东，不能取得股利。股票若在除权日当天出售，就失去了收取最近宣告股利的权利。

（3）登记日。**登记日**（date of record）紧跟在宣告日后，通常滞后两三周，一般在股利宣告时明示。为了有资格收到股利，个人必须作为股东列示在公司这一天的记录中。

（4）支付日。股利宣告时总会同时公告支付日和登记日。通常，支付日在登记日后的2~4周。

公司仅在宣告日和支付日需要编制日记账分录，因为只有这些活动会影响公司宣告股利。具体分录如下。

12月15日	借：股利	125 000	
	贷：应付股利		125 000

记录每股1美元的现金股利宣告，125 000股普通股流通在外，1月25日对股东支付，1月10日登记。

1月25日	借：应付股利	125 000	
	贷：现金		125 000

记录支付12月15日对股东宣告、1月10日登记的每股1美元股利。

公司在除权日或登记日不编制分录，这些日期仅对确定谁有权利取得股利很重要。从股东角度看，在除权日确定了谁可以收到股利。登记日主要是对股票过户代理人和股票登记代理人重要。

在会计期末，公司需要编制结账分录以便将"股利"账户余额结转到"留存收益"账户。有些公司采用替代的做法，在宣告股利时借记"留存收益"而不是"股利"账户。不论采用哪种方法，"留存收益"账户的余额最终都需要减去当期宣告的全部股利。

12.3.3 清算股利

当公司支付的股利超过留存收益账户余额时，就发生了**清算股利**（liquidating dividend）。

这种股利向股东返还了全部或部分缴入资本投资。通常只有在公司不再存在或公司规模永久性缩减时，才会支付清算股利。不过，股东会把股利看成是对累积利润的分配，而不当作清算股利除非公司告知他们股利是对投入资本的返还。

12.3.4 股票股利

股票股利（stock dividend）这一术语指的是公司按股东当前持有公司股票的比例向其分配增发股票。换言之，公司所宣告的股利是通过增发股票而不是支付现金来实现的。绝大多数股票股利就是分配给普通股股票持有者的增发普通股。因此，这里集中讨论这类股票股利。

现金股利与股票股利之间存在重要区别。现金股利是公司向股东分配现金的股利。现金股利同时减少资产和股东权益，然而股票股利并不分配资产。因此，股票股利不改变资产、负债和股东权益总额。每个股东得到增发的股票，但他在公司中所有权的百分比并不比以前增加。公司资产不受股票股利分配的影响，而且每名股东按上述百分比获得增发的股票数。公司宣告并发放股票股利的背后原因就是通过增发股票来把现金留在公司。

为了说明这一点，假定某家公司有 2 000 股发行在外的普通股股票，由杰姆斯·戴维斯和苏珊·米勒均等持有，即每人拥有 1 000 股股票。公司宣告 10% 的股票股利，分配 200 股增发的股票（2 000 股的 10%），即两个股东每人有 100 股。这样，杰姆斯·戴维斯和苏珊·米勒现在每人持有 1 100 股，但每人仍拥有企业所有权的一半。进一步说，公司规模并没有改变，其资产、负债和股东权益总额仍然与股利分配前一样。

现在让我们考虑股票股利对公司股票市价的逻辑影响。在本例中假定在分配股票股利前，流通在外的 2 000 股的市价为每股 110 美元。该价格表明公司的总市场价值是 220 000 美元（= 2 000 × 110）。由于股票股利并没有改变资产总额或股东权益总额，所以公司的总市场价值在分配股票股利后仍应保持 220 000 美元。因为现在流通在外股票为 2 200 股，每股市价应该降至 100 美元（= 220 000 ÷ 2 200）。换言之，股票的市场价值应该按新发行股数等比例下降。但通常情况并非如此，相对较小的股票股利对股票的市场价格几乎没有影响。因此，虽然取得股票股利的投资者对公司占有的比例仍然与之前一样，如果股票市场价值没有因股数增加而下降，那么股东实际上获得了相当于既可持有也可出售的增发股票的价值。

1. 记录股票股利的分录

在会计处理相对较小的股票股利时，如只占流通在外股票的 2%、5% 或 10%，增发股票的市场价值要从"留存收益"账户转入缴入资本账户。这个过程有时被称为留存收益的资本化，其对股东权益的总体影响就像用现金支付股利后股东立即将现金再投资到企业换取增发股票一样。当然，这里没有发生实际的现金换手，毕竟增发的股票直接送给了股东。

例如，假定 6 月 1 日阿斯潘公司每股面值 5 美元的流通在外 100 000 股普通股的市价为每股 25 美元。当天，公司宣告 5% 的股票股利，6 月 20 日登记，7 月 15 日分配。6 月 1 日记录宣告股票股利的分录如下。

借：留存收益	125 000	
贷：待分配股票股利		25 000
追加缴入资本——股票股利		100 000

宣告 5% 的股票股利，即 5 000 股面值 5 美元的普通股（= 100 000×5%），市价为 25 美元。6 月 20 日登记，7 月 15 日分配。

"待分配股票股利"账户不是一项负债，毕竟公司没有分配现金或任何其他资产的义务。如果在股票股利宣告日和股票股利分配日之间编制资产负债表，与"追加缴入资本——股票股利"一样，"待分配股票股利"账户应列示在资产负债表的股东权益部分。

请注意，这里的"留存收益"账户要按发行股票的市场价值进行减少（5 000×25= 125 000）。也请注意，股东权益总额未变，只是将从"留存收益"账户转出的金额记入其他两个股东权益账户中。

7 月 15 日，记录股票股利分配的分录如下。

借：待分配股票股利　　　　　　　　　　　　　　　　25 000
　　贷：普通股　　　　　　　　　　　　　　　　　　　　　　25 000
分配 5 000 股 6 月 1 日宣告的股票股利。

2. 选择发放股票股利的理由

虽然股票股利并不改变资产、负债和股东权益的总额，但管理层和股东都很欢迎这种分配。管理层经常发现股票股利很有吸引力，毕竟管理层给股东分配了价值可感知的东西，同时还保留了扩大经营设施和引进新产品线等所需要的现金。

有些股东也喜欢股票股利，因为他们拥有的股票增加了，而股票价格通常不会出现等比例下降。另外，股票股利也不用缴纳所得税（直到出售股票时才缴纳所得税）。

3. 股票分割与股票股利的区别

股票股利和股票分割（见第 11 章的讨论）的区别是什么呢？两者在某些方面很相似。两者都涉及将公司自己的股票分配给当前股东，而不需要股东向公司支付款项；两者都增加了股东权益中流通在外的股数。然而，两者的区别在于分配时的管理层意图以及受管理层意图影响的发行规模。股票股利通常是为了替代现金股利，其规模很小以至于股票市价相对不受影响。股票股利一般按流通在外股数增发 2%、5% 或 10%。不同于股票股利，股票分割的目的就是要让股票市价下降到理想的交易范围。股票分割一般意味着流通在外股数的较大规模的增加，如增加 100%（按 2∶1 分割），甚至增加 200%（按 3∶1 分割）。股票分割与股票股利都是公司长远筹资策略的重要组成内容。

上述讨论关注的是股票股利和股票分割的目的以及管理层的意图。事实上，两者的会计处理也各不相同。股票股利并不改变股票面值，通常是将等于增发股票市场价值的金额从留存收益转至面值及追加缴入资本账户；股票分割则按比例减少股票面值，但并不改变股东权益账户的实际余额。股票股利和股票分割都是关于公司所有权的经营战略不可或缺的部分，其会计处理差异与管理层意图差异相伴而生。

> ⊙ **小案例**
>
> 某投资者在 1985 年购买了 100 股家得宝公司股票，当时支付了 1 700 美元。15 年后，这些股票的价值大约为 273 000 美元！
>
> 那么，这是否意味着每股价值从 17 美元增加到了 2 730 多美元呢？不。事实上也不

可能发生这种情况。投资者喜欢以 100 股为单位购买股票。按每股 2 730 美元计，谁能买得起 100 股呢？普通的小投资者当然买不起。

所以，家得宝公司的董事会要想方设法吸引那些小投资者。正是这些投资者造就了对公司股票的更多需求，而且很多时候，他们也将成为公司的忠实客户。

因此，当家得宝公司股票价格上升时，公司董事会就宣告大量的股票分割和股票股利。在 1985 年购买了 100 股的投资者，15 年后无须购买增发股票就拥有了 3 900 多股股票。每股市价 70 美元这个价格显然也是普通投资者偿付得起的。

12.3.5 留存收益表

留存收益（retained earnings）是指股东权益中来自盈利性经营的部分。留存收益在公司赚得净利润时增加，而在公司发生净亏损和宣告股利时减少。本章后面要讨论的前期调整也可能使留存收益出现增减变化。

除了编制资产负债表、利润表和现金流量表以外，有些公司还会编制如表 12-3 所示的**留存收益表**（statement of retained earnings）。

表 12-3　盐湖公司留存收益表　　　　　　　　　　　　　　　　（单位：美元）

盐湖公司
留存收益表
截至 2021 年 12 月 31 日

留存收益，2020 年 12 月 31 日		750 000
2021 年净利润		280 000
小计		1 030 000
减：股利：		
优先股现金股利（每股 5 美元）	15 000	
普通股现金股利（每股 2 美元）	59 600	
10% 股票股利	140 000	214 600
留存收益，2021 年 12 月 31 日		815 400

不难发现，2021 年的净利润要加到留存收益的期初余额上。根据本书之前会计循环部分的介绍，作为期末结账和编制财务报表的一部分，收入和费用账户都要结转为 0。换言之，这些项目的净额（净利润或净亏损）要加记（或减记）所有者权益。例如，对公司而言，净利润或净亏损要加记（或减记）作为股东权益一部分的留存收益。留存收益有时被称为赚得的权益以区别于缴入资本，毕竟后者来自所有者的投资。在留存收益表中，先将留存收益的期初余额和净利润相加，然后减去当年度宣告的现金股利以及宣告的任何股票股利，就可得到留存收益的期末余额 815 400 美元。这个数字就是列示在盐湖公司 2021 年 12 月 31 日资产负债表股东权益下的留存收益数字。

12.3.6 前期调整

偶尔，公司会发现以前期间的净利润计量存在重大差错。因为净利润要结转到"留存收益"账户，报告净利润时的差错将造成所有后续资产负债表中的留存收益金额存在差错。一且发现这类错误,应予以纠正。这种纠正被称为**前期调整**(prior period adjustment),需要列在留存收益表中,作为对留存收益当年年初余额的调整。调整金额按扣除所有相关所得税影响后的净额列示。

例如,假定在 2021 年晚些时候,盐湖公司发现公司在 2020 年未记录对某些资产的折旧。考虑到这个错误的所得税影响后,公司发现 2020 年报告的净利润多计了 35 000 美元。因此,"留存收益"账户的 2021 年年初余额(2020 年 12 月 31 日的 750 000 美元)也多计了 35 000 美元。如表 12-4 所示,2021 年的留存收益表必须包含对年初留存收益进行纠正的内容。

表 12-4　带有前期调整的留存收益表　　　　　　　　　　　　(单位:美元)

盐湖公司
留存收益表
截至 2021 年 12 月 31 日

留存收益,2020 年 12 月 31 日		
原来报告的金额		750 000
减:对记录 2020 年折旧费用的差错进行前期调整(扣除了 15 000 美元所得税)		35 000
重述金额		715 000
2021 年净利润		280 000
小计		995 000
减:股利:		
优先股现金股利(每股 5 美元)	15 000	
普通股现金股利(每股 2 美元)	59 600	
10% 股票股利	140 000	214 600
留存收益,2021 年 12 月 31 日		780 400

前期调整很少出现在大型公众持股公司的财务报表中。大型公司的财务报表每年由注册会计师审计,不大可能出现需要随后通过前期调整进行纠正的重大错误。即便在审计过程中发现了错误,也会在向公众发布报表之前纠正错误。前期调整更可能出现在并非每年都经过审计的闭锁型公司的财务报表中。

公司时不时会进行会计调整,而且这种调整可能容易与前期调整相混淆。例如,我们知道折旧要依据资产的估计使用寿命。在资产使用寿命期内的某个时点,公司管理层可能会决定延长或缩短资产最初的估计使用寿命。一旦发生这种情况,公司并不需要进行前期调整。相反,调整时资产的账面价值直接按调整后剩余的使用寿命进行折旧。如果资产的使用寿命被缩短,那么在变短的剩余使用寿命期内每年的折旧就会增加。如果资产的使用寿命被延长,那么在变长的剩余使用寿命期内每年的折旧就会减少。

对留存收益有限制吗?留存收益中的某些部分可能因各种契约协议而受到限制。对留存收益的限制可防止因宣告股利而导致公司的留存收益低于规定水平。虽然此类限制不会影响留存收益的金额,但对投资者而言属于重要信息,毕竟投资者需要评估未来流向投资者现金流的概率大小。对留存收益的限制通常在公司财务报表的附注中披露。例如,如果某家公司有留存收益 1 000 万美元,公司可能会在财务报表中披露如下附注。

附注 7:对留存收益的限制

　　截至 2021 年 12 月 31 日,某些长期债务协议规定禁止宣告使留存收益降至 5 200 000 美元以下的现金股利。留存收益高出此限制的金额总计为 4 800 000 美元。

12.3.7 综合收益

美国财务会计准则委员会（FASB）对某些应该记录但在计算净利润时不考虑的财务状况变动已有明确规定。判断这些事项的一种方法就是已被确认（即记录并编入财务报表）但并未实现（即不包括在公司净利润的计算中）。

这类需要这样处理的特殊情形已经超过了本书的范畴，多会在后续会计课程中讨论。

为了简要介绍这些事项的处理，这里以外币换算为例来说明。许多美国公司会与以美元之外的货币为会计货币的其他公司发生交易活动。有些总部在美国的公司会在其他国家或地区开展经营活动，大量的公司业务自然会在当地开展，而且会计上常常采用非美元货币。这些业务包括对厂房、设备、存货以及其他资产的投资，还包括对在这些国家或地区开展业务所必需的大量劳动力和其他要素的投资。

如果某家美国公司开展如上所述的经营活动，那么在编制财务报表时，该公司在会计处理以美元之外的货币开展的经营业务时必须先换算成美元，然后才能与其在美国的业务进行合并。这个过程通常被称为外币换算，而且常常会产生明显的损益。这种损益并不反映公司正常的经营成果，而是因采用不同货币计量经营业务的差异所引起的。这些损益只是公司全部累积收益的一部分，但并不包含在净利润的计算中。本书第 15 章对外币换算交易进行了更多的讨论。

综合收益（comprehensive income）包括净利润总额和其他综合收益要素。综合收益可能以如下方式之一呈现给财务报表使用者：

（1）作为第二份利润表。一份利润表显示净利润的组成，就像本章及本书之前各章所介绍的那样。第二份利润表则显示综合收益的组成，首先就是净利润。如果选择了这种方式，那么公司年报的综合收益表应紧跟在反映净利润计算的利润表之后。

（2）作为单独的利润表。此时，该利润表应包括净利润的组成和其他综合收益的组成。

除了报告其他综合收益要素的每年变动外，这些变动的累计金额也是资产负债表中股东权益部分的一项。

本书附录 A 列示的家得宝公司 2018 年度的财务报表就采用了第一种方法，将合并综合收益表列在合并收益表之后。在所列三年的任何一年，与公司国外经营相关的是对综合收益的基本调整，而不是对公司年度净收益的调整。这些是公司全部利润中需要考虑的部分，但不是利润表中净利润的一部分。

12.3.8 股东权益表

许多公司通过扩展留存收益表来列示年度内所有股东权益账户的变动。这种扩展的报表被称为**股东权益表**（statement of stockholders' equity）。表 12-5 给出的盐湖公司股东权益表就是一例。

表 12-5　盐湖公司股东权益表　　　　　　　　　　　　　　（单位：美元）

盐湖公司
股东权益表
截至 2021 年 12 月 31 日

	5% 可转换优先股（面值 100 美元）	普通股（面值 10 美元）	追加缴入资本	留存收益	库存股	股东权益总额
余额，2020 年 12 月 31 日	400 000	200 000	300 000	750 000	0	1 650 000

(续)

盐湖公司
股东权益表
截至 2021 年 12 月 31 日

	5% 可转换优先股 （面值 100 美元）	普通股 （面值 10 美元）	追加 缴入资本	留存收益	库存股	股东 权益总额
前期调整（扣除了 15 000 美元所得税）				（35 000）		（35 000）
发行 5 000 股普通股，每股价格 52 美元		50 000	210 000			260 000
将 1 000 股优先股转换为 3 000 股普通股	（100 000）	30 000	70 000			
分配 10% 的股票股利（2 800 股，每股市价 50 美元）		28 000	112 000	（140 000）		
购买 1 000 股普通股作为库存股，每股价格 47 美元					（47 000）	（47 000）
净利润				280 000		280 000
现金股利：						
优先股（每股 5 美元）				（15 000）		（15 000）
普通股（每股 2 美元）				（59 600）		（59 600）
余额，2021 年 12 月 31 日	300 000	308 000	692 000	780 400	（47 000）	2 033 400

注：未加括号的数字表示正的股东权益金额；加括号的数字表示负的股东权益金额。

盐湖公司股东权益表的顶行包括股东权益每个主要类别的期初余额。请注意，第四栏"留存收益"包含了表 12-4 所列示的盐湖公司留存收益表的相同信息。为了说明股东权益表中通常出现的各种信息，此处增加了几项其他股票交易：

- 发行普通股获取 260 000 美元（使得普通股和追加缴入资本增加）。
- 按 100 000 美元将优先股转换为普通股。因此，5% 可转换优先股减少，普通股和追加缴入资本增加。
- 购买 47 000 美元库存股。因此，库存股金额增加，股东权益总额减少（第 11 章已讨论）。

12.3.9 资产负债表中的股东权益部分

盐湖公司截至 2021 年 12 月 31 日年度资产负债表中的股东权益部分如表 12-6 所示。请注意，这些数字直接引自表 12-5 的最后一行。

表 12-6 资产负债表的股东权益部分 （单位：美元）

股东权益		
股本：		
5% 可转换优先股，面值 100 美元，核准且发行 3 000 股		300 000
普通股，面值 10 美元，核准 100 000 股，发行 30 800 股（其中，库存股 1 000 股）		308 000
追加缴入资本：		
来自普通股发行	580 000	
来自股票股利	112 000	692 000
缴入资本合计		1 300 000

(续)

股东权益	
留存收益	780 400
小计	2 080 400
减：库存股（1 000 股，每股价格 47 美元）	47 000
股东权益总额	2 033 400

大公司公布的财务报表表明，构成股东权益部分的各项并没有一个标准的排列方式。标题选择、项目次序和分类详细程度都有差异。为了避免资产负债表过分详细，许多公司常常将多个相关联的分类账账户合并为一个资产负债表项目，再通过附注来披露有关细节。

> **⊙ 伦理、欺诈与公司治理**
>
> 正如本章所述，对于许多投资者来说，周期报告最重要的方面是净利润。投资者通常钟情于每年都报告净利润增加的公司。因此，高估净利润成了一些公司编制不当财务报表的常用手段。
>
> 美国证券交易委员会（SEC）对 Just for Feet 公司的前员工以及与公司夸大报告利润有关的前供应商的员工采取了一系列强制措施。尽管 Just for Feet 公司为夸大公司利润采用了很多不同的伎俩，但其中最为显眼的两种方法分别都与虚构合作收入和编造"摊位"收入有关。
>
> 该公司是一家从事运动和户外用鞋及服装的全国性零售企业。在提请破产保护后，公司开始清算资产和偿还债务。
>
> 公司曾支出大量广告费。如果公司的某则广告特写了某家供应商的产品（如阿迪达斯、耐克），那么该供应商通常会减少公司的商品采购欠款。公司称这些欠款减少是"广告合作"或"供应商补贴"。不过，这种补贴没有书面协议，所以也得不到保证。公司先给供应商寄送公司所投放广告的复印件，然后由供应商决定是否给予公司广告补贴。
>
> 在某个财年中，公司记录了并非赚得的 1 940 万美元的合作应收款项（同时确认为收入）。这笔超过 1 900 万美元的虚构收入占公司 4 300 万美元报告利润的很大比重。
>
> 该公司欺诈案的很重要一点就是，美国证券交易委员会对那些向该公司的审计师出具虚假证明的供应商采取了强制措施。在欺诈案事发之前，那些参与欺诈的公司管理层常常会不遗余力地游说客户，请他们向审计师做虚假证明，证明他们欠了该公司款项，而实质上不存在。显然，这种行为属于犯罪。按照《萨班斯－奥克斯利法案》，针对向外部审计师撒谎的犯罪，有关惩罚已大大加重。此外，美国证券交易委员会和美国司法部较过去加大了对此类行为的有关个人的起诉。因为销售和营销人员常常会应邀向外部审计师做假证（即对审计人员说谎），所以他们必须明白对审计师说谎会带来严重的民事和刑事处罚。

12.4 小结

至此本书讨论了股东权益的各个方面。首先在第 11 章重点介绍了缴入资本，接着在第 12 章介绍了赚得的资本。本书自第 7 章起先后详细介绍了资产、负债及股东权益。虽然这些章节的讨论按资产负债表的结构展开，但第 12 章的讨论还涉及了包含列示非常规收益和每股收益的利润表。

第 13 章将重点关注现金流量表。请注意，公司需要向其股东、债权人和其他利益相关者提供四大财务报表：资产负债表、利润表、综合收益表和现金流量表。不过，关于现金流量表的详细内容之前没有介绍，而是留给了第 13 章，毕竟至此所学习内容（特别是第 7～12 章的内容）对于全面了解现金流量表十分重要。

学习目标小结

1. 解释收入确认原则，包括在财务报表中确认收入必须满足的条件

   收入确认指的是将收入记录并计入公司利润表的时间选择。通常，收入在赚取时进行确认，此时卖方已经完成了所要履行的责任。

2. 掌握如何在利润表中列示诸如异常和/或非经常事项以及终止经营等非常规收入项目

   异常和/或非经常事项与正常的经常事项都列示在利润表中，但在利润表中要单独分列。一旦某个可识别的业务终止经营，就要列示持续经营利润小计，紧接其后列示终止经营损益。终止经营可进一步分为经营损益和处置损益，而且两者列示的是扣除相关所得税后的净额。

3. 计算每股收益并区分基本每股收益和稀释后每股收益

   每股收益等于分配的普通股利润除以加权平均流通在外的普通股股数。稀释后每股收益是针对拥有可转换为普通股的已发行但未偿还证券和其他安排的公司而言的，这些安排可能导致公司流通在外的普通股的增加。列示基本每股收益和稀释后每股收益的目的是提醒投资者，普通股股数的增加会在怎样的程度上引起基本每股收益的下降。

4. 会计处理现金股利和股票股利并解释这些交易对公司财务报表的影响

   如果公司董事会宣告股利，那么现金股利会减少留存收益。此时，股利成为公司负债。记录股票股利通常就是将增发股票的市场价值从留存收益转至对应的缴入资本账户。股票股利增加了流通在外的股数，但并不改变股东权益总额，也不改变每个股东拥有公司的比例。

5. 解释并编制留存收益表

   留存收益表反映的是某个期间"留存收益"账户余额的变化。就最简单格式的留存收益表而言，先列示留存收益期初余额，再加上该期净利润，然后减去宣告的股利，最后列示由此计算出的留存收益期末余额。

6. 确定前期调整数并解释在财务报表中如何列示前期调整数

   前期调整纠正的是以前年度报告的净利润金额方面的错误。因为以前年度的利润已经结转到留存收益，所以纠正错误就需要增加或减少"留存收益"账户。在留存收益表中，前期调整作为对留存收益期初余额的调整列示。前期调整并不在当期利润表中进行报告。

7. 确定综合收益并解释综合收益与净利润的区别

   净利润是综合收益的组成部分。综合收益内容很广，包括某些在财务报表中确认但因尚未实现而不包括在净利润中的交易的影响，如其他国家货币换算为美元所产生的损益。净利润在利润表中列示。综合收益可能与净利润列于一张合并报表中，或通过单独综合收益表来列示，而且在公司的财务年报中放在利润表之后。

8. 解释并编制股东权益表和资产负债表中的股东权益部分

   股东权益表属于扩展格式的留存收益表，解释的是年度每个股东权益账户的变化。股东权益表并不是必须编制的财务报表，但人们多会编制股东权益表以代替财务报表附注中对股东权益变化的披露。股

东权益表列示了每个股东权益账户的期初余额，解释了每个账户变化的本质和金额，并计算了每个权益账户的期末余额。

9. 说明管理层为提升公司净利润业绩而可能采取的措施

公司可能会采取一些措施来提高公司财务报表中的财务业绩表现。为此，公司可能会在收入赚取之前就确认了收入，或者把费用的确认推迟到随后的会计期间。

习题 / 关键术语

示范题

埃巴斯公司 2020 年 12 月 31 日的股东权益构成如下。

（单位：美元）

股东权益：	
普通股，面值 10 美元，核准 100 000 股，发行并流通在外 40 000 股	400 000
追加缴入资本——普通股	200 000
总缴入资本	600 000
留存收益	1 700 000
股东权益总额	2 300 000

2021 年度影响该公司股东权益的交易如下。

3 月 31 日，董事会关于 1 拆 2 股票分割的建议获通过。公司向股东增发 40 000 股新股。

4 月 1 日，公司在公开市场以每股 37 美元的价格回购公司普通股 2 000 股。

7 月 1 日，公司按每股 48 美元的价格重新出售库存股 1 000 股。

7 月 1 日，公司按每股 47 美元的价格现金发行 20 000 股以前未发行的面值为 8 美元的普通股。

12 月 1 日，公司宣告每股现金股利 1 美元，登记日为 12 月 14 日，支付日为 12 月 30 日。现金股利单独入账，到年末再结转到留存收益。

12 月 22 日，公司宣告发放 10% 的股票股利，将于次年 1 月 15 日发放。12 月 22 日的股票市价为每股 48 美元。

截至 2021 年 12 月 31 日，公司扣除 47 400 美元终止经营亏损（已扣除相关所得税利益）后的净利润为 173 000 美元。

要求：

（1）以普通日记账形式编制日记账分录来记录当年发生的影响股东权益的交易。

（2）编制 2021 年利润表的下半部分，从持续性经营利润开始，依次列示终止经营亏损、净利润以及基于当年度流通在外加权平均普通股股数的每股收益。为简化起见，终止经营亏损只考虑亏损金额。

（3）编制截至 2021 年 12 月 31 日的年度留存收益表。

答案：

（1）

（单位：美元）

普通日记账			
日期	账户名称及说明	借方	贷方
3 月 31 日	备忘：按 1 拆 2 进行股票分割，即将流通在外的普通股股数从 40 000 股增至 80 000 股，每股面值从 10 美元减至 5 美元。新增发 40 000 股		
4 月 1 日	库存股 　现金 按 37 美元回购 2 000 股库存股	74 000	74 000
7 月 1 日	现金 　库存股 　追加缴入资本——库存股交易 按每股 48 美元出售 1 000 股库存股	48 000	37 000 11 000

(续)

日期	账户名称及说明	借方	贷方
7月1日	现金 　普通股，每股面值8美元 　追加缴入资本——普通股 　按47美元发行20 000股	940 000	160 000 780 000
12月1日	股利 　应付股利 记录宣告的流通在外普通股99 000股、每股1美元的现金股利（1 000股库存股不收取股利） 注：记录现金股利支付的分录不在此列示，因为它并不影响股东权益	99 000	99 000
12月22日	留存收益 　待分配股票股利 　追加缴入资本——股票股利 记录宣告的10%股票股利（10%×99 000股流通在外股票），在次年1月15日发放9 900股面值5美元的普通股。市场价格为48美元	475 200	49 500 425 700
12月31日	损益汇总 　留存收益 损益汇总账户结账	173 000	173 000
12月31日	留存收益 　股利 股利账户结账	99 000	99 000

（2）　　　　　　　　　　　　　　　　　（单位：美元）

埃巴斯公司
部分利润表
截至2021年12月31日

持续经营利润	220 400
终止经营亏损（扣除所得税利益）	（47 400）
净利润	173 000
每股收益①：	
持续经营利润	2.47
终止经营亏损	（0.53）
净利润	1.94

① 2021年加权平均流通在外普通股股数89 000股计算如下：

1月1日～3月31日：（40 000+40 000股按1拆2分割发行的股票）×1/4	20 000
4月1日～6月30日：（80 000-2 000股库存股）×1/4	19 500
7月1日～12月31日：（80 000+20 000股新股-1 000股库存股）×1/2	49 500
加权平均流通在外股数	89 000

（3）　　　　　　　　　　　　　　　　　（单位：美元）

埃巴斯公司
留存收益表
截至2021年12月31日

2020年12月31日留存收益		1 700 000
2021年度净利润		173 000
小计		1 873 000
减：现金股利（每股1美元）	99 000	
10%股票股利	475 200	574 200
2021年12月31日留存收益		1 298 800

自测题

说明：为了尽可能多地复习各章节的知识，一些自测题不止一个正确选项，那么，你应该选出所有正确的答案。

1. 根据收入确认原则，下面哪一项或哪几项是正确的？

A. 在有关产品销售的不确定性得到解决之前（这里的不确定性包括客户退货和收回赊销款项），收入都不可确认
B. 一旦收入赚取过程完结且任何剩下的费用可以合理估计，收入就得到确认
C. 收入确认原则与将收入计入公司利润表有关
D. 收入总是在货物从卖方装运时得到确认，而不论运输中的货物由哪一方负责

2. 在利润表中单独列示非经常事项的主要目的是：
A. 增加每股收益
B. 有助于利润表使用者评价企业正常、持续经营业务的盈利性
C. 使企业持续经营成果所得税最小化
D. 防止不寻常的损失再度发生

3. 下列哪些情况不必在汉米尔顿公司本年度的利润表中单独列示？
A. 汉米尔顿公司在洛杉矶的总部被台风毁坏
B. 汉米尔顿公司将整个青少年家具经营业务出售，专注剩下的儿童服饰业务
C. 汉米尔顿公司的会计人员发现，7年前在得克萨斯购买的公司办公楼被记入了土地账户，因此这些年未对建筑计提任何折旧
D. 由于工会合同变化，汉米尔顿公司增加了当年的报酬费用

4. 当公司同时有流通在外的普通股和优先股时：
A. 只有当优先股是累积的时，才报告基本每股收益和稀释后每股收益
B. 每种流通在外的股票都要报告每股收益
C. 计算每股收益时无须考虑年度优先股股利
D. 计算每股收益时无须考虑宣告的普通股股利

5. 下列关于股票股利的叙述，哪项（或哪些项）是不正确的？
A. 宣告股票股利时，股东权益总额不变，但发放股票股利时，股东权益总额改变
B. 在股票股利宣告到股利发放之间，公司的这项承诺在资产负债表中列为流动负债
C. 股票股利并不改变单个股东拥有的公司份额

D. 股票股利对公司资产金额没有影响

6. 留存收益表：
A. 包括前期调整、现金股利和股票股利
B. 表明可用于支付股利的现金额
C. 并非强制要求的财务报表，但留存收益表所包含的信息需要以某种形式披露
D. 显示了当前会计期间的收入、费用和股利

讨论题

1. 解释会计的收入确认原则。
2. 什么是履行义务？履行义务与收入确认原则有什么关系？
3. 在利润表中单独列示异常和/或非经常项目以及终止经营项目金额的目的是什么？
4. 弗兰克娱乐公司拥有30家比萨店和1支二级联盟棒球队。本年度，公司出售了3家比萨店并在房屋租期期满后又关闭了一家。这些项目需要作为终止经营类别列示在利润表中吗？请解释原因。
5. 给出两个异常和/或非经常项目的例子。在利润表中如何列示异常和/或非经常项目？
6. 为使公司更具竞争性，强力保卫公司进行了裁员，合并了办公场地及设施，并处置了不再具有生产力的资产。强力保卫公司因此计提了大量费用。解释这些支出在公司财务报表中如何列示，并描述投资者在预计公司未来收益时该如何看待这些支出。
7. 前期调整与公司以前会计年度的收益相关。请解释这类项目在财务报表中是怎样列示的。
8. 在评估公司未来潜在盈利能力时，该如何考虑非常规项目、终止经营和前期调整的影响？
9. 解释如何计算以下指标：①市盈率；②基本每股收益；③稀释后每股收益。
10. 全年中，贝克建筑公司拥有3 000 000股普通股以及150 000股流通在外的可转换优先股，每股优先股可转换为2股普通股。在计算基本每股收益和稀释后每股收益时，采用的股票数量分别为多少？
11. 某财务分析师注意到，可利尔公司过去5年的每股收益一直保持平稳增长。该分

析师预期可利尔公司的净利润会按过去的增长率增长。在预测未来基本每股收益时，如果可利尔公司的基本收益比稀释后每股收益要大得多，那么分析师当考虑哪些风险因素？

12. 区分股票分割和股票股利。在会计处理这两类事项时，采用不同方法的原因是什么？

13. 什么是重组费用？如何在财务报表中列示重组费用？

14. 如果公司的股东权益总数不随股票股利的发放而改变，那么怎样使在股利分配中获得股票的股东取得收益呢？

15. 什么是清算股利？与正常股利（非清算股利）有何关系？

16. 在投资课程上讨论股票股利及股票分割时，有一位学生说："股票分割和股票股利完全一样，两者都是对现有股东发放股票，而股东不用向公司付款。"你同意这种观点吗？为什么？

17. 股东权益表有时被称为"扩展的"留存收益表。这是为什么？

测试题

1. 门特公司向承包商销售厨房设备，用于装修新建的房屋。门特公司向某承包商按总价 150 000 美元出售了 10 间房子的厨房设备。门特公司将制造商的质量保证期延长了 1 年，成本大约为 10 000 美元。门特公司该如何确认其收入以及与该笔销售有关的成本？

2. 华尔茨二手车公司销售新型二手车并提供可选择的 12 个月服务协议。根据华尔茨二手车公司的估计，服务协议的成本大约车辆销售总价的 5%。整个 4 月，华尔茨二手车公司出售了 12 辆汽车，总价为 250 000 美元，而且客户选择了购买服务协议。华尔茨二手车公司该如何确认 4 月的销售收入？

3. 在刚结束的年度，费拉普公司来自正常常规经营的所得税税前利润为 275 000 美元。此外，在本年度，龙卷风毁掉了公司的一个仓库以及其中的货物。在费拉普公司所在地区，出现龙卷风损毁的情况很少见。龙卷风造成的损失金额估计为 100 000 美元。上述业务的相关税率为 40%。编制费拉普公司利润表的最后部分，即从所得税税前利润开始到利润表的最后。

4. 本年度，在以下项目之前，哈德逊公司所得税税前的收入和费用分别为 750 000 美元和 600 000 美元。此外，公司因新立法通过而获得了 115 000 美元的收益。就财务报告目的而言，这种收益很有利，但属于异常和非经常项目。所有这类项目适用 35% 的所得税税率。编制哈德逊公司当年的利润表简表。

5. 瓦巴西公司当年度来自持续经营的收入和费用（含所得税）分别为 480 000 美元和 430 000 美元。当年度，公司出售了收入和支出（不包含在前面的数据中）分别为 100 000 美元和 75 000 美元的部门。该出售导致公司损失了 55 000 美元。公司所有项目均适用 40% 的所得税税率。编制瓦巴西公司当年的利润表简表。

6. 年初，康能公司拥有流通在外的普通股 100 000 股。当年度，公司分配了 10% 股票股利，其后又分配了每股 0.5 美元的现金股利。计算在支付现金股利时流通在外的股票数以及需要发放的现金股利金额。

7. 梅瑟公司本年度初的留存收益余额为 590 000 美元。本年度，公司发生了以下项目：
(1) 实现 88 000 美元的净利润。
(2) 对流通在外的 50 000 股普通股每股发放 1.2 美元现金股利。
编制本年度的留存收益表。

8. 盐和胡椒公司年初留存收益余额为 460 000 美元。当年，公司实现净利润 250 000 美元并宣告如下股利分配事项：
(1) 对 10 000 股流通在外优先股发放每股 1 美元的当年股利。
(2) 对 10 000 股流通在外优先股发放每股 1 美元的上一年度拖欠的股利。
(3) 对 200 000 股流通在外普通股发放当年每股 0.5 美元的股利。
此外，公司发现上年度夸大的净利润为 65 000 美元，并在本年度做了修正。编制本年度的留存收益表。
9. 加蒙公司本年度宣告股利如下：
  （1）宣告面值100美元6%优先股的当年现金股利。宣告时流通在外的优先股为100 000股。
  （2）宣告面值10美元普通股的现金股利为每股0.75美元。宣告时流通在外的普通股为750 000股。
  编制普通日记账分录以记录这些股利的宣告与支付。假设宣告股利直接记入留存收益。
10. 富勤公司对其750 000股普通股宣告4%股票股利。该普通股面值为10美元，原始售价为14美元，宣告股票股利时的售价为17美元。
  编制普通日记账分录以记录股票股利的分配。
11. 亚历山大公司对其流通在外面值5美元的700 000股普通股宣告分配10%的股票股利。宣告时的每股市场价格为12美元。流通在外股票原始售价为每股8美元，宣告股票股利之前的留存收益余额加上本年度净收益为995 000美元。
  编制亚历山大公司资产负债表中股东权益部分以反映这些事项。
12. 科瑞莎公司本年度实现净利润500 000美元。另外，公司外币换算取得利得20 000美元收入（已扣除相关所得税）。假设公司利用两种利润表向公司投资者和债权人列示其他综合收益因素。请编制公司本年度的综合收益表。

案例题

1. 以下事项摘自大型公众公司的财务报表：
  （1）大西洋富田公司之前是一家独立公司，现属于英国石油美国公司。该公司出售并放弃了整个非煤矿经营业务。在处置的当年，这部分业务发生经营损失。大西洋富田公司在处置非煤矿经营业务时也发生了5.14亿美元的损失。
  （2）联合碳化物公司过去是一家独立的公司，目前已是道氏化学公司的全资公司。联合碳化物公司因化工厂爆炸而持续出现严重亏损。
  （3）由于政府机构强制从企业收购资产，乔治亚－太平洋公司取得了1 000万美元的征用利得。
  指出哪些事项属于终止经营业务？哪些事项为异常和/或非经常事项？哪些事项需要以某些其他形式列示在各家公司的利润表中？请解释原因。

2. 杰克森出版公司出版两份报纸。直到最近，公司才拥有一支职业棒球队。该棒球队发生经营损失有些年了，公司决定在2021年年底将该棒球队卖给一伙投资者，他们想将球队搬到大城市去。此外在2021年，杰克森出版公司因其在雷敦的印刷厂被龙卷风摧毁而发生异常和非经常损失。该损失随后得到恢复。下面是公司精简的利润表。

（单位：美元）

杰克森出版公司
利润表
截至2021年12月31日

净收入		41 000 000
成本与费用		36 500 000
来自持续经营的利润		4 500 000
终止经营：		
棒球队经营损失	(1 300 000)	
出售棒球队利得	3 700 000	3 400 000
净利润		6 900 000

根据上述资料，回答下面的问题，给出必要的计算并解释原因。
（1）如果杰克森出版公司没有出售棒球队，那么其2021年的净利润会是多少？
（2）假设你预期杰克森出版公司2022年报纸业务的盈利会增加7%，但如果在2022年继续经营棒球队，那么棒球队的经营损失预计为200万美元。如果杰克森出版公司继续拥有并经营棒球队，那么根据你的预计，公司2022年的净利润会是多少？
（3）按照（2）中的假设，再假设杰克森出版公司在2021年出售了棒球队，那么你预计该公司2022年的估计净利润是多少？

（4）假设2021年经营棒球队的费用为720万美元（扣除相关所得税影响后的净额），那么棒球队该年度的净收入是多少？

3. 多年来，纽约影视公司一直从事电视节目制作并经营若干调频无线电台。本年度，纽约影视公司有3 000 000股普通股以及大量发行在外的可转换优先股。本年度纽约影视公司报告的每股收益如下（单位：美元）。

	基本每股收益	稀释后每股收益
每股收益：		
净收益	6.90	5.20

（1）简要解释纽约影视公司为何既报告了稀释后每股收益，又报告了基本每股收益。向投资者报告稀释后数据的目的是什么？

（2）当年纽约摄影工作室发生的异常损失金额总数是多少？

（3）假设早报上刊登的纽约影视公司普通股的市盈率表明其股票市场价格大约为每股收益的10倍。那么，纽约影视公司股票的市场价格大概是多少？

（4）假设你预计电视节目制作业务以及调频无线电台经营的收入和费用下一年都会增长10%。按照以下各独立假设，你预期纽约影视公司下一年的基本每股收益是多少（给出计算过程并解释原因）？

① 下一年度纽约影视公司的可转换优先股都不会转换为普通股。

② 下一年度初所有的可转换优先股都要转换为普通股。

4. 以下信息摘自汤普森供应公司最近年报中的股东权益表（金额单位：百万美元）。

	普通股		追加缴入资本	留存收益	库存股	
	股数	金额			股数	金额
年初余额	82 550 000	425.0	29.5	950.2	4 562 500	(135.9)
净利润				200.0		
宣告的普通股股利				(95.7)		
为股票期权计划发行的普通股			(1.4)		(601 300)	16.7
普通股回购					1 235 700	(78.6)
年末余额	82 550 000	425.0	28.1	1 054.5	5 196 900	(197.8)

利用汤普森供应公司的有关信息回答下列问题：

（1）年初有多少发行在外的普通股？年底又为多少？

（2）当年宣告的普通股股利总额是多少？根据汤普森供应公司年度报告披露，当年的普通股股利为每股1.23美元。当年大约有多少普通股有权取得每股1.23美元的股利？这个答案与（1）中答案相容吗？

（3）根据所公布的报表，当年普通股既有发行也有被回购的。但是，报表列示的普通股股数和金额（第一栏和第二栏）从年初到年末都没有变化。解释其中的原因。

（4）对于汤普森供应公司年初持有的库存股，该公司取得的每股平均价格是多少？

（5）一年中，为股票期权计划发行的601 300库存股的总发行价格，比汤普森供应公司为获得这些库存股所花的费用是高还是低（提示：分析追加缴入资本的影响）？

（6）本年度，汤普森供应公司为购买库存股而支付的平均每股购买价格是多少？

（7）在年度报告中，汤普森供应公司披露了本年度发行在外普通股（加权）平均股数是7 750万股。在（1）中，你确定了年末发行在外的普通股股数。该用哪一数据来计算每股收益？应该用哪一数据来计算每股账面价值？

5. 埃利奥特－科尔公司是一家公众持股的国际公司，在90个国家或地区开展经营业务。公司的净利润一直按每年约15%的速度增长，而且公司股票一直按20倍的市盈率进行交易。

　　为了吸引并留住核心管理层，公司制定了一个薪酬计划。按照该计划，管理人员可以通过奖金以及低价购买公司股票的机会来获得收益。一般来说，每年公司净利润越高，管理层以个人补偿方式获得的利益就越多。

　　本年度，政治动荡和经济波动威胁到公司在海外3个国家的经营业务。在年底，公司审计人员坚持认为，公司管理层应该冲销在这些国家的公司资产，指出这些资产已经"严重受损"。对此，公司一位经理称："我们对此无可争辩。这些国家的确都有麻烦。我们随时都有可能撤离这些地方，而任何资产可能都无法带走。"

　　管理层也认为，公司在这3个国家的资产价值应降至"残余价值"（什么价值也没有）。这些资产减值大约为公司之前所确认的利润的18%（这些冲销只是出于财务报告目的，对公司所得税义务没有影响）。

　　在与审计人员见面时，公司的一位官员指出，"毫无疑问，我们必须冲销这些资产。当然，这属于巨大的非经常性损失。这样大的损失不能当小事处理。"

（1）解释对仍在经营的资产进行账面价值减记的原因。

（2）评价公司官员关于这些损失的分类观点。你同意将这些损失归类为非经常性损失吗？请解释。

（3）解释这些损失的分类会怎样影响诸如《华尔街日报》之类报纸上所刊登的市盈率。

（4）管理层在该案例中面临怎样的"道德困境"？管理层在为这些损失分类时有自利想法吗？解释原因。

（5）解释这些冲销（如果发生的话）可能会怎样影响埃利奥特－科尔公司在未来期间的收益。

6. 你是皮尔斯－皮尔斯－史密斯会计师事务所的一名会计人员，已担任对大客户伟创力公司的审计工作数年。伟创力公司在竞争激烈的市场上出售商品。鉴于伟创力公司的产品具有独特性，也是为了使公司存货投资最小化，伟创力公司十分依赖严格的存货管理。伟创力公司销售移动电话、笔记本以及其他对消费需求和技术变化尤为敏感的通信设备。消费需求和技术不仅变化快，而且影响伟创力公司产品的市场吸引力。

　　在工作过程中，你注意到了一些与存货相关的趋势，不仅令你深感兴趣，而且致使你深入探索背后的细节。具体而言，你得出了如下判断。

（1）虽然销售疲软，但伟创力公司最近3年每年的净利润呈现平稳增长。

（2）公司的存货增长超过正常比率。

（3）用以降低存货过时的准备金在最近3年出现大幅下降。从3年前占存货的将近10%下降为最近一年年底的大约2%。

　　如你所知，在伟创力公司内部，评价管理层的重要因素就是公司的盈利能力。在最近两次人事变更中，该指标都被提及。

　　撰写一份简报，向管理层解释你对这些趋势的担忧并给出若干基于对伟创力公司内部分析的解释。

7. 关于公司经营绩效的重要信息可在其利润表和资产负债表中找到。通过搜索引擎，找出最近年度马丁－玛丽塔材料公司（Martin Marietta Materials, Inc.）的报表并回答下列问题。

要求：

（1）简要说明马丁－玛丽塔材料公司经营业务的性质。

（2）阅读马丁－玛丽塔材料公司的资产负债表，确定该公司发行在外的普通股股数以及这些股票平均原始销售价格。

（3）指出马丁－玛丽塔材料公司股票的现

行市场价格与你在（2）中计算出的平均原始销售价格之间的关系。

（4）阅读马丁-玛丽塔材料公司的利润表，确定基本每股收益的变化趋势（包括终止经营业务）。终止经营业务对每股收益有很大影响吗？

（5）对于最近年度，马丁-玛丽塔材料公司计算基本每股收益所采用的普通股平均股数是多少？该数值为什么与公司资产负债表中发行在外的股票数不一致？

自测题答案：1.BC；2.B；3.CD；4.D；5.AB；6.AC。

练习题

关键术语

第 13 章

现金流量表

学习目标

- 解释现金流量表的目的和用途。
- 描述现金交易在现金流量表中的分类。
- 计算经营活动的主要现金流量。
- 计算投资活动和筹资活动的现金流量。
- 区分报告经营活动现金流量的直接法和间接法。
- 解释为什么净利润与经营活动净现金流量不同。
- 使用间接法计算经营活动净现金流量。
- 讨论各种经营策略对现金流量的可能影响。
- 解释工作底稿对编制现金流量表的作用。

引导案例

百事可乐公司

现金有时被称为公司的"生命血液"。换言之，现金是公司经营成功乃至继续生存的保证。因此，公司每天必须要有能满足当前支付需要并保证公司未来成功的现金。现金要求涉及很多方面的活动，包括支付员工工资、购买存货以满足客户的购买需要、偿还到期债务、向股东分配股利以及不时购买固定资产甚至其他整个企业扩大经营活动的需要。

对于诸如百事可乐之类正在不断寻求扩大市场的大企业而言，现金流显得尤为重要。百事可乐公司2018年年度报告给出了2018年、2017年和2016年3年的比较现金流量表。这些报表分三大类进行列示：经营活动、投资活动和筹资活动。百事可乐公司的报表显示，公司每年的经营现金流流入在94亿美元到107亿美元之间不等。这一现金流用于多种目的，包括资本支出、债务偿付、公司普通股回购以及向股东分配股利。

高效管理这类数量巨大的现金流是公司管理团队的重要责任，而且对公司的持续发展往往十分关键。

有时，人们用"现金为王"这句话来强调正的现金流对所有公司的重要性。公司现金流量信息有助于投资者和债权人判断公司的未来现金流量状况。如果没有充足的现金流量，公司也就不大可能向其员工、供应商、投资者和债权人提供足够的现金流量。本书第2章介绍了描述现金流量表，本章将更深入地讨论这一重要的财务表。资产负债表、利润表、现金流量表三者合在一起被称为传递公司财务信息的三大财务报表。现金流量表描述了公司现金在期间如何变动并解释了公司该如何管理其来自经营活动、投资活动以及筹资活动的现金流。

13.1 现金流量表概述

13.1.1 现金流量表的目标

现金流量表的目标是提供企业主体在会计期间有关现金收入和现金支出的信息。**现金流量**（cash flows）包含现金收入与现金支出两个方面。现金收入被称为正现金流；现金支出被称为负现金流。在现金流量表中，有关正现金流和负现金流的信息按公司经营活动、投资活动和筹资活动进行分类。现金流量表有助于投资者、债权人及其他人就以下因素做出评价：

- 未来期间企业产生正现金流量的能力。
- 企业偿债和支付股利的能力。
- 企业从外部筹资的必要性。
- 净利润额与相关经营活动净现金流量之间存在差异的原因。
- 该期间企业投资与筹资交易的现金及非现金方面。
- 会计期初至期末现金及现金等价物金额发生变化的原因。

简而言之，现金流量表有助于财务报表使用者评价企业短期和长期拥有足够现金的能力。正因如此，对每个关心企业财务健康的人而言，包括短期及长期债权人、投资者、员工、供应商、管理层、现有的及潜在的竞争者，现金流量表均至关重要。

13.1.2 现金流量表：示例

表 13-1 给出了关于现金流量表的一个例子。其中，括号内数据表示现金流出。⊖

表 13-1 艾里森公司的现金流量表　　　　　　　　　　　　　　　（单位：美元）

截至 2021 年 12 月 31 日			截至 2021 年 12 月 31 日		
经营活动现金流量：			出售固定资产收款	75 000	
收取客户现金	870 000		投资活动净现金流量		（115 000）
收取利息和股利	10 000		筹资活动现金流量：		
经营活动提供的现金		880 000	短期借款收款	45 000	
支付供应商和员工现金	（764 000）		偿还短期债务付款	（55 000）	
支付利息	（28 000）		发行应付债券收款	100 000	
支付所得税	（38 000）		发行股本收款	50 000	
经营活动支出的现金		（830 000）	支付股利	（40 000）	
经营活动净现金流量		50 000	筹资活动净现金流量		100 000
投资活动现金流量：			现金净增加（减少）		35 000
购买有价证券	（65 000）		现金及现金等价物，2021 年 1 月 1 日		20 000
出售有价证券收款	40 000				
贷款给借款人	（17 000）		现金及现金等价物，2021 年 12 月 31 日		55 000
收取贷款	12 000				
购置固定资产	（160 000）				

⊖ 本例采用直接法来确定经营活动的净现金流量；另一种方法被称为间接法，在本章后面讨论。

13.1.3 现金流量分类

现金流量表中的现金流量分三大类列示：**经营活动**（operating activities）；**投资活动**（investing activities）；**筹资活动**（financing activities）。⊖每一类都列示了正现金流和负现金流。下面简要介绍现金流量的这些分类方法。

1. 经营活动

经营活动部分列示收入和费用交易的现金影响。换言之，现金流量表的经营活动部分包括利润表中持续经营部分所报告交易的现金影响。为说明这一概念，不妨思考赊销的影响。赊销在销售发生期间报告在利润表中，但其现金影响往往延后发生，直到应收款项以现金收回。对于许多赊销，现金收回多发生在同一会计期间。对于在接近会计期末实现的销售，现金或许要到下一会计期间才能收回。如果赊销和现金收回发生在不同会计期间，那么利润表和现金流量表的经营活动部分就会有所不同。类似的差异还存在于费用的确认与相关的现金支出之间。费用可能会被确认在某个会计期间的利润表中，但现金支出可能要在随后的会计期间发生。例如，年度末的应计工资和薪金、已在本年度利润中确认但要在下年初进行现金支付的税款、年度末应计但要在下一个利息支付日进行现金支付的利息。

经营活动中的现金流量包括：

现金收入	现金支出
销售商品和服务向客户收款	对商品和服务供应商的支付，包括对员工的支付
收取利息和股利	支付利息
其他经营收入，如了结诉讼收款	支付所得税
	有关经营的其他支出，如了结诉讼付款

请注意，利息收入、股利收入与利息支出归类为经营活动，而非投资或筹资活动。这是因为这些交易事项是会计期间公司净利润的计算项。

2. 投资活动

现金流量表中，投资活动现金流量部分列示的是固定资产、无形资产及投资等交易的现金影响。投资活动中的现金流包括：

现金收入	现金支出
出售投资、固定资产和无形资产的现金收款	购置投资、固定资产和无形资产的付款
收回贷款本金的现金收款	对借款人的付款

3. 筹资活动

筹资活动现金流量包括因债务与权益筹资交易而发生的如右事项。

现金收入	现金支出
短期和长期借款收款	偿付借款额（不包括利息支付）
收取所有者现金（如发行股票或出售库存股）	支付所有者，如现金股利
	购买库存股

偿还借款额仅指贷款的偿还，而非应付账款或应计负债的偿还。应付账款和应计负债的偿还是对与收入和费用相关的商品和服务的供应商付款，被归类为经营活动现金流出。另外，请记住，所有利息支付均被归类为经营活动。

4. 为什么把利息收入和利息支出归类为经营活动

实际上，利息和股利收入与投资活动相关，利息支出则与筹资活动相关。美国财务会计准则委员会（FASB）曾考虑到这一点，但仍决定将利息与股利收入和利息支出归类为经营活

⊖ 为调整期末现金余额，"汇率变动对现金的影响"出现在持有外币的公司的现金流量表中。该分类及其他复杂问题将在高级会计课程中讨论。

动。FASB 的观点表明，经营活动现金流量应当反映利润表中确定净利润的收入与费用交易的现金影响。由于净利润的确定须考虑利息收入、股利收入和利息费用，因此 FASB 在现金流量表中将相关的现金流量归类为经营活动。不过，因为股利支出不影响净利润的确定，因此 FASB 将股利支出归类为筹资活动。

> ⊙ **小案例**
>
> 美国财务会计准则委员会（FASB）和国际会计准则理事会（IASB）均要求现金流量表按三大类列示：经营活动、投资活动和筹资活动。FASB 和 IASB 两套准则要求的差异之一在于对投资利息收入以及债务融资利息费用的分类。根据本章的介绍，FASB 要求将这些利息计入经营现金流中，IASB 则允许将利息收入归类为经营现金流或者投资现金流，将利息费用支付归类为经营现金流或者筹资现金流。

5. 现金和现金等价物

为编制现金流量表，现金被定义为包括现金和现金等价物。**现金等价物**（cash equivalents）是指具有高度流动性的短期投资，如货币市场基金、商业票据以及自购买日起 90 天内到期的国库券。因为它们与持有现金非常接近，所以被认为相当于现金。

如果某个项目没有被归类为现金等价物，则其现金流量在现金流量表的投资活动部分列示。资产负债表中的现金和现金等价物的金额必须与现金流量表中的金额相一致。公司银行账户与这些现金等价物之间的货币转账不被视为现金收入或现金支出。无论是以通货、银行存款还是现金等价物的形式持有，货币均被视为现金。不过，因持有现金等价物而收取的利息应包括在经营活动现金收入中。

有价证券，如对其他公司股票和债券的投资，不符合现金等价物的条件。因此，购买和出售有价证券形成的现金流量在现金流量表中报告为投资活动现金流量。

来自经营活动、投资活动和筹资活动的三类现金流量都很重要。但从长期来看，企业经营要成功，必须具有产生正的经营活动净现金流量的策略。经营活动净现金流量持续为负的企业，无法从其他来源无限期地筹集现金。事实上，企业通过筹资活动筹集现金的能力高度依赖于企业正常经营产生现金的能力。债权人与投资者不愿意投资于不能产生足够经营活动现金的公司，毕竟这样的公司无法确保立即支付到期债务、利息和股利。

类似地，企业不能期望无限期地依赖投资活动现金流量来生存。因为总有一天，固定资产、投资及其他可供出售资产将会耗尽。

6. 收付实现制和权责发生制

利润表和资产负债表是以权责发生制或应计制信息为基础的。交易项目在发生时进行记录，而这不同于会计收付实现制。利润表和资产负债表中列示的项目显示的是特定总分类账账户的余额。然而，现金流量表中所使用的标题并不对应特定分类账账户，毕竟公司的总分类账是按会计权责发生制而不是按会计收付实现制来记录的。现金流量表中数据的计算涉及众多总分类账账户。例如，艾里森公司现金流量表（参见表 13-1）中列示的"收取客户现金"的 870 000 美元并不是特定总分类账账户的余额，而是依据一个或多个此类账户计算而得的。

对于小企业而言，或许可以直接根据现金收入和现金支出的专用日记账编制现金流量表。然而对绝大多数企业而言，通过分析利润表和该期间资产负债表中非现金账户的变化，可以更为容易地编制现金流量表。该方法基于会计的复式记账原理：任何影响现金的交易必然影响其他资产、负债或所有者权益账户。⊖这些其他账户的变化决定了现金交易的性质，这一点可通过下面举例得到说明。

13.2 编制现金流量表

本章前面给出了艾里森公司的现金流量表。现在我们要介绍怎样利用公司权责发生制会计记录来编制现金流量表。

从本质上讲，现金流量表可通过分析利润表中的信息以及比较资产负债表的期初与期末信息来编制。不过，还需要该期间资产负债表中某些账户变化的详细信息。表13-2给出了艾里森公司的利润表，表13-3则给出了艾里森公司当年度的比较资产负债表。

表 13-2　艾里森公司利润表　　　　　　　　　　（单位：美元）

截至 2021 年 12 月 31 日		截至 2021 年 12 月 31 日		
收入和利得		成本、费用与损失		
销售净额	900 000	销货成本	500 000	
股利收入	3 000	经营费用（包括 40 000 美元折旧）	300 000	
利息收入	6 000	利息费用	35 000	
出售固定资产利得	31 000	出售有价证券损失	4 000	839 000
收入和利得总计	940 000	所得税前利润		101 000
		所得税费用		36 000
		净利润		65 000

表 13-3　艾里森公司比较资产负债表　　　　　　（单位：美元）

2021 年 12 月 31 日与 2020 年 12 月 31 日			2021 年 12 月 31 日与 2020 年 12 月 31 日		
	2021 年	2020 年		2021 年	2020 年
资产			**负债与股东权益**		
流动资产：			应付利息	22 000	15 000
现金及现金等价物	55 000	20 000	应交税金——应交所得税	8 000	10 000
有价证券	85 000	64 000	其他应计应付费用	3 000	9 000
应收票据	17 000	12 000	流动负债总计	154 000	150 000
应收账款	110 000	80 000	长期负债：		
应收应计利息	2 000	3 000	应付票据（长期）	40 000	0
存货	100 000	90 000	应付债券	400 000	300 000
预付费用	4 000	1 000	负债总计	594 000	450 000
流动资产总计	373 000	270 000	股东权益：		
厂房与设备（扣除累计折旧）	616 000	500 000	股本	60 000	50 000
资产总额	989 000	770 000	追加缴入资本	140 000	100 000
负债与股东权益			留存收益	195 000	170 000
流动负债：			股东权益总计	395 000	320 000
应付票据（短期）	45 000	55 000	负债和股东权益总额	989 000	770 000
应付账款	76 000	61 000			

⊖ 收入、费用和股利代表所有者权益变化，因此可视为所有者权益账户。

通过分析艾里森公司资产负债表账户的变化，就可以了解公司本年度如下附加信息。为帮助编制现金流量表，我们将这些附加信息按经营活动、投资活动和筹资活动分为三类。

13.2.1 经营活动

（1）本年度应收账款增加 30 000 美元。

（2）股利收入以收付实现制确认，利息收入以权责发生制确认。本年度应计应收利息减少 1 000 美元。

（3）本年度存货增加 10 000 美元，应付账款增加 15 000 美元。

（4）本年度短期预付费用增加 3 000 美元，应计应付费用（不包括利息或所得税）减少 6 000 美元。本年度折旧费用 40 000 美元。

（5）本年度应付利息的应计负债增加 7 000 美元。

（6）本年度应付所得税的应计负债减少 2 000 美元。

13.2.2 投资活动

（7）有价证券账户借方发生额 65 000 美元，代表购买证券的成本；贷方发生额 44 000 美元，代表已售证券的成本（有价证券都没有被归类为现金等价物）。

（8）应收票据账户借方发生额 17 000 美元，代表本年度艾里森公司对借款者的贷款额；贷方发生额 12 000 美元，代表应收票据的回收额（利息的回收被记录在利息收入账户，视为经营活动现金流量）。

（9）本年度艾里森公司的固定资产账户增加 116 000 美元。对具体交易的分析如下。

（单位：美元）

	对固定资产账户的影响
购置 200 000 美元固定资产，支付 160 000 美元现金，对 40 000 美元的余额签发长期应付票据	200 000
出售账面价值 44 000 美元的固定资产，获得 75 000 美元现金	（44 000）
记录当期折旧费用	（40 000）
固定资产统驭账户净变化	116 000

13.2.3 筹资活动

（10）本年度艾里森公司向银行签发短期应付票据，借到现金 45 000 美元。同时，公司偿还贷款和其他应付票据到期的本金金额 55 000 美元（利息支付被归类为经营活动）。

（11）公司发行应付债券，收到现金 100 000 美元。

（12）公司发行股票 1 000 股，面值 10 美元，每股售价 50 美元。

（13）本年度宣告并发放现金股利 40 000 美元。

13.2.4 现金及现金等价物

（14）艾里森公司资产负债表中列示的现金及现金等价物期初余额为 20 000 美元，期末余额为 55 000 美元，净增加 35 000 美元。

根据以上附加信息，我们现在开始讨论编制艾里森公司现金流量表的步骤，并用附表披露公司非现金的投资和筹资活动。讨论过程中，经常会提及上述附加信息，会用到这些信息前面的段落编号。

权责发生制与收付实现制的区别对于理解财务报表和其他会计报告至关重要。为了帮助区分权责发生制和收付实现制，本例计算中采用不同字体，用黑体字表示从艾里森公司利润表及上述编号段落中取得的权责发生制数据，普通字体表示根据这些数据计算而得的现金流量。

13.2.5 经营活动现金流量

如表 13-1 所示，现金流量表中的经营活动净现金流量可以通过汇总某些现金流入再减去某些现金流出来计算。这里的现金流入有收取的客户现金、收取的利息和股利等；现金流出有支付供应商和员工的现金、支付的利息、支付的所得税等。

每项现金流量的计算，均以利润表金额为起点，如销售净额、销货成本或利息费用。在学习每项计算时，要弄清楚为什么要增加或减少利润表金额以确定相关的现金流量。你会发现对这些计算的理解不仅向你展示了如何计算现金流量，而且能加深你对利润表和资产负债表的理解。

1. 收取客户现金

如果均为现金销售，那么现金流量表中的收取客户现金与记录在利润表中的销售收入就没有差别。然而赊销时，就会出现差异。若本年度应收账款增加，则赊销大于收回的应收账款。因此，计算本年度收取的现金额时，要从销售净额中减去应收账款的增加。若本年度应收账款减少，则应收账款的回收大于赊销。因此，计算本年度收取的现金额时，要从销售净额中加上应收账款的减少。收取客户现金与销售净额之间的关系如下。

$$收取客户现金 = 销售净额 \begin{Bmatrix} +\text{应收账款减少} \\ \text{或} \\ -\text{应收账款增加} \end{Bmatrix}$$

根据艾里森公司案例中的附加信息（1），本年度公司的应收账款增加了 30 000 美元，意味着有 30 000 美元的赊销金额尚未收到现金。公司利润表列示的本年度销售净额为 900 000 美元。因此，公司收取的客户现金额的计算如右所示。

（单位：美元）

销售净额（权责发生制）	**900 000**
减：应收账款增加	30 000
收取客户现金	870 000

2. 收取利息和股利

下一步是确定本年度因公司投资产生利息和股利而收取的现金。根据示例中的附加信息（2），股利收入按收付实现制记录。因此，利润表中 3 000 美元股利收入代表收到作为股利收取的现金。

此外，利息收入按权责发生制确认。我们已经列示了如何将某类收入，如销售净额从权责发生制转为收付实现制。可根据同样的方法，将利息收入从权责发生制转为**收付实现制**（cash basis）。这里，只要修正一下将销售净额转为收付实现制的公式即可将利息收入转为收付实现制：

$$收取利息 = 利息收入 \begin{Bmatrix} + 应收利息减少 \\ 或 \\ - 应收利息增加 \end{Bmatrix}$$

艾里森公司利润表中列示的利息收入为 6 000 美元，附加信息（2）显示本年度应计应收利息额减少了 1 000 美元。这意味着在利息收入金额外多收取了 1 000 美元现金。因此，作为利息收取的金额可计算如下：

（单位：美元）

利息收入（权责发生制）	6 000
加：应计应收利息减少	1 000
收取利息（收付实现制）	7 000

以现金收取的利息和股利金额在现金流量表中列示如下。

（单位：美元）

收取利息（权责发生制）	7 000
收取股利（收付实现制）	3 000
收取利息和股利	10 000

13.2.6　商品和费用的现金支出

现金流量表中"支付供应商和员工现金"项目的计算，包括购买商品和发生经营费用的全部现金支出（不包括利息和所得税）。支付利息和所得税在现金流量表中分别列示。购买商品和经营费用的现金支出要分别计算。

1. 购买商品的现金支出

权责发生制下利润表反映的是本年度的销货成本。然而，此外，现金流量表报告的是本年度购买商品的现金支出，即便商品是在前期购买的，或者至年末仍未售出。商品现金支出和销货成本之间的关系，取决于两个相关的资产负债表账户在本年度的变化：存货和对供应商的应付账款。这一关系可表示如下：

$$采购支付的现金 = 销货成本 \begin{Bmatrix} + 存货增加 \\ 或 \\ - 存货减少 \end{Bmatrix} \begin{Bmatrix} + 应付账款减少 \\ 或 \\ - 应付账款增加 \end{Bmatrix}$$

根据艾里森公司利润表和附加信息（3），采购支付的现金的计算如右所示。

该计算背后的逻辑思路是：若公司增加存货，则本期买入商品大于卖出商品。然而，若公司增加对商品债权人的应付账款，则公司并未对所有采购支付现金，一部分购买款将在以后期间偿还。

（单位：美元）

销货成本	500 000
加：存货增加	10 000
净采购（权责发生制）	510 000
减：对供应商应付账款的增加	15 000
采购商品的现金支出	495 000

2. 费用的现金支出

利润表中列示的费用代表本期耗费的商品和服务成本。然而，列为费用的金额与本期的现金支出可能出现不同，如折旧费用账户。记录折旧费用不需要现金支出，但确实增加了权责发生制下确认的总费用。在将权责发生制的费用转为收付实现制时，必须从权责发生制经营费用中减去折旧费和其他非现金费用。其他非现金费用（不需现金支出的费用）包括无形资产的摊销、退休后福利费的未拨交部分及债券折价的摊销。

第二类差异来自费用确认和实际现金支出之间的短期性时间差异。相关商品或劳务耗用时在会计记录中确认为费用。但这些费用的现金支出可能发生在前期、本期或后期。让我们简单考虑每种情况。

- 如果现金支出在前期发生，则该支付形成资产，称为预付费用，或者这里所称的预付项目。因此，本年度预付费用增加，表明现金支出超过确认的费用额。
- 如果支出在本期发生，则现金支付等于费用额。
- 如果支出在后期发生，则支付减少了应计应付费用负债。因此，如果本年应计应付费用减少，则表明现金支出超过了确认的费用额。

现金支出与权责发生制费用之间的关系可汇总如下：

$$\text{费用的现金支出} = \text{费用} - \begin{Bmatrix} \text{折旧和其他} \\ \text{非现金费用} \end{Bmatrix} \text{和} \begin{Bmatrix} +\text{相关预付增加} \\ \text{或} \\ -\text{相关预付减少} \end{Bmatrix} \text{和} \begin{Bmatrix} +\text{相关应计负债减少} \\ \text{或} \\ -\text{相关应计负债增加} \end{Bmatrix}$$

在现金流量表中，利息和所得税的现金支出与经营费用的现金支出分开列示。根据艾里森公司的利润表和附加信息（4），公司的经营费用现金支出可计算如下。

（单位：美元）

经营费用（包括折旧）		300 000
减：非现金费用（折旧）		40 000
小计		260 000
加：短期预付增加	3 000	
应计负债减少	6 000	9 000
经营费用的现金支出		269 000

3. 支付供应商和员工现金

现金流量表中"支付供应商和员工现金"项目，包括购买商品和发生经营费用的现金支出。该现金流出现在可通过对前两项求和而得，如右所示。

（单位：美元）

购买商品的现金支出	495 000
经营费用的现金支出	269 000
对供应商和员工的现金支出	764 000

4. 利息和所得税的现金支出

使用经营费用的转化公式可将利息和所得税费用转为现金支出。艾里森公司利润表列示的利息费用为35 000美元，附加信息（5）指出本年度应付利息负债增加7 000美元。未付利息负债在本年增加的事实意味着利润表中的所有利息费用并非都在当年以现金支付。为确定实际支付的利息额，必须从总利息费用中减去通过应付利息负债增加筹集资金的部分。具体计算如右所示。

艾里森公司本年度支付的所得税税额也可通过类似推算来确定。利润表中列示的权责发生制下所得税费用为36 000美元。然而，根据附加信息（6），公司本年度应付所得税负债

（单位：美元）

利息费用	35 000
减：相关应计负债增加	7 000
利息支付	28 000

减少了2 000美元。所得税费用的发生增加了所得税负债，向税务当局用现金交付税金就减少了负债。如果该负债本年度减少，表明向税务当局支付的现金一定大于当年确认的所得税费用。该现金支出额的计算如右所示。

	（单位：美元）
所得税费用	36 000
加：相关应计负债减少	2 000
所得税支付	38 000

5. 小结

至此，我们介绍了艾里森公司与经营活动相关的各种现金流量的计算。表13-1已列示了艾里森公司完整的现金流量表。为方便起见，这里再次列示现金流量表的经营活动部分，给出的都是前面所分析的信息。

		（单位：美元）
经营活动现金流量：		
收取客户现金	870 000	
收取利息和股利	10 000	
经营活动提供的现金		880 000
支付供应商和员工现金	(764 000)	
支付利息	(28 000)	
支付所得税	(38 000)	
经营活动支出的现金		(830 000)
经营活动净现金流量		50 000

13.2.7 投资活动现金流量

艾里森公司示例中的附加信息（7）～（9）提供了确定投资活动现金流量所必需的信息。下面的讨论将介绍如何列示这些现金流量，并解释附加信息的来源。

只要观察一下本年度与投资活动相关的资产账户的变化，我们就可获得许多有关投资活动的信息。这些账户的借方分录代表资产购入或现金支出，贷方分录代表资产出售或现金收入。然而，资产账户的贷方分录表示所出售资产的成本（或账面价值）。为确定这些销售交易的现金收款，必须按出售确认的利得或损失来调整贷方分录金额。

1. 证券的购买和销售

例如，附加信息（7）对有价证券账户的所有借方和贷方分录进行了汇总。如前所述，借方分录65 000美元代表本年度购买的有价证券，贷方分录44 000美元代表本期出售的有价证券的成本。然而，利润表列示的出售有价证券损失为4 000美元。由此，出售取得的现金收款为40 000美元（＝44 000美元成本－4 000美元出售损失）。在现金流量表中，这些投资活动的汇总如右所示。

	（单位：美元）
购入有价证券	(65 000)
出售有价证券收款	40 000

2. 发放和收回贷款

附加信息（8）提供了汇总有关发放和收回贷款现金流量的所有必要信息，如右所示。

	（单位：美元）
对借款人的贷款	(17 000)
收回贷款	12 000

这些信息直接来自应收票据账户。该账户的借方分录代表本年度新发放的贷款，贷方分录表明收回的流通在外票据（贷款）的本金额（收取利息贷记利息收入账户，归类为经营活动现金收入）。

⊙ **销售经理**

假设你是维京食品公司的地区销售经理。作为分销商，该公司将大批量食物产品分送到学校、幼儿园、医院、监狱和其他机构。最近，巴金斯幼儿园的采购代理商告诉你，因为现金流问题，该代理商可能要放弃正常的月度订单。该代理商还告诉你，其他公司正在帮助它度过现金困境，并问你们公司能否为巴金斯幼儿园的付款提供贷款？该采购代理商建议你将销售记录为收入，同时按相同金额增记应收票据（而不是应收账款）。巴金斯幼儿园是你们的最大客户之一，没有它的订单，将不能实现你们的当月销售目标。所以，你倾向于说"没问题"。不过，经反复考虑，你觉得这种借钱给客户为其提供采购资金的做法不太道德。那么，你该怎么做呢？

3. 购置固定资产的现金支出

根据附加信息（9），艾里森公司本年度购置固定资产 200 000 美元，其中 160 000 美元以现金支付，余额 40 000 美元签发长期应付票据。请注意，公司现金流量表中仅出现 160 000 美元的现金付款。不过，财务报表的目标之一是列示年度内公司所有的投资和筹资活动。因此，需要将这些交易的非现金部分列示在附表中，如右所示。

上述非现金投资和筹资活动附表需要附在现金流量表后。

（单位：美元）

非现金投资和筹资活动附表	
购置固定资产	200 000
减：通过发行长期债务筹资部分	40 000
购置固定资产现金支出	160 000

4. 出售固定资产的现金收款

对固定资产账户的分析发现，本年度贷方分录净额总计 44 000 美元（"贷方分录净额"是指出售该资产时，全部贷方分录减去累计折旧的相关借方分录）。该贷方分录净额代表本年度出售固定资产的账面价值。然而，利润表显示，出售这些资产的利得为 31 000 美元。所以，出售固定资产的现金收款为 75 000 美元，具体计算如右所示。

本年度贷记累计折旧账户的金额并不是现金流量，因而不包括在现金流量表中。

（单位：美元）

出售固定资产的账面价值	44 000
加：出售固定资产的利得	31 000
出售固定资产收款	75 000

5. 小结

我们现在已列示了艾里森公司与投资活动相关的各种现金流量的计算。表 13-1 已列示了艾里森公司完整的现金流量表。为方便起见，这里再次列示现金流量表的投资活动部分，给出的都是前面所分析的信息，如右所示。

现金流量表中投资活动部分的一个重要特征是，同类交易中现金的增加和减少分别列示，而不是合在一起相互抵销。例如，购买有价证券的负现金流（65 000 美元）与出售有价证券的正现金流（40 000 美元）分别列示，而不是相互抵销变成 -25 000 美元。

（单位：美元）

投资活动现金流量：	
购买有价证券	（65 000）
出售有价证券收款	40 000
贷款给借款人	（17 000）
收回贷款	12 000
购置固定资产	（160 000）
出售固定资产收款	75 000
投资活动净现金流量	（115 000）

13.2.8 筹资活动现金流量

通过分析本期相关负债和股东权益账户的借贷方变化，可以确定筹资活动现金流量。筹资活动现金流量比投资活动现金流量更易确定，因为筹资活动很少涉及利得或损失。⊖资产负债表账户借贷方变化通常等于相关的现金流量。

如应付票据、长期债务及缴入资本等账户的贷方变化通常代表现金收入，而借方变化额代表现金支出。

1. 短期借款交易

例如，附加信息（10）给出了计算如右所示现金流量的信息。

	（单位：美元）
短期借款收款	45 000
偿还短期债务付款	（55 000）

现金流量表中列示了短期借款收款 45 000 美元（正现金流量）和偿还短期债务支出 55 000 美元（负现金流量）。这里列示了现金变化的两个方向，而不是将它们合并且只列示净额 10 000（= 55 000－45 000）美元，这也是现金流量表的重要特征。分别列示正的和负的现金流量，而不是只列示净现金流量，即所谓的披露总现金流量（gross cash flows）。

那么，在没有认真查阅每笔现金收入的情况下，能否确定整个年度短期借款交易的收款呢？答案是"能"。短期借款收款等于短期应付票据账户贷方分录合计，偿还短期负债付款等于短期应付票据账户借方分录合计。

2. 发行应付债券和股票的收款

根据附加信息（11），艾里森公司通过发行应付债券收到现金 100 000 美元。该金额等于应付债券账户的贷方分录合计，本年度应付债券账户无借方分录，所以没有任何债券到期的现金支付。

根据附加信息（12），本年度艾里森公司发行股票收到现金 50 000 美元，发行股票收款等于股本和追加缴入资本账户贷方分录合计（10 000 + 40 000）。

3. 支付股东现金股利

根据附加信息（13），艾里森公司宣告并支付本年度现金股利 40 000 美元。若股利的宣告与发放发生在同一年度，则现金支出等于留存收益账户的相关借方分录。

若资产负债表中包含应付股利负债，留存收益的借方金额则代表本期宣告的股利，但它可能与实际支付的股利不同。为了确定支付的现金股利，我们必须通过在本期应付股利账户中增加本期的减少（或减去本期的增加），调整宣告的股利。

4. 小结

我们已列示了艾里森公司与筹资活动相关的各种现金流量的计算。表 13-1 列示了艾里森公司完整的现金流量表。为方便起见，这里再次列示现金流量表的筹资活动部分，给出的都是前面所分析的信息，如右所示。

	（单位：美元）
筹资活动现金流量：	
短期借款收款	45 000
偿还短期债务付款	（55 000）
发行应付债券收款	100 000
发行股本收款	50 000
支付股利	（40 000）
筹资活动净现金流量	100 000

⊖ 债务的提前偿还是可能产生利得或损失的筹资交易的一个例子。

13.2.9 现金流量表与资产负债表的关系

资产负债表中的第一项资产是现金及现金等价物。现金流量表详细解释了本期资产负债表与上期资产负债表间该项资产的变化。如艾里森公司现金流量表所示,现金流量表中最后三行列示了二者的关系,如右所示。

	(单位:美元)
现金及现金等价物净增加(减少)	35 000
现金及现金等价物,年初金额	20 000
现金及现金等价物,年末金额	55 000

这通常被称为对期初和期末现金余额的调节。

> ⊙ **小案例**
>
> 成功的公司有时也会出现现金的减少。通常,这种现金减少是计划好的,其目的是更有效率地利用各种来源的现金。例如,宝洁公司在截至 2018 年 6 月 30 日的几个年度里,公司的现金减少超过了 30 亿美元。这是否意味着该公司正经历极端的财务困境呢?不一定。截至 2018 年 6 月 30 日年度,宝洁公司的经营提供了 150 亿美元的现金。2018 年度宝洁公司整体上下降的原因在于公司将很大数量的资金用于投资活动和筹资活动,主要用于资本支出、收购投资项目、向股东支付现金股利、偿还债务和购买库存股。
>
> 这个例子的教训具有正反两面性:首先,现金减少未必代表财务困难;其次,公司现金状况可能以不同于净利润的形式变化。

13.2.10 用间接法报告经营活动现金流量

在前面确定艾里森公司经营活动现金流量时,我们采用通常所谓的直接法。我们首先强调直接法是因为这是信息量更大、更容易理解的方法。虽然 FASB 建议采用直接法,但也允许公司在直接法和间接法中任意选用。在编制完艾里森公司现金流量表前,我们先来仔细分析一下间接法。

表 13-4 比较了用直接法和用间接法计算经营活动净现金流量的差异。直接法同本章前面的介绍,间接法则在下面讨论。显然,两种方法初看起来有许多共同之处。两者都基于相同的基本信息,产生相同的净现金流量,在艾里森公司例子中是 50 000 美元正的经营现金流。两种方法都将最初依据权责发生制编制的信息转换为按收付实现制编制的信息。在表 13-4 中,权责发生制数据用黑体字显示,现金流量以普通字体显示。

为说明二者计算中的相似之处,不妨简单看一下之前"经营活动现金流量"部分中关于直接法下计算现金流入和现金流出的公式。每个公式开始于利润表的一项金额,然后加上或减去当期相关资产负债表账户的变化。不难发现,表 13-4 中的间接法也强调当期资产负债表账户的净变化。

这两种方法的差别仅在于过程不同。然而,两种方法为现金流量表读者提供了不同类型的信息。对经营活动净现金流量,直接法向读者提供具体现金流入和流出的性质和金额,而间接法则解释为什么经营活动净现金流量不同于另一个业绩指标——按权责发生制计算的净利润。不难发现,间接法从净利润出发,倒过来通过一系列调整来得出经营活动所提供的净现金流,而且与直接法下的结果完全一样。

表 13-4　直接法与间接法的比较　　　　　　　　（单位：美元）

直接法			间接法		
经营活动现金流量：			净利润		65 000
收取客户现金	870 000		加：折旧费用		40 000
收取利息和股利	10 000		应计应收利息减少		1 000
经营活动提供的现金		880 000	应付账款增加		15 000
支付供应商和员工现金	（764 000）		应计利息负债增加		7 000
支付利息	（28 000）		出售有价证券非经营损失		4 000
支付所得税	（38 000）		小计		132 000
经营活动支出的现金		（830 000）	减：应收账款增加	30 000	
经营活动提供的净现金		50 000	存货增加	10 000	
			预付费用增加	3 000	
			应计应付经营费用减少	6 000	
			应计应交所得税减少	2 000	
			出售固定资产非经营利得	31 000	82 000
			经营活动提供的净现金		50 000

13.2.11　将净利润调节至净现金流量

为了加深对间接法的理解，我们现在讨论将净利润调节至经营活动净现金流量所需要的3类调整。会计人员使用工作底稿或计算机程序来确定调整的性质和金额，它们并不录入公司的会计记录。这些调整仅用于把净利润调节至经营活动净现金流量。

1. 非现金费用调整

折旧是一种非现金费用。折旧费用减少本期净利润，但本期不需要发生任何现金支出。与折旧相关的现金支出在购买资产时发生并披露为投资活动，而且时间上早于任何折旧费用的确认。为了将净利润调节至经营活动净现金流量，我们把折旧和其他非现金费用加回到净利润中（其他非现金费用包括未拨交的养老金费用、无形资产摊销、自然资源折耗及债券折价摊销）。尽管我们加回了折旧和其他非现金费用，但这并不是说它们形成实际现金流入，而是说折旧和其他非现金费用并不发生现金支出，加回仅仅是抵消在计算净利润时作为费用扣除的影响。

2. 时间性差异调整

当在现金之外账户的借方或贷方确认收入或费用时，就产生了净利润与净现金流量项目的时间性差异。这些资产和负债账户的本期变化额，正是利润表中权责发生制下收入或费用的确认额与经营活动净现金流量间的差异。产生时间性差异的资产负债表账户有应收账款、存货、预付费用、应付账款和应付费用等。

3. 非经营利得和损失的调整

非经营利得和损失包括出售投资、固定资产和终止经营业务（与投资活动相关）的利得和损失；提前偿还债务（与筹资活动相关）的利得和损失。

如前所述，现金流量被分为经营活动、投资活动和筹资活动三类。按照定义，非经营利得和损失不影响经营活动，但这些利得和损失的确影响净利润。因此，在将净利润调节至经营活动净现金流量时，要将净利润加上非经营损失，并从净利润中减去非经营利得。该交易的全部现金影响列在现金流量表的投资活动（如出售建筑）或筹资活动（如偿还债务）中。

13.2.12　间接法总结

对上述净利润调整可汇总如下。

净利润	减：应收账款增加
加：折旧	存货增加
应收账款减少	预付费用增加
存货减少	应付账款减少
预付费用减少	应计应付费用减少
应付账款增加	应交递延所得税减少
应计应付费用增加	计算净利润时加上的非经营利得
应交递延所得税增加	**经营活动提供（或使用）的净现金**
计算净利润时减去的非经营损失	

13.2.13　可能要求在附表中披露间接法

FASB 建议使用直接法披露经营活动净现金流量。然而，绝大多数公司选择使用间接法，原因之一是 FASB 要求选用直接法的公司还要满足额外的报告要求。

企业必须按要求提供附表，表明采用间接法的经营活动净现金流量的计算。然而，在现金流量表中采用间接法计算的公司则不要求补充计算，因为相同的信息已经在间接法报表正文揭示了。

13.2.14　现金流量表：进一步观察

至此，我们已经完成了对艾里森公司现金流量表的说明，并分析了表中每类现金流量是如何通过其他两张财务报表（利润表和资产负债表）金额调整而成经营活动、投资活动和筹资活动现金流量的。在计算经营活动现金流量时，我们先采用直接法来确定并列示主要类别正的和负的现金流量。

此外，我们说明了确定经营活动现金流量金额的间接法。同样，调整也是从净利润开始，而不是按每个资产负债表账户变化来调整单个经营活动现金流量的类别。

现在，我们可以开始编制综合现金流量表了，并且包括所有必要的披露信息。表 13-5 列示了艾里森公司扩展的现金流量表。该现金流量表对经营活动使用直接法，同时包括两张附表。

表 13-5　艾里森公司（扩展的）现金流量表（截至 2021 年 12 月 31 日）　　　　　（单位：美元）

经营活动现金流量：		
收取客户现金	870 000	
收取利息和股利	10 000	
经营活动提供的现金		880 000
支付供应商和员工现金	(764 000)	
支付利息	(28 000)	
支付所得税	(38 000)	

		(续)
经营活动支出的现金		（830 000）
经营活动净现金流量		50 000
投资活动现金流量：		
购买有价证券	（65 000）	
出售有价证券收款	40 000	
贷款给借款人	（17 000）	
收回贷款	12 000	
购置固定资产现金支出（参见附表B）	（160 000）	
出售固定资产收款	75 000	
投资活动使用的净现金		（115 000）
筹资活动现金流量：		
短期借款收款	45 000	
偿还短期债务付款	（55 000）	
发行应付债券收款	100 000	
发行股本收款	50 000	
支付股利	（40 000）	
筹资活动提供的净现金		100 000
现金净增加（减少）		35 000
现金及现金等价物，2021年1月1日		20 000
现金及现金等价物，2021年12月31日		55 000
附表A 经营活动提供的净现金		
净利润		65 000
加：折旧费用		40 000
应计应收利息减少		1 000
应付账款增加		15 000
应计负债增加		7 000
出售有价证券非经营损失		4 000
小计		132 000
减：应收账款增加	30 000	
存货增加	10 000	
预付费用增加	3 000	
应计负债减少	8 000	
出售固定资产非经营利得	31 000	82 000
经营活动提供的净现金		50 000
附表B 非现金的投资和筹资活动		
购置固定资产		200 000
减：通过发行长期债务筹资的部分		40 000
购置固定资产支付的现金		160 000

表13-5中的附表A列示了使用间接法确定经营活动净现金流量的计算，附表B披露了公司投资和筹资活动的非现金方面。这里，购买固定资产的200 000美元中，160 000美元为现金支付（列示为投资活动的负现金流），剩余的40 000美元采用发行长期负债的非现金方式。只要公司投资和筹资活动的有些方面与当期发生的现金流量不一致，就须编制这类附表。

如果使用间接法，那么表13-5中的现金流量表会有什么不同呢？此时，我们需要将附表A所包含的信息替代成直接法下该表"经营活动现金流量"部分，同时不再要求附表披露。

事实上，这正是间接法大受欢迎的原因之一。如果使用直接法，因为必须按要求披露这类信息，所以许多公司仅愿意在现金流量表主表中包括净利润至经营活动净现金的调整，从而避免同类信息的附表披露。

> ⊙ **会计与决策**
>
> 　　进行投资、信用以及其他财务决策时，现金流量表的使用者尤其感兴趣的是经营活动净现金流量。该净现金流是否足以满足目前支付员工和供应商、偿还长期债务、替换固定资产的需要？未来是否需要进行额外的债务或权益融资？经营现金流是否足以维持股东股利水平的平稳甚至实现增长？
>
> 　　下面以两家相互竞争的进口工艺品供应企业（贡札勒兹公司和阿尔凡拉兹公司）为例。这两家公司拥有规模大致相当的资产、负债和销售额。如下信息摘自其最近的现金流量表。
>
> （单位：千美元）
>
> | | 期初现金余额 | 净现金流量 ||| 期末现金余额 |
> | --- | --- | --- | --- | --- | --- |
> | | | 经营活动 | 投资活动 | 筹资活动 | |
> | 贡札勒兹公司 | 150 | 600 | （500） | 400 | 650 |
> | 阿尔凡拉兹公司 | 150 | 50 | 500 | （50） | 650 |
>
> 　　两家公司中，哪家公司的现金流量状况更好呢？尽管两家公司有相同的期初和期末现金余额，即都是 150 000 美元和 650 000 美元，似乎两家的现金流一样强。但事实上，贡札勒兹公司的情况更好些，因为它的经营活动现金流很强，达到了 600 000 美元。这样，它可以投资 500 000 美元于经营资产（如厂房和设备）；虽然筹资仅 400 000 美元，但其现金余额从期初的 150 000 美元增加到了期末的 650 000 美元。反观阿尔凡拉兹公司，经营活动只产生较小数量的现金流 50 000 美元，出售资产产生的现金流 500 000 美元占公司期末现金余额的大部分。而且，阿尔凡拉兹公司能否长期维持该现金状况并因此满足未来重复出现的债务还不能确定。换言之，公司实现期末现金流的方式特别重要。显然，贡札勒兹公司靠的是成功的经营而不是靠缺乏可持续性的手段。
>
> 　　比任何年度经营活动净现金流量更为重要的是未来几年公司的现金流量变化趋势，以及这种趋势年复一年的一贯性。公司的最佳结果是经营活动净现金流量每年能出现可预计的、幅度相当可观的增长。⊖
>
> 　　那么，自由现金流量情况如何呢？
>
> 　　许多财务分析师常常会计算所谓的**自由现金流量**（free cash flow）。自由现金流量在财务文献中广泛运用。自由现金流量指的是在公司满足企业经营全部基本义务后可为管理层任意调配的现金流量。计算自由现金流量的常见方法之一就是从经营活动净现金流量中减去用于购买固定资产投资和支付任何股利的净现金。不同分析师往往以不同方式计算自由现金流量。例如，对于固定资产的全部支出与维持当前水平生产能力的支出，哪个属于"基本义务"呢？企业界广泛使用自由现金流量这一术语。
>
> 　　假设全部固定资产支出与基本义务有关，那么艾里森公司的自由现金流量可计算如下。

⊖ 百分比变化是指两年间美元金额的变化，表示为以第 1 年为基数的百分比。例如，如果第 1 年经营活动净现金为 10 万美元，第 2 年为 12 万美元，则百分比增加 20%，计算如下：（120 000−100 000）÷100 000=20%。

		（单位：美元）
经营活动净现金流量		50 000
减：购置固定资产所使用的净现金（160 000－75 000）	85 000	
支付股利	40 000	125 000
自由现金流量		(75 000)

上述计算表明，艾里森公司并未产生足够的经营活动现金以满足其基本义务。由此，管理层不得不从其他渠道筹集现金。当然，财务分析师总要探究数字背后的奥秘。例如，本例中艾里森公司购置固定资产是否为基本义务？购置固定资产是否出于企业自主扩张的要求？

⊙ **财务分析师**

与第12章一样，假设你在同一家股票市场调研公司上班。不过与之前的老板不同（该老板关注的是基于报告收益的增长和相对价值这两个指标），新老板在选择股票时主要关注的是自由现金流量和股利。

新老板感兴趣的是那些自由现金流量至少达到经营活动现金流量50%的股票。他也要求股利达到经营活动现金流量的25%或以上。你目前考虑的股票与以前相同：家得宝、英特尔、可口可乐和亚马逊。新老板为你提供了如右摘自最近财务报表的资料，要求你推荐符合他投资标准的股票。

		（单位：百万美元）	
公司	经营现金流量（CFO）	净资本支出	股利
家得宝	6 975	1 312	1 743
英特尔	18 884	11 027	4 350
可口可乐	10 645	2 780	4 595
亚马逊	4 180	3 785	—

老板还告诉你，一位潜在的新客户会在下午联系你。该潜在客户对投资很有经验，她对学习为什么将自由现金流量的相对水平和股利作为重要尺度很有兴趣。她也想弄清楚为什么并非所有企业都支付股利。为此，老板让你回答该潜在客户的问题。

13.3 现金流量管理

管理层可采取多种手段来影响特定期间的现金流量。事实上，管理层的主要责任之一就是尽责管理公司的现金流量。任何公司都不应当出现因缺乏现金而无法履行义务的情况，否则后果十分严重。在支付薪金或偿付供应商或债权人方面即使仅延迟几天，也可能严重破坏重要的企业关系。管理层最基本的职责之一就是确保企业有足够的现金支付到期的债务。

13.3.1 预算：现金管理的主要工具

管理层预测并调整未来现金流量的主要工具就是现金预算。**现金预算**（cash budget）是对未来现金收入和支出的预测。现金预算不是财务报表，不向组织外部人员广泛发布。现金预算主要作为内部管理工具，属于所有会计报告中最有用的工具之一。

现金预算在许多方面与现金流量表相似。然而，现金预算显示的是未来期间预期的结果，而非过去取得的结果。同时，现金预算更详细，通常分别列示组织内各部门每月预期的现金流量。

现金预算的目的有很多，其中最重要的是：

- 帮助管理者预先计划并协调活动。
- 预先向管理者提醒处置的资源及其预期的处置结果。
- 提供用于评估业绩的目标。
- 对潜在的现金短缺进行预警。

13.3.2 管理者应如何优先考虑增加净现金流量

债权人和投资者都很关注公司的现金流量，为的是保护其投资并取得未来的回报。关键现金流量的趋势（如经营活动现金流量和自由现金流量）会影响公司的信用评级、股票价格和获得额外投资资本的渠道。所以，管理层始终处在改善现金流量关键指标的压力下。但有时，当期报告更高的现金流量的压力与管理者的长期责任可能相互冲突。

1. 短期成果与长期增长

通常改善短期经营成果会以牺牲长期增长为代价。例如，削减新产品的开发支出可以增加当期的收益和净现金流量。但从长期看，这一策略将削弱公司的竞争能力和长期盈利性。许多成功的产品在为公司带来正现金流之前要花很多年去研发和测试。

2. 现金流量的一次性增加

一些策略能增加当期的净现金流量，但对未来现金流量无多大影响，如加快应收款项回收和减少存货规模等策略。

例如，假定某公司提供给顾客 60 天信用期。1 月发生的赊销额将在 3 月收回，2 月发生的赊销额将在 4 月收回。注意，公司每月将收回大约一个月的赊销额，但从销售时点来看，收到现金被推迟了两个月的时间。

现假定 3 月 1 日公司改变信用政策，将信用期改为仅有 30 天。4 月，公司将收回两个月的赊销额，即 2 月（60 天信用期）和 3 月（30 天信用期）的赊销额。

这极大地增加了 4 月收取客户的现金，但并不意味着以后各月会有更高的现金流量。5 月，公司仅收回 4 月发生的赊销额，这样又回到当月仅收回大约一个月赊销额的模式。信用期的缩短仅一次性地增加现金收入。

减少存货规模也可实现类似的现金流量一次性增加。减少存货降低了购买商品的必要，但存货水平下降只是一次性的。一旦公司将存货规模稳定在某一新的更低水平，那么月购入量必然回到大约等于本期销货量的水平。减少存货规模也可能引起其他后果，如供货量无法满足客户的需求。

13.3.3 持久改善现金流量的一些策略

一些策略既可短期也可长期改善现金流量，如递延所得税、峰期定价及开发有效的产品组合等。

1. 递延所得税

递延所得税意味着为所得税目的而使用可合法递延支付所得税的会计方法，如为所得税目的而采用加速折旧法。

每年，递延所得税会使正在成长的企业受益。因此，递延所得税是公司广泛运用的、有

效的现金管理策略。⊖

2. 峰期定价

一些企业的客户数量有时多得难以应付，至少在每天或每年的某段时间，如受欢迎的饭馆、景区旅馆、电话公司、供电部门等。

峰期定价（peak pricing）是在总需求超过供给（或产能）时利用销售价格增加收入并分配商品和服务的策略。公司在客户需求高峰期提高产品价格，在需求非峰期降低产品价格。例如，饭馆在每天营业高峰时段的收费可能会高于其他时段。剧院在每周周末以及晚间的黄金时段的收费也可能会高于其他时段。峰期定价主要有两大相关目标：一是在需求旺季增加卖方收入；二是通过客户购买行为的改变会使一些需求转至公司能更好地为客户服务的非峰期。

对于没有时间在非峰期购买的客户而言，峰期定价可方便他们购买。此外，峰期定价能避免系统（如移动电话系统）因超载而出现故障。然而，峰期定价并不总是恰当的。例如，在疾病流行或发生自然灾害时，我们发现医院或医生事实上并没有涨价。峰期定价的一种替代方法就是保持采用单一价格。

3. 开发有效的产品组合

增加收入和现金收入的另一个办法就是提供用于销售的产品组合。有效**产品组合**（product mix）有双重目的：①增加销售总额；②增加毛利（即售价超出产品成本的部分）。

顾客在购买一种产品时通常可能购买另一种产品，这两种产品称为互补产品。**互补产品**（complementary products）的常见例子有汉堡包店的炸薯条、电影院的小吃和加油站的汽车清洗服务等。

有些互补产品对满足顾客至关重要。比如，如果体育馆不卖食品，你会高兴吗？其他互补产品则通过吸引顾客购买其他产品来增加销售。

有些互补产品似乎是公司主要产品线的附属品，但实际上，这些附属品很可能是公司最重要的产品。

> ⊙ **伦理、欺诈与公司治理**
>
> 　　如本章所述，经营活动现金流量是现金流量表中财务报表使用者检查最仔细的小计金额。大幅增长的经营活动现金流量通常被看好，其中的原因至少有三个。第一，公司用现金而不是收益支付账单。第二，拥有大量经营活动现金流量的公司更有实力依靠自身现金流量为未来增长筹资（如资本支出），而不必借入更多钱或增发股票。第三，如果经营活动现金流量与报告净利润非常匹配，那么该公司的收益质量多被认为很好。
>
> 　　尽管经营活动现金流量较难被操纵，但并不是没有可能。例如，美国证券交易委员会（SEC）对德能公司（Dynergy, Inc.）采取的强制行动一案就是这方面的证明。德能公司在整个北美和欧洲地区为客户生产并输送能源，包括天然气、电、煤等，公司股票在纽约证券交易所上市交易。德能公司开展了一项结构性交易（以下称阿尔法项目），结果德能公司竟把本应在筹资活动现金流量中报告的3亿美元报告为经营活动现金流量。德能公司参与

⊖ 修正的加速成本回收法（MACRS）是广泛用于所得税目的的加速折旧法。递延所得税在本书第10章中已进行了深入讨论。成长型企业受益于递延所得税的原因是每年递延的金额超过过去递延现在到期的金额。

阿尔法项目的主要动机就是使经营活动现金流量更接近所报告的净利润。

阿尔法项目是一个5年期项目，运作情况如下：德能公司发起一个特殊目的实体ABG供应公司，负责向德能公司出售天然气。在5年期阿尔法项目实施的第1年，ABG供应公司以低于市场价格向德能公司出售天然气。德能公司再以3亿美元的利润出售这些天然气，并在现金流量表中经营活动现金流量部分报告该现金流量。在阿尔法项目余下的4年里，德能公司必须以高于市场价格从ABG供应公司购买天然气。这些高于市场价格的购买足以偿还之前的3亿美元和利息。实质上，第1年以低于市场价格3亿美元向德能公司出售天然气相当于一项贷款，而第2~5年的交易相当于偿还贷款和利息。所以第1年3亿美元的现金流量应该在筹资活动现金流量部分报告，而不是在经营活动现金流量部分报告。

德能公司的三位中层税务经理对阿尔法项目的构造负有主要责任，而且他们积极参与了向德能公司外部审计师隐瞒该项目细节的计划。其中的两位经理被判联邦刑事犯罪并做出对第三位经理不利的证明。第三位经理被控刑事犯罪并被判在联邦监狱服刑20年（事实上因上诉而被大幅减刑）。该案清楚地说明了违反证券法带给个人的风险，尤其是人为向审计师、投资者和其他外部人员隐瞒交易本质。

13.4 编制现金流量表用的工作底稿

通过系统分析资产负债表中非现金账户变化，就可以编制出现金流量表。这一过程可通过编制专门设计的工作底稿予以规范化、文本化。该工作底稿也可使会计人员直观地确保资产负债表账户变化已被充分解释。

13.4.1 示例数据

这里，我们采用汽车供应公司2021年度的财务数据来说明工作底稿法。⊖表13-6给出了汽车供应公司2021年年初和年末的资产负债表账户余额（请注意，本例中右边一栏给出账户本年度的年末余额。该格式也用在工作底稿中）。

表 13-6　汽车供应公司比较资产负债表　　　　　　　　　　（单位：美元）

	2020年 12月31日	2021年 12月31日		2020年 12月31日	2021年 12月31日
资产			**负债和股东权益**		
现金	50 000	45 000	应付账款	150 000	160 000
有价证券	40 000	25 000	应计应付费用	60 000	45 000
应收账款	320 000	330 000	应付抵押票据（长期）	0	70 000
存货	240 000	235 000	应付债券（2023年到期）	500 000	350 000
厂房和设备（扣除累计折旧）	600 000	640 000	股本（无面值）	160 000	160 000
总计	1 250 000	1 275 000	留存收益	380 000	490 000
			总计	1 250 000	1 275 000

⊖ 艾里森公司的例子相当综合，因此，以艾里森公司作为现金流量表工作底稿的介绍性示例会过于冗长和详细。

这里用于编制工作底稿的附加信息如下（权责发生制数据用黑体字表示，现金流量用普通字体表示）：

（1）本年净利润 **250 000 美元**，宣告并发放现金股利 **140 000 美元**。

（2）汽车供应公司仅有一项非现金费用即折旧，总计 **60 000 美元**。

（3）汽车供应公司出售有价证券，成本 **15 000 美元**，换取现金 35 000 美元，产生 **20 000 美元非经营利得**。

（4）汽车供应公司购买 **100 000 美元固定资产**，其中 30 000 美元现金首付款，余额 **70 000 美元签发应付抵押票据**。

13.4.2　工作底稿

汽车供应公司采用间接法报告经营活动现金流量。⊖ 编制现金流量表的工作底稿如表 13-7 所示。

表 13-7　汽车供应公司现金流量表工作底稿　　　　　　　　　　（单位：美元）

截至 2021 年 12 月 31 日

资产负债表影响	期初余额	借方变化	贷方变化	期末余额
资产				
现金及现金等价物	50 000		（X）5 000	45 000
有价证券	40 000		（8）15 000	25 000
应收账款	320 000	（4）10 000		330 000
存货	240 000		（5）5 000	235 000
厂房和设备（扣除累计折旧）	600 000	（9）100 000	（3）60 000	640 000
总计	1 250 000			1 275 000
负债和股东权益				
应付账款	150 000		（6）10 000	160 000
应计应付费用	60 000	（7）15 000		45 000
应付抵押票据	0		（9）70 000	70 000
应付债券	500 000	（10）150 000		350 000
股本	160 000			160 000
留存收益	380 000	（2）140 000	（1）250 000	490 000
总计	1 250 000	415 000	415 000	1 275 000
现金影响		来源	运用	
经营活动：				
净利润		（1）250 000		
折旧费用		（3）60 000		
应收账款增加			（4）10 000	
存货减少		（5）5 000		经营活动
应付账款增加		（6）10 000		现金 280 000
应计应付费用减少			（7）15 000	
出售有价证券利得			（8）20 000	

⊖　若工作底稿使用直接法，则在经营活动部分列示大量明细分类。这样的工作底稿将在高级会计课程中说明。

(续)

资产负债表影响	截至 2021 年 12 月 31 日			
	交易的影响			
	期初余额	借方变化	贷方变化	期末余额
投资活动：				
出售有价证券收款		（8） 35 000		投资活动
购置固定资产现金支出			（9） 30 000	现金 5 000
筹资活动：				
支付股利			（2）140 000	筹资活动
偿还应付债券付款			（10）150 000	现金 290 000
小计		360 000	365 000	
现金净减少		（X） 5 000		
总计		365 000	365 000	

注：上面不同字体代表不同对象的规则仅适用于"借方变化"与"贷方变化"两栏，及"来源"与"运用"两栏。

在编制工作底稿时，将公司资产负债表账户列示在工作底稿的上部，第一栏列示期初余额，最后一栏（右栏）列示期末余额。

中间两栏用于：①解释本年度每项资产负债表账户的变化；②指出每项变化对现金的影响。

工作底稿上部的分录汇总了本年度账户中登记的交易（由于这些分录汇总以权责发生制记录交易，因此用黑体字列示）。

对工作底稿上部的每一汇总分录，工作底稿下部都有相应的抵销分录（列在对应栏）来指出交易的现金影响。这些现金影响分为经营活动、投资活动与筹资活动三类，且带有描述性标题。

中间两栏的分录可按任意顺序排列，但我们建议采用下列顺序：

- 解释留存收益账户的变化。
- 对折旧费用（和其他非现金费用）进行会计处理。
- 对净利润和经营活动现金流量间的时间性差异进行会计处理。
- 解释除现金账户外资产负债表其余账户的变化（提示：资产账户的变化代表投资活动；负债和权益账户的变化代表筹资活动）。
- 计算并记录现金的净增加或净减少。

用此方法，本例中的工作底稿分录可解释如下。解释中用到的带括号数字编号指工作底稿中间两栏的分录编号。

13.4.3　分录

（1）汽车供应公司净利润 250 000 美元，贷记留存收益账户。抵销分录记在工作底稿下部"来源"栏，并归类为经营活动。⊖

（2）本年度 140 000 美元现金股利，借记留存收益账户，抵销分录记在工作底稿下部"运用"栏，股利支付归类为筹资活动。

⊖ 使用间接法时，将净利润作为计算经营活动净现金流量的起点。

根据上述两笔分录，我们解释了汽车供应公司留存收益账户本年度如何从年初的 380 000 美元增至年末的 490 000 美元。

（3）该公司唯一的非现金费用是折旧费用。在工作底稿上部，折旧解释了厂房和设备贷记（或减少）的 60 000 美元（包含累计折旧账户）。抵销分录记在工作底稿下部的"来源"栏。如前所述，折旧并不是一项真正的现金来源，但在计算经营活动净现金流量时应加回到净利润中。

（4）～（7）流动资产和流动负债的波动形成了净利润与经营活动净现金流量间的时间性差异。在工作底稿上部，分录（4）～（7）汇总了这些流动资产和流动负债账户的变化。在工作底稿下部，列示了这些变化如何影响经营活动净现金流量的计算。

（8）本年度，公司出售有价证券，成本 15 000 美元，获取现金 35 000 美元，产生 20 000 美元非经营利得。工作底稿上部的分录解释了有价证券账户的 15 000 美元贷方变化。在工作底稿下部，报告现金收款 35 000 美元。为什么有这个差异？20 000 美元非经营利得从工作底稿经营活动部分移出，包括在投资活动中的"出售有价证券收款"中。

（9）汽车供应公司购买价款为 100 000 美元的固定资产，支付现金 30 000 美元，余款签发 70 000 美元应付票据。这些事项解释了厂房和设备借记的 100 000 美元和应付抵押票据贷记的 70 000 美元，其中涉及的现金支出 30 000 美元，被归类为投资活动（通过签发应付票据筹资的 70 000 美元，是非现金的投资和筹资活动）。

（10）应付债券账户的 150 000 美元借方变化表明负债的该部分金额已被偿还，即 150 000 美元的债券已偿付。这一项被包括在筹资活动中。

至此，我们应检查确定中间两栏的分录能否充分解释每项非现金资产负债表账户期初和期末余额的差异。工作底稿上部解释了每项非现金账户的变化，工作底稿下部则包括本年度所有的现金流量。

（X）我们将工作底稿下部的"来源"（现金增加）栏和"运用"（现金减少）栏加总。两栏小计的差异代表现金净增加或净减少。本例中，"来源"栏合计 360 000 美元，"运用"栏合计 365 000 美元，表明本期现金减少 5 000 美元。请注意，这正好等于本年度的现金减少额：50 000－45 000＝5 000。最后标记（X）的分录解释了工作底稿上部现金账户的贷方变化，并使工作底稿平衡。

在用间接法报告经营活动现金流量时，编制的正式现金流量表可直接来自工作底稿下部。在表 13-8 中，权责发生制会计记录用黑体字表示，现金流量用普通字体表示。

表 13-8　汽车供应公司的现金流量表　　　　　　　　　　　　（单位：美元）

截至 2021 年 12 月 31 日

经营活动现金流量：		
净利润		250 000
加：折旧费用		60 000
存货减少		5 000
应付账款增加		10 000
小计		325 000
减：应收账款增加	10 000	
应计应付负债减少	15 000	
出售有价证券利得	20 000	45 000
经营活动提供的净现金		280 000

(续)

	截至 2021 年 12 月 31 日	
投资活动现金流量：		
出售有价证券收款	35 000	
购置固定资产现金支出（参见下面附表）	（30 000）	
投资活动提供的净现金		5 000
筹资活动现金流量：		
支付股利	（140 000）	
偿还应付债券付款	（150 000）	
筹资活动使用的净现金		（290 000）
现金净减少		（5 000）
现金及现金等价物，2021 年 1 月 1 日		50 000
现金及现金等价物，2021 年 12 月 31 日		45 000
附表：非现金的投资和筹资活动		
购置固定资产		100 000
减：通过发行长期债务筹资的部分		70 000
购置固定资产的现金支出		30 000

13.5　小结

本章讨论了现金流量信息对投资者和债权人的重要性及现金流量表如何排列和披露这些信息。虽然第 2 章给出了简化的现金流量表，但直到本章才深入介绍这一重要话题，这是因为：要掌握现金流量信息与权责发生制会计信息的差异，首先必须理解资产、负债和股东权益的会计处理。

如前所述，公司可以选择用直接法或间接法披露经营活动现金流量。尽管本章对这两种方法都进行了介绍，但我们仍然将重点放在直接法上。这样做有两个理由：第一，对于第一次学习收付实现制和权责发生制之间关系的学生和其他人来说，直接法更易于理解；第二，可能更为重要的是，投资者看起来通常更喜欢直接法。这一点可通过引述美国证券交易委员会首席会计师对注册会计师的讲话予以证明。该首席会计师的讲话中提道：

> 我听说许多投资者更偏好于采用直接法来编制现金流量表。直接法应用广泛，多认为可提供较多的信息。我们不是要求进行改变，但考虑到现金流量信息对投资者的重要性，我们不妨采用直接法来提高透明度。[⊖]

第 14 章将从更综合的视角来考察财务报表分析，以便更好地理解公司的财务活动。管理者和投资者都必须从长期角度来看待收益和现金流量，不仅要考虑本期，更要考虑到未来期。他们还必须考虑引起这些变化的原因及其会怎样影响未来经营。本书一直在介绍用于分析公司的简单的财务分析方法。第 14 章将这些方法进行汇总以得出分析财务报表的综合模型，从而帮助信息充分的决策者理解公司业务活动并预测公司经营策略的长期影响。

⊖ 摘自唐纳德·T. 尼古拉森（Donald T. Nicolasien）2003 年 12 月 11 日的演讲，演讲的题目是"在第 31 届美国注册会计师大会前关于证券交易委员会新进展的讲话"。

学习目标小结

1. 解释现金流量表的目的和用途

　　现金流量表的主要目的是提供经营主体现金收入和现金支出信息及其与主体经营活动、投资活动和筹资活动的联系。财务报表使用者使用该信息评价企业的流动性及未来期间产生正现金流量、支付股利及为增长筹资的能力。

2. 描述现金交易在现金流量表中的分类

　　现金流量分为经营活动、投资活动和筹资活动三类。经营活动现金流一般包括计算净利润时所涉及事项的现金影响。投资活动包括购买和处置非流动资产。融资活动包括债务融资和权益融资的现金影响。

3. 计算经营活动的主要现金流量

　　主要的经营现金流量包括：①收取客户现金；②支付供应商和员工现金；③收取利息和股利；④支付利息；⑤支付所得税。通过将利润表中收入、销货成本和费用金额从权责发生制转为收付实现制，即可计算这些现金流量。这可以通过按本期相关资产负债表账户的变化调整利润表金额来完成。

4. 计算投资活动和筹资活动的现金流量

　　通过分析相关的资产和负债账户分录及利润表中相关的利得和损失，可确定投资活动和筹资活动现金流量。资产账户的借方分录代表资产购入（投资活动），贷方分录则代表出售资产的成本。为了确定合理的现金流金额，这些贷方分录的金额必须按销售交易确认的利得或损失进行调整。

　　负债账户的借方分录代表债务偿还，贷方分录代表借款。两类交易均被归类为筹资活动。其他筹资活动包括发行股票（贷记缴入资本账户）和支付股利（借记留存收益账户）。

5. 区分报告经营活动现金流量的直接法和间接法

　　直接法和间接法是报告经营活动现金流量的两种方法。直接法列示构成企业经营活动的具体现金流入和现金流出，间接法的计算始于权责发生制净利润，经过必要调整，计算出经营活动净现金流量。两种方法计算的经营活动净现金流量结果相同，但若使用直接法，必须同时披露间接法。

6. 解释为什么净利润与经营活动净现金流量不同

　　多个原因导致净利润与经营活动净现金流量不同。首先，净利润包括：非现金费用，如折旧和无形资产摊销，这些费用确认时不要求现金支出，虽然会减少净利润但不要求在同一会计期间进行现金支付。其次，收入和费用确认与相应现金流量发生存在时间性差异。最后，非经营利得和损失用于确定净利润，但相关的现金流归类为投资活动和筹资活动，而非经营活动。

7. 使用间接法计算经营活动净现金流量

　　间接法以（利润表中报告的）净利润为计算经营活动净现金流量的起点。通过对非现金费用、时间性差异及非经营利得和损失三类事项的调整，将净利润调节至经营活动净现金流量（权责发生制）。

8. 讨论各种经营策略对现金流量的可能影响

　　预测经营策略对现金流量的影响程度并不容易。然而，信息充分的决策者应掌握经营策略对现金流量可能产生的短期或长期的影响方向。

9. 解释工作底稿对编制现金流量表的作用

　　为了编制现金流量表，可以用工作底稿这一有效工具将权责发生制下的信息转换为收付实现制下的信息。在工作底稿上部，对每项非现金账户变化的汇总情况编制分录；在其下部，编制代表上部交易现金影响的抵销分录。工作底稿下部的分录与现金流量表中的分类一致，分为经营活动、投资活动和筹资活动。现金流量表可直接根据工作底稿下部的数据来编制。

习题 / 关键术语

示范题

假定你是电镀产品公司的总会计师。你的助手已编完本年度的利润表,并通过分析公司资产负债表账户的变化得到如下附加信息。

(单位:美元)

电镀产品公司
利润表
截至 2021 年 12 月 31 日

收入:	
销售净额	9 500 000
利息收入	320 000
出售有价证券利得	70 000
收入和利得总额	9 890 000
成本和费用:	
销货成本	4 860 000
经营费用(包括折旧 700 000 美元)	3 740 000
利息费用	270 000
所得税费用	300 000
出售固定资产损失	90 000
成本、费用和损失总额	9 260 000
净利润	630 000

本年度公司资产负债表账户的变化汇总如下:

(1)应收账款减少 85 000 美元。
(2)应计应收利息增加 15 000 美元。
(3)存货减少 280 000 美元,对商品供应商的应付账款减少 240 000 美元。
(4)短期预付经营费用减少 18 000 美元,经营费用的应计负债增加 35 000 美元。
(5)本年度应计应付利息负债减少 16 000 美元。
(6)本年度应计应交所得税负债增加 25 000 美元。
(7)下表汇总了本年度其他资产负债表账户的全部借方和贷方分录。

(单位:美元)

	借方分录	贷方分录
有价证券	120 000	210 000
应收票据(对其他人的现金贷款)	250 000	190 000
固定资产[参见(8)]	3 800 000	360 000
应付票据(短期借款)	620 000	740 000
应付债券		1 100 000
股本		50 000
缴入资本溢价(来自股票发行)		840 000
留存收益[参见(9)]	320 000	630 000

(8)清理固定资产时,贷记固定资产账户的 360 000 美元是扣除了借记累计折旧后的净值。因此,贷记的 360 000 美元代表本年度出售或清理的固定资产的账面价值。
(9)借记留存收益的 320 000 美元代表本年度已宣告并发放的股利。贷方分录 630 000 美元代表本年度的净利润。
(10)所有的投资活动和筹资活动都是现金交易。
(11)年初和年末现金及现金等价物的余额分别是 448 000 美元和 330 000 美元。

要求:

参考表 13-1 的格式,编制本年度现金流量表。经营活动净现金流量的计算采用直接法,现金支出以括号表示。分别计算下列金额:
(1)收取客户现金。
(2)收取利息。
(3)支付供应商和员工现金。
(4)支付利息。
(5)支付所得税。
(6)出售有价证券收款。
(7)出售固定资产收款。
(8)发行股本收款。

答案:

(单位:美元)

电镀产品公司
现金流量表
截至 2021 年 12 月 31 日

经营活动现金流量:	
收取客户现金(1)	9 585 000

(续)

电镀产品公司
现金流量表
截至 2021 年 12 月 31 日

收取利息（2）	305 000	
经营活动提供的现金		9 890 000
支付供应商和员工现金（3）	（7 807 000）	
支付利息（4）	（286 000）	
支付所得税（5）	（275 000）	
经营活动支出的现金		（8 368 000）
经营活动提供的净现金		1 522 000
投资活动现金流量：		
购买有价证券	（120 000）	
出售有价证券收款（6）	280 000	
贷款给借款人	（250 000）	
收回贷款	190 000	
购置固定资产支付现金	（3 800 000）	
出售固定资产收款（7）	270 000	
投资活动使用的净现金		（3 430 000）
筹资活动现金流量：		
短期借款收款	740 000	
清偿短期债务付款	（620 000）	
发行应付债券收款	1 100 000	
发行股本收款（8）	890 000	
支付股利	（320 000）	
筹资活动提供的净现金		1 790 000
现金净增加（减少）		（118 000）
现金及现金等价物，2021 年 1 月 1 日		448 000
现金及现金等价物，2021 年 12 月 31 日		330 000
相应计算：		
（1）收取客户现金：		
销售净额	9 500 000	
加：应收账款减少	85 000	
收取客户现金	9 585 000	
（2）收取利息：		
利息收入	320 000	
减：应计应收利息增加	15 000	
收取利息	305 000	
（3）支付供应商和员工现金：		
采购商品支付现金：		
销货成本	4 860 000	
减：存货减少	280 000	
净采购	4 580 000	
加：对供应商应付账款减少	240 000	
采购商品支付现金	4 820 000	
支付经营费用现金：		
经营费用	3 740 000	

（续）

电镀产品公司
现金流量表
截至 2021 年 12 月 31 日

减：折旧（"非现金"费用）	700 000	
预付款减少	18 000	
经营费用应计负债增加	35 000	753 000
支付经营活动现金		2 987 000
支付供应商和员工现金（4 820 000+2 987 000）		7 807 000
（4）支付利息：		
利息费用		270 000
加：应计应付利息减少		16 000
支付利息		286 000
（5）支付所得税：		
所得税费用：		300 000
减：应计应交所得税增加		25 000
支付所得税		275 000
（6）出售有价证券收款：		
出售有价证券成本（有价证券账户贷方分录）		210 000
加：出售有价证券报告利得		70 000
出售有价证券收款		280 000
（7）出售固定资产收款：		
出售固定资产账面价值［参见（8）］		360 000
减：出售固定资产报告损失		90 000
出售固定资产收款		270 000
（8）发行股本收款：		
贷记股本账户金额		50 000
加：贷记追加缴入资本账户金额		840 000
发行股本收款		890 000

自测题

说明：为了尽可能多地复习各章节的知识，一些自测题不止一个正确选项，那么，你应该选出所有正确的答案。

1. 现金流量表的目的是帮助报表用户评价如下各项，除了：
   A. 公司保持流动性的能力
   B. 公司的盈利能力
   C. 当期现金收入的主要来源
   D. 利润与经营活动净现金流量产生差异的原因

2. 现金流量表或其附表中不包括下列哪项信息？
   A. 投资或筹资活动的非现金部分的披露
   B. 将净利润调整至经营活动净现金流量
   C. 本会计期间货币市场基金现金投资的披露
   D. 会计期末企业拥有的现金及现金等价物

3. 现金流量表中的现金流量分为以下主要类别：
   A. 现金收入、现金支出和非现金活动
   B. 经营活动、投资活动和筹资活动
   C. 直接现金流量和间接现金流量
   D. 经营活动、投资活动和收款活动

4. 下表列示了各种现金支出和现金收入。

（单位：美元）

	金额
支付供应商和员工现金	420 000
支付股利	18 000
支付利息	12 000
购置固定资产	45 000
收取利息和股利	17 000
支付清算短期银行贷款	29 000
支付所得税	23 000
收取客户现金	601 000

根据上述各项，经营活动净现金流量是：
A. 138 000 美元　　B. 91 000 美元
C. 120 000 美元　　D. 163 000 美元

5. 杜克实业公司本年度的土地账户记录了两笔交易。一笔借记土地账户32万美元，另一笔贷记土地账户21万美元。该公司本年度利润表中报告的土地出售损失2.5万美元，所有涉及土地账户的交易均为现金交易。这些交易在现金流量表中将列示：
A. 投资活动提供的现金32万美元，投资活动支出的现金21万美元
B. 投资活动提供的现金18.5万美元，投资活动支出的现金32万美元
C. 投资活动提供的现金23.5万美元，投资活动支出的现金32万美元
D. 投资活动提供的现金21万美元，投资活动支出的现金32万美元

6. 下列企业策略中，哪项最有可能短期增加但长期减少软件开发商的净现金流量？
A. 开发价格昂贵但容易更新和改进的软件
B. 当客户需求下滑时，降低现有版本产品的价格
C. 减少新产品开发的支出
D. 购买企业经营用建筑（假定公司目前租用该地点）

讨论题

1. 简要介绍现金流量表的作用。
2. 现金流量表或者利润表能很好地衡量财务状况良好公司的盈利性吗？请解释。
3. 根据以下分类分别给出两个关于现金收款及现金付款的例子：① 经营活动；② 投资活动；③ 筹资活动。
4. 为什么把利息收入或支出划入经营活动范围，而不是投资或筹资活动？
5. 从长期来看，在经营活动、投资活动、筹资活动中有更为强健的现金流是否更为重要？请解释原因。
6. 在现金流量表中分类的三种公司活动，对一家稳步发展的公司而言，哪一种活动的现金流量可能会相对较弱？请解释原因。
7. 请列出会使净利润与经营活动中净现金数额不同的三种因素？
8. 请简要说明用直接法和间接法计算经营活动现金流时的差异。请说明哪一种方法会导致更高的现金流量？
9. 弗罗斯特公司通过发行77万美元的股本获得土地，在这项交易中没有现金交易。这项交易需要在现金流量表中反映吗？请解释。
10. 庞贝公司本年度固定资产账户唯一的交易记录是土地账户有263 000美元贷方分录。假设这项贷方分录来自现金交易，那么这项交易是现金收入还是现金支出？这263 000美元需要出现在资产负债表中还是需要经过一些调整之后再列示？
11. 本年度，克劳福德船坞公司实收资本贷方余额如下。

（单位：美元）

股本	15 000 000
缴入资本溢价	27 500 000

请列出何种现金交易会导致这些账户贷方金额的变化并在现金流量表中说明这项交易。

12. 年初，瓦克斯勒公司有应付股息160万美元。今年，公司发放了450万美元的现金股息，其中，97万美元在年末以负债列示。请判断该公司今年所付的现金股息数额。
13. 给出自由现金流量的定义。请解释该指标对短期负债、长期负债、股东和管理层的含义。
14. 请解释峰期定价的含义并请举例说明。
15. 请解释为什么加快应收账款的回收对现金收入会造成一次性增加。

测试题

1. 普雷斯利公司本年度的正与负现金流量情况如下。

（单位：美元）

正现金流量：	
从顾客处获得	270 000
利息及股息	50 000
出售固定资产	360 000
负现金流量：	
付给供应商及员工	127 000
投资	45 000
购买股票	40 000

用直接法确定经营活动中的现金流量。

2. 本年度贾拉吉拉公司有 470 000 美元的净利润。本年度公司的折旧累计额为 67 000 美元，应收账款（全部来自顾客）增加了 35 000 美元，应付账款增加了 56 000 美元。用间接法计算经营活动现金流量。

3. 本年度密西西比产品公司有如下正现金流：从顾客处收到 750 000 美元，银行贷款 35 000 美元，出售普通股获得 145 000 美元。同一年度，公司以 345 000 美元购买存货，支付职工工资 230 000 美元，购买固定资产支出 217 000 美元。用直接法计算经营活动现金流。

4. 帕特森公司本年度报告了 722 000 美元的净利润。本年度，公司的应收账款增加了 50 000 美元，存货减少了 23 000 美元，应付账款减少了 55 000 美元，应计的未付费用增加了 14 000 美元。用间接法计算经营活动现金流量。

5. 老南方公司本年度购买投资品 55 000 美元，购买固定资产 147 000 美元。同期，公司出售了 66 000 美元的固定资产，取得利得 6 000 美元。此外，公司购买了 78 000 美元的库存股，新发行普通股获 523 000 美元。计算本年度投资活动的现金流量。

6. 新墨西哥公司本年度出售普通股获得了 560 000 美元，出售优先股获得 56 000 美元。除此之外，公司购买库存股花费了 47 000 美元，宣告普通股及优先股股利 36 000 美元，其中的 12 000 美元到年度末仍未支付。计算本年度新墨西哥公司的筹资活动现金流量。

7. 斯皮克斯公司报告的本年度销货成本为 100 800 美元。以下为该公司今年年初和年末存货及应付账款的余额情况。

（单位：美元）

	年初	年末
存货	35 000	43 000
应付账款	23 000	32 000

计算今年公司用于购买货物的现金数额。

8. 泰勒公司在本年度 12 月 31 日（财务报告截止日）的现金余额为 155 000 美元。泰勒公司本年度的经营活动现金流量为 145 000 美元，投资活动现金流量为 67 000 美元，筹资活动现金流量为 10 000 美元。计算本年度 1 月 1 日泰勒公司的期初现金余额。

9. 赞费瑞公司报告的本年度净利润为 68 000 美元，本年度折旧为 15 000 美元。本年度，公司的应收账款增加了 4 000 美元，存货下降了 6 000 美元，应付账款增加了 3 000 美元，应计的应付费用下降了 2 000 美元。将公司的净利润调整为经营活动现金流量。

10. 梅因斯公司在本年度初有现金流余额 72 000 美元。该公司本年度产生如下现金流。

（单位：美元）

来自经营活动的现金流	136 000
来自投资活动的现金流	(56 000)
来自筹资活动的现金流	(34 000)

编制现金流量简表，包括对年初及年末现金流量的调节。

案例题

1. 本案例用到艾里森公司的现金流量表（见表 13-1）。利用这张现金流量表判断公司是否具有每年发放 40 000 美元股利的能力。已知信息如下：

(1) 该公司现金流量表中列示的经营活动净现金流属于一般正常水平。在过去 3 年的每一年，经营活动净现金流变化幅度从未超过几千美元。

(2) 投资活动净现金流出高得异常，因为公司本年度对生产设施进行了现代化改造。正常水平的投资活动现金流出量每年为 45 000 美元，用于替换报废的现有固定资产。从长期来看，有价证券交易以及贷款交易对艾里森公司净现金流的影响很小。

(3) 本年度的筹资活动净现金流也异常高，因为公司发行了债券和股票。发行这些证券的目的是为生产设施的现代化筹集资金。在往常年度，筹资活动只包括短期借款交易以及股利的支付。

要求：

（1）仅根据公司过去的业绩，你认为其40 000美元的年股利支付是有保证的吗？换言之，公司能否在不影响现金流的基础上支付这样一笔股利？你认为公司可能增加还是减少股利的支付金额？为什么？

（2）本年度现金流量表中出现的任何异常事项都会影响你对该公司支付股利能力的判断吗？为什么？

2. 个人一般不会就个人活动编制现金流量表，但会热衷于现金预算。即便不会进行书面预算，至少会有大脑中的构思。

假设现在是12月29日（周一），为了减少支出，你与另一位同学在学校附近合租了一间公寓，并从事兼职打工。两天后，你需要缴纳1月的房租200美元。你目前有140美元的银行存款，每周五你有100美元的薪水。你可能已经发现了问题，不过问题似乎不是很严重，可以想办法解决。那么，该如何解决问题呢？答案就是做预算。

让我们进一步研究这个例子。除了上述事实，你每周的饭钱为30美元，娱乐花费为20美元，油费为10美元。

（1）利用下面的现金预算表，计算第2、3、4周周末的现金量。

（单位：美元）

时间	第1周周末	第2周周末	第3周周末	第4周周末
期初现金流余额	140	(20)	?	?
预期的现金收入	100	100	100	100
减：预期的现金支出				
每月的房租	(200)			
饭钱	(30)			
娱乐花费	(20)			
油费	(10)	___	___	___
期末现金流余额	(20)	?	?	?

（2）评估你的财务状况。

3. 夏末，汽车制造商通用车轮公司正面临财务危机。公司发行的大量应付债券来年3月就要到期，公司须发行股票或新债券筹集资金以偿付债务。不幸的是，近年来公司利润和现金流量一直在下降。公司管理层担心若本年度不能改善公司的现金流量和利润状况，恐怕无法筹集到替代到期债券所需的资本。所以，管理层提出如下建议以改善即将在12月31日财务报表中报告的现金流量和盈利。

（1）存货计价从LIFO法转为FIFO法。管理层估计FIFO可降低销货成本，但会提高本年所得税。不过，增加的所得税实际上要到来年年初才支付。

（2）折旧方法从150%余额递减法转为直线折旧法，并延长资产折旧的使用寿命（这些变化仅为财务报告之需，而非出于所得税目的）。

（3）要求经销商增加存货，即短期内购买更多的汽车（经销商是独立企业，是通用车轮公司汽车销售的客户）。管理层估计该策略能使当年销售增加5%，但是，当年增加的销售几乎会被来年更少的销售所完全抵销。

（4）要求经销商尽快支付采购款。目前，经销商必须在60天内支付汽车采购款，公司管理层正考虑将其减至30天。

（5）取消给予早付款的现金折扣（即2/10, n/30）；公司对外付款不到最后到期日不支付任何账单。

（6）以现行短期利率（约10%）借款，用收款偿付利率为13%的长期债务。

（7）将现行的现金股利改为股票股利。

要求：

（1）编制四栏表。第一栏标题为"建议"，列示上述7个建议序号，其他三栏采用以下财务报表指标为标题：①净利润；②经营活动净现金流量；③现金。

针对左栏中的每个建议，指出你预期该建议对其他三栏财务指标的影响是"增加""减少"还是"没有影响"（注：本年度还剩几个月，故只考虑建议的短期影响）。

（2）对每一建议，写一简短说明并解释

（1）中答案的理由。
4. "峰期定价是不公平的，它使一些商品只有富人能消费，一般的购物者则无缘。"

要求：
（1）给出你对上述观点的看法。
（2）峰期定价的替代策略是什么？
（3）针对以下两种情况，说明峰期定价是如何操作的。
　①棕榈泉（美国加州）的一家旅馆（棕榈泉是冬季旅游胜地，这里有完备的高尔夫设施，但在夏季，气温超过38摄氏度，旅游业务大幅下滑）。
　②电影院。
（4）请你举出一般情况下峰期定价不合道德的例子。

5. 美国证券交易委员会（SEC）是一个政府组织，旨在保护美国市场投资者的利益。美国证券交易委员会通过网站www.sec.gov 提供了大量信息。

要求：
（1）登录美国证券交易委员会网站，浏览并弄清楚该网站提供了哪些类型的信息。
（2）访问"关于SEC"栏目，再进入"Commissioners"，浏览并进入由SEC及其员工所做的演讲部分内容。
（3）找出Scott A.Taub（SEC会计师办公室前助理总会计师）于2004年5月27日所做的演讲。
（4）听完演讲后，仔细阅读Scott A.Taub的最后结论。写一篇关于Scott A.Taub认为该如何完善财务报告和现金流量表的论文。

6. 从长期来看，公司必须产生正的经营现金流量才能够持续经营下去。若公司的经营现金流量为负，并且无法从其他渠道获得现金，那么企业最终将停止经营。许多债权人和投资者不愿意投资那些经营现金流量为负的企业。不过，有些投资者愿意投资一些发展前景良好的企业，即便这些企业目前的经营现金流量为负。因此，投资者乐意对网络公司投资数百万美元，即便其经营现金流量为负。

要求：
（1）用你选择的搜索方法，访问可口可乐公司，选择前10个10-K文件或年报，分析合并现金流量表。
（2）用你选择的搜索方法，访问亚马逊网站，选择前10个10-K文件或年报，分析合并现金流量表。
（3）比较两家公司的经营活动净现金流量，哪家公司拥有较高的经营净现金流量？思考为什么这家公司会比另一家公司拥有更高的经营活动现金流量？
（4）什么类型的公司会有负的经营活动净现金流量？
（5）什么类型的公司会有较大的经营活动净现金流量？

自测题答案：1.B；2.C；3.B；4.D（601 000－420 000－12 000+17 000－23 000）；5.B；6.C。

练习题

关键术语

第 14 章

财务报表分析

学习目标

- 解释金额和百分比变动、趋势百分比、构成百分比、比率等指标的用途。
- 讨论公司收益、资产和营运资本的质量。
- 解释财务报表分类的性质和目的。
- 编制分类资产负债表并计算广泛使用的流动性和信用风险指标。
- 编制多步式和单步式利润表并计算广泛使用的盈利性指标。
- 通过与销售额、资产和股东权益相联系来透视企业的净利润。
- 计算财务报表分析中广泛使用的比率指标并解释每个比率指标的意义。
- 从普通股股东、债权人及其他人的角度分别分析财务报表。

引导案例

强生公司

强生公司是全球综合程度最高的跨国制造企业之一,其业务包括医疗保健产品和相关服务。强生公司的三大主要经营领域为消费品、生物制药和医疗设备。2017年,强生公司的客户销售额达760多亿美元。衡量强生公司规模的其他指标还包括公司1 570多亿美元的资产以及几乎遍布世界所有国家和地区的业务。

那么,该如何看待诸如强生之类大型公司的财务业绩呢?财务报表包括资产负债表、利润表和现金流量表,这些报表提供的大量信息可帮助完成这一重要工作。财务报表分析包括从这些财务报表中找出关键事项,再从中收集尽可能多的有用信息。例如,我们能确定强生公司2017年的净利润为13亿美元,表明用于产生这些利润的总资产取得的报酬率不足1%,而之前一年强生公司的总资产报酬率几乎达到12%。那么,该如何看待强生公司这连续两年的资产报酬率之间的显著差异呢?哪个数据更能反映这类公司的业绩呢?这些问题回答起来可不容易。为做出判断,我们可能需要掌握比现在更多的信息。例如,我们可能希望了解强生公司几年来各种财务指标的趋势。我们也可能希望知道与具有类似经营特征(或同行业)的其他公司相比强生的业绩究竟如何。事实上,财务报表分析这个有趣的话题很富挑战性。通过本章学习,我们将了解所有这方面的内容,甚至掌握得更多。

财务指标经常被用来评价公司的业绩。因此，美国证券交易委员会、美国财务会计准则委员会、财经新闻界和会计职业界都致力于提高财务报告的质量。贯穿本书始终，我们都强调财务报告公允性作为保护投资者和债权人利益手段的重要性。基于前面各章已初步介绍了财务报告分析，本章试图进行更为深入的探讨。

这里讨论的财务报表分析可分为三个部分。首先，我们要考虑那些强调将企业信息与相关基准进行比较的常用分析工具。其次，我们要探讨流动性和信用风险指标，以及紧接着的盈利性指标。最后，通过综合性示例，我们将从普通股股东、长期债权人和短期债权人三类财务信息的主要使用者的角度分别分析公司的财务报表。贯穿本章，我们要用到前面章节介绍的信息，当然也要使用本章首次列示的新信息。

财务报表的设计就是为分析服务的。在当今全球化经济中，投资资本总是在不断流动。借助于美国纽约证券交易所等有组织的资本市场，投资者每天可在公司、行业甚至国家间转移数十亿美元的投资资金。资本总是流向投资者预期能以最低风险赚取最高报酬的地方。那么，投资者如何预测风险和潜在报酬呢？重要方法之一就是分析具体公司在具体行业背景下的会计信息。

会计信息的目标是为经济决策者提供有用的信息。通过会计流程产生的财务报表可帮助使用者识别关键的关系和趋势。绝大多数公众持股公司的财务报表以可比较的方式分类和列示。通常，报表名称还会冠以合并一词。财务报表使用者需要充分理解这些术语的含义。

绝大多数企业组织编制**分类财务报表**（classified financial statements），指的是将具有某些特征的项目分组或分类。分类的目的是建立有助于报表使用者分析的有用小计。绝大多数美国公司采用标准化的分类或小计，这种做法有助于决策者比较不同公司的财务报表。分类财务报表的一个例子就是资产负债表，它将资产和负债分为流动和非流动两大类。

在**比较财务报表**（comparative financial statements）中，多个会计期间的财务报表金额按顺序列在报表纵栏内。这样编排有助于投资者识别和评价重大的变动和趋势。

许多大型公司还拥有借以经营某些企业活动的其他公司。拥有其他企业的公司是**母公司**（parent company），所属的企业被称为分公司或**子公司**（subsidiaries）。例如，生产和分销百事可乐的百事公司同时拥有生产菲多利（Frito-Lay）、桂格食品（Quaker Foods）、佳得乐（Gatorade）和纯果乐（Tropicana）产品的公司。事实上，这些子公司通常是所谓百事公司合并财务报表的组成部分。**合并财务报表**（consolidated financial statements）将母公司及其子公司视为一个单独的企业组织来披露财务状况和经营成果。

例如，本书附录 A 的家得宝公司财务报表就是合并财务报表。这些财务报表列示了所有讨论过的概念，采用可比较的方式进行分类和列示，描述的是合并的企业主体。此外，这些财务报表都经过国际著名会计师事务所毕马威（KPMG）的审计。

14.1 分析工具

如果将两年或更多年度的财务报表金额在相连的栏内依次排列，就很容易看出财务数据的重大变化。这种财务报表被称为比较财务报表。最近年度的金额通常列在金额栏的左边，最接近该项目名称。资产负债表、利润表和现金流量表通常采用这种比较报表的形式。表 14-1 列示了一张 3 年期的比较利润表简表。

比较财务报表将重要的财务信息置于有助于更好理解的背景中。例如，在表 14-1 中，本森公司 2021 年销售额为 600 000 美元，2020 年为 500 000 美元，2019 年为 400 000 美元，这样排列往往有助于理解本森公司的销售趋势。如果 2020 年和 2019 年的销售额分别为 700 000 美元和 800 000 美元，那么我们对 2021 年 600 000 美元销售额的理解就会与对表 14-1 中销售额的理解大相径庭。

虽然财务报表数据本身可能就很重要，但若把它们置于特定背景，显然就更富有价值了。事实上，财务报表数据与其他数量之间的关系及其变动大小与趋势就很重要。所谓分析主要就是建立重要关系并识别变化和趋势。广泛应用的分析技术有以下 4 种：①金额和百分比变动；②趋势百分比；③构成百分比；④比率。

表 14-1 本森公司比较利润表

（单位：千美元）

截至 2021 年、2020 年和 2019 年 12 月 31 日			
	2021 年	2020 年	2019 年
净销售额	600	500	400
销货成本	370	300	235
毛利	230	200	165
费用	194	160	115
净利润	36	40	50

14.1.1 金额和百分比变动

年度之间的金额变动很重要，而用百分比来表示这种变动则可增加对这些金额变动的洞察力。例如，若本年度销售额增加了 10 万美元。显然，对于上年度销售额为 100 万美元或 1 000 万美元，10 万美元的增加具有完全不同的概念，前者增加了 10%，后者则仅仅增加了 1%。

任何变动金额都是比较年度与基准年度之间的差异。百分比变动是将年度间的变动额除以基准年度额。对于如表 14-1 所示的比较利润表中的数据，下表就用百分比变动进行了描述。

（单位：千美元）

	2021 年	2020 年	2019 年	增加（或减少）			
				2021 年对比 2020 年		2020 年对比 2019 年	
				金额变动	百分比变动	金额变动	百分比变动
销售净额	600	500	400	100	20%	100	25%
净利润	36	40	50	（4）	（10）	（10）	（20）

尽管 2021 年和 2020 年的销售净额较上年度均增加了 10 万美元，但是百分比变动不同，原因就是作为基准年度的上一年度发生了变化。2020 年对 2019 年的百分比变化是 100/400=25%；2021 年对 2020 年的百分比变化是 100/500=20%。当基准年度数据为正时，这种计算没有问题。但当基准年度数据为负或 0 时，百分比变动就无法计算了。例如，如果本森公司 2020 年度出现了净亏损，那么从 2020 年到 2021 年净利润的百分比变动就无法计算了。

1. 评价销售和收益的百分比变动

通过计算年度间销售、毛利和净利润的百分比变动可洞察公司的增长率。如果公司的经营业务正在增长，那么销售和收益将以高于通货膨胀率的速度增长。例如，假设公司的销售增长了 3%，而一般价格水平增长了 4%，那么销售额的全部增长可能完全由通货膨胀带来，而不是来自销售量（出售货物数量）的增长。事实上，公司可能比上年度销售了更少的商品，即便公司的销售数据有了增长。

在衡量季度销售或收益的金额变动或百分比变动时，习惯上用本季度的成果与上年度同一季度的相比较。采用上年度同一季度作为基期，可避免分析结果因受企业经营业务的季节性波动影响而被扭曲。

2. 小基数下的百分比具有误导性

虽然百分比变动通常很实用，但如果作为基数的金额很小，那么计算的百分比变动可能会有误导作用。我们偶尔从电视新闻报道中听到诸如某企业利润增长了某个高额百分比，如900%。这种说法给我们的第一印象是该企业目前的利润一定非常高。但事实并不一定如此。假设该企业第1年获净利10万美元，第2年降至1万美元，第3年又恢复到10万美元的水平。那么，第3年净利润增长9万美元，即相对于第2年增长了900%。需要说明的是，第3年900%的利润增长是因为第2年的利润较小，事实上，第3年的利润增长恰好抵销了第2年下降的90%的利润。

14.1.2 趋势百分比

趋势百分比用于表述财务报表各项目从基期到以后各期的变动情况，以显示变动的程度和方向。计算趋势百分比应遵循以下两步：一是选择基期，并将基期财务报表中的每个项目的权数设定为100%；二是将以后各期财务报表的每个项目换算为基期金额的百分比，即用基期以后各期的项目，如销售额，除以基期销售额。如果把趋势百分比与前面讨论的百分比变动进行对比，在计算趋势百分比时，采用的基准年度并不每年变化，但在计算百分比变动时采用的基准年度是不断变化的前一年度。

在下表中，假设选定2016年为基准年度，基准年度的销售额为300 000美元。用以后年度销售除以300 000美元，即可得到销售的趋势百分比。例如，2019年销售额趋势百分比的计算为330 000/300 000=110%或110。另外，示例中给出的是年度净利润。净利润趋势百分比等于以后年度净利润除以基准年度的净利润15 000美元。例如，2020年净利润趋势百分比的计算为14 550/15 000=97%或97。

（金额单位：美元）

美元金额	2021年	2020年	2019年	2018年	2017年	2016年
销售额	450 000	360 000	330 000	321 000	312 000	300 000
净利润	22 950	14 550	21 450	19 200	15 600	15 000
趋势百分比	2021年	2020年	2019年	2018年	2017年	2016年
销售额	150%	120%	110%	107%	104%	100%
净利润	153%	97%	143%	128%	104%	100%

这些趋势百分比表明，前几年销售额保持平稳增长（2017年的4%和2018年的7%），2020年（20%）和2021年（50%）出现了加速增长。此外，趋势百分比也表明，除2020年销售额大幅增长但净利润下降外，其他各年净利润也呈现持续增长的趋势。虽然趋势百分比展示了一个盈利的成长型企业，但2020年销售额增长而净利润下降的这一情况正是我们要深入探讨的。

如前所述，我们在计算可比百分比变动和趋势百分比时要注意一个重要的不同：趋势百分比计算的是每年的数据针对同一基期数据的百分比，而可比百分比变动的计算是以上年度数据为基础的。

14.1.3 构成百分比

构成百分比（component percentages）是指总体中各项目的相对规模，如资产负债表中每个项目都可表示为总资产的百分比。构成百分比可快速揭示每类资产的相对重要性，以及从短期债权人、长期债权人或股东处筹资的相对金额。通过计算连续几年资产负债表的构成百分比，可以发现哪些报表项目的重要性增强了，而哪些报表项目变得日益不重要了。

构成百分比也可将利润表各项目表述为销售净额的百分比。这种利润表被称为同比利润表。表14-2给出了以金额和同比形式列示的简要利润表。

表 14-2 构成百分比

利润表				
	金额（美元）		构成百分比（%）	
	2021 年	2020 年	2021 年	2020 年
销售净额	1 000 000	600 000	100.0	100.0
销货成本	700 000	360 000	70.0	60.0
费用（包括所得税）	250 000	180 000	25.0	30.0
净利润	50 000	60 000	5.0	10.0

仅仅通过构成百分比，我们就能看出销货成本从60%增加到了70%，而费用降低只能部分抵销销货成本增加，结果净利润率从2020年占销售净额的10%下降到了2021年的5%。虽然销售净额增加似乎是一个有利因素，但相对于销售净额而言，销货成本的增加以及净利润的下降是值得更深入分析的重要变动。

14.1.4 比率

比率（ratios）是反映项目与项目之间关系的简单数学表达。每个百分比都可视为比率，即某一数表示为另一数的百分比。

比率法有几种表述方式。例如，流动比率用来反映公司流动性最强的资产（流动资产）与要求快速偿还的负债（流动负债）之间的关系。如果公司的流动资产为20万美元，流动负债为8万美元，则可以说流动比率为2.5比1（200 000/80 000，记作2.5:1），或说流动资产是流动负债的250%。但不管怎样陈述，都正确地表达了流动资产是流动负债的2.5倍这一关系。

比率对于理解财务报表尤其重要，因为它们可以使我们比较同一财务报表中的信息以及不同财务报表的信息。例如，我们可以比较来自同一资产负债表的流动资产和流动负债。此外，我们也可以比较净利润（来自利润表）和总资产（来自资产负债表），来判断管理层是否有效地利用可用资源来赚取利润。然而，要使比率有用，两个比较的金额必须逻辑相关。本章后面将广泛运用比率来更好地展示企业财务活动的重要方面。

14.1.5 比较的标准

在运用金额和百分比变动、趋势百分比、构成百分比及比率时，财务分析师总是在寻找某些比较标准，以判断他们所发现的关系是否令人满意。常用的比较标准有两类：①被分析企业过去的业绩；②同行业其他公司的业绩。出于内部管理需要，预期或预算数据也是另一种重要的比较标准。

1. 企业过去的业绩

将本期财务信息同上年度类似信息比较，就可为判断企业状况是改善了还是恶化了提供基础。这种跨期信息比较有时被称为**横向分析**（horizontal analysis），目的是反映对连续多期数据进行审视的观点。横向分析不同于纵向或静态分析，后者仅审视单个会计期间的财务信息。

除了确定财务状况是改善还是恶化外，横向分析还可帮助估计未来前景。不过，因为变动趋势可能在任何时间转向，因此用过去趋势预测未来总是存在一定的不确定性。

横向分析的缺点是和过去比较并不能为绝对数评价提供基础。例如，去年净利润占销售额的2%，今年占销售额的3%，这一情况表明业绩改善了，但若有证据表明，按行业标准，净利润应占销售额的7%，那么这两年的业绩记录显然是不理想的。

2. 同行业其他公司的业绩

通过在评价具体公司业绩时选择恰当的外部标准，就有可能在一定程度上克服横向分析的局限性。绝大多数分析师将同行业可比公司或几家公司的平均业绩作为衡量基准。⊖

例如，假设阿尔法航空公司本年度收入下降8%，若航空行业本年度收入水平平均下降15%，那么阿尔法航空公司只降低8%就可视为业绩良好。又如，假设欧米茄公司净利润占销售净额的3%，如果欧米茄公司为医药企业，那么该比率就是正常水平，但如果欧米茄公司为零售食杂店，该比率就很令人满意了，因为两个行业的预期收益存在差异。

将具体公司与竞争对手或行业平均水平比较时，只有当该公司被合理地比较时，所得出的结论才会有效。近年来，各种公司如雨后春笋般地涌现，行业这个概念已经很难定义了，甚至大致归为同行业的公司也可能在许多方面具有不可比性。例如，某公司仅从事石油产品营销，而另一家公司则从事从油井到输油管的全程生产，但两者都被归类为石油行业。

14.1.6 收益质量

利润或收益是企业主体的血液。除非获利，否则任何主体都无法长期生存下去并实现其他目标。持续亏损不仅消耗企业资产，蚕食所有者的权益，而且会导致企业只能接受债权人的摆布。在评价公司前景时，我们不仅要关注企业的收益总额，还要关注企业的销售利润率、总资产利润率、所有者权益利润率等。此外，我们也要关注收益的稳定性及来源。例如，数年内不稳定的收益业绩不如稳定的收益水平更受欢迎，而且持续增长的收益历史也比平稳的收益记录更受欢迎。

在评价企业业绩时，按主要产品线分解销售和收益可能很有用。公众持股公司往往在财务报表中提供补充表，按产品线和地区来列示公司的销售和利润。这些补充表可帮助财务分析师预测消费者对特定种类产品需求的变化对公司的影响。这类分析方法尤其适用于那些总体业绩指标严重依赖于一个或少部分主要产品线的业绩的公司。

财务分析师常常要判断某公司的收益质量是否高于同类企业。因为每家公司的管理层面临多种可供选择的所谓会计原则和方法，所以就产生了收益质量概念。公司管理层通常面临报告收益增长或实现之前宣告的预期收益的巨大压力，因此可能会选择有利于实现这个目标的会计政策。如前所述，存货计价中关于后进先出法（LIFO）和先进先出法（FIFO）的选择及折旧政策的选择会影响当期报告收益的多少。因此，在评价收益质量时，财务分析师应考虑

⊖ 行业数据可从多个来源获取。例如，罗伯特·莫里斯协会（Robert Morris Associates）发布的《年度报告研究》（Annual Statement Studies）中就包括成千上万份年度报告的数据，分类为几百个行业。行业分类可按企业规模做进一步细分。邓白氏公司每年出版超过800种经营类别的关键业务比率指标（key business ratios）。

到管理层选择的会计原则和方法是否带来稳健计量的收益（高质量的收益）或是否倾向于虚增报告的收益（低质量的收益）。

14.1.7 资产质量和相对债务金额

虽然令人满意的收益水平通常是公司具有长期而良好的债务和股利支付能力的信号，但我们必须同时深入分析诸如公司资产的构成、状况及流动性、偿付债务的时间及对外负债总额等内容。由于盈利性经营所产生的现金流可能被用于其他目的，所以即便公司有盈利，但仍然有可能无法按时偿付债务。尽管销售及收益可能看起来令人满意，但厂房及设备由于维护政策不合适而过于陈旧，有价值的专利可能即将到期，周转缓慢的存货和过期的应收款项产生的重大损失也近在眼前。换言之，仅仅根据某个数据、比率或其他指标而得出的结论可能是缺乏远见的，会导致分析人员做出错误决策。要避免这种决策错误，分析人员需要进行更为深入、更为全面的分析。拥有大量债务的公司通常易受利率提高尤其是利润和经营现金流量下降的影响。

14.2 流动性和信用风险指标

所谓**流动性**（liquidity）指的是公司如期偿还不断产生的债务的能力。例如，向金融机构或其他出借人借款的企业必须支付利息和本金；赊购存货和其他必需品的公司可能需要在购买日后 30 天内向卖方付款；所有公司都需按月、按两周或按周支付工资债务。诸如此类的交易都要求公司始终关注流动性。

本书始终强调对投资者、债权人和其他财务报表使用者而言信息的重要性，这些信息可以帮助评价企业未来支付给它们的现金流量的金额、时间和不确定性。因此，分析企业的流动性和信用风险非常重要，而且这也是我们开始学习财务报表分析的自然起点。

我们将学习评价流动性的方法，先讨论分类资产负债表，然后分析常常用来从财务报表中搜集流动性信息的一些比率。

14.2.1 分类资产负债表

在分类资产负债表中，资产通常分为三类：①流动资产；②厂房及设备；③其他资产。负债分为两类：①流动负债；②长期或非流动负债。表 14-3 列示了计算机城公司的分类资产负债表。

流动资产和流动负债的分类对评价公司流动性尤其有用。

1. 流动资产

流动资产（current assets）代表相对流动的资源，包括现金、有价证券投资、应收款项、存货和预付费用。分类为流动资产的资产必须已经是现金或能在不影响企业正常经营的情况下在相对短的时间内转化为现金或被耗用。

流动资产与企业**营业周期**（operating cycle）关系密切。绝大多数公司一年内有数个营业周期。这意味着一年内公司有数次持有现金、采购存货、销售存货和以现金收回应收款项的过程。如果一家公司拥有数个营业周期，那么识别流动资产的时期为一年。任何预期在一年内转化为现金的资产，在企业资产负债表中都列为流动资产。然而，有些企业的营业周期相对较长，如建造大项目（如飞机或船舶）的公司的建设期间远远超过一年。在这些情况下，使用企业营业周期的时长来界定是否被归类为流动资产。绝大多数流动资产预期可转化为现金，因此流动资产也包括那些将在一年或一个营业周期（二者孰长）内耗用或消耗的资产。例如，预付费用就被列为流动资产，因为它预先支付并储备了将在本期支付的现金。综上所述，流动资产的定义就是现金及预期在未来一年或一个营业周期（二者孰长）内转化为现金或被耗用的资产。

在资产负债表中，流动资产按流动性排列（资产变现越容易，流动性越强）。因此，现金在所有流动资产中排在第一位，随后依次为有价证券投资、应收款项、存货和预付费用等。

2. 流动负债

流动负债（current liabilities）是预期要用企业流动资产偿还的现存债务。最常见的流动负债是应付票据（一年内到期）、应付账款、未赚取收入和应计费用（如应交税费——应交所得税、应付职工薪酬和应付利息）。在资产负债表中，短期应付票据首先列示，随后是应付账款和应计费用，而其他各类流动负债可以任意列示。

流动资产和流动负债的关系与各自总额一样重要。流动负债必须在不久的将来偿还，而用以偿还这些负债的现金预期来自流动资产。因此，决策者评价企业流动性时通常会对比流动资产和流动负债的相对金额，而评价长期信用风险时则要比较总资产和总负债。

下面将以表 14-3 的计算机械公司的分类资产负债表为例，来考察广泛使用的短期流动性指标和长期信用风险指标。

表 14-3 计算机械公司的分类资产负债表

（单位：美元）

2021 年 12 月 31 日		
资产		
流动资产：		
现金		30 000
有价证券		11 000
应收票据		5 000
应收账款		60 000
存货		70 000
预付费用		4 000
流动资产总额		180 000
厂房及设备：		
土地		151 000
建筑	120 000	
减：累计折旧	9 000	111 000
销售设施及设备	45 000	
减：累计折旧	27 000	18 000
厂房及设备总额		280 000
其他资产：		
作为未来建筑用地持有的土地		170 000
资产总额		630 000
负债和股东权益		
流动负债：		
应付票据（6 个月内到期）		10 000
应付账款		62 000
应交税费——应交所得税		13 000
销售税金		3 000
应计应付费用		8 000
未赚取收入和客户定金		4 000
流动负债总额		100 000
长期负债：		
应付抵押债券（10 年内到期）		110 000
负债总额		210 000
股东权益：		
股本（发行并流通在外 15 000 股）	150 000	
留存收益	270 000	
股东权益总额		420 000
负债和股东权益总额		630 000

14.2.2 营运资本

营运资本指标有时用来表示流动资产与流动负债之间的关系。**营运资本**（working capital）等于流动资产超过流动负债的部分。计算机械公司在 2021 年 12 月 31 日的营运资本为 80 000 美元，具体计算如右所示。

	（单位：美元）
流动资产	180 000
减：流动负债	100 000
营运资本	80 000

如前所述，流动资产预期将在相对短的时间内转化为现金（或被耗用），而流动负债则需要迅速用现金支付。因此，营运资本实际上衡量的是企业用现有流动资产偿付流动负债的能力。换言之，营运资本就像是公司流动资产和流动负债之间的缓冲带：当负债需要支付时，就可以动用这些资产。

企业为满足即将到期负债所需要的营运资本金额因组织规模和企业活动性质而异。熟悉公司经营业务的分析师，往往可以根据公司营运资本金额来判断该公司是处于强势的财务状况还是面临财务困境。

14.2.3 流动比率

流动比率（current ratio）是广泛采用的衡量短期偿债能力的指标，等于流动资产总额除以流动负债总额。

在所列举的计算机械公司资产负债表中，公司的流动资产总额为 18 万美元，流动负债总额为 10 万美元。因此，计算机械公司的流动比率为 1.8∶1，具体计算如右所示。

	（单位：美元）
流动资产	180 000
流动负债	100 000
流动比率（180 000÷100 000）	1.8∶1

流动比率为 1.8∶1 意味着该公司的流动资产是流动负债的 1.8 倍。

流动比率越高，公司看起来越具有流动性。历史上，有银行和其他短期债权人一直认为流动比率等于或大于 2∶1 代表较低的信用风险。然而，这种经验规则要谨慎使用，许多经营成功企业的流动比率小于 2∶1，因为它们的应收款项和存货相对于应付款项的金额和时间而言，转化为现金较为快速。同样，面临财务困境的企业也有可能具有较高的流动比率，即便应收款项和存货周转较慢。换言之，解释所有比率（包括流动比率）时必须谨慎，以免因为分析不深刻而得出不恰当的结论。根据一个比率所得到的信息，通过其他财务指标来加以确认，往往是确保解释有效的好方法。因此，了解企业的经营特点往往很重要。

14.2.4 速动比率

存货和预付费用是流动性最低的流动资产。营业周期较长的企业要花几个月才能将存货转化为现金，毕竟赊销出去的存货要经过相对较长的时间才能回款。因此相对于流动比率，一些短期债权人偏好使用**速动比率**（quick ratio）作为衡量短期流动性的指标。速动比率有时称为酸性测试比率（acid-test ratio）。

速动比率仅将流动性最强的流动资产，即所谓的**速动资产**（quick assets），同流动负债相比较。速动资产包括现金、有价证券和应收款项，这些都是能最迅速转化为现金的流动资产。例如，计算机械公司的速动比率为 1.06∶1，具体计算如右所示。

	（单位：美元）
速动资产（现金、有价证券和应收款项）	106 000
流动负债	100 000
速动比率（106 000÷100 000）	1.06∶1

在评价拥有周转较慢商品存货（如房产）或存货数量过多公司的流动性时，速动比率尤其有用。

14.2.5 债务比率

如果企业经营失败而且必须清算，那么债权人要求权将比所有者优先。但是，如果企业负债较多，那么就可能没有足够的资产用于清偿所有债权人的全部债务。

债务比率（debt ratio）是衡量债权人要求权安全性的一个基本指标，它将负债总额表达为占资产总额的百分比，等于负债总额除以资产总额。计算机械公司的债务比率计算如右所示。

	（单位：美元）
负债总额	210 000
资产总额	630 000
债务比率（210 000÷630 000）	33.33%

债务比率不是短期流动性指标，而是债权人面临的长期风险指标。如果资产总额中债权人所提供的资金部分越小，那么企业不能偿还债务的风险就越小。从债权人角度看，债务比率越低，他们的处境越安全。

许多财务状况健康的美国公司传统上将债务比率维持在50%以下。不过需要重申的是，财务分析师必须熟悉行业特点，如银行业的债务比率可能非常高，常常超过90%。

14.2.6 评价财务比率

有必要提醒财务报表使用者，不要过于看重那些经验法则，如流动比率应当至少达到2∶1，速动比率至少应当达到1∶1，或债务比率一定要小于50%。为了恰当解释财务比率，决策者首先必须了解所分析公司及其所处行业的特点。

以零售企业为例，流动比率一般较批发企业或制造企业要高。无存货的服务型公司通常流动比率较商业或制造业公司低。相对于持续现金流入较难预期的小公司，拥有良好信用评级和现金收入可靠的大型企业能以较低的流动比率运营。

尽管高流动比率是偿债能力强的标志之一，但过高的流动比率，如4∶1或5∶1，可能表明公司资源过多地集中在流动资产上。为维持如此之高的流动状况，公司可能在低效率地使用财务资源，而且未能获得若资产以更富成效的方式投入所应赚取的回报。

1. 比较标准

财务分析师在评价财务比率合理性时通常使用两个标准。第一，对具体公司而言，考察比率在数年期间的趋势。这种比较属于内部比较。通过了解这些趋势，分析师就能够判断该公司的业绩或财务状况是改善了还是恶化了。第二，分析师常常将公司的财务比率与同类公司及同行业平均值进行比较。这种比较属于外部比较，有助于分析师将某特定比率置于该公司当前商业环境中进行评价。

2. 年度报告

公众持股公司发布包含大量公司信息的**年度报告**（annual report），例如年报提供经独立注册会计师审计的比较财务报表，还会提供5年或10年的主要财务数据汇总和关于公司经营成果、流动性及财务状况的**管理层讨论与分析**（management's discussion and analysis）。在管理层讨论与分析中，公司管理层会指出并讨论有利或不利趋势及未来可能影响企业的事项。

公司会把年度报告直接提供给公司的所有股东。此外，公众可通过互联网、图书馆或给公司股东关系部写信或致电获取。

3. 行业信息

关于整个行业的财务信息可通过相关财经出版机构（如邓白氏公司）获取，或是通过登录在线数据库获得。利用这类信息，投资者和债权人可以将单个公司的财务状况同所属行业进行比较。

4. 财务比率的有用性及局限性

财务比率反映了金额之间的关系。绝大多数财务报表使用者发现，某些比率有助于他们迅速评价企业的财务状况、资产经营、资本结构、盈利性和未来前景。通过比较连续数年的主要比率，通常可发现企业是变得更强了还是更弱了。比率也提供了一种迅速比较不同企业财务状况和盈利性的方式。

但是，财务报表使用者必须清楚，比率指标也有很多局限性，如管理层会通过年末交易来临时改善关键比率指标，即进行所谓的**报表粉饰**（window dressing）。

> ⊙ **国际案例**
>
> 　　分析国际公司时，会计人员面临两个问题。第一，会计计量、披露和审计质量在不同国家的差别很大；第二，获取跨国会计分析的必要信息通常比较困难，有时甚至不可能。例如，一些国家或地区，因为没有活跃的证券市场，所以不要求公司进行财务报告，而且也没有形成为西方人所熟知的外部审计模式。处理这些差异问题是建立国际财务会计标准的主要目标之一。

例如，计算机械公司2021年12月31日的资产负债表（参见表14-3）包括流动资产18万美元，流动负债10万美元，所以流动比率为1.8 : 1。如果管理层在临近年末时用公司2万美元现金偿还应在2022年1月才到期的应付账款，那么会出现什么结果呢？这笔交易使流动资产减少到16万美元，流动负债减少到8万美元，结果流动比率增加至让人印象深刻的2 : 1。公司只是简单地提前几天偿还2万美元负债是否真能使公司更富了呢？答案是"不可能"。虽然偿还2万美元后，仅看流动比率是比以前强了。而且，这种改变公司财务报表"形象"的做法很常见，列示在财务报告中也合理且自然。然而，机敏的财务报表读者需要对此警觉，要观察是否有事例证明公司切实采取了措施来改善形象。通常这可以通过查看多种财务指标，而不是仅仅关注单一财务指标的方式来解决。

财务报表比率具有与财务报表金额一样的局限性。例如，有些资产使用历史成本而不是现行市场价值。此外，财务报表比率仅表达财务关系，并不体现公司在实现非财务目标方面的进步，如客户满意度或工人生产能力的提高。严谨的投资者分析涉及的并不只是财务比率的计算和比较。

14.2.7 偿债能力、信用风险和法律

按照会计师的观点，企业主体应与所有者的其他经济活动相分离，而不论该企业采用何

种组织形式。然而，法律对公司与非公司制企业组织有重要区分。财务报表使用者应当理解法律区别，因为它可能影响债权人和所有者的决策。

法律上，非公司制企业（独资和合伙）的所有者个人必须对企业组织的全部负债负责。因此，非公司制企业的债权人通常基于所有者财务状况而不是企业主体的财务力量来进行借款决策。⊖

不过，如果企业采用公司制组织，那么公司的所有者（股东）个人就不必对企业负债负责，债权人仅就企业主体追索要求权，企业主体也因此成为分析的重点。

最后，我们来讨论小公司和贷款担保问题。小公司通常没有充足的财务资源来满足其所需贷款的要求。此时，债权人可能会要求一个或多个公司股东个人为企业主体的特定债务提供担保（或联合署名）。通过联合签署公司债务，如果该公司不能支付，那么股东个人将对债务负责。

14.3 盈利性指标

公司的盈利性指标是权益投资者和管理层的特别利益所在，这些指标主要来自利润表。本章讨论的指标包括核心指标的百分比变化、毛利率、经营利润、销售净利率、每股收益、资产报酬率以及权益报酬率。

根据民意调查，许多人以为绝大多数企业通过商品销售赚取的利润要远高于实际情况。实际上并非如此。绝大多数成功企业的净利润为销售收入的 5%～15%，而且 15% 的情况非常少。

14.3.1 利润表的分类

利润表有多步式和单步式两种格式。多步式利润表对列示会计概念比较有用，它提供了比单步式利润表更多的细节信息。表 14-4 给出了计算机城公司的多步式利润表。

表 14-4　计算机城利润表（多步式）		（单位：美元）
截至 2021 年 12 月 31 日		
销售净额		900 000
减：销货成本（包括运输费用）		540 000
毛利		360 000
减：经营费用：		
销售费用：		
销售人员工资及佣金	64 800	
广告	42 000	
发货服务	14 200	
折旧——商店设备	9 000	
其他销售费用	6 000	
销售费用总额		136 000
一般管理费用：		
管理及办公人员工资	93 000	

⊖ 在有限合伙制企业，只有普通合伙人个人对企业债务负有责任。每一个有限合伙企业都必须有一个或多个合伙人。

(续)

	截至 2021 年 12 月 31 日		
公用事业	3 100		
折旧——建筑	3 000		
其他一般管理费用	4 900		
一般管理费用总额		104 000	
经营费用总额			240 000
经营利润			120 000
减（加）：非经营项目：			
利息费用	12 000		
仓库火灾损失	1 200		
利息收入	（3 200）	10 000	
所得税前利润			110 000
所得税费用			38 000
净利润			72 000
每股收益			4.80

上述示例合并列示了之前各章关于利润表的讨论内容，而且至少增加了报告公司业绩的某个方面额外的内容，即列示了经营利润。经营利润之后列示的是非经营事项，包括任何非经营性异常和/或非经常项目，即示例中的仓库火灾损失。

掌握会计知识虽不能保证你清楚公司应该具有的收益水平，但它确实能帮助你看懂经过审计的反映实际情况的财务报表。此外，我们知道公司的公开财务报表信息经过注册会计师审计并经过政府机构（如美国证券交易委员会）定期进行的仔细复核。所以，这些公开财务报表中的利润是合理可靠的，因为它们被确定符合一般公认会计原则并经过独立专家的证实。

> ⊙ **众议院议员**
>
> 假设你是美国众议院的一名议员。由于安然、世通以及其他公众公司的财务舞弊，美国国会通过并由布什总统签发了《萨班斯－奥克斯利法案》（2002）。《萨班斯－奥克斯利法案》极大地扩大了公众公司的合规责任，尤其是在财务报告方面。有些商业界选民指出，合规责任太重将导致小型公众公司私有化，而那些需要资本的私有企业将因为合规责任增加只好放弃上市。他们还指出，如果公司因为《萨班斯－奥克斯利法案》提出的合规责任而被排除在资本市场之外，那么经济增长将放缓，就业将减少。对此你该怎样回答？

14.3.2　多步式利润表

顾名思义，多步式利润表通过一系列步骤，将成本和费用从收入中减去，再把其他非经营项目结合到利润表中。第一步，从销售净额中减去销货成本，得到毛利；第二步，从毛利中减去经营费用，得到所谓的**经营利润**（operating income / income from operations）；最后，减去所得税费用和其他非经营项目支出，得到净利润。

请注意，利润表项目分为收入、销货成本、经营费用和非经营项目四个部分。正如示例所展示的，多步式利润表的特点是内容分得细，而且还列示了不少重要小计数。表 14-4 给出的示例不含终止经营项目。如果有终止经营项目，那么就要用"来自持续经营的利润"来替代"净利润",随后列示终止经营项目,最后得出本年度净利润数据。

1. 收入部分

商业企业利润表的收入部分通常仅列示销售净额一行(如果有其他类收入,就与某些利得一起列示在利润表的最后一部分)。

投资者和经理人员对销售净额的变化趋势非常关心。评估这种趋势的方法之一通常就是计算年与年之间销售净额的百分比变动。如前所述,**百分比变动**(percentage change)就是将财务计量指标的变动金额换算为百分比,即增加或减少的金额除以变动前计量的金额(如果前期财务报表金额为0或者从负数变为正数,那么金额变动就无法表示为百分比)。

在现实经济中,绝大多数价格会随时间上涨。当年价格的平均增长率被称为通货膨胀率。由于存在通货膨胀,即使公司并未销售更多商品,其销售净额也可能逐年略微增长。如果公司实际销售数量增加,那么销售净额的增长通常会超过通货膨胀率。

如果公司的销售增长超过了行业平均水平,那么公司的**市场份额**(market share)将增加,即占行业总销售的份额增加了。

公众持股公司在其年度报告中汇总报告了5年期或10年期的经营数据(如销售净额)。这些信息也可以通过一些在线数据库获得。

2. 销货成本部分

商业企业利润表的第二部分是本期销货成本。销货成本通常只用一行列示金额,如运输成本、正常损耗损失等。

3. 毛利:重要小计数

在多步式利润表中,毛利列为小计。这样,利润表使用者可更为容易地计算公司的毛利率(或利润率)。毛利率是将毛利表述为销售净额的百分比。2021年,计算机机械公司赚取的平均毛利率为40%,具体计算如右所示。

	(单位:美元)
毛利金额	360 000
销售净额	900 000
毛利率(360 000÷900 000)	40%

在评价具体公司的毛利率时,分析师必须考虑公司前期赚取的毛利率,同时也要参考同行业其他公司所赚取的毛利率。对绝大多数商业企业而言,毛利率一般介于20%~50%,具体多少取决于所售商品的类型。周转快的商品(如杂货)通常毛利率最低,而选购品和新奇品则毛利率最高。

一般情况下,公司前后期的毛利率倾向于保持合理稳定。毛利率的重大变化向投资者表明:对公司产品的消费需求正在变化。

4. 经营费用部分

经营费用是为产生收入而发生的。经营费用通常分为销售费用和一般管理费用两类。将经营费用按功能分类,可以帮助管理层和其他报表使用者分别评价公司经营的不同方面。例如,销售费用的升降通常与销售净额的变动一致;此外,管理费用则通常在各期之间保持更为稳定。

5. 经营利润:另一个重要小计数

企业的一些收入和费用产生于企业基本经营业务之外的活动,常见的例子包括投资赚取的利息和所得税费用等。虽然这些因素对于评价公司状况很重要，但它们不同于代表公司核心业务的正常经营活动。

经营利润表明了从客户处赚取的收入和为产生这些收入而发生的费用之间的关系。实际上，经营利润衡量的是公司基本或核心经营活动的盈利性，而不考虑其他类型的收入和费用。

6. 非经营项目

非经营项目是指与公司主要业务活动没有直接关系的收入和费用。在利润表中，非经营项目紧接着经营利润列示在最后一部分。

两种重要的非经营项目是利息费用和所得税费用。利息费用来自资产的筹资方式，而不是来自资产用于企业经营的方式。所得税费用不包括在经营费用中，因为支付所得税费用并无有助于产生收入。投资赚取的利息和股利也属于非经营项目，在利润表的最后部分进行列示。

7. 净利润

许多权益投资者认为净利润（或净亏损）是公司财务报表中最有用的数字。该金额通常代表来自全部营利活动的当期所有者权益的增加（或减少）。

财务分析师通常将净利润表示成销售净额的百分比（净利润除以销售净额）。该指标（销售净利率）代表管理人员控制费用和将收入的合理部分转化为利润的能力。

正常的销售净利率常常因行业而异，某些行业的销售净利率达到2%～3%就算成功。但在另一些行业中，销售净利率可能远高于此。计算机械公司2021年的销售净利率达到8%，具体计算如右所示。

	（单位：美元）
净利润	72 000
销售净额	900 000
销售净利率（72 000÷900 000）	8%

14.3.3 每股收益

股本份额代表了对公司的所有权。若某人持有100股公司股本，那么公司净利润对此人意味着什么呢？为了帮助个人股东了解公司净利润与其股权份额之间的关系，公众公司总会计算**每股收益**（earnings per share）并将这些金额列示在利润表末尾。[⊖]

在最简单的情形下，每股收益就是基于每股的净利润。如表14-3的资产负债表所示，计算机械公司流通在外15 000股。[⊜]假设这些股票全年流通在外，那么该公司的每股收益就是4.80美元，具体计算如下。

	（金额单位：美元）
净利润	72 000
流通在外的股数	15 000
每股收益（72 000÷15 000）	4.80

每股收益可能是所有会计比率中使用最广泛的比率。每股收益的变化趋势以及对未来期间收益的预期是影响公司股票市值的主要因素。

14.3.4 市盈率

财务分析师用**市盈率**（price-earnings ratio，PE）来表示公司股票市价与每股收益之间的

⊖ 只有公众持股企业才必须按每股来报告收益。对于小型公司，如计算机械，是否报告每股收益基于自愿选择。

⊜ 假设所有15 000股股票全年都流通在外。更复杂情况下的每股收益计算在第12章中有介绍。

关系。市盈率等于公司股票现行市价除以年度每股收益（在公司发生净亏损时，市盈率无法计算）。

例如，假设在 2021 年年末，计算机械公司股票按每股市价 96 美元在投资者间交易。公司股票市盈率的计算如右所示。

（金额单位：美元）	
每股现行市价	96
每股收益（最近 12 个月）	4.80
市盈率（96÷4.8）	20

理论上，该市盈率为 20∶1，但在实务中一般省略"∶1"，只用前一个数字来表述市盈率。许多报纸的财经版每天都刊登很多公众持股公司的市盈率。

市盈率反映了投资者对公司未来业绩的预期。预期越乐观，市盈率可能就越高。

10 倍或更低的市盈率多表明投资者预期收益将从当前水平降下来，但也可能意味着股票被低估；同样，30 倍或更高的市盈率通常预示着投资者预期收益将从当前水平升上去，但也可能意味着股票被高估。

顺便提醒一句，如果收益下降到相当低的水平，股票价格并不会随着收益一路下跌。因此，收益非常低的公司可能会有较高的市盈率，即使投资者对未来收益并不乐观。由讨论得知，在解释市盈率和其他财务报表比率时显然需要做出重要的判断。对于依赖诸如股票价格等外部数据的比率来说，由于并没有完全采用所分析公司报告的数据，所以尤其需要做重要的判断。

14.3.5　单步式利润表

在年报中，有些公众持股公司提交的是高度简化的财务报表。正因如此，单步式利润表在年度报告中广泛使用。表 14-5 给出了计算机械公司 2021 年的单步式利润表。

单步式利润表因将全部成本和费用一次性从总收入中减除而得名。虽然没有类似毛利、经营利润这样的小计，但报表本身给投资者提供了自己计算这些小计的足够信息。要注意，单步式利润表的净利润和每股收益与多步式利润表中的数据一致。

14.3.6　评价净利润的充足性

企业必须赚取多少净利润才称得上成功呢？显然，投资者认为净利润是否充足取决于企业规模。年净利润 100 万美元对本地的汽车经销商来说已经相当不错了，但对福特、宝洁或家得宝这样规模的公司来讲是远远不够的。

表 14-5　计算机械公司利润表（单步式）

（单位：美元）

截至 2021 年 12 月 31 日		
收入		
销售净额		900 000
利息收入		3 200
收入总额		903 200
减：成本和费用		
销货成本	540 000	
销售费用	136 000	
管理费用	104 000	
利息费用	12 000	
采购折扣损失	1 200	
所得税费用	38 000	
成本和费用总额		831 200
净利润		72 000
每股收益		4.80

投资者在评价公司盈利性时，通常要考虑两个因素：收益变动趋势和目前收益金额相对于产生该收益所需资源量。

一些投资者认为年度之间的收益趋势比当期净利润额更为重要。权益投资者希望从公司长期业绩中获益。每年稳定的收益增长能使股东的投资实现数倍价值增长。

在评价收益的目前水平时，许多投资者采用投资报酬率分析法。

14.3.7 投资报酬率

本书始终强调会计的基本目的是帮助决策者有效分配和利用经济资源。在决定将资金投向何处时，权益投资者希望知道公司是否能有效利用资源。评价财务资源利用效率的常见方法是计算资源赚取的报酬率。该报酬率被称为投资报酬率（return on investment，ROI），有时也被称为资产报酬率。

投资报酬率的数学计算很简单：把投资产生的年度报酬（或利润）表示为全年平均投资金额的百分比。这一基本思想可表述为如下公式：

$$投资报酬率 = 报酬 / 平均投资额$$

报酬是整个期间所赚取的，因此，将报酬表述为当期平均投资额而不是年末投资的百分比是合乎逻辑的。通常，平均投资额等于期初投资额与期末投资额相加除以2。如果各期投资额是相对稳定的，那么可以用年末余额来代替平均值。如果年度内固定资产投资波动很大，那么采用月度平均投资额就更为可取。

投资报酬率概念可以运用于众多情形，如评价企业、分支机构或特定投资机会的盈利性。因此，基本投资报酬率比率出现了多种变体，而且每种都适合特定类型的分析。这些比率的差异体现在报酬、平均投资额的定义不同。这里，我们将讨论投资报酬率概念的两种常见应用：资产报酬率和权益报酬率。

14.3.8 资产报酬率

资产报酬率（return on assets，ROA）用于评价管理层是否使其控制的资产赚取了合理的报酬。在计算中，报酬通常被定义为经营利润，因为利息费用和所得税费用受资产使用方式之外的因素影响。资产报酬率的计算公式如下：

$$资产报酬率 = 经营利润 / 平均总资产$$

现在，让我们来计算计算机械公司2021年赚取的资产报酬率。表14-4利润表显示的经营利润为12万美元。假设计算机械公司2021年年初资产总计为57万美元，2021年年末的资产总计为63万美元（参见表14-3）。那么该公司2021年的平均总资产为60万美元[=（570 000+630 000）÷2]。因此，公司2021年的资产报酬率为20%。计算如下：

$$经营利润 / 平均总资产 = 120\,000 / 600\,000 = 20\%$$

绝大多数经营成功的企业赚取大约10%到15%或更高的平均总资产报酬率。在本书写作之时，企业必须支付最低4%的利率来借钱。但是，美国的利率事实上较几年前的历史低位有了上升，预期未来可能会继续上升。如果企业经营良好、行业前景不错，那么管理层应能赚取比公司借款成本更高的资产报酬率。

14.3.9 权益报酬率

上述计算的资产报酬率衡量的是管理层利用其控制的资产的效率，而不管这些资产的资金是来自债务还是权益资本。与此相对，**权益报酬率**（return on equity，ROE）衡量的是管理层为股东投资（即所有者权益）赚取的报酬。

股东报酬就是净利润，它代表来自所有资源的报酬，包括经营和非经营项目。因此，权益报酬率计算如下：

$$权益报酬率 = 净利润 / 平均总股东权益$$

我们再以计算机械公司 2021 年的财务报表为例。该公司 2021 年赚取的净利润为 7.2 万美元，年末资产负债表（参见表 14-3）显示公司的总股东权益为 42 万美元。为使我们能够完成计算，这里假定年初股东权益为 38 万美元。因此，该年度平均股东权益为 40 万美元 [=（380 000+420 000）÷2]。2021 年股东权益报酬率为 18%，具体计算如下：

$$净利润 / 平均总股东权益 = 72\,000 / 400\,000 = 18\%$$

传统上，按照股东的预期，大型、财力雄厚公司的权益投资能赚取 12% 或更高的平均年报酬率。年权益报酬率达到 30% 或以上也不少见，特别是对那些拥有新产品或非常成功产品的高速成长公司。如前所述，对报酬类比率，我们应当谨慎解读，不仅要考虑公司所处的行业，而且要考虑公司自身的特点。标准的"经验法则"并不一定适合所分析公司的特定情形。

权益报酬率可能高于或低于整体资产报酬率，具体情况取决于公司如何为资产筹资以及非经营收入和费用的金额大小。对于出现净亏损的公司，其股东权益报酬率为负。

14.4 综合示例：西克利夫公司

前面已经学习了一些有助于更好理解企业财务报表的分析方法，下面将通过示例来进行综合分析。本例选自本章所提供的材料以及本书前面所提供的信息。此外，我们将从三类重要群体（普通股东、长期债权人和短期债权人）的角度来综合分析财务报表。

表 14-6～表 14-10 列示了西克利夫公司的一套两年期的比较财务报表简表，这些报表给出了分析所需的基本信息，包括汇总报表数据、金额增加和减少的计算、必要的构成百分比等。为便于举例，西克利夫公司财务报表中使用了相对较小的金额。

表 14-6　西克利夫公司比较利润表　　　　（金额单位：美元）

	截至 2021 年 12 月 31 日与截至 2020 年 12 月 31 日					
	2021 年	2020 年	增加或减少		销售净额百分比（%）	
			金额	百分比（%）	2021 年	2020 年
销售净额	900 000	750 000	150 000	20.0	100.0	100.0
销货成本	530 000	420 000	110 000	26.2	58.9	56.0
销售毛利	370 000	330 000	40 000	12.1	41.1	44.0
经营费用：						
销售费用	117 000	75 000	42 000	56.0	13.0	10.0
一般管理费用	126 000	95 000	31 000	32.6	14.0	12.7
总经营费用	243 000	170 000	73 000	42.9	27.0	22.7
经营利润	127 000	160 000	（33 000）	（20.6）	14.1	21.3

(续)

	2021年	2020年	增加或减少		销售净额百分比（%）	
			金额	百分比（%）	2021年	2020年
利息费用	24 000	30 000	（6 000）	(20.0)	2.7	4.0
所得税前利润	103 000	130 000	（27 000）	(20.8)	11.4	17.3
所得税费用	28 000	40 000	（12 000）	(30.0)	3.1	5.3
净利润	75 000	90 000	（15 000）	(16.7)	8.3	12.0
普通股每股收益	13.20	20.25	（7.05）	(34.8)		

表 14-7　西克利夫公司留存收益表　　　　（金额单位：美元）

截至 2021 年 12 月 31 日与截至 2020 年 12 月 31 日

	2021年	2020年	增加或减少	
			金额	百分比（%）
年初留存收益	176 000	115 000	61 000	53.0
净利润	75 000	90 000	（15 000）	(16.7)
	251 000	205 000	46 000	22.4
减：普通股股利（2020年每股5.00美元，2021年每股4.80美元）	24 000	20 000	4 000	20.0
优先股股利（每股9美元）	9 000	9 000		
	33 000	29 000	4 000	13.8
年末留存收益	218 000	176 000	42 000	23.9

表 14-8　西克利夫公司比较资产负债表　　　　（金额单位：美元）

2021 年 12 月 31 日与 2020 年 12 月 31 日

	2021年	2020年	增加或减少		总资产百分比（%）	
			金额	百分比（%）	2021	2020
资产						
流动资产	390 000	288 000	102 000	35.4	41.1	33.5
厂房及设备（净值）	500 000	467 000	33 000	7.1	52.6	54.3
其他资产（对员工贷款）	60 000	105 000	（45 000）	(42.9)	6.3	12.2
资产总额	950 000	860 000	90 000	10.5	100.0	100.0
负债和股东权益						
负债：						
流动负债	112 000	94 000	18 000	19.1	11.8	10.9
12%长期应付票据（7年内到期）	200 000	250 000	（50 000）	(20.0)	21.1	29.1
负债总额	312 000	344 000	（32 000）	(9.3)	32.9	40.0
股东权益：						
9%优先股，面值100美元	100 000	100 000	—	—	10.5	11.6
普通股，面值50美元	250 000	200 000	50 000	25.0	26.3	23.2
追加缴入资本	70 000	40 000	30 000	75.0	7.4	4.7
留存收益	218 000	176 000	42 000	23.9	22.9	20.5
股东权益总额	638 000	516 000	122 000	23.6	67.1	60.0
负债和股东权益总额	950 000	860 000	90 000	10.5	100.0	100.0

注：为了突出重要小计，本表做了相当的简化，未列示单个资产和负债项目。若下面讨论需要，再做详细介绍。例如，表 14-18 给出了西克利夫公司的流动资产和流动负债列表。

表 14-9　西克利夫公司现金流量表　　　　　　　　（金额单位：美元）

截至 2021 年 12 月 31 日与截至 2020 年 12 月 31 日

	2021 年	2020 年	增加或减少	
			金额	百分比（%）
经营活动现金流量：				
经营活动净现金流量	19 000	95 000	(76 000)	(80.0)
投资活动现金流量：				
采购厂房资产	(63 000)	(28 000)	(35 000)	125.0
收回员工贷款	45 000	(35 000)	80 000	N/A
投资活动使用的净现金	(18 000)	(63 000)	45 000	(71.4)
筹资活动现金流量：				
支付股利	(33 000)	(29 000)	(4 000)	13.8
偿付长期债务	(50 000)	0	(50 000)	N/A
发行股票收款	80 000	0	80 000	N/A
筹资活动使用的净现金	(3 000)	(29 000)	26 000	(89.7)
现金及现金等价物净增加（减少）	(2 000)	3 000	(5 000)	N/A
现金及现金等价物，2015 年 1 月 1 日	40 000	37 000	3 000	8.1
现金及现金等价物，2015 年 12 月 31 日	38 000	40 000	(2 000)	(5.0)

注：N/A 表示不适合计算百分比变动。如果基年为 0 或从负数（现金流出）变为正数（现金流入），则不适合计算百分比变动。

表 14-10　西克利夫公司财务报表附注

截至 2021 年 12 月 31 日与截至 2020 年 12 月 31 日

附注 1：会计政策
存货采用后进先出法（LIFO）确定
折旧按直线法计算。建筑按 40 年期折旧，设备和设施按 5 年或 10 年期折旧

附注 2：未使用的信用额度
公司获批准的信用额度为 35 000 美元，截至 2021 年 12 月 31 日尚未动用

附注 3：或有事项和承诺付款
截至 2021 年 12 月 31 日，公司没有重大的承诺付款或不可取消义务。目前没有管理层获知的或有损失

附注 4：金融工具现行价值
全部金融工具以近似于现行价值的金额列示在财务报表中

附注 5：信用风险集中度
公司从事对一般公众的零售销售，唯一营业地点位于华盛顿州西雅图。没有一个客户应收账款占公司总销售额的 2% 以上。应收账款未被担保

14.4.1　普通股股东分析

普通股股东与潜在的普通股投资者首先关注的是公司的收益记录。因为他们投资的是公司股票，所以理当格外关注每股收益和每股股利。

1. 普通股每股收益

正如本书第 12 章所述，普通股每股收益的计算是将可分配给普通股的利润除以该年度发行在外的普通股加权平均数。在确定可分配给普通股的利润时，所有优先股股利必须从净利润中减去。表 14-11 给出了西克利夫公司每股收益的计算。

请注意，西克利夫公司 2021 年的每股收益减少了 7.05 美元，表明较 2020 年的水平下降了近 35%（7.05/20.25=34.8%）。在普通股股东看来，每股收益下降通常意味着公司发展不利，每股收益的下降通常表明公司盈利能力下降，预示公司未来增长前景存在不确定性。

鉴于每股收益跌幅如此之大，我们应该预期 2021 年西克利夫公司普通股市价会严重下跌。例如，假定 2020 年 12 月 31 日普通股每股市值 160 美元，2021 年年末为 132 美元。每股 28 美元的跌幅代表每位普通股股东的投资市值下降了 17.5%（28/160=17.5%）。

表 14-11 普通股每股收益

（金额单位：美元）

	2021 年	2020 年
净利润	75 000	90 000
减：优先股股利要求	9 000	9 000
可分配给普通股的利润（a）	66 000	81 000
当年流通在外的普通股股数（b）	5 000	4 000
普通股每股收益（a÷b）	13.20	20.25

2. 市盈率

普通股市价与每股收益之间的关系受到广泛关注，并以所谓的市盈率的比率来表示。市盈率通过每股市价除以每股年度收益来计算。

公司未来收益前景是影响市盈率的主要因素。如果公司过去具有快速的成长业绩，那么其市盈率可达 30 倍甚至更高。相反，对于收益比较"平坦"或预期未来几年收益会下降的公司，其市盈率通常会低于 10 倍。

2020 年年末，西克利夫公司的市盈率大约为 8（160/20.25=7.9），表明投资者预期 2021 年的收益会下降。2021 年 12 月 31 日，公司的市盈率提高至 10（132/13.20=10.0）。这个水平的市盈率表明投资者预期未来收益会在当前水平稳定下来。

3. 股利收益率

股利对某些股东来说是最为重要的，对其他人则是第二重要的因素。有些股东投资的主要目的是获得常规的现金利润，而其他股票投资者则主要期望的是股票市价上升。如果公司赢利，并且为了企业扩张而留存了收益，那么经营扩张将带来公司净利润的增加，从而使每股股票变得更为值钱。

在比较各种投资机会的优势时，我们应当将每股收益和股利与特定日期的每股市价联系起来。用每股股利除以每股市价就可得到公司股票的股利收益率（dividend yield rate）。对那些以投资的股利收入最大化为目标的投资者来说，股利收益率尤其重要。就西克利夫公司而言，2020 年普通股的股利收益率为 3.1%（= 5/160），2021 年为 3.6%（= 4.80/132）。

4. 西克利夫公司收益和股利数据汇总

表 14-12 汇总了西克利夫公司的每股收益以及股利与年末股价的关系。

表 14-12 普通股每股收益和股利

日期	每股市值（美元）	每股收益（美元）	市盈率	每股股利（美元）	股利收益率（%）
2020 年 12 月 31 日	160	20.25	8	5.00	3.1
2021 年 12 月 31 日	132	13.20	10	4.80	3.6

2021 年市值的下降想必反映了每股收益和股利的下降。当投资者于 2020 年 12 月 31 日对该股票进行估价时，应该考虑一下 10 倍的市盈率和 3.6% 的股利收益率与其他可供选择的投资机会相比是否符合他们的预期。这些投资者也会相当重视对公司预期未来收益的估计及其

对股票市价和股利支付的可能影响。这也说明了考虑多个财务比率或其他财务业绩指标的重要性。就完备的财务决策而言，单一比率或指标无法提供所需要的信息。

5. 收入和费用分析

西克利夫公司的收益趋势不太有利，而股东也想知道净利润下降的原因。根据表 14-6 所示的比较利润表，尽管销售净额增长了 20%，但公司的净利润从 2020 年的 90 000 美元降至 2021 年的 75 000 美元，下降了 16.7%。净利润占销售净额的百分比从 12% 降至 8.3%。下降的主要原因是销售费用、一般管理费用以及销货成本分别增长了 56.0%、32.6% 和 26.2%，三者均超过了销售净额 20% 的增长率。

假定通过深入分析发现西克利夫公司 2021 年曾决定降低销售价格以增加销量，这可以解释销售毛利率为什么会从 44% 降到 41.1%。由于 2021 年毛利额增加了 40 000 美元，如果经营费用增加很少或没有增加的话，那么降价促销策略本来是比较成功的。然而，公司的经营费用增加了 73 000 美元，从而导致经营利润降低了 33 000 美元。

下一步是去寻找哪些费用增加了以及增加的原因。投资者在这方面可能受到限制，毕竟详细的经营费用资料通常不会在公开财务报表中披露。不过，我们还是可以通过表 14-6 的西克利夫公司比较利润表所提供的非常简要的信息得出某些结论。

销售费用的显著增加或许反映了公司在 2021 年为扩大销量而做出的更多的销售努力。然而，销售费用增加了 42 000 美元，而毛利仅增加 40 000 美元，这一事实反映了促销努力的成本并未得到应有的回报。而一般管理费用的增加则更令人忧虑。管理费用的某种程度增加可能预期伴随有销量的增加，但因某些费用是固定的，所以增长通常与销售的增长不一定成比例。一般管理费用占销售额的比重从 12.7% 增加到 14% 应为信息充分的投资者关注。

相对收入而言，管理层常常会更严格地控制经营费用，因此，经营费用率（operating expense ratio）常被作为衡量管理层控制经营费用能力的指标。如表 14-13 所示，西克利夫公司的这一比率变化趋势并不有利。

表 14-13 经营费用率

（金额单位：美元）

	2021 年	2020 年
经营费用（a）	243 000	170 000
销售净额（b）	900 000	750 000
经营费用率（a÷b）	27.0%	22.7%

如果管理层能在增加销量的同时也能增加毛利率并降低经营费用率，那么对净利润的影响就会相当大。例如，如果 2022 年西克利夫公司的销售大约能增加 11%，达到 100 万美元，毛利率从 41.1% 增加到 44%，且经营费用从 27% 降低到 24%，那么经营利润将从 12.7 万美元增加到 20 万美元，增长幅度超过 57%。

14.4.2 投资报酬率

投资报酬率是衡量管理层利用可获得资源的效率的指标。无论组织规模大小，资本都是稀缺资源，必须充分利用。在评价部门经理或整个公司管理层的业绩时，我们有理由提出以下问题：你所控制的资源赚取了多少报酬率？

1. 资产报酬率

总资产报酬率是衡量管理层运用所有来源资金赚取报酬能力的重要指标。

计算该比率时，所采用的利润应是经营利润，这是因为利息费用和所得税是由资源有效利用以外的其他因素决定的。经营利润是在整个年度赚取的，因此应当同当年平均资产投资相关。表 14-14 给出了西克利夫公司这一比率的计算（假定 2020 年年初总资产为 82 万美元）。

该比率显示，2021 年公司资产报酬率下降。不过，在对西克利夫公司的经营效率得出结论之前，我们应该考虑一下种类、规模相近的公司的资产报酬率趋势。

2. 普通股股东权益报酬率

我们曾介绍在公司只有一种股票时的权益报酬率概念。此时，权益报酬率仅是净利润除以平均股东权益的值。然而，西克利夫公司既发行了优先股又发行了普通股。优先股参与公司收益分配的形式与普通股不同，而且优先股股东的报酬仅限于股利。这样，计算普通股权益报酬率时，必须从净利润中扣除优先股股东的股利。

表 14-15 给出了普通股股东权益报酬率的计算（假定 2020 年年初普通股股东权益为 35.5 万美元）。

这两年普通股股东权益报酬率都比支付给长期债权人 12% 的利率或支付给优先股股东 9% 的股利率高。这一结果是通过有效利用杠杆原理实现的。

表 14-14　百分比资产报酬率

（金额单位：美元）

	2021 年	2020 年
经营利润（a）	127 000	160 000
年初总资产（b）	860 000	820 000
年末总资产（c）	950 000	860 000
平均资产 [(b+c)÷2]（d）	905 000	840 000
资产报酬率（a÷d）	14%	19%

表 14-15　普通股股东权益报酬率

（金额单位：美元）

	2021 年	2020 年
净利润	75 000	90 000
减：优先股股利	9 000	9 000
可分配给普通股的净利润（a）	66 000	81 000
年初普通股股东权益（b）	416 000	355 000
年末普通股股东权益（c）	538 000	416 000
平均普通股股东权益 [(b+c)÷2]（d）	477 000	385 000
普通股股东权益报酬率（a÷d）	13.8%	21.0%

14.4.3　杠杆

所谓杠杆，指的是通过使用借款赚取比借款成本更高的报酬，从而提高净利润和普通股股东权益报酬率。例如，如果你能以 6% 的利率借款并用它赚取 9% 的报酬，那么你就会因此而受益。杠杆如同一把双刃剑，对普通股股东而言，其结果既可能是有利的，也可能是不利的。

如果总资产报酬率低于借入资本的平均利率，那么杠杆将减少普通股股东权益报酬率。在这种情况下，偿还高利率贷款将是合乎逻辑的选择。然而，许多公司都没有足够的现金来清偿临时通知还款的长期负债。因此，普通股股东可能会深陷杠杆的不利影响而难以自拔。

在决定多少杠杆恰当时，普通股股东应当考虑公司资产报酬率的稳定性以及该报酬率与借入资本平均成本之间的关系。如果企业借款过多，以至于不能清偿要求的利息和本金付款，那么债权人可能会迫使企业清算或重组。

债务比率（debt ratio）是用于衡量企业杠杆程度的指标之一。该比率衡量的是总资产中债权人（以区别于股东）提供资金的比重。债务比率由负债总额除以资产总额计算得出。债务比率高，意味着对杠杆的充分利用，也就是说，债权人提供的资金比重较大；低债务比率表明企业利用杠杆不充分。

表 14-16 给出了西克利夫公司年末的债务比率情况。

显然，西克利夫公司 2021 年的债务比率比 2020 年低。那么，这一债务比率是好还是不好呢？

表 14-16 债务比率

	2021 年	2020 年
负债总额（a）	312 000	344 000
资产总额（或总负债和股东权益）(b)	950 000	860 000
债务比率（a÷b）	32.8%	40.0%

从普通股股东角度来看，如果管理层能使资产报酬率高于支付给债权人的利率，那么高债务比率将产生最大的收益。但是，如果资产报酬率低于支付给债权人的利率，那么债务比率较高将会非常不利。由于西克利夫公司赚取的总资产报酬率已从 2020 年的 19% 降至 2021 年相对较低的 14%，所以普通股股东很可能不愿承担高债务比率的风险。如果资产报酬率继续下降，那么管理层 2021 年清偿 50 000 美元长期负债的选择将有助于保护普通股股东免遭不利杠杆效应的影响。

14.4.4 长期债权人分析

债券持有人及其他长期债权人主要关心三个因素：① 投资报酬率；② 企业满足利息要求的能力；③ 企业债务到期时偿还本金的能力。

1. 债券收益率

债券收益率（yield rate on bonds）或其他长期债务的收益率不能用与计算股票收益率相同的方法，因为债券不像股票，前者有确定的到期日和金额。12%、10 年期、面额 1 000 美元债券的所有权，代表 10 年内每年收取 120 美元及第 10 年年末收到 1 000 美元的权利。如果债券的市价是 950 美元，则债券的收益率为使这两项契约权利的现值等于 950 美元市价的利率。

> ⊙ **小案例**
>
> 戴尔公司提供了一个有趣而有意义的案例：在公司风险状况没有大幅提高的情况下，如何使用财务杠杆来大幅提高普通股股东的报酬。戴尔公司 2004 年的资产报酬率高达 20%，而普通股股东权益报酬率更是达到令人瞠目结舌的 47%。显然，戴尔公司从有利的财务杠杆中受益了。
>
> 而且，戴尔公司在从有利的财务杠杆中受益的同时，其风险状况并没有提高，因为戴尔公司的绝大多数杠杆采用的是无息负债形式。尽管负债占戴尔公司资产的 67.5%，但有息负债仅占资产的 2.6%。戴尔公司约 84% 的负债是流动的，体现为商业信贷（应付账款）或应计负债（如未付工资和福利）。本质上，戴尔公司的很多融资由其商业债权人和员工提供，而这些实际上属于免费的筹资来源。

当债券以到期值出售时，收益率等于债券利率。收益率同债券市价呈反向变动。如果利率上升，则当前债券的市价将下跌；如果利率下跌，则债券价格会上升。如果债券价格高于到期值，则收益率会低于债券利率；如果债券价格低于到期值，则收益率高于债券利率。

2. 利息保障倍数

如果债券发行公司能赚取足够利润来保障年度利息义务并有相当的剩余，那么债券持有人会感到投资相对安全。

衡量债权人安全性的常见指标是可用于支付利息的经营利润与年利息费用的比率，即利息保障倍数（interest coverage ratio）或利息赚取倍数（times interest earned）。表 14-17 计算了西克利夫公司的利息保障倍数或利息赚取倍数。

2021 年，公司的利息保障倍数保持在与上一年相同这样一个令人满意的水平上。通常 2 倍以上的利息保障倍数被认为比较强劲。

表 14-17　利息保障倍数

（金额单位：美元）

	2021 年	2020 年
经营利润（息税前）(a)	127 000	160 000
年利息费用 (b)	24 000	30 000
利息保障倍数 (a÷b)	5.3 倍	5.3 倍

3. 债务比率

长期债权人更关心总资产中债务融资的百分比，与债务融资完全不同的是总资产中股东出资的百分比。债务比率（debt ratio）衡量的是债务融资数量占总资产的百分比。具体计算参见表 14-16。

较低的债务比率意味着股东为企业贡献了更大比重的资金，从而对保护债权人资产免于缩水的程度更高。

如表 14-16 所示，债务比率或资产中债务融资的百分比，从 2020 年的 40% 降至 2021 年的 32.8%。这样的变化通常被长期债权人看成是有利的，因为公司在 2021 年包括要求的利息在内的债务负担比 2020 年减少了。因此，每个债权人的要求权就更安全了。

4. 有担保要求权

有时长期债权人的要求权是以特定抵押品担保的，如借款人拥有的土地及建筑。在这些情形下，获得担保的债权人在评估要求权安全性时，可能会特别关注担保品的价值。

为担保特定债务而作为担保品抵押的资产要在财务报表附注中披露。鉴于西克利夫公司没有这种披露，我们可以推断该公司没有资产为担保特定债务而被抵押为担保品。

14.4.5　短期债权人分析

同股东与债券持有人一样，银行和其他短期债权人都关心企业的盈利性及长期稳定性。但是，银行和其他短期债权人主要关心的是公司当前的状况，即产生足够资金（营运资本）满足当前经营需要和及时清偿流动债务的能力。因此，准备发放短期借款的银行或调查客户信用状况的贸易商，对潜在债务人财务报表的分析很可能以营运资本状况为核心。

1. 营运资本

营运资本（working capital）是流动资产超过流动负债的金额，代表的是为近期需要偿付的到期负债的预期金额提供流动性"缓冲"的现金和近似现金的资产。西克利夫公司营运资本的详细情况如表 14-18 所示。

表 14-18　西克利夫公司营运资本表　　　　　　　　　　（金额单位：美元）

截至 2021 年 12 月 31 日和截至 2020 年 12 月 31 日

	2021 年	2020 年	增加或减少		占流动资产或流动负债的百分比（%）	
			金额	百分比（%）	2021 年	2020 年
流动资产：						
现金	38 000	40 000	(2 000)	(5.0)	9.7	13.9
应收账款（净值）	117 000	86 000	31 000	36.0	30.0	29.9

(续)

	截至 2021 年 12 月 31 日和截至 2020 年 12 月 31 日					
	2021 年	2020 年	增加或减少		占流动资产或流动负债的百分比（%）	
			金额	百分比（%）	2021 年	2020 年
存货	180 000	120 000	60 000	50.0	46.2	41.6①
预付费用	55 000	42 000	13 000	31.0	14.1	14.6
流动资产总额	390 000	288 000	102 000	35.4	100.0	100.0
流动负债：						
对债权人的应付票据	146 000	10 000	4 600	46.0	13.1①	10.7①
应付账款	66 000	30 000	36 000	120.0	58.9	31.9
应计负债	31 400	54 000	(22 600)	(41.9)	28.0	57.4
流动负债总额	112 000	94 000	18 000	19.1	100.0	100.0
营运资本	278 000	194 000	84 000	43.3		

①调整后合计为 100.0。

如表 14-18 所示，公司流动资产增加了 102 000 美元，而流动负债仅增加 18 000 美元。结果，公司的营运资本增加了 84 000 美元。

2. 营运资本的质量

在评价企业偿债能力时，短期债权人应当在考虑营运资本总金额的同时也要考虑其质量。影响营运资本质量的主要因素有：① 流动资产的性质；② 将这些资产转化为现金所需的时间。

从表 14-18 可以看出，2021 年西克利夫公司营运资本的结构正向不利的方向变化：现金从占流动资产的 13.9% 下降到 9.7%，而存货却从 41.6% 上升到 46.2%。存货的流动性比现金低，因此，营运资本的质量不再像 2020 年那么具有流动性。短期债权人可以借助周转率（或比率）来估计将应收账款和存货等资产转化为现金所需的时间。

3. 应收账款周转率

如第 7 章所述，应收账款周转率（accounts receivable turnover rate）表示公司将应收账款转化为现金的速度。应收账款周转率可以通过销售净额除以应收账款平均余额来确定。⊖收回应收账款所需的（平均）天数可以用一年的天数（365）除以周转率来确定。表 14-19 计算了西克利夫公司的应收账款周转数据，这里假定 2020 年年初的应收账款为 80 000 美元。

表 14-19 应收账款周转率 （金额单位：美元）

	2021 年	2020 年
销售净额（a）	900 000	750 000
年初应收账款	86 000	80 000
年末应收账款	117 000	86 000
平均应收账款（b）	101 500	83 000
全年应收账款周转率（a÷b）	8.9 倍	9.0 倍
收回应收账款平均天数（365 天除以应收账款周转率）	41 天	41 天

显然，公司收回应收账款所需的平均时间几乎没有发生变化。对平均账龄的解释取决于

⊖ 理想状态下，计算应收账款周转率时，将净赊销额除以应收账款的月平均数。然而，年度财务报表通常并不提供这类明细信息。

公司的信用条件和年底前的季节性活动。例如，如果公司向客户授予30天的信用期，那么表14-19中的分析表明应收账款的回收延迟了。如果信用期为60天，则表示提前收款了。

4. 存货周转率

存货周转率（inventory turnover rate）表示公司能在一年内销售的存货是其平均存货的多少倍，该比率等于年度销货成本除以当年存货的平均余额。销售这一金额的存货所需的天数由365天除以周转率确定。这些计算已在第8章做了说明，并在表14-20中用西克利夫公司的数据进行了计算（假定2020年年初存货为10万美元）。分析显示，公司的存货周转率存在不利趋势，因为西克利夫公司周转（销售）存货所需的平均时间在增加。

表14-20 存货周转率 （金额单位：美元）

	2021年	2020年
销货成本（a）	530 000	420 000
年初存货	120 000	100 000
年末存货	180 000	120 000
平均存货（b）	150 000	110 000
全年平均存货周转率（a÷b）	3.5倍	3.8倍
销售存货平均天数（365天除以存货周转率）	104天	96天

毛利率比较低的公司通常需要较高的存货周转率才能使经营盈利。也就是说，如果毛利率较低，则需要较高的业务量来产生令人满意的利润额。销售那些加成率较高产品的公司，如珠宝店和艺术画廊，可以在很低的存货周转率下取得成功经营。

5. 营业周期

存货周转率表明企业销售存货的速度到底有多快，但没有说明这些资产转化为现金的速度有多快。短期债权人主要关心的当然是公司产生现金的能力。

商业企业将存货转化为现金所需的时间称为**营业周期**（operating cycle）。图14-1已在第6章列示过，但为方便阅读，此处重新列示。

西克利夫公司2021年的营业周期大约为145天，等于104天的存货周转天数（表14-20）加上41天的收回应收账款平均天数（表14-19）。与此相对，公司2020年的营业周期仅为137天，等于96天的存货处置天数加上41天的收回相应应收账款的天数。从短期债权人的角度来看，营业周期越短，借款人营运资本的质量就越高。因此，这些债权人将西克利夫公司营业周期变长视为不利趋势。

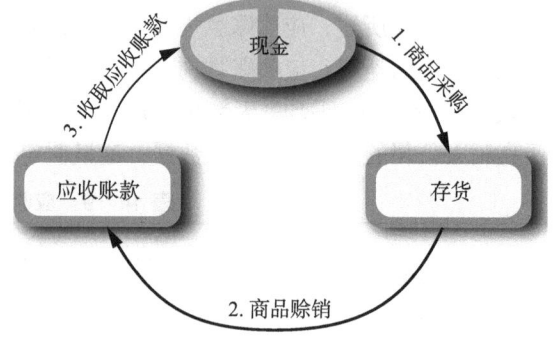

图14-1 营业周期

6. 流动比率

流动比率（current ratio）表示流动资产与流动负债之间的关系。较高的流动比率可以为公司满足近期到期债务提供可靠证据。表14-21列示了西克利夫公司流动比率的计算。

表14-21 流动比率 （金额单位：美元）

	2021年	2020年
流动资产总额（a）	390 000	288 000
流动负债总额（b）	112 000	94 000
流动比率（a÷b）	3.5	3.1

7. 速动比率

如果进一步将存货和预付费用（而不是其他流动资产）从现金转化中移出，就可以计算出速动比率（quick ratio），速动比率有时作为对流动比率的补充。速动比率将流动性最强的流动资产（现金、有价证券和应收款项）与流动负债进行比较。西克利夫公司没有有价证券，其速动比率的计算参见表 14-22。

该分析再次揭示了有利的趋势和较好的状况。如果公司授予客户的信用期与债权人授予公司的信用期大致相等，那么等于或大于 1.0 的速动比率就被认为令人满意。速动比率有时被称为酸性测验比率（acid-test ratio）。

表 14-22 速动比率

（金额单位：美元）

	2021 年	2020 年
速动资产（现金及应收账款）(a)	155 000	126 000
流动负债（b）	112 000	94 000
速动比率（a÷b）	1.4	1.3

8. 尚未使用的信用额度

从短期债权人的角度来看，公司尚未使用的信用额度代表流动性几乎和现金相同的资源。尚未使用的信用额度（unused line of credit）是指银行已预先同意借给公司特定限额内的任意金额。只要信用额度仍然可用，债权人就明白企业可以为任一目的（包括偿还债权人要求权）迅速而方便地借入现金。信用额度对于经营具有季节性特点的企业特别重要，毕竟这些企业需要借助短期融资来为即将到来的旺季准备存货。这种季节性贷款通常要求在较短的期限内偿还，时间上多在存货转换为现金之后、下一旺季营业周期开始之前。

公司应在财务报表附注中披露现有尚未使用的信用，例子可参见表 14-10 中的财务报表附注 2。短期债权人将西克利夫公司 35 000 美元信用额度视为增强了公司的流动性。

14.4.6 现金流量分析

我们经常强调公司能从经营中产生充足现金流量的重要性。2020 年，西克利夫公司的经营活动产生了 95 000 美元的净现金流量，考虑到当年净利润为 90 000 美元，这是一个相对"正常"的金额。95 000 美元是在向债权人偿付利息之后的余额，是支付给股东股利的 3 倍还多。2020 年经营活动净现金流量看起来足以保证西克利夫公司能偿还利息义务并支付股利。

然而，2021 年经营活动净现金流量降至 19 000 美元，而这一金额远低于该公司 75 000 美元的净利润，大约只占公司所付股利金额的 58%。股东和债权人都会把现金流量的这一骤降视为不利甚至可能是危险的变化。

表 14-23 列示了将西克利夫公司 2021 年度净利润调节为经营活动净现金流量的过程。为便于分析，我们假设对债权人的应付票据是因向供应商购买商品而不是从金融机构贷款发生的。因此，将净利润调节为经营活动净现金流量时，应付票据增加与应付账款增

表 14-23 西克利夫公司净利润调节为经营活动净现金流量的调整表

（单位：美元）

净利润：		75 000
加：		
折旧费用	30 000	
对债权人应付票据的增加	4 600	
应付账款的增加	36 000	70 600
		145 600
减：		
应收账款的增加	31 000	
存货的增加	60 000	
预付费用的增加	13 000	
应计负债的减少	22 600	126 600
经营活动净现金流量		19 000

加的处理方式相同。如果应付票据是由借款活动产生的，该变动将被归入筹资活动而不作为确定经营活动净现金流量时对净利润的调整项。

如第13章所述，美国财务会计准则委员会（FASB）要求公司在现金流量表或附表中提供该调整表。

西克利夫公司经营活动净现金流量较低的主要原因是未收回的应收账款和存货增加，再加上应计负债的显著减少。在将净利润调节为经营活动净现金流量时，这三个因素合在一起导致净现金流量减少了113 600（=31 000+60 000+22 600）美元。考虑到2021年公司销售额出现显著增长，可以预期公司的应收账款也会增加。应计负债的大量减少很可能只是一次性的，下一年度不一定会再次发生。不过，存货的大量增加降低了西克利夫公司的流动性。因此，在评价西克利夫公司的流动性时，更需要关注存货大量增加问题。

如果西克利夫公司增加的销售量是以较高的存货周转率而不是以更多的存货为支持的，那么公司的财务状况，尤其是短期流动性，可能会更强劲。

有时也要根据现金流量表的信息来计算其他流动性指标，即经营活动现金流量与流动债务之比，该指标反映了公司通过正常经营偿付当前到期负债的能力。表14-24给出了计算西克利夫公司2020年度和2021年度该指标的过程。

从该指标可知，西克利夫公司2020年的状况比2021年要强劲。2020年，公司经营现金流量比年末流动负债略多些，表明公司有能力在不动用现有流动资产的情况下通过正常经营来偿付流动负债。然而，2021年公司经营活动提供的现金流量仅能满足流动负债所需现金的17%，这意味着相对于2020年，公司更严重地依赖现有流动资产。按照一些分析师的观点，经营活动现金流量与流动负债的比率大于等于0.40就被认为强劲。根据之前的分析，导致这种情形的主要因素就是存货增加（2021年比以前增加了60 000美元）、存货周转率从3.8下降到3.5，存货销售所需要的时间从96天增加到了104天。

14.4.7　财务报表附注的用途

每套财务报表一般都会带有一些附注，披露用于解释报表的信息。报表使用者应该将这些附注看成财务报表的有机部分。

在前面几章，我们已介绍了许多在财务报表附注中披露的事项。其中，最有用的披露事项包括：

- 会计政策及方法；
- 尚未使用的信用额度；
- 重要承诺及或有损失；
- 金融工具的现行价值（如果与报表所示的持有价值不同）；
- 拖欠股利；
- 信用风险的集中度；
- 为担保特定负债而抵押的资产。

如表14-10所示的西克利夫公司财务报表附注相当干净，也就是说，没有什么令人惊讶或值得关注的事项。当然，附注2披露了尚未使用的信用额度，这应当引起所有评价该公司短期偿债能力人士的关注。

> ⊙ **财务分析师**
>
> 　　假定你是一位财务分析师。现有两位客户要求你就几家作为潜在投资对象的公司提供咨询。两位客户都有意购买普通股,其中一位主要关心从该投资中获得的股利,另一位则主要关心股票价格的上涨。你将分别建议两位客户关注什么信息?

14.4.8　国际财务报告准则

　　正如你已经了解到的,人们目前正在设法将全球各地的财务报告方法进行标准化。鉴于财务报告方法的差异性,要分析来自不同国家的财务报表着实是一项重大挑战。正如在美国那样,目前仍然存在大量不同的地方标准。不过,新的国际准则也在不断形成,并快速得到许多国家的认可。

　　在分析财务报表时,人们特别关注的两点就是合并报表和分部报告。在本章之初,我们简要介绍了合并财务报表。如果两家公司之间或者更多公司之间有着强烈的财务联系(如所有权重叠),那么这些公司通常会编制合并财务报表。这也就意味着这些公司要作为一个合并的主体进行报告,而不是分许多主体进行报告,尽管法律上认可它们是分离的主体。目前,关于什么时候该编制合并财务报表尚未形成任何公认的标准。由于编制合并财务报表对信息的提供有重大影响,在与分离主体所呈现的信息相比较时,缺乏统一标准就会使比较变得困难。

　　所谓**分部报告**(segment reporting)是指对企业各部分的业务信息进行补充报告,通常按行业或产品线以及地理区域进行列示。鉴于企业面临的风险随行业和地理区域不同而差异巨大,美国的会计标准要求企业提供补充信息以便投资者和债权人在一定程度上了解企业主要财务报表所报告的总计中来自不同行业、不同区域经营的贡献程度。各个国家或地区的标准之间以及这些标准与国际标准之间总存在差异,包括是否需要提供分部信息、用于确定哪些分部信息需要披露的标准以及必须披露的具体信息。

　　有关合并财务报表和分部报告的政策仅仅是财务报表分析师在分析来自全球不同国家或地区的财务报表时必须清楚的众多内容中的两项。随着时间的推移,财务报告的这些方面以及其他方面将越来越标准化,将来我们会更加依赖财务报表的国际可比性。

> ⊙ **会计与决策**
>
> 　　作为本书始终强调的会计高等教育路径委员会模型的核心,在用会计信息反映经济活动时,总是需要做出判断。会计信息常常牵涉无法客观判断的灰色内容,而绝非通常所想非黑即白。
>
> 　　会计信息不仅在编制过程中依赖重要判断,而且其运用也依赖判断。虽然全面且正确的会计信息是决策的必要支撑,但决策不能仅仅依靠信息。明智的决策者不仅要掌握高质量的会计信息,而且必须在决策过程中运用众多其他信息。例如,除了关于公司财务状况(资产负债表)、经营业绩和现金流的信息外,分析师必须考虑一般经济因素、行业发展趋势、消费者偏好以及众多会影响公司未来业绩的变量。
>
> 　　虽然你已从本章开始学习如何分析公司财务报表,但我们一直未曾认为我们的分析可以清晰并理性地回答诸如"投资者是否应当买入或卖出某公司的股票""金融结构是否应

> 当向一家公司发放贷款""投资者是否应当持有或卖出通过股票股利或股票分割获得的股份"之类的问题。上述以及其他重要的财务决策离不开对众多问题的谨慎分析，需要依赖高质量的会计信息和比较分析工具、比率分析工具以及其他类型的信息。不过，仅仅根据这些信息仍然是无法做出正确决策的，最终的决策还要靠分析师的判断力。

14.4.9 分析指标汇总

表14-24汇总了本书（包括本章）到目前为止所介绍的财务比率及其作用。

表14-24 分析指标汇总

财务比率等指标	计算方法	作用
短期流动性指标		
流动比率	流动资产/流动负债	短期偿债能力指标
速动比率	速动资产/流动负债	短期偿债能力指标
营运资本	流动资产 – 流动负债	短期偿债能力指标
经营活动提供的净现金	列示在现金流量表中	表明扣除费用和经营负债现金支付后的经营现金流
经营活动现金流量比流动负债	经营活动现金流量/流动负债	表明利用常规经营活动现金偿付当前到期债务的能力
应收账款周转率	销货净额/平均应收账款	表明回收应收账款的速度
平均应收账款回收天数	365天/应收账款周转率	表明以天表示的应收账款回收速度
存货周转率	销货成本/平均存货	表明存货的销售速度
平均存货销售天数	365天/存货周转率	表明以天表示的存货销售速度
营业周期	存货销售天数 + 应收账款回收天数	表明以天表示的投资于存货的现金转回现金的速度
自由现金流量	经营活动净现金 – 用于投资活动和股利的现金	经营现金流量超出基本需求的部分
长期信用风险指标		
债务比率	总负债/总资产	表示资产中债权人提供资金所占的百分比，表明权益的相对规模
经营活动提供净现金的趋势	列示在比较现金流量表中	表示公司产生满足义务所需现金的能力的指标
利息保障倍数	息税前利润/年利息费用	表示公司满足利息支付义务的能力的指标
盈利性指标		
销售净额和净利润变动百分比	变动金额/上年财务报表金额	表示关键指标的升降比率；增长率
毛利率	毛利/销售净额	反映公司产品盈利性的指标
经营费用率	经营费用/销售净额	表示管理层控制费用的能力的指标
经营利润	毛利 – 经营费用	反映公司基本经营活动的盈利性
净利润占销售净额的百分比	净利润/销售净额	表示管理层控制成本的能力的指标
每股收益	（净利润 – 优先股股利）/流通在外的普通股平均股数	表示可分配给每股普通股的净利润
资产报酬率	经营利润/平均总资产	在不考虑资产筹资来源的情况下，反映资产生产效率的指标
权益报酬率	净利润/平均总权益	表示企业股东权益赚取的报酬率
普通股股东权益报酬率	（净利润 – 优先股股利）/平均普通股股东权益	表示普通股股东权益赚取的报酬率；适用于公司既有普通股又有优先股的情况

(续)

财务比率等指标	计算方法	作用
评价普通股现行市价的指标		
金融工具市值	财经出版物上的报价或财务报表中披露的价值	既反映投资者预期也反映当前市场状况
市盈率	现行市价/每股收益	反映投资者对公司未来前景的预期
股利收益率	年度股利/现行市价	以股票市价报酬率方式表述的股利
每股账面价值	普通股股东权益/流通在外的普通股股数	表示每股普通股对应的所记录的净资产价值

⊙ 伦理、欺诈与公司治理

本章所讨论的财务分析工具需要采用财务报表信息来帮助做出投资和信贷决策。考虑到 21 世纪初发生的那些备受瞩目的会计舞弊案以及由此而产生的对公司治理的关注,一种帮助投资者和债权人进行投资决策的新型分析工具也就应运而生。该新工具涉及对公司治理质量的评级。在许多投资者和债权人看来,治理良好的公司往往管理良好。随着时间的推移,这些企业或能提供优秀的业绩(回报),或能带来与治理不良的企业相比,风险较低的相同回报。

许多组织可为公众上市公司的公司治理质量提供评级服务。最为著名的两家评级组织分别是风险测度集团(Risk Metrics Group)下辖的机构股东服务集团(Institutional Shareholder Service, ISS)与位于缅因州波特兰市的公司图书馆(The Corporate Library, TCL)。

机构股东服务集团治理服务中心称自己为"代理投票与公司治理事务领域的领先者"。机构股东服务集团治理服务中心为机构与公司客户提供服务,业务范围涉及众多市场的大量股东大会。这些客户雇请机构股东服务集团治理服务中心帮助分析公司代理权公告并对这些机构和公司客户该以何种形式对股东批准事项投票提供建议。

机构股东服务集团通过计算公司治理指标(Corporate Governance Quotient, CGQ)来对企业的公司治理质量进行评级。机构股东服务集团计算了全球 7 500 多家公司的治理指标值。治理指标值的计算主要基于对以下 8 类核心内容的评级:①董事会架构与组成;②审计问题;③章程及细则;④公司注册地法律;⑤执行官和董事报酬;⑥创新行为;⑦董事、监事及高级管理人员的股票所有权;⑧董事的教育背景。

公司图书馆是另一进入治理有效性评级市场的机构。与机构股东服务集团不同,公司图书馆宣称其专有的动态指标体系优于关于良好公司治理的传统标准。许多评级系统将公司的"合规"看作"最佳行为",并以此为评级的基础。然而,公司图书馆的评级系统独树一帜,专注于该公司通过专门调研所发现的、与保持和增加股东财富相关的那些董事会特征。公司图书馆主要从以下四大领域来评价公司治理:①董事会组成与继任安排;② CEO 薪酬做法;③收购防御;④董事会层面对会计的重视。

14.5 小结

本章讨论的绝大部分内容仅限于财务报表外部使用者所能开展的分析,毕竟这些使用者无法获取公司的会计记录。投资者和债权人在很大程度上必须依赖年度和季度报告中所公布的财务报表。就公众持股公司而言，还必须向美国证券交易委员会呈送并备案额外要求的资料。对于这些资料，公众可以直接复制或通过互联网获取。事实上，在当今信息时代，互联网是决策者获得免费信息的增长最快的来源。

许多评价公众持股公司财务报表和未来前景的财务分析师常会有偿出售其分析结论与投资建议。例如，人们可以从标准普尔（Standard & Poor's）、穆迪投资者服务（Moody's Investors Service）、价值线投资调查（The Value Investment Survey）等机构获得绝大多数大型公司的详细财务分析资料。任何人都可以向这些机构订阅投资服务。

银行和主要债权人通常只要以作为贷款条件的名义询问一下借款人，就可以获得对方详细的财务信息。供应商和其他贸易债权人也可以从诸如邓白氏之类的信用评级机构获得几乎任何企业的某些财务信息。

和市盈率一样，股票价格是关于投资者预期的指标。公司可能很赢利，增长也很快速，但如果投资者曾预期更好的业绩，那么股票市价可能下跌。同样，如果一家处于困境的公司发生的亏损比预期小，那么其股票价格可能会上涨。

在财务界，通过观察公司基本盈利能力来评价股票价格的方法被称为**基本面分析**（fundamental analysis）。对投资进行基本面分析的效果长期好于短期。从短期来看，股票价格可能会受许多因素的影响，包括短期利率、当前事项、政治事件、时尚流行、谣言等，但从长期来看，好公司的价值总会上升。

学习目标小结

1. 解释金额和百分比变动、趋势百分比、构成百分比、比率等指标的用途

    财务报表分析的一个重要方面就是确定一些特定信息项目之间的相关关系。公司通常会提供一个以上期间的财务信息，从而有助于信息使用者通过比较来解释跨期变化。金额和百分比变动以及趋势百分比是比较连续期间信息的工具。此外，构成百分比及比率是建立并比较同一会计期间内信息项目间关系的工具。这两类比较对于理解企业财务状况、经营成果和现金流量都很重要。

2. 讨论公司收益、资产和营运资本的质量

    评价信息质量是财务报表分析的一个重要方面。企业在一般公认会计原则下选择财务报告方法具有很大余地。通过评价编制财务报表所选用的方法，就可以对公司的收益、资产和营运资本的质量做出评价。如果管理层选择的是最有利于公司长远利益的会计原则和方法，那么即使这些选择会使公司净利润、报告的总资产或营运资本变低，因此所获的会计信息也往往具有高质量。

3. 解释财务报表分类的性质和目的

    在分类财务报表中，某些具有共同特征的项目被归类为同一组。这样分类的目的是得到有助于使用者分析财务报表的小计数。例如，所有流动性接近现金的资产按流动资产类别进行列示。

4. 编制分类资产负债表并计算广泛使用的流动性和信用风险指标

    在分类资产负债表中，资产要细分为流动资产、厂房及设备和其他资产。负债要分为流动负债和长期负债。

    来自资产负债表的流动性指标如下：
    - 营运资本：流动资产减去流动负债。
    - 流动比率：流动资产除以流动负债。
    - 速动比率：速动资产除以流动负债。
    - 债务比率：作为长期信用风险指标，等于总负债占总资产的百分比。

5. 编制多步式和单步式利润表并计算广泛使用的盈利性指标

    在多步式利润表中，销售净额中扣除销货成本可得到小计（毛利）；然后再扣除经营费用，得到经营利润；最后，从经营利润中加入或扣除非经营项目，得到净利润。在单步式利润表中，首先列示所有收入项目，然后将所有费用合并，并从总收入中减去。

    本章讨论的盈利性指标如下：
    - 百分比变动：财务报表项目前后两期变动金额占所比较的两期中前期该项目金额的百分比。
    - 毛利率：毛利额除以销售净额，反映公司产品盈利性的一个指标。
    - 净利润率：净利润除以销售净额，反映管理层控制费用能力的一个指标。
    - 每股收益：在最简单的情形下，等于净利润除以流通在外股数；反映每股可分配的收益。
    - 市盈率：股票市价除以每股收益，反映投资者对未来盈利性预期的一个指标。
    - 资产报酬率：经营利润除以平均总资产。在不考虑资产如何筹资的情况下，衡量的是资产带来报酬的水平。
    - 权益报酬率：净利润除以平均总权益，表示股东权益赚取的报酬率。

6. 通过与销售额、资产和股东权益相联系来透视企业的净利润

    财务会计信息在与其他相关信息比较时就变得更为有用。净利润是衡量企业财务成功的一个重要指标。为使净利润额更为有用，人们经常将其与带来净利润的销售额、用于产生该利润的资产以及所有者投入以赚取净利润的股东权益进行比较。

7. 计算财务报表分析中广泛使用的比率指标并解释每个比率指标的意义

    比率是将一个财务报表项目同另一个财务报表项目进行比较的数学计算。这两个项目可能来自同一张财务报表，如流动比率，该比率将均来自财务状况表（资产负债表）的流动资产同流动负债进行比较。此外，有些比率的项目也可能来自不同的财务报表，如股东权益报酬率，该比率将来自利润表的净利润同来自财务状况表（资产负债表）的股东权益进行比较。会计人员和财务分析师开发了许多比率指标，这些比率指标将公司财务报表信息置于一定环境下考察，以便更好地理解信息以支持决策制定。

8. 从普通股股东、债权人及其他人的角度分别分析财务报表

    财务报表的不同使用群体关注公司财务活动的不同方面。例如，短期债权人主要关注公司进行短期现金付款的能力，他们将注意力集中在经营现金流量及流动资产和流动负债上。此外，长期债权人则更关心公司偿还利息和本金的长期能力，他们不会将分析局限于公司近期现金付款的能力。普通股股东的关注点则各有不同，但是股东一般会关心公司支付股利及增加公司股票市场价值的能力。为满足特定目标，各个群体可能会关注财务报表中的不同信息。

习题 / 关键术语

示范题

以下数据取自沃尔格林联合博姿集团最近年度的报告（单位：百万美元）。

	2018 年	2017 年
资产负债表数据：		
速动资产	7 385	9 829
流动资产	17 846	19 753
流动负债	21 667	18 547

（续）

	2018 年	2017 年
股东权益	26 689	28 274
资产总额	68 124	66 009
利润表数据：		
销售净额	131 537	118 214
毛利	30 792	29 162
经营利润	6 414	5 557
净利润	5 024	4 078

要求:

(1) 计算2018年和2017年的如下各项财务指标(保留小数点后两位):①营运资本;②流动比率;③速动比率。

(2) 评论流动性指标的变化趋势并说明2018年年末沃尔格林联合博姿集团是否有能力清偿负债。

(3) 计算2018年度销售净额和净利润的百分比变化(保留小数点后一位)。

(4) 计算2018年度和2017年度的如下各项财务指标(保留小数点后一位,对③和④项,使用上述年末数据来替代平均资产和平均股东权益):
① 毛利率。
② 净利润占销售额的百分比。
③ 资产报酬率。
④ 股东权益报酬率。

(5) 评述(3)和(4)中计算的盈利性指标的变化趋势。

答案:

(1)

(金额单位:百万美元)

	2018年	2017年
①营运资本:		
17 846−21 667	(3 821)	
19 753−18 547		1 206
②流动比率:		
17 846÷21 667	0.82:1	
19 753÷18 547		1.07:1
③速动比率:		
7 358÷21 667	0.34:1	
9 829÷18 547		0.53:1

(2) 2018年年末营运资本从12.06亿美元减少到−38.21亿美元。流动比率从1.07:1下降到0.82:1,速动比率从0.53:1下降到0.34:1。鉴于三个常用的流动性指标全部下降,所以该公司偿付未来债务的能力有点令人担忧。

(3) 从2017年到2018年的百分比变动情况:

(金额单位:百万美元)

	2018年
销售净额: [(131 537−118 214)÷118 214]	+11.3%
净利润: [(5 024−4 078)÷4 078]	+23.2%

(4)

(金额单位:百万美元)

	2018年	2017年
①毛利率		
30 792÷131 537	23.4%	
29 162÷118 214		24.7%
②净利润占销售的百分比		
5 024÷131 537	3.8%	
4 078÷118 214		3.4%
③资产报酬率		
6 414÷68 124	9.4%	
5 557÷66 009		8.4%
④权益报酬率		
5 024÷26 689	18.8%	
4 078÷28 247		14.4%

(5) 盈利性比率有正有负。其中:
① 销售净额和净利润均显著增加。
② 毛利率下降1.3%(从24.7%下降到23.4%)。
③ 净利润占销售额的百分比增加了0.4%(从3.4%增加到3.8%)。
④ 资产报酬率增加了1.0%(从8.4%增加到9.4%)。
⑤ 权益报酬率增加了4.4%(从14.4%增加到18.8%)。

虽然一些指标的百分比变动相对较小,但若与非常大的美元金额相乘,就会得到相对大的美元金额变动,如毛利率下降1.3%的情形。小幅提高这些关键财务报告数字的百分比,就会使公司的财务业绩明显改善。公司的整体业绩通常是多种因素共同作用的结果。所有财务指标同方向变化的情况很少见。本例中,销售额和净利润出现明显有利的增加;就百分比变动而言,净利润、销售收益率和权益报酬率增长较小。

自测题

说明:为了尽可能多地复习各章节的知

识，一些自测题不止一个正确选项，那么，你应该选出所有正确的答案。

1. 以下哪项是最不重要的短期流动性指标？
   A. 速动比率　　B. 流动比率
   C. 债务比率　　D. 经营活动现金流量

2. 在过去5年的每一年里，普拉萨公司的销售净额大约都以通货膨胀率一半的速度增加，但净利润的增长速度却接近通货膨胀率的2倍。在此期间，公司的资产总额、负债总额和权益几乎保持不变；股利大约与净利润相等。这些关系表明（请指出所有正确答案）：
   A. 管理层成功控制了成本和费用
   B. 公司每年销售更多的商品
   C. 年度资产报酬率一直增加
   D. 筹资活动可能产生现金的净使用

3. 从股东角度来看，你认为下面哪种关系最不重要？
   A. 净利润高于营运资本额
   B. 资产报酬率一直高于行业平均水平
   C. 在过去的5年里，权益报酬率每年都在增长
   D. 资产报酬率高于支付给债权人的利率

4. 如下数据来自弗利克斯公司的年报（单位：美元）：

流动资产	480 000	流动负债	300 000
平均总资产	2 000 000	经营利润	240 000
平均总权益	800 000	净利润	80 000

   下列陈述中哪些是正确的？
   A. 权益报酬率高于资产报酬率
   B. 流动比率为 0.625 : 1
   C. 营运资本是 120 万美元
   D. 以上回答都不对

5. 埃文斯文公司2020年的净利润是40万美元，2021年是16万美元。埃文斯公司2022年的净利润必须增加百分之多少才能抵销2021年利润的下降？
   A. 60%　　　　B. 150%
   C. 600%　　　 D. 67%

6. 如果公司某年的速动比率提高，但流动比率却下降，以下哪项是最可能的原因？
   A. 存货增加
   B. 应收账款的回收速度比过去慢
   C. 应收账款的回收速度比过去快
   D. 存货减少

7. 分析财务报表时，以下项目中最难预测的是：
   A. 公司6个月内是否仍具流动性
   B. 公司的市场份额是上升还是下降
   C. 股票价格将在未来两个月是上升还是下降
   D. 从上年度起利润是否已经增加

讨论题

1. 财务报表分析时，观察数据和比率趋势的基本目的是什么？请给出若干比较的标准。
2. 财务报表分析时，哪些信息要通过计算不可直接从基础数据中得到的比率而获得？
3. 区分趋势百分比和构成百分比。哪个更适用于分析若干年期间的销售额的变动？
4. 区分水平分析和垂直分析。
5. 财务报表分类的基本目的是什么？确定资产负债表、多步式利润表和现金流量表中广泛运用的分类方法。
6. 区分财务报表中运用的分类、比较和合并等术语。一组给定的财务报表可否有多个这些特点？
7. 所有流动资产的共同特点是什么？许多零售商通常以分期付款方式销售商品，要求在24个月或36个月内付款。这种性质的应收账款是否为流动资产？请解释。
8. 给出用于评估盈利能力的四个比率或其他分析工具。简要解释每一比率是如何计算的。
9. 区分经营利润和净利润。
10. 为什么对大企业股东而言每股收益可能比净利润总额更重要？
11. 假设美国国会宣布拟限制制药公司的价格和利润作为控制医疗成本的努力的一部分。你预期这对制药公司（如默克、百时美－施贵宝等）的市盈率和股票价格有怎样的影响？请解释。
12. 如果股东对企业前景不看好，那么在什么情况下企业可能有高的市盈率？
13. 假设墨菲特公司赚取8%的总资产报酬率，流动负债为总资产的5%，带有5.5%息票率的长期债券占总资产的30%，且没有优先股。从公司股东角度看，这种杠杆

的运用对公司是有利还是不利？

14. 梅公司的流动比率为 3∶1。奥诺公司的流动比率是 2∶1。这是否意味着梅公司的营业周期要比奥诺公司长？为什么？

15. 某位投资者说："我几年前以 50 美元的价格买入这一股票，现在以 100 美元卖出。去年支付的每股股利是 5 美元，所以我赚了投资额的 10%。"请评论这段话。

测试题

1. 银河公司第一年的销售净额为 15 万美元，第二年为 18.95 万美元。计算该公司的销售金额变动与百分比变动。

2. 星公司在 2019 年、2020 年与 2021 年的厂房资产折旧费用分别是 26.7 万美元、28.9 万美元和 36.8 万美元。计算该公司 3 年的趋势百分比（假定以 2019 年为基准年）。

3. 月亮公司的利润表数据如下（单位：美元）：

销售收入	560 000
销货成本	(340 000)
毛利	220 000
经营费用	(160 000)
净利润	60 000

根据上述信息，计算该公司的构成百分比。

4. 哈里森公司的流动资产和总资产分别是 47 万美元和 100 万美元，流动负债和总负债分别是 26.7 万美元和 60 万美元。根据上述信息，计算该公司的营运资本和流动比率。

5. 福斯特公司流动资产和流动负债资料如下（单位：美元）：

流动资产	
现金	50 000
应收账款	80 000
存货	125 000
流动负债	
应计费用	25 000
应付账款	110 000
长期负债的流动部分	56 000

根据上述信息，计算流动比率和速动比率。

6. 嘉曼公司流动负债和非流动负债分别是 5 万美元和 16 万美元。该公司的流动资产是 7.6 万美元，资产总额是 45.7 万美元。计算该公司的债务比率。

7. 孤星公司报告的本年度的销售额是 56 万美元，销售成本是 25.5 万美元，经营费用是 13 万美元。计算该公司的净利润以及销售净利率。

8. 多星公司的销售额是 89 万美元，销售成本和经营费用分别是 45 万美元和 22.5 万美元，公司发行在外的普通股为 10 000 股。计算该公司的每股收益。

9. 弗兰德斯公司本年度的经营利润为 47.5 万美元。该公司同期平均资产是 350 万美元，总负债是 100 万美元。计算该公司的资产报酬率。

10. 普林斯公司某年的股东权益平均为 45 万美元，当年的净利润为 4.55 万美元，总资产平均为 250 万美元。计算该公司该年的所有者权益报酬率。

案例题

1. 节日贺卡公司是一家本地企业，于 2020 年 7 月组建。公司最初 4 个经营季度的净利润情况汇总如下：

（单位：千美元）

	2021 年	2020 年
第一个季度（1～3 月）	253	0
第二个季度（4～6 月）	308	0
第三个季度（7～9 月）	100	50
第四个季度（10～12 月）	450	500
年度总和	1 111	550

哈尔·霍尔库姆在当地广播电台担任商业和经济新闻播音员。在节日贺卡公司发布上述财务信息的当天，霍尔库姆在节目中播报道："节日贺卡公司第四季度利润增长了 350%，全年利润增长了 100%。"

要求：

（1）给出霍尔库姆所得出的数据的计算过程（提示：霍尔库姆并没有进行本书所建议的计算。不过，他得出的结论可以从这些财务数据中得到）。

(2）你认为霍尔库姆给出的百分比变动是对该公司2021年的增长率的真实反映吗？

(3）你会用什么数据可以描述该公司2021年第四季度的利润率变动？给出解释。

2. 假设你是内布拉斯加第三银行的信贷员。乔·韦斯特拥有两家经营成功的饭店，每一家都向你所在的银行申请了一年期贷款25万美元，目的是为了在异地开店。以下是两家饭店的资产负债表简表（单位：美元）。

内布拉斯加牛排馆资产负债表
2021年12月31日

资产		负债和所有者权益	
流动资产	75 000	流动负债	30 000
厂房和设备	300 000	长期负债	200 000
		股本	100 000
		留存收益	45 000
资产总额	375 000	负债和所有者权益总额	375 000

风味牛排资产负债表
2021年12月31日

资产		负债和所有者权益	
流动资产	24 000	流动负债	30 000
厂房和设备	301 000	长期负债	200 000
		股本：乔·韦斯特	95 000
资产总额	325 000	负债和所有者权益总额	325 000

这两家饭店都特别有名，过去几年的经营也都很成功。内布拉斯加牛排馆盈利更高一些，但两家饭店的经营成果相当。你认为它们开设的第二家分店肯定会成功。同时，你也知道饭店经营有"时尚"特点，其名气和盈利性变化很快。

乔·韦斯特是内布拉斯加州最富有的人士之一。他作为微时代集团的创立者，其财产估计达20亿美元之多。微时代集团是一家经营非常成功的计算机软件制造商。现在他退休了，他把大部分时间放在他的"人生第二季"项目上，即经营着他那50 000英亩⊖的奶牛牧场。他的两家饭店均由经验丰富的专业管理人员负责经营。

⊖ 1英亩 = 4 046.856平方米。

要求：

(1）计算两家饭店的流动比率和营运资本。

(2）根据案例给定的信息，你认为哪家饭店的信用风险好些？给出解释。

(3）哪个简单指标使你认为可以使得另一家饭店的信用风险与（2）中所给出的一样好？

3. 纳什维尔中心是一家拥有9家销售建筑材料、五金工具和花园辅料的连锁零售店。10月初，该公司的流动比率是1.7∶1。虽然这样的比率属于正常水平，但低于几家主要竞争对手的流动比率。管理层认为，为了从供应商处获得最优惠的信用条款，公司年末资产负债表报告的流动比率至少应该达到2∶1。

要求：

(1）指出采取下列措施能否提高或降低公司的流动比率，请说明理由。
① 偿付公司的一些流动负债。
② 赊购大量存货。
③ 如果信用客户能在年末前清偿账户余额，就向他们提供优惠折扣。

(2）请向管理层建议符合伦理的施，从而有助于该公司在年底前提高流动比率。

4. 假定你在加州公务员退休基金（California Public Employees' Retirement System，CalPERS）的投资部实习。你被要求对CalPERS可能投资的众多公司进行评估。你利用财务报表分析工具（如趋势分析、共同比报表、比率分析等）对每一家公司的前景做了分析报告。自认为任务完成后，你把分析报告呈给了老板。她对你说，尽管你对每家公司所做的财务分析很不错，但她也对公司的治理质量很感兴趣。选择一家上市公司，下载该公司最近年度股东大会的委托书，结合公司董事会组成和结构、规模、委员会与专业知识写一份关于该公司董事会的质量报告。

5. 使用你选择的互联网搜索引擎，对感兴趣的公司（如通用汽车、强生、可口可乐等）

进行搜索。登录你所选公司的网站，找出该公司最近的财务报表。可能需要在某个栏目下才能找到该公司的一般信息或投资者信息。

要求：

（1）找出并浏览公司简介，包括公司所从事的行业类型。分析财务报表时，为什么要先了解公司所处的行业以及其经营类型，并以此为分析起点？

（2）找出公司最近的财务报表。阅读表14-25的财务比率汇总。计算"短期流动性指标"与"盈利指标"下所列的三个比率，要求列出计算过程。写一份简要报告来说明你所了解的公司的流动性和盈利性。

（3）为什么互联网成了投资者和债权人广泛运用的财务分析信息来源？

自测题答案： 1. C；2. ACD；3. A；4. D；5. B；6. D；7. C。

综合题4　美国家得宝公司

上市公司财务报表分析

本案例旨在帮助你了解本书附录A给出的家得宝公司2018年度财务报表的内容（2018年度财务报表的截止日期为2019年2月3日）。本案例包括三部分相互独立的内容。第一部分旨在帮助你了解公司的财务报表信息；第二部分涉及对公司流动性的分析；第三部分是关于公司盈利趋势的分析。

如果采用分组讨论这些问题，那么每名成员应准备好在班上讨论本组的发现和结论。

对于家得宝之类的公司的财务报表，分析并理解这些财务报表的最佳出发点就是把握公司编制这些财务报表所应用的会计政策。财务报表的第一条附注总会简要描述公司所采用的会计政策。该附注所讨论的大部分内容本章都已有介绍。

第一部分　年度报告不仅包括比较财务报表，也包括其他信息。例如：

- 历年财务成果汇总，即过去5～10年的主要指标汇总。
- 随财务报表的多页附注说明。
- 管理层与审计师提供的报告，陈述各自对财务报表的责任。

要求：

回答以下问题并简要说明回答的依据信息来自年度报告的哪部分、哪张报表、哪条附注。

（1）每个比较财务报表包含了多少年？所有这些报表都经过审计了吗？给出审计师的名称。审计师关于这些报表的结论是什么？

（2）家得宝公司将留存收益报表与其他财务报表合在一起。留存收益金额变化反映在报表的什么地方？

（3）在所报告的几年里，公司的年度净现金流量从以下角度来看是积极的还是消极的？①经营活动；②投资活动；③筹资活动。在这几年的每一年里，公司的现金余额是增长了还是下降了？

第二部分　假设你是某中等规模建筑材料供应商的信贷经理。家得宝想从你所在的公司进行赊销购买，付款期限为60天。

要求：

（1）一般情况下，首先应该阅读财务报表的第一个附注，即"重要会计政策汇总"。其次，需要计算2017财年和2018财年的以下指标项目。把流动比率和速动比率的计算结果四舍五入到小数点后两位。有些计算需要用到"若干财务数据"五年期汇总中的信息。

① 流动比率。
② 速动比率。
③ 营运资本金额。
④ 较上一年度营运资本的百分比变动。

（2）根据（1）中的分析结果，公司最近财政年度的流动性是上升了还是下降了？给出解释。2018 财政年度现金及现金等价物的变动是否会影响你的决定？

（3）除了家得宝公司支付购货款的能力外，在决定是否将商品出售给家得宝公司时，你的公司该考虑哪些主要因素？给出解释。

（4）公司对每个顾客会给出下面列出的四个信用评级之一。给出家得宝公司的信用评级并就评级原因做一备份录（做备份录时，可参考（1）和（3）中计算和观察到的结果以及年度报告所包含的信息）。

第三部分 一般情况下，需要研究"5个年度的财务与经营成果汇总"。

	信用评级
A 级：优秀	很少或没有无力偿债的风险。对于这类顾客，我们接受任何合理订单，不设信用限额。顾客信用按年重新评价
B 级：良好	顾客有良好的偿债能力，但设有信用限额，而且每 90 天进行重新评价。超过信用限额的订单部分仅接受现金交易
C 级：边际状态	顾客似乎可靠，但信用期仅为 30 天，而且信用额度较小。信用程度和信用额度每 90 天需要重新评估
D 级：不予接受	顾客不符合授信条件

要求：

（1）针对 2017 财政年度和 2018 财政年度，计算以下指标项目，把百分比结果四舍五入到小数点后一位。有些计算需要用到"若干财务数据"五年期汇总中的信息。

① 销售净额的百分比变动（与上一年比较）。
② 净利润的百分比变动。
③ 毛利率。
④ 净利润占销售额的百分比。
⑤ 平均总资产的报酬率。

（2）根据（1）的分析，写一份关于家得宝公司该期间盈利趋势的结论报告。给出理由。

练习题

关键术语

第 15 章

全球化经营和会计

学习目标

- 解释公司开展全球化经营的四种方法。
- 识别全球环境因素(政治与法律制度、经济制度、文化、技术和基础设施)对会计实务的影响。
- 解释需要协调全球财务报告准则的原因。
- 说明如何将某个货币金额转换为另一个货币金额。
- 计算汇率波动下外币应收或应付款项的利得或损失。
- 描述用以抵销汇率波动所致损失的"套期保值"方法。
- 讨论全球外包何以增加了产品成本的复杂性。
- 解释《反海外腐败法》的重要性。

引导案例

微软公司

微软公司称其使命为"致力于帮助全球的个人和组织展现其所有的潜力"。为此,微软宣告公司必须包容其全球顾客的不同观点并积极关注他们的不同体验。微软公司在详细阐明其使命时,就专门举了波兰、亚利桑那州、夏威夷州、华盛顿州、柬埔寨等多样化市场区域的例子。

微软公司 2018 年财务报表附注就披露了其从美国取得的以及从其他国家取得的收入。2018 年,微软的总收入达 1 103.6 亿美元,其中来自美国的为 559.26 亿美元,来自其他国家的为 544.34 亿美元。衡量微软公司经营业务国际化程度的另一财务指标就是公司长期资产(包括无形资产和固定资产)投资的所在地。下表对微软公司的资产进行了非常简化的汇总。不难发现,微软公司投资于美国的资产占 56%,其余的资产投资于美国以外的国家。

美国	445.01 亿美元
爱尔兰	128.43 亿美元
卢森堡	68.56 亿美元
其他国家	156.82 亿美元
合计	798.82 亿美元

与总部在美国的其他公司一样,微软公司可谓一家真正国际化的企业,其经营活动遍及世界各地。微软公司的国际化经营理念源自其服务全球顾客的使命陈述,之后不断拓展至那些为公司创造收入以及接受其资产投资的国家,这种理念几乎渗透到了公司业务的方方面面。

随着企业经营变得越来越全球化，对更为统一的会计准则的需求已成为会计业界的重要话题。任选一个国家，不难发现那里会计规则、会计程序和准则的形成不同于美国及其他国家。英国、日本、德国等国家建立了自己的会计规则、会计程序和会计准则。早在1993年，本章讨论的国际会计准则理事会（IASB）就开始从事一项任务——制定适用于所有国家及其相关证券市场的财务报告准则。显然，要实现这个宏大目标非常耗时费力，毕竟会计规则、会计程序和会计准则受到所处国家的政治、法律、经济和文化制度的影响。国家或地区之间的这些制度差异会对投资者、债权人和管理者如何理解和使用会计信息产生重大影响。

本章旨在介绍全球化经营的复杂性，并探讨一些与全球化经营相关的会计问题。这里只是给出一个简要介绍，随着所受会计管理教育的增加，对此处介绍内容的理解也会不断深化。

15.1 全球化

当管理者意识到并从事跨境贸易和经营时，**全球化**（globalization）就发生了。全球化是一个连续的过程。最基本层次上的全球化应当是纯粹国内公司的管理者开始意识到汇率变动、国际技术进步、文化多样性或国际政治经济问题会影响其企业的竞争能力。跨国企业属于较高层次的全球化示例，这类企业的经营从原材料开采到最终产品的装配和销售涉及多个国外经营地点。

表15-1给出了根据截至2018年3月31日或之前财政年度所实现收入排序的全球最大跨国公司的地理分布情况。前500家公司的总收入达到了30万亿美元。在前25家公司中，包括11家美国公司、4家石油公司、5家汽车公司。排在《财富》杂志世界500强第一的是零售企业沃尔玛。

表 15-1 按收入排序的《财富》杂志世界 500 强的所在地

国家	公司家数	占世界 500 强的百分比
美国	126	25.2%
中国	120	24.0%
日本	52	10.4%
德国	32	6.4%
法国	28	5.6%
英国	21	4.2%
韩国	16	3.2%
荷兰	15	3.0%
瑞士	14	2.8%
加拿大	12	2.4%
其他	64	12.8%

资料来源：Global Finance, February 22, 2019.（gfmag.com）。

全球化进程通常要通过一系列的阶段，包括出口、许可经营、合资企业、全资子公司和最终的全球外包。**出口**（exporting）是最简单层次的全球化，就是向外国客户销售商品或服务。处于出口阶段的企业维持对产品生产的控制权，但处于许可经营阶段的企业要通过放弃一些控制权来换取货币报酬。**国际许可经营**（international licensing）是公司与外方签署的契约性协议，允许外方使用公司的商标、专利、技术、设计、生产工艺、知识产权或其他专有优势。绝大多数主要跨国食品制造公司都涉及某种形式的国际产品许可经营。**国际合资企业**（international joint venture）是由来自不同国家或地区的两家或两家以上公司共同所有的公司。**全资国际子公司**（wholly owned international subsidiaries）是由一家公司运用自有资金建立或购买一家外国子公司100%权益控制权而形成的。**全球外包**（global sourcing）是跨国界的研发、制造和营销的紧密协调，一般包括出口、许可经营、合资企业和开展跨境经营的全资子公司。

如图15-1所示，公司常常通过外向型发展路径来参与全球化。一般地，寻求全球化经营的公司要经历以下几个阶段：① 出口国内生产的产品；② 进行许可和合资经营；③ 设立全资子公司；④ 全方位的全球外包。实务中存在许多未在图15-1中列出的子分类，而且公司可以同时参与多条全球化路径。

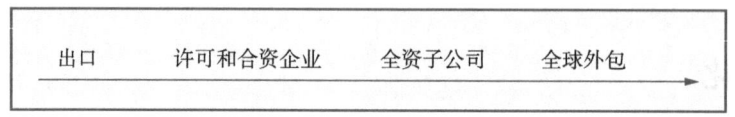

图15-1 提升全球化的进程

全球化会影响公司收集、编制与报告的会计信息类型。一般公认会计原则对出口、许可经营、合资企业和全资子公司的要求非常复杂。此外，货币汇率差异也会带来财务报告问题。显然，管理层关于如何全球化的决策会影响企业会计处理的数量、过程和程序。

15.2 影响全球化形成的环境因素

为帮助了解国际环境因素如何影响会计信息的计量、报告和产生，下面分四类来介绍这些环境因素：① 政治与法律制度；② 经济制度；③ 文化；④ 技术与基础设施。

这几类因素相互联系，而非相互独立。例如，一国的经济和文化因素会影响该国的政治与法律结构，而文化与经济又互相影响。一国的技术状况取决于其政治、人口和文化因素。图15-2描述了这些因素相互之间的影响及其对全球化的影响。

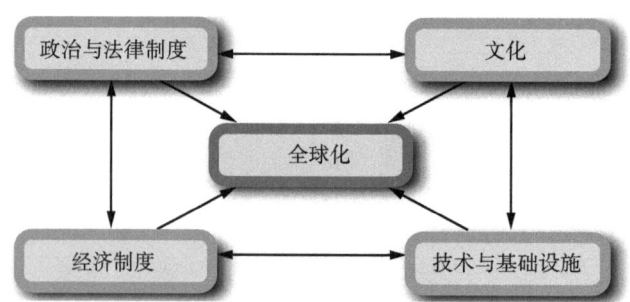

图15-2 影响全球化的环境因素

15.2.1 政治与法律制度

在国外环境中从事经营的管理者必须关注有关的政治风险。因政府有能力将资产所有权从公司转移给国家，或因政府干预而可能要求公司放弃经营控制权，于是就产生了政治风险。

例如，20世纪70年代末当伊朗和委内瑞拉将石油产业国有化时，许多公司失去了它们当初在伊朗和委内瑞拉投资于石油开采、钻探及运输的资产的所有权。按照一般公认会计原则，公司必须在其财务报告中阐述可能招致资产或利润严重受损的政治风险。

外国政府颁布的法律常常会影响从国际经营活动中赚取的净利润。各国之间的税收、关税和许可费差异很大。限制货币流动的法律会影响在国外赚取的利润可以汇出以及在他国使用的数量。所有权规定也是政府实施控制的常见形式。例如，印度政府对在该国设立子公司或合资企业就有所有权方面的限制。

其他类型的政治干预包括对产品当地含量或附加价值方面的规定以及采购方面的要求。贸易协定通常规定原材料来源或劳动力成分要求，以便为该协定所涉地区生产的产品或服务提供关税优惠待遇。例如，为使产品符合关税减免资格，北美自由贸易协定（NAFTA）规定了必须在自由贸易协定成员国增加的总成本额。

政治干预的另一个例子就是美国的**对外贸易区**（foreign trade zone）。进口到这些贸易区的商品，在流出贸易区之前享受免税待遇。那些频繁进口原材料的公司常常把工厂设在这些贸易区内。在将产成品运出贸易区之前，这些公司不用为进口原材料缴纳关税。显然，对外贸易区的运用会影响收入确认和销货成本。此外，延迟缴纳关税可增加第14章所讨论的公司的营运资本。

随着国家的变化和发展，政府会设法通过政治和法律手段来管理这种发展。例如，政府使用税收激励来鼓励或限制股票所有权。政府政策还会影响私人的储蓄水平，而储蓄水平反过来又会影响资本的可获得性。教育政策会影响识字率、正规教育和培训的程度以及会计从业人员的数量。各国的政治和法律结构规定了其经济结构框架。

15.2.2 经济制度

企业经营所处的经济制度对会计信息的形式和可获得性有着重大影响。例如，在**计划经济**（planned economy）下，政府运用中央计划在经济各部门间配置资源并确定产出。土地和生产设施为政府所有和控制。相反，在**市场经济**（market economies）下，土地和生产资料为私人所有，市场决定各经济部门间的资源配置和产出。对于以前在计划经济下经营的公司，在市场经济下经营就会碰到严重困难。反之亦然。

在一些国家或地区，企业自行建立**行业组织**（industrial organizations）作为筹集资本的方法之一。在韩国和日本，公司还组成代表不同行业的企业集团。韩国的企业集团，即所谓的财阀，和日本的企业集团，即所谓的经连会，都是由客户和供应商组成的集团，通常还包括一家银行。在这些公司卡特尔组织中，供应商从处于金字塔较高层次的客户处获得贷款、投资资本、技术和长期供应协议。这样，供应商将经营与其他供应商及其客户整合在一起。供应商和客户之间的交易可能不像美国的绝大多数交易那样公平。美国反托拉斯法和价格确定法限制出现有组织的企业集团。

> ⊙ 小案例
>
> 近年来，三星、现代、LG及其他韩国企业集团都报告销售和利润实现大幅增长。虽然韩国大型企业集团实现了扩张，但韩国经济中的中小企业却生存艰难。最近数十年来，

> 韩国企业集团毫无疑问促进了韩国经济的发展，但也可能因这些集团太强大而阻碍了中小企业的创新，从而可能影响了韩国经济的长期成功。经济学家担心，随着韩国企业集团影响的不断强化，供应商与新创公司的公平竞争环境就会受损。

⊙ 会计与决策

如前所述，国家或地区之间在政治、法律和经济体制方面存在巨大差异，而这些差异会带来风险。在投资公司的权益或债务证券之前，投资者和债权人对这种风险必须清楚。关于政治、法律和经济体制差异会让投资者和债权人面临怎样巨大的风险，大众汽车的排放作弊丑闻就是一个例子（在表15-1中，大众汽车这家德国公司以2 600亿美元的收入规模位列全球第七）。

大众汽车的总部位于德国小城——下萨克森州的沃尔夫斯堡。为了成为全球最大的汽车制造商，大众汽车必须在北美市场实现巨大增长。为了扩大在美国的市场份额，大众汽车在销售其大多数柴油机轿车时，打着环境友好、经济实用的促销口号。在德国，工会凭借其影响可以有效阻碍更为严厉的环境规制的实施。但在美国，类似环境规制要求很苛刻。结果，大众汽车的许多轿车无法达到美国更加严格的环境规制要求，特别是与氧化氮排放有关的标准。对此，大众汽车不是改进其轿车设计，而是给车装了一种软件，使得轿车在实验室进行排放测试时氧化氮排放达到可接受的水平。不过，小轿车一旦上路，氧化氮实际排放远远超过了美国许可的排放量。

大众汽车的伦理失检在一定程度上起因于其狭隘的文化和有缺陷的公司治理，这两者都反映了德国的政治制度和经济制度。在德国，半数的劳工代表通常来自控制企业的董事会。此外，下萨克森州的代表大约有20%来自大众汽车的监事会。因此，劳方和政府代表几乎绝对控制了大众汽车的董事会。与美国企业的董事会不同，德国企业的董事会主要关注的是如何保护就业，而不是实现股东报酬的最大化。这一因素导致德国企业在执行环境规制显得马虎松懈，从而导致大众汽车在其他市场面临巨大的规制风险。

由于排放作弊丑闻，大众汽车遭遇来自政府和私诉当事人大量令人眼花缭乱的调查和诉讼。例如，美国司法部（Department of Justice）和美国环境保护署（EPA）就对大众汽车发起了民事诉讼，而且两家还作为公诉人在德国、法国、意大利、瑞典和韩国开展了刑事犯罪调查。自排放作弊丑闻爆发以来，大众汽车的市值下跌了大约300亿欧元。会计高等教育路径委员会模型强调利用信息进行决策。如果投资者和债权人忽视了德国汽车行业、劳工和政府三者之间的共生关系，他们就会遭遇本来可以避免的重大损失。

资料来源："Emission impossible," The Economist, March 5, 2016; and G. Smith and R. Parloff, "Hoaxwagen," Fortune, March 15, 2016.

15.2.3 文化

作为思维倾向或定势，文化影响着社会中个人的行为习惯以及看待他人行为的方式。⊖美

⊖ 关于这部分内容更为详细的讨论，请见吉尔特·霍夫斯泰德（Geert Hofstede）的《文化和组织：心理软件的力量》（McGraw-Hill, 1991）或访问 www.geert-hofstede.com。

国的文化习惯对在美国从事经营业务的外国公司行为会产生重大影响。同样的道理，美国的那些常见做法，如某些广告形式、获得业务的方法以及层级组织结构，在世界其他地区因文化差异而不受欢迎，甚至遭到拒绝。显然，忽视文化因素会产生严重的经营问题。

根据专家的研究，世界各地文化虽然差异甚大，但可分为四类文化定势：

- 个人主义与集体主义。反映的是社会各成员间互相依赖的程度，较高的互相依赖意味着集体主义。亚洲国家或地区的公民通常比美国公民更强调集体主义。
- 回避不确定性。反映的是社会成员因未知或不确定而感到不舒服或受到威胁的程度。南美洲国家公民特别重视规避不确定性。
- 短期导向与长期导向。对于注重长期导向的文化，坚忍、节俭、遵守规矩和持久关系被高度重视。注重短期导向的文化则着眼于过去和现在，忽视未来，并且强调个人稳定。
- 权力距离大小。权力距离大的文化容忍机构和组织内存在不平等的权力分配，权力距离小的文化则看重每个人生而平等，强调人人应有平等话语权。

针对特定国家间的文化定势差异，表 15-2 简单描述了这些指标间的相对情况。

表 15-2 文化定势

国家	个人主义	回避不确定性	长期导向	权力距离大
日本	L	H	H	M
韩国	L	H	H	H
巴西	L	H	M	H
意大利	M	H	L	M
德国	M	M	L	L
美国	H	M	L	M
英国	H	L	L	L
瑞典	M	L	L	L

注：H=高，M=中，L=低。

我们借助表 15-2 来说明文化因素是如何既影响所产生的会计信息类型，又影响这些会计信息应用的。研究表明，韩国文化和日本文化属于高度集体主义，不太重视对投资者发布的财务报表的透明性，对债权人需要的关注要高于对投资者需要的关注。因为公司的融资主要来自作为经连会或财阀成员的银行，所以绝大多数会计信息仅限于集团集体享有。此外，因为政府严格控制会计法规，亚洲国家的会计行业发展缓慢。虽然数量正在增长，但亚洲各国独立注册会计师数量仍然很小。

15.2.4 技术和基础设施

因为基础设施和教育水平存在差异，所以其他跨境差异也会对全球经营构成挑战，在不同地区和民众之间传递信息和知识的能力可能很费力。一些在外国地区设立合资企业或进行全资经营的公司，通常很难找到受过类似美国人力教育和技术培训的员工。

> ⊙ 小案例
>
> 近年来，西式管理培训在许多国家有所进展。布达佩斯于 1988 年开设了东欧地区最

早的大学管理课程项目之一。在 1988 年以前，东欧地区会计作为职业并不存在，那些在东欧开展业务经营的公司很难找到训练有素的会计人员。此外，企业以前所做的记录也不可靠。在 20 世纪 90 年代初以前，绝大多数东欧国家没有独立审计师、注册会计师或管理会计师。

内部会计制度的差异也会给国际商业交易带来挑战。文化、教育、语言和软件方面的差异阻碍了信息的自由流动。因为无法在国际公司内部以及相互之间传递有价值的信息，所以并购国际经营业务的潜在利益可能会丧失。

基础设施（infrastructure）是指一个国家或地区在通信（如移动电话网络、互联网普及和宽带）、交通（如公路、桥梁、机场等）和公用事业（如电力电网）的投资。基础设施落后也会给全球化带来问题。通信设备难以接通、缺乏必要的研发设施（如专用实验室设备、计算机辅助设计或制造）以及电力供应不稳或不足，都会对在某些地区设立国际企业形成巨大阻碍。例如，许多发展中国家的制造工厂没有制热或制冷设备，这对需要使用润滑油和冷却剂的设备构成不利的操作环境。运输系统运力不足也降低了商品进出国际地区的速度。在估计存货项目成本或销货成本时，会计人员需要考虑这些预期外成本，才能正确计算出全球外包产品的成本。

15.3 财务报告准则的协调

国家间的财务报告准则差异往往会给分析和比较会计信息带来困难。例如，美国的财务报告主要根据历史成本原则编制，不按一般价格水平变动进行调整。中美洲和南美洲国家（如巴西或墨西哥）则恰好相反。这些国家发生过高通货膨胀，因此必须针对通货膨胀调整信息。这些差异造成美国公司的财务报表与墨西哥公司的财务报表存在巨大差异，从而难以进行相互比较。

如果一家企业只在自己国家经营，那么国家间的财务报告方法差异所带来的困难就不会像企业从事跨国活动时那样严重。例如，公司在另一国家资本市场发行证券的**跨境融资**（cross-border financing）如今已越来越普遍。美国资本市场已成为美国以外地区企业进行筹资的越来越热门的渠道。这是因为美国资本市场规模大，筹资成本比较有吸引力。跨境企业活动产生了对驻于不同国家的公司间更可比的会计信息的需求。

对可比信息的需求引发了对**会计准则协调**（harmonization of accounting standards）的关注。会计准则协调是指世界各地采用类似的会计方法和原则。国际会计准则理事会（IASB）对会计准则协调尤其关注，并正在负责建立和推广国际财务报告准则（IFRS）。尽管国际会计准则理事会在任何国家都没有管理权，但它运用其影响力来推进各国会计准则的相互接近，从而有望更好地协调这些准则。对于那些尚未建立完善资本市场的国家，国际会计准则理事会的准则也提供了一种模型，对它们试图建立标准化会计方法的早期努力常常产生重大影响。

为协调财务报告准则，各个国家或地区采用了各种不同的方法。这些方法可以简单分为三大类。

- 一是直接采用国际财务报告准则。一些国家选择直接采用由国际会计准则理事会编写和颁布的国际财务报告准则。直接采用意味着放弃本国当前的财务报告准则，并用国际财务报告准则来代替。
- 二是与国际财务报告准则接轨。为了协调财务报告准则，有些国家或地区采用了标榜为接轨的两种方法之一。第一种接轨方法是逐步用更类似国际财务报告准则的准则代替个别国家本国的财务报告准则。第二种接轨方法是采用全新的当地准则，虽然技术上不能称为国际财务报告准则，但比以往的当地准则更接近国际财务报告准则。
- 三是混合型协调方法，即采用上述两种方法的某种组合。

直接采用方法于2005年为欧盟所接受。当时所有在欧盟资本市场交易的公司的年度报表都被要求采用国际财务报告准则。其他国家虽然没有全面采用国际财务报告准则，但对各自的准则进行了修正，通过一次性或逐渐的措施而使准则较以前的准则（即转换法）更接近国际财务报告准则。美国可以说是实施混合型协调方法的最佳案例：在美国资本市场，发行证券的外国企业既可以遵循美国的准则，也可以遵循国际财务报告准则。不过，美国公司必须遵循美国的财务报告准则。与此同时，美国准则也开始逐步接轨，主要通过对很多方面的准则进行修订，使这些准则与国际财务报告准则更加统一和协调。下面给出了全球部分国家或地区所采取的协调措施。

- 加拿大：直接采用
- 欧洲：直接采用
- 墨西哥：直接采用
- 智利：直接采用
- 俄罗斯：直接采用
- 日本：直接采用（自愿）
- 美国：混合
- 巴西：接轨
- 印度：接轨
- 中国：接轨
- 澳大利亚：接轨

一些国家或地区目前选择的是将其现有准则与国际财务报告准则接轨。与国际财务报告准则的接轨是一个持续的过程，毕竟当国际财务报告准则发生改变时，寻求接轨的国家或地区必须考虑其准则是继续保持"相当"还是必须做出改变。中国和澳大利亚选择的是修改其现有财务报告准则，从而实现与国际财务报告准则的接轨。日本鼓励其公司采用国际财务报告准则，但截至本书出版之时尚未形成正式的接轨计划。

长期以来，美国一直致力于采用国际财务报告准则或与之接轨，一度甚至考虑用国际财务报告准则来代替一般公认会计原则。不过，这一考虑并未付诸行动。后来，财务会计准则委员会（FASB）和国际会计准则理事会（IASB）就众多主要计划进行了协调。这样，即便不是大范围系统相同，但双方依据各自背景推出的会计准则有时很相似。目前，美国对于采用或接轨问题没有最新讨论。美国对国际财务报告准则这种并不热情的支持反映了这样的观点，即美国的一般公认会计原则仍然相当之好，财务报告使用者对按此编制的财务报告并不要求进行改变或替换。

表 15-3 列举了世界各地对财务报告要求的主要差异。这种差异是前述环境影响因素的直接结果。第二列表明，只有国际财务报告准则和英国公认会计原则允许重新进行固定资产计价，差异非常明显。包括美国在内的其他国家都是依据历史成本来会计处理固定资产。第三列给出了存货计价方面的差异。最为鲜明的差异是只有美国容许采用后进先出法来会计处理存货。虽然全球各地的国际财务报告准则采用者日益增多，从而减少了会计处理方法的差异性，但国际财务报告准则、美国的一般公认会计原则和其他国家的公认会计原则之间仍然存在巨大差异。美国和英国有世界上最发达的资本市场，导致美国和英国对会计专业人员和审计人员的需求巨大。

表 15-3　会计方法的全球差异

各种会计原则	是否许可固定资产重估	是否许可采用 LIFO 法
IFRS	容许	不容许
美国	不容许	容许
英国	容许	不容许
日本	不容许	不容许
德国	不容许	不容许
中国	不容许	不容许
巴西	不容许	不容许
俄罗斯	不容许	不容许

15.4　外汇和汇率

除了上述讨论的环境影响因素外，从事国际业务往来的公司还会遇到因使用多种货币产生的财务计量问题。例如，如果一家日本公司将产品销售给美国公司，日本公司希望对方以日本货币（日元）支付，但是美国公司的银行账户上只有美元。此时，就会产生将一种货币兑换为另一种货币的需求。

许多银行从事国际货币兑换业务，会以当前汇率买入外币。这样，美国公司可以通过国际银行系统偿还日本公司的债务。当然，美国公司将以美元偿还银行，银行转而用这些美元在国际货币交易所购买所需金额的日元，再将这些日元汇往日本公司的银行。⊖

15.4.1　汇率

一种货币的**汇率**（exchange rate）等于用其他货币购买一单位该种货币所花费的金额。因此，汇率可被视为以本国（地区）货币（以本书视角看来是美元）购买一单位外币的"价格"。汇率每天都在波动，主要基于该种货币的全球供给和需求状况。美元和绝大多数主要货币的现行汇率每天都会在财经出版物上公布。例如，表 15-4 列示了来自 x-rates.com 的典型外币的汇率。

表 15-4　五种外币的美元价格

国家/地区	货币	汇率（以美元表示）	汇率（以外币表示）
英国	英镑（£）	1.317 767	0.758 859
欧洲①	欧元（€）	1.136 713	0.879 730
日本	日元（¥）	0.009 029	110.754 236
墨西哥	比索（$）	0.052 337	19.143 537
印度	卢比（Rs）	0.014 056	71.146 098

① 许多欧洲国家，如奥地利、比利时、芬兰、法国、德国、希腊、爱尔兰、意大利、卢森堡、荷兰、葡萄牙和西班牙，都在使用欧元。

⊖ 作为选择，美国公司可以给日本公司开一张金额为美元的支票（或银行汇票）。之后，日本公司就可以通过其日本银行把美元兑换成日元。

通过汇率可以确定多少金额的一种货币等价于给定金额的另一种货币。假定一家美国公司欠一家日本公司 100 万日元（表示为 ¥1 000 000）。那么，需要用多少美元来清偿这笔债务呢？假定现行汇率为 1 日元兑 0.009 029 美元。为了以等价的美元金额来重新表示一笔外币，需要用汇率乘以外币金额。具体计算如下。⊖

以外币表示的金额	×	汇率（以美元计）	=	等价的美元金额
1 000 000	×	0.009 029	=	9 029

又如，如果日本公司同意为进口商品支付给美国公司 10 000 美元。要确定等价的日元金额，日本公司需要知道每 1 美元相当于多少日元。1 美元的日元数可以这样计算：将 1 美元除以每 1 日元的美元数，1 ÷ 0.009 029=110.754 23。使用每 1 美元的日元汇率，我们就可以将美元数转换为日元数。具体计算过程如下。

以美元表示的金额	×	汇率（以日元计）	=	等价的日元金额
10 000	×	110.754 23	=	1 107 542.30

这里，以等价的美元数表示一笔外币或将美元表示为等价的外币金额的过程被称为货币换算。

关于汇率，常常有一些行话。在财经出版物中，货币常常被描述为"坚挺"或"疲软"，或对另一种货币升值或贬值了。例如，晚间新闻播音员会说："坚挺的美元对疲软的英镑急剧上涨，而对日元和瑞士法郎则轻微下挫。"这告诉了我们什么关于汇率的信息呢？

为理解诸如此类的术语，我们必须记住：汇率不过是以另一种货币表示的某种货币的价格而已。本章所用的汇率从始至终都是指以美元形式表示的各种外币的价格。然而，在美国之外的一些其他国家，美元就是一种外币，它的价格以当地（国内）货币的形式表示。

例如，这里以表 15-4 所列示的汇率来进行说明。如表 15-4 所示，日元汇率为 0.009 029 美元。按照这一汇率，1 美元等价于 110.754 23 日元（如上所述）。因此，美国人会说日元汇率为 0.009 029 美元，而日本人会说美元汇率为 110.754 23 日元。

现在让我们假定日元汇率（以美元表示）上涨到了 0.010 9 美元。按照这一汇率，1 美元仅等价于 91.74 日元（1 ÷ 0.010 9=91.74）。在美国，人们会说日元汇率从 0.009 029 美元上升到 0.010 9 美元。然而在日本，人们会说美元汇率从 110.754 23 日元跌到 91.74 日元。在财经出版物中，可能会称"日元对美元升值了"或"美元对日元贬值了"。两种表述意指同一件事：相对于美元，日元变得更值钱了。

现在让我们回到开始的表述："坚挺的美元对疲软的英镑急剧上涨，而对日元和瑞士法郎则轻微下挫。"当汇率以美元表示时，这一表述意味着英镑的美元价格（汇率）急剧下跌，而日元和瑞士法郎的美元价格则轻微上扬。当一种货币的汇率相对于绝大多数其他货币上涨时，就被称为"坚挺"，而当其汇率下降时则被称为"疲软"。汇率会因本章前面所讨论的环境因素的变化而发生波动。

15.4.2 会计处理与外国公司的交易

当一家美国公司与一家外国公司发生购销商品交易时，交易价格可能以美元或者以外币单位来规定。如果价格以美元表示，那么该美国公司不会遇到特别的会计处理问题。记录该

⊖ 为了将一定金额的美元兑换为等值的外币，可用美元金额除以汇率，如 $10 050 ÷ $0.010 05/ ¥= ¥1 000 000。

交易的方式可能与处理和国内供应商或客户进行的类似交易相同。

如果交易价格以外币表示，那么该美国公司就会面临两个会计问题。第一，当美国公司的会计记录以美元记载时，必须在记录这笔交易前将交易价格换算成美元。如果购买或销售以赊账方式进行且交易日和付款日之间汇率发生变动，那么就会产生第二个问题，即汇率波动将使美国公司在清算交易时获得利得或遭受损失。

1. 以外币计价的赊购

假定8月1日，一家美国公司以10 000英镑的价格从一家英国公司购买商品，60天内付款。8月1日的汇率为1英镑兑1.63美元。8月1日记录本次购买（假定采用永续盘存制）的分录如下。

借：存货	16 300	
贷：应付账款		16 300

记录当汇率为1英镑兑1.63美元时，从一家英国公司购买10 000英镑的商品（10 000×1.63=16 300）。

假定9月30日，当10 000英镑应付账款到期时，汇率已降至1英镑兑1.61美元。如果美国公司在8月1日支付货款，那么成本就为16 300美元。但到9月30日，美国公司只需要用16 100美元来偿付该笔10 000英镑的债务（10 000×1.61=16 100）。这样，汇率下降为该公司节省了200美元。这一节约作为"汇兑损益"记在会计记录中。9月30日，记录债务清偿和汇兑利得确认的分录为：

借：应付账款	16 300	
贷：现金		16 100
汇兑损益		200

记录清偿英国公司10 000英镑债务并确认汇率下降利得：

初始债务（10 000×1.63）	16 300
偿付金额（10 000×1.61）	16 100
汇率下降利得	200

现在让我们假定汇率不是下降，而是从8月1日的1.63美元上升到9月30日的1.66美元。按照这一假设，9月30日，美国公司必须支付16 600美元来清偿10 000英镑的债务。这样，与该债务在8月1日清偿相比，美国公司将多支付300美元。这一额外的300美元成本是由于汇率上升造成的，应被记为损失。9月30日的分录应为：

借：应付账款	16 300	
汇兑损益	300	
贷：现金		16 600

记录清偿对英国公司的10 000英镑债务并确认汇率上升损失：

初始债务（10 000×1.63）	16 300
偿付金额（10 000×1.66）	16 600
汇率上升损失	300

总之，持有以外币表示的固定金额负债，若交易日至清偿日间汇率下降了，债务人就可获得利得。该利得的产生是因为需要较少的美元来偿付当初所欠的债务。相反，汇率上升则会使债务人遭受损失。在本例中，债务人为购买外币清偿债务，将付出比当初所欠金额更多的美元。

2. 以外币计价的赊销

一家以外币计价进行赊销的公司也会因汇率波动而获得利得或遭受损失。例如，我们将前例改为假定美国公司8月1日以10 000英镑的价格向英国公司出售商品，并再次假定8月1日的汇率为1英镑兑1.63美元，60天内到期。这样，8月1日记录这笔销售的分录为：

借：应收账款	16 300	
贷：销售		16 300

记录以10 000英镑（10 000×1.63=16 300）的销售价格向英国公司赊销，60天内收款。

60天后（9月30日），美国公司从英国公司收回等价于10 000英镑的美元。如果9月30日的汇率降到1英镑兑1.61美元，在全部结清应收账款的情况下，美国公司只能收回16 100美元（10 000×1.61=16 100）。由于应收账款最初等价于16 300美元，汇率下降导致美国公司遭受200美元的损失。这样，9月30日的分录应为：

借：现金	16 100	
汇兑损益	200	
贷：应收账款		16 300

记录从英国公司收回10 000英镑的应收账款并确认自销售日以来汇率下降所产生的损失：

初始售价（10 000×1.63）	16 300
收到金额（10 000×1.61）	16 100
汇率下降损失	200

现在分析另一种情形：假设本例中的汇率从8月1日的1英镑兑1.63美元上升到9月30日的1英镑兑1.66美元。那么，英国公司偿付的10 000英镑可兑换为16 600美元，美国公司产生了利得。这样，9月30日的分录应为：

借：现金	16 600	
贷：应收账款		16 300
汇兑损益		300

记录从英国公司收回10 000英镑的应收账款并确认自销售日以来汇率上升产生的利得：

初始售价（10 000×1.63）	16 300
收到金额（10 000×1.66）	16 600
汇率上升利得	300

3. 资产负债表日对以外币计量的应收账款和应付账款的调整

以上例子表明，汇率波动会给有以外币计价的应收或应付账款的公司带来利得或损失。汇率每天都在波动。为了方便起见，公司通常要等到付出或收到账款时，才记录相应的利得或损失。不过，会计期末的情况往往不遵照这种简便做法。此时，公司要编制调整分录，确认截至资产负债表日以外币计价的应付或应收账款的累积利得或损失。

例如，假定发生了如图15-3所示的交易：11月10日一家美国公司以1 000万日元的价格向日本公司购买设备，次年1月10日付款。如果11月10日的汇率为1日元兑0.010 0美元，那么美国公司记录采购的分录应为：

借：设备　　　　　　　　　　　　　　　　　　　　　　　　　　　100 000
　　贷：应付账款　　　　　　　　　　　　　　　　　　　　　　　　　　100 000

记录以1 000万日元的价格从日本公司购买设备，1月10日付款（10 000 000 × 0.010 0 = 100 000）。

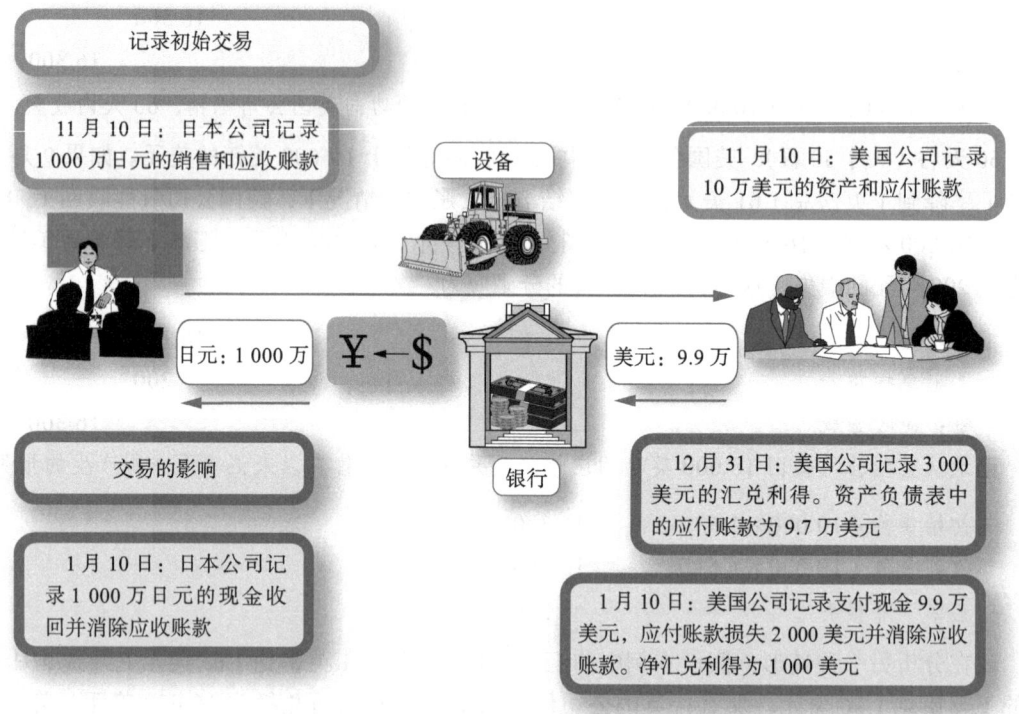

图15-3　外汇交易：美国公司从日本公司购买设备

现在假定12月31日，汇率降到1日元兑0.009 7美元。在这一汇率下，美国公司的应付账款仅等价于97 000美元（=10 000 000 × 0.009 7）。汇兑损益应在变动发生期间确认，因此美国公司应编制调整分录，以现行美元当量减记负债并确认相应的利得或损失。12月31日的分录如下。

借：应付账款　　　　　　　　　　　　　　　　　　　　　　　　　3 000
　　贷：汇兑损益　　　　　　　　　　　　　　　　　　　　　　　　　　3 000

将1 000万日元应付账款余额调整为按年末汇率表示的金额：

账户初始余额　　　　　　　　　　100 000
调整后余额（10 000 000 × 0.009 7）　　97 000
所需调整　　　　　　　　　　　　　3 000

对于其他以外币表示的固定金额的应付或应收账款，均应进行类似的调整。

如果在调整分录日与美国公司清偿债务日之间，汇率又发生了变动，那么必须确认新的利得或损失。例如，假定 1 月 10 日汇率上升到 1 日元兑 0.009 9 美元。如图 15-3 所示，美国公司现在必须支付 99 000 美元来购买清偿其对日本公司债务所需的 1 000 万日元。因此，自年末以来的汇率上升给美国公司造成了 2 000 美元的损失。记录 1 月 10 日支付账款的分录为：

借：应付账款　　　　　　　　　　　　　　　　　　97 000
　　汇兑损益　　　　　　　　　　　　　　　　　　 2 000
　贷：现金　　　　　　　　　　　　　　　　　　　　　　　　99 000

记录向日本公司支付 1 000 万日元的应付账款并确认自年末以来汇率上升的损失：

应付账款，12 月 31 日	97 000
偿付金额，1 月 10 日	99 000
汇率上升损失	2 000

请注意，这笔以日元表示的赊销交易的总影响为 11 月 10 日至付款日（1 月 10 日）日元汇率波动引起的利得 1 000 美元。美国公司确认了 11 月 10 日至资产负债表日（12 月 31 日）汇率波动的利得 3 000 美元。这一利得被 12 月 31 日至 1 月 10 日下一个会计年度的汇率波动损失 2 000 美元部分所抵销。总影响可以通过将外币金额乘以交易日至清偿日的汇率波动直接计算而得：10 000 000 ×（0.010 0 − 0.009 9）= 1 000 美元利得。资产负债表日记录的 3 000 美元利得与付款日记录的 2 000 美元损失并没有相应的现金流量影响。

以外币计价交易的汇兑损益应包括在利润表中，它们通常以类似于利息费用和厂房资产出售利得或损失的形式进行披露。

15.4.3　货币波动：谁赚谁赔

公司（或个人）的应付或应收款项若以固定金额的外币计价，那么就要承担因汇率波动而发生的利得或损失。进口国外产品的美国公司通常有大量的国外债务，而将美国产品出口到其他国家的美国公司很可能有以外币计价的大量应收款项。

当外汇汇率（以美元表示）下降时，美国的进口商将获利，而出口商将受损。当外汇汇率下降时，外币变得"不太贵了"（贬值）。因此，进口商可花费更少的美元来偿付其外国债务；此外，出口商将不得不眼睁睁地看着其外币应收款项所值的美元数越来越少。

当外汇汇率上升时，这一情形正好相反。进口商将受损，因为他们将需要更多美元来偿付外国债务；出口商将获益，因为他们的外币应收款项等价于更多的美元数。

1. 避免汇率波动损失的策略

避免汇率波动损失有两种基本方法。一种方法是坚持应收和应付款项以确定金额的国内货币收付；另一种方法称为套期保值，它可以通过多种方式来实现。

为说明第一种方法，假定一家美国公司对墨西哥公司进行大笔赊销，但预计墨西哥比索的汇率将逐渐下降。美国公司可以通过将售价设定为美元来避免损失。这样，如果汇率确实下降了，墨西哥公司就必须为该项采购支付更多的比索，而美国公司则不会少收美元。此外，美国公司在向墨西哥公司赊购时，将会因以比索计价而获益，因为汇率下降会减少支付采购所需的美元数。

墨西哥公司的利益正好与美国公司的情况相反。如果墨西哥公司预期美元汇率会上升，它们将希望以比索标价购买，而以美元标价销售。说到底，交易的计价方式仅取决于哪方公司在谈判中处于更有利的地位。

2. 套期保值

人们常用**套期保值**（hedging）来最小化或避免与汇率波动有关的风险损失。套期保值是一种"骑墙"策略，也就是说，通过持有对冲头寸使利得和损失趋向互相冲抵。为说明这个概念，假定你就足球比赛打了一个大赌（假设是合法的）。过后你认真一想，打算消除遭受损失的风险。通过再打一个押注于另一方的同样的赌，你就可以"对冲"最初的赌局。这样你会输掉一个赌局，但将赢得另一赌局，你的损失可被相应的利得所抵销。

拥有同种外币计价的金额近似的应收款项和应付款项的公司往往会自动处于对冲状态。汇率下降将产生外币应收款项损失和外币应付款项利得；如果汇率上升，外币应收款项利得将被外币应付款项损失所抵销。

当然，绝大多数公司并不一定有同种外币计价的金额近似的应收款项和应付款项。然而，可以通过买入或卖出外币**期货合约**（future contracts）来建立这种对冲状态。这些合约，通常称为期货，是在未来日期收到确定数量外币的权利。简而言之，这些合约属于外币应收账款。因此，只有拥有外币应付款项的公司可以通过买入相近美元金额的外币期货合约来对冲头寸。如果以后汇率上升，那么外币应付款项的任何损失都会被期货合约价值的利得所抵销。

3. 汇率与竞争性价格

到现在为止，我们仅讨论了因拥有以外币计价的应收或应付账款的公司发生的利得或损失。然而，汇率波动还改变了不同国家生产的商品的相对价格。汇率波动使一国的产品价格更具竞争力或缺乏竞争力，无论是在国内市场还是在国外市场。即便是那些没有外币应收或应付账款的小商店，也会发现外汇汇率波动对其经营产生的重大影响。

例如，我们可以设想一家堪萨斯州的小商店销售美国制造的某一品牌的电视机。如果外汇汇率下降（美元坚挺时），外国制造的电视机的价格就会下降。这样，只销售美国生产的电视机的商店将不得不与销售价格更低的进口电视机的商店进行竞争。同样，美元坚挺使美国商品对外国客户来说变得更贵了，因此美国电视机制造商会发现向国外销售产品变得更加困难了。

当美元疲软时，即当外汇汇率相对较高时，情况则刚好相反。美元疲软使从外国进口的商品对美国消费者来说更贵了。同样，美元疲软使美国产品对外国客户而言更便宜了。

> ⊙ 消费者
>
> 假定你想购买一辆新赛车，现正在考虑是买意大利、英国还是美国产的赛车。你最近听到有消息说，美元对欧元很坚挺，对英镑则显得疲软。预期这一趋势还会持续一个月。这一消息会如何影响你对赛车的选择？

总之，我们可以说美元坚挺有利于那些在美国市场销售外国制造商品的公司，而美元疲软则给在国内和国外销售美国产品的公司带来竞争优势。

15.4.4 包含外国子公司的合并财务报表

第14章讨论了合并财务报表的概念。这些报表把母公司及其子公司这些关联企业的经营当作一个单独企业主体来处理。如果子公司在国外经营，那么在编制合并财务报表时就会出现一些特殊的会计问题。首先，外国子公司的会计记录必须换算成美元；其次，外国使用的会计原则可能与美国一般认可的会计原则存在重大差异。

这些问题给职业会计人员带来了有趣的挑战，这将在以后的会计课程中讲述。然而，美国公司财务报表的阅读者应当知道，这些公司的合并财务报表是以美元表述的，并且符合美国一般认可的会计原则。

15.5 全球外包

汇率差异会给那些开展全球外包业务的公司带来极大的复杂性。据《洛杉矶时报》上一篇文章的描述，如果使用来自不同国家或地区的材料生产玩具，那么成本计算就会遇到许多额外问题。图15-4追踪了从提供原材料的沙特阿拉伯油田到美国玩具商店利用多个国家或地区资源生产的芭比娃娃的路径。石油经精炼先制成乙烯，接着在中国台湾地区用乙烯制成乙烯基颗粒，这些颗粒随后被运往中国广东省东莞市。东莞的合资工厂有5 500名工人，生产塑料玩具娃娃。不过，绝大多数机器和工具，包括注塑机，都是从美国、欧洲和日本进口的。其中，模具直接从美国进口，日本提供芭比娃娃的尼龙头发，中国香港地区负责整个生产管理、安排银行结算和保险、管理出口和进口并负责将产品运回美国。最后，由美国国内的数千名美国雇工负责包装、运输、广告等工作。这样，终于生产出批发价格为10美元的芭比娃娃。美泰公司曾宣称，每销售一个芭比娃娃的利润一般为约1美元。

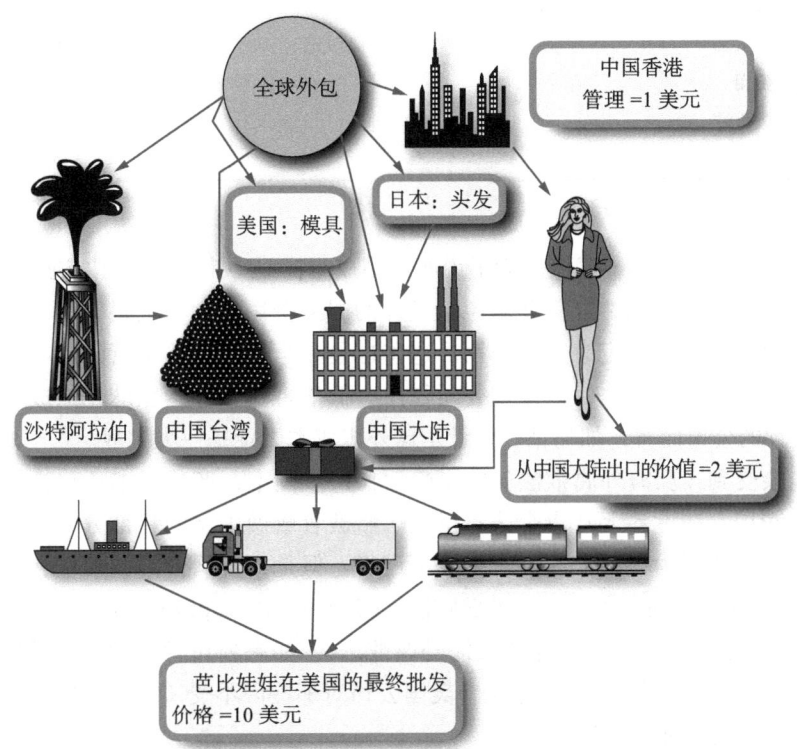

图15-4 美泰公司芭比娃娃的全球外包业务

表 15-5 描述了与芭比娃娃生产有关的成本与汇率问题。A 部分给出了与芭比娃娃全球外包业务相关的国家及地区的货币的汇率，目的仅仅是举例说明，而不是列示或粗估现行汇率。B 部分给出了美泰公司在中国东莞美泰工厂生产的芭比娃娃产品的估计出口成本。表中的估计成本以某个日期的报告汇率为基础。公司在计算以其本国（地区）货币表示的累计成本时，必须选择一个代表性汇率。

表 15-5 汇率与芭比娃娃的估计产品成本

芭比娃娃的估计产品成本

A：汇率[①]

国家或地区	货币	等值美元
沙特阿拉伯	里亚尔	0.266 7
中国台湾	新台币	0.032 6
中国香港	港元	0.128 6
日本	日元	0.009 5
中国大陆	人民币	0.122 5

B：估计的产品成本构成

投入	外币价值	等值美元
原材料		
沙特阿拉伯	0.637 4 里亚尔	0.17
中国台湾	4.908 新台币	0.16
日本	22.11 日元	0.21
中国大陆	0.898 人民币元	0.11
直接人工		
中国大陆	2.857 人民币元	0.35
制造费用		
中国香港	7.776 港元	1.00
总出口成本		2.00

① 基于 www.xe.com/ucc 提供的汇率。

上述芭比娃娃玩具的例子仅仅是为了说明产品成本构成中来自多个国家或地区的原材料、直接人工和制造费用的情况。这里并未包括额外的间接费用，如与关税、进出口服务费、多个国家或地区税法和税收协定有关的费用。这些也是在全球环境下经营的成本。由于不熟悉本章开头所讨论的环境因素，所以许多公司往往会低估将业务经营全球化的成本。对于希望开展全球化经营的公司而言，如何精确估计全球外包成本无疑是一大挑战。

全球外包会受到《反海外腐败法》的影响。在许多国家，产品成本还包括加快办理政府文件所发生的费用。在世界上数十个国家里，贿赂被看成做生意的一部分；在许多国家，这些为官方禁止的腐败行为并不被认为有错或不道德。但是，美国公司被禁止利用权力谋取利益。美国国会于 1977 年通过了《反海外腐败法》（Foreign Corrupt Practices Act, FCPA），并于 1986 年和 1998 年进行了修订。根据《反海外腐败法》，如果公司管理者违反了规定，那么就会被罚款甚至送入牢狱。在过去 30 年里，美国公司对那些因不受《反海外腐败法》约束而占有竞争优势的国际竞争对手抱怨不已。

在过去 5～10 年里，对于腐败行为对经济发展的影响，国际社会的态度已发生了转变。

特别地，对于1997～1998年爆发的亚洲金融危机，人们认为受贿、渎职以及以权谋私是造成危机的原因之一。根据有关估计数据，腐败导致在印度尼西亚做生意的经营成本增加了5%。有时腐败会非常猖獗，以至于一些公司拒绝在某些外国地区经营，当然也致使这些国家丧失了宝贵的外国直接投资。

国际货币基金组织（IMF）和世界银行在20世纪90年代后期就制定了政策，对那些不重视腐败行为的国家中断资金提供。2008年，菲律宾公路项目的3 300万美元贷款资金被叫停，直到菲律宾政府制定并实施了防止腐败的政策和程序后才放款。在《反海外腐败法》颁布后，许多建议的政策和程序得到了实施执行。《反海外腐败法》的内容十分广泛，根据该法规定，对于所有美国公司、在美经营的外国公司、这些公司的子公司及其代理机构，任何贿赂政府官员的行为都是违法的。对公司的刑事和民事诉讼罚款会高达200万美元，对高管的罚款则会高达25万美元，最长刑期可达5年。事实上，实际罚款金额要远高于此。根据选择性罚款法（Alternative Fines Act），实际罚款金额可能达到被起诉的贿赂人所寻求利益的两倍。最后，雇主可能并不会支付对个人的罚款。

> ⊙ **跨国并购部总监**
>
> 假设你是某家在纽约证券交易所上市的大型跨国玩具公司的跨国并购部总监。数月以来，你一直在参与并购某家位于巴西某中等城市的大工厂。你们计划对该工厂进行重新设计，专为巴西市场生产全系列玩具产品，希望扩大在巴西的销售。因多方面原因，这一并购交易进展特别缓慢。特别地，城市管理部门总是推迟出具必需的文件，尽管它们拥有将工厂转让给总部位于国外的公司的自行决定权。你决定飞赴巴西，计划与市政府的三位官员会面。在会面期间，你得知，如果你们公司愿意给三位政府官员个人一大笔钱以便他们加快必需的工作，那么他们保证办理相关的文件。这些官员指出，上年一家德国公司为在这个城市并购一家工厂，就心甘情愿地支付了加快办理文件的额外报酬。
>
> 公司CEO对你交代得很清楚，这个并购项目非常重要，而且加快办理也是取得长期成功的关键。那么，你该怎么做呢？

《反海外腐败法》对会计的两个方面有直接影响：记账与内部控制程序。《反海外腐败法》要求包括不当支付在内的所有支付都应当记录并披露，而且还要求建立充分的内部控制制度，通过只允许获授权的人员可动用资产来维护公司资产的完整性。1988年的《反海外腐败法》修正案对"索贿"（使本不可能做成的生意成功）和"促进支付"（使官员更快完成进程）进行了区分。给予海关官员的促进费，如果是用于使进口商品更快入关，那么按照《反海外腐败法》，这种支付并不违法。从事全球化经营的公司必须确保跨境员工遵守《反海外腐败法》。

15.6 小结

本章建立了帮助理解国际财务报告问题的一个框架。至此，我们已经了解全球环境因素差异是如何引起对各类财务信息的需求。然而，其他全球性因素，尤其是外国政府、全球证券市场和大型国际公司，正在推动财务报告中国际会计准则的统一。那么，国际会计准则的进展有什么预示呢？尽管美国对接受国际财务报告准则态度冷淡，但我们相信目前协调方面已经取得了巨大进展。然而，在今后几年，国际财务报表使用者应当预期到在披露水平与财务报告方法方面仍将存在广泛差异。

⊙ **伦理、欺诈与公司治理**

《反海外腐败法》适用于美国公司、在美国经营的外国公司、这些公司的子公司及其代理公司。违反《反海外腐败法》的公司和个人将承担民事和刑事责任。例如，美国证券交易委员会（SEC）在2012年对安联这家总部位于德国的保险与资产管理公司采取了强制行动。安联公司被指控在过往7年里向印度尼西亚政府官员进行不当支付，从而违反了《反海外腐败法》有关簿记与档案以及内部控制的规定。

美国证券交易委员会经过调查发现，安联有295份大型政府项目保险合约是靠安联在当地的子公司向印度尼西亚的国有企业雇员支付650 626美元不当款项而取得的。据此，安联公司获利超过530万美元。

根据美国证券交易委员会的指控，安联公司的不当行为发生期间，其股票和债券都在美国证券交易委员会注册并在纽约股票交易所上市。对安联的指控涉及两个领域。首先，不当款项来自"特殊目的账户"，而该账户专门用于为在印度尼西亚取得生意项目而向政府官员非法支付。其次，安联公司未能对某些支出进行正确的会计处理，而是将这些不当支出伪装成公司向保险合约的政府持有者多付款的退款。

针对这些指控，安联公司既不承认也不否认，但答应今后不再违反，并同意支付5 315 649美元的非法所得、1 765 125美元的判决前利息和5 315 649美元的罚款。这样，安联公司违反《反海外腐败法》的罚款总额达12 396 423美元。

学习目标小结

1. 解释公司开展全球化经营的四种方法

   公司可通过出口、许可经营、合资经营和全资子公司来开展全球化经营。跨国公司采用的是全球外包途径或方法。

2. 识别全球环境因素（政治与法律制度、经济制度、文化、技术和基础设施）对会计实务的影响

   国家可借助政治与法律制度来转移和控制企业资产。市场经济体制与中央计划经济体制产生不同的财务报告需求。文化通过客户与商业合作者的信仰与预期来影响企业关系。全球各地的技术与基础设施不仅会影响经营活动的类型和成本，也会影响相关的财务会计报告。这些环境因素相互作用，共同影响会计方法。

3. 解释需要协调全球财务报告准则的原因

   会计与报告方面的跨境差异使得公司间的分析和比较成了难题。对可比信息的需求产生了对协调的需求。

4. 说明如何将某个货币金额转换为另一个货币金额

   将一定金额的外币兑换为等值的美元时，可用外币金额乘以汇率。将一定金额的美元数兑换为等值的外币时，可用美元金额除以汇率。

5. 计算汇率波动下外币应收或应付款项的利得或损失

   应收或应付款项在交易达成日按市场汇率进行记录。当兑换为现金完成了交易时，使用完成日汇率记录现金流量。所兑换的现金和应收或应付款项之间的差额记录为汇兑损益。

6. 描述用以抵销汇率波动所致损失的"套期保值"方法

　　套期保值抵销了汇率波动带来损失的可能性。它可以通过拥有相互抵销的外币应收款项和应付款项来实现，也可以通过买入或卖出外币期货合约来实现。

7. 讨论全球外包何以增加了产品成本的复杂性

　　当产品或服务的一些设计、开发、生产、营销和服务活动发生在一个以上的国家或地区时，全球因素就会影响产品成本。这些因素包括汇兑损益、税收、进出口关税、贸易协定、对外贸易区以及对货币流通的限制。

8. 解释《反海外腐败法》的重要性

　　《反海外腐败法》禁止通过在国外经营地受贿来产生权力索贿。该法案要求从事国际经营活动的公司维护良好的经营记录和充分的内部控制以保护公司资产。

习题 / 关键术语

示范题

　　铁人公司是一家主要从事运动器械生产并分销若干产品线的进口自行车的美国公司。公司发生的部分交易如下：

　　10月4日，从德国雷恩制造公司购入制造设备，采购价为40万欧元，60天内付款。当前汇率为1欧元兑0.770美元（借记设备账户）。

　　10月18日，从日本宁嘉自行车公司购入2 500辆赛车，价格为6 000万日元，90天内付款。当前汇率为1日元兑0.009 8美元（铁人公司采用永续盘存制）。

　　11月15日，从英国皇家狮子有限公司购入1 000辆旅游自行车。采购价为19.25万英镑，30天内付款。当前汇率为1英镑兑1.54美元。

　　12月3日，向第一银行签发与40万欧元等值的美元支票，偿付所欠雷恩制造公司的应付账款。当前汇率为1欧元兑0.771美元。

　　12月15日，向第一银行签发与19.25万英镑等值的美元支票，偿付所欠皇家狮子公司的应付账款。当前汇率为1英镑兑1.52美元。

要求：

（1）按普通日记账形式编制分录以记录上述交易。

（2）编制与欠付宁嘉自行车公司应付账款有关的12月31日的调整分录。年末汇率为1日元兑0.009 9美元。

（3）指出铁人公司可以用来降低外汇汇率波动风险的一些方法。

（4）讨论日本、德国以及英国影响汇率波动的环境特征。

答案：

（1）记录交易的普通日记账分录如下。

（单位：美元）

日期	账户名称及解释	借方	贷方
10月4日	借：设备 　　贷：应付账款（雷恩制造公司） 记录从雷恩制造公司以40万欧元购入设备，汇率为1欧元兑0.770美元（400 000×0.770=308 000）	308 000	308 000
10月18日	借：存货 　　贷：应付账款（宁嘉自行车公司） 从宁嘉自行车公司以6 000万日元购入2 500辆自行车，汇率为1日元兑0.009 8美元（60 000 000×0.009 8=588 000）	588 000	588 000
11月15日	借：存货 　　贷：应付账款（皇家狮子有限公司） 从皇家狮子有限公司以19.25万英镑购入1 000辆自行车，30天内付款。汇率为1英镑兑1.54美元（192 500×1.54=296 450）	296 450	296 450

(续)

普通日记账			
日期	账户名称及解释	借方	贷方
12月3日	借：应付账款（雷恩制造公司） 　　汇兑损益 　　贷：现金 向雷恩制造公司支付40万欧元负债（初始余额减支付金额等于损失：[308 000-（400 000×0.771）]=-400）	308 000 400	 308 400
12月15日	借：应付账款（皇家狮子有限公司） 　　贷：汇兑损益 　　　　现金 向皇家狮子有限公司支付19.25万英镑负债（初始余额减支付金额等于利得：[296 450-（192 500×1.52）]=3 850）	296 450	 3 850 292 600

（2）12月31日对宁嘉自行车公司的应付票据的调整分录（单位：美元）：

普通日记账			
日期	账户名称及解释	借方	贷方
12月31日	汇兑损益 　应付账款——宁嘉自行车公司 将6 000万日元负债余额调整为按年末汇率计算的金额：（初始余额减调整余额等于损失：[588 000-（60 000 000×0.009 9）]=-6 000）	6 000	6 000

（3）铁人公司可以利用应收账款、应付账款来对冲并控制潜在的外汇汇率损失。例如，铁人公司可向日本出口运动器械，以获得可与应付账款对冲的应收账款。铁人公司也可购入与负债到期日相同的期货合约，这样，期货合约的利得和损失就可以与汇兑损益对冲。

（4）德国权益市场容量和规模较小。德国采用欧元，是欧盟成员之一。在德国，银行是企业资本的主要提供者，日本的许多工业集团有经连会，其成员包括制造商、经销商、批发商、零售商和供应商，它们共同工作，共享资源。德国和日本的会计行业比美国的会计行业薄弱得多。英国与美国最为相近，都有发达的权益市场、强大的会计行业和相似的会计规则。

自测题

说明：为了尽可能多地复习各章节的知识，一些自测题不止一个正确选项，那么，你应该选出所有正确的答案。

1. 下列关于全球化方法的说法，哪些是正确的？

   A. 国际许可经营涉及组建一家新的、被两个或两个以上不同国家企业拥有的公司
   B. 出口涉及允许外国公司使用国内公司的商标、专利、程序或技术的合约
   C. 全球外包涉及跨国界的研发、采购、营销及制造的紧密合作
   D. 当外国政府拥有了一家美国企业100%的权益时，就创立了一家全资跨国子公司

2. 下列哪些环境因素会影响在外国做生意的成本（可能有多个正确答案）？
   A. 劳动力受教育的水平
   B. 监管利润汇出的法律
   C. 税收和关税法规
   D. 通信和运输网络方面的使用受限

3. 公民高度集体导向且接受组织间和组织内平等权力分配的国家被认为是：
   A. 个人主义和权力距离小
   B. 集体主义和权力距离大
   C. 个人主义和权力距离大
   D. 集体主义和权力距离小

4. 拉顿产品公司是一家美国企业。3月1日公司从德国供应商处购入20 000欧元制造用料，6月1日付款。3月1日，欧元兑

美元的汇率为1欧元兑1.31美元。如果6月1日的汇率为1欧元兑1.29美元，那么拉顿公司应列示的汇兑损益为：
A. 400美元利得　　B. 200美元损失
C. 400美元损失　　D. 200美元利得

5. 1月1日，一家德国公司向一家美国企业购买了50 000美元的商品，3月1日付款。1月1日，欧元兑美元的汇率为1欧元兑1.10美元。如果3月1日的汇率增至1.12美元，那么美国公司应列示的汇兑损益为：
A. 1 000美元利得
B. 1 000美元损失
C. 500美元利得
D. 没有任何利得或损失

讨论题

1. 概括性说明导致不同国家制定不同会计原则的几个因素。
2. 什么是国际会计准则理事会？为什么该理事会一直无法建立全球统一的准则？
3. 一家美国公司正在考虑与一家韩国公司设立合资企业。指出双方应该考虑哪些文化差异。
4. 结合表15-1评价以下说法：商业活动的枢纽已经移向东方，所以美国和英国已经不再重要。
5. 为什么在建立商业关系之前必须了解公司经营所处的经济体制？
6. 举例说明下列环境因素是如何影响会计行为的：
   （1）政治与法律制度
   （2）经济体制
   （3）文化
   （4）技术与基础设施
7. 解释《反海外腐败法》影响美国公司的两种方式。
8. 解释向国外公司赊购的公司避免因外汇汇率突然上涨而带来损失的两种方法。
9. 全球化经营指的是什么？考虑一下你熟悉的两家公司，你会如何描述它们的全球化水平？
10. 假设你在《华尔街日报》上看到，美元相对欧元走强。如果其他情况不变，你认为销往美国的意大利皮夹克的数量将会怎样变化？为什么？
11. 国际许可经营协议与国际合资经营有什么区别？
12. 如果要保持对生产经营和最终生产质量的高度控制，一家公司可以选择参与哪种全球化活动？
13. 个人主义国家和集体主义国家之间的财务报表有什么不同？
14. 一家法国家具制造商同意向一家美国涂料制造商购买木料染色剂。如果全部账款以美元计价，请问哪家公司承受汇兑损失的风险？
15. "规避汇率风险的天然套期保值"是指什么？

测试题

1. 运用表15-4中的汇率，将下列外币金额换算为等价的美元金额。
   （1）800 000英镑
   （2）350 000日元
   （3）50 000欧元
2. 假设一家美国公司从一家英国公司采购货物，并且同意以200万英镑的价格支付货款。
   （1）美国公司在其会计记录中如何确定这笔采购的成本？
   （2）简单解释美国公司是如何向英国公司支付英镑的。
3. 最近有报纸报道，英镑对美元汇率为1.413 5，日元对美元汇率为0.008 843。这能说明英镑比日元坚挺吗？请解释。
4. 解释外币汇率上涨将如何影响进行下列商业活动的美国公司：
   （1）以外币计价向一家国外公司赊销。
   （2）以外币计价向一家国外公司赊购。
   （3）以美元计价向一家国外公司赊销。
5. 假设你是美国企业的采购代理，专门向在墨西哥的公司赊销商品。墨西哥比索对美元的汇率一直在下跌，并且这种趋势可能会持续至少数月。你会倾向于从墨西哥公司采购的价格以美元计价还是以墨西哥比索计价？请解释。
6. 坎普技术公司是一家总部在美国的跨国公

司。公司的国外销售都是以美元计价，但向国外采购通常以外币计价。如果这一年来美元对多数外币的汇率都上涨了，那么公司应当确认汇率波动导致的利得或损失吗？请解释。

7. 开展跨国经营业务时，必须考虑文化差异因素。在研究文化差异影响国际业务方面，霍夫斯泰德是一位重要研究者。霍夫斯泰德在其网站上写道：

   对于那些从事国际经营的人士，有时会对他国文化中人们的不同行为感到诧异。我们似乎都有一种人的本能，认为所有人本质上都是一样的，但事实上并非如此。因此，如果我们到了另一个国家，但仍然按照我们在本国的经营方法来做决定，那么我们很可能会做出一些错误的决定。

   访问霍夫斯泰德的网站（www.geert-hofstede.com），浏览"文化维度"条目下的"各国文化"，通过"关于研究"下的"模型应用"选择并找出一个能说明缺乏对文化差异的了解会不利于商业交往的案例。

8. 波松公司有一笔以英镑计价的应收款和一笔因从巴西进口商品而形成的以巴西雷亚尔计价的应付款。波松公司记录了与应收款相关的英镑汇兑损失与应付款相关的巴西雷亚尔汇兑损失。请问从交易日到结算日这两种外币对美元的汇率是上涨了还是下跌了？

9. 2016年，瑞士诺华公司因其国外子公司为增加销售而参与"付费处方"阴谋而同意向美国证券交易委员会支付2 500万美元。这些子公司的雇员向当地的卫生保健专业人士送钱、送礼或送其他值钱的东西，从而实现了向这些国有医疗机构数百万美元的销售。这些行为持续了三年。这些行为违反了美国的什么法律？

10. 一家美国公司从巴林采购了一船的织物，计价为350万第纳尔。根据最新的汇率，该合同的美元价格是多少？

案例题

1. 布里斯托公司对在Y国经营感兴趣。因为公司的一个重要客户开尔实业公司正在Y国建一家大型制造厂，布里斯托公司预期它的几种产品的需求会因此增加。布里斯托公司一直以来主要通过出口向开尔实业公司在其他国家的生产厂供应产品。不过，运输成本和较长的运输时间一直困扰着这两家公司。此外，布里斯托公司也在Y国本土找到了其他几家公司作为潜在客户。

   布里斯托公司目前只在美国有经营设施，而开尔实业公司是一家在20多个国家或地区成功开展经营的全球公司。布里斯托公司的经理层确立了如下几种可能的选择方案：
   （1）仅向Y国出口。
   （2）一家在Y国的公司表达了对布里斯托公司技术的兴趣，有意开展技术许可经营且该公司也具备生产开尔实业公司使用的产品的设施和能力。
   （3）与开尔实业公司共同建立一家合营企业是可能的，但开尔实业公司的经理层只有在实际控制布里斯托合营企业的情况下才愿意签署协议。
   （4）布里斯托公司经理层已经找到一家可以并购并作为子公司经营的企业。该企业目前生产的产品与布里斯托公司的类似，但应用的技术已经过时。

   要求：
   讨论在选择上述方案时应当考虑哪些因素。请列示你认为有助于决策的其他信息。

2. 国际证监会组织（IOSCO）由来自约50个国家或地区的最高证券监管机构组成。美国证券交易委员会（SEC）是IOSCO的成员。IOSCO通过国际会计准则理事会（IASB）对国际财务报告准则给予了大力支持。关于财务报告准则国际化的支持和反对意见分别如下：

支持意见：如果所有证券市场实施相同的对外财务报告会计准则，那么就可以减少误解并形成具有可比性的信息。例如，投资者就可以比较美国与中国类似公司的财务报告，并决定如何进行投资配置。采用同一套会计准则也可为公司节约支出，因为公司不需要建多套账簿来追踪跨国经营。

反对意见：要求在全球所有证券交易所上市的公司使用相同的外部报告要求会误导投资者。例如，有些国家的主要投资基金以长期借款形式来自银行，其负债权益比率显然与可比的美国企业不同。会计信息必须反映其环境。而且，由于所有企业都变得全球化了，报告要求自然应根据投资者的需求而变化。

要求：

用一页纸的篇幅写一份总结报告，给出你关于协调全球权益市场会计准则重要性的看法。利用在网上找到的可比跨国公司信息来证明你的观点。

3. 美国对外贸易区协会（The National Association of FTZs）有一个网站，提供有关美国对外贸易区的信息。搜索"对外贸易区"或输入www.naftz.org就可找到该网站。

要求：

（1）解释对外贸易区的主要特点？
（2）给出你所在地区的一个对外贸易区。其地理位置如何？从事哪些业务？
（3）通过该网站还可以得到哪些其他信息？使用这些信息回答以下问题：
① 对外贸易区是如何形成的？
② 什么企业在利用对外贸易区？
③ 公司在对外贸易区经营有哪些好处？

4. 国际经营领域一直呼吁建立强有力的全球公司治理制度。为此，1999年经济合作与发展组织（OECD）发布了一些原则，用于处理符合伦理并公平对待股东、透明的重要性和充分披露等问题。OECD于2015年对这些原则进行了修订。世界银行和国际货币基金组织也支持这些努力。特别地，原则5"信息披露和透明度"明确规定：

公司治理框架应该确保包括财务业绩、经营状况、所有权和公司治理等在内的所有重大事项得到及时而精确的披露（参见www.oecd.org）。

要求：

每四个同学一组访问OECD网站。利用有关资料完成一页纸的报告，解释为什么OECD关于公司治理的原则5对国际资本流动很重要。

自测题答案：1.C；2.ABCD；3.D；4.A[（1.31-1.29）×20 000]；5.D（交易以美元计价）。

练习题

关键术语

附录 A

家得宝公司 2018 年度财务报表

独立注册会计师事务所的报告

家得宝公司董事会及全体股东：

1. 关于合并财务报表的审计意见

我们审计了家得宝公司与其子公司截至 2019 年 2 月 3 日和截至 2018 年 1 月 28 日财务报告的合并资产负债表，截至 2019 年 2 月 3 日的三个会计年度每个年度的合并收益表、合并综合利润表、合并股东权益表和合并现金流量表以及相应的附注（这些项目合称为"合并财务报表"）。根据我们的审计，我们认为公司的合并财务报表在所有重大方面都公允反映了家得宝公司及其子公司截至 2019 年 2 月 3 日和截至 2018 年 1 月 28 日的财务状况，以及它们在截至 2019 年 2 月 3 日的三年期间各个财务年度的经营成果和现金流量，并且符合一般公认会计原则的规定。

按照美国公众公司会计监管委员会（PACOB）的标准，我们也审计了家得宝公司对截至 2019 年 2 月 3 日的公司财务报告的内部控制的有效性，依据的是反对虚假财务报告委员会发起人组织委员会（Committee of Sponsoring Organizations of the Treadway Commission）所发布的内部控制综合框架（2013 年）中确立的标准。据此，我们在 2019 年 3 月 28 日就家得宝公司关于财务报告内部控制的有效性出具无保留意见审计报告。

2. 出具无保留意见审计报告的理由

家得宝公司的管理层对这些合并财务报表负有责任。我们的责任是根据我们对家得宝公司的审计，就这些合并财务报表出具审计意见。作为在美国公众公司会计监管委员会备案登记的公共会计师事务所，按照美国证券法以及美国证券交易委员会和公众公司会计监管委员会的适用规则和条例，我们对家得宝公司的审计必须保持独立和公正。

我们按照美国公众公司会计监管委员会的标准来执行审计。这些标准要求我们必须通过计划和实施审计来合理判断家得宝公司的合并财务报表是否存在因错误或欺诈而发生的误述。本审计既包括评估合并财务报表是否存在因错误或欺诈而发生的误述风险的执行程序，也包括就这些风险做出应对措施的执行程序。这些程序包括对有关合并财务报表所报告的数据和披露的信息的证据进行测试和审查。此外，本审计也包括对管理层采用的会计原则和重大估计进行评估,以及对合并财务报表的整体报告情况进行评估。我们相信我们的审计工作为我们出具的意见提供了合理依据。

毕马威会计师事务所

自1979年以来一直负责家得宝公司的审计事务。

佐治亚州亚特兰大市
2019年3月28日

合并资产负债表

家得宝公司
合并资产负债表

单位:百万美元(除每股数据外)	2019年2月3日	2018年1月28日
资产		
流动资产:		
现金及现金等价物	1 778	3 595
应收账款净额	1 936	1 952
商品存货	13 925	12 748
其他流动资产	890	638
流动资产合计	18 529	18 933
财产和设备净值	22 375	22 075
商誉	2 252	2 275
其他资产	847	1 246
总资产	44 003	44 529
负债与所有者权益		
流动负债:		
短期债务	1 339	1 559
应付账款	7 755	7 244
应付工资及相关支出	1 506	1 640
应付销售税	656	520
递延收入	1 782	1 805
应付所得税	11	54
长期债务的本期分期付款	1 056	1 202
其他应计费用	2 611	2 170
流动负债合计	16 716	16 194
除本期分期付款外的长期债务	26 807	24 267
递延所得税	491	440
其他长期负债	1 867	2 174
负债合计	45 881	43 075
股东权益		
普通股,每股面值0.05美元;核准发行:100亿股;2019年2月3日发行17.82亿股,2018年1月28日发行17.80亿股;2019年2月3日已发行在外11.05亿股;2018年1月28日发行在外11.58亿股。	89	89

（续）

家得宝公司
合并资产负债表

单位：百万美元（除每股数据外）	2019年2月3日	2018年1月28日
实缴资本	10 578	10 192
留存收益	46 423	39 935
其他综合利润累计	（772）	（566）
库存股（以原价计）：2019年2月3日6.77亿股；2018年1月28日6.22亿股	(58 196)	(48 196)
股东权益合计	(1 878)	1 454
负债和所有者权益总额	44 003	44 529

注：参见合并财务报表附注。

合并收益表

家得宝公司
合并收益表

单位：百万美元（除每股数据外）	2018会计年度	2017会计年度	2016会计年度
销售净额	108 203	100 904	94 595
销售成本	71 043	66 548	62 282
毛利润	37 160	34 356	32 313
营业支出：			
销售及一般管理费用	19 513	17 864	17 132
折旧及摊销	1 870	1 811	1 754
减值损失	247	—	—
总营业费用	21 630	19 675	18 886
营业收入	15 530	14 681	13 427
利息及其他费用（收入）：			
利息及投资收入	（93）	（74）	（36）
利息费用	1 051	1 057	972
其他	16	—	—
利息及其他收入净值	974	983	936
备付所得税前收益	14 556	13 698	12 491
备付所得税	3 435	5 068	4 534
净利润	11 121	8 630	7 957
基本加权平均普通股股数	1 137	1 178	1 229
基本每股收益	9.78	7.33	6.47
稀释后加权平均普通股股数	1 143	1 184	1 234
稀释后每股收益	9.73	7.29	6.45

注：2018会计年度包含53周，2017会计年度和2016会计年度均包含52周。参见合并财务报表附注。

合并综合利润表

	家得宝公司 合并综合利润表		
单位：百万美元	2018 会计年度	2017 会计年度	2016 会计年度
净利润	11 121	8 630	7 957
其他综合收入（支出）：			
外币折算调整	(267)	311	(3)
现金流套期，税后净额	53	(1)	34
其他	8	(9)	—
其他综合收入（支出）合计	(206)	301	31
综合利润	10 915	8 931	7 988

注：2018 会计年度包含 53 周，2017 会计年度和 2016 会计年度均包含 52 周。参见合并财务报表附注。

合并股东权益表

	家得宝公司 合并股东权益表		
单位：百万美元	2018 会计年度	2017 会计年度	2016 会计年度
普通股：			
年初余额	89	88	88
员工股票计划下发行的股份数	—	1	—
年末余额	89	89	88
缴入资本：			
年初余额	10 192	9 787	9 347
员工股票计划下发行的股份数	104	132	76
股票薪酬的税收效应	—	—	97
股票薪酬支出	282	273	267
年末余额	10 578	10 192	9 787
留存收益：			
年初余额	39 935	35 519	30 973
会计变化的累计效应	75	—	—
净利润	11 121	8 630	7 957
现金红利	(4 704)	(4 212)	(3 404)
其他	(4)	(2)	(7)
年末余额	46 423	39 935	35 519
累计其他综合收入（支出）：			
年初余额	(566)	(867)	(898)
外币折算调整额	(267)	311	(3)
税后现金流套期，净额	53	(1)	34
其他	8	(9)	—

（续）

家得宝公司 合并股东权益表			
单位：百万美元	2018 会计年度	2017 会计年度	2016 会计年度
年末余额	（772）	（566）	（867）
库存股：			
年初余额	（48 196）	（40 194）	（33 194）
普通股回购	（10 000）	（8 002）	（7 000）
年末余额	（58 196）	（48 196）	（40 194）
股东权益总计	（1 878）	1 454	4 333

注：2018 会计年度包含 53 周，2017 会计年度和 2016 会计年度均包含 52 周。参见合并财务报表附注。

合并现金流量表

家得宝公司 合并现金流量表			
单位：百万美元	2018 会计年度	2017 会计年度	2016 会计年度
经营活动现金流量：			
净收益	11 121	8 630	7 957
净收益调整为经营活动净现金流：			
折旧及摊销	2 152	2 062	1 973
股票薪酬支出	282	273	267
减值损失	247	—	—
应收账款变化，净额	33	139	（138）
商品存货变化	（1 244）	（84）	（769）
其他流动资产变化	（257）	（10）	（48）
应付账款和应计费用变化	743	352	446
递延收入变化	80	128	99
应付所得税变化	（42）	29	109
递延所得税变化	26	92	（117）
其他经营活动	（103）	420	4
经营活动提供的现金净值	13 038	12 031	9 783
投资活动现金流量：			
资本支出（扣除非现金资本支出后）	（2 442）	（1 897）	（1 621）
企业收购净支出	（21）	（374）	—
销售财产设备收益	33	47	38
其他投资活动	14	（4）	—
投资活动所使用的现金净值	（2 416）	（2 228）	（1 583）
筹资活动现金流量：			
短期债务净收入（净偿还）	（220）	850	360
长期借款净收入（扣除折扣）	3 466	2 991	4 959

(续)

家得宝公司
合并现金流量表

单位：百万美元	2018 会计年度	2017 会计年度	2016 会计年度
长期债务偿还额	（1 209）	（543）	（3 045）
普通股回购额	（9 963）	（8 000）	（6 880）
销售普通股收入	236	255	218
现金股利	（4 704）	（4 212）	（3 404）
其他融资活动	（26）	（211）	（78）
融资活动所用现金净值	（12 420）	（8 870）	（7 870）
现金及现金等价物变化	（1 798）	933	330
汇率变动对现金及现金等价物的影响	（19）	124	（8）
年初现金及现金等价物	3 595	2 538	2 216
年末现金及现金等价物	1 778	3 595	2 538
补充披露：			
以现金支付所得税	3 774	4 732	4 623
扣除资本化利息后的净利息支出	1 035	991	924
非现金资本支出	248	150	179

注：2018 会计年度包含 53 周，2017 会计年度和 2016 会计年度均包含 52 周。参见合并财务报表附注。

家得宝公司合并财务报表附注

附注 1：重大会计政策汇总

1. 经营业务

作为家装零售商，家得宝及其子公司（以下简称本公司、家得宝、我们、我公司等）经销种类繁多的建筑材料、家具装饰用品、草坪及花圃用品、装潢产品等，并通过实体商店和在线提供许多服务。家得宝在美国（包括波多黎各自治邦和美属维尔京群岛与关岛）、加拿大和墨西哥从事经营业务。

2. 合并与报告

本合并财务报表包括家得宝公司及其全资子公司的经营业务。本次合并排除了所有重大的公司间交易业务。为了与当前会计年度采用的报告相一致，我们对之前会计年度的某些数据进行了重新归类。本公司的会计年度为 52 周或 53 周，截止日期为离 1 月 31 日最近的星期日。2018 会计年度包含 53 周，2017 会计年度和 2016 会计年度均包含 52 周。

3. 估计数的使用

按照一般公认会计原则，公司在编制财务报表时就资产与负债的报告、或有资产与负债的披露以及所报告的收入与费用金额做了许多估计与假设。实际结果可能不同于这些估计数字。

4. 现金等价物

公司把所购买的 3 个月内到期的高流动性投资都视为现金等价物。公司以公允市场价值持有现金等价物,且主要为美国货币市场基金。

5. 应收账款

本公司应收账款净额情况如下:

单位:百万美元	2019年2月3日	2018年1月28日
信用卡应收款	696	734
应收回扣	660	609
应收客户款项	284	261
其他应收款	296	348
应收账款净额	1 936	1 952

信用卡应收款包括金融机构结算信用卡和借记卡交易的付款。应收回扣为卖主的销售数量和合作广告导致的付款。应收客户款项是指在日常交易中直接对某些客户延长信用期而形成的收款。就2017会计年度和2018会计年度末的合并财务报表而言,与应收账款有关的估价准备金并不存在重大会计影响。

6. 商品存货

公司的大部分存货按照成本(先进先出法)与市价(零售定价法)孰低法计价。因为存货零售价格可经常性调整以反映市场情况,所以使用零售定价法就相当于使用市价与成本孰低法。依据成本计价法,一些子公司(包括在加拿大和墨西哥的子公司)和配送中心以成本与可变现净值孰低法对存货进行计价。这类商品存货大约占公司整体商品存货余额的29%。在每个季度末,公司都会用成本法对存货进行估价以确保按成本与可变现净值孰低法计价。在2018会计年度或2017会计年度末,公司在成本法下的存货估价备抵就合并财务报告而言并不存在重大会计影响。

公司的各家分店和配送中心都会定期进行独立实物盘存或周期盘点,以确保合并报表中存货数量的准确性。存货缩水(在实存大于账存时,被称为存货膨胀)是指实存与账存记录不符。公司根据每个会计年度的实物盘存所发现的实际存货损失来计算存货缩水。在两次实物盘存之间,公司则根据估计存货损失来计算存货缩水。对盘存之间发生的存货缩水的估计按近期损失和目前经营趋势基于每家分店的跌价情况来计算。

7. 财产与设备(包括资本化的租赁资产)

对于建筑、家具、装置以及设备,公司按成本记录,并按直线法和资产的预计使用寿命计提折旧准备。租赁资产改良投资按照租赁的原始期限与改良后的使用寿命两者较低者并采用直线法进行摊销。公司的财产和设备按下列估计使用年限进行折旧。

	使用寿命
建筑	5～45年
家具、装置以及设备	2～20年
租赁资产改良	5～45年

公司对有关购买和开发软件的某些成本进行资本化。这些软件的估计使用年限为3～6年。公司采用直线法对这些成本进行摊销。不符合资本化标准的某些开发成本则被确认为费用支出。

公司每季度对可能的长期资产减值信号进行评估。长期资产减值信号包括出现存在亏损历史的当期亏损,管理层在原先估计的使用寿命期内决定搬迁或者关闭一间店面,有迹象表明资产的账面价值出现不可恢复态势等。公司对其长期资产的评估多在公司可确定的现金流量处于最低水平时进行,通常为单一店面的水平。在评估出现减值信号的店面的长期资产时,通常是将其未经贴现的现金流与账面价值进行比较。如果账面价值大于未贴现现金流,那么就按账面价值与市场公允价值估计之间的差额确认减值损失,并记录在销售、经营与管理费用(SG&A)项下。如果关闭某家租赁的店面,公司就在销售、经营与管理费用项下记录扣除预计转租收入的未来租赁负债的净现值。对 2018 会计年度、2017 会计年度与 2016 会计年度的合并财务报表而言,关闭和重新开业的减值和租赁成本并不存在重大会计影响。

8. 租赁

公司在租赁发生时将租赁分为经营租赁和资本租赁。租赁协议包括某些零售商店、办公场地、仓库和分销中心、设备以及车辆。这些租赁中的绝大部分属于经营租赁。不过,某些零售商店和设备的租赁采用的是资本租赁。针对资本租赁的短期和长期债务按照到期时间长短被包括在相应的长期债务类别下。有关经营租赁的租赁费用,自对财产拥有控制权起,公司按租赁期和直线法进行费用化处理。按直线法确认的累计费用,一旦超过了累计支付款项,超过部分的费用包含在其他应计费用和其他长期负债下。2016 会计年度、2017 会计年度和 2018 会计年度的租赁费用总额中不包括那些并不重大的转租收入。

9. 商誉

商誉反映的是所购净资产的购买价格超过净资产公允价值的部分。公司虽然没有对商誉进行分摊,但的确在每个会计年度的第三季度评估商誉的可恢复性,而且如果指标允许,会经常通过确定每期报告中的公允价值与账面价值是否相符来评估。每个会计年度,我们通过评估定性因素来确定每个报告单位的公允价值是否很有可能小于其账面价值,以此作为确定是否必须完成定量减值评估的依据。公司每三年至少进行一次定量评估,而且公司最近一次定量评估是在 2016 会计年度进行的。

在 2018 会计年度,公司对美国、加拿大和墨西哥等报告单位进行了商誉可恢复性评估。公司采用定性因素分析来确定每个报告单位的公允价值是否大幅度超过该报告单位包含商誉的账面价值。因此,公司在 2018 会计年度、2017 会计年度与 2016 会计年度对商誉没有计提减值费用。

单位:百万美元	2018 会计年度	2017 会计年度	2016 会计年度
商誉的年初余额	2 275	2 093	2 102
收购①	4	164	—
处置	(15)	—	—
其他②	(12)	18	(9)
商誉的年末余额	2 252	2 275	2 093

①包括收购价格分配调整。
②主要反映的是外汇换算的影响。

10. 其他无形资产

公司对其他不确定年限的无形资产按预计使用年限进行分摊,而这些无形资产的预计使用年限最多为 12 年。只要指标允许,不确定年限的无形资产经常在每个会计年度的第三个季度进行损失测试。除商誉以外的无形资产包含在其他资产中。

2019 年 1 月,因为公司维护、维修和运行(MRO)业务政策的调整,公司对一些商号确认了 2.47 亿美元的减值损失。2019 年 2 月 3 日,公司剩余的具有确定年限和不确定年限的无形资产在会计上并不具有重大性。

11. 债务

对于发行长期债务所发生的溢价或折价，公司直接记录为对相关高级票据账面价值的增加或减少。此外，对于发行长期债务所发生的发行成本，公司也直接记录为对相关高级票据账面价值的减少。公司对溢价、折价和债券发行成本按实际利率法在对应票据的期限内进行推销。

12. 衍生产品

公司运用衍生金融工具是为了控制长期负债的利率风险暴露及其汇率波动风险。对于被指定为套期保值工具的衍生工具，在套期保值项被确认为收益之前，根据套期保值的性质，其实际公允价值的变化或按收益处理，或按其他综合收益或损失处理。衍生品公允价值变化的任何非实际发生部分立即确认为收益。对于不符合套期保值会计的金融工具，公司按公允价值确认为未实现损益，并报告为收益。所有合格的衍生金融工具按公允价值在资产负债表中确认为资产或负债并按总额进行报告。本公司衍生金融工具的公允价值在附注4和附注7中进行讨论。

13. 保险

公司对与一般责任（包括产品责任）、工人补偿、员工团体医疗和汽车责任有关的损失实行自我保险。公司对资产负债表日发生的预计最终索赔费用（未贴现）按负债确认。公司按历史数据分析和精算估计对预计最终索赔费用进行估计。此外，公司办理了网络安全和隐私责任保险以控制因违反重要数据安全所引起的风险。与保险有关的费用包含在销售、经营与管理费用项下。

14. 库存股

库存股按成本从股东权益中扣除。公司采用加权平均购买成本来确定任何重新发行的库存股的成本。

15. 销售净额

2018年1月29日，公司按照《会计准则更新第2014-09号》（ASU No.2014-09）采用修订的追溯换算法。这样，公司的收入确认在实施此方法前后有一定的差别。更多信息请参考后面的"最近采用的会计公告"部分。

（1）2018会计年度与之后期间。

公司在顾客取得商品或接受服务之时就确认收入、预计净回报和销售税。公司根据历史回报水平来估计销售回报的负债情况，包括对毛利润的影响，而且按交易价格进行确认。此外，公司也对资产退回和相应的销售成本调整进行确认，因为公司有权恢复客户的退货，并按货物之前的账面价值减去恢复成本进行计量。在各个财务报告日，公司会对预期收益、退款责任和资产退回进行估计。

净销售额包括通过提供各种安装、家居维护与专业服务取得的服务收入。在这些项目中，顾客挑选和购买该工程的原材料，公司设计并提供专业的安装服务。这些项目通过公司店面和入户销售来提供和实施。在这些项目中，当公司提供并安排了工程的安装工作，并且分包商提供的原材料也是安装费用的一部分时，材料和人工都包含在服务收入之中。在对该客户的服务完成后，公司就确认该收入。这样做与在服务期间确认收入无实质性差异，毕竟绝大部分的服务都是在一周内完成的。

对于在商店或在线售卖的商品，收入通常在销售之时确认。对于服务产品，全部收入仅当在服务提供完成之后确认。对于公司在客户取得商品或服务提供之前所收到的款项，这些款项在销售或服务提供完成之前记录为递延收入。偿付此类债务属于履约义务，预计的最初持续时间为不超过三个月。公司也将礼品卡的销售额记为递延收入。当这些礼品卡被赎回从而实现销售净额时，公司再确认为收入。公司会估计未赎回礼品卡的余额，并按此确认为礼品卡破损收入。在 2018 会计年度，礼品卡破损收入并不具有会计意义上的重大性。

公司与作为第三方的服务提供商签订了协议，由对方直接向顾客提供信用并负责管理公司的 PLCC 计划。提供给这些客户的递延融资计划的应计递延利息费用，因这些客户使用礼品卡而由公司支付的交换费以及任何与第三方服务提供商共享的利润均包含在销售净额内。

（2）2017 会计年度与 2016 会计年度。

公司在顾客取得商品或当服务提供之时进行扣除估计退回和销售税之后的收入确认。对于销售退回负债，包括对毛利润的影响，公司按历史退回水平进行估计。

销售净额包括通过提供各种安装、家居维护与专业服务取得的服务收入。在这些项目中，顾客挑选和购买该工程的原材料，公司设计并提供专业的安装服务。这些项目通过公司店面和入户销售来提供和实施。在这些项目中，当公司提供并安排了工程的安装工作，并且分包商提供的原材料也是安装费用的一部分时，材料和人工都包含在服务收入之中。在该客户服务完成后，公司就确认该收入。

对于公司在客户取得商品或服务提供之前收到的款项，这些款项在销售或服务提供完成之前记录为递延收入。公司也将礼品卡的销售额记为递延收入。当这些礼品卡被赎回从而实现销售净额时，公司再确认为收入。公司会估计未赎回礼品卡的余额，并按此确认为礼品卡破损收入。在 2017 会计年度和 2016 会计年度，礼品卡破损收入并不具有会计意义上的重大性。

16. 销售成本

销售成本包括：实际销货成本和提供服务的成本；从供应商处运送商品到公司配送网点、商店或客户处的成本；从公司商店或配送网点到客户处的过程中发生的包装处理和运输成本；采购和分销网络以及在线物流营运中心的经营成本和折旧。在 2017 会计年度和 2016 会计年度，销售成本也包括 PLCC 计划下递延利息项目的成本。

17. 信贷费用

公司与第三方服务提供商签订了合约，由对方直接向顾客提供信贷、负责管理公司的 PLCC 计划并拥有相关应收账款。公司对拥有该计划下应收账款的第三方企业进行了评估，认为其业务不应并入公司。公司与主要第三方服务提供商间关于 PLCC 计划的协议将于 2028 年到期。不过，公司有权（而非义务）选择在协议期满后购买这些应收账款。在 2018 会计年度及之后的会计年度，因公司向顾客提供递延利息项目而发生的递延利息费用包含在销售净额中；在 2017 会计年度和 2016 会计年度，这些递延利息费用包含在销售、经营与管理费用（SG&A）中。递延利息费用、交换费和任何分享的利润被称为公司 PLCC 计划的信贷费用。

18. 供货商补贴

公司目前收到两种类型的供应商补贴：数量折扣和供货商产品促销的广告合作补贴。数量折扣是指达到一定的销售量后的返利，而供货商产品促销的广告合作补贴则以最低保证销量加额外销量为基础来计算。所有的供应商补贴计为收益。因完成某个采购数量水平而收到的补贴则按估计购买量在奖励期内入账。数量折扣和广告合作补贴在取得时先记为存货的减少，待相关产品出售后，再记为销售成本的减少。

因为某些广告合作补贴是对因销售供货商产品而发生的可确认的具体成本增加的支付，所以公司赚得的广告合作补贴被记作销售、经营与管理费用下广告费用的抵销项。在2016会计年度、2017会计年度和2018会计年度，公司的广告合作补贴情况如下。

单位：百万美元	2018会计年度	2017会计年度	2016会计年度
可确认的具体成本增加	235	198	166

19. 广告费用

当广告首播时，公司就在支出电视和广播广告的制作费用以及媒体投放成本。某些广告合作补贴记为广告费用抵销项。全部广告费用记在销售、经营与管理费用下，具体如下。

单位：百万美元	2018会计年度	2017会计年度	2016会计年度
广告费用总额	1 156	995	955

20. 股票薪酬

目前，公司获准发行激励性非法定期权、股票升值分红权、限制性股票、限制性股票单位、业绩股票、业绩股票单位和递延股份，且发放对象为某些股票激励计划下的一些员工、管理人员和董事。对于授予员工和董事的所有股票薪酬的费用，公司按估计公允价值进行计量和确认。最终要授予的股票薪酬的部分价值，在要求的服务期内或在限制解除日确认为股票薪酬费用。附注8中给出了关于公司股票薪酬的更多信息。

21. 所得税

所得税采用资产负债法进行核算。针对联邦、州和国外的当期应付所得税，以及因财务报表报告收入时间与财务报表税收支出发生时间之间存在差异而引起的递延费用，公司都拨付了准备金。递延所得税资产和负债被确认为是未来税收的结果，而这归因于财务报表上现有资产负债的账面价值与各自税基之间存在的暂时性差异。递延所得税资产和负债使用规定的所得税税率计算，该税率适用于那些临时差异在未来几年会得到弥补或解决的应税收入。所得税税率改变的影响被确认为包括通过日在内的未来一段时间的收入或费用。

只有当所得税头寸持续存在时，公司才确认所得税头寸的纳税影响。对于需要确认纳税影响的所得税头寸的计量，按大于其可能实现金额50%的最大金额计量。对纳税变化的确认或计量反映在变化得以确认发生的当期。

公司提交了一份合并联邦所得税申报表，其中包括一些符合资格的子公司。出于财务报告目的而合并的非美国子公司及某些美国子公司则不包括在公司的合并联邦所得税申报表中。公司为这些经济实体单独确定所得税准备金。对于非美国子公司的未汇回收益，出于税收目的，公司必须明确是用于再投资还是汇回国内。对于并未明确决定进行永久性再投资的任何收益，公司对递延税收进行准备金确定。对于明确决定进行永久性再投资的任何收益，公司不进行准备金确定。更多讨论参见附注5。

22. 综合利润

综合利润是对某些利得和损失按一般公认会计原则进行扣除后的净收益，主要涉及的是外币换算调整情况。

23. 外币换算

以外币计价的资产和负债按照报告期最后一天的市场汇率换算为美元。收入和支出一般按照该期间的平均汇率进行换算，股权交易则按照交易当日的实际汇率进行换算。

24. 重新分类

对之前会计年度的某些数字进行了重新分类以便与当前会计年度采用的报表表述相一致。有关所采用的最新会计标准的讨论，参见下面的"最近采用的会计公告"部分。

25. 最近采用的会计公告

（1）《会计准则更新第 2016-16 号》（ASU No.2016-16）。

2016 年 10 月，财务会计准则委员会颁布了《会计准则更新第 2016-16 号》，即"所得税（740 号主题）：会计实体内存货以外资产的调拨"。该准则要求会计实体对于实体内公司之间发生的存货以外资产的调拨的所得税影响进行确认。当存货出售给第三方时，会计实体仍要对实体内公司之间发生的存货调拨的所得税影响进行确认。

2018 年 1 月 29 日，公司开始实施《会计准则更新第 2016-16 号》，并采用修正的追溯过渡法，因此对公司合并财务报表不产生影响。基于持续经营的假设，公司预计实施该准则对公司的财务状况、经营成果和现金流不会产生重大影响。

（2）《会计准则更新第 2014-09 号》（ASU No.2014-09）。

2014 年 5 月，财务会计准则委员会颁布了有关收入确认的《会计准则更新第 2014-09 号》，即"客户合同收入（606 号主题）"。根据该准则，当客户取得承诺的货物或服务时，如果会计实体取得了通过交换获得的预期金额，那么就应当确定为收入。此外，该准则要求披露客户合同项下的收入和现金流的性质、数量、取得时间和不确定性。2018 年 1 月 29 日，公司开始实施《会计准则更新第 2014-09 号》，并采用修正的追溯过渡法。

为了准备实施该准则，公司在完成重要会计评估之后施行内部控制，并对合理确认和报告相关财务信息的流程进行了更新。基于这些工作，公司认为实施《会计准则更新第 2014-09 号》将使以下事项的报告发生变化：①与 PLCC 计划（现按销售净额确认）有关的某些费用和成本支付；②与向顾客出售礼品卡（现按经营费用确认）有关的某些费用；③礼品卡破损收入（现按销售净额确认）。同时，我们公司对礼品卡破损收入的确认变为按赎回发生时的一定比例进行确认，而不再按历史赎回模型处理。

此外，《会计准则更新第 2014-09 号》的实施要求公司对销售退回补贴按总额而不是按净负债进行确认。这样，公司目前按以下方式进行确认：①把客户收回退回货物的权利确认为退回资产，按货物之前的账面价值减去预期恢复费用进行计量（记录为其他流动资产的增加）；②把预期退回确认为退回负债（记录为其他应计费用的增加和净应收账款的减少）。

公司只对在 2018 会计年度之前未完成履行的合同实施《会计准则更新第 2014-09 号》。最初应用《会计准则更新第 2014-09 号》的累计影响包括递延收入减少 0.99 亿美元、递延所得税增加 0.24 亿美元（包含在长期负债中），以及截至 2018 年 1 月 29 日的留存收益期初余额增加 0.75 亿美元。之前可比会计年度的信息仍然按这些期间的实际会计标准进行报告。基于持续经营的假设，公司预计实施该准则对公司的财务状况、经营成果和现金流不会产生重大影响。

除了上述资产负债表调整对期初余额的影响外，实施《会计准则更新第 2014-09 号》对公司截至 2018 年 1 月 29 日的合并资产负债表的影响如下。

单位：百万美元	报告的数据	实施《会计准则更新第 2014-09 号》的影响	排除实施《会计准则更新第 2014-09 号》的影响
应收账款净值	1 936	（40）	1 976
其他流动资产	890	256	634
其他应计费用	2 611	216	2 395

实施《会计准则更新第 2014-09 号》对公司 2018 会计年度合并收益表的影响如下：

单位：百万美元	报告的数据	实施《会计准则更新第 2014-09 号》的影响	排除实施《会计准则更新第 2014-09 号》的影响
销售净额	108 203	216	107 987
销售成本	71 043	（382）	71 425
毛利润	37 160	598	36 562
销售、经营与管理费用	19 513	598	18 915

26. 最近颁布的会计公告

（1）《会计准则更新第 2018-15 号》（ASU No.2018-15）。

2018 年 8 月，财务会计准则委员会颁布了《会计准则更新第 2018-15 号》，即"无形资产–商誉及其他–内部使用软件（350-40 号子主题）：客户关于服务合同类云计算协议中所发生的实施成本的会计处理"。按照该准则，对托管安排下发生的实施成本资本化处理要求与对开发或购买内部使用的软件所发生的实施成本资本化处理要求实现了统一。公司计划在 2020 会计年度第一季度开始实施《会计准则更新第 2018-15 号》。目前，公司正在评估实施该准则对公司合并财务报表和相关信息披露产生的影响。

（2）《会计准则更新第 2018-02 号》（ASU No.2018-02）。

2018 年 2 月，财务会计准则委员会颁布了《会计准则更新第 2018-02 号》，即"利润表–综合利润的报告（220 号主题）：累计其他综合所得某些税收效应的重新分类"。该准则容许将累计其他综合所得重新分类为留存收益，从而享有《税收法案》下的标准税收影响。公司计划在 2019 会计年度第一季度开始实施《会计准则更新第 2018-02 号》，但也可以选择提前实施。公司可以采用两种过渡办法：在实施期初进行确认，或者回溯到按《税收法案》下的税收影响被确认为累计其他综合所得项目的各期进行调整。公司将在 2019 会计年度第一季度实施这一标准，并在实施期初进行调整。目前，公司已就实施《会计准则更新第 2018-02 号》对公司合并财务报表和相关信息披露与附注的影响进行了评估。

（3）《会计准则更新第 2017-12 号》（ASU No.2017-12）。

2017 年 8 月，财务会计准则委员会颁布了《会计准则更新第 2017-12 号》，即"衍生品和套期保值（815 号主题）：关于套期保值业务会计处理的针对性改进"。该准则对套期保值的会计确认和报告要求进行了修正。《会计准则更新第 2017-12 号》取消了关于确认现金流和投资性对冲净额等经常性套期保值无效性的概念，并且容许会计实体对利率风险的部分项公允价值套期保值采用简捷法。公司将在 2019 会计年度第一季度实施这一标准，而且容许在更新准则颁布后的任何会计期内提前实施。目前，公司已就实施《会计准则更新第 2017-12 号》对公司合并财务报表和相关信息披露与附注的影响进行了评估，认为在会计上无重大影响。

（4）《会计准则更新第 2017-04 号》（ASU No.2017-04）。

2017 年 1 月，财务会计准则委员会颁布了有关收入确认的《会计准则更新第 2017-04 号》，即"无形资产–商誉及其他（350 号主题）：简化对商誉折损的测试"。该准则对会计实体如何开展商誉折损测试的要求做了简化。根据《会计准则更新第 2017-04 号》修订后的要求，对商誉折损的计量可以采用报告单位账面价值和公允价值之间的差额，而且规定所确认的损失不得超过分配到该报告单位的商誉总额。《会计准则更新第 2017-04 号》的应用应该以前瞻性为基础。为此，公司将在 2020 会计年度第一季度开始的对年度商誉折损的测试中实施这一准则。不过，也容许选择提前实施。目前，公司已就实施《会计准则更新第 2017-04 号》对公司合并财务报表和相关信息披露与附注的影响进行了评估，认为在会计上无重大影响。

（5）《会计准则更新第 2016-02 号》(ASU No.2016-02)。

2016 年 2 月，财务会计准则委员会颁布了有关收入确认的《会计准则更新第 2016-02 号》，即"租赁（842 号主题）"。《会计准则更新第 2016-02 号》确立了使用权模型并要求作为承租人的会计实体对资产负债表中的租赁项目确认使用权资产和负债。《会计准则更新第 2016-02 号》还要求针对来自租赁的现金流披露其发生的金额、时间以及不确定性等信息。租赁的分类包括融资租赁和经营租赁，且会影响利润表中费用类型的确认。公司将自 2019 年 2 月 4 日（生效日期）起施行这一新准则。

随后不久，《会计准则更新第 2016-02 号》先后在以下准则中进行修正：《会计准则更新第 2018-01 号》（ASU No.2018-01），即"为过渡到 842 号主题的土地地役权实务变通方法"；《会计准则更新第 2018-10 号》（ASU No.2018-10），即"针对 842 号主题的编目改进"；《会计准则更新第 2018-11 号》（ASU No.2018-11），即"针对性改进"。根据《会计准则更新第 2016-02 号》以及相关更新准则的要求，会计实体应该实施修正式回溯过渡并考虑过渡的累积效应，包括对截至实施日或所报告的最早可比期初的现有经营租赁的租赁资产和负债进行确认。这些更新准则为会计实体在过渡期和实施期提供了众多可挑选的实务变通方法。

公司在实施该准则时采用修正式回溯过渡法，对截至实施日留存收益期初余额的累积效应进行调整。公司计划挑选过渡期一揽子实务变通方法，从而不用对之前关于租赁识别、租赁分类和实施新准则前开始发生的租赁的初始直接费用的结论进行重新评估。公司不准备挑选那些事后诸葛亮式或土地地役权式的实务变通方法。此外，公司准备挑选现行的实务变通方法，包括选择不对有着 12 个月或更短的原始期限的租赁事项进行使用权资产和租赁负债的确认。

公司认为《会计准则更新第 2016-02 号》的实施会对公司的合并资产负债表产生重大影响，原因在于准则要求在准则施行后对使用权资产和租赁负债进行确认。按照公司的估计，准则施行后，公司的总资产和总负债会增加大约 60 亿美元。这一估计在准则正式施行后可能会发生变化，原因在于租赁组合在准则施行前会有所改变。因此，公司认为《会计准则更新第 2016-02 号》的施行不会对公司的经营成果、股东权益或现金流产生重大影响。

公司经评估选择了新的租赁会计制度，而且目前正在将租赁数据汇总并输入处理系统。公司将继续对内部控制框架进行评估，包括对相关流程、控制和系统的调整，以便明确《会计准则更新第 2016-02 号》施行后需要进行的必要调整。

这里不讨论那些尚未明确要实施的最新会计公告。原因在于公司不适用这些公告，或是这些公告对公司不构成重大影响。

附注 2：销售净额和分部报告

目前，公司主要在美国、加拿大和墨西哥开展零售经营，且每个地区构成了公司的一个经营分部。公司经营分部的决策和资源分配均要运用内部报告的财务信息。为了便于了解这些披露的信息，这里将三个经营分部汇总到一个可报告的分部，毕竟它们在经营和财务特征以及企业管理方式上具有相似性。

每个经营分部的资产主要是财产与设备净值以及商品存货。公司按地理分类的长期资产情况如下。

单位：百万美元	2019 年 2 月 3 日	2018 年 1 月 28 日	2017 年 1 月 29 日
长期资产——美国	19 930	19 526	19 519
长期资产——美国以外	2 445	2 549	2 395
长期资产总计	22 375	22 075	21 914

在过去三个会计年度中的任何一个年度，公司出售给单个客户所得的销售额均不超过公司收入的 10%。公司按地理分类的销售净额情况如下。

单位：百万美元	2018 会计年度	2017 会计年度	2016 会计年度
销售净额——美国	99 386	92 413	86 615
销售净额——美国以外	8 817	8 491	7 980
净销售额	108 203	100 904	94 595

若干会计年度的财务数据

家得宝公司若干会计年度的财务数据

单位：百万美元（每股数据或另有说明的除外）	2018 会计年度	2017 会计年度	2016 会计年度	2015 会计年度	2014 会计年度
收益表数据					
销售净额	108 203	100 904	94 595	88 519	83 176
销售净额增加（%）	7.2	6.7	6.9	6.4	5.5
备付所得税前利润	14 556	13 698	12 491	11 021	9 976
净利润	11 121	8 630	7 957	7 009	6 345
净利润增加	28.9	8.5	13.5	10.5	17.8
稀释后每股收益	9.73	7.29	6.45	5.46	4.71
稀释后每股收益增加（%）	33.5	13.0	18.1	15.9	25.3
稀释后普通股加权平均数	1 143	1 184	1 234	1 283	1 346
毛利率：占销售额百分比（%）	34.3	34.0	34.2	34.2	34.1
经营费用总额：占销售额百分比（%）	20.0	19.5	20.0	20.9	21.5
净利润：占销售额百分比（%）	10.3	8.6	8.4	7.9	7.6
资产负债表数据及财务比率					
总资产	44 003	44 529	42 966	41 973	39 449
营运资本	1 813	2 739	3 591	3 960	3 589
商品存货	13 925	12 748	12 549	11 809	11 079
财产与设备净值①	22 375	22 075	21 914	22 191	22 720
长期负债（不包括本期分期付款）	26 807	24 267	22 349	20 789	16 786
股东（亏损）权益	(1 878)	1 454	4 333	6 316	9 322
总债务权益比率（%）	(1 550.0)	1 858.9	544.7	335.9	183.6
存货周转率	5.1x	5.1x	4.9x	4.9x	4.7x
现金流量表数据					
折旧及摊销	2 152	2 062	1 973	1 863	1 786
资本支出	2 442	1 897	1 621	1 503	1 442
其他关键指标					
投入资本报酬率（%）	44.8	34.2	31.4	28.1	25.0
每股现金股利	4.12	3.56	2.76	2.36	1.88
门店总数	2 287	2 284	2 278	2 274	2 269
会计年度末卖场面积	238	237	237	237	236

(续)

家得宝公司若干会计年度的财务数据					
单位：百万美元（每股数据或另有说明的除外）	2018会计年度	2017会计年度	2016会计年度	2015会计年度	2014会计年度
可比商店销售额增加（%）[②]	5.2	6.8	5.6	5.6	5.3
每平方英尺销售额[③]	446.86	417.02	390.78	370.55	352.22
客户交易数量[④]	1 621	1 579	1 554	1 501	1 442
平均客单价[⑤]	65.74	63.06	60.35	58.77	57.87
会计年度末联营公司数目（单位：千家）	413	413	406	385	371

注：2018会计年度包含53周。其余会计年度包含52周。阅读本信息时应当结合"管理层讨论与分析"部分以及公司的合并财务报表和相关附注。

① 包括资本租赁。
② 2017、2016、2015和2014各会计年度的计算不包括2015会计年度收购的Interline企业的经营成果。
③④⑤ 不包括2015会计年度收购的Interline企业的经营成果。

附录 B

货币的时间价值：现值和终值

| 学习目标 |

- 解释货币的时间价值。
- 描述现值与终值之间的关系。
- 解释决策者运用货币时间价值的三种基本方法。
- 计算终值以及积累一定终值所需要的投入。
- 计算未来现金流量的现值。
- 讨论现值概念在会计中的应用。

B1 概念介绍

货币的时间价值（time value of money）是最为基本也是最为重要的投资概念之一。货币的时间价值是基于这样的理念：今天可用的一定数额货币通过投资可在未来积累起更大数额的货币。因此，今天可用的一笔钱在价值上可以被看作相当于未来某个日期一笔数量更大的钱。

这里，今天可用的一笔钱被称为现值（present value），在未来某个日期可收到或应支付的金额就被称为终值（future amount）。

例如，假定你存 500 美元于投资账户，可赚得年利率为 8% 的利息。因此，未来 4 年的每年年末，你的投资账户的余额就会如图 B-1 所示。

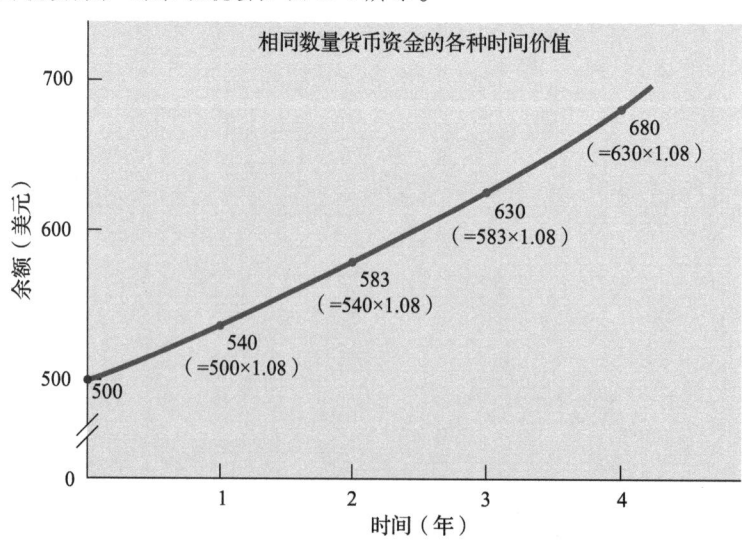

图 B-1 货币在不同时间的价值

这些余额代表了 500 美元投资的各种时间价值。在第一次开设此账户时，你的投资现值仅有 500 美元，但随着时间的推移，投资的价值逐渐增加到图 B-1 中的各个终值中。

B1.1 现值与终值的关系

现值和终值之间的差额就是"利息"，它包括在终值之中。如前所述，我们已经观察了利息随时间推移而逐渐增加的过程。所以，现值与终值间的差额取决于两个因素：①利率——现值按此数额增加；②时间的长短——利息在此期间进行积累（注意，在图 B-1 中，未来日期越久远，终值数额就越大）。

1. 现值随时间推移而不断变化

投资的现值逐渐增加，直到等于终值。事实上，一旦到了未来某个日期，那么过去的终值就成了投资的现值。例如在第 1 年年末，540 美元就不再是终值，而是你投资账户的现值。

2. 基本概念（可用不同方式表述）

值得注意的是，这里投资账户的现值总是小于其终值。货币的时间价值就是建立在这一思想之上的。不过，这一思想经常可用不同方式来加以表述，例如：

- 现值总是小于相应的终值。
- 终值总是大于相应的现值。
- 今天可用的 1 美元总比未来日期可用的 1 美元更值钱。
- 未来日期可用的 1 美元没有今天可用的 1 美元值钱。

请仔细阅读这些表述。这四种表述其实反映的是同一思想，即现值"等价"于未来日期一个更大的数额。这也就是货币时间价值的意思所在。

B1.2 复利

现值和终值之间关系的一个假设前提就是投资所赚得的利息不是被取出，而是被用于再投资。这个假设概念就是所谓的复利（compounding the interest）。复利计算有一个有趣的效应。利息的再投资致使每期的"投资金额"增加，继而在每一后续期间赚得更多的利息。在较长的时间里，如果一项投资按复利计算，那么该投资的数额就会持续增加，直至达到一个惊人的巨大金额。

> ⊙ 小案例
>
> 　　1626 年，据说彼得·米纽特从一群印第安人那里用价值 24 美元的"玻璃球、布匹和小装饰品"买到曼哈顿岛。该事件经常被形容为一桩不可思议的交易，甚至可以说是一次欺骗。不过，如果印第安人将这 24 美元用于投资以赚取按每年 8% 的复利计算的利息，那么他们今天就会有足够多的钱买回整座曼哈顿岛并连同岛上的一切。

B1.3 货币的时间价值概念的应用

投资者、会计师及其他决策者会按 3 种基本方式来应用货币的时间价值概念。下面对这些应用进行了汇总并给出了一些典型的事例。

- 应用一：确定一项投资随着时间的推移所能积累的金额。例如，如果每年投资 5 000 美元，且每年的回报率为 10%，那么 10 年后可积累到多少钱？
- 应用二：确定每期须投资多少才能积累到所要求的某个未来金额。例如，如果计划要在接下来的 20 年内积累起 2 亿美元的债券偿债基金（bond sinking fund），那么每年必须向该基金存入多少钱（假定基金资产每年可获得 8% 的回报）？
- 应用三：确定未来将产生的预计现金流量的现值。例如，假定对投资的要求回报率为 15%，如果计划购买一台未来 10 年里每年可节省 20 000 美元生产成本的新机器，那么现在可承受的最高价格是多少？

这里先介绍用于解决上述问题的分析框架。

B2　终值

简言之，终值就是现值积累一段时间后的金额。如前所述，现值与相关终值间的差额取决于两个因素：①利率；②现值积累所经历的时间。

如图 B-1 中的曲线所示，我们可从现值着手用一系列乘法来计算出终值。不过，这里有更快捷而简便的方法。例如，许多财务计算器都设置了可计算终值的程序，只要输入现值、利率和期间数即可。另一种方法就是使用如表 B-1 所示的"终值表"。

表 B-1　1 美元的终值

期间数（n）	终值表 1　n 期后 1 美元的终值　利率								
	1%	1.5%	5%	6%	8%	10%	12%	15%	20%
1	1.010	1.015	1.050	1.060	1.080	1.100	1.120	1.150	1.200
2	1.020	1.030	1.103	1.124	1.166	1.210	1.254	1.323	1.440
3	1.030	1.046	1.158	1.191	1.260	1.331	1.405	1.521	1.728
4	1.041	1.061	1.216	1.262	1.360	1.464	1.574	1.749	2.074
5	1.051	1.077	1.276	1.338	1.469	1.611	1.762	2.011	2.488
6	1.062	1.093	1.340	1.419	1.587	1.772	1.974	2.313	2.986
7	1.072	1.110	1.407	1.504	1.714	1.949	2.211	2.660	3.583
8	1.083	1.126	1.477	1.594	1.851	2.144	2.476	3.059	4.300
9	1.094	1.143	1.551	1.689	1.999	2.358	2.773	3.518	5.160
10	1.105	1.161	1.629	1.791	2.159	2.594	3.106	4.046	6.192
20	1.220	1.347	2.653	3.207	4.661	6.727	9.646	16.367	38.338
24	1.270	1.430	3.225	4.049	6.341	9.850	15.179	28.625	79.497
36	1.431	1.709	5.792	8.147	15.968	30.913	59.136	153.152	708.802

B2.1　图表法

终值表说明了在假定投资能赚得表中任意水平利率的情况下 1 美元在一段时间后所能累积到的金额数。这里，终值表主体中列示的金额被称为"因子"（factor），而不是"金额数"。

为了计算出大于 1 美元的现值的终值，只要简单地将此现值乘以终值表中对应的"因子"。这里的计算公式为：

$$\text{终值} = \text{现值} \times \text{因子（来自终值表 1）}$$

下面采用如图 B-1 所示的投资账户数据来说明这种方法。该账户开始时的现值为 500 美元，投资的年利率为 8%。因此，该账户在以后 4 年中每年的终值数额按复利可计算如下（计算结果保留到整数）。

年份	终值（美元）	计算（利用表 B-1 的终值表）
1	540	500 × 1.080 = 540
2	583	500 × 1.166 = 583
3	630	500 × 1.260 = 630
4	680	500 × 1.360 = 680

终值计算相对来说较为容易，但更有意义的一个问题是：如果要积累到所需的某个终值，那么今天必须投资多少呢？

这里，通过举例来说明所需投资的计算。假设在第 1 年年初，都市回收公司同意到第 5 年年末为其雇员建立一个公司全额出资的养老金计划。经估计，该养老金计划需要 500 万美元。那么，都市回收公司今天（第 1 年年初）必须投资多少钱于该计划，才能在第 5 年年末积累起所需要的 500 万美元？这里假定投入该基金的款项能赚得 8% 的年报酬率。

现在，我们再次采用前面所介绍的计算公式：

$$终值 = 现值 \times 因子（来自终值表 1）$$

在本例中，终值是 500 万美元。要求的是计算当投资利率为 8% 时，为在 5 年中积累起 500 万美元，现在需要的现值。为确定该现值，对上面的公式进行如下变形：

$$现值 = 终值 \div 因子（来自终值表 1）$$

根据终值表 1，查找"期间数 5 年"和"利率 8%"的交叉处可得到因子为 1.469。因此，公司在第 1 年年初所需要的投资金额为 3 403 676（=5 000 000 ÷ 1.469）美元。按 8% 的报酬率计算，该投资金额在第 5 年年末可积累到所需的 500 万美元（参见图 B-2）。

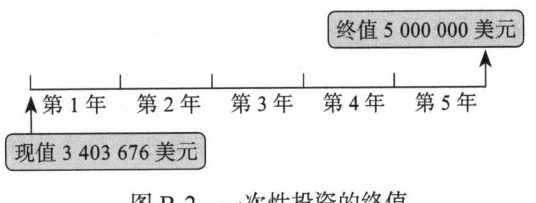

图 B-2　一次性投资的终值

B2.2　年金终值

在很多情况下，投资者会进行多次投资付款，而不只是付款一次。例如，假定在未来 5 年内，你计划每年年末存 500 美元到投资账户。若每年年利率均为 8%，那么你的投资账户在第 5 年年末有多少余额呢？如表 B-2 所示的年金终值表可帮助解决这一问题。该年金终值表给出了 1 美元普通年金的终值。这里的 1 美元普通年金是指在每个期间末各支付 1 美元。

表 B-2　普通年金的终值

	终值表 2 每期支付 1 美元经 n 期后的终值								
	利率								
期间数（n）	1%	1.5%	5%	6%	8%	10%	12%	15%	20%
1	1.000	1.000	1.000	1.000	1.000	1.000	1.000	1.000	1.000
2	2.010	2.015	2.050	2.060	2.080	2.100	2.120	2.150	2.200

(续)

终值表 2
每期支付 1 美元经 n 期后的终值

期间数 (n)	利率								
	1%	1.5%	5%	6%	8%	10%	12%	15%	20%
3	3.030	3.045	3.153	3.184	3.246	3.310	3.374	3.473	3.640
4	4.060	4.091	4.310	4.375	4.506	4.641	4.779	4.993	5.368
5	5.010	5.152	5.526	5.637	5.867	6.105	6.353	6.742	7.442
6	6.152	6.230	6.802	6.975	7.336	7.716	8.115	8.754	9.930
7	7.214	7.323	8.142	8.394	8.923	9.487	10.089	11.067	12.916
8	8.286	8.433	9.549	9.897	10.637	11.436	12.300	13.727	16.499
9	9.369	9.559	11.027	11.491	12.488	13.579	14.776	16.786	20.799
10	10.462	10.703	12.578	13.181	14.487	15.937	17.549	20.304	25.959
20	22.019	23.124	33.066	36.786	45.762	57.275	72.052	102.444	186.688
24	26.974	28.634	44.502	50.816	66.765	88.497	118.155	184.168	392.484
36	43.077	47.276	95.836	119.121	187.102	299.127	484.463	1014.346	3539.009

为了得出大于 1 美元的普通年金的终值，只要简单地将表中显示的因子乘以定期支付的数额即可。其计算公式如下：

年金终值 = 定期支付金额 × 因子（来自终值表 2）

在本例中，查找表 B-2 中"期间数 5 年"和"利率 8%"的交叉处可得到因子为 5.867。再将这个因子乘以定期支付金额 500 美元，就可得到投资账户在第 5 年年末的累积余额为 2 934（=500×5.867）美元。因此在接下来的 5 年里，如果每年年末投资 500 美元于投资账户，你就可在第 5 年年末积累到 2 934 美元。

计算一项投资的终值有时虽然十分必要，但许多经营和会计问题需要我们确定的是：为积累起一笔所需要的未来数额，每期应该支付多少钱？

这里，通过举例来说明每期所需投资的计算。假定超级技术公司需要积累 1 000 万美元的债券偿债基金，以偿还今后 5 年的应付债券。该债券契约要求该公司在今后 5 年每年年末向基金支付等额款项。假定该基金每年可赚得 10% 的利息，则需要定期支付多少钱？为了解答这个问题，我们简单地将下列计算年金终值的公式进行变形：

年金终值 = 定期支付金额 × 因子（来自终值表 2）

在本例中，超级技术公司需要积累起 1 000 万美元的终值。现在我们需要知道的是当投资的年利率为 10% 时，要积累起这样一笔未来金额所需定期支付数的金额。计算时，对前述公式做如下调整：

定期支付金额 = 年金终值 ÷ 因子（来自终值表 2）

由此可得，每期所需支付数为 1 638 000（=10 000 000÷6.105）美元。如果在以后 5 年的每年年末支付 1 638 000 美元，并按年利率 10% 计算利息，那么该债券偿债基金就可积累到 1 000 万美元（参见图 B-3）。

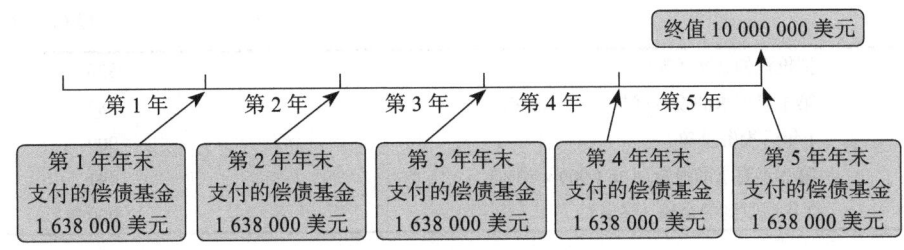

图 B-3　分期投资的终值

B2.3　小于 1 年的利息期

在计算终值时,我们都假定利息是付讫的(按复利),或是每年计算利息。因此,在利用终值表时我们所用的都是按年计的期间和利率。投资或利息可能会以更频繁的方式进行支付,如按月、按季度或按半年期计。前面的终值表也可应用于这类付款期的计算,只是利率必须是相应期间的利率。

例如,假定每月 1 次、分 24 次向某基金进行投资,投资的年利率是 12%。要确定该投资的终值,我们将该投资的月度支付额乘以从年金终值表中得到的因子。这里,要查找期间数为"24"、利率为月利率"1%"的交叉处的因子。其中,1% 是将年利率 12% 除以 12 个月后得到的月利率。

B3　现值

如前所述,现值是将来要收到的资金在"现在"的价值。虽然现值在经营和会计上有许多应用,但若从投资机会评估的视角来考虑,就相当容易理解了。从这个视角来说,现值是一个理性投资者为获得在未来收到预期现金的权利而在今天所付出的金额。现值总是小于终值,因为投资者预期能赚得投资报酬。未来收到的现金超过其现值的部分,代表了投资者的利润。

特定投资项目所能获得的利润大小取决于以下两个因素:①投资者所要求的报酬率(也称贴现率);②直到收到未来金额为止的时间长短。确定未来现金收入现值的过程被称为对终值的"贴现"。

为举例说明对现值的计算,假定投资者预期在一年年末可收到现金 1 000 美元,而要求的投资报酬率为 10%。从我们对现值和终值的讨论中可知,现值与终值间的差额就是投资的回报(利息)。在本例中,终值将等于原来投资的 110%,因为投资者希望能完全收回投资,并获得 10% 的投资回报。因此,投资者将愿意对其投资支付 909 美元(=1 000÷1.10)。该计算过程可用以下方法进行验证(计算结果保留整数)。

(单位:美元)

拟投资的金额(现值)	909
要求的投资回报(909×10%)	91
1 年后收到的金额(终值)	1 000

如图 B-4 所示,如果该 1 000 美元在 2 年后收回,那么该投资者今天将仅愿意支付 826 [=(1 000÷1.10)÷1.10] 美元。计算过程可用以下方法进行验证(计算结果保留整数)。

（单位：美元）

拟投资的金额（现值）	826
第 1 年要求的投资回报（826×10%）	<u>83</u>
1 年后投资总额	909
第 2 年要求的投资回报（909×10%）	<u>91</u>
2 年后收到的金额（终值）	<u>1 000</u>

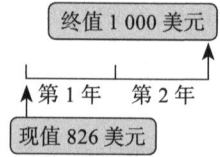

图 B-4　2 年后一次性收到 1 000 美元的现值

投资者现在愿意支付的 826 美元是按年利率 10% 对投资者将要在 2 年后收到的 1 000 美元进行贴现所得的现值。826 美元现值和 1 000 美元终值间的差额 174 美元代表了投资者在 2 年期间将要赚得的回报金额（利息收入）。

B3.1　现值表的运用

虽然我们可以通过一系列除法来计算终值的现值，但也可以利用现成的现值表来简化计算。我们可以用现值表找出 1 美元在特定贴现率下的现值，再将该值乘以终值即可。计算所使用的公式如下：

$$现值 = 终值 \times 因子（来自现值表 1）$$

根据表 B-3 所示的现值表 1，我们可以找到因子 0.826，它位于"期间数 2"和"10% 利率"的交叉处。如果将此数乘以预期的未来现金收入 1 000 美元，就可以得到与上面计算出的数额相同的现值 826 美元（=1 000×0.826）。

表 B-3　1 美元的现值

现值表 1									
在 n 期后到期的 1 美元的现值									
期间数（n）	贴现率								
	1%	1.5%	5%	6%	8%	10%	12%	15%	20%
1	0.990	0.985	0.952	0.943	0.926	0.909	0.893	0.870	0.833
2	0.980	0.971	0.907	0.890	0.857	0.826	0.797	0.756	0.694
3	0.971	0.956	0.864	0.840	0.794	0.751	0.712	0.685	0.579
4	0.961	0.942	0.823	0.792	0.735	0.683	0.636	0.572	0.482
5	0.951	0.928	0.784	0.747	0.681	0.621	0.567	0.497	0.402
6	0.942	0.915	0.746	0.705	0.630	0.564	0.507	0.432	0.335
7	0.933	0.901	0.711	0.665	0.583	0.513	0.452	0.376	0.279
8	0.923	0.888	0.677	0.627	0.540	0.467	0.404	0.327	0.233
9	0.914	0.875	0.645	0.592	0.500	0.424	0.361	0.284	0.194
10	0.905	0.862	0.614	0.558	0.463	0.386	0.322	0.247	0.162
20	0.820	0.742	0.377	0.312	0.215	0.149	0.104	0.061	0.026
24	0.788	0.700	0.310	0.247	0.158	0.102	0.066	0.035	0.013
36	0.699	0.585	0.173	0.123	0.063	0.032	0.017	0.007	0.001

B3.2 适当的贴现率

如前所述，贴现率可以被视为投资者要求的回报率。所有的投资都有一定程度的风险，即实际未来现金流量会少于预期的数额。因此，投资者会要求一个考虑了风险的回报率。在当今市场条件下，投资者对低风险投资要求的年回报率为 1%～3%，如政府债券和定期存款。对风险相对较高的投资，如引入一条新的产品线，投资者就会要求每年赚得的报酬为 15% 或更多。在使用较高的贴现率时，投资的现值就会较低。换句话说，当投资的风险增加时，对投资者的价值就会降低。

B3.3 年金现值

投资者都期望投资项目能在以后许多年份里每年都产生现金流量，而不只是单独一次未来现金流量。例如，假定卡米诺公司正在评价一项投资，该项目在接下来 3 年内每年产生净现金流量 10 000 美元。⊖ 如果卡米诺公司期望这类投资能产生 12% 的投资回报，那么对这些现金流量的现值可计算如下：

(单位：美元)

年份	预期新现金流量	×	1 美元按 12% 贴现的现值	=	净现金流量的现值
1	10 000		0.893		8 930
2	10 000		0.797		7 970
3	10 000		0.712		7 120
投资的总现值					24 020

上述分析表明，投资产生的预期净现金流量按年利率 12% 贴现的净现值是 24 020 美元。这也是卡米诺公司所能承受的对投资的最大支付额，并期望从这项投资获得 12% 的报酬率。图 B-5 给出了相应的图示说明。

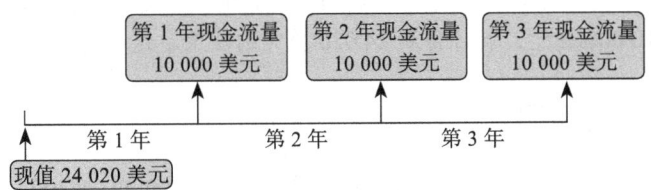

图 B-5　3 次 10 000 美元现金流量按 12% 贴现率贴现的现值

在上面的分析中，我们先在表 B-3 现值表 1 中查到对应的因子，然后对每期现金流量分别贴现以计算投资的现值。只有当各期现金流量不同时，才必须对每期现金流量进行分别贴现。因为本例中的每期现金流量相同，所以就有较为简便的方法来计算总现值。

许多财务计算器都内置了计算投资现值的程序，只要将利率、未来现金流量和期数输入即可。另一方法就是使用"年金现值表"。如表 B-4 所示，现值表 2 给出了在未来一定期间内每期收到 1 美元年金的现值。⊜

⊖ "每年净现金流量"通常是整个年度内发生的一系列现金流入和流出的净结果。为方便起见，我们采用普通的做法，假设每年全部净现金流量发生在年末。按照这一假设，不仅发生的失真情况相对较少，而且极大地简化了计算过程。

⊜ 本表针对的是假定定期现金流量发生在每期期末的普通年金。

表 B-4　普通年金的现值

现值表 2
每期收到 1 美元的 n 期年金的现值

期间数 (n)	贴现率								
	1%	1.5%	5%	6%	8%	10%	12%	15%	20%
1	0.990	0.985	0.952	0.943	0.926	0.909	0.893	0.870	0.833
2	1.970	1.956	1.859	1.833	1.783	1.736	1.690	1.626	1.528
3	2.941	2.912	2.723	2.673	2.577	2.487	2.402	2.283	2.106
4	3.902	3.854	3.546	3.465	3.312	3.170	3.037	2.855	2.589
5	4.853	4.783	4.329	4.212	3.993	3.791	3.605	3.352	2.991
6	5.795	5.697	5.076	4.917	4.623	4.355	4.111	3.784	3.326
7	6.728	6.598	5.786	5.582	5.206	4.868	4.564	4.160	3.605
8	7.652	7.486	6.463	6.210	5.747	5.335	4.968	4.487	3.837
9	8.566	8.361	7.108	6.802	6.247	5.759	5.328	4.772	4.031
10	9.471	9.222	7.722	7.360	6.710	6.145	5.650	5.019	4.192
20	18.046	17.169	12.462	11.470	9.818	8.514	7.469	6.259	4.870
24	21.243	20.030	13.799	12.550	10.529	8.985	7.784	6.434	4.937
36	30.108	27.661	16.547	14.621	11.717	9.677	8.192	6.623	4.993

这里通过举例来说明现值表 2 的使用。以卡米诺公司的投资项目为例，该投资预期在今后 3 年内每年可回收 10 000 美元，且公司要求的报酬率为 12%。运用现值表 2 及下面的公式就可计算出投资的现值：

年金现值 = 每期现金流量 × 因子（来自现值表 2）

由现值表 2 可知，今后 3 年每年年末收到的 1 美元的现值是 2.402。如果将 2.402 乘以预期未来每年现金收入 10 000 美元，就可得到 24 020 美元的现值。这与前面的计算结果相一致。

B3.4　小于 1 年的贴现期

连续两期现金流量间的间隔时间被称为"贴现期"（discount period）。在前面的例子中，我们假设现金流量每年发生一次，但现金流量通常发生得更为频繁，如月度、季度和半年度。现值表也可以用于任意时长的贴现计算，但贴现率必须与各期间相对应。例如，如果要用现值表 2 计算一系列季度现金流量的现值，那么贴现率必须使用"季度率"（quarterly rate）。

会计中经常用到许多现值概念，接下来主要讨论其中一些最重要的应用。

B4　财务工具的评估

会计师用"财务工具"（financial instruments）这个词语来称呼现金、对其他公司的权益投资以及任何要求现金收付的合同（注意，该词适用于所有财务资产以及大多数负债）。事实上，只有那些未赚得收入和递延所得税的普通负债才不属于财务工具。

只有当财务工具的现值与预期未来现金流量的总和有很大差异时，该财务工具才在会计上按其现值记录，而不是按其未来现金收入或支付额进行记录。

这里用一些普通例子来说明。在资产负债表中，现金按其面值显示。该面值是一项现值，即现金在今天的价值。

资产负债表中的有价证券按其现行市场价值显示。这也是一种现值，代表该证券在今天可以转换成的现金数额。

资产负债表中的应收账款和应付账款通常按其预期在不久的将来收回或支付的金额表示。从技术上讲，这些都是终值，而不是现值。不过，它们通常是在30或60天内收到或支付的。考虑到所涉期限很短，所以终值与现值间的差异并不大。

B4.1 带息的应收和应付项目

如果某项财务工具涉及利息收付，那么现值与终值间的差额可能变得很大。因此，带息的应收和应付项目在会计上最初按未来现金流量的现值记录，即所谓的合约"本金"。该现值通常远小于其预期终值之和。

以按面值发行的30年期、利率为9%的1亿美元应付债券为例，该债券在发行日的现值为1亿美元，即现金收入的数额，不过，对债券持有者的未来支付预期为3.7亿美元，其计算过程如下。

未来的利息支付（1亿美元×9%×30）	270 000 000
债券的到期价值（30年后到期）	100 000 000
未来现金支付总和	370 000 000

1亿美元的发行价就表示未来30年里所要发生的3.7亿美元现金支付的现值。

从本质上讲，带息财务工具"自动"地按面值记录，因为对应收项目或负债所做的原始计价并未包括未来的利息费用。

B4.2 "不带息"票据

有时，公司可能发行或接受不提及利息或所设定的利率非常低的票据。如果这种票据的现值与面值间的差额很大，那么该票据开始时就要以其现值记录。

例如，假定爱尔龙公司于2021年1月1日向美国开发公司购买土地。为全额支付该笔款项，爱尔龙公司发行了30万美元的分期应付票据，从2021年12月31日起，3年内分期每年支付10万美元。该票据并未提及利息费用。

很显然，分3年每年支付10万美元并不等价于今天可用的30万美元。爱尔龙公司应该利用该票据的现值（而不是面值）来确定土地的成本和报告其债务。

假定当前为土地进行3年期融资的实际利率为每年10%。如果按10%的年利率贴现，那么爱尔龙公司分期付款票据的现值为248 700（=100 000×2.487，参见表B-4中的现值表2）美元。爱尔龙公司应当将这248 700美元看作分期付款票据的"本金"，而余下的51 300（=300 000－248 700）美元则表示进行分期付款时支付的利息费用。

爱尔龙公司购买该土地和发行票据业务可记录如下。㊀

借：土地	248 700	
贷：应付票据		248 700

购买土地并发行3年期分期付款的应付票据，其现值为248 700美元。

㊀ "应付票据贴现"账户有一种替代性的记录方法可以使用，而且产生的结果相同。具体内容将在以后的会计课程中进行介绍。

（为确定该土地的销售价格并对应收票据进行估价，美国开发公司应进行类似的计算。）

此外，爱尔龙公司应该编制"摊销表"，以便分配利息费用与该债务本金减少额之间的分期支付金额。如表 B-5 所示的分摊表是根据以下信息编制的：原始的"未付"余额 248 700 美元；分 3 年每年支付 100 000 美元；10% 的年利率。

表 B-5　贴现后应付票据的摊销　　　　　　　　　　　　　　　（单位：美元）

摊销表（按年利息率 10% 折现的 3 年期分期付款的 30 万美元应付票据）					
利息期	支付日期	年支付额	利息费用（按上期未付余额的 10% 计）	未付余额的减少量	未付余额
发行日	2021 年 1 月 1 日				248 700
1	2021 年 12 月 31 日	100 000	24 870	75 130	173 570
2	2022 年 12 月 31 日	100 000	17 357	82 643	90 927
3	2023 年 12 月 31 日	100 000	9 073 ①	90 927	0

① 最后一期的利息费用等于最后一次支付数减剩余未付余额，这样可以避免因所使用的现值表因子只有三位小数而发生的误差。

2021 年 12 月 31 日，记录第一期分期支付的分录如下。

借：利息费用　　　　　　　　　　　　　　　　　　　　　　　　　　　24 870
　　应付票据　　　　　　　　　　　　　　　　　　　　　　　　　　　75 130
　　贷：现金　　　　　　　　　　　　　　　　　　　　　　　　　　　　　　　100 000
按年度支付的针对美国开发公司的分期应付票据。

B4.3　债券的市场价格

债券的市场价格可以被视为对未来支付给债券持有者的本金和利息按债券发行时的市场利率进行贴现后的现值。例如，假定特拉斯柯尔公司发行了面值 100 万美元、10 年期、利率为 10% 的债券，且发行时的市场利率为 12%。因为债券的利息每半年支付一次，所以在现值计算中必须将债券的寿命期限看成"20 个半年期"并采用 6% 的半年期利率。因此，对该债券的未来现金流分 20 个半年期、按 6% 的贴现率进行贴现后的现值为 885 500 美元，具体计算如下。

未来本金支付的现值：	
100 万美元在 20 个半年期后到期，按 6% 贴现：1 000 000 × 0.312（见表 B-3）	312 000
未来利息支付的现值：	
在 20 个半年期中每期支付 50 000 美元（1 000 000 × 10% × 1/2），按 6% 贴现：50 000 × 11.470（见表 B-4）	573 500
预期的债券发行价格	885 500

注意，因为市场利率超过了债券的票面利率，债券折价 114 500 美元后发行（即面值 1 000 000 美元减去发行价 885 500 美元）。因此，我们知道这些债券出售给承销商的价格是面值的 88.55%。

如第 10 章所述，债券发行时的折价全部借记"应付债券折价"这一负债抵销账户。记录该债券发行的分录如下：

借：现金　　　　　　　　　　　　　　　　　　　　　　　　　　　　　885 500
　　应付债券折价　　　　　　　　　　　　　　　　　　　　　　　　　114 500
　　贷：应付债券　　　　　　　　　　　　　　　　　　　　　　　　　　　　1 000 000
向承销商发行 10 年期、10% 利率、100 万美元面值的债券，发行价为 88.55。

当 10 年后债券到期时，特拉斯柯尔公司必须按所发行债券的面值全额支付给债券持有人 1 000 000 美元，或者说比发行时实际收到的要多 114 500 美元。正是由于必须在到期时多支付这笔款项，所以特拉斯柯尔公司的融资成本实际上就由发行时 10% 的票面利率增加到了投资者所要求的 12% 的市场利率。

正如第 10 章所讨论的，到期时这额外的 114 500 美元代表公司总的利息费用的一部分，而且这部分利息必须在该债券 10 年的寿命期内摊销。这样，特拉斯柯尔公司每半年发生的利息费用为 55 725 美元，其计算如下。

半年期利息支付（1 000 000×10%×0.5）	50 000
加：半年中摊销的债券折价 [（114 500÷10）×0.5]	5 725
半年的利息费用	55 725

记录半年利息费用 55 725 美元的分录如下。

借：债券利息费用	55 725	
贷：现金		50 000
应付债券折价		5 725

记录半年期利息费用并确认 10 年期应付债券 114 500 美元折价半年的摊销。

注意，虽然折价摊销使半年期利息费用增加了 5 725 美元，但并不要求立即进行现金支出。全部 114 500 美元的额外利息费用在整个 10 年期内是不需要支付的，只是在债券最后到期时才进行支付。

B4.4 资本租赁

第 10 章虽对资本租赁进行了简要的讨论，但并没有举例说明这些工具的会计处理方法。本附录将对这些内容进行详细讨论。

资本租赁（即 A 类租赁）可被看作出租人将被承租人租赁的资产出售给承租人。在销售日，出租人确认的收入等于未来应收租赁支付款项按实际利率贴现的现值。承租人也以未来支付额的现值确定租入资产的成本，并对相应的债务进行评估。

例如，假定 12 月 1 日佩斯拖拉机公司以资本租赁方式向凯瑞平整公司销售一辆拖拉机。该拖拉机在佩斯拖拉机公司永续盘存制账上的记录为 15 000 美元。租赁条款要求凯瑞平整公司分 24 次按月度支付——从 12 月 31 日起，每次支付 1 000 美元，其中包括每月 1% 的利息费用。在 24 个月的租赁期满时，该拖拉机的产权将转移至凯瑞平整公司，且不再追加任何其他费用。

1. 出租人（佩斯拖拉机公司）的会计处理

如表 B-4 的现值表 2 所示，当月贴现率为 1% 时，24 个月内每月收入 1 美元的现值为 21.243 美元。因此，24 次未来租赁支付金额的现值为 1 000×21.243，即 21 243 美元。佩斯拖拉机公司将这次资本租赁记录为拖拉机的销售，其价格等于租赁支付的现值，具体分录如下。

借：应收租赁款项	21 243	
贷：销售收入		21 243

通过资本租赁/A 类租赁向凯瑞平整公司销售拖拉机，要求每月付款 1 000 美元，共 24 次，包括 1% 的月利息费用。

借：销货成本	15 000	
贷：存货		15 000

在资本租赁/A类租赁下记录拖拉机的销售成本。

注意，虽然从凯瑞平整公司收到的全部金额为24 000（=1 000×24）美元，但拖拉机的销售价格仅为21 243美元。佩斯拖拉机公司在整个租赁期内将两者的差额2 757美元确认为利息收入。

记录12月31日第一笔每月租赁付款的分录如下（计算结果保留到整数）：

借：现金	1 000	
贷：利息收入		212
应收租赁款项		788

收到凯瑞平整公司第一个月的租赁款：收到的租赁款1 000美元－利息收入212（=21 243×1%）美元=应收租赁款项减少788美元。

在收到第一次租赁款项后，应收租赁款余额就减少到20 455美元（期初余额21 243美元减去788美元）。所以在第2个月的租赁期，利息收入为205（=20 455×1%）美元（计算结果保留到整数）。⊖

2. 承租人（凯瑞平整公司）的会计处理

凯瑞平整公司也应该用租赁款项的现值来确定拖拉机的成本和相应的债务金额，相关分录如下。

借：租赁设备	21 243	
贷：租赁付款债务		21 243

以资本租赁/A类租赁方式从佩斯拖拉机公司购买拖拉机，每月付款1 000美元，共付款24次，包括1%的月利息费用。

记录12月31日发生第一笔月度租赁付款的分录如下（计算结果保留到整数）。

借：利息费用	212	
租赁付款债务	788	
贷：现金		1 000

向佩斯拖拉机公司支付第一个月的租赁款项，计算如下：支付租赁款1 000美元－利息费用212美元（21 243美元×1%）=租赁付款债务的减少额788美元。

B4.5 退休后福利负债

第10章讨论了退休后福利问题。与这些福利有关的费用要与员工退休前的收入相匹配并加以记录和积累。在资产负债表上，针对这些未来福利的短期债务都按长期负债进行列示。这些负债按预期对退休职工的未来现金支付的现值来报告，而这种支付包括养老金、医疗保险等。这种现值计算十分复杂，以至于需要由职业精算师来完成。但需要了解的是，资产负债表报告的这种退休后债务的现值通常远小于对退休者预期的未来支付额，毕竟现金支付将发生在未来的许多年中。

⊖ 佩斯拖拉机公司和凯瑞平整公司都要编制摊销表，以列示每期租赁支付在利息和到期本金之间的分配额。

习题

讨论题

1. 解释货币时间价值的含义。
2. 解释为什么终值的现值总是小于该终值。
3. 指出决定一项投资的现值与终值间差额的两个因素。
4. 解释货币时间价值概念在投资中的3个方面的应用。
5. 简要解释现值与以下各项的关系：①至未来现金流量发生时的时间长短；②确定现值时使用的贴现率。
6. 请对"财务工具"下定义。解释最初在财务报表中记录财务工具时所用的计价概念。
7. 常见的应收账款和应付账款是财务工具吗？这些项目在资产负债表中是按现值表示的吗？为什么？
8. 假定预期的未来现金流量金额无变动，那么是什么因素可能造成财务工具现值发生变动？为什么？

练习题

1. 使用终值表1（表B-1）和终值表2（表B-2）确定下列投资的终值：
   （1）投资额为90 000美元，期限为10年，年利率为6%，按复利计算。
   （2）30万美元将在从今天起的5年后收回，按10%的年利率计算。
   （3）在今后10年内的每年年末投资50 000美元于某项基金，年利率为8%，并按复利计算。
   （4）最初投资为60 000美元，以后3年的每年年末再追加投资8 000美元，年利率为12%，按复利计算。

2. 根据债券条款的规定，今后20年申克公司每年年末需要向一项偿债基金支付等额款项。该偿债基金可赚取8%的年利率，到第20年年末必须积累到80万美元。
   （1）计算每年支付的金额。
   （2）计算该基金在20年内所赚得的利息总数。
   （3）编制普通日记账分录，记录第20年年末该债券的赎回。假定偿债基金在申克公司的会计记录为80万美元，而应付债券也记录同样的金额。
   （4）如果每年支付额的要求回报率上升，那么会产生怎样的影响？请解释原因。

3. 使用现值表1（表B-3）和现值表2（表B-4）确定下列投资的现值：
   （1）在10年内每年将支付40 000美元，按年利率6%贴现，在每年年末支付。
   （2）今天能收到12 000美元。假定对这笔钱进行2年期、年利率为8%的投资。
   （3）每月支付500美元，期限为36个月。在第36个月末，额外支付最后一笔较大的金额18 000美元，并按1.5%的月利率贴现。第一次支付将发生在自今天起的一个月后。
   （4）在最初3年内，每年收到30 000美元；在接下来的2年内，每年收到20 000美元（整个收款期是5年），按年利率8%贴现。假定收款都发生在年末。

4. 本年度6月30日，蓝岭电力公司发行了面值40 000 000美元、10年期、票面年利率为9%的应付债券。债券按半年付息，计息日期为12月31日和6月30日。债券发行之时，具有相似风险的同类债券的市场年利率为10%。
   （1）为使该债券的实际年利率达到10%，计算其发行价格（提示：将利息支付和到期值都按20个半年期贴现）。
   （2）编制日记账分录以记录（1）中所计算的债券发行这一事项。
   （3）解释为什么该债券会折价发行。

5. 12月1日，室内设计展示公司从居美家居公司购买了一批家具，支付了现金10 500美元，并出具了面值为28 800美元的分期应付票据。该票据将在24个月内分期支付，每次付款1 200美元。尽管该票据并没有提及利息费用，但这类业务一般都要求公司支付1.5%的月利息。
   （1）计算该应付票据的现值并采用1.5%的月利率贴现。
   （2）为该公司编制日记账分录：

① 在12月1日，记录购买家具（借记存货）。
② 在12月31日，记录对票据的第一笔付款1 200美元，并用实际利率法来确认一个月的利息费用（利息费用的计算结果保留到整数）。

(3) 在12月31日的资产负债表中，该应付票据是怎样列示的（假定该票据被分类为流动负债）。

6. 定制卡车制造公司经常利用长期租赁合同来为销售公司的卡车融资。2021年11月1日，定制卡车制造公司对州际货运公司出租一辆卡车，其账面价值是33 520美元（按永续盘存制）。租赁条款要求州际货运公司从2021年11月30日开始，分36次每次1 400美元进行月度支付。考虑到内含1%月息的利息费用，这些支付的现值等于卡车的正常价格42 150美元。到36个月的租赁期满，卡车的所有权将转移给州际货运公司。

(1) 为定制卡车制造公司编制2021年的会计分录，以记录以下事项：
① 11月1日，记录通过融资租赁的销售以及相关的销货成本（借记"应收租赁款项"42 150美元，即未来租赁支付额的现值）。
② 11月30日，记录收到第一笔款项1 400美元（编制复合日记账分录，将现金收入在"利息收入"和"应收租赁款项"的减少间分配。每月支付的款项中被确认为利息收入的部分等于"应收租赁款项"中该月月初余额的1%。利息费用的计算结果保留到整数）。
③ 12月31日，记录收到第二次付款。

(2) 为州际货运公司编制2021年的会计分录，以记录以下事项：
① 11月1日，记录该租赁卡车的购置。
② 11月30日，记录第一笔月度支付款[以与(1)相对应的方式，确定支付中代表利息费用的那部分]。
③ 12月31日，记录第二次的付款额。
④ 12月31日，记录所租赁卡车在年末所确认的折旧。采用直线折旧法计算折旧费用，寿命期为10年，预计残值为6 150美元。

(3) 计算所租赁卡车在州际货运公司2021年12月31日资产负债表中的账面价值。

(4) 计算2021年12月31日州际货运公司租赁付款债务的金额。

7. 12月31日，富地农场公司出售了一片土地，其成本为93万美元，购买者为天际开发公司，后者的付款方式是15万美元现金，外加5年期、4%利率的应收票据90万美元。该票据的利息按年支付，本金额在5年后到期。富地农场公司的会计师并没有注意到该票据的利率出乎意料地低，并在12月31日做了下列分录来记录这次销售：

借：现金　　　　　　150 000
　　应收票据　　　　900 000
　　贷：土地　　　　　　　　930 000
　　　　土地销售利得　　　　120 000
出售土地给天际开发公司，获得现金和5年期每年计息的票据。

(1) 计算在销售日来自天际开发公司的应收票据的现值。假定这类业务的实际利率是12%（提示：同时考虑每年支付的利息和票据的到期价值）。

(2) 编制12月31日的日记账分录以正确记录土地的销售。列示销售利得或损失的计算过程。

(3) 解释富地农场公司会计师的失误对下列事项的影响：①该销售发生年度的净利润；②此后5年的综合净利润。不考虑所得税。

附录 C

企业组织形式

学习目标

- 描述独资企业的基本特征。
- 识别评估独资企业盈利能力或偿债能力时应考虑的因素。
- 描述普通合伙企业和有限个人责任的合伙企业的基本特征。
- 描述公司的基本特征。
- 解释公司所得税的会计处理以及所得税对税前利润和损失的影响。
- 解释股票发行的会计处理。
- 阐述留存收益的本质、股利的会计处理以及留存收益表的编制。
- 解释公司财务报表不同于非公司制企业财务报表的原因。
- 讨论影响公司组织形式选择的主要因素。
- 处理合伙人间合伙企业净利润的分配。

企业法律组织形式的重要性不仅体现在企业组建之时,而且体现在其整个经营寿命期。企业的组织形式会影响企业筹措资本的能力、企业与所有者之间的关系以及债权人与企业所有者索偿权的安全。在美国,企业组织的形式主要有三种:独资企业、合伙企业和公司。

公司是商业活动的主体,因此本附录重点介绍这种企业组织形式。不过,独资企业和合伙企业也很重要,毕竟这类企业在美国企业组织中所占数量最大。本附录对本书之前介绍的独资企业和合伙企业做了进一步的说明,并对作为主体企业组织形式的公司进行深入讨论。

C1 独资企业

独资企业(sole proprietorship)是为单个人所有的非公司制企业。由于组建容易,所以独资企业是最为常见的企业组织形式。

组建独资企业不需要任何政府部门的批准,而且投入资金通常很少或几乎不用投入资金。例如,一个年轻人提供抄写、看管婴儿或修剪草坪等服务,就等于拥有了一家独资企业。从大范围来讲,独资企业这一组织形式多见于农场、服务企业、小型零售商店、饭店以及一些专业服务行业,如医护、法律和会计服务等。

独资企业是最为简单的企业组织形式,所以也为说明会计原理提供了最好的范例。不过,在商界,此类机构的财务报表却难得一见。

绝大多数的独资企业规模相对较小,几乎不负有(即使有的话也是很少的)向投资大众报告财务状况的义务。独资企业对会计信息的需求主要限于日常经营中要用到的一些数据,如企业银行存款账户的余额和应收、应付项目金额。事实上,除非有特殊需要,如取得银行贷款所需要的资料,大多数独资企业并不编制正式的财务报表。

C1.1 独立经营主体的概念

基于会计的目的以及作为会计的基本准则之一,包括独资企业在内的每个企业都被视为独立于其所有者其他业务的经济主体。因此,我们就能在不受所有者其他财务活动影响的前提下独立衡量企业的经营业绩。

然而从法律意义上讲,独资企业并不是独立于其所有者的主体。根据法律规定,所有者才是经营主体,因此独资企业仅仅代表了其所有者的部分财务活动。独资企业与其所有者在法律上属于同一实体,由此我们可以解释独资企业这一企业组织形式的许多特点。

C1.2 独资企业的特征

独资企业的主要特征包括:
- 组建容易,这也是此类组织形式为何如此普遍的原因。
- 企业的资产实际上归属于企业的所有者。因为独资企业并非法律实体,所以不能拥有财产。资产实际上归属于所有者,而不属于独资企业。因此,独资企业的所有者可任意将资产转入或转出企业。
- 独资企业不负担所得税。根据联邦税法的规定,独资企业的经营并不独立于其所有者的其他财务活动,因此独资企业不必申报或缴纳所得税。相反,独资企业的所有者在申报个人所得税时必须将独资企业的收入纳入其申报范围。
- 独资企业不向其所有者支付薪酬。独资企业的所有者不领取薪水。所有者的补偿就是独资企业的所有净利润(或净损失),因此所有者从独资企业提取的任何款项须记入业主提款账户,而不是被确认为工资费用。
- 所有者个人须承担独资企业的全部债务。这一概念被称为**个人无限责任**(unlimited personal liability),这一点非常重要,值得特别注意。

C1.3 个人无限责任

独资企业的所有者个人对独资企业的所有债务负责。因此,对意外事故,如经营过程中发生的个人损伤,独资企业的所有者得承担巨大的个人责任。⊖

个人无限责任是这种组织形式的最大缺点。其他企业组织形式对其所有者承担企业债务的责任规定了某些限制,但独资企业并非如此。如果企业经营可能产生巨大债务,那么所有者应考虑采用其他组织形式。

C1.4 独资企业的会计实务

在独资企业的资产负债表中,所有者权益总额所表示的就是所有者**资本账户**(capital account)的余额。所有者投入的资产通过增加或减少资本账户来记录,而提款则记入所有者的**提款账户**(drawing account 或 withdrawal account)。在会计期末,再将提款账户和利润汇总账户结平,转入所有者投资账户,成为独资企业资产负债表(如果编制的话)的唯一项目。

许多独资企业报告财务状况的唯一义务是为所有者申报个人所得税提供必须纳入的信息。

⊖ 雇员或顾客遭受到伤害常常会使企业背上几百万美元的债务,诉讼败诉的损失也可能大大超过企业可以得到的保险赔偿。独资企业常常通过购买大量的失误与一般责任保险来防止所有者个人财产的丧失。

因此，一些独资企业按照个人所得税法规而非一般公认会计原则来进行会计记账。

C1.5 对独资企业财务报表的评估

1. 净利润的充足性

独资企业不确认与所有者提供的服务有关的工资费用，也不确认所有者投入企业的资本的利息费用。因此，如果独资企业被认为是成功的，那么其净利润至少应能对所有者提供的服务和投入企业的权益资本进行合理的补偿。

此外，独资企业的净利润应足以补偿所有者所承担的巨大风险。许多小企业在经营失败后，其所有者对企业债务要承担个人无限责任。因此，如果一家独资企业蒙受巨大损失，那么所有者失去的可能比其权益投资额要多得多。

总之，一家独资企业的净利润应对所有者在以下三方面提供足够的补偿：①所有者为独资企业提供的个人服务；②所有者投入的资本；③所有者所承担的财务风险。

2. 偿债能力的评估

对于以公司制形式组建的企业，债权人可以通过分析公司资产负债表中资产与负债的关系做出是否借款的决定，但独资企业的资产负债表对债权人借款决策的有用性则很小。

对独资企业而言，资产负债表中列示的资产归属于所有者，而非归属于企业。独资企业的所有者可以随意将资产转入或转出企业，同时对独资企业的债务承担一切经济责任。因此，独资企业的偿债能力取决于其所有者的财务能力，而不仅仅是资产负债表中列示的资产与负债及其相互关系。

独资企业的财务能力可能受许多因素的影响，而这些因素并不反映在资产负债表中。例如，独资企业的所有者可能拥有巨大的私人财产或高额的个人债务。

总之，独资企业的债权人不能只凭资产负债表来分析问题，而真正要关注的是独资企业所有者偿还债务的能力。为此，债权人可以要求所有者附上有关个人财务状况的资料，也可以聘请资信评级机构调查所有者以往的信用状况。

3. 一点忠告

在第1章中，我们讨论了提升上市公司财务报表可信度的一些措施，包括内部控制的结构、来自独立会计师的审计、联邦证券法规以及职业会计师是否称职与可靠等。

这里要强调的是这些措施只适用于上市公司发布的**公开信息**（public information），而通常不适用于小企业提供的财务信息。

小企业可能没有足够的财力，或没有必要建立复杂的内部控制结构，所提供的财务信息通常也不经过审计。联邦证券法规只适用于上市公司。独资企业的会计簿记工作多由其所有者完成，而且他们自己并没有多少会计经验。

C2 合伙企业

合伙企业（partnership）是由两个或两个以上合伙人组成的非公司制企业[⊖]。合伙企业常常被称为事务所。

合伙企业是最少见的企业组织形式。然而，在诸如医疗、法律、会计等执业领域，合伙

⊖ 合伙人可以是个人或公司。

企业十分普遍。许多小企业，尤其是家族式经营企业，也采用这种组织形式。大多数合伙企业规模不大，但也并非全部如此。

出于会计的目的，我们将合伙企业看成独立于其所有者其他活动的经营主体。但在法律上，合伙企业并不独立于其所有者，合伙人必须单独（或共同）对合伙企业的活动负责。就这一点而言，合伙企业与独资企业非常相近。

合伙企业的资产不属于合伙企业，而属于全体合伙人。除非另有特别规定，每个合伙人都对合伙企业的债务承担无限责任。合伙企业本身不缴纳所得税，但合伙人在申报个人所得税时要包括合伙企业利润中他所占的份额。

从法律上说，合伙企业存续期有限。一旦某一合伙人退出或死亡，合伙企业即告终结。同样，新合伙人的加入也使原合伙企业终结，新的法律实体诞生，但这仅仅是法律上的区别。绝大多数合伙企业不受单个合伙人加入或退出的影响而持续存在。合伙协议通常预先就规定合伙人退出或新合伙人加入属常规事项，因而不影响经营主体的正常经营。

合伙企业包括三类不同的企业组织形式：普通合伙企业、有限合伙企业和有限责任合伙企业。这里先介绍普通合伙企业的特征。

C2.1　普通合伙企业

普通合伙企业中合伙人的权利和义务与独资企业所有者大致相同。例如，每个**普通合伙人**（general partner）可以随意从合伙企业中撤走现金和其他资产。此外，每个合伙人可作为全权代表为合伙企业商谈合同，这就是**共同代理**（mutual agency）的概念。每个合伙人对企业债务负有无限责任。

个人无限责任和共同代理这两个特征使普通合伙企业成为一种潜在危险很大的组织形式。假设你与汤姆·琼斯建立了一家普通合伙企业，双方同意等额分享利润和损失。当你休假时，琼斯代表合伙企业签订了一项合同，但根据企业现有资源，该合同是无法完成的。由于企业无法履行合同，给客户造成了巨大的经济损失，客户向法院提起诉讼并被判胜诉，可获500万美元的赔偿。

琼斯个人财力有限，宣告破产，胜诉方要求你一个人承担全部500万美元的赔款。虽然你和琼斯同意等额分担损失，但这并不会减少你向合伙企业的债权人偿还债务的责任。当然，你也可以上诉要求琼斯承担另外50%的负债，但又能怎样呢？他已破产了。

总而言之，普通合伙企业同独资企业一样存在个人无限责任，其风险甚至更大，因为你可能要对自己，甚至对其他合伙人的行为承担经济责任。

C2.2　个人有限责任的合伙企业

随着时间的推移，各州法律也不断演变，现已允许成立变通的合伙企业，包括有限合伙企业和有限责任合伙企业。这些变通的合伙企业组织形式的目的是对合伙人可能承担的责任加以限制。

1. 有限合伙企业

有限合伙企业（limited partnership）由一个或一个以上的普通合伙人和一个或一个以上的有限合伙人组成。普通合伙人就是传统意义上的合伙人，他们对企业债务承担个人无限责任，

⊖　一些州的法律禁止执业人员成立公司。因此，超过一名业主参与的企业必须采用合伙制。

⊖　财产所有权归属于合伙企业。因此，任何合伙人不可随意出售或提款。

并有权做经营决策。

有限合伙人（limited partners）基本上等同于被动的投资者，他们分享利润，分担损失，但并不主动参与企业管理，不单独承担合伙企业债务。因此，如果企业经营不善，有限合伙人遭受的损失以其对企业的出资额为限。

过去，有限合伙企业被广泛运用于各种风险投资，如开采石油、开发房地产或制作电影等。因为这些投资至少在早期往往是亏损的，如果有盈利，也是在后期产生。

对于这些企业，有限合伙概念对投资者就有很大的吸引力。有限合伙人在申报个人所得税时将合伙企业损失所占份额包括在内，以抵销部分应税收入。同时作为有限合伙人，他们承担的财务风险以其权益出资额为限。

最近税法做了修改，大大限制了有限合伙人用合伙企业的亏损冲抵其他收入的程度。因此，现在有限合伙企业比过去少得多。但在许多时候，如果企业以 S 型公司（S corporation）形式组建（将在本附录后面讨论），投资者也可获得类似的税收优惠。

2. 有限责任合伙企业

有限责任合伙企业（limited liability partnership）是一种不同的企业组织形式。各州历来要求诸如医生、律师和会计师等执业人员以独资企业或合伙企业形式组建其服务机构，目的是确保他们对所提供的专业服务承担无限责任。

历年来，许多提供专业服务的合伙企业的规模不断扩大。例如，某些会计师事务所拥有几千名合伙人，并且在世界范围内经营。但与此同时，对这些专业机构的诉讼在案件数量和金额上都有了显著增长。为了避免无辜的合伙人受诉讼牵连而破产，有限责任合伙企业就应运而生。在这种合伙制度下，每个合伙人只对自己的专业服务活动，而不对其他合伙人的行为承担个人无限责任。与有限合伙企业不同的是，有限责任合伙企业的所有合伙人都可以参与企业管理。

C2.3 合伙企业的会计实务

合伙企业的会计处理大多与独资企业相同，唯一不同的是所有者增多了。所以，每个合伙人都同样要设立一个单独的投资账户和提款账户。

与独资企业一样，合伙企业合伙人提供给企业的服务不被确认为工资费用，支付给合伙人的款项记录在该合伙人的提款账户中。

合伙人权益表（statement of partner's equity）替代了所有者权益表，该表单独反映每个合伙人投资账户的变动情况。○表 C-1 给出的就是典型的合伙人权益表。

表 C-1 合伙人权益表 （单位：美元）

布莱尔 – 克罗斯合伙企业合伙人权益表（截至 2021 年 12 月 31 日年度）			
	布莱尔	克罗斯	合计
年初余额（2021 年 1 月 1 日）	160 000	160 000	320 000
加：追加投资	10 000	10 000	20 000
本年度净利润	30 000	30 000	60 000
小计	200 000	200 000	400 000
减：提款	24 000	16 000	40 000
年末余额（2021 年 12 月 31 日）	176 000	184 000	360 000

1. 合伙人之间的净利润分配

合伙企业的一个特征就是需要将企业净利润在合伙人之间进行分配，也就是说要计算净

○ 对于有较多合伙人的企业，该表往往会被简化，只列示合伙人权益总额的变化。

利润（或亏损）中每个合伙人所占的份额，并贷记（或借记）该合伙人的投资账户。

合伙企业的利润分配只是一笔简单的簿记分录，在结平利润汇总账户时，转入各合伙人的投资账户。这种利润分配不涉及分配实际的现金或资产给合伙人。

在会计年度中，某一合伙人提走的资金数可能与分配到的净利润大不相同。合伙人根据分配到的净利润而不是提走的资产金额缴纳个人所得税。

合伙人在确定如何分配净利润时自由度很大。如果没有事先规定，各州法律通常规定在各合伙人之间平均分配，但这种情况十分罕见。合伙人通常会就如何分配净利润事先达成协议。

合伙企业会计处理的各种特点，包括如何分配净利润，将在本附录后面详细讨论。

2. 合伙企业合同的重要性

在开业之前，每个合伙企业都要准备一份详细的**合伙企业合同**（partnership contract），合同中就合伙人的权利和义务达成协定，详细解释每个合伙人的责任、如何分配净利润以及允许合伙人提取的资产限额。

合伙企业合同虽不能避免日后合伙人间产生争议，却为解决争议提供了合约基础。

C2.4 对合伙企业财务报表的评估

1. 净利润的充足性

合伙企业的净利润与独资企业大致相同，表示对合伙人在以下三方面的补偿：①合伙人提供的个人服务；②合伙人投入的资本；③合伙人所承担的财务风险。此外，所报告的净利润应是税前数，因为合伙企业并不缴纳企业所得税。

每个合伙人所提供的服务和投入的资金可能各不相同，他们负担的财务风险因此也可能各不相同。因此，我们很难评估合伙企业的利润。相反，如果合伙人一定根据其个人对企业的贡献来单独评估他们所得的那部分利润，那么有些合伙人会认为报酬丰厚，而有些则会认为他们所得的收入不尽合理。

2. 偿债能力的评估

合伙企业的资产负债表比独资企业更富实际意义，因为在法律上，合伙人共同拥有的合伙企业财产和合伙人私人财产有明显界限。另一个原因是，对合伙企业债务承担的个人责任与其他合伙人无关。

债权人务必要清楚不同形式合伙企业的区别。在普通合伙企业，所有合伙人对企业负债都负有个人无限责任，这为债权人提供了最大限度的保障。在有限合伙企业，只有普通合伙人才负有这种义务；而在有限责任合伙企业，疏忽或经营不善造成损失的责任仅归属于直接参与的合伙人。

C3 公司

几乎所有大型企业和许多小型企业都以公司形式组建。虽然独资企业的数量要比公司多得多，但以业务金额来衡量，公司却独占鳌头。由于公司在经济中占主导地位，对于每位致力于在商业、经济和政治方面发展的个人来说，了解公司及其会计政策是很重要的。

C3.1　何谓公司

公司（corporation）是独立于其所有者而存在的法律实体。公司的所有者被称为**股东**（stockholders）或持股者。他们所持有的可转让股票证明的是他们对公司的所有权。

公司的组建要比其他任何一种企业组织形式更困难，费用更高昂。公司必须取得所在州政府颁发的经营许可证，必须经该州政府核准方可发行股票。此外，公司的建立通常需要律师、注册会计师及其他法律和金融专业人员的协助。

作为一个独立的法律实体，公司名下拥有资产；公司的资产归属于公司本身，并不属于股东。公司具有法人资格，即可以如同个人一样起诉他人或被起诉。作为法律实体，公司可以签订合同，并对其债务负责，同时根据收益缴纳所得税。

公司的日常运作由聘用的专职经理负责，而不是由股东来管理。㊀所以，股东基本上属于投资者，而不是积极的管理者。

公司的最高管理层是**董事会**（board of directors）。董事会由股东选举产生，负责其他专职经理的聘任。此外，董事会还负责做出主要的政策决议，包括将公司利润分配给股东的比例。

董事由股东选举产生，这一事实说明一名或数名股东若拥有某家公司50%以上的股票，就能对公司实施有效控制。这些"控股股东"有权选举董事，进而由董事制定公司政策，任免经理和其他公司人员。

公司所有权可以转让、可以雇用职业管理人员等特征使得公司比其他组织形式的企业拥有更长的存续性。股东个人可以将其股票出售、转赠、遗赠给他人而不影响公司的经营。因此，无论所有权如何变动，公司可无限期持续经营。

表C-2将公司制企业与独资企业和普通合伙企业进行了对比。

表 C-2　企业组织形式的比较

特征	独资企业	普通合伙企业	公司
1.法律地位	非独立的法律实体	非独立的法律实体	独立的法律实体
2.所有者对企业债务的责任	对企业债务承担个人无限责任	对合伙企业债务承担个人无限责任	对公司债务不承担个人责任
3.会计地位	独立实体	独立实体	独立实体
4.税收地位	由所有者纳税	由合伙人提供反映分配给每个合伙人合伙企业利润的资料	公司申报所得税并根据收益缴纳所得税
5.管理权限	所有者	每个合伙人	聘用职业经理
6.企业存续性	所有者退职或死亡即停止	合伙人变更则新企业成立	不受所有权转让影响的无限期存续

C3.2　股东对公司债务的责任

表C-2中的第二行"所有者对企业债务的责任"值得我们特别注意。公司股东对公司债务不承担个人责任。如果公司经营不善，股东的潜在损失以其对企业的权益出资额为限。

对于大公司的投资者以及许多小企业的所有者来说，**个人有限责任**（limited personal liability）是采用公司组织形式的最大优势之一。

㊀ 有时，经理与股东合二为一，即经理可以拥有股票，股东也可受聘进入管理层。不过，拥有股票并不能使股东自动升任管理层。

此外，债权人应当清楚股东个人不负有偿还公司债务的责任。因此，债权人只对公司财产而不是公司股东的个人财产有索偿权。

C3.3 选择公司制组织形式的企业

哪些类型的企业可选择公司制组织形式呢？答案是任何类型的企业都可以。

提起公司，我们首先想到的是诸如IBM、宝洁之类规模大、声誉好的公司。的确，几乎所有大规模的企业都以公司形式组建。股东的有限责任、所有权可自由转让、职业管理层、无限期存续等特征使公司成为获取众多权益投资者资金的最佳组织形式。

这些大公司的股票在诸如纽约股票交易所和纳斯达克等有组织的证券交易所进行交易（由投资者买入或卖出）。股票可在交易所内买卖的公司被称为**公众持股公司**（publicly owned corporations），因为任何人均可购入其股票。

当你在证券交易所购入某种股票时，通常是从另一名投资者（股东）手中，而不是从公司购入的。这种有组织的证券交易所的存在使得上市公司股票的转让变得很容易。

不过，并非所有的公司都是规模巨大、公开上市的。许多小企业也可以按公司形式组建。事实上，许多公司只有一个股东。非公开上市的公司被称为**闭锁型公司**（closely held corporations）。

一般公认会计原则对所有类型企业的要求都大致相同。鉴于公司所特有的法律特征，它们在所得税、所有者薪酬、所有者权益和对所有者的利润分配方面的会计处理与其他组织形式的企业存在显著区别。

C3.4 公司所得税的会计处理

公司与非公司组织形式企业的一个主要区别就是，公司必须按照收益缴纳所得税。

公司所得税通常按季分期支付。若公司要将所得税和相关收入进行合理配比，那么所得税费用应在赚得应税利润的期间予以确认，具体的操作就是在每一会计期末编制调整分录。

只有在公司完成年度所得税的申报后，才能准确计算当年的所得税支出额。每一会计期的所得税支出可以根据当前税率和公司应税利润进行合理估计，其关系如下：

应税利润（根据税法确定）× 税率（法律规定）= 所得税费用

应税所得（taxable income）的计算主要依据所得税法，而不是依据一般公认会计原则。在这里，我们假设应税利润就是所得税税前所得，即公司利润表中小计数。**所得税税前所得**（income before income tax）等于总收入扣除所得税费用以外的所有费用。⊖

应税所得不同，对应的税率也会有所不同。此外，美国国会每年也可能调整税率。为了说明这一点，我们假设受联邦和各州所得税双重影响的公司所得税率为**40%**。

为说明所得税费用的确认，假设史密斯公司11月的税前所得为50 000美元，月末确认相关所得税费用的调整分录如下：

借：所得税费用　　　　　　　　　　　　　　　　　　　　20 000
　　贷：应付所得税　　　　　　　　　　　　　　　　　　　　　　20 000
根据11月的所得记录估算的所得税费用（50 000×40%）。

⊖ 在大多情况下，税前所得是合理估计应税所得的基础，但两者的差异确实存在。在本书中，当这两部分出现显著差异时，我们进行了讨论。不过，对该问题更为深入的讨论属于高级会计课程的范畴。

应付所得税项目会出现在公司资产负债表的流动负债中。如表 C-3 所示，公司 11 月的利润表中就报告了公司的所得税费用。

表 C-3　史密斯利润表简表（截至 2021 年 11 月 30 日月度）　　（单位：美元）

销售净额	550 000
销货成本	<u>350 000</u>
毛利润	200 000
费用（不包括所得税，具体项目略）	<u>150 000</u>
所得税税前利润	50 000
所得税费用	<u>20 000</u>
净利润	<u>30 000</u>

所得税费用与其他经营费用不同，因为它不产生收入，所以所得税在利润表中通常与其他费用分开列示，并且紧跟在税前利润（或亏损）这一小计数后。在利润表中，所得税费用通常被称为备付所得税。

那么，亏损期间的所得税该如何处理呢？出现亏损时，公司可以确认一笔负值的所得税费用。在发生亏损的会计期间，记录该亏损期所得税费用的调整分录为借记应付所得税账户，贷记所得税费用账户。

负值的所得税费用意味着企业预期政府会退回部分企业在之前盈利期间确认并已缴纳的所得税。⊖ 所得税费用的负值余额（贷方余额）作为税前损失的抵销项目列示。

（单位：美元）

部分利润表：亏损期间	
税前利润（亏损）	(100 000)
所得税利益（前期缴纳税款的退回）	<u>40 000</u>
净亏损	<u>(60 000)</u>

如前所述，所得税费用减少的是税前利润。现在我们注意到，所得税的利益（即前期缴纳税款的退回）减少的是税前亏损。因此，所得税既可减少利润额，也可减少亏损额。

如果年末应付所得税账户出现借方余额，则在资产负债表中将其归为资产，列为"应收所得税退税款"。

C3.5　支付给所有者的工资

如前所述，非公司制企业将对所有者的支付记为提款，而不是记为工资费用。但公司的所有者不能撤回投入公司的资产。此外，公司的许多雇员（甚至多达成千上万）本身也可能是股东。因此，公司对雇员是否同时是股东不做区分，所有支付给雇员（包括雇员/股东）的工资都被确认为工资费用。

C3.6　公司资产负债表中的股东权益

在各种组织形式的企业中，所有者权益有两种基本来源：①所有者的投资；②来自盈利业务的收益。各州法律要求公司在资产负债表中对两种权益的数额分项列示。

为说明这一点，现假设：

⊖ 退税限于企业近几年缴纳的税款。在这里，我们假设企业前几期缴纳的税款足够使企业本期亏损所引起的负的所得税费用获得补偿。

- 2019年1月4日，玛丽·福斯特和另外几名投资者投资现金10万美元建立了一家闭锁型公司玛丽出租汽车公司。公司向这些投资者发行了10 000股股票。
- 至2021年12月31日，3年中玛丽出租汽车公司净利润总额为18万美元，其中6万美元以股利形式分配给股东。

下面给出的是2021年年末该公司资产负债表的股东权益部分。

股东权益：	
股本	100 000
留存收益	120 000
股东权益合计	220 000

股本账户的10万美元表示玛丽·福斯特和另外几名投资者投入企业的资金，该账户通常也叫"投入资本"或"实收资本"。

留存收益账户的12万美元表示企业开业以来的利润与分配给投资者的股利之差（即净利润18万美元减股利6万美元）。留存收益也叫"赚得资本"。

C3.7 股票的发行

公司在收到其所有者投资的现金或其他实物资产时，作为交换，需发行股票。为记录该投资业务，公司应贷记股本账户。

例如，玛丽出租车公司记录收到现金投资10万美元，发行10 000股股票的分录为：

借：现金	100 000	
贷：股本		100 000

记录发行10 000股股票以取得现金。

C3.8 留存收益

留存收益账户记录因企业经营获利而增加的所有者权益。净利润使留存收益账户的余额增加，但许多股份公司有一项政策，即至少将部分利润分配给股东，即**股利**（dividends）。

股利使资产和股东权益同步减少（如同非公司形式企业的提款一样）。股东权益的减少反映在留存收益账户余额的减少。此外，如企业发生亏损，那么留存收益也会减少。

值得注意的是，留存收益账户的余额并不代表特定会计期间的净利润或净亏损，而表示企业开业至今累积的净利润（或亏损）减去分配给股东的股利后的余额。简而言之，留存收益代表留在公司内部的盈利。事实上，一些最大的公司就是通过将大部分盈利业务产生的资源持续累积在企业内部而不是分配给股东而逐步壮大的。

留存收益是所有者权益的一部分。企业的所有者权益并不等同于现金或其他资产。公司拥有的现金资产反映在资产负债表中的现金部分，而不反映在股东权益部分。资产负债表中的股东权益表示所有者对公司总体的投资情况，而不代表对个别资产的投资。

C3.9 股利的会计处理

公司的所有者不能从企业随意提取利润。向股东分配现金或其他资产必须由公司董事会正式核准并宣告，这样正式分配的利润被称为股利。根据法律规定，股利必须按股东持股比例向所有股东分配。

公司董事会在某日正式宣布发放股利，但股利发放会在宣告日后不久。举例来说，玛丽出租汽车公司在2021年12月1日宣布对流通在外的10 000股股票支付季度股利，每股50美分。董事会的决定规定股利将于12月15日发放给12月10日股东名册上登记的股东。

这里，共需编制两笔会计分录：一笔是在12月1日记录宣告股利；另一笔是在12月15日记录发放股利。

12月1日
借：股利   5 000
 贷：应付股利   5 000
宣告将于12月15日向本月10日股东名册上登记的股东发放每股50美分股利。

12月15日
借：应付股利   5 000
 贷：现金   5 000
支付12月1日宣告的股利。

请注意在股利宣告日12月1日，公司资产并不减少，股东取得股利的权利被确认为企业的一项负债；在股利支付日12月15日，股利支付给股东时，公司偿还了这项负债。在股权登记日12月10日，不做任何分录。

会计期末，股利账户余额被结转到留存收益账户。

C3.10　结账分录和留存收益表

1. 根据利润、亏损和股利更新留存收益账户

如前所述，当企业有净利润时，留存收益账户余额就增加；相反，如果发生亏损或宣告股利分配，则留存收益减少。在会计记录这些变动情况时，将利润汇总账户和股利账户余额结转至留存收益账户。

例如，假设2021年1月1日，玛丽出租汽车公司留存收益账户余额为80 000美元。该年公司实现净利润60 000美元，支付4个季度股利共计20 000美元。12月31日公司结平利润汇总账户和股利账户的分录如下。

借：利润汇总   60 000
 贷：留存收益   60 000
在盈利的会计期末结转利润汇总账户。
借：留存收益   20 000
 贷：股利   20 000
为结转股利账户，留存收益账户应等额减少本年度宣告的股利。

这些分录的影响就是留存收益账户增加了40 000美元，等于公司实现的净利润60 000美元减去支付的股利20 000美元。如果公司本年发生净亏损，那么利润汇总账户就会有借方余额，编制结转分录必须借记留存收益，减少股东权益总额，同时贷记利润汇总账户。

2. 留存收益表

公司编制留存收益表以汇总一年中留存收益数额的变化。[⊖]玛丽出租汽车公司的留存收益

 ⊖　许多公司会编制股东权益表，以反映一年中各股东权益账户的变动情况。第12章对股东权益表进行了说明和讨论。

表如表 C-4 所示,其中最后一行的留存收益数额将出现在公司年末的资产负债表中。

表 C-4　玛丽出租汽车公司留存收益表(截至 2021 年 12 月 31 日年度)　　　(单位:美元)

留存收益年初余额(2021 年 1 月 1 日)	80 000
本年净利润	60 000
小计	140 000
减:股利	20 000
留存收益年末余额(2021 年 12 月 31 日)	120 000

C3.11　对公司财务报表的评估

1. 净利润的充足性

就某些方面而言,对公司财务报表的评估要比对非公司制企业的评估来得容易。例如,非公司制企业的利润反映的是对其所有者以下三方面的补偿:①向企业提供服务;②投入企业的资本;③作为所有者承担的风险,常常涉及个人无限责任。

但对公司而言,情况并非如此。如果股东为公司提供服务,他取得工资作为报酬。公司在计算净利润时将工资确认为一项费用,因此净利润不构成所有者私人为公司提供服务的一项补偿。

此外,公司股东作为所有者承担的财务风险以其出资额为限。所以,公司的净利润仅代表股东资本投资的回报。股东只需自问:"净利润是否能抵偿我的投资所承担的风险?"这样,股东在投资决策时就比较容易对各公司的盈利能力进行对比。

请牢记,股东并不将其应得的那部分公司净利润纳入其个人所得税申报。不过,公司需要为收到的股利支付所得税。⊖

2. 偿债能力的评估

在考虑向非公司制企业提供信用时,债权人通常关注的是所有者个人的偿债能力,而不是经济实体的偿债能力,因为所有者个人对企业债务承担偿还责任。但在向公司提供信用时,债权人通常只注意经济实体的偿债能力。因此,当企业以公司形式组建时,企业的财务能力就变得至关重要了。

3. 小公司与还款担保

那些规模不大的闭锁型公司往往因缺少足够的经济资源而没有资格申请所需贷款。在这种情况下,债权人可以要求公司的一名或几名股东以个人名义为企业的某项特定债务担保(或共同担保)。如果公司无法偿还借款,那么共同担保的股东个人就要承担还款责任。

C3.12　"双重课税"的概念和问题

非公司制企业不缴纳所得税,而是由每位所有者根据其所占企业净利润的份额缴纳个人所得税。

相反,公司则必须根据其应税利润缴纳公司所得税,而且股东还要为他们收到的股利支付个人所得税。因此,公司利润就会被两次征税:一次是在公司赚得利润时,另一次是以股利形式将利润分配给股东时。

这种在两个层面对公司收益分别征税的概念常常被称为**双重课税**(double taxation)。两次征

⊖　此规则的一个例外就是 S 型公司。对此,后面很快会进行说明。

税加起来就占到公司税前利润的 60%～70% 之多。如果投资者预期面临如此高的税率，那么几乎没有企业能筹集到权益资本，因此**纳税筹划**（tax planning）对任何公司制企业都显得至关重要。

公司可通过几种合法途径来规避双重课税的影响，例如，对于在企业服务的股东，公司必须支付工资。这些工资对股东来说是应税收入，但对公司来说工资被记入费用，从而减少了企业的应税利润。又如，如果企业不分配股利而是完全保留盈利，那么对股利的征税可完全避免。

不过，法律对这一切也有限制，如在何种程度上公司可以通过保留收入而不是分配利润给股东来避免缴税。如果公司超过了限度，那么就必须补缴税款。

C3.13　S 型公司

根据"税法 S 分章"的有关规定，许多小规模的闭锁型公司享有特殊纳税地位。符合条件可享受这种特殊待遇的公司就是所谓的 **S 型公司**（S corporation）。⊖

S 型公司不缴纳公司所得税，其股东也不用因收到股利缴纳个人所得税。相反，每位股东根据其所占公司净利润的份额缴纳个人所得税。因此，S 型公司净利润的纳税方式与合伙企业相同。

在下列情况下，组建 S 型公司往往最为有利：

- 当公司赢利并计划将大部分利润以股利形式分配时，S 型公司可避免双重课税问题。
- 新公司在经营早期多会发生亏损。通常，公司发生的净亏损对股东申报个人所得税没有影响，但如果企业是 S 型公司，那么股东就可以在申报个人所得税时减去其在企业净亏损中所占的份额。

从纳税角度来看，S 型公司的纳税地位可使闭锁型公司的所有者大大受益，所以小企业的所有者应考虑采用这种组织形式。

S 型公司属于一种特例，而非常规情况。除非特别说明，否则这里所指的公司均为一般公司，而不是 S 型公司。

C4　合适企业组织形式的选择：将现有企业改组为公司

任何人在创办企业时，首先应仔细考虑企业的组织形式。选择企业的组织形式时，通常须考虑以下因素：

- 所有者对企业债务所承担的个人责任；
- 所得税；
- 筹集大量权益资本的需要；
- 所有者对灵活撤回资金的需要；
- 所有者是否都有管理权限；
- 未来所有权变化时企业持续经营的必要性；
- 组建企业的难易程度和成本。

企业刚建立时，多为独资企业或合伙企业。但随着企业规模的逐渐扩大，这些企业就会改组成闭锁型公司，最后可能发展为上市公司，即向公众发行股票，而且这些股票可在证券

⊖ 作为 S 型公司，必须拥有 75 名或稍少一点的股东，所有的股东都必须是个人，而且是美国公民。因此，当一家公司拥有其他公司的股份时，就不能成为 S 型公司的股东。

交易所交易。

当一家已建企业被改组为公司时，它就成了一个新的经济实体。此时，对该公司资产和负债的估价应以新实体建立时的市价为基础，而不应以过去经济实体的账面价值为基础。

例如，假设独资企业雷恩工程公司长期为戴凡·雷恩所有和经营。1月，雷恩决定将企业重组为公司。他注册了新公司，并将独资企业的所有资产转入新公司，且新公司也承担了原企业的全部债务。作为对投入净资产（资产减负债）的回报，雷恩得到新公司的 20 000 股股票。

下表列出了新企业组建日原独资企业的资产、负债和所有者权益。其中左边一栏中的数据为原独资企业这些项目的会计账面价值，右边一栏数据则为相应的市场价值。各栏中的所有者权益都等于总资产减总负债。

（单位：美元）

	独资企业会计记录中的账面价值	现行市场价值
现金	30 000	30 000
应收账款	75 000	60 000
存货	10 000	15 000
土地	40 000	100 000
建筑物	60 000	70 000
设备	70 000	90 000
应付票据	55 000	55 000
应付账款	20 000	20 000
所有者权益	210 000	290 000

以收到的资产和债务的价值为基础，记录新组建公司的分录如下。

借：现金	30 000	
应收账款	60 000	
存货	15 000	
土地	100 000	
建筑物	70 000	
设备	90 000	
贷：应付票据		55 000
应付账款		20 000
股本		290 000

从雷恩工程公司获得的资产和债务，通过发行 20 000 股股票来交换。

公众持股公司只有在股票上市出售给投资大众时（称为"首次公开募股"或IPO）才收到现金。之后，股票的交易只是发生在不同投资者之间，对公司现金流量无直接影响。然而，公开上市公司往往非常关心其流通在外股票市价的增长趋势。

为什么？主要原因是：第一，公司密切关注其股票市价是因为其股票的表现直接影响将来企业（通过增发）募集权益资本的能力；第二，股票业绩差通常暗示企业正面临财务危机，这反过来可能会使公司很难获得贷款，甚至使潜在客户不愿购买其生产的产品或提供的服务。第三，许多的公司将股票期权纳入管理层薪酬计划。如果公司股价跌破一定价值，那么期权就会一文不值。一旦发生这种情况，公司的主要管理者就会丧失为公司努力的动力，甚至会决定投向其他公司。

C5 对合伙企业会计的深入探讨

合伙企业的会计处理有许多独特之处。这里重点讨论新建合伙企业开立账户、追加投资、业主提款、合伙人之间分配净利润以及编制年底结账分录等问题。

C5.1 为新建合伙企业开立账户

如果某一合伙人以非现金资产投资,那么就会面临资产如何计价的问题。对非现金资产的估价应当以资产转入合伙企业当日的公允市场价值为准。而且,评估价值必须经所有合伙人的同意。

为说明新建合伙企业最初会计分录的编制,假设:2021 年 1 月 1 日,约翰·布莱尔和理查德·克罗斯各经营一家零售商店,现决定合并建立一家合伙企业。这样,应先为每个合伙人开立一个投资账户,并贷记净资产(总资产减总负债)的约定价值。记录布莱尔和克罗斯开立账户的日记账分录如下。

借:现金	40 000	
应收账款	60 000	
存货	90 000	
贷:应付账款		30 000
实收资本——约翰·布莱尔		160 000

记录合伙企业中约翰·布莱尔的投资。

借:现金	10 000	
存货	60 000	
土地	60 000	
建筑物	100 000	
贷:应付账款		70 000
实收资本——理查德·克罗斯		160 000

记录合伙企业中理查德·克罗斯的投资。

合伙企业的会计处理与独资企业大致相同,不同之处在于每个合伙人有一个单独的投资账户用于记录合伙人投入资本、提取资本和净利润中分得的份额。简而言之,投资账户显示了每个合伙人在企业中权益变动的全过程。

每个合伙人还有一个提款账户。当合伙人提取现金或其他资产时,包括使用合伙企业资金偿还个人债务,都要记入提款账户。

1. 追加投资

假设开业后 6 个月,企业需要更多的资金,每个合伙人在 7 月 1 日追加投资 10 000 美元。如下所示,追加投资应贷记资本账户:

借:现金	20 000	
贷:实收资本——约翰·布莱尔		10 000
实收资本——理查德·克罗斯		10 000

记录追加投入资本。

2. 合伙企业年末结账

在会计年度末，利润汇总账户的余额要结转到合伙人的资本账户。合伙企业的盈利或亏损按他们的合伙协议在合伙人之间分配。

在本例中，假设布莱尔和克罗斯达成协议平均分享利润（本章后面将讨论其他的利润分享协定）。假定合伙企业营业第 1 年的净利润为 60 000 美元，结平利润汇总账户的分录如下：

借：利润汇总	60 000	
贷：实收资本——约翰·布莱尔		30 000
实收资本——理查德·克罗斯		30 000

根据平均分享利润协定分配该年的净利润。

结账的下一步是将合伙人的提款账户余额转入他们的资本账户。假定年度内布莱尔提款 24 000 美元，克罗斯提款 16 000 美元，12 月 31 日结平提款账户的分录如下：

借：实收资本——约翰·布莱尔	24 000	
实收资本——理查德·克罗斯	16 000	
贷：提款——约翰·布莱尔		24 000
提款——理查德·克罗斯		16 000

将合伙人提款账户的借方余额转入各自的资本账户。

不难发现，把利润和提款结转到资本账户的最终结果是布莱尔资本账户上的资本数量现在比克罗斯资本账户上的资本数量少 8 000 美元。布莱尔资本账户增加了 6 000 美元（等于 30 000 美元的利润减去 24 000 美元的提款），而克罗斯资本账户增加了 14 000 美元（等于 30 000 美元的利润减去 16 000 美元的提款）。

3. 合伙企业的利润表

合伙企业的利润表同独资企业唯一不同的是最后要加上净利润在合伙人之间的分配情况（参见表 C-5）。与独资企业相同的是，合伙企业的利润表中没有所得税费用和支付给提供服务的合伙人工资。

表 C-5　布莱尔–克罗斯合伙企业利润表（截至 2021 年 12 月 31 日年度）　　　　（单位：美元）

销售收入		600 000
销货成本		400 000
销售毛利		200 000
经营费用：		
销售费用	100 000	
管理费用	40 000	140 000
净利润		60 000
净利润分配：		
约翰·布莱尔（50%）	30 000	
理查德·克罗斯（50%）	30 000	60 000

4. 合伙企业合伙人权益表

合伙人通常要求了解上年末至本年末合伙人投资账户的变动情况。表 C-6 给出了布莱尔–克罗斯合伙企业的合伙人权益表。

表 C-6 布莱尔－克罗斯合伙企业合伙人权益表（截至 2021 年 12 月 31 日年度）（单位：美元）

	布莱尔	克罗斯	合计
年初余额（2021 年 1 月 1 日）	160 000	160 000	320 000
加：追加投资	10 000	10 000	20 000
本年净利润	30 000	30 000	60 000
小计	200 000	200 000	400 000
减：提款	24 000	16 000	40 000
年末余额（2021 年 12 月 31 日）	176 000	184 000	360 000

布莱尔－克罗斯公司资产负债表将列示每个合伙人的投资账户以及权益总额 36 万美元。

C5.2 合伙人间合伙企业净利润的分配

合伙企业赚得的利润补偿的是：①合伙人为合伙企业提供的个人服务；②合伙人投入合伙企业的资本；③合伙人作为合伙企业所有者所承担的风险。确认上述三个方面的因素有助于制定合理的合伙企业利润分配方案。

若有一位合伙人全职为企业服务，而另一位合伙人付出很少时间或根本不花时间管理企业，那么合伙人为企业贡献不同的时间和精力应当在分享利润的协议中得到体现。如果某位合伙人有特殊技能，协议中也应规定给予报酬。另外，合伙人投入企业的资本额也会有差异。同样，合伙人在以上方面对企业贡献的差异也应在盈亏分享协议中得到体现。

为确认每个合伙人对企业的具体贡献，合伙企业的盈亏分享协议往往包括对合伙人的工资补贴和按出资额计算的利息补贴。这里的"工资"和"利息"不是企业的费用，而是计算分配合伙企业净利润时的考虑因素。

在上述布莱尔和克罗斯组建合伙企业的例子中，我们假定两位合伙人投入等额资本，提供等量服务，并等额分享净利润。现在，我们要考虑合伙人出资以及提供服务不等量的情况。理论上，合伙人可选择任何分享利润与亏损的方式。不过，大多数盈亏分享协议不外乎以下四种类型：

- 按固定比例分配。在前述布莱尔－克罗斯合伙企业的例子中，就介绍了这种按固定比例分配的方法，采用的是 50% 对 50% 的平均分配。合伙人可就任何比例在事先达成约定，如 60% 对 40% 或 70% 对 30%。
- 在向合伙人提供工资津贴的基础上，剩余净利润或亏损按固定比例分配。
- 根据合伙人投资账户余额给予利息补贴，剩余净利润或亏损按固定比例分配。
- 在向合伙人提供工资津贴并根据合伙人投资账户余额给予利息补贴的基础上，剩余净利润或亏损按固定比例分配。

以上这些分配合伙企业净利润的方法旨在确认合伙人之间所提供的个人服务和所投入资本数量的差异。

在下面的例子中，假定合伙人投资账户的期初余额分别为布洛克·亚当斯 160 000 美元，本·巴纳斯 40 000 美元，年末利润汇总账户有贷方余额 96 000 美元，代表当年的净利润。

1. 工资津贴加按固定比例分配的剩余利润

由于合伙人为企业提供的服务量往往不同，因此合伙企业协议的利润分配条款常常会考虑提供给合伙人的工资津贴。

例如，假定亚当斯和巴纳斯就年度工资津贴达成协定，亚当斯每年得到 12 000 美元，巴纳斯得到 60 000 美元，这笔总数达 72 000 美元的工资津贴是合伙人事先达成协定的。当然，企业在某个年度的净利润不大可能正好等于 72 000 美元。因此，合伙企业的剩余净利润或亏损分配协议中应规定关于扣除工资津贴后剩余利润或亏损分配的比例。这里假定亚当斯和巴纳斯两人协定平分剩余利润或亏损。

表 C-7 给出了合伙企业的 96 000 美元净利润在合伙人亚当斯和巴纳斯之间的分配情况。这里，先向合伙人分配协定的工资津贴，用去净利润 72 000 美元。之后，余下的 24 000 美元按协定的固定比例（本例为 50% 对 50%）进行分配。

表 C-7　合伙企业净利润的分配　　　　　　　　　　　　　　　（单位：美元）

	亚当斯	巴纳斯	净利润
供分配的净利润			96 000
分配合伙人的工资津贴	12 000	60 000	（72 000）
分配工资津贴后的剩余利润			24 000
按固定比例分配：			
亚当斯（50%）	12 000		
巴纳斯（50%）		12 000	（24 000）
每一合伙人分得的总份额	24 000	72 000	0

根据该协议，亚当斯分得 96 000 美元利润中的 24 000 美元，巴纳斯分得 72 000 美元。结转利润汇总账户的分录如下。

借：利润汇总　　　　　　　　　　　　　　　　　　96 000	
贷：实收资本——亚当斯	24 000
实收资本——巴纳斯	72 000

将协定的工资津贴和平分的剩余利润贷记合伙人投资账户以结转利润汇总账户。

合伙企业利润分配中的工资津贴有时会被错误解释，甚至合伙人本身也不甚明白。工资津贴仅仅是用于利润分配的事先协定好的方法，既不是企业的费用，也不作为工资费用记入合伙企业账户。合伙人是企业的所有者而不是雇员。因此，合伙人向企业提供服务的目的是分享利润，而不是取得工资津贴。

与合伙人工资津贴相比，合伙人从合伙企业撤回的现金或其他资产数量或多或少。即使合伙人撤回的资金数量恰好等于他的"工资津贴"，提款业务依旧借记该合伙人提款账户，而不是借记费用账户。这里要再次强调的是，合伙人的"工资津贴"不记为企业的费用。⊖

2. 利息补贴加按固定比例分配的剩余利润

现在我们假设合伙人为企业提供的服务极少，净利润主要依靠投入企业的资本。因此，利润分配计划可能强调把投入资本作为利润分配的第一步。

例如，假设亚当斯和巴纳斯两位合伙人都同意按照年初投资账户余额的 12% 获得利息，剩余的利润或亏损部分平均分配。假设供分配的利润依旧为 96 000 美元，年初投资账户的余额为亚当斯 160 000 美元，巴纳斯 40 000 美元。表 C-8 给出了合伙企业净利润的分配情况。在分配过程的第一步，亚当斯所分到的利润（19 200 美元）比巴纳斯分到的利润（4 800 美元）要高得多，原因就在于亚当斯的资本投入比巴纳斯的要多得多。

⊖ 这一原则的例外情形将在更高级的会计课程中进行讨论。

表 C-8　合伙企业净利润的分配　　　　　　　　　　（单位：美元）

	亚当斯	巴纳斯	净利润
供分配的净利润			96 000
按年初投资额分配的利息补贴：			
亚当斯（160 000 × 12%）	19 200		
巴纳斯（40 000 × 12%）		4 800	
分配的利息补贴总额			(24 000)
扣除利息补贴后的剩余利润			72 000
按固定比例分配：			
亚当斯（50%）	36 000		
巴纳斯（50%）		36 000	(72 000)
每一合伙人分得的份额	55 200	40 800	0

本例中结转利润汇总账户的分录如下。

借：利润汇总　　　　　　　　　　　　　　　　　96 000
　贷：实收资本——亚当斯　　　　　　　　　　　　　　55 200
　　　实收资本——巴纳斯　　　　　　　　　　　　　　40 800

按年初投资账户余额的 12% 计息，余额平均分配，贷记合伙人投资账户，结转利润汇总账户。

3. 利息补贴、工资津贴加按固定比例分配的剩余利润

前面的例子虽然考虑了亚当斯和巴纳斯出资额的不同，但忽略了他们提供的服务量的不同。在下面的例子里，我们假设合伙人达成的利润分配协议规定了工资津贴以及按年初投资账户余额计算的利息补贴。首先，按照约定的工资津贴，亚当斯得到 12 000 美元，巴纳斯得到 60 000 美元，依据的是他们各自投入的时间和专业技能。其次，年初投资账户余额为亚当斯 160 000 美元，巴纳斯 40 000 美元，合伙人得到按出资额 10% 计算的利息补贴，主要体现的是合伙人出资额和财务风险的差异。最后，对支付所批准的工资津贴和资本利息补贴后的剩余利润采用平均比例分配。表 C-9 给出了基于上述安排的合伙企业净利润的分配。

表 C-9　合伙企业净利润的分配　　　　　　　　　　（单位：美元）

	亚当斯	巴纳斯	净利润
供分配的净利润			96 000
分配给合伙人的工资津贴	12 000	60 000	(72 000)
分配工资津贴后的剩余利润			24 000
按期初投资额计算的利息补贴：			
亚当斯（160 000 × 10%）	16 000		
巴纳斯（40 000 × 10%）		4 000	
分配的利息补贴总额			(20 000)
分配工资津贴和利息补贴后的剩余利润			4 000
按固定比例分配：			
亚当斯（50%）	2 000		
巴纳斯（50%）		2 000	(4 000)
每一合伙人分得的份额	30 000	66 000	0

本例中结转利润汇总账户的日记账分录如下。

借：利润汇总		96 000	
贷：实收资本——亚当斯			30 000
实收资本——巴纳斯			66 000

将约定的工资津贴、按期初投资额 10% 计算的利息补贴以及均分得到的剩余利润贷记合伙人投资账户，以结转利润汇总账户。

4. 超过净利润的约定工资津贴和利息补贴

在前例中，约定的工资津贴和利息补贴的总额为 92 000 美元，而可供分配的利润总额为 96 000 美元。如果净利润只有 50 000 美元，那又该如何分配呢？

如果合伙企业协议规定了工资津贴和出资资本的利息补贴，同时还规定：即使净利润少于约定的工资津贴和利息补贴总额，也要进行工资津贴和利息补贴分配。如果亚当斯和巴纳斯的合伙企业净利润仅为 50 000 美元，那么此时的分配情况如表 C-10 所示。

表 C-10　合伙企业净利润的分配　　　　　（单位：美元）

	亚当斯	巴纳斯	净利润
供分配的净利润			50 000
分配给合伙人的工资津贴	12 000	60 000	(72 000)
分配工资津贴后剩余的亏损			(22 000)
按期初投资额计算的利息补贴：			
亚当斯（160 000×10%）	16 000		
巴纳斯（40 000×10%）		4 000	
分配的利息补贴总额			(20 000)
分配工资津贴和利息补贴后剩余的亏损			(42 000)
按固定比例分配：			
亚当斯（50%）	(21 000)		
巴纳斯（50%）		(21 000)	42 000
每一合伙人分得的份额	7 000	43 000	0

亚当斯可能会对这一会计年度合伙企业净利润的分配感到惊奇。这一分配方式事实上仅使亚当斯分得 7 000 美元利润，巴纳斯分得 43 000 美元利润。主要原因在于巴纳斯分得 60 000 美元的工资津贴。结转利润汇总账户的日记账分录如下。

借：利润汇总		50 000	
贷：实收资本——亚当斯			7 000
实收资本——巴纳斯			43 000

将约定工资津贴、按年初投资账户余额 10% 计算的利息补贴和平均分担的亏损贷记合伙人投资账户，以结转利润汇总账户。

如表 C-11 所示，如果净利润更少，比如说只有 30 000 美元，那么亚当斯所能分得的就是负值金额了。

表 C-11　合伙企业净利润的分配　　　　　（单位：美元）

	亚当斯	巴纳斯	净利润
供分配的净利润			30 000
分配给合伙人的工资津贴	12 000	60 000	(72 000)

（续）

	亚当斯	巴纳斯	净利润
分配工资津贴后的剩余亏损			(42 000)
按期初投资额计算的利息补贴：			
亚当斯（160 000×10%）	16 000		
巴纳斯（40 000×10%）		4 000	
分配的利息补贴总额			(20 000)
分配工资津贴和利息补贴后的剩余亏损			(62 000)
按固定比率分配：			
亚当斯（50%）	(31 000)		
巴纳斯（50%）		(31 000)	62 000
每一合伙人分得的份额	(3 000)	33 000	0

习题

讨论题

1. 约翰·汉森名下的独资企业汉森体育用品商店是一家零售商店。约翰·汉森还拥有一栋建筑物，当时以25万美元购入，现在价值为30万美元（约翰·汉森以该建筑物为抵押借款14万美元）。请说明汉森体育用品商店的财务报表是如何列示该建筑物和抵押贷款的？

2. 莎拉·米勒是一家小型生产企业的业主。她正在考虑与威尔·勃莱根合作建立一家合伙企业的可能性，因为她觉得勃莱根十分精通业务，而且双方意气相投。简要阐述建立合伙企业对米勒的利弊。

3. 共同代理这一术语是指什么？

4. 某房产开发公司由国内50名投资者投资建立，现由两名经验丰富的开发商进行管理。为使投资者取得最大限度的所得税利益，企业以合伙企业形式组建。请解释为什么这种类型的企业最有可能采用有限合伙企业形式而不是普通合伙企业形式。

5. 在比较具有相同规模的合伙企业和公司的净利润时，应考虑哪些因素？

6. 米妮·里德是零售商店计算机工厂的合伙人。在本年度内，她从合伙企业提取现金45 000美元，同时取走价值3 200美元的存货供个人使用。今年她分得的合伙企业净利润为39 000美元。里德在申报个人所得税时应申报多少？

7. 根据以下特征来区别公司与合伙企业。
   （1）所有者对企业债务承担的责任；
   （2）所有权利益的转让；
   （3）持续存在性；
   （4）联邦所得税。

8. 解释对公司利润进行"双重课税"的含义。

9. 当两名或多名合伙人考虑签订利润分配协议时，需要考虑哪些因素？

10. 合伙人约翰·弗雷奇面临着他的合伙人给出的一个选择：接受无工资津贴但可获得合伙企业净利润1/3的方案，或者接受每年36 000美元工资津贴外加1/4合伙企业净利润的方案。请简要指出约翰·弗雷奇做决策时须考虑的因素。

练习题

1. E-Z制造公司是一家合伙企业，合伙人有约兰多·冈萨雷斯、威利·托德和琳达·沃克三人。合伙企业合约规定三人平分合伙企业利润。本年度，冈萨雷斯提款25 000美元，托德提款23 000美元，沃克提款35 000美元。该公司的净利润为180 000美元。
   （1）计算本期每位合伙人分得的净利润。
   （2）合伙企业经营对合伙人个人申报所得税是否有影响？如果有，请说明。
   （3）编制本年度合伙人权益表。假设年初合伙人投资账户余额分别为：冈萨雷斯50 000美元，托德60 000美元，沃克40 000美元。

2. 下表给出的是华生公司截至2020年12月31日年度和截至2021年12月31日年度资产负债表的股东权益情况。

（单位：美元）

	2021年度	2020年度
股东权益：		
股本	50 000	30 000
留存收益	200 000	180 000
股东权益总额	250 000	210 000

（1）计算2021年度股东的追加投资金额。
（2）假设公司宣告并支付2021年度股利10 000美元，计算公司2021年度赚得的净利润。
（3）解释2021年12月31日留存收益余额200 000美元的意义。

3. 莎朗和罗伯特都是注册会计师，他们分别出资100 000美元和80 000美元建立了一家合伙企业，同意按如下条款分配净利润：
（1）莎朗的工资津贴为80 000美元，罗伯特的为60 000美元。
（2）按投资账户年初余额的15%计算利息补贴。
（3）超过利息补贴与工资津贴的合伙企业利润，莎朗得60%，罗伯特得40%。

合伙企业经营第1年发放利息补贴和工资津贴前的净利润为247 000美元。这笔247 000美元的净利润在两位合伙人之间如何分配？计算时，按照表C-9的格式分别列示利息补贴、工资津贴和剩余利润的分配。

4. 快餐小屋是一家快餐店，由三名合伙人投资建立，约定平均分享利润。下表列示的是本年度结账前部分账户的余额。

（单位：美元）

	借方	贷方
实收资本：		
格伦		55 000
周		60 000
威尔克斯		5 000

（续）

	借方	贷方
提款：		
格伦	15 000	
周	15 000	
威尔克斯	25 000	
利润汇总		90 000

根据上述资料，回答下列问题并列出必要的计算步骤。
（1）在各合伙人的纳税申报表中，三名合伙人应报告多少与该企业相关的收入？
（2）编制本年度（截至12月31日）的合伙人权益表。假定三名合伙人本年度都没有进行追加投资。
（3）假定每位合伙人为企业服务相同时间。那么，为什么格伦和周会觉得利润分配方案不合理？
（4）在评估合伙企业赚得的利润是否充足时，合伙人应考虑哪些因素？

5. 礼帽公司是按公司形式组建、从事魔术道具经营的连锁企业。6月，公司股东权益账户发生了以下经济事项：

6月3日，公司按每股20美元的价格出售1 000股无面值股票。

6月10日，公司宣布向流通在外的20 000股股票发放股利，每股30美分，6月23日支付。

6月23日，公司发放6月10日宣告的股利。

6月30日，利润汇总账户有贷方余额60 000美元，公司按月结账。

（1）为公司以上各经济事项编制日记账分录，包括结转利润汇总账户和股利账户所需的分录。
（2）编制6月的留存收益表。假定5月31日留存收益账户的余额为52万美元。

6. 威廉·伯斯特在2020年年初组建了边疆西部服饰有限公司。1月15日，公司按每股价值20美元向威廉·伯斯特和其他投资者发行了40 000股股票。

在2020年年底将收入和支出账户（除所得税费用账户外）结转至利润汇总账户

后,公司有 12 万美元的税前利润。公司所得税税率为 40%。公司本年度没有宣告股利。

2021 年 3 月 15 日,公司董事会宣告发放每股股利 50 美分,4 月 15 日支付。

（1）编制 2020 年下列事项的日记账分录:
①记录发行普通股;②记录 12 月 31 日的所得税负债;③结转所得税费用账户。

（2）编制并记录 2021 年 3 月 15 日宣告股利和 4 月 15 日支付股利的日记账分录。

（3）公司 2021 年产生净亏损 18 000 美元。编制 2021 年 12 月 31 日结转利润汇总账户和股利账户的日记账分录。

（4）编制 2021 年 12 月 31 日资产负债表的股东权益部分并单独列表说明编表日留存收益的计算过程。

7. 下面两个案例相互独立,每个案例都为编制公司资产负债表的股东权益部分提供了必要的资料。

（1）2019 年年初,威森股份公司成立,发行股票 50 000 股,每股 5 美元。2019 年公司报告净亏损 32 000 美元,2020 年又发生净亏损 12 000 美元。2021 年,公司报告 90 000 美元净利润,并宣告发放股利,每股 50 美分。

（2）安贝实业公司于 2017 年年初成立,发行股票 100 000 股,每股 10 美元。公司已经营 5 年,共赢利 900 000 美元,并且每年向普通股股东支付每股股利 25 美分。

要求:

为两家公司分别编制 2021 年 12 月 31 日公司资产负债表的股东权益部分。

8. S&X 公司是乔·桑特独资拥有的一家零售商店。11 月,该零售商店的资本账户发生了以下相关的经济事项:

11 月 9 日,乔·桑特追加投资 15 000 美元。

11 月 15 日,乔·桑特提取 1 500 美元,作为他本月前两周的工资津贴。

11 月 30 日,乔·桑特提取 1 500 美元,作为他本月后两周的工资津贴。

11 月 30 日,S&X 公司向乔·桑特分配利润 1 000 美元。

（1）假设该企业以独资企业形式组建:
①编制该企业记录上述经济事项的日记账分录。
②编制 11 月的结转分录。假定结转所有收入和费用账户后,利润汇总账户有余额 5 000 美元。

[提示:采用单独的投资账户记录投资,用单独的提款账户记录提款(工资津贴)。结转分录包括将提款账户结转到投资账户。]

（2）假设该企业以公司组织形式组建:
①编制该公司记录上述经济事项的日记账分录。假定 11 月 30 日的利润分配是支付 11 月 20 日宣告的股利。
②编制 11 月的结转分录。假定结转所有收入和费用账户(除所得税费用账户外)后,利润汇总账有余额 2 000 美元。编制结转分录前,先编制当月应付所得税费用分录,并将所得税费用账户结转至利润汇总账户。假定公司所得税税率为 30%。

（3）解释该企业采用独资企业与采用公司组织形式时产生净利润差异的原因。

（4）阐述组织形式对乔·桑特申报个人所得税的影响,假定企业分别采用独资企业形式和公司组织形式。

9. 阿夫雷－克拉克的合伙企业于 7 月 1 日成立。合伙人乔治·阿夫雷和第纳·克拉克约定等额出资,平均分配利润与亏损。阿夫雷的出资包括 30 000 美元现金和价值 56 000 美元的商品存货。

克拉克出资总额也是 86 000 美元。按照约定,他的出资包括原有企业的资产和随同转入合伙企业的负债(见下表)。下表给出了各项目的约定价值以及在克拉克企业账户上的账面价值。此外,克拉克还拿出部分现金,使其投资账户达到 86 000 美元。

	（单元：美元）	
	克拉克的投资	
	克拉克企业账户的余额	约定价值
应收账款	81 680	79 600
存货	11 400	12 800
办公设备（净值）	14 300	9 000
应付账款	24 800	24 800

（1）编制记录阿夫雷和克拉克在新建合伙企业投资的分录（普通日记账形式）。

（2）编制7月1日关闭原企业后新建合伙企业的资产负债表（报表形式）。说明上述资产在企业间的转移。

（3）经过一年的营业，次年6月30日，利润汇总账户显示贷方余额为74 000美元，每位合伙人的提款账户均有借方余额31 000美元。编制6月30日的日记账分录以结转利润汇总账户和提款账户。

10. "今日喜剧"是一家以合伙企业形式组建的喜剧俱乐部。其中，艾布特出资80 000美元，马丁出资120 000美元。经营第一年的净利润达110 000美元。

（1）在下列三种盈亏分配假设方案下，110 000美元净利润该如何分配？运用本附录的净利润分配表并列示净利润分配的步骤：

① 净利润按固定比例分配：艾布特占35%，马丁占65%。

② 按投资账户年初余额的15%计算利息补贴，余额平分。

③ 给合伙人艾布特工资津贴36 000美元，马丁56 000美元；按投资账户年初余额的15%计算利息补贴，余额则平分。

（2）根据③中分配方案的结果编制日记账分录，以结转利润汇总账户。

11. 罗斯加尔特装备公司共有三位合伙人——阿克斯勒、勃莱特和康纳特。当年度他们三人投资账户的期初余额分别为阿克斯勒180 000美元、勃莱特140 000美元和康纳特80 000美元。合伙企业协议规定合伙人的工资津贴如下：阿克斯勒10 000美元、勃莱特50 000美元和康纳特28 000美元。合伙人还将得到该年投资账户余额12%的利息补贴。剩余的利润或亏损按如下方式分配：阿克斯勒1/2、勃莱特1/3和康纳特1/6。

根据以下假设分别编制表格说明三个合伙人对利润的分配情况。下面的数据是当年可供分配的合伙企业净利润或亏损（计算结果保留整数）。

（1）利润526 000美元。

（2）利润95 000美元。

（3）亏损32 000美元。

12. 阿兰·韦伯名下的小肉铺"大切刀"最初是独资企业，而后他开始在报刊的礼品栏中登载广告，企业因而迅速扩展成大型邮购企业。现在，该企业通过速递向世界各地出售肉类产品和海产品。

本年度初，韦伯将企业改组为公司，他本人是唯一股东。当年公司赚得税前利润100万美元（当年公司所得税税率为40%，韦伯的个人所得税税率为45%）。

在工资津贴和提款方面，韦伯采用的操作方法仍旧和以前独资企业一样。尽管企业由他个人管理，但他不拿工资。他解释道："为什么要拿工资？现在我其他方面的收入足够开支；此外，工资支出会使公司利润减少，而利润又是属于我的。"

近几年，韦伯每月将与公司月净利润等额的资金从公司的银行账户转入他的个人账户。大切刀改组为公司后，他继续通过发放月度股利进行这些资金转账。

（1）在不考虑所得税因素的情况下，请指出韦伯将企业改组为公司的有利之处。

（2）如果大切刀仍为独资企业，计算其100万美元税前利润在缴纳所得税后，韦伯可留存的部分。

（3）大切刀作为公司，其100万美元税前利润在缴纳所得税后，韦伯又可留存多少？

（4）解释"双重课税"的含义。

（5）讨论韦伯合法降低公司税前利润纳税总额的几种方法。

13. 胡安·雷米尔和杰米·史密斯正在考虑建立一家从事高空摄影工作的合伙企业。雷米尔是一名持有执照的飞行师，现年薪为 48 000 美元，他计划投入合伙企业 50 000 美元。史密斯是一名职业摄影师，现年薪为 30 000 美元。最近他继承了 70 000 美元的财产，准备全部投入合伙企业。

两名合伙人都将在合伙企业全职工作。经过仔细研究，他们预计经营第一年的费用可能要比收入多 10 000 美元，而第二年企业可望赢利约 80 000 美元（这些估计的费用不包括支付给合伙人的工资津贴和利息补贴）。按照当前的市场环境，该行业的平均投资报酬率为 20%。

（1）根据上述资料，为雷米尔和史密斯准备一套利润分配方案，同时说明你选择该方案的理由。

（2）根据你提供的方案，分别编制两位合伙人接下来两年的预计净利润分配表（假定合伙人投资账户的最初余额两年内保持不变。按照该简化的假设，因利润分配、投资退出或追加投资而带来的资本账户变动可忽略不计）。

（3）简要说明两名合伙人分得利润不同的原因并用你的利润分配计划来说明这些结果。